适用于公务员、事业单位、
选调生、大学生村官、
军转、政法干警等考试

公考达人
不传之秘
干货满满

刘球 著

公务员考试教材
行测真题解密

(考霸2.0版)

- ●公务员考试是一种修炼

公务员考试是怎样一种体验/从学渣到考霸的华丽转身/状元的经验分享

- ●临场考试的必杀技

考场如何抢时间/控制时间的必杀技/教你如何"蒙"题/行测未被道破的秘密

- ●怎样报考更容易考上

考试报名注意事项/理想目标职位的选拔/应届生如何筛选报考职位

武汉大学出版社

图书在版编目(CIP)数据

行测真题解密/刘球著. —武汉:武汉大学出版社,2017.7
公务员考试教材
ISBN 978-7-307-19416-8

Ⅰ.行… Ⅱ.刘… Ⅲ.公务员—招聘—考试—中国—习题集
Ⅳ.D630.3-44

中国版本图书馆 CIP 数据核字(2017)第 143367 号

责任编辑:陈 豪　　责任校对:汪欣怡　　版式设计:韩闻锦

出版发行:**武汉大学出版社**　　(430072　武昌　珞珈山)
（电子邮件:cbs22@whu.edu.cn　网址:www.wdp.com.cn）
印刷:湖北金海印务有限公司
开本:787×1092　1/16　印张:27.5　字数:602 千字　插页:1
版次:2017 年 7 月第 1 版　　2017 年 7 月第 1 次印刷
ISBN 978-7-307-19416-8　　定价:68.00 元(内附数字资源)

版权所有,不得翻印;凡购买我社的图书,如有质量问题,请与当地图书销售部门联系调换。

内 容 简 介

行政职业能力测试简称"行测",是公务员、事业单位、选调生等考试必考的核心科目。国家公务员招考大纲将行测分为言语理解与表达、数量关系、判断推理、资料分析和常识判断5个部分。《行测完全解密》涵盖以上5个部分,另加复习备考篇部分。

在内容上,《行测完全解密》从复习备考到5个考查部分进行完全解密,围绕考生关心的、想迫切了解的内容进行讲述,不讲空话、套话,全部是实战中总结出来的成功经验,让人感觉干货满满,开卷必有所得。如考生报考时有哪些心理、复习备考计划如何制定、报考职位如何选择、如何提高解题速度和准确率、如何通过选项比较得出正确答案等。

在形式上,《行测完全解密》采用畅销书的写作手法,拒绝枯燥乏味,思想深邃,语言活泼,站在考生的角度思考和解决问题,站在出题者的角度揭示行测中一些未道破的秘密。如考生复习备考时容易出现哪些问题,出题者会在题目中设置哪些"陷阱",成功上岸的人有哪些好的经验等。

自　序

有人断言，能从容做完行测的人现在还没出生，言外之意行测是一座人类无法逾越的高峰。听到这样的言论，我只能表示"呵呵"。因为即使是世界最高的珠穆朗玛峰，每年也照样有人征服它。行测虽难，但因此就铁口直断所有人都搞不定，观点难免有失偏颇。笔者当年在省考中总分168分，其中行测86分，申论82分，而且行测做完还剩了25分钟。或许你会觉得有点难以置信，心想这怎么可能呢？古有卖油翁酌油一星半点不洒，今有高空走钢丝、蒙眼飞刀射活人靶，都是让人难以置信的。世上的事情一切皆有可能，只是你在没有明白背后秘密的情况下对这些事情无法理解而已。正是基于这个原因，笔者想和大家分享行测的秘密，让大家理解高分是怎样得到的。行测想得高分，有三大法宝：

第一件法宝是熟能生巧。很多所谓的专家振振有词地反对"题海战术"，要大家不要做太多题。不知道这些专家有没有考过公务员考试，假如没做过几道题，大脑都不能适应公务员考试的节奏，遇到题不能迅速开始计算，还要慢慢地理清思路才行，真不知道怎么可以拿到高分。想当年笔者复习备考时学习资料有一尺多高，看似任务很重，复习时间严重不够，但题做得多了发现重复和类似的题越来越多，速度越来越快，比预想的进度大大提前了。"学而不思则罔，思而不学则殆"的道理大家都懂。具体结合公务员考试复习来说，光练习而不思考总结不行，这样答题的速度和准确度会遭遇"天花板"，这种无脑的"题海战术"战术不可取；光谈技巧方法，没有大量的练习，根本就是纸上谈兵，一上考场就会一败涂地。正确的做法是在大量练习的情况下，懂得总结提升，类似的题型，第一次遇到要能做对，第二次遇到要想是否还有其他办法能巧解，第三次遇到要看如何才能秒杀。如果第一次用了3分钟，第二次就只能用1分钟，第三次则只能用30秒。如果你做到了这一点，成功迟早属于你。

第二件法宝是逻辑推理。行测的考试范围很广，看似漫无边际，却又全部都在情理之中。言语理解与表达的答案虽然是从文中来，但答案不会是逻辑混乱，甚至不合逻辑的那个。政治常识不见得都能记得那么清楚，但是答案必定是符合题设中的背景和立场的。即便你不是法律专业毕业的学生，法律常识未必就做不出来，心中的公平正义加上生活中的常识能为你指明解题的方向。这些在本书的章节已有比较详实的介绍，在这里就不赘述了。

第三件法宝是秒杀技巧。如果你做的题目足够多，又懂得思考和总结，慢慢就能总结提炼出一套属于自己的秒杀技巧。本书在后面的章节道破了行测的一些题目和答案设

自 序

计的秘密,也介绍了一些秒杀技巧,可供你参考。

这时候,我们再回到之前的问题:行测高手为什么能拥有超乎常人的解题能力?原因有三个方面:一是熟能生巧,遇到的题型全部都是自己熟悉的,最巧妙省时的解题方法已经成竹于胸,还掌握了心算技巧,当然做题又快又准;二是成为了福尔摩斯一样的逻辑高手,有的题目不需要花时间去读长长的题设,扫一眼四个选项就可以通过逻辑推理圈定正确答案,真是不亦乐乎;三是掌握了一定的秒杀技巧,每个部分有三四题可以瞬间秒杀。例如,20道数学运算题要求用20分钟做完,平均每道题只有1分钟时间解答,确实有点难。但细分之下,20道题中一般有难题3道、中等难度题10道、简单题7道。3道难题耗时耗力,即使会做也可以选择放弃,用本书的方法蒙题,准确率不比你花好几分钟做出来的低。7道简单题每题所花时间根本就不用1分钟。10道中等难度题可以秒杀3道左右,剩余的7道中等难度题平均每题大约有110秒的时间,经过强化训练的你从容解答应该不是难事。

平时练习一定要做真题,尽量做最新的真题。本书与武汉大学出版社权威发布的《申论万能模板》(考霸2.0版)均搜集整理了最近两年国考和省考的全部真题,并使用了官方权威答案和详解,希望能够给考生朋友们最大的帮助。当然,书中如有不足之处,还请各位批评指正!不胜感激!

刘 球

2017年5月27日

目　　录

第一篇　复习备考篇

第一章　公务员考试是怎样一种体验 ······ 3
第一节　公务员考试是怎样一种体验 ······ 3
一、考公务员之前，一定要想清楚这些问题 ······ 3
二、在中国参加公务员考试是怎样一种体验 ······ 5
三、公考并不苦，踏实往前走 ······ 9
第二节　公务员考试是一种修炼 ······ 10
一、屡战屡败下的坚守 ······ 10
二、每一分努力都不会白费 ······ 10
三、从学渣到考霸的华丽转身 ······ 12
第三节　满满全是干货的成功经验分享 ······ 13
一、公考小白心路历程 ······ 13
二、万马千军突围者的自述 ······ 14
三、状元心得：行测其实没那么难 ······ 16

第二章　复习备考的正确打开方式 ······ 21
第一节　怎样正确打开行测 ······ 21
一、如何正确理解行测的含义 ······ 21
二、行测范围及分值分布 ······ 22
三、你知道自己为啥屡考不过吗 ······ 22
第二节　复习备考方法 ······ 23
一、复习备考的原则 ······ 23
二、制定周密且可行的复习计划 ······ 24
三、提高复习备考效率的策略 ······ 25
四、力戒公务员考试的十大坏习惯 ······ 26
第三节　临场考试的必杀技 ······ 27
一、临场考试如何抢时间 ······ 27

二、各部分时间安排 ……………………………………………………… 28
　　三、控制时间的必杀技 …………………………………………………… 28
　　四、行测有一个从未道破的秘密 ………………………………………… 29
　　五、教你如何"蒙"对题 ………………………………………………… 30

第三章　这样报考更容易考上 ………………………………………… 33
第一节　公务员考试报考流程 ………………………………………… 33
　　一、你想报国考还是省考 ………………………………………………… 33
　　二、报考的基本流程 ……………………………………………………… 34
第二节　考试报名注意事项 …………………………………………… 35
　　一、考试报名注意事项 …………………………………………………… 35
　　二、基层工作经历如何计算 ……………………………………………… 36
　　三、应届毕业生如何界定 ………………………………………………… 37
第三节　这样选报职位更容易考上 …………………………………… 38
　　一、理想目标职位的选报思路 …………………………………………… 38
　　二、教你用好职位表 ……………………………………………………… 39
　　三、应届生如何筛选报考职位 …………………………………………… 41
　　四、女生如何挑选报考职位 ……………………………………………… 42

第二篇　言语理解与表达

第一章　阅读理解 ………………………………………………………… 45
第一节　破解阅读理解的"金钥匙" …………………………………… 46
　　一、抓关键性语句 ………………………………………………………… 46
　　二、抓关键性词语或标点 ………………………………………………… 50
　　三、分析文章的层次结构 ………………………………………………… 55
　　四、比较法 ………………………………………………………………… 57
　　五、了解作者意图 ………………………………………………………… 59
　　六、提取句子主干法 ……………………………………………………… 61
第二节　阅读理解的七大陷阱 ………………………………………… 63
第三节　辨析病句只需"五看" ………………………………………… 66
　　一、辨析病句的十六种规律 ……………………………………………… 67
　　二、查找语病的"五看"技巧 …………………………………………… 71
真题演练 ……………………………………………………………………… 73

第二章　逻辑填空ㆍㆍ 74

第一节　短句选择ㆍㆍ 74

一、保持话题的一致ㆍㆍ 74

二、保持态度的一致ㆍㆍ 76

三、注意暗示性词语ㆍㆍ 77

第二节　句子排序ㆍㆍ 78

一、句子排序的五种关系ㆍㆍ 78

二、语句排序的"三步走"解题法ㆍㆍ 81

第三节　三步轻松应对标题填入题ㆍㆍㆍ 84

真题演练ㆍㆍ 86

第三章　词语表达ㆍㆍ 87

第一节　词语表达时应注意的六个方面ㆍㆍㆍㆍㆍㆍㆍㆍㆍㆍㆍㆍㆍㆍㆍㆍㆍㆍㆍㆍㆍㆍㆍㆍㆍㆍㆍㆍㆍㆍㆍㆍㆍㆍㆍㆍㆍㆍㆍ 87

一、感情色彩ㆍㆍ 87

二、语体色彩ㆍㆍ 90

三、程度不同ㆍㆍ 90

四、范围不同ㆍㆍ 92

五、词性不同ㆍㆍ 96

六、语素不同ㆍㆍ 98

第二节　使用口诀辨析词语ㆍㆍ 101

真题演练ㆍㆍ 107

第三篇　数量关系篇

第一章　数字推理ㆍㆍ 111

第一节　五种基本数列ㆍㆍㆍ 111

第二节　从变化特征推理数列类型ㆍㆍ 112

第三节　真题演练ㆍㆍ 114

第二章　数学运算ㆍㆍ 121

第一节　常见题型ㆍㆍ 121

一、年龄问题ㆍㆍㆍ 121

二、整除问题ㆍㆍㆍ 123

三、工程问题ㆍㆍㆍ 125

四、行程问题ㆍㆍㆍ 126

五、排列组合和概率问题……………………………………………………127
　　六、溶液问题………………………………………………………………128
　　七、周期问题………………………………………………………………129
　　八、倍数约数问题…………………………………………………………130
　　九、鸡兔同笼问题…………………………………………………………131
　　十、容斥问题………………………………………………………………132
　　十一、抽屉原理问题………………………………………………………133
　　十二、植树问题……………………………………………………………134
　　十三、利润问题……………………………………………………………135
　　十四、几何问题……………………………………………………………136
　第二节　解题常用方法……………………………………………………………139
　　一、方程法…………………………………………………………………139
　　二、直接代入法……………………………………………………………140
　　三、赋值法…………………………………………………………………141
　　四、尾数法…………………………………………………………………142
　　五、十字交叉法……………………………………………………………142
　第三节　未被道破的秒杀技巧……………………………………………………144
　　一、正确选项喜欢"乱站队"……………………………………………144
　　二、队伍乱站选 AD………………………………………………………146
　　三、一些秒杀规律的总结…………………………………………………150
　第四节　真题演练…………………………………………………………………154

第四篇　判断推理

第一章　图形推理……………………………………………………………………199
　第一节　图形变化的种类…………………………………………………………199
　　一、性质判断………………………………………………………………201
　　二、元素变化………………………………………………………………202
　　三、元素运动………………………………………………………………203
　　四、元素组合………………………………………………………………204
　第二节　从图形特征判断图形规律………………………………………………204
　第三节　空间重构图形推理………………………………………………………210
　　真题演练……………………………………………………………………211

第二章　定义判断 ………………………………………………………… 212
第一节　定义原理：概念定义的框架规则 …………………………… 212
第二节　定义破解：关键词法找到正确答案 ………………………… 219
　　一、选择最优 ………………………………………………………… 219
　　二、常识原则 ………………………………………………………… 219
　　▣ 真题演练 …………………………………………………………… 223

第三章　类比推理 ………………………………………………………… 224
第一节　认识朋友：比较语法结构 …………………………………… 224
第二节　建立关系：找准词语间的联系 ……………………………… 229
　　一、概念关系 ………………………………………………………… 229
　　二、逻辑关系 ………………………………………………………… 231
　　三、描述关系 ………………………………………………………… 233
第三节　沟通交流：构造短语或造句辨析 …………………………… 235
第四节　实战技巧：四步搞定判断推理 ……………………………… 236
　　▣ 真题演练 …………………………………………………………… 240

第四章　逻辑判断 ………………………………………………………… 241
第一节　必然性推理 …………………………………………………… 242
　　一、概念间关系 ……………………………………………………… 242
　　二、直言命题 ………………………………………………………… 243
　　三、复言命题 ………………………………………………………… 245
　　四、智力推理 ………………………………………………………… 250
第二节　可能性推理 …………………………………………………… 254
　　一、削弱型 …………………………………………………………… 254
　　二、加强型 …………………………………………………………… 256
　　三、前提型 …………………………………………………………… 258
　　四、解释型 …………………………………………………………… 260
　　五、评价型 …………………………………………………………… 262
　　六、结论型 …………………………………………………………… 264
　　▣ 真题演练 …………………………………………………………… 266

第五篇　资料分析篇

第一章　文字资料分析 …………………………………………………… 269
第一节　提高资料分析的"两度"得高分 …………………………… 269
　　一、如何读懂文字资料 ……………………………………………… 269

目录

   二、提高资料分析的"两度"得高分 …………………………………… 270
   三、精确识别资料分析"陷阱" ………………………………………… 270
  第二节　快速计算的秘密 …………………………………………………… 272
  第三节　真题演练 …………………………………………………………… 276

 第二章　图表资料分析 …………………………………………………………… 296
  第一节　十大速算技巧 ……………………………………………………… 296
   一、估算法 …………………………………………………………………… 296
   二、直除法 …………………………………………………………………… 296
   三、截位法 …………………………………………………………………… 296
   四、化同法 …………………………………………………………………… 297
   五、差分法 …………………………………………………………………… 297
   六、插值法 …………………………………………………………………… 298
   七、凑整法 …………………………………………………………………… 298
   八、放缩法 …………………………………………………………………… 298
   九、增长率相关速算法 ……………………………………………………… 299
   十、综合速算法 ……………………………………………………………… 299
  第二节　真题演练 …………………………………………………………… 300

第六篇　常识判断篇

 第一章　政治常识 ………………………………………………………………… 387
  第一节　破解政治常识的秘密 ……………………………………………… 387
   一、政治口号是高度浓缩的政治常识 …………………………………… 387
   二、符合当前的时代背景 …………………………………………………… 390
   三、符合事物的逻辑规律 …………………………………………………… 392
   四、符合政治宣传的需要 …………………………………………………… 394
  真题演练 ……………………………………………………………………… 395

 第二章　经济常识 ………………………………………………………………… 396
  第一节　破解经济常识的秘密 ……………………………………………… 396
   一、市场需求 ………………………………………………………………… 397
   二、市场供给 ………………………………………………………………… 399
   三、宏观调控 ………………………………………………………………… 400
  真题演练 ……………………………………………………………………… 402

第三章 法律常识 … 403
第一节 破解法律常识的秘密 … 403
一、法律的实质是公平正义 … 403
二、公法的"法无明文规定不可为" … 405
三、私法的"法无明文规定皆可为之" … 408
四、法律是讲求常理逻辑的 … 410
真题演练 … 411

第四章 历史常识 … 412
第一节 使用思维导图巧记历史知识 … 412
真题演练 … 419

第五章 综合常识 … 420
第一节 综合常识的复习技巧 … 420
一、文化的实质是文明的花样 … 420
二、学地理的诀窍 … 423
三、深化对自然环境的认识 … 425
四、科技常识考查的方向 … 427
真题演练 … 428

第一篇 复习备考篇

第一章　公务员考试是怎样一种体验

第一节　公务员考试是怎样一种体验

一、考公务员之前，一定要想清楚这些问题

在考公务员之前，你一定要想清楚，你为什么要考公务员？

我遇到一个读大四的90后，他父母托我给他指点一下公务员考试。他父母好说歹说，他才同意见我。见面后，他说自己的未来要自己决定，父母这样替他做决定，逼他考公务员，让他很反感，觉得人生的轨迹从此定型，生命也没有什么意义了。

我当即表示支持，说我完全赞同你的观点，那么请你说说你有什么其他目标，我来帮你来说服你父母。

他想了老半天，尴尬地回答我说，暂时没想好。

我对他笑了笑说，我知道你想要什么。

他惊诧地看着我，没有说话。

我说，你是不是想找一个收入很高，但是没有压力，自由随性的工作。

他连连点头说，对对对！

我接着说，那我给你找一个年薪百万的工作好不好？

他嘿嘿一笑说，我喜欢！

我将声音提高分贝，带着质问的口气问道，那么请你现在告诉我，凭什么年薪百万的工作要给你？

他显然被我问住了，一时无语。

我再接着说，香港影星梁朝伟一部戏的片酬是4500万元，但是冯小刚导演评价梁朝伟的时候，说他是全世界最便宜的演员，因为他只拿一部戏的钱却拍五部戏。这是啥意思？

"不知道。啥意思？"他迫不及待地问。

我说，因为梁朝伟尽管片酬高，但是能让制片人拍一部戏赚五部戏的钱。什么人最贵？每个月拿2000元却只能创造500元价值的人最贵。因为他让企业每个月亏1500元。再大的企业，只要这样的人多了，迟早完蛋！什么人最便宜？年薪百万，但能给企

业带来上千万的利润。这样的人越多越好！你认为你是前者，还是后者？

他说，我暂时还没有工作经验，也没发现有什么特别的能力，应该是前者吧。

我继续引导他，那你想不想成为后者呢？

他差点跳了起来，"当然想，年薪百万，瞬间就是高富帅呀！"

"想要年薪百万，是不是需要提升自己的能力？"

"是！"

"要提升能力，一是需要平台，二是需要向一流的人才学习。你赞不赞成我的观点？"

"赞成！"

"那么，平台在哪里？一流的人才在哪里？"

"……应该在世界五百强吧？"

"那你给他们投简历没有？"

"投了，但别人要求太高了，压根就没戏！"

"其实，即使你进了世界五百强，也必须从基层做起，拿普通员工的工资。如果顺利的话，你到中年能坐上企业高管的位子，拿年薪百万。电视剧里面初出茅庐就是企业高管那都是骗人的，因为让中年大叔演一些情情爱爱会没人看。要想年薪百万，是要靠之前十多年积累的。而这个积累的过程如果在更好的平台，身边有更优秀的人，就能积累得更快。如果你进不了世界五百强，我现在告诉你另外一个平台，比世界五百强还高，一流的人才还多，甚至世界五百强都时刻在关注这个平台的动向，紧跟这个平台调整，而且你现在开始努力就能进入这个平台，你去还是不去？"

"去！"

我缓缓地说，这个平台就是党和政府。凡在中国得到长足发展的企业无不紧跟党和政府的政策。进入这个平台的人，可以获得理解党和政府政策的全新视角，能在更加宏观的层面为企业谋划未来。同时，中国的一流人才在党和政府里，二流人才在企业。

他张大嘴巴望着我说："何以见得？"

我喝了一口水继续说，党和政府的干部可不是你在电视和报纸上看到的几个贪官。他们中间很大一部分人工作能力强、能吃苦耐劳、作风过硬，看问题能分析得很透彻，做事情兢兢业业，一丝不苟。在我国的党和政府里，可以说是人才济济。和中国不同，美国是一流的人才在企业，二流的人才在政府，这样的人才结构能让经济更具发展活力。中国正在向美国学习这一点，但需要一个过程。现在中央正在推进公务员的养老、医疗并轨，就是为下一步人才向市场流动做准备。我敢断定，要不了多长时间，一定会出台鼓励和引导公务员中的人才到企业中去干事业、创业的政策。现在一些猎头公司对公务员队伍中"下海"的人才特别感兴趣，年薪百万的大有人在。

"啊！你的意思是我先考公务员，利用公务员这个平台提升能力，然后到企业拿高薪？"他若有所思地说。

我笑了笑说，我可没有这样说，只是提供一个参考。中央没有让所有一流人才都流出体制的意思，还会通过进一步提高公务员待遇的办法留住人才。何去何从，在于个人选择。到时候，你愿意继续留在体制内还是辞职"下海"，我都尊重你的选择。但是，在这里我要奉劝所有要考公务员的考生一句："为官发财，应当两道"。如果你当了公务员，应该有更高的人生理想，绝不能利用手中的职权牟取私利，否则党纪国法不容！

好吧，我承认，对于好高骛远的应届毕业生我只能用上面的办法来对付了！

对于更多清楚当前就业形式的同学们而言，公务员考试是一条比较好的就业途径。姑且不谈那些高大上的理由，还没有找好满意的工作的毕业生们，不妨先考一下公务员试试！

二、在中国参加公务员考试是怎样一种体验

有人说：公务员考试就像打篮球投篮，投的多了，自然会有中的。最重要的是坚持，最关键的是补缺补差。

还有人说：公务员这份职业是围城，城外的人因为觉得好而在公务员考试中竞争，城内的人反而有想出来的冲动。

也有人说：公务员考试是继高考后人生最重要的考试，没有之一。

也不乏这样的看法：公务员也就是一份工作而已，平常心去看待。

我国的公务员考试究竟是怎样一个过程呢？大致来讲，可以分为两个阶段。一是考试公告发布前的那段时间，你应该提前了解公务员考试政策和公务员考试科目，看公务员考试教材；二是考试公告发布后的那段时间，抓紧时间根据公务员考试职位表和相关报名考试政策，筛选出一个自己想要报考的职位，然后提交报名信息，之后进行最后的复习冲刺，进入考场参加笔试，如果有幸进入面试，则准备参加面试。

第一阶段：相对比较长的复习备考期。

有一句话说：道路是漫长的，但是前途是光明的。所以请大家相信，虽然公务员考试的准备期比较长，但这是必要的。一般而言，公务员考试想要有所斩获，起码需要5~6个月的准备期，才能做到有备而战。也许你会觉得过程枯燥和艰辛，也总会有一部分人撑不下去，甚至放弃复习，直接裸考。这些考生，极大可能成为公务员考试的炮灰。世上无难事，只怕有心人，应该坚持下去。想想你成功上岸成为国家公务员后光明的未来，能给自己和家人稳定可期的生活，一切就都是值得的。无非也就是几个月的时间，多下点工夫，每天利用国家公务员考试真题刷刷题，做做练习，看看前辈上岸的公务员考试经验，总结一下答题技巧，你会发现时间过得飞快，收获也会很多，做题能力和成绩提升也很快。总而言之，公务员考试备考的确不容易，但是找到你自己的方法，能够让你打败枯燥，战胜无聊，静心复习。公务员考试是一次考验，战胜它你就离成功更近了一步！

第二阶段：公务员考试报名、笔试、面试、资格复审、政审考察、体检。

公务员考试流程大致是：报名→笔试→面试→体检→政审考察→录用公示。环节和程序比较多，你会发现这段时期忙得飞起。下面具体说说。

首先，查看公告。一定要认真地看！公告中包含着你能否报考的报名资格条件、考试时间、流程等重要问题。千万别把公告当成是摆设，以往有人就是因为没看清楚其中的一个小小要求，导致报考失败。

其次，选择职位。几乎与公告同时发布的是职位表，这又是一个非常重要的报考文件，必看！你需要从中认真筛选你想报的、你能报的职位。职位表中对每个职位都写明了非常具体的报考条件要求，比如专业、学历、年龄、户籍、资格证书、招考单位咨询电话等。请根据自身条件合理选择职位，只能选择一个。

然后，及时关注资格初审结果。如果你通过了初审，那自然没有关系，可以进行接下来的步骤；如果没有通过初审，要仔细查看系统反馈的信息，重新提交报名申请。

再然后，就是要关注报名的后续事项。其实在国考和各省省考中，报名的步骤略有不同，所以考生还是要严格按照招考公告中说明的报名各个时间点，及时做好相关工作。

接下来，进行最后的笔试复习冲刺。公务员考试公共科目一般都是《行政职业能力测验》和《申论》两科，如果你报的是银监会、证监会、外交部等单位的特殊职位，则可能还需要参加专业科目考试。你所报职位是否需要专业科目考试会在职位表中写明。而专业科目考试考什么科目，考什么内容，考试大纲是什么，相关招考单位都会发布相关通知公告，请你届时留意。

接下来，在笔试开考前，按照规定的时间登录报名网站打印准考证，然后奔赴考场参加笔试。提醒两点：第一，准考证、身份证一个都不能少；第二，放松心情。

最后，就是等待笔试成绩，从高分到低分往下排，确定进入面试人选。如果你进入面试，那么要好好利用接下来的时间，认真准备面试，同时也要关注官方发布的资格复审通知、面试通知等。如果面试过了，那接下来就轻松地去体检，体检过了是政审，政审过了就等录用公示，公示结束你就坐等上班报到通知吧。

在中国参加公务员考试有一种奇怪的感觉：谈到公务员这个职业，很多涉世未深的同学都表示在职业规划中会首先排除，甚至还对要考公务员的同学投去鄙视的目光，似乎拒绝考公务员是一种共识。但是全国每年报考公务员的人数都有好几百万，最热的岗位可以说是万里挑一。这是为什么呢？

有人做过一个调查，在网上随机抽取 1 万人，给他们提供 50 部美国大片的目录，请他们选出自己现在最想看的电影。结果绝大多数人选择了《辛德勒的名单》等思想深邃，看上去很高大上的电影。但是，根据大数据统计的结果却让人大跌眼镜，因为接下来没有多少人真的去看，而是点击播放了一些轻松愉快的电影。通过大数据分析，我们发现人们喜欢口是心非，或者言行不一。大家都想自己表现得各种高大上，最终落实到行动上却是"赤裸裸"的现实需求。

很多人嘴上说不想考公务员，无非是觉得公务员队伍是藏污纳垢之所，或者没有"钱"途，或者死气沉沉，或者人生被锁定。其实，这些都是误解。公务员队伍精英范十足，只是你不知道而已。因为你们不知道一个县长每天要见多少人，需要掌握多少信息，需要做多少决策。很多政府的决策是高明的，小老百姓看不懂，就不要乱评价了。例如，中国对南海的一贯态度是"求同存异，共同开发"，网上很多喷子弄不懂只会乱评论，说些什么"南海是我们国家的，凭什么共同开发，这是卖国行为"等。殊不知这是我国以邓小平为首的第二代领导人的深谋远虑，是大智慧。"求同存异"是为中国发展营造和平的发展环境，是大局；"共同开发"并不代表我们吃亏。因为开发是需要实力的，我们国家可以在短短几个月时间内吹沙填海，弄出几个岛来，这是对方一个农业国家做不到的。所以，"共同开发"是谁实力强，谁开发得多，谁更占便宜，对我们国家更有利。

世界如此喧嚣，真相何其稀少！对于公务员考试，很多主流观点是错误的。

错误观点一：公务员考试和中奖的几率差不多。

现在的公务员报考录取比例动辄都是300多比1、500多比1，甚至9000多比1，几率看起来和中奖差不多。但是真的那么难吗？其实你仔细想想，这几百个人里面至少有50%的人是抱着碰运气的心态去试一下，这部分绝对是炮灰，可以忽略不计；至少有30%的人只是随便复习一下，没有经过完整的训练；至少有15%的人复习方法不对，还在学行测解题十大秘诀、申论万能八条之类的东西；最后剩下5%基础较好、方法得当、复习全面的人，真正的竞争也只在这几个人里面展开，还要除掉一些心理素质不好或者发挥不稳定的，你要相信你所付出的努力必有回报。

错误观点二：没有关系根本不可能考上公务员。

当关于公务员考试作弊等新闻传出，很多人都像知道了惊天真相一样四处宣传，还有人感叹："难怪我考不上公务员，原来他们都在作弊！"还有就是口耳相传的某某某又找关系打了招呼，面试直接大比分反超原来的笔试第一名。关于这样的版本我听过不下十种，让人感觉没有关系去考公务员就是徒劳。

流言掩盖真相！这些事情之所以成为新闻，就是因为它们是少数情况。虽然可能存在一些不规范的现象，但是国家对这一块监管非常严格，整体上还是公正合理的。我和我的几个小伙伴，都是普通家庭的孩子，自己一个人出来，没有任何社会关系，但都是能吃苦的苗子，当初相约一起考公务员，陆陆续续都考上了，一个也没落下。其中还有一位还是面试大比分反超其他人，他当时还蛮有顾虑，说别人会不会说他找了关系，因为表面上看起来太像做手脚了。我说，你的口才绝对值这个分数。我想说，夸张的流言成为诸多人失败的借口，但不应成为你退却的理由。

错误观点三：我需要很长很长的时间来复习公务员考试。

这个观念是大部分人的误区，因为公务员考试并不是纯粹的知识性考试，很多时候考的是反应速度和思考节奏，所以复习时间长并不意味着考高分。

错误观点四：辅导书一定要各种买买买，综合各种复习材料，把上面的题目都学会。

参考书一定要选有用的。市面上的很多参考书谈的是一些"空"的东西，废话一大堆不着重点，看完了对提高分数没什么帮助，反而浪费大家的宝贵时间。

错误观点五：这次行政能力测试题目太简单了，我就是时间不够，真可惜！

这就不得不说我一个学弟的故事，他是个非常聪明而且记忆力极佳的孩子，数学系高材生。刚开始打算考公务员的时候还来问我一大堆问题，复习非常认真，甚至每一种题目下面有多少种题型他都能如数家珍，常常来问我一些不知道哪里收集来的变态难题。但是他做题目有一些强迫症，就是每道题目必须完全搞懂、完美解答他才放过，所以高考的时候他是他们省的理科状元。就这么一个人，考了三四次公务员，从来没进过面试！这绝不是运气的问题！他每次考完都跟我说："学长，这次数字部分和逻辑部分我肯定能拿满分。"他神色突然间一变，"就是那些文字题和资料题，那么简单的题目不够时间来做，真可惜！如果再给我10分钟，我绝对能上85分！"看着他信誓旦旦的样子，我只能一声叹息。

记住这句话——时间就是行测的一切。先练习按时完成题目，先学会如何在不足的时间里拿到最多的分数，最后再来谈高分策略。千万不要做"考试的时候我再集中精神加快速度"的打算。考试的时候因为紧张和功利心理，一般会比平时慢5~8分钟。

像国考这类的考试，120分钟140道题，90%的人都难以按时完成题目，至少有一二十个题是乱写的，还有二三十题不太确切。所以，我们应该有意识地去练习在时间不足的情况下最优化分配时间。

错误观点六：报考要求只要大概符合就可以了。

报考要求是要100%符合的，不然你进了面试也会被刷下来，一切的努力付诸东流。所以我建议大家在开始浴血奋战之前一定要确定自己所打的仗是有意义的。容易犯错的情况（在部分地区偶有差异）有：

（1）职位要求是"专科"的，你如果是"本科"或者"硕士"都不能报考，"专科及以上"的职位你才能报考。

（2）职位要求政治身份是"群众"，那么"党员"就不能报考。

（3）如果职位要求"化工类"专业，你是"材料化学"专业就不能报。看起来很奇怪，对吧？因为"化工类"专业其实是有具体范畴的，"材料化学"专业是材料类的专业，不要望文生义。

（4）职位要求"基层工作经验一年"，你只是在大学的时候去某社区工作站实习了一年，那么你还是不能报考，因为那算你的学习经历（"三扶一支"除外）。

……

还有很多不能一一道来，在报考的时候请你一定要再三看清楚，有疑惑的地方就打招考部门的电话询问清楚，不要在这个环节一失足成千古恨。

错误观点七：我考上公务员就是为了收入稳定、生活安逸、社会地位有保障。

是的，很多地方的公务员待遇都很好，"三险一金"加各种奖金补贴。

是的，很多地方的公务员工作确实很清闲，你可以朝九晚五。

但是上面这么多总结的经验不是为了让你去赢得一个惬意的铁饭碗！

我们的教育需要人关心，我们的食品需要人把关，我们的医疗需要人规范，我们的房价需要人解决，我们的权益需要人保护，农民工的生存需要人关注，失学儿童的愿望需要人实现，黑势力的保护伞需要人揭去，豆腐渣工程需要人推倒！不要世故地笑一笑，觉得这是幼稚的不可行的。想想那些公务柜台前爱理不理的、推三阻四的公务员，想想那些整天吃吃喝喝、大腹便便的公务员，想想那些殴打群众、肇事逃逸的公务员，虽然是少数，但是如果你没有追求，你就有可能成为他们！

"不管前面是地雷阵还是万丈深渊，我都将勇往直前，义无反顾，鞠躬尽瘁，死而后已。"朱镕基总理的声音还在回荡，振聋发聩，成为公务员的你我岂能推却这份荣耀的责任？虽然很难，虽然会有很多阻力甚至牺牲，但我们一定要去做，才会有改变。

三、公考并不苦，踏实往前走

跟大家聊点心态问题，不知道大家有没有出现这样的情况，在复习的时候明明知道自己要认真复习，时间很紧迫，不能浪费时间，但是一拿到书本和习题心里就有莫名的抗拒和厌烦，觉得学不下去，如果旁边有手机呀电脑的话就忍不住摸一下，发个微信，上个QQ什么的，结果一天就过去了。或是给自己一些借口，去喝酒，去唱歌，去度假，等等，美其名曰调整状态，诸如此类。结果就是再回到复习上来，怎么都找不到状态，时间一天天就过去，到了临考的时候不得不应付了，就开始急了，期望用个把月的做题能快速提高水平。失败了呢，就去看别人的所谓的励志文章和心灵鸡汤，斗志那个高呀，但是没几天还是老样子。结果不言而喻了，成绩出来了，原地踏步，甚至王小二过年一年不如一年。这样自己的信心就慢慢磨掉了，放弃的人不在少数。

我想大家在备考的时候出现这样的畏难、逃避情绪，原因是多方面的，但是主要的有这么几个，一是本身的性格气质属于多血性的，容易受干扰，看书没几下就想看看手机看看视频；二是信心不足，信心不是天生就有的，而是来自于自己的实力，对考试来说，实力，就是自己掌握多少。这里会有人说了，我都掌握了还复习什么呀？我想说的是"相对"的实力，相对的掌握，就是你一点点把原来不懂的弄懂，循序渐进，你会体会到成就感，感觉到稳步前进的自信，和不断品味到小成功的喜悦，这样就会看到希望，信心就会一点点来了；三是应付，自己考这个是觉得不错，如果家里人让考，甚至是逼着考，或是为了某个人的期望，不是自己的职业期望（这个大家懂的），这个原因的话就无解了，本来就是做自己不喜欢的事，何来的动力？自求多福，或是看看自己家里的风水好不好吧。所以如果大家考前没有对公务员这个职业的渴望，不知道自己为什么要当公务员，还是别浪费时间了，毕竟条条大路通罗马，没必要委曲自己。

说了这么多，怎么解决这个问题呢？其实很简单，就是少想，多做，把复杂问题简单化，就是投入下去，再坚持一下，你就会坚持下来。具体来说，一是复习的时候把能干扰你的东西都丢一边，主要是手机。自控力很差的同学干脆就关机吧，你不会有什么重要事情的，把无谓的干扰排除吧。二是复习的时候一定要从基础打起，从易到难，跟着一套好的教材走，这样你会系统地复习，把自己的基本功打得很好，也能享受到不断掌握知识的乐趣。不要说还有一个月就考试了，怎么办呀？有什么速成的方法呀？这样做跟裸考没什么区别。这次时间比较紧就做好下一次的准备，踏踏实实开始，就是最快的路。三是当自己想逃避的时候，觉得难的时候，不要多想，专心复习就好了，行动是唯一能破你的拖延、逃避行为的。

公考路上，犹如一个人的长跑，没有同伴，没有鲜花，没有掌声，没人会去鼓励你，只有你那坚强的意志，痛苦的身体，还有你那一步一步带着你前进的双腿。你需要做的就是前进，最后到终点，仅此而已。

第二节 公务员考试是一种修炼

一、屡战屡败下的坚守

A君考公考员考了2年，大大小小的考试经历了6次。作为公考的"老油条"，前5次出成绩的时候，A君心里都是拔凉拔凉的。第6次运气还不错，终于考上了。A君觉得5败1胜还是有原因，也不是单纯的运气。前5次考试失败主要是心不定，目标没明确，心里还是想闯荡，备考没太用心，边工作边备考，效果也不大好，考试成绩都在120分左右，没进面试。准备第6次的时候，A君终于想通了，想稳定下来，认真地做好一件事，于是辞了职，专心备考。A君认为：

一是要坚定。选择这条路，就要去坚持，不要抱有侥幸心理。

二是要有自信。自信人生二百年，相信自己可以考上，不仅可以坚定自己的内心，同时这个劲头带领着你不断去努力。

三是要努力。相信通过努力，通过行动，一定会取得成功。

每一个经历过公考并最终踏入考场的人都会明白"坚持"这两个字背后的含义，焦虑、紧张、恐惧、压抑，这些负面的情绪都会在你结束考试走出考场的那一瞬间烟消云散。要相信天道酬勤，你的努力一定不会白费。

二、每一分努力都不会白费

B君算不上聪明人。高考两次，都比较悲剧地没有考上自己心中如意的学校。第一次，分数不够；第二次，严重感冒加志愿没填好。但是，我觉得命运还是眷顾了他。

B君是个天真而努力的"孩子"。天真的人是可爱的，是无所畏的。在大学他就是这样，做自己想做的事：参加十几个社团，参加被称为潜规则的学生会主席竞聘，创办社团，五音不全而"浑水摸鱼"代表学院参加省市合唱比赛，酣畅淋漓地打篮球比赛，考试之前和兄弟们出去旅游，忙策划活动到天亮……他很丰富地过他的大学生活。也许他不是大学里数一数二的人物，但他还是可以给大人物凑个数的（很多别人不参加的活动，让他代表，没办法，老好人或者地位低）。努力，就不说了，虽然他只拿过一次奖学金和优秀学生干部（他是三本的，据说三本的拿奖学金很容易，他可是费尽力气）。

想考公务员的人不在少数，但岗位有限。他考了6次，最终进入了笔试，最近面试通过。如果你想在千军万马中胜出，请坚持！请自信！最后一次考试，他下定决心，这是他大学最后一次考试！很多时候，正是你觉得机会多，所以给自己找借口！

这条路的第一站是国家公务员考试，大约在九月底十月初出简章。本来他想这一站就停下，也下决心势必拿下。因为他大三就准备公务员，特别是大三暑假，他都在学校学习，这段时间是他大学学习最集中最认真的时间。规律的学习会让你增强自信，你也会发现自己在不断遇到瓶颈，然后不断突破！

第一站，他行测40多分，申论40多分。行测没过线，他报的是海关，要求是90多分。所以请记住，行测也很关键。也许论坛中很多人说，得申论者得天下。但是如果你都没有进入这个争夺天下的候选人名单，你怎么去得天下？所以，他还是强调：练好你的行测。但不是题海！首先你需要了解题型，然后了解自己不足。建议一定要练好数学，不要到时算得太慢，数学也需要感觉。

如果你要胜出，他觉得要两点：自信，睡好！

在后面，他又经历了浙江省考。浙江的题量和国考一样，难度也一样。考了100多分，离他报的岗位差几分。当时打击很大，都长痘痘了。但总结起来还是因为自己不够专注，在准备过程中他去参加了招聘会等。因为大家都在找工作，他也急。所以，这就是诱惑，这就是挑战。对于就业协议，B君真诚地告诉大家，有关系找自己亲戚签，没关系不要随便约定违约金。

回家过完年，他再接再厉。在回家过年的时候，你也要随时关注各省招考信息，包括考试地或者你想考的省市的人事考试网。接着他又报了上海，花了血本，上海的报考费不是一般的"低"。后来获悉需要上海户口或者国家计算机二级之类的，但是在资格审查中没有要求，因为后来上海市出台了新的户籍文件。所以，他建议谨慎报考。

再往后，他也没办法了。他考了两次事业单位，一次进了，没去；一次130多分，但岗位人多，2000比十几，国考都没这比例。所以，考得高不如报得好。如果你的专业有更多的选择机会，请分析报考，查看历年数据和分数，一般都是不会变的。就像宁波海关，人家分就是高。

快要毕业，B君没有为工作费心。之前他就把工作找好了，但是付出的是他的一次省考。不值！但是他还是很感谢这家单位成为他背后的支撑。他参加了江苏省考，很开心地去很开心地回。行测和申论都好，加了一科没考好，160多分，差岗位1分多。他觉得信心他有了，之前也准备了，可能是太松懈了。

最后一次考试，他可爱的家乡啊！安徽省公务员考试。他认真挑选岗位，针对特点训练。这个过程是很辛苦的，因为，大家都沉浸在毕业的离愁别绪中，而自己独自走上去自习室的路，一天，两天……每一天他都过得很艰难。按部就班，他坚持下来了。他重新认识了总理说的这句话：慎始敬终！

面试那天，他做了一套简单些的试卷，然后什么没想，睡得很饱。早上吃点水果和面包，带上红牛和证件。他哼着小曲，上了战场。记住：那天一定不要动怒，并且保持内心的虔诚。

这次他查分的时候就很自信，因为他当时下了狠心，一定要为自己争口气，超越别人很多分而不只是进入面试。最终，他做到了。140.2分，比第二名多14分，比最后一名多20分。感谢上苍如此眷顾他，感谢所有支持他一路走来的人，让他学会坚持和懂得奋进。

每一个上岸的人都是付出了很多心血的，无论是笔试还是面试，每天奋战到凌晨的考生比比皆是。不是每一个人都足够幸运一次上岸，但是越努力，越幸运。每个认真对待公考的人心里都清楚，无论成败与否，公考都是一种修炼，经历之后才发现自己对人生的看法又上了一个层次。

三、从学渣到考霸的华丽转身

作为一个三流大学毕业的C君，已经陆陆续续参加过好几次公考。虽然很悲催一直没有上岸，但是也开始慢慢有了自己的见解。

2015年4月，他第一次带着懵懂的状态参加了公考。那时候大学四年级，还没有毕业，学校管得严，也不好出去找工作。

因为有很多不了解，他报了一个招得最多的岗位，同时也是不限专业的岗位，现在俗称"三不限"。他抱着无所谓的态度走过了第一次考试，结果可想而知，120.7分，妥妥地落榜。不过这次考试，他也并没有太在意，因为那时候的他还不太明白"毕业即失业"这句话的意思。

所以，他继续无所事事地等着毕业，找工作。这时候村官报名开始，他头脑一热报考，然后开启裸考状态。那一年的村官题目不算太难，但是他竟然在考场上对着大作文写不下去了，成绩自然不理想，98分，没有入围。

说实话，当时的他即使落榜也没有一丝感觉，因为工作哪里都有，也不差那一个。接着他就投入找工作的潮流中，看着销售、投资理财等各种不靠谱的招聘，他心里开始后悔。其实他也尝试过走销售这条路，但是同事间的勾心斗角，还有面对领导天天追问成果时的难堪，使他每天都处在一种灰色的阴影之下。

后来实在受不了这种压迫的环境，他果断辞职，然后继续找工作。他在工作的同时也参加过事业单位的报考，但是当时因为身体的缘故，没有把过多的精力放在考试上。

截止到现在，酱油党做过了很多次，但是他每一次都会有不同的感悟，当然心境开始也不一样。他也学会了理性分析，重要的是以下几点，其实他觉得这几点都是老生常谈，但是真正能够听进去的还是很少的。

第一点，应届生的身份是很大的优势。很多在校毕业生，由于在象牙塔生活得太快乐，根本不能理解他们这个身份是多么让人羡慕。很多职位都要求应届毕业生，这个要求就可以刷掉一大部分社会人员。再加上如果有专业限制，基本上又可以刷掉一大波竞争对手。俗话说，限制越多，上岸的几率就越大。所以给即将毕业的学生一个忠告，规划好以后要走的路，如果选择走上公考这条路，就要好好利用大四充裕的时间准备公考，报考那些有限制且有资格报名的岗位。

第二点，考过公考的人都知道，有几个题库 APP 等。那些觉得单纯刷题就可以提高成绩的，他觉得你这是在做梦。可能他说得过于严重，但是题目刷得再多，如果你不知道答题技巧，或者说你都不知道这题的考点是什么，那么答对的几率有多少呢？有句话叫做题不在多，在于精。换句话说，就是一定要看错题，为啥做错。要明白自己的弱点，并且去攻克它。

第三点，切忌盲目，随大流。既然报考了，就一定要有所准备。天上掉馅饼的事很少，就算会砸下来，也不一定会砸到你的头上。

后来听说，C 君成功进入一个地级市公安局、一个地级市事业单位、一个省会市事业单位、一个省属事业单位、一个省会公务员的面试，实现了从学渣到考霸的华丽转身。

第三节　满满全是干货的成功经验分享

一、公考小白心路历程

D 君是一名公考小白。在买好书、笔、草稿纸后，他打算正式开始战斗。也许是毕业这一年都很少碰书的原因，经常看着看着就走神，还总是忍不住诱惑出去玩，望着几大本教材和每天缓慢的进度，D 君开始着急迷茫了。同学给他推荐了一位刚刚参加省考上岸的大神，于是乎他便开始疯狂骚扰这位大神。别人的成功经验能让你少走很多弯路。

D 君大概复习了两个月后才开始真正全面了解公务员考试，每天都觉得时间不够用，复习常识的时候感觉自己是个文盲，复习数量关系的时候觉得自己的数学是体育老师教的……他不断地被碾压，然后爬起来继续被碾压，都有种被虐的快感了。

那段时间他也对自己的基本情况有了个大概的认知，比如自己的判断推理和资料分析比较强，他就会对这两个模块要求比较高，特别是资料分析，尽量不因为粗心丢分。而且 D 君真心觉得资料分析是这五个部分里面性价比最高的，不用投入太多却可以产出很多。只要把计算速度提上去并保证准确度，这部分拿分很容易。

对于比较薄弱的常识和数量关系，常识因为内容量很大，而且并不需要理解，更多的是记忆，就中午休息的时间多看看。可数量关系不仅和数学底子有关，更需要通过大量的计算，对公式的理解运用来掌握，这可就愁坏了他。后来和大神沟通，大神根据他平常做数量关系题目的错题，每天挑选一些典型例题给他做，并让他真正理解这个公式的意思以及为什么这么用，还教了很多秒杀的方法以及用选项套答案的方法，不得不说还都挺实用的。反正那段时间 D 君就是不断地刷题刷题再刷题，都刷出了一种自己是学霸的错觉。

在复习的最后一个月里，他主要就是分配时间调整心态了。因为能在考试时间内做完那么大题量行测的是极少数，这也就决定了它是一个需要你充分发挥长板的考试。他在模拟的时候一般不按试卷上给的模块顺序来，他会先写言语理解，因为这样即使再纠结也能选出一个答案，而且在考场你是无法判断自己做的是否正确的。试卷上第一个模块是常识，因为到后期还是会有一些冷知识没记住，所以怕刚上考场本来就紧张结果还连蒙带猜地做题会影响后面考试的心情。

每位考生可以多尝试几次做题顺序的模拟，看哪种最适合你便按这种顺序来练，最后在考场上就按平时练的顺序来做，这样能让你保持一种平和的心态做完整套试卷。最后一个月 D 君每天都会写一套申论卷，大作文也写，如果那天真的没时间就把大作文的提纲列出来，练就拿到一个题可以思路清晰有逻辑地安排各个部分所要表达的观点和例子的本领。而且要把每次模拟题当做真正的考试来做，这样能对自己的成绩有个大概的预估，对于报考职位也有很大的参考价值。

二、万马千军突围者的自述

一位来自福建的考生 E 君，他从 1723∶1 的岗位竞争比中突围，有一套自己的备考经验和方法。他身边有朋友从大二升大三的暑假就开始看书做题，也有人只准备了一个月不到，大部分人开始准备公务员考试是在大三下学期或者暑假。他一共参加了两次公务员考试，2015 年 11 月的国考他备考了一个多月，2016 年的省考备考了两个月。有的人适合把战线拉长，有的人喜欢高强度速战速决。虽然他两次考试的备考时间都不太长，但备考期间是绝对的高强度，除去偶尔的放松，基本保证一天 9 个小时在图书馆看书刷题。所以你要知道自己适合哪种备考方式，是长时间慢慢准备还是短时间高强度，然后制定适合自己的备考计划。

他认为制订计划非常重要，而且计划越详细越好，这会督促你每天按时按量完成任务。很多人到考试之前都没把教材看完，或者真题没刷几套，大多数是因为没有制定备考计划或是制定了计划但没有按计划进行。在每次开始准备考试之前，他会先制定一份总计划，根据到考前他所要完成的所有教材和练习以及自己的复习进度，把备考的总时间划分为几个阶段，把各个阶段的起始日期、截止日期、该阶段要完成哪些教材和练习都写清楚。然后制定第一阶段的小计划，制定小计划的时候建议越详细越好，他会把该阶段里的每一天几月几日他要完成哪一本书的第几页到第几页，做哪一套真题等都罗列好，这样每天一睡醒就会有很明确的任务，也避免了三天打鱼两天晒网。每天完成的任务就用红笔勾起来，这样可以很清楚地知道自己的复习进度，而且看着满满的红对勾也会很喜悦。效率高的时候他会尽量超额完成当天的任务，每天多做一些，这样很可能到周六就完成了一整周的任务，那么周天就可以奖励自己放纵一天，爱干啥干啥去！按计划实施完第一阶段之后，再根据自己的进度制定第二阶段的小计划，往后依此类推。

他总结了一些行测心得，在这里和大家一起分享：

（一）言语理解与表达部分

1. 逻辑填空

这一模块的首个重点是成语，不仅要明白单个成语的意思，还要知道这个成语的使用范围（例如有的成语只能用来形容人，而有的只能形容物）、感情色彩（褒义、贬义、中性）、表达程度的轻重等，以及一些意思相近的成语的区分。结合具体真题来掌握成语会容易些。实词的掌握和成语一样，对于真题中出现频率较高、容易混淆的近义词，要进行整理。

2. 片段阅读

解题顺序：看设问→读题干→选答案。解题技巧：（1）找重点句，记住三个点——对策、观点、解决问题，这三点是重点句的标志；（2）解决问题的主体是谁，它必定要出现在正确答案中；（3）细节题：一一对应，排除干扰，干扰选项何处找，无中生有加替换。

（二）资料分析部分

这是行测五个模块中能提升得最快的模块，而且经过系统的训练得分率会很高，数学再差的人也不能放弃。解题步骤是先看题目再看资料，看题目的时候只看题干不看选项，并且把题干的关键词圈出来。阅读资料有一些速读技巧，教材里都有，这很重要。在平时练习的时候要形成一套自己的固定标记，通常一篇资料会使用两三种标记区分不同的关键词，这样容易查找，而不要大段大段地画横线。资料分析中有许多统计术语，要懂得每个统计术语的含义。速算技巧教材里教了很多，可以根据自己的能力有选择地掌握。一些常用的、简单的速算技巧一定要会，而且在刷题的时候要有意识地去使用，多用几次就熟练了。另外，资料分析中会有一些常见陷阱，例如题干或选项中的数量单位、时间单位、时间表述等和资料中的不同，最大值还是最小值，等等，一定要仔细审题。

（三）数量关系部分

对于大部分考生来说，数量是难度最大的模块，而且系统地复习需要耗费大量的时间和精力。如果是数学很差的学生就直接放弃好了，把复习数量的时间贡献给其他模块。但是选择不复习的同学，平时做套卷的时候也要试着做数量题，并非所有的数量题都很难，每套卷子中都会有那种看一眼就会的数量题，除非考试时间不够做不完，否则完全放弃这些简单的题目就很可惜。平时的练习能够帮助你在考场上迅速地判断出哪些题目是简单的、自己会的，而哪些是可以放弃的。

（四）常识判断部分

很多小伙伴在备考的时候都会选择放弃这个模块的复习，觉得常识的知识范围太广、知识点太琐碎，因此大部分人的常识得分率都不高。但是如果想考得比别人高，这是一个突破口，尤其是到了复习后期遇到分数瓶颈的考生，更要在这个模块上下工夫。常识没有想象中那么难，关键是要对零碎的知识点进行梳理然后记忆。常识中最重要的是法律部分，法律中有很多专业术语的定义，对于相近但又不同的定义要单独整理出来加强记忆；还有一些数据类的知识点，例如判刑时间的长短、罚款的数额等，都要整理才不容易混淆。其次是历史部分，这也需要多花一些时间。其他常识的复习方法也是如此。

（五）判断推理部分

1. 图形推理

（1）规律类：

位置类：平移、旋转、翻转、静态位置。

样式类：属性、遍历、运算（叠加、相减、求同、求异）。

数量类：面、素、线（相加、相减、直曲性）、点、角。

（2）重构类：

折纸盒（审题时要特别注意题干给的图形是纸盒的表面还是纸盒的里面）、拆纸盒。

以上是图形推理的分类，图推看似杂乱无章，其实有很多解题技巧。在看到图推题时，首先根据题干图案判断该题题型，是位置类、样式类、数量类还是重构类，然后再观察图形满足该题型的哪种规律。

如何判断题型：题干中所有图形的组成元素都一样，包括形状、数量、颜色等，则属于位置类；题干中组成元素相似，但不完全一样，则属于样式类；题干图形凌乱，不一样又不像的，则属于数量类。

2. 逻辑判断

这部分有很强的专业性，教材中教的原理、口诀、公式、规律都要背诵、记牢。

3. 定义判断

划出题干中的关键词，关键词有：主语、宾语、状语（时间、地点、方式、目的等，即限定条件）。

仔细审题、看清提问方式、先排除。

4. 类比推理

寻找词与词之间的关系、规律。对于一些难以判断规律的词语可以尝试造句法。

三、状元心得：行测其实没那么难

F君作为一名应届生，参加了 2015 年山东省的公务员考试，行测获得了全省最高分，是不折不扣的状元。他表示，行测其实没有那么难，但需要魔鬼式的训练，需要有一个理念来支撑着走下去。

（一）准确理解行测

不知道最先是谁开始说，行测就是考智商的，不需要花多少工夫去准备，全部看平时的积累。行测是做不完的，一定要放弃很多才有可能得到一个不错的分数。行测不拉分，拉分都靠申论。但现在有一个想法，就看你敢不敢想：行测是可以拿到满分的。理论上是可以的，所有题目都是选择题，都很客观，为什么不可能拿到满分？首先对行测要有这样一个意识，题目都不难，慢慢做，真的有可能做全对。当然，不可能出现全对的情形，那是因为受到时间、考试心态、知识面等方面的影响。但这些都不妨碍朝着全部做对行测的目标去努力。

行测的题目不难，那为什么大家都做不对？因为做得不够多。行测的题目是不是真的做不完？答案是否定的，因为练得不够熟。听到说做不完题目的，都是最终没有考上的。没有考上的人多，所以说行测做不完的人也多。总之一句话，行测的高分一定要靠做题，要考100道，平时的练习就要达到10000道。要考150道，平时练习就要达到15000道。明确了要走的路，下面就是方法问题了。

（二）准备材料

1. 大量的草稿纸

养成打草稿的习惯。平时的练习，几乎超过一半的题目需要用到草稿纸。不要说你都是直接在题本上打草稿，那样的习惯非常不好。题本上空间小，你必须把字写得很小，并且过程非常简略，这就为失误埋下了伏笔。

2. 收藏一个论坛

也许你已经光临过很多关于公务员考试的论坛，也许你从上面获取过资料，但是，请收藏一个你认为值得收藏的论坛，每天上网都打开它。养成泡论坛的习惯，多与论坛上的考友交流，掌握最新动态。

3. 历年真题一套

当然，理论上只要你准备参加公务员考试，历年真题都是有的。但你需要合理利用这套真题。最好的方法是，将真题分成两个部分，最近两年的和以前的。先做以前的题目，感觉一下自己的实力跟考试要求差多少。再将最近两年的真题混到模拟题当中，放到最后做，这样可以检测你练习后的效果。

4. 预测题3套

至少需要3套模拟题，如果有精力，你可以准备更多的模拟题。并不推荐市面上太常见的书，这些书被看得太烂太多。试想，所有要参加考试的人都看了做了，那你也随大流，不就成为那失败的大多数了吗？但是，也必须准备一套，那是因为，既然大家都做了，如果你不做，岂不是起点就比别人低了？要求是：人无我有，人有我精。

5. 男/女朋友一名，或者，一个可以经常在你身边鼓励你，智商正常的人

这样的人超过两个不合适。理由是，做行测其实是非常枯燥的一件事情。有时候题目很简单，但你却想了半天想不出来，这时候，如果旁边有一个人，也许他换一个思路，就想出来了。同时，行测的题目很适合在平时聊天的时候当做话题。此外，找一个同伴，可以让你在整个考公路上有一个精神支撑。不要忘了，除了笔试，还有面试这个大关，这个过程很辛苦，有个人陪着，效果会很好。

（三）备战行测

整个备战过程，时间上不好具体把握，短的一个月，长的可以四五个月，但是都可以分解成以下4个阶段：

1. 了解自己的优劣

一般来说,已经参加过考公的人会清楚自己哪些地方比较薄弱,哪些地方比较擅长。了解这个,当然是为了下一步的集中突破。如果你是第一次参加考试,或者并不清楚自己的优劣,那么,可以做这样一个测试:拿当年最新的国家公务员考试行测试题,把每一部分都列出来,看着时间开始做。你需要以尽可能把题目做对为原则。如果这个部分做完,正确率在70%以下,或者时间超过25%,那这个部分就是你的弱项。如果正确率在90%以上并且在试卷要求的时间内完成,那么,这个部分就是你的强项。对于弱项,需要在下一步的集中突破中花大量的时间练习。而对于强项,可以直接跳过题库练习,在模拟题中练习就可以了。

2. 题库集中突破

前面的准备阶段已经选择好了题库,在这个阶段,就需要去做题了。如果你以前都是每天做那么几十道,那从现在开始,每天做题起码要超过150道。只有这样的题量,才能保证你对题目有足够的敏感度。F君在这个阶段每天练习的题量达到400多道,相当于三套模拟题的量。这个阶段练习的总题量将达到整个备战过程题量的80%,请衡量好,并准备好足够的题目。

3. 模拟题练习

这个阶段叫做模拟题练习,并不需要你按照准确的时间要求去做。一般来说,选择题量相当的模拟题,尽最大可能去做对题目,不要顾虑时间问题。但是,不要做到一半就停止,全部做完看时间,记录超过规定时间多少,然后核对正确率。这两个数字都是衡量你有没有进步的标准。一般来说,正确率是不会有太大的提高,因为经过了题库的魔鬼训练,针对各种题型应该有敏锐的感觉,做对的问题不大,但是时间的把握就会有问题。这个阶段,大概需要10套的模拟题,最后的结果大致是保持平衡的正确率,而时间已经非常接近要求甚至已经在要求时间之内。一天一套,其他时间可以备战申论。

4. 仿真模拟

到了最后冲刺阶段,一定要购买一套高含金量的预测题,网上很多免费下载的,一搜索一大片,建议不要看了,你想想你自己能简单地搜索到,那别人也肯定都有了!

(四) 决战时刻

如果你按照备战的4个步骤做下来的话,题量一定已经过万,你的功底可以说足够深了,那么现在你所需要的就是技巧了——考场上的技巧。掌握这个,可以让你更好地发挥出练习中的水平,甚至超常发挥,取得好的成绩。因为你要知道,平时的水平跟考场上的分数往往并不一致,关键就在于考试技巧。

1. 关于答题顺序

有很多关于答题顺序的说法,最近的一种是先做图表分析题,原因是比较简单而且分值大。但是经过几年国考和省考的检验,使用这个方法的人都追悔莫及。还有人说先做常识,因为比较简单,不会就蒙,时间也快。但是不知道大家想过没有,在你做的第一部分里,你就可能面临很多你不会的内容,需要大量的猜测,此后你做题的心态是怎么样呢？时间固然重要，但是，心态更重要。我们的目标不仅仅是要在两个小时内把题目做完，而且要在两个小时内尽可能多做对题目，拿更多的分。

现在介绍一种全新的做题顺序，从心理学角度出发，结合实际进行操作的答题顺序：

第一，做类比推理。类比推理是仅次于常识判断难度的题目，而且可以说，除非是常识性的类比推理，一般智商的人，都可以很快做出并且做对。这个部分是耗费时间最少的。

第二，做言语理解与表达部分。也许你会惊讶，这部分是不是要因人而异啊？事实上，无论你语文好或者差，这部分你都逃不掉，而且，中文字谁都看得懂，做对做错一时间都是不知道的，只管往下做，不要去计较对错。即使语文功底再好，这个部分也可能会错很多。一般这部分可以在规定时间内完成。

第三，做常识判断。会就会，不会就蒙一个，不要纠结。

第四，做推理部分的其他题目，诸如图形推理、演绎推理。因为在做了大量的言语理解与表达题目后，你的思路会打开，做演绎推理的敏感度会提高很多。最后是关于所有理科部分的题目。如果图表分析中有那种一看就知道怎么做的图表，那就先做。如果一看都是需要大计算量的，就先放弃。然后看数学运算，可以从上到下做，遇到难题就跳过。做完数字运算，再去做大计算量的图表分析。最后回去解决难的数字运算题目。

这个做题顺序需要认真分析运用，结合自己的特点，稍微变动。但一个总的原则还是先做容易的，再做难的。

2. 关于涂卡

涂卡方面也有几种说法，一是做一道涂一道，二是做完一部分涂一部分，三是全部做完再涂。首先否定第一种，这种是最浪费时间的。推荐用钢笔或者圆珠笔打草稿，因为那样比较清晰，不容易错。那么如果做一题涂一题，换笔也是浪费时间，而且容易涂错。第三种，全部做完再涂，对于时间充裕的人来说是比较合适的，全部做完了，涂的时候还可以有一次检验的机会，但是对于行测那么紧张的时间，也不推荐。关于第二种做一部分涂一部分，需要有更深刻的理解。涂的那一部分，需要的是你全部做完，没有空的那部分，如果你中间有难题跳过了，这个部分就不要涂，防止出现错位。

3. 关于如何进行猜测

猜测是需要技巧的，并不是单纯地蒙。最忌讳题目也不看，直接在答题卡上涂答案。曾经有人在答题卡上连涂了 10 个 E，事实上题目中根本没有 E 这个选项。猜测需要有个方向。一般来说，放到最后进行猜测的题目有两种情况，一是时间不够，二是前面留下的难题。如果是前面留下的难题，你应该有思考过，可以确定一个方向，排除一到两个，那么在剩下的两个里猜测，成功率会高很多。对于时间不够的，一看答案简单与否，越简单，是正确答案的可能性越高。二看前后题目的答案，重复的可能性不会很大。所以那种一串都蒙同一个答案的，押中的几率会很低很低。

4. 关于放弃

建议是不要放弃任何一道题目。放弃了题目就是放弃了分数。你要完成的不是两个小时1500道题，而是两个小时150题都不到，是完全可能做到的。运用各种猜测的手段，或者在第一遍做的过程中就将其猜测出来，或者在第一遍中做下记号，有机会再回来重新做或者猜测。

5. 关于难题

行测无难题——请牢牢记住这句话。你遇到行测中的难题，是因为你平时练习得不够。但是，如果真的在临场遇到了，请使用各种巧妙的方法去解决。首先，多用代入法。既然是选择题，将答案代入原题的要求中，符合的就是正确答案。这个对于答案数字简单，但是题目中数字复杂的尤其适合。其次，多用大胆假设法。假设某个答案是正确的，进行反推，相信自己的感觉。如果推出来错了，至少你在蒙的时候可以肯定排除你推过的那个答案。

每年都有几百万的人参加公务员考试，但是考上的毕竟是少数。大家都经过了高等教育，拥有差不多的智力水平，所以，更勤奋的人将获得更多的机会。在最后，还是要强调，多做题目，是行测获得高分的最高秘诀。要保持对题目的敏感度，看到题目就有连锁反应，包括如何下手，如何解答，如何得出正确答案。一般进行到备战的第三步，你就会有一种练习后遗症，走在路上，看到路旁边的树，都能想到关于种树问题的方程及其解答。公务员的工作可以给你一辈子的安稳生活，那么，为这个一辈子的目标，投入那么几个月的拼搏，难道不值得吗？

第二章 复习备考的正确打开方式

第一节 怎样正确打开行测

一、如何正确理解行测的含义

熟悉公务员考试的考生们都知道,"行政职业能力测试"(下简称"行测")是一种职业能力测试,考查应试者从事公务员工作所必须具备的一般潜能,是国家公务员考试公共科目笔试的一门。主要包括言语理解与表达、数量关系、判断推理、常识判断、资料分析这五个方面。

行测和我们平时遇到的其他考试大不一样。无论是高考,还是研究生考试,或者是司法考试、注册会计师考试等职业考试,其考查的范围是相对封闭的。换句话说,只要你准备时间够长,足够努力,是可以把相关的知识全部学完的。公务员考试则不然,尽管只考行测和申论,但是行测涉及五个部分,每个部分又可以不断拆分,被拆分的小部分仍然包含浩如烟海的内容。可见,行测的主要目的不是考查我们的知识。

从字面上理解,"行政职业能力测试"是一种能力测试,不是一种知识测试,并不代表学历高的就占优势。恰恰相反,可能研究生反而考不过本科生,研究生学历高不代表能力一定高、实力一定强。当然,造成这一现象的原因是多方面的。研究生注重科研性和学术性,做题容易钻牛角尖。研究生在考公务员这条路上会有动摇,本科生往往更加坚定。本科生可以报考绝大部分公务员考试职位,报考比例更大。但是,其中最关键的原因在于行测考查方式和内容的特殊性。

行测的这种能力测试有时候很像是智力测试。其中一些题型,如图形推理就是智商测试的题型。了解了这一点,我们大概明白了,要提升行测的分数,关键是让我们的大脑变得更加灵活,而非掌握更多的知识。高考成绩优秀的人可能在行测中一败涂地,因为死记硬背已经变成无效了。

行测是一种涉及行政职业的能力测试。行政职业需要什么,行测就会考什么。

一名公务员要能快速阅读吧?那就安排一些言语理解与表达内容。

需要掌握一定的政治、经济、历史、法律、行政等方面的基本知识吧?好,那就安排考查一下这些知识。

是不是需要严谨的逻辑呢？当然要，弄一些判断推理。

是不是要对数字和报表比较敏感呢？OK，马上添一些数学运算和资料分析的内容。

行测的五个部分就是这么来的。理解了一名公务员需要的基本素质，就理解了行测的真谛。

二、行测范围及分值分布

公务员考试行测有著名的"三不公布"原则：题目不公布、答案不公布、每题分值不公布（除广东、辽宁等极少数地区公布行测每题分值外，地方公务员考试均遵循这一原则）。行测各部分分值不同，等到考试结束后，根据考生水平决定，如果都好，那难题的分值就加大，反之，同样。从多年考试情况看，考试范围和分值分布基本上如下：

（1）常识判断考查政治、经济、法律、历史、地理、自然、科技等常识，总共20道题。每题分值在0.5分左右。

（2）言语理解一般包括选词填空20道题，片段阅读20道题，总共40道题。每题分值在0.6~0.8左右。

（3）判断推理包括定义判断10道题，图形推理5道题，类比推理10道题，逻辑判断10道题，总共35道题。每题分值在0.6~0.8分。

（4）数量关系包括数字推理和数量运算，总共15道题。每题分值在1分左右。

（5）资料分析分为3份资料，每份资料有5道题，总共15道题。每题分值在1分左右。

三、你知道自己为啥屡考不过吗

屡考不过的原因主要有打酱油心态、碰运气心态、不讲方法死学习、意志不坚心不定。给大家具体罗列一下：

（1）八成以上的考生未做必胜的打算，抱着尝试一下的态度。有相当一部分应届毕业过于自信，对公务员考试的艰巨与困难估计不足，自以为基础不错，问题不大，结果大意失荆州。

（2）近八成的考生未精读教材，不少人甚至一遍都没有读完。他们或者认为教材只不过是题型的诠释，或者有的考生选购的教材质量有问题。建议大家不要看那些泛泛而谈的教材，不然浪费时间。

（3）有七成多的考生不知道如何对付那浩如烟海的行政题目，只好走马观花或囫囵吞枣，对题型理解不透，领会不深。

（4）有近七成的考生做题练习不得法。他们做题没有针对性，或者把做题当成单纯的复习测试手段，不懂得对考题分析和总结，也很少对做题效果进行小结或评价，做题几乎成了可有可无的环节，更谈不上达到实战训练与体会的层次。

（5）有六成多的考生未安排时间专门复习，只在考试前一个月下意识地复习。

（6）有五成以上的考生反映，由于缺乏经验，对公务员考试这种素质测试类考试不适应，临场发挥不好。有的表现为题速感差，答题时间不够，或时间紧未检查，或漏了题未做。有的则表现为不适应量大活细的涂卡作业，犯了自己都不可原谅的低级错误。还有的由于考前身心调整不到位，在考场上体力不支，等等。

（7）还有一半左右的考生复习没有计划，完全是跟着感觉走，根本不了解公务员考试考什么，怎么考，怎么复习。有的都不知道自己这几个月干了些什么，本来应该干什么，哪种做法的效果好与坏。

（8）一半以上的考生复习的内容不平衡，对一些分数比例小的内容干脆放弃。例如很多考生认为时事政治的内容仅占总分很小的比例，就对时事政治置之不理，其实这是一种错误的观念。其一，复习时事政治并不难也不一定要花很多时间，建议对时事政治资料进行浏览式的复习，带着兴趣来浏览，增加对国内外大事的了解，做一点测试以巩固记忆。如果连一些最起码的、影响深远的国内外大事如"神舟十一号"这类的大事都不知道而失分，不能不说是一种遗憾了。其二，公务员的竞争是激烈的，有时一两分能决定一个人的命运，我想，所有的考生都不愿意因为一两分的差距而与公务员队伍失之交臂吧。

第二节　复习备考方法

一、复习备考的原则

公务员考试学习的方法因人而异，但正确的学习方法应该遵循以下几个原则：循序渐进、熟读精思、自求自得、博约结合、知行统一。

（1）"循序渐进"——就是人们按照学科的知识体系和自身的智能条件，系统而有步骤地进行学习。它要求人们注重基础，切忌好高骛远，急于求成。循序渐进的原则体现为：一要打好基础，二要由易到难，三要量力而行。

（2）"熟读精思"——就是要根据记忆和理解的辩证关系，把记忆与理解紧密结合起来，两者不可偏废。我们知道记忆与理解是密切联系、相辅相成的。一方面，只有在记忆的基础上进行理解，理解才能透彻；另一方面，只有在理解的参与下进行记忆，记忆才会牢固。"熟读"，要做到"三到"：心到、眼到、口到。"精思"，要善于提出问题和解决问题，用"自我诘难法"和"众说诘难法"去质疑问难。

（3）"自求自得"——就是要充分发挥学习的主动性和积极性，尽可能挖掘自我内在的学习潜力，培养和提高自学能力。自求自得的原则要求不要为读书而读书，应当把所学的知识加以消化吸收，变成自己的东西。

（4）"博约结合"——就是要根据广博和精研的辩证关系，把广博和精研结合起来，众所周知，博与约的关系是在博的基础上去约，在约的指导下去博，博约结合，相互促进。坚持博约结合，一是要广泛阅读，二是要精读。

（5）"知行统一"——就是要根据认识与实践的辩证关系，把学习和实践结合起来，切忌学而不用。"知者行之始，行者知之成"，以知为指导的行才能行之有效，脱离知的行则是盲动。同样，以行验证的知才是真知灼见，脱离行的知则是空知。因此，知行统一要注重实践：一是要善于在实践中学习，边实践、边学习、边积累；二是躬行实践，即把学习得来的知识，用在实际工作中，解决实际问题。

二、制定周密且可行的复习计划

（一）复习备考期的心理调适

1. 树立考试信心

所谓树立考试信心，主要包括两个方面：一是要相信自己的学习能力和考试能力，要暗示自己，作为接受过高等教育的自己，既有较高的理解能力，又有出色的自学能力和自制力，而公务员考试所考查的大部分知识在本质上无非是中学时代的基础知识和青年时代对社会对国家的认知，只要科学备考，没有什么难的；二是要相信自己报考公务员的战略眼光，如今，不管外界如何讨论公务员职业，这个职业的自身优势依然存在，随着国家对公务员工资制度改革的推进，广大基层公务员的福利待遇和个人发展前景都是利好的。

2. 克服拖延心理

虽然很多考生"踌躇满志"，心里默念一定要在家好好复习，哪里都不去，但显然，"愿望很丰满，现实却很骨感"，相当一部分考生贪玩，即便坐在书桌前也难免摆弄手机、看电视、上网。因此，建议考生不要有"等……的时候可以有时间好好复习，现在先放松一下"的拖延心理，从当下做起，复习时间已然不多，即便是零碎时间，也同样可以达到学习效果。

（二）前期应当做哪些准备

（1）购买教材。还没有购买教材的同学，此时应当选购教材。

（2）了解报名。国家公务员考试一般10月中旬出公告，12月初考试。省考一般3月中旬出公告，4月下旬考试。浙江、山东、甘肃、贵州、云南、四川、福建、河北、广东、黑龙江、江西、内蒙古、新疆、海南、湖北、重庆、广西、湖南、山西、陕西、天津、辽宁、安徽、青海、吉林、宁夏等省份参加联考。在这之前，建议考生预先对报名资格、招考政策、报考流程、往年职位等有所了解，这样有利于报名时有条不紊，选择自己有报考意愿又最有把握的职位，不至于忙中出错或者因流程不熟悉而错过报名。

（3）认识真题。在复习前期，可以通过教材将2016年国考真题做完，先不要在意准确率，这次做题的目的主要是熟悉考试题型和考查方式，了解自己的初期水平，以便复习时有的放矢。

（三）分阶段实施备考计划

不论每个人复习备考的时间长短，一般将复习计划分成以下三个阶段：

1. 夯实基础，全面掌握考点

在第一阶段，避免盲目的套题练习或模考为主的复习模式。广大考生认为这是最直接最有效的复习方法，其实不然，因为仅仅是套题练习或模考练习都不能全面掌握考点。比如判断推理的类比推理，共有同一、包含、矛盾、反对四种内在逻辑关系，而在做套题练习的时候可能无法全面了解这四种内在逻辑关系。因此建议广大考生采用分模块、分考点进行全面的复习，夯实基础，而模考只用来训练速度与查漏补缺即可。

2. 侧重简单、中等难度题型

第二阶段是在第一阶段夯实基础，全面掌握考点之后，有所侧重的复习阶段。因为时间紧，第二阶段没法跟第一阶段一样面面俱到，平均分配时间，因此我们在这一阶段应该侧重简单、中等难度题型。由于在行测科目考试中难题基本都是我们要放弃的，即使平时花很多时间进行复习，考试时也是没有办法在一分钟之内完成的，因此在第二阶段应该花更多时间复习简单、中等难度的题，这样能使我们在公务员考试中以更高速度完成更多题目。

3. 注重演练、模考结合

在系统复习知识点、考点后，要把方法、技巧变为自己的，必然需要更多的限时练习，只有在复习中注重演练才能把方法变为自己的方法。加快我们理解题目的能力，提高阅读速度，同时提高做言语理解题所需要的语感等，这些都必须通过加强练习才能得以提升。另外，除了平时的练习，还要进行模考，通过模考不断调整做题顺序，以获得最适合自己的做题顺序，也只有模考才能体会全面把握考点、提升速度的重要性。

一个详细且合理的计划，应是周密且有弹性的。考生可以按照熟悉知识点的基础阶段→夯实基础、强化提升→总结考点、提升做题速度→模拟练习、演练真题这样分阶段进行。特别是对于处在零起点的考生来说，可以用最近两年的公务员考试真题预热，再按照规定的时间进行全真模拟，计算分数，由此先了解一下自己笔试的大致水平。另外，需要注意的是，复习计划需要有一定的可行性，这样考生可根据实际情况进行调整。

三、提高复习备考效率的策略

同样是复习一天时间，有的考生进步较大，有的考生几乎没有感觉。这是为什么？主要是复习备考的策略不对。学习效率低的考生复习好比狗熊掰玉米，一边掰一边丢，虽然也很辛苦，但是收获不多。学习效率高的考生懂得总结，知道查漏补缺，学习成果颗粒归仓，自然收获满满。

1. 认真总结提炼经验教训

总结前三年的国考真题以及各省省考真题，虽然这些试题已经考过，再现真题的可能几乎为零，但我们也要认真总结：在备考过程中，我们到底学习什么，有哪些知识点自己还没掌握，哪些知识点已经掌握，哪些知识点还有点模糊，等等。知己知彼，方能百战不殆。尤其是对于自己不是很熟练的知识点，抓紧时间补课，不太明白的地方赶紧请教。

2. 充分运用错题补短板

总结自己曾经做错过的题目，最好把以前做错过的题目进行汇总归类，自己再去重新做一遍，总结每一类题目的规律，加深印象。在空闲的时间里时常翻看这些错题，长此以往，会大大提高我们做题的正确率，下次犯错误的概率就会很低。对于那些自己一下子就能做对的题目，大可不必过于牵扯精力，因为下次有这样的题目，犯错误的概率是很低的。而曾经做错的题目就不一样了，务必要引起重视，它们是你宝贵的学习财富。

3. 调整好身心增斗志

有句老话说得好，"心态决定一切"，由此不难看出，心态对于成功的重要性。虽然考试的竞争压力很大，你报考的职位可能有几百甚至上千人来竞争，但是自己不能灰心，你的心态如何会在很大程度上影响到你的国考备考效率。对于公务员考试，每一位考生都要有良好的心态，注重过程，不要过于在意结果。

四、力戒公务员考试的十大坏习惯

考生在为公务员考试进行复习准备时须注意，一定要力戒以下这十个坏习惯：

（1）心态松懈。很多考生在备考时就抱着"试一试"的心态，以至于平时复习懒散，效率低下，不能持之以恒，最后"半裸考"状态参加考试。

（2）没有计划。"凡事预则立，不预则废"，公务员考试亦是如此。考生平时复习如果没有计划，想到哪复习到哪，或者总是跟着别人的计划走，往往会出现许多疏漏，形成不了知识体系。

（3）只求速度，不求正确。考生在复习时往往会陷入这种误区。公务员考试题量大，必须提高速度，这固然没错，但如果一味求快而忽视正确率，即使按时答完考卷，也是徒劳无功。考生备考过程中应该在保持一定正确率的基础上，初步提高速度。

（4）不会取舍。公务员考试知识面甚广，考生不可能全部掌握，因此，复习考试要有侧重点，要舍弃那些自己擅长的知识点和实在难以提高的弱项。许多考生在复习中眉毛胡子一把抓，不放过任一知识点，这种方法不仅很累，而且会影响到复习效率。特别应该注意的是，在笔试过程中如果出现不会的题目，应先果断放弃，切不能因一道题而影响到整场考试。

（5）光看不练。有的考生不喜欢动笔，拿着教材看，自己不动手练。最后，即使学懂了解题方法，但是动笔一算就错。

（6）不讲技巧。在行测考试中，很多题目通过一些解题技巧就能轻松得出答案，如果按传统方法解答，不仅费时费力，考生也未必能解答出来。这也是许多考生失分的主要原因。

（7）不求甚解。有的考生平时练习只注重对错，而不看答案的解析，对知识点一知半解，以至于错题不知错在何处，在考试中遇到同类题目时仍旧出错，因而得不到高分。

（8）忽视细节。细节决定成败，公务员考试亦是如此。就笔试而言，很多考生答卷时字迹潦草，卷面不整洁，给阅卷老师留下不好的印象而影响得分；而在面试过程中，着装和举止等细节问题也时常使一些考生被淘汰。

（9）不注重平时积累。我们考生常会忽略这一点，须知质变是由量变的积累而来。公务员考试，特别是"申论"，需要平时多注意积累，多阅读，学习党报党刊的文章，久而久之，答起申论题目自会得心应手。

（10）缺乏信心。丧失信心，是考试的大忌，会影响到自己水平的发挥。这往往也是考生丧失斗志，最终弃考的原因。公务员考试不仅考查知识和能力，也考验考生的心理，保持足够的自信，才能克服复习中遇到的那些困难，在考试中把自己所学的知识充分发挥出来。

第三节　临场考试的必杀技

一、临场考试如何抢时间

行测是出了名的时间紧、任务重，平均 50 秒钟要解一道题。争分夺秒是考场上的真实写照。临场考试如何抢时间呢？主要有这么几种办法：

一是利用好提前 5 分钟发卷的时间。试卷发下让你填姓名涂卡，但远远用不了 5 分钟，余下的 4 分钟你可以去看常识题，并适当地做些记号（不允许动笔，但我们可以用指甲划嘛），大概能做十几个常识题，毕竟一眼看过就知道会还是不会，不用过多纠结。

二是科学确定答题顺序。考试时间 120 分钟，人的大脑在不同的时间段内工作的状态不一样，要尊重大脑工作的规律，科学安排答题顺序才能让大脑应付得过来，从而考出好成绩。一般前半场，刚刚坐到考场中，精神有点紧张，注意力难以集中，只能做一些简单一点的题，让大脑慢慢进入状态；中场时间，大脑已经运转如飞，可以把拿分的部分，稍有难度的题安排在这个时候做；后半场，大脑已经疲劳了，加上考试时间已经不多，后面还有不少题没做，心中难免慌乱，这个时候不能安排需要细心的题，否则错误率会比较高。如果感到大脑很疲劳了，可以填涂答题卡换换脑子。

三是平时养成心算以及打少量草稿的习惯，国考虽说会提供草稿纸，但也只有一张，一些省份的考试甚至没有草稿纸。养成心算的好习惯，因为有些数学题只需要粗略地算算尾数，或者大致范围。

四是果断放弃，对于一些棘手的题目要果断放弃，有些时候我们已经花了几分钟还没算出来，却总有一个错觉，马上就能算出了，殊不知就算算出正确答案也得不偿失！但有些同学会问了，我怎么样知道哪些题目棘手？这还是要依靠自己平时的练习来应对，像我当时就果断将逻辑推理几道题放在最后做，甚至不做。这样我能在其他模块拿到高分，也不用纠结我不擅长的模块，也不至于打乱做题节奏，扰乱心态。

二、各部分时间安排

做题顺序因人而异，以下安排仅供参考：

（1）9：00~9：28 言语理解与表达。题量 40 题，试卷建议时间 35 分钟。事实证明，如果训练有素，28 分钟完全可以完成这部分。这部分的特点是不郁闷、不用纠结。不郁闷是指做对做错不好说，心中存着一丝希望，不像其他部分不会做就知道拿不到分，原本想旗开得胜的，结果刚开始就这么多不会做的，心里咯噔一下情绪就低落了。不用纠结是指这部分很容易出现两个比较接近的选项，让人纠结，让人抓狂。但是，这些都是没有用的，因为你纠结半天选出来的是个错误的答案，还不如凭直觉和语感选，节约时间还正确率高。

（2）9：28~9：58 数量关系。题量 20 题，试卷建议时间 20 分钟。前面谈到的学会放弃主要是这个部分。不仅要放弃没见过的，不会做的，还要放弃见过的，但是解题太繁琐，需要大量时间的。你会说，这下完蛋了。不会的，20 道题中，10 道题是比较简单的，5 道题是中等难度的，5 道题有难度或比较麻烦。10 道简单题用 1 分钟是可以解出来的。5 道中等难度题，一般人用 1 分钟是解不出来的，但是我们放弃了 5 道有难度的题，把时间用于中等难度的题，保证了时间和准确率，就拿到了这部分分数的大头。至于舍弃的题，胡乱选一个不是还有 25% 的机会嘛！

（3）9：58~10：25 判断推理。题量 35 题，试卷建议时间 35 分钟。图形推理一眼能看出的，就能很快解决掉，好几眼没看出来的，或许你看 10 分钟都解不出来，大概选一个算了吧。类比推理也是如此，这两个部分 8 分钟搞定即可。定义判断有点耗时间但一般不难，7 分钟可以搞定。逻辑推理耗时间又难，太难的就算了，尽量不要超过 12 分钟。

（4）10：25~10：52 资料分析。题量 20 题，试卷建议时间 20 分钟。这部分的特点是给充足的时间是能解出来的，而且只要不粗心基本上就是正确的。所以，我们把其他部分抢出来的时间用在这里。有的考生喜欢把这部分放在最后，结果一看时间快到了，心就慌了，根本沉不下心来认真计算，效率大打折扣。

（5）10：52~11：00 常识判断。题量 25 题，试卷建议时间 10 分钟。快刀斩乱麻，能多快就多快！反正你会的就能立马做出来，不会的，你再想也没有用。

三、控制时间的必杀技

你不是个慢性子，读起书来却特别慢。一些人读起书来习惯一个字一个字地看，最慢的是那种用食指指着一个一个字，生怕错过一个字，还有在心里默默读书的人，这样的速度参加公考肯定不行。

其实，很多人读题慢，不是因为慢性子，更多的是害怕理解不够。其实每一个句子里，都只有几个关键词甚至字；每一段里，只有少数关键句。匆匆扫一眼题目，你以为什么也没记住，其实你小看了你的眼球。你的眼球所扫过的一切地方，已经牢牢地、忠实地把它所见到的每一丝蛛丝马迹都影印了下来，并传送到大脑的记忆区域。

换句话说，你连个标点符号都输入了脑袋里。你可能不相信，但我告诉你，这是事实，这是科学。科学研究发现，只要你眼球扫到的东西，你的大脑也同时记录下来了。

要想顺利通过公务员考试，必须要学会一个技能——"速读"。那很多人又问了，既然这样，我为什么做题溜一遍还是不知道题目说的是什么呢？好吧，告诉你原因——因为你还没有掌握这个技能。那怎样掌握这个技能呢？没有秘诀，只能靠大量练习。

你又会问，那怎么练习呢？下面我给大家介绍几种方法：

（1）以一句一句为单位，从左到右，迅速横扫过去。一开始你可能会什么也没记住，没关系，不要停，不要放慢速度，把自己想象成一台扫描机，一句一句扫完。扫完一段后，闭上眼睛回想，看到了什么，然后回过头去对照。

（2）当你完成一句句扫描而且误差降低后，可以开始两三段合在一起来扫，也就是一行一行地"跳着看"。你可以选整段的左边，竖着读下来，或者文段的右半段，或者中间部分，或者是从左上角起，斜着读到右下角，或相反。但要诀是——竖着读，请不要再以一句句为单位横着读，而是以"排"为单位。

（3）以一页为单位，竖着扫，扫完合上书回忆，之后再打开验证自己的理解。如果能够有80%准确，你就已经成功了。

行测，并不只是考查你每个版块的知识掌握能力，而且是考查你"在有限的时间内，如何取舍，如何扬长避短的能力"，这与公务员之后的工作密切相关。所以，你必须学会基本技能——时间掌控能力。

控制时间的秘诀就在于——速读！

四、行测有一个从未道破的秘密

行测有一个从未道破的秘密：试题设置的原则，即答案分布当均衡。为什么呢？

行测全是单选题，而且是四选一，所以，答案肯定是 ABCD 其中之一。为了使试卷设置均衡，让大家分数相对平均，所以 ABCD 四个选项出现的几率大致相同。试想一下，有的考生将整张试卷全部选 B，结果还比别人考得高，这让出卷的专家情何以堪？每年数百万报考人员中，指不定就有这样的人。可见，这也是不得已而为之。

那么，问题来了。既然我们知道了这个秘密，要如何使用呢？

一是瞻前顾后排除选项。如果前面两道题确定是选 A，后面两道题确定还是选 A。中间这道题几乎就不可能是选 A 了。并且在后面的解题中心中也大概有数，后面出现 A 答案的几率大大下降了。

二是秒杀"奇葩"项。ABCD 四个选项的排列应当是有一定顺序的。如果有"奇葩"项打破这个规律，极有可能答案就是它。举个例子吧，数学运算中有 1 个正确答案，3 个错误答案。3 个错误答案是干啥的？当然是用来误导你的，3 个错误答案代表着3种错误的情况下出现的错误结果。错误的结果是怎样出现的呢？要么比正确答案少算了一些，要么比正确答案多算了一些。正确答案自然就跑到中间来了，会在B、C两个选项中频繁出现。这种集中出现就会打破答案平均分布的状态。怎么办？调呀！往哪里调？往A、D项上面调呀！调的是谁呀？当然是要调动正确答案呀，其他选项调了也没用呀。假设一道数学运算题的选项是A.5，B.6，C.8，D.7。这本来按照5678的顺序挺好的呀，这个7怎么这么"奇葩"，不好好站队？因为它是正确答案，还需要平衡选项。我们当然要果断秒杀啦！

三是判断难度分区域。在高、中、低三种难度的题目上，到底答案在哪个位置呢？基本原则就是，难题的答案放前边，易题的答案放后边。总体来说，难题的答案在AB，易题的答案在CD。那什么是难题，什么是简单的题目呢？简单的题目就是你一眼就能看出答案的题目。难题就是大多数人绞尽脑汁想半天还得不出结论的题目。如果一道题目很难，你想了半天还不知道怎么做，那就选A。很难但是可以倒回去验证，那就选B。题目不太难，但是需要时间思考或者计算，那么就选C。

特别说明一点。不管是在这里给大家介绍行测的答案规律，还是后面教大家如何蒙对题，都只是一个方向的指引。如果热衷于研究这方面的技巧，而不去勤学苦练，那就是舍本逐末，将一败涂地。

五、教你如何"蒙"对题

考场上分秒必争，做题速度快是优势。提高做题速度，一方面是要多加练习，另一方面就是根据一些技巧去"蒙"选项，当然这个"蒙"是有根据的。

行测蒙题不是盲目选择、计算，而是综合运用排除、对比、绝对项错误、排除同义表述、一对矛盾选项中必有正确选项等技巧。有些题目，直接通过常识可以选出正确答案；有些题目，可以直接读问题，得出答案，忽略题干，节省时间。

（一）言语理解与表达

（1）先读问题，再读题干。细节判断题：先读选项，再回到原文对照时态、数量、话题、概念、逻辑等方面的错误。判断选项时，看主语是否符合题干的论述主体。

（2）语句排序先进行首尾句猜测，注意运用关联词判断。也可以找出连贯的两句，然后排除其他项，很多题目不知道首尾句也可以用此得出正确答案。不能完全信任选项分布，选完读一遍才行，或者看前三个顺序对不对。不要纠缠不清，得不偿失。

（3）选词填空注意找语境中与所填写词语相呼应的词、短语或句子。重点落在语境与所选词语的逻辑关系上，而不是选项的词语上。选项中近义词辨析，如果是从范围不同角度辨析的，选择范围大的。从语意轻重角度辨析的，选项要么选最重的，要么选最轻的。成语辨析题选择晦涩难懂的成语。

（4）片段阅读选项要选积极向上的。选项是文中原话不选，选项如违反客观常识不选，选项如违反国家大政方针不选。启示、告诉、道理材料的片段阅读，不选文字内容层面的选项。启示、告诉、道理材料的片段阅读，选择激励人的选项或在精神上有触动的选项。提问方式是选标题的，选择短小精悍的选项。提问方式是"错误的""不正确的"，要通读材料再选择选项，不能断章取义。

（二）数量关系

（1）能秒杀就秒，充分运用选项，倍数等关系。每道题都计算不现实，要学会放弃，最不济蒙 B、C。不要只看题干就开始计算，答案选项永远是题干的一部分，计算之前看一遍选项，磨刀不误砍柴工。秒杀的前提是选项，对选项先排除，后构造。

（2）数字推理中给出的项如果全是奇数，答案必是奇数；全偶必是偶。数列给出的项如果全是偶数，答案必是偶数。数列给出的项如果是奇数和偶数间隔，答案必须符合此规律。题目中全部都是整数，选项中出现分数或小数多为正确答案；同理题干全部都是小数或分数，选项中出现整数多为正确答案。分数数列中，分母多为质数，分数多需要分子，分母拆分找规律。

（3）要敢于设"1"或设具体数值，带入公式求解。1既不是质数，也不是合数。

（4）牛吃草问题：$Y=(N-X)T$，Y是草存量，N是牛数量，X是草增速，T是耗用时间。

（5）时针与分针一昼夜重合、成180°角22次，垂直44次。

（6）行程问题：若时间严重不够可以直接放弃，一般都需要画图，很浪费时间。

（7）年龄问题：能代入先代入，或者利用年龄差不变，不能解再列方程，解方程比较浪费时间。

（8）数列中有小数、负数的选项，其他选项为正整数，小数、负数是正确答案的可能性较大。

（9）列方程求解很没有前途。一道题目之所以成为选择题是因为有选项，要关注选项布局。

（三）判断推理

（1）有的推理只需读问题和选项就可以得出答案。所以，读题顺序为：问题—题干—项。主体、无关概念、因果联系的运用帮助选择正确答案。

（2）定义判断题注意提问方式是属于还是不属于。若出现多定义，不提问的定义不用看。

（3）图形本身变化不大考虑对称、旋转、平移、翻转等。图形本身变化较大考虑元素数量、叠加等。若图形复杂多变且出现怪图，重点考虑共性，如共同元素数量、位置关系等。空间型图形推理注意合理利用橡皮、小刀等文具模拟题干。

（4）削弱型和加强型推理题题干未提信息若出现一般为无关选项。削弱型推理题注重举反例、说明条件和结果没有联系。加强型推理题注重轻度（重复）、强度，就好比是旁人不行，没我不灵的那一个选项。

（5）评价型推理题正确答案一般兼顾双方。

（6）结论型推理题正确答案一般为语气较弱的选项。

（7）排除弱化项、主观项、论题偏离项，剩下的往往是正确答案。

（四）资料分析

资析很重要，分值重，对整体正确率起关键作用，可考虑先做，或者用常识时间抵扣，或者用其他多余时间细做（不太现实）。

（1）表格、图形、混合、文字顺序，一定做不完，由简到难。资料分析时间不够可以从简单的图表入手；题目时间不够，可以从简单入手，不做最后判断题目；最后判断题目时间不够，可以从简单入手，看简单的选项的对错。

（2）遇到计算量大并且计算困难的题目，一定要学会放弃。

（3）先看问题，阅读时勾画关键词。

（4）判断、组合题先从容易的入手。

（5）中心词阅读，数据略过就好。

（6）A 的增长率为 a，B 的增长率为 b，则 a、b 的混合增长率介于 A\B 之间，不用计算。

（五）常识判断

（1）有的常识只需读问题和选项就可以得出答案。所以，读题顺序为：问题—题干—选项。

（2）如果实在没见过，你就放弃吧。放在最后，扫描几个自己会的，剩下的乱涂卡吧，把相应时间让出去，做自己有能力答对的题目，或者蒙几题。

第三章 这样报考更容易考上

第一节 公务员考试报考流程

一、你想报国考还是省考

公务员考试主要分为国考和省考。国考、省考的概念差别，是由考试组织单位和考录机关的层级、地域范围决定的。国考，全称中央机关及其直属机构招录公务员考试，由中共中央组织部、人力资源和社会保障部、国家公务员局组织，为中央、国家机关及其直属机构招录公务员，面向全国举行；省考，以各省为单位，由省委组织部、省人力资源和社会保障厅以及省公务员局组织的公务员招录考试，为省、市、县、乡四级机关招录公务员，在本省范围内举行。除此之外，还有以下区别：

1. 考录机关不同

国考即中央公务员考录序列，分为中央党群机关、中央国家行政机关、中央国家行政机关直属机构和派出机构、国务院系统参照公务员法管理事业单位四个系统。省考即各省公务员考录序列，机构和职位分类实际与中央四大系统有对应关系，也分为党群机关、行政机关、行政机关直属机构和派出机构、参照公务员法管理事业单位四个系统；在层级上，按照我国行政区域划分，各机构及其考录职位分为省、市、县、乡四个层级。

2. 招考对象范围不同

国考招考具有地域的全国性、范围的广泛性和条件的开放性，全国各省区居民均可报考，无户籍限制；省考的招考范围则没有那么五湖四海，如北京、上海、广东等部分省区、部分职位有户籍限制。

3. 考试科目相同但细节有所不同

均需要笔试和面试，笔试包括公共科目和专业科目两部分。公共科目为《行政职业能力测验》和《申论》两科，行测为统一一套试题，而申论分为省级以上和副省及以下两类试卷，部分职位加试专业科目。有这样一种说法，说国考是省考的风向标，因为大部分省市命题及考试大纲均采用国考的形式。国考行测近两年都是135道题，答题时间为120分钟，省考会有所不同，有些地方考试为90分钟100题，有些地方与国考一致。

4. 考试时间不同

国考报名时间固定在每年 10 月中下旬，考试时间则固定在每年 11 月的第四个星期日或 12 月的第一个星期日。省考考试时间差异较大，部分省份省考集中在每年的 3~5 月份、9 月份（4 月份、9 月份各有一次多省份同天考试）。除了省考，一些地市还会单独举行公务员考试，例如深圳、广州就与广东省考分开。

5. 考题难度有差别

命题的难易程度不一样，国考相对省考难度更大一些。对于考生的答题要求也会更高一些。

在这里顺便说一句，国考和省考不一定都是公务员编制，还可能是参公编制、事业编制、工勤编制。公务员编制含金量最高，参公编制次之，再次是事业编制，最次是工勤编制。

二、报考的基本流程

想要报国考，你需要一一了解这些基本流程：

（1）认真阅读《招考公告》《招考简章》，了解基本的政策和要求，特别是报考条件，选择与自己条件相符的招录机关和职位。

（2）考生注册。报考人员报考前，登录人力资源和社会保障部网站进行"考生注册"。注册前，报考人员必须阅读并同意《诚信承诺书》，否则不能注册。

（3）报考人员填写报名信息并提交上报。报考人员要慎重填报相关信息，如资格审查不通过，则不得再次报考同一职位。

（4）查询资格审查结果。提交报名信息后，报考人员可登录人力资源和社会保障部网站或国家公务员局网站查询是否通过资格审查。

（5）查询报名序号。通过资格审查的报考人员，可于招考公告指定的时间段内登录人力资源和社会保障部网站或国家公务员局网站查询报名序号。

（6）报名确认。通过资格审查的报考者，需要在招考公告指定的时间段内登录人力资源和社会保障部网站、国家公务员局网站或所选考试地考试机构网站进行网上报名确认。报名确认主要包括：考生承诺遵守考试纪律、上传照片、缴纳考试费用。未进行报名确认的报考人员，视为自动放弃考试资格。

（7）打印准考证。报考人员需要在招考公告指定的时间段内登录报名确认同一网站自行下载并打印准考证。

（8）参加公共科目笔试。报考人员携带准考证、身份证到指定考点参加考试，身份证必须与报考时使用的身份证一致。未带身份证的报考人员不能参加考试。

（9）查询成绩。笔试考完一个多月后，报考人员可以登录人力资源和社会保障部网站或国家公务员局网站，查询公共科目笔试成绩和是否进入面试范围。

（10）按规定参加面试、体检和考察等。未按规定的时间参加面试、体检的报考人员，将视为放弃相应的资格。

报考的流程可参见图3-1。

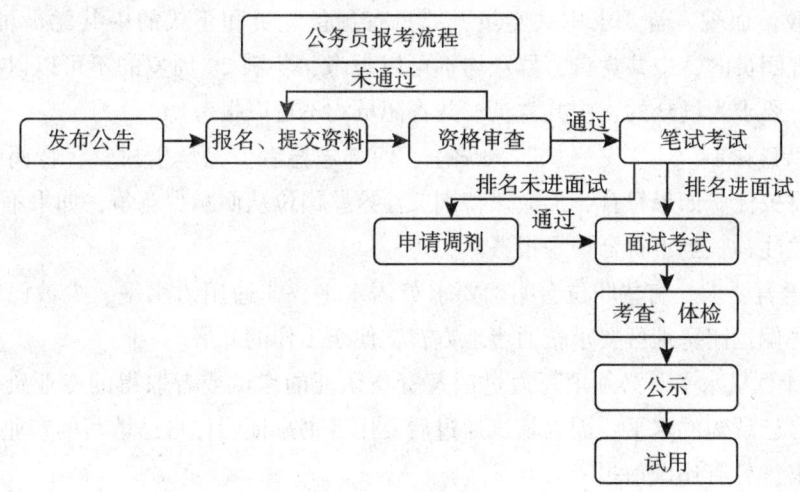

图3-1 报告的基本流程图

在这里，要特别说明一点，也是很多考生犯迷糊的地方。报国考可能需要在国家和省级报考网站之间换来换去，如在国家报考网上查询到报名序列号之后，你要到你所在省的人事考试中心等网站上去选择考点、上传照片和缴费等。报考省考则全部在该省人事考试网站上完成，无需进市级人事考试网。

第二节 考试报名注意事项

一、考试报名注意事项

（1）学历。注意是否仅面对"全日制普通高等教育"，如果是，凡自考、成教、函授、远程、网络等非全日制普通高等教育均不可以报考。研究生（仅限硕士）、研究生（仅限博士）、本科（仅限本科）等都需关注。职位要求是仅面对"应届毕业生"还是"2017届应届毕业生"，如果是后者，则符合应届毕业生条件的2015届、2016届毕业生也不可以报考。

（2）基层工作最低年限。注意时间限制的同时，还需注意部分基层工作经历，要求报考者具有与职位相关的工作经历。有些职位对考生的职业前景限定比较严格，如要求"本单位最低服务年限为5年"，这种职位多为国家级贫困县，考生在报考时需要特别留意。

（3）年龄限制。18周岁以上、35周岁以下（1980年10月15日至1998年10月15

日期间出生），2017年应届硕士研究生和博士研究生（非在职）人员年龄可放宽到40周岁以下（1975年10月15日以后出生）。有些职位在备注栏里明确要求年龄不超过×周岁，年龄不符的考生请勿报考。请各位考生尤其注意月份和日期。

（4）政治面貌。若要求中共党员，那只有预备党员和正式的中共党员可以报考；要求为共青团员的，中共党员、群众均不可以报考，年满28周岁的不可以以共青团员身份报考；要求为群众的，中共党员、共青团员均不可以报考。

（5）特殊限制。"三支一扶"大学生、西部志愿者、大学生村官、特岗计划教师等，一定要关注。如果符合，那应该特别关注这些岗位从而减少竞争，如果不符合那么仍需特别关注，一旦不符合切忌报考。

（6）语言要求。有些职位会明确要求英语水平、非通用语水平、少数民族语言水平，还有些偏远闭塞地区要求精通当地方言，便于工作的开展。

（7）计算机水平。必须填写通过国家资格认证的考试或者取得的专业资格，不能填写考生自己认为的水平。因为笔试通过后要用证书来证明你自己填写的专业水平，如果没有证书，就有违诚信报考。

（8）"潜规则"要求。职位表中未明确提出，但实际上有倾向性的要求。比如，一些偏远地区或夜间岗位，倾向于聘用男性报考者；一些人事岗位或执法部门，倾向于聘用中共党员，特别是铁路公安处线路派出所民警；有些职位的备注栏里会注明"×年内不允许调岗"或"派驻本单位下属乡镇机构"等条件，这些职位通常条件比较艰苦，有些考生在报考时没有看清这些要求，最后因不能接受而无可奈何。

（9）其他条件。在此罗列一些有代表性的条件要求：

①有较强的文字能力和较高的计算机操作水平；

②研究生学历人员须同时具有本科学历学位和研究生学历学位；

③取得全国大学英语四/六级证书或全国大学英语四/六级考试成绩达到425分以上；

④熟练掌握某国语言，取得相关语言能力证书；

⑤在机关、事业单位、科研院所或高校从事相关工作两年以上，具有较强的文字综合能力和研究能力，且若被录用须在上述单位为在职状态。

还有一些其他条件，请各位考生一定要特别关注，在此仅罗列部分。

二、基层工作经历如何计算

（1）离校未就业高校毕业生：到高校毕业生实习见习基地（该基地为基层单位）参加见习或者到企事业单位参与项目研究的，视同具有基层工作经历，凭单位出具的证明材料证明其基层工作经历，其基层工作经历时间自报到当月起算。

（2）自主创业并办理工商注册手续的人员：凭营业执照证明其基层工作经历，其基层工作经历时间自营业执照颁发时间算起。

（3）灵活就业形式初次就业人员：凭各级劳动部门签章同意的《灵活就业登记表》

证明其基层工作经历，其基层工作经历时间从登记灵活就业并经审批确认的起始月份起算。

（4）村（社区）干部凭乡镇（街道）党委或政府出具的证明材料证明其基层工作经历，其基层工作经历时间从工作或报到当月起算。

（5）基层党政机关、事业单位、国有企业工作的人员：凭单位出具的证明材料证明其基层工作经历，其基层工作经历时间自报到当月起算。

（6）参加选聘高校毕业生"到村任职""三支一扶"（支教、支农、支医和扶贫）、"大学生志愿服务西部计划""农村义务教育阶段学校教师特设岗位计划"等中央和地方基层就业项目人员，凭服务地主管部门开具的证明材料证明其基层工作经历，其基层工作经历时间自报到当月起算。

（7）基层特定公益岗位（社会管理和公共服务）初次就业的人员：凭工作协议证明其基层工作经历，其基层工作经历时间从工作协议约定的起始月份起算。

（8）其他经济组织、社会组织等单位工作的人员：凭劳动合同证明其基层工作经历，其基层工作经历时间以劳动合同约定的起始月份起算（该劳动合同的起始月份应晚于毕业时间，在读期间的工作即使签订过劳动合同，也只属于社会实践，不计算为基层经历时间）。

（9）出现断点的计算：起算日期从你参加工作开始，如果中间辞职了，那么从辞职到找到下一份工作之前是不算时间的，换过几份工作的话，工作时间可累积计算，但都需要开具证明。大学生村官等服务基层项目人员服务期时间的计算公告也写得很复杂，其实就是假如你被调去县市级机关或者去读研、去企业，总之没待在原来的地方，那么这个时间都是不计入服务期间的。

三、应届毕业生如何界定

（1）应届毕业生一般是指最后一个学年，马上要面临毕业的学生，如专三、大四、研三的学生。

（2）同时还可以是已经毕业但处于两年择业期的学生。也就是说，并不是只有2017年毕业的学生才算应届生！国家给了两年的择业期，也就是说2015年、2016年毕业的小伙伴，只要你们没有落实工作单位，户口、档案、组织关系还保留在原学校、就业指导服务中心或者人才市场，都可以报考要求应届毕业生的岗位。

（3）自考、成人教育、网络教育等教育形式毕业的学生，即使2017年毕业也不算应届毕业生。

（4）应届毕业的硕士生或博士生不可以本科身份报考。国家公务员考试政策规定："招录职位表中所要求的学历为报考人员所获得的最高学历。社会在职人员应以其已经获得的最高学历进行报考，应届高校毕业生以即将获得的最高学历进行报考。"

（5）没有学位证也可以参加国考。每年国考都会提供部分职位不要求考生有学位证，只要有相应学历即可。如果报考的职位表"学位"一栏无要求，那么只需达到职位要求的学历和其他要求即可。

第三节　这样选报职位更容易考上

公务员考试选报职位是非常重要的。你考同样的分数，报这个职位可能就进不了面试，换另一个职位可能就是第一，所以一定要重视报名。对于经验不足的朋友来说，如何选择好职位，是必修课。

一、理想目标职位的选报思路

成功的职位选择，思路是这样的，在可以报的职位中，选择想报考的和相对容易考的，最终结合就是理想的目标职位。

第一步，筛选可以报的职位。

这里涉及限制条件，一般公考的限制条件包括：户籍、生源地、政治面貌、学历、专业、基层工作经验、英语水平、性别。在选择岗位时，首先要弄清楚自己的条件，常见的容易搞不清的条件包括户籍（如你读大学时将户口迁到大学所在地，与你生源地不是一个省，这算不算大学所在省的户籍）；政治面貌（预备党员的问题，超过28岁的团员问题，无党派人士的认定）；学历（辅修的第二学位不能包括，自考的、函授的可以报考，除全日制本科外还拿到了自考的学历双学位问题）；专业（这个特别重要，搞清自己的专业首先看毕业证书，如果是冷门专业，或是与报考条件中的要求专业相近，务必电话咨询）；基层工作经验（毕业2年内未就业算不算应届生，在央企工作算不算基层工作经验，这些都务必咨询清楚）。在符合招考简章中的基本条件要求后，仔细研读职位表，把自己不符合条件的岗位排除掉，剩下的就是可以报考的岗位。

第二步，找出想报考的岗位。

这个纯属个人偏好，常见的偏好包括城市、部门、级别（省级、市级、县级、乡镇级）。个人建议，优先考虑城市，因为毕竟是要长时间生活的地方。可以说，大部分公务员职位的工作都相近，工资待遇相差无几，城市是最重要的选择。选择城市时，可以使用排除法，逐步划去自己绝对不想去的地方。想象一下，一个女生，就为了一个公务员饭碗，去一个原先根本不知道的小县城，有可能还是在乡镇上班，举目无亲，多悲凉。选择城市时，需要考虑的因素就很个性化了，熟悉程度、有无亲朋、工资待遇、生活成本（特别是房价）、交通、自然风光等。城市基本确定了，下面考虑部门。部门的选择需要多了解相关情况。至于级别，省级、市级、县级这个很好区别，尤其需要注意一点，就是派出部门。一般来说，省考中某县某局的基层科员办事员岗位，基本上就是派出部门，工作地点是在乡镇，如市场监督管理局、国土局、公安局、法院等，都在乡镇有派出部门。

第三步，选出相对容易考的岗位。

某些岗位是否容易考,这个是有规律的。通常讲,限制条件越少的岗位(三不限)报考人数多,竞争激烈;发达省份、热门岗位竞争激烈。当你拿不准这个岗位好不好考的时候,可以咨询往年考生,或是查询往年报考人数情况和分数,或是咨询亲戚朋友中是公务员的或是经验丰富的人,具体的不多说了。如果你对自己的专业能力自信,公考准备充分,建议选择岗位时,选择岗位所要求专业排在前面的,即所学专业和岗位的契合度,比如中文文秘适合办公室岗位,法律适合法院、行政执法、政府法制办类,这些相对于你个人比较好考。

第四步,结合选定目标岗位。

至于如何结合个性化,看你注重什么。如果你有非常想考的岗位,一直想考,不论难度大小,那你直接找出你想考的岗位直接报名就行了。其实,作为过来人,你当初非常想考的岗位未必是最适合你的。如果你只求有个稳定工作,只求上岸,至于到哪里工作,去哪个部门不奢望,那就选择相对容易考的岗位。

二、教你用好职位表

每年报考面对体量巨大、信息庞杂的职位表,总有许多考生对如何"万里挑一"选出自己要报考的职位感到困惑。下面,为你介绍巧妙运用 Excel 表格进行筛选和查找,在最短时间内准确定位出符合自身条件的职位。想要在最短时间内通过筛选找到合适职位,主要筛选的有以下几个条件:

"一筛":基层工作经历。由于应届毕业生是国考大军中"阵容庞大"的一个群体,因此首先将基层工作经历进行筛选是让职位表快速"缩水"的有效途径。应届毕业生可以通过筛选将基层工作经历要求为无限制的职位直接挑选出来,社会人员也可根据自身条件筛选对应职位(见图3-2)。

"二筛":学历。学历对于报名国考的各位考生是一条"硬杠",因此及时筛选出与自己条件相符的职位能让考生更方便地进一步挑选职位。同样对职位表中学历要求一列进行筛选,可以发现学历要求主要包括大专、本科、研究生三个层次。考生在报考时要注意各学历要求后面附带的"仅限"和"及以上"两种条件之间的区别,对比自身条件,谨慎报考(见图3-3)。

"三筛":专业。由于专业要求一栏包含的内容繁多,通过普通筛选来寻找适合自己的职位"工作量"较大,因此建议考生使用文本筛选,通过搜索专业关键字来定位想要寻找的专业,提高职位选择效率。文本筛选的操作方法是:在筛选中点击【文本筛选】,选择【包含】,在文本框中输入想要查询的专业,确定后专业要求列中显示的即为筛选后的专业(见图3-4)。

在职位表中将各项要求按照自己的实际情况完成三次筛选,考生即可"删繁就简",免去挑选职位时"众里寻他千百度"之苦。当然,考生也可根据自身实际情况按照筛选方法对其他招考要求进行进一步筛选,更精确地定位出准备报考的职位。

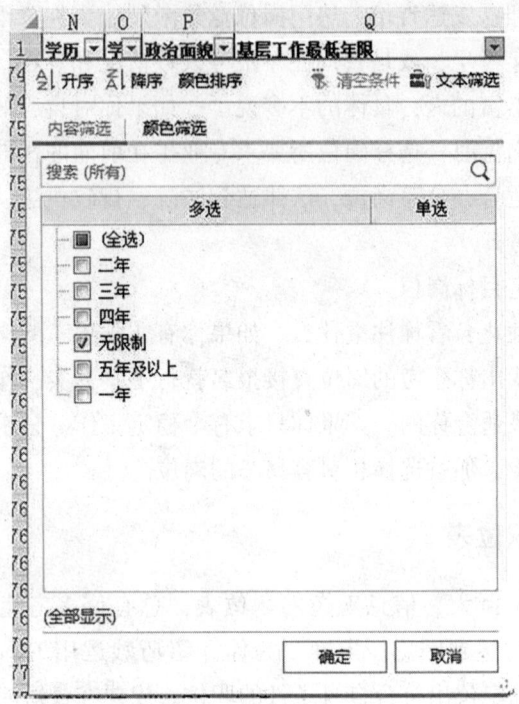

图 3-2 "一筛"

图 3-3 "二筛"

图 3-4 "三筛"

三、应届生如何筛选报考职位

那么作为一名普通的应届生，怎么报名才比较容易考上？也就是降低竞争比。

（1）抛弃掉三不限。竞争比最高的职位就是不限专业，不限工作年限，不限政治面貌，俗称三不限的职位。门槛低自然竞争激烈，所以，还是把这些职位留给那些在国考职位表里找不到自己的专业的同学们吧。

（2）别仅盯着中央或省级的岗位。前面冠以"中央"或"省"字样的职位，更能激起报考者的兴趣。虽然叫国考或省考，但中央或省级的岗位其实占比很小，地方的职位还是占大头。近三年来，县（区）级及以下机关的招录人数及所占比例均较为可观，向基层倾斜的力度比较明显。

（3）热门专业选择多。从国考目前公布的职位表分析可以看出，财经类专业、法律类专业、计算机类专业、中文类专业、管理学专业依旧是 2017 年国考最为热门的专业。再从 2016 年国考最终的报名情况来看，由于职位多，竞争也没那么激烈。

（4）看限制要求一定要认真。职位表中很多对专业的要求为"××、××等专业""××类"，原则上考生专业名称与报考职位专业要求完全一致才可以报考。但每年国考报名都有很多考生觉得自己的专业名称与职位要求的专业类似，就认为可以报考，这是很不可取的。对于这种情况的，一定要先电话咨询招录机关确认是否能够报考，经招录机关同意报考后方可报考。因为报考人员报考某一职位资格审查未通过后，不可再报考同一职位，这就很可能错过你心爱的岗位。

（5）中间时段报职位。在报考时间上，尽量选择中间时段。比如15日开始报名，在考试报名系统开启后，考生应尽量选择在报考的第五天或第六天报考。因为经过筛选，大多数小伙伴最后会剩3个左右的选项，中间时段报，可以看看这几个职位已经通过审核的报名人数，尽量避开"万人坑"。有人会说，那我不是最后一天报更好？不行的，报考有半天到一天的资格审查，要给未能通过预留转圜的时间。

（6）用门槛最大限度排除竞争对手。从报考的条件中找到和自己符合度最高的职位：学历、学位、专业、工作年限、户籍、外语要求、体质要求都是筛选的标准。总之，挑那个要求你都符合的，但对别人来说限制条件最多的岗位！

四、女生如何挑选报考职位

女生有其优势和特点，在挑选公务员职位时应坚持"三取"与"三舍"的原则。

一取有外语要求的职位。女生学习比较刻苦，特别是在对待外语上有突出的自觉性和更加持久的毅力，大部分女生在大学期间通过了英语四级或英语六级的考试，甚至已经达到英语专业八级水平，并且还兼修日语、法语、西班牙语等第二外语，这些都是在公务员岗位竞争的首选。女生天生的亲和力、优雅的气质和漂亮的形象，在外语翻译类职位中具有得天独厚的优势，因此，女生可以选择外语要求的职位报考。

二取高学历要求的职位。女生高学历人群在逐年上升，因此，为了规避和大部分的男生竞争，增加录取几率，女生们可以选择要求学历较高的职位报考。

三取文秘、财会或人事等相关职位。女生的性格比较细致耐心，心思细腻周到，具备较好的语言表达和公文写作能力，对于起草文件、策划活动、沟通协调交流以及处理审核庞大数据等方面具有天生的优势。而且这些工作的工作强度相比于其他职位而言比较轻松，工作环境也较好，能够获得更好的职业发展前景。

一舍离家乡遥远的职位。女生天生娇弱，需要保护，在家乡就业，可避免产生在异乡的孤独感。就自身职位而言，在自己家乡就业，能够较快地适应职业环境，进入工作状态，而且对当地的情况有深入的了解，能够和群众深入地沟通，有利于工作快速开展，增加了工作的稳定性。

二舍劳动强度相对较高的职位。国家公务员对基层公务员有降低分数线、放宽户籍等多种政策倾斜，但有的职位"需随时出差，进行野外案件现场勘查工作，条件艰苦，环境复杂，需较强抗压能力和心理承受能力"，有的甚至明确有"限定男性"条件，这样的职位显然不适合"身娇体弱"女生报考。因此，女生在报考时根据岗位需求，更要考虑自身条件，理性报考。

三舍竞争激烈的职位。"千里挑一"的职位必定是高分才能进面试。总体上讲，女生比男生学习更勤奋，但很多女生在行测的数量关系、资料分析等模块一般不如男生。这就形成了一个现象，女生进入面试的性别比率高于男生，但在竞争特别大的职位上，男生竞争力更强。

第二篇 言语理解与表达

第一章 阅读理解

公务员考试中言语理解与表达到底考什么？

根据考试大纲的要求，公务员考试言语理解与表达主要考查考生对语言文字的理解和应用能力，具体考查以下几个方面：

（1）根据材料查找主要信息及重要细节。

（2）正确理解阅读材料中指定的词语、语句的含义。

（3）概括归纳阅读材料的中心、主旨。

（4）判断新组成的语句与阅读材料是否一致。

（5）根据上下文内容合理推断阅读材料中的隐含信息。

（6）判断作者的态度、意图、倾向、目的。

（7）准确、得体地遣词用句。

总而言之，言语理解与表达的核心考点就是理解和表达两个方面。根据这些考点和最近几年公务员考试的命题形式，阅读理解可以再分为主旨概括题、意图判断题、态度理解题、标题选择题、细节理解题和词语理解题。逻辑填空可以分为实词填空、成语填空、虚词填空以及混合填空题。语句表达可以分为语句填空题、下文推断题和语句排序题。

从考查范围看，我们的言语理解与表达需要理清逻辑，建立起三个思维：话题、倾向、照应。这三大思维贯穿言语理解与表达的所有考点，浓缩解答言语题目的全部技巧。

1. 话题

所谓话题是指一句话、一个文段或一篇文章核心论述的对象。话题思维是指考生在阅读一段文字时应该具有这样的意识：迅速把握这句话、这段文字或这篇文章说了什么，即话题是什么。作答题目的时候，考生应遵循话题一致的原则、话题照应原则，即正确答案与给定材料论述的话题应保持一致。这是理解一句话、一个文段或一篇文章的基础。

2. 倾向

所谓倾向，是指一句话、一个文段或一篇文章中作者对核心话题所持的态度、立场。倾向思维是指考生在阅读文字时应该具有这样的意识：体会作者在这句话、这段文字或这篇文章中的思想感情，把握作者的态度倾向。在做题时，考生应该遵循倾向一致、倾向照应的原则，即正确答案与给定材料态度倾向一致。这是理解一句话、一个文段或一篇文章的保证。

3. 照应

所谓照应，是指文章中某些内容和意思在不同部位上互相关照与呼应。照应包括话题照应、倾向照应、指代照应、逻辑照应、首尾照应等。当给定阅读材料不完整，要求考生补充词语与语句使之完整连贯时，往往需要运用照应思维，能够与已知信息形成照应的未知信息通常是正确答案。照应是解答言语理解与表达题目的重要指导思维。

第一节　破解阅读理解的"金钥匙"

公务员每天要处理大量的文件。快速地阅读，准确地理解是合格公务员的一项基本素质。阅读理解部分往往阅读量较大，时间较紧张，重点考查考生平时的语言"功底"。所以，考生的语言"功底"差异是此部分的得分产生差别的关键原因。语言功底在短时间内很难提高，然而，万物皆有法，语言也不例外。经过研究语言的特点，我们发现了解题的"金钥匙"，考生熟练掌握后能在考试中大大提高解题的速度和准确率。

一、抓关键性语句

我们说话或写文章都讲究要有"章法"，要遵循一定的规则。这种规则恰是我们解题时可利用的规律。例如，我们说话时常常先用一句话亮明观点，后面的话只进行解释，正如写文章时先提出论点再论证，那这句话就是关键句。关键句是整段阅读理解的核心和灵魂，抓住关键句就抓住了解答阅读理解题的金钥匙。

【例题】经济增长下滑源于人口的老龄化，果真如此吗？有结论指出：人口结构越年轻，国家越穷，而反之则越富。那么为什么要恐惧老龄化呢？人们认为衰老会让人变得脆弱，65岁以上的人是社会的负担。不过，一些人的生产力要远远高于其他人，而这并不关乎年龄。事实证明，人口老龄化需要结合人力资本，特别是教育和健康状况来综合考虑。全球大多数国家年轻人受教育程度高于年长者，他们通过提高教育程度来提高生产力水平的办法，或许可以弥补人口少的缺陷。

这段文字旨在说明(　　)（2015年广东省第32题）

A. 人们完全有能力应对人口老龄化问题
B. 要多角度分析人口老龄化对经济的影响
C. 人口老龄化对经济增长没有任何影响
D. 人口老龄化对经济增长造成负面影响

☞解析　B。带有判断性质的话往往是很重要的话，如本题中"一些人的社会生产力并不关乎年龄"有明显的的判断性。从全文来看，文段前两句两个"？"指出人口老龄化对社会的负担。接着通过"不过"，指出"一些人的社会生产力并不关乎年龄"，之后通过"事实证明"得出作者的观点——结论。这个结论又是一句判断句,"人口老龄化需要结合人力资本,特别是教育和健康状况来综合考虑"。可见,判断句一般与主题息息相关。根据这句主题句可知,A、C和D都偏离重点句,B选项是对该结论的同义替换。故正确答案为B。

【例题】由于环境公益诉讼所针对的是众多个体,受污染者与同博弈者有着较高的交易成本,在先前缺乏环境公益诉讼渠道的情况下,受污染方其实很难在高交易成本条件下获得赔偿,也就是双方之间不可能形成合作型博弈。在新的法律环境下,可能发生的变化在于,排污方考虑到遭受公益诉讼的可能而更多地采取合作立场,就此而言,围绕环境问题,双方更有可能达成合作博弈,也就是排污方将部分污染收益分配给被污染方。从福利结果来看,交易成本固定的情况下,合作的总福利比不合作的福利来得更大。

这段文字意在说明(　　)（2015年黑龙江省第49题）
A. 受污染者如果不走法律途径很难得到赔偿
B. 环境公益诉讼能促使受污染方和排污者达成合作博弈
C. 新的法律措施使污染收益合理分配成为可能
D. 交易成本是受污染者和排污方达成合作博弈的前提条件

☞ 解析　C。找关键句主要是看在文段中所处的地位。如果前有铺垫,后有解释说明,说明全文都是在围绕它进行阐述,必是重点句。此题中,第一句话提出背景,第二句话重点说了新的情况下的对策,最后一句是补充说明,因此第二句是重点句。重点句强调的是新的法律环境让双方的博弈成为可能。B选项过分绝对,文段只是说可能。A、D和重点句没有什么关系。

【例题】唐卡是极富藏族文化特色的一种绘画形式,自吐蕃王朝兴起至今已有1300多年的历史,是雪域高原的文化瑰宝。它的题材除宗教外,还有历史和民俗内容,故又被称为了解西藏的"百科全书"。所以,想要了解西藏的历史,除了正襟危坐阅读严谨但略显呆板的史书外,你还可以选择一种惬意和愉悦的方式——欣赏唐卡。与众多古人对话,想象曾经的历史事件,体味藏族人丰富的精神世界,了解独特的藏族民俗,这是一个让历史变得立体可感的过程。

这段文字意在说明(　　)（2015年425联考第53题）
A. 唐卡可以给大家提供一种惬意轻松的了解西藏的方式
B. 唐卡中记录了独特的藏族民俗和曾经的历史事件
C. 唐卡是了解西藏文化和历史的"百科全书"式的绘画形式
D. 唐卡是极富藏族文化特色且历史悠久的一种绘画形式

☞ 解析　A。文段的结构和词语都会提示重点句在哪里。文段行文脉络很清晰,为"分总"结构。文段"所以"后引出重点,重点句中又出现一个"还",表示递进。故重点锁定在递进后面，即"你还可以选择一种惬意和愉悦的方式——欣赏唐卡"。因此，本题答案为 A 选项。

【例题】大多数人以为我们喝的水是安全的，一般说来是这样的，但是现在有一些人却喝着处理得很差的水，这种水已经被细菌、含病毒的化学物质、金属物质以及其他很多方面致污染物质所破坏。医学研究也未从人类的长远发展考虑，采取有效措施，使人们不再接触或饮用被污染了的水。

根据这段文字，我们不可以得知的是(　　)（2015 年河北省第 25 题）

A. 从整体上看，我们的饮用水大多是安全的
B. 医学研究忽视了如何处理被污染了的水
C. 很多物质可以污染饮用水
D. 饮用水安全还没有得到完全的保障

☞ 解析　C。细节理解题。几乎每一个选项都要对应自己的关键句。根据"大多数人以为我们喝的水是安全的，一般说来是这样"可知 A 正确；根据"医学研究也未从人类的长远发展考虑，采取……"可知 B 正确；根据"现在还有一些人却喝着处理得很差的水……"可知 D 正确。C 项中"很多物质可以污染饮用水"在文段中没有体现，属于无中生有项。因此，本题答案选 C。

【例题】改革开放 30 多年来，中国经济显示出强大的造富功能：一跃成为世界经济大国，诸多经济指标名列世界前茅。与之相应，国人的财富观也发生了重大的历史变化，从计划经济时期的拒斥财富、恐惧财富，到今天的追求财富和拥有财富。的确，贫穷不是社会主义，但不容忽视的是，在我们日益走向富裕的新的社会发展环境下，确立正确的财富观，对财富的价值和意义有一个清醒的认识，变得越来越重要。

这段文字意在说明(　　)（2015 年甘肃省第 11 题）

A. 中国经济的飞速发展提高了国民物质生活水平
B. 社会主义的追求包括消除贫穷和贫富差异
C. 国人应正确认识财富的价值和意义
D. 国人的财富观发生了巨大变化

☞ 解析　C。使用首尾句原则找重点句，还可以借鉴一些提示性的词语，如本题中的"但""不容忽视"。文段开始的"改革开放 30 多年来"，是背景铺垫，文段最后一句"但不容忽视的是"，是文段的重点句，强调在当前的社会发展环境下，要树立正确的财富观，对财富的价值和意义有确定的认识。通过精简压缩，得到本题目的答案为 C。

【例题】如今，图书信息浩如烟海。表面上看，读者具有无限的自由度，可以在茫茫书海中自由选择；但事实上，他们无形中成了大众媒介的俘虏。大众媒介具有强大的

议程设置功能,它们通过图书广告、阅读排行榜、书评人推介、对图书进行定向推送,最后呈现在读者眼前的,往往只是一个狭窄的阅读菜单。在新媒体环境下,这种定向推送就更为稀松平常了。在某种程度上,新媒体就是一个巨型的图书搜索引擎,大家都在利用新媒体这张网捕捞图书,结果收获的多是同质化的东西。即是说,新媒体环境下的阅读很容易沦为"格式化"的阅读:不仅所选择的阅读内容被格式化,甚至连阅读方式、阅读趣味也会被"格式化"。而且这种"格式化"阅读带有很大的隐蔽性,不易被发现。

这段文字意在说明(　　)（2015年山东省第33题）
A. 大众媒介和新媒体对阅读产生强烈影响
B. 格式化阅读容易使读者形成思维定势
C. 图书市场应为读者提供多元的阅读选择
D. 读者应理性看待媒体推送的阅读菜单

☞**解析**　A。我们捕获重点句"表面上看,读者具有无限的自由度",可以转换成"实际上,读者并不是完全自由的"。文段为并列结构,分别阐述了大众媒介和新媒体在读书方面对读者产生影响,A项为重点句的同义替换,D项并非基于文段重点。

【例题】无论导演还是监制,都是非常复杂的工种,经验的积累非常重要。没有经历过片场的摸爬滚打,在现场的执行能力就会有问题。因此,在一些电影产业成熟的国家,新人从学校毕业之后,要先在制片厂当学徒,从写剧本开始,再经过副导演、执行导演等环节,在各方面技能掌握齐全之后,最终成长为一名合格的导演,此后再"导而优则监"。

下列哪句话最能概括这段文字所包含的道理(　　)（2016年国考第46题）
A. 纸上得来终觉浅,绝知此事要躬行
B. 书山有路勤为径,学海无涯苦作舟
C. 天才是1%的天赋加99%的努力
D. 不想当将军的士兵不是好士兵

☞**解析**　A。由关键句"经验的积累非常重要"可知,文段强调的是实践的重要性,因此"纸上得来终觉浅,绝知此事要躬行"与文段包含的道理一致,A项当选。

【例题】关于演员认证,大家最为熟悉的莫过于"一级演员"这个称谓,而"一级演员"的评选,有一个主要考量标准,"为繁荣中国的文艺事业做出了突出贡献",这样的考量标准本身也是含糊的。另据相关资料显示,把"一级演员"称为"国家一级演员"只是习惯使然,在职称前面冠以"国家"二字,更多是出于对荣耀的显示。也可以这么理解,一个演员的知名度和受欢迎程度,主要来自他的作品,和他的职称并无关系。

这段文字主要强调(　　)（2015年425联考第47题）

49

A. 评价演员的标准应明确、可行
B. 演员认证不是衡量能力的标尺
C. 评价演员应看重作品而非职称
D. 当前演员认证存在的现实问题

☞ **解析** D。本段文字一开始就明确谈到"关于演员认证",显然这就是主题,可以排除A、C项。前半部分指出考量标准含糊,后半部分谈其意义主要是荣誉方面的。B项是错误的,文中只是说考量标准含糊,没说不是衡量能力的标尺。D项则包含了前后两个部分的内涵。因此,本题答案为D选项。

【例题】所谓"环境资源商品化",就是赋予自然以经济价值,并将环境纳入市场经济体系中,将环境转化成像其他商品那样也可以进行分析的产品。只要在经济改革中赋予环境适当的价值,环境就能得到更好的保护。这种观点认为,各种生态环境问题的出现,正是由于资源环境没有被视为"商品",没有拿到市场上进行交易造成的。

这段文字意在说明(　　)（2015年425联考第51题）
A. 自然和环境应被赋予经济的价值
B. 环境是当今市场经济中的重要元素
C. 生态问题的出现与资源环境未被视为"商品"有关
D. 环境资源商品化可以更好地对环境进行保护

☞ **解析** D。本段文字一开始就用"所谓环境资源商品化"的表述告诉我们主体一定是"环境资源商品化"。首先解释"环境资源商品化"的含义,即赋予环境商品的价值,最后一句话为本材料的观点,认为生态环境问题的原因是没有把资源环境视为商品,同义替换答案为D项。而且,除了D项外,其他项的主体都不对。

二、抓关键性词语或标点

中国人说话往往喜欢含蓄地表达,其真正含义则通过几个关键部分的措辞来表达。这种题难度比较大,考生很难在短时间内把握住中心。有种相对简单一点的情况比较多见,就是文章的关联词充当关键性词语。标点符号是为了让读者更加便于理解作者意思而发明的,一些标点符号往往可以提示我们。

【例题】从高层决心和公众自觉方面看,大气污染治理的步伐不断加快。调整能源结构、产业转型升级,需要政府更有所作为,这是无可争议的重头。同时,作为每位公民可以做到少些抱怨,多些从自身做起,比如不放鞭炮、多乘坐公共交通,等等。

这段文字主要想表达的是(　　)（2015年广东省第26题）
A. 每位公民在大气污染治理中都应承担相应责任
B. 大气污染治理需要政府与每位公民的共同努力

C. 政府在大气污染治理中应承担起最主要的责任

D. 政府与公民都已经开始积极投身于大气污染治理

☞ **解析** 关键词是"同时"。原文中明显用"同时"引导的并列结构，第一方面说政府，第二方面说公民，因此概括这两个方面只能选 B。A 和 C 都只提到了政府，概括不全，D 项中"已经"不正确。

【例题】目前，研究人员尚不能确定，是先有抑郁症，还有先有沉溺网络，但有一点是肯定的，即两者之间是一种恶性循环。抑郁症可以使青少年更加沉溺于网络，有抑郁症状的青少年基本没有生活目标，网络游戏中获得的虚拟奖励对他们来讲很有吸引力，虽然网络世界热闹非凡，但沉溺其中的青少年内心却异常孤独。

这段文字表达的中心意思是（　　）（2015 年河北省第 21 题）

A. 研究人员对抑郁症和沉溺网络的关系还没有搞清楚

B. 沉溺网络对青少年心理健康产生了严重不良影响

C. 网络游戏中的虚拟奖励对青少年吸引力很大

D. 抑郁症和沉溺网络之间存在着一种恶性循环的关系

☞ **解析** D。关键词是"但"。文段中出现转折词"但"，重点往往在最后一层，即"两者之间是一种恶性循环"。接着对这两者之间的关系观进行解释说明。因此，本题答案选 D。

【例题】分布于不同地方的语言使用者，在长期的发展过程中，积累了生产生活的共同或独特的经验。这些经验或知识体系都凝聚在语言之中。而各个语言群体对自然界的认识分别在不同的方面达到了不同的深度，形成了认识结构的互补分布，共同构成了人类广博精深的知识体系。

这段文字意在说明（　　）（2015 年 425 联考第 52 题）

A. 人类知识系统通过不同群体以语言的方式保存和建构

B. 人类群体通过语言将经验和知识加以发扬和运用

C. 语言促进了各个群体知识体系的分化

D. 人类各群体的经验和知识体系的深度和广度各不相同

☞ **解析** A。关键词是"而"。材料前两句话提到人类的经验和知识凝聚在语言之中，转折词"而"的后面是材料重点，提到人类的认识结构互补分布构成人类广博精深的知识体系。同义替换答案为 A。

【例题】一条"河北有条中国式 66 号公路，美到灼伤双眼"的帖子，引起人们的强烈关注和热烈转发，更引发京城自驾游一族周末前往这条草原天路的激情。据了解，这条草原天路全长 132.7 公里，2011 年建成，是连接崇礼滑雪温泉大区和张北草原风情大区的一条重要道路，沿线山高坡陡、沟壑纵深、景观奇峻，展开了一幅百里坝头风景画卷。

这段文字主要描述的是(　　)（2015年河北省第23题）

A. 66号公路的美　　　　　　　B. 网络帖子的力量

C. 草原天路的基本情况　　　　D. 自驾游青睐草原天路

☞解析　D。关键词是"更"。递进词"更"之后是重点，讲述人们自驾游草原天路的激情。"据了解"之后是围绕草原天路的论述，不属于重点内容，所以，文段"更"后面的内容是本段文字的中心。因此，本题答案选D。

【例题】太阳将进入与300年前导致封冻的泰晤士河上能够举行"冰冻博览会"的那段时期相同的变冷期，这种可能性大概有20%。太阳活动迅速减少增强了在下一个50年内世界经历"太阳活动极小期"的可能性。据悉，太阳活动极小期是17世纪与18世纪欧洲和北美部分地区出现所谓"小冰期"的部分原因。然而，一项研究发现，与人为排放二氧化碳等温室气体导致的气温上升的预期相比，太阳活动周期自然而长期的起伏所导致的全球平均气温下降的预期可谓小巫见大巫。

这段文字主要想传递的信息是(　　)（2015年下半年天津市第45题）

A. 太阳将进入同于300年前的活动极小期

B. 下一次太阳"变冷"难以遏制全球变暖

C. 太阳自然变冷能够拯救地球于全球变暖

D. 太阳变冷期的地区性影响大于全球影响

☞解析　B。关键词是"然而"。文段以转折关联词"然而"连接了全文，根据转折之后是重点的技巧，本段文字的主题句在转折词"然而"之后，该句内容主要说明太阳活动的自然周期影响不了因人为排放二氧化碳使气温上升的趋势，也即作者的意图是全球变暖不能被太阳变冷抑制。故本题选择B项。

【例题】谷歌掌门人施米特宣称"互联网即将消失"。其实，施米特指的是互联网即将被改造成"物联网"，即从以人与人之间的文本图像交流为主被改造成以物与物之间的连接为主，使人在相互联系的同时能够监控操纵各种人造物和机器设备。这样，在"大数据"的背景下，人们就会沉浸在与我们现在所处的物理世界在经验上难以分辨的虚拟世界。

从这段文字，可以看出作者的态度是(　　)（2015年下半年天津市第60题）

A. 未来，物联网技术将全面取代互联网技术

B. 物联网将用户端延伸和扩展到了物品与物品之间

C. 物联网通信技术更具有公众的共性化和资源的共享性

D. 物联网技术与虚拟世界的融合，将改变多数人的生活方式

☞解析　D。关键词是"这样"。文段通过"这样"引导重点句内容，在物联网的

改变下，人们将会生活在一个与以往物理世界在经验上难以区分的虚拟世界，说明物联网对人的影响作用。因此本题答案选 D 选项。

【例题】近代以来，史学界发展出几种"专门之学"，即简帛学、敦煌学、徽学、黑城学等，主要对象是出土或传世的文书，包括简帛文书、敦煌吐鲁番文书、徽州文书、黑城文书等，时间跨度从战国秦汉直至明清。虽然这些研究的对象多是文书，中国却并没有自己的"古文书学"。原因当然是多方面的，其中一个重要原因，就是这些研究是随着出土或传世文书的不断发现而逐步扩大兴盛，却又各自为界。所以，只有在文书数量足够多、研究足够丰富、积累足够厚重、交流足够频繁的情况下，才有可能建立"中国古文书学"。

这段文字主要反映了史学界怎样的研究状况（　　）（2016 年国考第 57 题）

A. 重考据轻经济　　B. 重发展轻交流　　C. 重理论轻实践　　D. 重传统轻创新

☞ 解析　B。关键词是"所以"。文段中提到史学界发展出"专门之学"，却没有自己的"古文书学"。"所以"后是重点，引出作者想要表达的意思，即只有交流足够频繁，才能建立"中国古文书学"。由此可知，文段强调的史学界的研究情况为重发展而轻交流。B 项当选。

【例题】如何养老已成为刻不容缓需要解决的社会问题。养老问题可以通过社会化方式解决，敬老院、托老所等社会机构承担了部分养老职能。然而，由于历史文化传统的影响，机构养老并非多数老年人的首选。同时，我国机构养老发展时间不长，软硬件设施尚不完善，与社会需求相比还存在不小差距，因而家庭养老的功能仍然不可替代。促进家庭养老，弘扬尊老、爱老、养老的传统孝文化无疑具有重要意义。

这段文字意在说明（　　）（2015 年下半年天津市第 42 题）

A. 传统孝文化可以助推家庭养老　　B. 养老问题可用社会化方式解决
C. 有老年人选择了机构养老方式　　D. 传统孝文化可以解决养老问题

☞ 解析　A。关键词是"然而"和"因而"。整个文段是一个由"然而"引导的较长的转折复句，转折之后是重点。同时，在转折之后又嵌套了一个由"因而"引导的因果复句，对因果复句而言，结果是重点。所以，"家庭养老的功能仍不可替代。促进家庭养老，弘扬敬老、爱老、养老的传统孝文化无疑具有重要意义"就成为整个文段的主题句，主题句论述的对象是"家庭养老"。比较四个选项会发现，只有 A 选项概括了主题句的意思且与主题句论述对象一致。因此，本题答案为 A 选项。

【例题】当前意义上的人民福祉已经不同于历史上简单的温饱状态，而是包括极为丰富的内容：既包括人民的权利和尊严，也包括人民的收入和消费，同时也涉及自由、安全、社会保障和精神生活等方面。

这段文字主要说明了( )（2015年广东省第27题）

A. 人民福祉的内涵相比以往有了巨大的变化
B. 人民已经不仅仅满足于温饱状态了
C. 人民福祉的含义在历史发展过程中会不断丰富
D. 人民福祉已经从物质层面向精神层面过渡

☞**解析** A。关键标点符号是冒号。原文只有一句话，前半句说人民福祉不同以往，冒号后面具体解释说明，因此前半句是重点，讲的是和以前的变化，所以选A。

【例题】大学发展遇到的困难是可以理解的：如知识成倍增长，新学科不断出现，旧学科依然存在，学校的扩大趋势不可阻挡，因此大学变得更难管理，足以耗尽管理者的聪明才智。学校的性质决定了大多数管理者是从教育者中挑选出来的，由于缺乏管理方面的训练，很可能陷入可悲的境地，他们因学术经历而被任命，之后却再没有时间来思考学术问题，学校的扩大要求他们不遗余力地寻求资金等各种支持发展的资源。他们在为保持发展自己的研究中心而奋斗时，也越来越深地卷入了筹集资金和事务的苦役。

这段文字主要说明了( )（2015年黑龙江省第44题）

A. 大学扩张的主客观因素　　　　B. 大学管理者应具备的素质
C. 大学管理者陷入困境的原因　　D. 选拔大学管理者的最佳途径

☞**解析** C。关键标点符号是冒号。文段首先说明大学发展中的困境是可以理解的，紧接着冒号解释说明原因，后提出大学管理者是从教育者中挑出来的，然后分析了他们在管理学校的时候所遇到的问题。直接提炼主旨，答案选择C。

【例题】起床后的第一件事是摸手机，吃饭先拿起手机拍照传微博，一桌人都对着手机，有一句没一句地聊天，半夜都要从枕头底下掏出手机来看看新闻……智能手机渗透到生活的方方面面，已经对个人生活和社会交往产生不良影响。针对人们日渐依赖智能手机的现象，专家呼吁要"数字节食"——人们应该合理利用智能手机，而不是被手机掌控，全民都需要认识到手机上瘾的危害。

根据这段文字，作者接下来最有可能( )（2015年黑龙江省第53题）

A. 介绍"数字节食"概念是如何出现的
B. 就如何减少对智能手机的依赖给出建议
C. 回顾传统手机时代人们简单而健康的生活
D. 说明智能手机在哪些方面给生活造成了影响

☞**解析** B。关键标点符号是破折号。破折号提示我们其重要性。结合上下文重点分析文段的尾句，并结合尾句的话题进行延展，即要求答案和文段尾句的话题一致。该题文段尾句谈论的是手机成瘾的危害，故后文会谈论如何避免这些危害。只有B选项的话题与之匹配。

三、分析文章的层次结构

任何合格的文章都是有层次的，如总分式、分总式、总分总式、分总分式。层次之间由一些关系连接，这些关系有并列、递进、转折、因果、层进等。掌握了这些关系，从连接点入手，阅读理解就是一个庖丁解牛的过程，"恢恢乎，其游刃必有余"。

有人将阅读理解的解题技巧总结成"首尾句原则"。其实不尽然，在总分式层次中，关键句一般是首句；在分总式层次中，关键句一般是尾句；在总分总式层次中，关键句是首句和尾句；在分总分式层次中，关键句则在中间。再来看关系，并列关系中前后都重要；递进关系中，后面比前面重要；转折关系中，后面一般把前面否定了，重要的内容与前面相反；因果关系中，原因比结果重要；层进关系中，越往后面越重要。

【例题】作家、艺术家作为最富有创造性的主体和最具活力的媒介，一旦投身于一项文化交流行为之中，就势必要承担双重的义务或双重的角色：把自身的文化传播到自身以外文化中去，再把自身以外的文化引回自身。这样，我们在审视外国作家与中国文化关系时，就不可能，也不应该将中国文化、中国思想设想为一成不变的辐射中心，来进行单向度的观照和贸易往来式的清点，必须进行双向、互动的考察，具体地研究在接受彼此文化过程中，产生的新的想象和创造。

这段文字意在说明（　　）（2015 年黑龙江省第 38 题）

A. 文化交流不应是单向度的灌输而应是双向互动
B. 文化交流研究重点要集中在交流中创新的元素
C. 真正的学者是肩负双重义务扮演双重角色的人
D. 学者在文化交流中要扮演双向传播者才有活力

☞**解析**　D。文段为总—分结构，首先文段就提出了作家、艺术家是富有创造性的主体和最具活力的媒介，然后又提到了其要承担双重的义务或双重的角色，而冒号后面是对这句话的解释，接下来列举了中国文化的例子，来进一步说明为什么要有双重的义务和角色。文段的主体为作家、艺术家，故排除 A 和 B。而 C 选项没有提到文化交流这个关键词，故排除 C。

【例题】在欧洲，随着强悍的罗马帝国版图的扩大，拉丁语曾经成了通用的语言。但随着帝国的衰亡，各民族借用拉丁语发展出了自己的语言体系。此后，欧洲战事不断，语言也相互渗透。诺曼公爵征服英国后，法语成了宫廷贵族的语言，讲法语也成了地位和身份的象征。直到 20 世纪初，法语以其词义准确、不致发生歧义仍然在欧洲国际会议中受到推崇，正式外交文本也基本采用法语。但进入现代工业社会后，随着英美国家的崛起，英语又逐渐变得强势。第一次世界大战后，英语与法语同时成为欧洲国际会议的工作语言。到第二次世界大战后，由于美国在全球霸主地位的确立，英语逐渐超越了法语，成为外交场合使用最为广泛的语言。

这段文字意在说明(　　)（2015 年甘肃省第 12 题）

A. 语言与政治之间存在着密切联系

B. 拉丁语对欧洲语言产生深远影响

C. 现代外交场合的工作语言之争早已产生

D. 英语在国际舞台上的地位已无可替代

  ☞ **解析**　A。文章结构为并列关系，文段是分分式的行文脉络结构，第一小段说的是罗马帝国的强大，拉丁语成为通用语言。第二小段说的是诺曼公爵征服英国以后，法语得到了广泛的运用。第三小段说的是工业社会以后，英语逐渐变得强势。第四小段说的是第二次世界大战以后，美国全球霸主的地位确立以后，英语成为最广泛使用的语言。总结概括问段内容，答案为 A。

【例题】其实对于人生、道德、审美以及社会的解释，并无绝对正确的标准答案。每个时代、每个民族，都有提出问题的冲动以及解决问题的能力。满足这种历史需求的，便是所谓的"恰当学术"。你可以嘲笑胡适浅薄，称其提倡的实验主义颇为浅陋，甚至不如学衡派所推销的白璧德的新人文主义精细，但没用，后者就是不如前者适合那个时代中国人的趣味。

这段文字阐述的中心是(　　)（2015 年河北省第 22 题）

A. 时代与学术的关系

B. 人文社会科学中的很多问题没有标准答案

C. 人生、道德、审美与社会的关系

D. 胡适的学术契合了时代和社会的需求

  ☞ **解析**　A。主旨概括题。文段属于很明显的总—分结构，"提出观点—举例论证"，论述"恰当学术"，指出学术与时代密切关系，用胡适的例子进一步论证与时代结合的学术才是"恰当学术"。因此，本题答案选 A。

【例题】为创作《平凡的世界》，路遥翻阅了 10 年的《人民日报》《参考消费》等各种报纸，并亲自到煤矿等地体验生活，充分显示了一个作家孜孜不倦的求真精神。这部小说对主人公在艰难生活中执著奋斗精神的刻画，对他们浪漫爱情的描绘，都深深地打动了读者的心。值得一提的是，有评论者认为，一个农家子弟与县领导干部女儿的爱情不真实，但在小说所讲述的 1975—1985 年间，我国的贫富与阶层分化并不巨大，这样的故事还是可信的。

对这段文字概括最恰当的一项是(　　)（2015 年下半年天津市第 49 题）

A. 《平凡的世界》里有对现实社会和浪漫爱情的真实描绘

B. 《平凡的世界》里既有现实主义精神也有浪漫主义情怀

C. 《平凡的世界》用执著的奋斗精神和浪漫的爱情故事打动读者

D. 《平凡的世界》对浪漫爱情的深刻描绘削弱了其现实主义精神

☞ **解析** A。整个文段是分分结构，首先提到了《平凡的世界》的作者路遥先生，为了在小说中呈现真实的生活场景，翻阅十年报纸并亲自到矿区体验生活。文段之后又论述到作品中看起来很不现实的浪漫爱情在当时的社会也是可信的，通过对文段的全面概括可知，《平凡的世界》这部作品的一大特性就是"真实"。比较四个选项，只有 A 项概括了这一点，所以答案为 A 项。

四、比较法

作为选择题，不仅题设有规律，选项也同样能找到规律。比较法的实质就是通过比较各选项之间的差异性来遴选答案。从出题者的角度出发，正确答案一定是出题者花心思最多，最为全面、严密、翔实的选项；错误答案则是出题者花心思较少，阐述不够全面、逻辑不够严密、内容不够翔实的选项。

有人说，字数最多的选项常常就是答案，这种说法也是有一定的道理的。一般而言正确的选项内容翔实，字数往往也会比较多。当然，这不是绝对的，这种方法只能在时间紧张又把握不准正确选项的时候应急。

比较法是指在权衡重要性时，要知道：未来与过去相比，未来更重要；目的与手段相比，目的更重要；目的与结果相比，结果更重要；原因与影响相比，影响更重要；当时影响与历史影响相比，历史影响更重要。

【例题】网络热词"能靠脸，偏靠才"出自女喜剧演员贾玲的一条微博。素来以微胖、搞笑形象示人的贾玲的昔日清秀照片被网友翻出，并在网上流传。贾玲立马通过微博机智回应："我深情地演绎了：明明可以靠脸吃饭，偏偏要靠才华。"

对此热词网友做了全面阐释，请选出不恰当的一项是（　　）（2015 年下半年吉林省第 31 题）

A. 在自身颜值高，又很有才华的前提下，此语强调"内外兼修，更显内在"
B. 在颜值不够，但有才华的情况下，此语强调"用才华弥补颜值"
C. 在颜值不够，且才华也不够的情况下，此语便是强调"人丑就要多读书"
D. 在自身颜值高，但才华不够的情况下，就必须"帅出新高度"

☞ **解析** D。比较四个选项，D 项与其他三项的意思相反。这里可以直接秒杀选 D。文中一直强调才华的重要性，而非颜值，A、B、C 三个选项都强调才华的重要性，因此不恰当的是 D。

【例题】一位年轻人曾问乔布斯：你的智慧从哪里来？乔布斯回答：来自精确的判断力。年轻人又问：精确的判断力从哪来？乔布斯回答：来自经验的积累。年轻人再问：那你的经验又从哪里来？乔布斯真诚地回答：来自无数错误的判断。

与这个故事揭示的道理最不相符的是（　　）（2015 年下半年吉林省第 44 题）

A. 胜败乃兵家常事　　　　　　B. 失败是成功之母
C. 实践里面出真知　　　　　　D. 吃一堑，长一智

☞解析　A。比较选项，A 项为胜败，B 项为败，C 项未明确，D 项为败。B、D 项意思相同，可以排除。乔布斯回答，精确的判断从经验中来，经验从错误中来。乔布斯是说想要精确的判断你得先去做，想要有经验你得做错才行，因此 B、C、D 中有"失败"对应"错误判断"、"实践"对应"去做"、"吃一堑"对应"错误判断"。答案为 A，没有要表达成功和失败都是常有的意思。

【例题】玻璃幕墙大量在公共建筑中采用，是由特定历史时期的审美所决定的。如今，这种墙体形式正在向着低成本、高普及的方向转变，玻璃幕墙最初的现代感、国际化色彩与神秘光环正在渐渐褪去，能源危机在一定程度上加速了这一过程。对于大多数地处亚热带和温带地区的城市而言，大面积的玻璃幕墙逐渐暴露出其光污染和高耗能的一面。

这段文字的主旨是（　　）（2015 年新疆维吾尔自治区第 33 题）
A. 说明滥用玻璃幕墙会带来城市污染和能源浪费
B. 阐述建筑之美带有明显的时代特征
C. 评价能源危机对现代审美意识的影响
D. 介绍目前建筑材料发展的低能耗导向

☞解析　A。比较选项，A 项讨论玻璃幕墙，B 项讨论建筑之美，C 项讨论能源危机，D 项讨论能源材料的发展。可见，我们只需要知道要讨论的核心事物就行了。根据文段话题内容，整个文段讨论的主体为玻璃幕墙，并没有提到建筑之美、能源危机，以及能源材料的发展，排除 B、C、D 三项，因此 A 项当选。

【例题】在文学史上，科幻文学是近期才出现的东西，它伴随着近代科学出现，随着世界的现代化而发展。在此之前，虽然也广泛存在幻想文学，但是但丁的《神曲》和玛丽·雪莱的《科学怪人》之间却存在着无法跨越的鸿沟。科幻文学的本质性要求是科学的内核，科学精神的核心一定是可知论，是反对蒙昧主义，栖身于科学的幻想作品，才能称为科幻文学。

根据上文，科幻文学和幻想文学根本区别在于，科幻文学（　　）（2015 年黑龙江省第 36 题）
A. 是基于现实的想象　　　　　B. 以科学为依托
C. 出现时间较晚　　　　　　　D. 具有启发民智的作用

☞解析　B。比较科幻文学和幻想文学两个词，科幻文学是涉及科学的幻想文学，最大的区别必定离不开科学这个主体。从选项来看，只有 B 出现了"科学"这个主体，可以直接秒杀。

【例题】一些精神疾病可以理解为不同的思考方式。米开朗基罗、贝多芬、梵高等许多名人或多或少有这样的特性。他们的艺术才华在一定程度上源于他们的精神紊乱，就像亚里士多德曾说过的那样，伟大的天才无不带有一丝疯狂。日前，一项针对数十万人进行的研究表明，精神分裂和躁郁症等疾病与创造力之间的确存在基因上的关联。

这段文字意在说明（　　）（2015年下半年天津市第44题）

A. 艺术大师们都有精神疾病特性
B. 精神病可理解为一种思考方式
C. 创造力与精神病具有基因关联
D. 名人的艺术才华源于精神紊乱

☞ 解析　B。文段是典型的总分结构，首句先提出了观点，即"一些精神疾病可以理解为不同的思考方式"，后面通过举例论证并结合援引的亚里士多德的话对文段的观点进行论证，比较四个选项，B项正是对文段观点的重复，因此，本题答案为B选项。

【例题】"商业信誉"无疑指向的就是"信用"和"名誉"，它是指社会公众对具体商业主体的经济能力、信用状况等所给予的社会评价。在刑法上，并不是所有"损害"商业信誉的行为都将构成犯罪。如该商业主体自身存在问题，经媒体曝光后信用大跌、名誉扫地，这种损害实则是由主体自身的问题所带来的。而媒体行使舆论监督权并无违法，反而应该得到法律的保护。

这段文字意在强调（　　）（2015年425联考第45题）

A. 媒体曝光商家不守商业信誉的行为不违法
B. 商家自身问题造成信誉损害不受法律保护
C. 法律对损害商业信誉行为的认定十分审慎
D. 应出台法律保护媒体对商家进行舆论监督

☞ 解析　B。本文为分总分结构，文段的主旨句在"在刑法上，并不是所有'损害'商业信誉的行为都构成犯罪"，也就是说商业的某些信誉受损的情况并不受法律保护，比如当自身主体本来存在问题时就不受法律保护，相关媒体也不需要负法律责任。因此，本题答案为B选项。

五、了解作者意图

矛盾论告诉我们，矛盾包括主要方面和次要方面，矛盾的主要方面决定了矛盾的性质。我们抓主旨，总结中心思想实际上就是一个去粗取精、抓大放小的过程。阅读理解的突破口在于弄清文章的主线或作者所抱的基本态度，有时候，大家把这个解题技巧理解为"找语感"。何为"找语感"？无非就是读完之后整体上感觉作者是想要说什么嘛！

【例题】当我们在承受某些心理痛苦，比如孤独、社会孤立、自我怀疑、负面情绪、觉得人生无意义时，怀旧可以起到应对机制的作用。这些烦恼使大脑开始筛选自己的记忆库，总结出一些有特定叙事特色的片段。我们通过怀旧，让过去的成功经历和亲密的人际关系重新浮出水面，那些时候我们的生活有安全感也有秩序。心理学家解释道："你在向自己重申'我做过很棒的事情'，也希望这句话能预测未来的发展。'虽然我现在不甚确定，但看看我的过去，就知道我是个可爱的人。我命中注定要成就大事。'"（2015年425联考第42题）

下列说法与原文不符的是(　　)

A. 怀旧会让我们逃避现实　　B. 怀旧是我们前进的动力
C. 怀旧有情感缓冲的作用　　D. 怀旧能使我们变得乐观

☞ **解析**　A。通读文段不难发现，作者对"怀旧"的看法是积极的。而四个选项中只有A选项"逃避现实"属消极倾向，与原文内容不符。因此，本题答案为A选项。

【例题】西方现代文论认为，一部作品产生后就是独立的文本，和作者无关。然而这个原则却不适用于中国传统文学。中国古代的文学家，很多是朝廷的官员或预备官员，至少是读书人，是文明的传承者，他们的言行是社会风尚的风向标，文学承载着移风易俗的责任，因此社会价值体系对文学家的人格有较高的要求。如汉代的扬雄写过赞美王莽的文章，因而被宋人看不起；严嵩的诗写得好，但是后世读的人少，诗集也少有刊刻——怎能让祸国殃民的罪人立言不朽呢！古人虽也说过"孔雀虽有毒，不能掩文章"的话，但仍坚持"德艺双馨"的文艺评论原则。

根据这段文字，下列哪项符合传统上中国古代对文学作品的看法(　　)（2015年国考第题）

A. 文如其人　　B. 文以载道　　C. 知人论世　　D. 诗以言志

☞ **解析**　A。"文如其人"指文章的风格同作者的性格特点相似。"文以载道"指文章是为了说明道理，弘扬精神的。"知人论世"原指了解一个人并研究他所处的时代背景。现也指鉴别人物的好坏，议论世事的得失。"诗以言志"指用诗来表达自己的志向和决心。由文段中"西方……一部作品……和作者无关，然而……不适用于中国传统文学""社会价值体系对文学家的人格有较高的要求""坚持'德艺双馨'的文艺评论原则"等可知，文段说的是"文章"和"人格"之间的关系，"文如其人"符合题意，当选。

【例题】现代社会对公共事务的探讨已经成为一种常态，与一般的"公共知识分子"和媒体不同，智库对公共事务的参与应基于科学的分析和论证，而非情绪的宣泄和价值判断的争议。智库要尽可能从自己得到的一手材料和客观事实出发进行研究，完成对复杂资料的筛选和判断，建立持之以恒的预测分析系统。

作者通过这段文字主要想表达(　　)（2015年广东省第28题）

A. 智库是一个参与公共事务管理的专业机构
B. 智库的运作具有相当高规格的要求
C. 智库应该科学客观地参与对公共事务的探讨
D. 智库对公共事务的探讨比一般的"公共知识分子"和媒体更深入

☞ **解析** C。这是一道意图判断题。全文两句话，第一句说了智库是什么，第二句说智库要怎么样，因此明显第二句是重点，所以选C。A、B、D都是对应第一句话，不是文段重点强调的内容。

【例题】让人，并不是懦弱，而是一种涵养，一种胆识。"让人非我弱，弱者不让人。"蔺相如不想和廉颇争地位，路上遇到廉老将军就一而再、再而三地避让。这种豁达大度，不正体现了蔺相如以国家利益为重的崇高品德吗？因他的这种美德，才有后来廉颇老将军的"负荆请罪"，从而留下了一段千古佳话。

以下最能证明这段文字观点的是（　　）（2015年河北省第26题）
A. 桃李不言，下自成蹊　　　　B. 失之东隅，收之桑榆
C. 宰相肚里能撑船　　　　　　D. 是可忍，孰不可忍

☞ **解析** C。意图判断题。文段强调的是要让人，要有豁达大度的精神。答案C中"宰相肚里能撑船"一般形容一个人宽宏大量，大人有大量的意思，是倡导为人处世要豁达大度，待人处事要宽厚仁慈，相符合。故答案为C选项。

【例题】当今时代，随着娱乐业的发展和电子产品的出现，多样化的娱乐生活和碎片化的手机浏览侵占了人的大部分空闲时间，"静下心来阅读一本书"则被排到时间表的最末端。阅读与碎片化信息浏览的区别无需赘述，阅读让人沉静、沉淀。而阅读正是浮躁时代所稀缺的品质，也是一个理性民族所需要的品质。

这段文字意在强调（　　）（2015年河北省第29题）
A. 碎片化信息阅读是浮躁时代的产物
B. 阅读和碎片化浏览有根本区别
C. 当今时代需要推动国民阅读
D. "静下心来阅读一本书"在当今时代已非常难得

☞ **解析** C。意图判断题，文段首先交代背景，即娱乐业的发展侵占了人们的大部分时间，无人能静下心来阅读，阅读很重要，是时代和民族所需要的重要品质。可知作者想要告诉我们，当今时代需要推动国民阅读。故答案选择C项，A、B、D是现象描述不是对策。

六、提取句子主干法

尤其是对长句的理解，这种方法很实用。一个句子一般都包括主谓宾结构。抓住了

主干,可以排除一些枝枝叶叶的干扰,迅速把握题干阐述的内容要旨。

【例题】长期困扰科学家的是,为什么还有为数不多的几十种鱼类,它们不顾高温新陈代谢的大量消耗,顽固地进化为热血动物。

这段文字可以理解为( )

A. 生物学家的长期困扰

B. 鱼类已经为数不多,只有几十种

C. 有些鱼类进化为热血动物

D. 高温新陈代谢导致热量的消耗,使鱼类都进化为热血动物

☞ 解析 C。本题考查对长句的理解。对于这类题我们常用的方法是提取句子主干。首先将定语和状语去掉,只保留句子的主谓宾结构。先将带有"的"和"地"的定语和状语部分去掉,包括"长期困扰科学家的""为数不多的""高温新陈代谢""顽固地"。然后将句子整理就可以得到答案。答案为 C。

【例题】正如人类长期呼吸和接触空气,但直到 18 世纪才通过科学实验认识空气一样,信息也是在科学技术发展到一定阶段,特别是在人类发明和运用计算机以后,才通过科学实验认识它。

这段话最准确的复述是( )

A. 人类是采用先进的科学技术通过科学实验认识信息的

B. 信息直到 18 世纪才像空气一样被人类科学实验所证实

C. 在人类发明和运用计算机以后,才出现信息

D. 科学技术的发展对于信息具有重要的作用

☞ 解析 B。提取主干,得到"信息通过实验认识",再将其他必要内容加入。选 B。

【例题】创造,是毫无遗憾地贡献毕生的经历,不断扩大自我生命作用的一曲凯歌,是用汗和泪浇铸成的结晶。

这段话最准确的理解是( )

A. 创造好比是一种赌博

B. 创造的价值在于自我价值的实现

C. 创造在于全身心地投入,毫不后悔

D. 创造就是事业,是生存的手段

☞ 解析 B。提取主干,得到"创造是经历、凯歌、结晶"。很快可以排除 A、C、D 项。选 B。

【例题】在这次全厂职工大会上,有关领导驳斥了那种谁也不会否认提高产量不是

努力工作的结果的观点。

有关领导对提高产量是努力工作的结果所持的观点是(　　)

A. 领导对此观点表示不同意

B. 领导同意此观点

C. 领导对此观点既不同意也不反对

D. 领导的讲话与此观点无关

☞**解析**　B。提取主干，得到"领导驳斥不会否认不是努力结果的观点"。再将否定叠加，奇数为否定结论，偶数为肯定结论。驳斥+不会+否认+不是＝4，此时可以转换为"领导同意是努力结果的观点"。选B。

第二节　阅读理解的七大陷阱

阅读理解之所以难，难就难在模棱两可，这个模棱两可是出题者故意设置的。出题者在阅读理解部分一般设置七大陷阱：一是无中生有，是命题人依据材料中的某一信息，凭空捏造出相似的信息作为选项以迷惑考生；二是颠倒黑白，是将正确的说成错误的，错误的说成正确的一种设错陷阱；三是偷换概念，是指命题人将题干中的词语偷换成一些相似的词语，改变了概念的修饰语、适用范围、所指对象等具体内涵的一种设错方式；四是以偏概全，是指以个别事物替代一类事物或以事物的部分特征替代整体特征的一种设错方式；五是混淆时态，是指将还没有发生或未实现的说成已经发生或实现的，将可能的说成必然的，将不肯定的说成肯定的一种设错方式；六是逻辑混乱，是指选项中两个事物的逻辑关系与原文不符；七是推断错误，是指选项在文段提供的信息基础上进行了错误推断。

【例题】判断一个环形坑或环形构造的形成是否与陨石撞击作用有关，关键是要查明该坑岩石是否受过陨石强烈撞击伴随的冲击波作用。在强烈冲击波作用下，靶岩将发生冲击变质。关于陨石撞击坑的判别，国际科学界明确了三项冲击变质诊断性指标：矿物击变面状页理、矿物击变玻璃、击变矿物高压多形转变。在自然界中，除了地外天体超速撞击引起的冲击波作用外，任何其他天然过程或地质作用均不能在地质体中引发这类矿物物理变化。如能在地表环状地质构造中发现上述三项指标之一，即可确定该地区发生过陨石撞击事件。

根据这段文字，对某环形坑或环形构造来说(　　)（2016年国考第58题）

A. 发现矿物击变玻璃即可判断定为陨石撞击形成

B. 其形成往往能证明该处受过强烈冲击波作用

C. 三项冲击变质诊断性指标通常不会同时出现

D. 强烈地震有可能引发击变矿物高压多形转变

☞ **解析** A。根据原文最后一句话可知，如能在地表环状地质构造中发现上述三项指标之一，即可确定该地区发生过陨石撞击事件，A 项正确。B 项偏离文段意思，文段讨论的问题是判断环形坑或环形构造是否为受到陨石的强烈撞击所形成。C、D 两项无中生有。

【例题】一项调查结果显示，那些态度最积极乐观的被调查者在研究持续期间膳食结构的改善幅度最大，而最消极悲观的被调查者不仅从一开始便更倾向于选择较不健康的饮食，而且在运用各种手段加以干预后，改善的情况也不理想。研究者指出，自控能力是令乐观者更易成功戒除抽烟、喝酒和暴饮暴食等坏习惯的关键。

对这段文字理解准确的一项是(　　)（2015 年广东省第 31 题）

A. 饮食结构取决于人的情绪的好坏
B. 不健康的饮食习惯很难通过干预而改善
C. 积极乐观的人更容易改善不良饮食习惯
D. 悲者的自控能力无法通过干预而改善

☞ **解析** C。A 项属于无中生有；B 项"很难通过干预改善"未提及；D 项"运用各种手段加以干预后改善情况不理想"的"消极悲观者选择的不健康饮食"，而非"自控能力"，属偷换概念；C 项可以通过第一个分句与消极悲观者的比较得出。故正确答案为 C。

【例题】榜样的力量是无穷的，精神的力量是伟大的。50 年来，在雷锋精神的感召下，涌现了一大批雷锋式的先进人物，"当代雷锋"郭明义就是其中的杰出代表。今天，无论是遍布全国的上百支郭明义爱心分队，还是郭明义微博上的 680 万"粉丝"，或是郭明义先进事迹报告会上泪流满面的听众，无不表明随着时代的进步和社会发展，雷锋精神不但没有过时，而且越来越焕发出时代风尚的独特力量，越来越成为人们热切的心灵呼唤、强烈的道德自觉。

雷锋式先进人物的出现说明了(　　)（2015 年上半年天津市第 35 题）

A. 榜样的力量是无穷的，精神的力量是伟大的
B. 随着时代的进步和社会的发展，雷锋精神没有过时
C. 新的时代，雷锋精神依然是引领时代风尚的独特力量
D. 任何时代，人们都需要热切的心灵呼唤和强烈的道德自觉

☞ **解析** C。主旨概括题。文段第一句话进行背景铺垫，从而引出话题好人好事。文段的重点由第三句话后半部分"无不表明"引导。论述的主题是雷锋精神，通过递进关联词语"不但""而且"可知，递进关联词语之后的内容为重点，即雷锋精神是时代风尚的独特力量，即 C 选项论述的内容。A 选项没有提及雷锋精神，可根据主体排除法进行排除；B 选项是在递进之前的内容，偏离文段中心；D 选项论述的主体被偷换成"人们"，且"任何时代"的表述过于绝对。因此，本题正确答案 C 选项。

【例题】如果让政府部门为药品安全负责，那么新药的研发和上市速度就要大为减缓。被审批出来的新药如果发生了什么安全事故，审批官员可能要为此承担连带责任。但如果药品审批过慢，给等待新药的患者带来什么损失，人们却看不到，也无从追究审批官员的责任，因此药监局会偏于保守，从而阻碍了新药的研发和上市速度，而这意味着有很多患者可能要在漫长的等待中丧失最佳医疗时机。

这段话意在说明（　　）（2015年上半年天津市第46题）

A. 药监局的行政权力过大
B. 药监局对于药业的负面作用可以很大
C. 应该取消药监局
D. 药监局的负面作用大于正面作用

☞**解析** A。文段提到如果让政府部门为药品安全负责，就会产生很多负面作用，后面全是在解释说明负面作用——影响新药的研发和上市速度，不只是对药业有负面作用，同时也"意味着有很多患者可能要在漫长的等待中丧失最佳医疗时机"。所以B项只提到对药业的负面作用是片面的，排除；D项错在"大于"，文中并没有对比；C项表述绝对，文中只是就审批药品这件事说明不能让药监局负责太多，而不是全部否定药监局。故正确答案是A。

【例题】信任总是建立在某种"担保"的基础上。根据不同性质的担保，研究者们将信任分为"人际信任"和"制度信任"。人际信任建立在熟悉和亲近感的基础上，是一种由个人可靠或可信提供的担保。制度信任则是建立在制度（尤其是法治制度）的公正、稳定和有效基础之上。制度为所有人而不只是相熟的人提供可靠和可信的担保，降低了社会交往的复杂性。人际信任是对个体的信任，有时又称为人格信任。制度信任是对机构、群体、组织以及其他较为抽象的对象的信任，因为也被称为非人格信任和程序信任。

从这段文字我们可以推出（　　）（2015年下半年天津市第47题）

A. 人际信任比制度信任更具体更有人情味
B. 人际信任不如制度信任那么公正、可靠
C. 制度信任的建立有赖于法治制度不断健全
D. 制度信任可为陌生人提供社会交往的担保

☞**解析** C。从文段中并不能看出人际信任比制度信任更有人情味，或者人际信任不如制度信任那么公正、可靠，所以A、B属于无中生有。D项进行了偷换概念，文段说的是制度信任为所有人而不只是相熟的人提供可靠和可信的担保，降低了社会交往的复杂性，而D选项说的是制度信任提供社会交往的担保，文中说的是提供可靠和可信的担保，所以D选项进行了偷换。

【例题】汪曾祺曾说语言不是外部的东西，它是和内在的思想同时存在，不可剥离

的。在他看来写小说就是写语言，语文课学的是语言，但语言不是空壳，而是要承载各种各样的思想、哲学、伦理、道德的。怎么做人，如何对待父母兄弟姐妹，如何对待朋友，如何对待民族国家和自己的劳动等，这些在语文课里是与语言并存的。从这个意义来讲，语文教育必须吸收和继承传统文化，而诗歌无疑是传统文化的集大成者。

这段文字意在说明(　　)（2016年423联考第41题）

A. 诗歌中包含丰富的思想、伦理和道德元素
B. 脱离内在思想的语文教育是空洞无物的
C. 必须重视诗歌在语文教育中的作用
D. 语文教育需要和思想品德教育同步进行

☞解析　C。文段为分总结构，开篇从汪曾祺的角度论述了语言与思想的关系，结尾以"从这个意义来讲"总结，强调"语文教育"与"诗歌"的联系。C项为原文的同义替换，当选。A项无中生有，B项表述不明确，D项文段中未提及"思想品德教育"，均排除。

【例题】虽然知识产权本质上是程度不一的知识垄断，但是由知识产权引起的知识垄断情形中的"垄断"含义与传统的反垄断法中"垄断"的含义有很大区别。由知识产权引起的"知识垄断"，主要是指知识产权法授予的排他权；如果该种排他权导致了相应产品或服务的市场垄断，那么，"知识垄断"也包括这种市场垄断的后果。无论权利人对该种排他权"滥用"与否，都存在两种可能，一是权利人利用排他权逐渐控制相应的产品市场，造成反竞争后果，二是并没有控制市场，没有造成反竞争的后果。而前一种正是反垄断法可能要予以制裁的情形。

下列说法与原文相符的是(　　)（2015年黑龙江省第48题）

A. 排他权会导致知识垄断
B. 反竞争是由滥用知识产权引起的
C. 知识产权本质上就是知识市场垄断
D. 法律应对造成市场垄断的知识产权进行干预

☞解析　C。对应在第一行。A对应在分号后面，但文段说如果，也就是说只是有这种情况，并不一定，所以A错误。B滥用知识产权，文段根本没有提及。D对应最后一句，文段只是说可能，这里偷换语气。

第三节　辨析病句只需"五看"

公务员考试中，病句辨析并不是重点，但一些省考中时有出现。常见的病句类型有6种：语序不当、搭配不当、成分残缺或赘余、结构混乱、表意不明、不合逻辑。综观历年真题，其所选的病句错误类型都是十分"典范"的，虽然通过各种措施增加迷惑

性，但总体来说，其"病征"是十分突出的，且有一些规律可寻。如抓住这些"病征"顺藤摸瓜，加以甄别，就更容易判断出该句是不是病句，是何种语病。以下这些规律，供大家复习备考之用。

一、辨析病句的十六种规律

1. 出现了并列的短语，可能是搭配不当、不合逻辑、语序不当或表意不明。

（1）有关部门对极少数不尊重环卫工人劳动、无理取闹、甚至殴打侮辱环卫工人的事件，及时进行了批评教育和严肃处理。【搭配不当，"事件"不可以"批评教育"】

（2）我们家乡美丽而富饶，这里土地肥沃，特别适宜种果树、棉花、甘蔗，此外，还适宜栽种梨树和枣树。【不合逻辑，分类不当，"梨树和枣树"都是"果树"】

（3）全厂职工讨论和听取了厂长关于改善经营管理的报告。【语序不当，应为"听取和讨论"，有时间上的先后关系】

（4）近日新区法院审结了这起案件，违约经营的小张被判令赔偿原告好路缘商贸公司经济损失和诉讼费三千余元。【表意不明，是"经济损失和诉讼费"共计"三千余元"，还是单"诉讼费""三千余元"，有歧义】

2. 出现了多重定语或多重状语，可能是语序不当。

（1）批评和自我批评是有效的改正错误提高思想水平的方法。【应将"有效的"调至"方法"前】

（2）昨天，许多代表热情地在休息室里同他交谈。【应将"热情地"调至"同他交谈"前】

（3）这期培训班是全国职工教育委员会和国家经委联合于今年5月底举办的，来自全国各地的二百多名职工代表参加了这次培训。【"联合"应调至"举办"前，让位于时间状语】

3. 出现了数量短语，可能是表意不明、成分赘余（重复）、语序不当或不合逻辑。

（1）三个学校的学生会干部在教导处开会，研究本学期第二课堂活动的开展问题。【表意不明，是"三个学校"还是"三个学生会干部"，有歧义】

（2）国产轿车的价格低，适于百姓接受，新款"桑塔纳"也不过十几万元左右。【成分赘余，语意重复，"十几万元"本为约数，不可以再用"左右"】

（3）开展批评和自我批评是端正党风、增强党的凝聚力的行之有效的一种方法。【语序不当，"一种"应在"行之有效"之前】

（4）华能集团三电厂今年对锅炉设备进行了改造，吨煤发电量增加了1.5倍，煤消耗量约少了1.2倍。【不合逻辑，用词不当，"减少"不可以用倍数】

（5）中国第一个计算机集成制造系统工程研究中心建成后，国内外同行对其先进的功能大加赞赏，先后有二万三千多人次前来参观。【不合逻辑，用词不当，"人次"是复量词，不可做"参观"的主语】

（6）早晨五六点钟，通往机场的街道两旁便站满了数万名欢送的人群。【不合逻辑，用词不当，"人群"是集合名词】

4. 出现了介词，可能是搭配不当、结构混乱、不合逻辑（主客体颠倒）或主语残缺。

（1）他们在遇到困难的时候，并没有消沉，而是在大家的信赖和关怀中得到了力量，树立了克服困难的信心。【"在……中"搭配不当，应为"从……中"】

（2）3月17日，6名委员因受贿丑闻被驱逐出国际奥委会。第二天，世界各地报纸关于这起震惊国际体坛的事件都作了详细报道。【搭配不当，介词"关于"使用不当，应为"对"】

（3）焦裕禄这个名字对青年人可能还有些陌生，可对四十岁以上的人却是很熟悉的。【不合逻辑，主客体颠倒，应为"对青年人来说""对四十岁以上的人来说"，或"青年人对焦裕禄这个名字可能还有些陌生，可四十岁以上的人却是很熟悉的"】

（4）为什么对于这种浪费人才的现象，至今没有引起有关部门的重视呢？【成分残缺，滥用介词"对于"造成主语残缺，应删去"对于"】

5. 出现了关联词（连词、副词），可能是搭配不当、成分残缺或语序不当。

（1）只有从根本上解决了为什么人的问题，就能更好地为人民服务。【关联词"只有……就……"搭配不当，应为必要条件，用"只有……才……"】

（2）尽管你的礼品多么微薄，但在农民心上，却像千斤重的砝码。【关联词"尽管"和副词"多么"搭配不当，应将"多么"改为确指的"这么"】

（3）他虽然是个农民，平常喜爱学习，识不少字，编秧歌也在行。【关联词残缺，可在"平常"前加"但是"】

（4）由于技术水平太低，这些产品质量不是比沿海地区的同类产品低，就是成本比沿海的高。【语序不当，关联词"不是"位置不当，应将"不是"调至"质量"前】

（5）如今"阿Q"一类的"字母词"已遍布汉字文化圈内，不但进入了教科书，而且活跃在各媒体上。【语序不当，"不但……而且……"表递进关系，程度重的应放在后面，应为"不但活跃在各媒体上，而且进入了教科书"】

（6）用语不妥帖，造句不合文法，行文缺乏条理，拖沓冗长，就会把意思弄得含混晦涩，令人误解甚至费解。【语序不当，应为"费解甚至误解"】

6. 出现了代词，可能是表意不明或成分赘余（重复）。

（1）这个精致的灯笼将作为今天得分最高的嘉宾的礼品赠送给他。【表意不明，"他"到底指谁，指代不明】

（2）老人在80岁的时候，还清楚地记得哥哥参加学生运动时对自己的评价：一个温情主义者。【表意不明，"自己"到底是指"老人"还是指"老人"的"哥哥"，有歧义】

（3）由于这次交通事故，淮海路宛平路地段的交通为此封闭了近三个小时。【成分赘余（重复），"为此"就是"由于这次交通事故"】

（4）我们必须拿出自己的正版计算机游戏软件，否则，不出新软件，就难以抵制不健康的盗版软件。【成分赘余（重复），"否则"即"如果不这样"的意思，与"不出新软件"重复】

7. 出现了较长宾语，可能是宾语中心语残缺或搭配不当。

（1）为了全面推广利用菜籽饼或棉籽饼喂猪，加速发展养猪事业，这个县举办了三期饲养员技术培训班。【"推广"的宾语中心语残缺，应在"喂猪"后加"的经验"】

（2）认识沙尘暴、了解沙尘暴，是为了从科学的角度达到对沙尘暴进行预防，减少沙尘暴造成的损失。【"达到"的宾语中心语残缺，应在"损失"后加"的目的"】

（3）现在，我又看到了那阔别多年的乡亲，那我从小就住惯了的山区所特有的石头和茅草搭成的小屋，那崎岖的街道，那熟悉的可爱的乡音。【搭配不当，"看到"与"乡音"不搭配】

8. 出现了多个谓语，可能是搭配不当或成分残缺（偷换主语）。

（1）这个文化站已成为教育和帮助后进青年，挽救和培养失足青年的场所，多次受到上级领导的表彰。【搭配不当，"培养"与"失足青年"不搭配】

（2）这家工厂虽然规模不大，但曾两次荣获省科学大会奖，三次被授予省优质产品称号，产品远销全国各地和东南亚地区。【"工厂"不可以"被授予省优质产品称号"，成分残缺（偷换主语），造成"三次被授予省优质产品称号"缺主语】

（3）我们也学小孩子一样，掐了一把花，直到花和叶全蔫了，才带着抱歉的心情，丢到山涧里，随水漂走了。【成分残缺（偷换主语），前面主语是"我们"，后面已暗换成"花"，所以应改成"把它们丢到山涧里，随水漂走了"】

9. 出现了疑问句、否定词，可能是不合逻辑（肯否不当）。

（1）雷锋精神当然要赋予它新的内涵，但谁又能否认现在就不需要学习雷锋了呢？【不合逻辑，疑问句再加双重否定，变成了三重否定】

（2）近几年来，王芳几乎无时无刻不忘搜集、整理民歌，积累了大量的资料。【不合逻辑，"无时无刻不"相当于"每时每刻都"，此处与"忘"连用，与后文"积累了大量的资料"矛盾】

10. 出现了固定结构、下定义，可能是结构混乱。

（1）《消费者权益保护法》深受广大消费者所欢迎，因为它强化了人们的自我保护意识，使消费者的权益得到最大限度的保护。【结构混乱，被动句有"为……所"和"被……所"的结构，没有"受……所"的结构，应将"所"删去】

（2）到目前为止，人还不能完全控制自然灾害，农业收成的好坏，在很大程度上还是由于自然条件的好坏决定的。【结构混乱，应为"由……决定的"】

（3）它是把事件的结局先写出来，然后再按时间顺序叙述事件发生、发展经过的写法叫倒叙。【结构混乱，可删去"它是"】

11. 出现了文言词语、书面语，可能是成分赘余（重复）。

（1）在交通干线上设卡收费的方案必须经地方人大常委会讨论通过，并公诸于社会。【成分赘余，"诸"即"之于"，"于"与它重复】

（2）北京奥运会开幕式精彩绝伦，可以堪称一流，受到世界舆论的普遍赞誉。【成分赘余，"堪"即"可以"，"可以"与它重复】

（3）听了他对事实真相的陈述，我在心里由衷地感谢他。【成分赘余，"由衷"即有"在心里"的意思，"在心里"与之重复】

（4）《语文大辞典》编委会为了使辞典有较高的质量，在躬耕修典三个春秋的编纂过程中，着重控制了关键程序。【成分赘余，"躬耕修典"即"编纂"，重复】

类似的错误用法还有"过早夭折""过分溺爱""卫冕桂冠""胜利凯旋""令寒舍蓬荜生辉"等。

12. 出现了"的"字短语，可能是表意不明、搭配不当（偷换主语）或语序不当。

（1）天渐渐地黑了下来，外面又刮了风，街上的行人也渐渐稀少了，修伞的心里非常着急。【表意不明，"修伞的"可能是"修伞的顾客"也可能是"修伞的师傅"】

（2）2003年8月3日晚，在北京天坛举行了第29届奥运会会徽发布仪式，当晚祈年殿的灯火辉煌，更显得雄伟壮丽。【搭配不当，误用"的"字，偷换主语，造成"灯火"与"雄伟壮丽"不搭配，应删去"的"字】

（3）湖南省历史博物馆近日展出了数以万计的八千年前新出土的栽培稻。【语序不当，应将"新出土的"调至"八千年前"】

13. 出现了两面性的词语，可能是不合逻辑（前后肯否不一）。

（1）电子工业能否迅速发展，并广泛渗透到各行各业中去，关键在于要加速训练并造就一批专门技术人才。【"能否"是两面性的词语，与后文不一致】

（2）我怀着恐惧的心情，担心灾难会不会降落到姑妈头上。【"担心"与"不会"矛盾，不合逻辑】

14. 出现了"避免""防止""以防""以免""切忌""禁止"等词语，可能是不合逻辑（表意相反）。

（1）为了防止类交通事故不再发生，我们加强了交通安全的教育和管理。【不合逻辑，"防止"与"不再发生"不合情理，应去掉"不"】

（2）睡眠三忌：一忌睡前不可恼怒，二忌睡前不可饱食，三忌卧处不可当风。【不合逻辑，"忌"或"不可"任去其一】

15. 出现了"前去""新生""保管""没有""走""和"等多义词或多义短语，可能是表意不明。

（1）县里的通知说，让赵乡长本月15日前去汇报。【是"15日之前去"还是"15日这一天去"，表意不明】

（2）在喧天的锣鼓声中，这所有名的老校终于迎来了自己的新生。【"新生"是指"新同学"还是"新生命"，表意不明】

（3）此次选举村民委员会主任，他们谁也没有干涉王尔德的权利。【"没有"兼有

副词和动词的性质，表意不明】

（4）经济欠发达国家的人民看不上2012届世界杯足球赛。【是"看不到"还是"瞧不起"，表意不明】

（5）他背着总经理和副总经理偷偷地把这笔钱分别存入了两家银行。【"和"有介词和连词的性质，表意不明】

（6）教育部就普通高等学校招生全国统一考试范围发出通知，指出物理学科初中教学内容部分不作要求。【是"整个初中教学内容部分"还是"其中的一部分"，含混不清，表意不明】

16. 出现了"使""让""令""把""被"等词，可能是成分残缺（主语残缺）、不合逻辑（主客体颠倒）或语序不当。

（1）经过老主任再三解释，才使他怒气逐渐平息，最后脸上勉强露出一丝笑容。【主语残缺，"使"的主语是"老主任"，应删去"经过"（或删去"使"，将"才"调至"他"后）】

（2）今年年初美英两国曾集结了令人威慑的军事力量，使海湾地区一度战云密布。【不合逻辑（主客体颠倒），"威慑"本身有"吓唬"别人的意思，再用"令"字造成了主客体颠倒，应改成"震慑"】

（3）为了争取高速度，我们必须狠抓科学技术的现代化，使它走在生产建设的前边，把国民经济用先进科学技术搞上去。【语序不当，应为"用先进的科学技术把国民经济搞上去"】

（4）与作家不同的是，摄影家们把自己对山川、草木、城市、乡野的感受没有倾注于笔下，而是直接聚焦于镜头。【语序不当，应将"没有"调至"把"之前】

（5）我们伟大的祖国再也不是一个四分五裂的、任意被人蹂躏和掠夺的国家了。【语序不当，应将"任意"调至"被人"后】

二、查找语病的"五看"技巧

1. "一看"主干的搭配及修饰语、中心语之间的搭配。

【例】这家工厂虽然规模不大，但曾两次荣获省科学大会奖，三次被授予省优质产品称号，产品远销全国各地和东南亚地区。（"工厂"与"产品称号"主宾搭配不当，可在"但"后加"其产品"。）

2. "二看"语序。

【例】这个精致的灯笼将作为今天得分最高的嘉宾的礼品赠送给他。（改"将作为礼品赠送给今天得分最高的嘉宾"。）

3. "三看"句子成分是否完整。

【例】为了全面推广利用菜籽饼或棉籽饼喂猪，加速发展养猪事业，这个县举办了三期饲养员技术培训班。（"推广"缺少宾语，在"喂猪"后添"的技术"。）

4. "四看"是否重复、矛盾、歧义及句式杂糅。

【例】如何才能让大家都富起来呢？关键的问题是知识在起决定性作用。("关键的问题是知识"或"知识在起作用"。)

5. "五看"个别词语的意思是否妥帖。

【例】普通美国人的理智举动让人感慨赞许，相比之下，美国那些不以造谣诬陷为耻，反而振振有辞的政客们则只能叫人贻笑大方了。(贻笑大方是指被内行耻笑，不能受"叫人"修饰。)

【例题】下列句子没有歧义、表述准确的一项是(　　)（2015年河北省第50题）

A. 如果你能抽出宝贵时间，亲自参加我们的婚礼，那是我们求之不得的。

B. 老人80岁的时候，还记得哥哥参加学生运动时对自己的评价：一个温情主义者。

C. 我看见他很高兴，和他聊起了很快就要举行的国庆晚会的筹备情况。

D. 入秋以来，北京和河北的部分地区接连下了两场雨。

☞解析　A。B"自己"指代不明。C是"我"高兴还是"他"高兴，表义不明。D是"北京全部，河北的部分地区"还是"北京的部分地区和河北的部分地区"，表义不明。

【例题】下列句子中有语病的一项是(　　)（2015年河北省第51题）

A. 原始思维具有拟人化倾向，以具体意向间的类比关系为基础，目的在于揭示某种诉诸我们感官的经验状态。

B. 在新形势下，我们应该树立新的文化发展观，推进文化体制创新，挖掘特色文化内涵，着力开发富有时代精神和地方特色的文化产品。

C. 素质可以理解为人在先天条件的基础上，在家庭、社会的影响下，经过后天的教育所形成的稳定的心理品格。

D. 在经济全球化与文化多元化的时代趋势下，人文社会科学的地位正日益凸显和扩大，每一个有责任感的学者，必将以独立的思考，来回应社会、时代提出的问题。

☞解析　D。用词不当，"地位"应该用"提高"而不是"扩大"。因此，本题答案为D项。

【例题】下列每组前后两句中加点的词语含义、用法都相同的一项是(　　)（2015年河北省第52题）

A. 现在他思想很（进步）　他要求（进步）是好事。

B. 最近超市的买卖（火）起来了　他上了春晚，一下子就（火）了。

C. 你的（辛苦）我是看在眼里的　这回真（辛苦）了您。

D. 月色便（朦胧）　在这水汽里遥望远山一片（朦胧）

☞**解析** B。A项前半句的"进步"为形容词做谓语,后半句为名词做宾语。B项"火"均为动词做谓语。C项前半句的"辛苦"为名词,后半句为动词。D项前半句的"朦胧"为动词,后半句为名词。因此,本题答案为B项。

真题演练
（附答案解析）

第二章 逻辑填空

逻辑填空考查形式主要包括短句选择、句子排序和拟定标题等。下面介绍一下具体的解题技巧。

第一节 短句选择

短句选择将四个类似的选项放在一起，看哪个更适合填入题设的横线部分。我们选择某一项时，唯一的理由恐怕就是因为它与前后文相衔接，保持了全文的一致。这个一致可以是话题的一致、态度的一致、语言风格的一致等。

一、保持话题的一致

一篇文章只能有一个主旨。不管怎样旁征博引，所有的努力都是要讲清楚一件事情。把握唯一的话题，可以找出填空处的方向。

【例题】由于海沟深埋于数千米甚至万米海水之下，难于寻找，因此大部分主要海沟都是直到20世纪才被发现。不过它们都有着明显的"影子"：_____，如阿留申海沟对应阿留申群岛、日本海沟对应日本列岛、菲律宾海沟对应菲律宾群岛等。不过秘鲁—智利海沟对应的不是岛弧，而是高耸绵长的安第斯山脉。

填入画横线部分最恰当的一项是（　　）（2015年下半年天津市第59题）

A. 凡是有岛弧的地方，就可以找到海沟
B. 凡是有海沟的地方，就可以找到岛弧
C. 凡是海沟所在的区域，就有与之对应的岛弧相伴而生
D. 凡是岛弧所在的区域，就有与之对应的海沟相伴而生

☞**解析**　C。文段中需要填入的句子出现在文段的中间，照应前后的内容，从空后面的句子来看，显然是对空上所填的句子进行例证。空后面谈到"如阿留申海沟对应阿留申群岛、日本海沟对应日本列岛"，即海沟和岛屿对应，比较四个选项，能与之照应最好的是C项，所以答案为C项。

【例题】"笔墨当随时代。"_____。时代主题的转换要求文艺面对生活调整自身

的姿态。随着时代主题从战争与革命向和平与发展转换，文艺的斗争思维向和谐思维转型也就成为历史的要求。

填入画横线部分最恰当的一句是（　　）（2012年国考第63题）

A. 只有与时代同步伐，文艺才具有蓬勃的生命力
B. 文艺的思维方式不可避免地要受时代生活的影响
C. 任何一个历史时期都会带来文艺产业的发展与进步
D. 时代主题往往是特定时代的反映，是政治思想的凝集

☞ **解析**　B。通过文段所填句子的位置，可以判断所填的句子应该是对第一句话"笔墨当随时代"的解释。这句话有两个对象，所以D选项说的是时代和政治思想的关系，对象错误，排除。这个"笔墨"，A选项是用文艺对应，B选项使用文艺的思维方式来对应，C选项是用文艺产业对应，哪个才是最恰当的对象呢？我们看文段接下来的语句，第三句话说的是时代和"文艺面对生命调整自身的姿态"，说的是文艺的主观性特点，只有B的文艺思维方式符合此特点。接着往下面看，说的是时代和"文艺斗争思维和向和谐思维转型"，更加直白对应了，从这里就呼之欲出了，原来第一句话的"笔墨"指的是文艺思维方式，选B。

【例题】文学的互动性，是困扰文学发展的瓶颈，也是现代社会对文学的更高要求。早在20世纪六七十年代，法国著名的思想家、文学家罗兰·巴特就意识到文学对读者的限制，以及作家对读者的绝对统治，提出了著名的"作者死了"，这是现代民主思想在文学上的一次重要实践，虽然文学曾经是民主思想的热情呼唤者，_____。虽然有些作家千方百计地放低自己的身段，来聆听读者的声音，但作家的姿态基本是"我说你听"。

填入画横线部分最恰当的一句是（　　）（2012年四川省第65题）

A. 但文字却在一定程度上阻碍着民主的进一步传播
B. 但作家的地位只能使民主思想进行"单边式"灌入
C. 但文学互动性的缺失往往使文学作品的内容高深晦涩
D. 但纸质媒体的单向传播性限制了作家和读者更大范围的交流

☞ **解析**　D。通过题目的形式确定这是一个语句衔接的题目之后，我们就可以通过阅读文段寻找文段的话题来解决题目了。我们看文段句子行文脉络：①引出文学互动性。②具体阐述罗兰·巴特对文学互动性的见解"作者死了"。其中，"作者死了"主要有两部分内容，一方面是文学对读者的限制，另一方面是作者对读者的限制。接着，具体解释两部分的内容。先说对于民主思想，文学的限制作用；然后说作家对于读者的限制。通过行文脉络，我们可以清晰地看到，整个文段讨论的话题，其实是文学和作家对于读者的限制。所以，我们要填进去的内容，有一个必不可少的对象——读者，而有这个对象的，只有D选项。故选D。而A和B说的是民主思想，这只是其中的辅助论证对象，排除。C选项论述的内容与文段是相悖的，文段说的是文学这种形式本身就会

限制读者，是形式的限制，与内容无关，故排除。

二、保持态度的一致

作者对事物的态度是一贯的，不能一会儿支持，一会儿反对，游移不定。所以，整段文字我们要牢牢把握作者态度不变的原则，找出解题的一些新角度。

【例题】 输血本质上是一种移植，必然会伴随一系列可能发生的免疫反应，移植物抗宿主病就是其中之一，其发病原因简单说来就是供血者体内的免疫活性淋巴细胞在患者体内迁移、增殖，反客为主，进而攻击患者的免疫系统。正常情况下，受血者会把供血者淋巴细胞识别为"异己"而加以排斥，这样供血者淋巴细胞就不能在受血者体内存在。而当受血者与供血者有血缘关系时，两者一部分遗传基因相同，受血者免疫功能低下，不能识别供血者的淋巴细胞，使得供血者的淋巴细胞在受血者体内植活并增殖，导致发病。所以，_____。

填入划横线部分最恰当的一项是(　　)（2015年国考第54题）

A. 采用严格规范的临床输血技术至关重要
B. 没有经过病原体检验的血液是不安全的
C. 直系亲属之间不能相互献血
D. 血型相同者也存在输血风险

☞**解析** C。乍一看，似乎四个选项都有可能，感觉没什么头绪。我们不妨先跳出细节，整体上看作者的基本态度：是坚决反对，还是若即若离，还是表示支持。如果是坚决反对，我们就选"这个事不能干"的选项；如果是若即若离，我们就选"这个事情有风险，我们要谨慎"的选项；如果是表示支持，我们就选"尽管去干"。我们发现A项是在说"这个事情要按严格的规定干"；B项是在说"这个事情没干好就会有风险"；C项是在说"这个事情不能干"；D项是在说"这个事情对一些人有风险"。前文主要介绍的是"移植物抗宿主病"的发病原因。由文段中"而当受血者与供血者有血缘关系时……导致发病"一句可知，直系亲属之间相互献血可能导致疾病，即为防止患上"移植物抗宿主病"，作者持反对的态度，所以直系亲属之间不能相互献血，C项正确，当选。

【例题】 以李鸿章为领袖的洋务运动曾给中国带来富国强兵的希望，而经其手签订的各种丧权辱国条约却让中国陷入半殖民地半封建社会。正因如此，一百多年来，李鸿章头顶变换着救国、误国、卖国三顶帽子。对这样一个复杂的历史人物，只有给其一个更为精准的定位，才能更清晰地解读他的所作所为。而在如何定位上，诸多史学著作或抓小放大，或以偏概全，或就事论事、隔靴搔痒、雾里看花，_____。

填入画横线部分最恰当的一句是(　　)（2016年国考第48题）

A. 读者难有尽兴之感　　　　　B. 有失公允之处颇多
C. 真正的佳作甚为罕见　　　　D. 难以摘掉这三顶帽子

☞**解析** B。作者的态度就反映在用词的感情色彩上面。文段指出，诸多史学著作对于李鸿章的评价存在"或抓小放大，或以偏概全……"等问题，这些词都是贬义的，表示不赞同这些史学著作的说法。不能"或抓小放大，或以偏概全……"进行同义替换，不就是在说 B 项的"有失公允之处颇多"嘛！

三、注意暗示性词语

暗示性词语往往告诉我们前后之间的关系，是转折，还是递进，让我们明确基本方向。

【例题】依次填入下面一段文字中横线处的语句，与上下文衔接最恰当的一组是（　　）

读书原为自己受用，多读不能算是荣誉，少读也不能算是羞耻。_____，必能养成深思熟虑的习惯，以至于变化气质；_____，譬如漫游而归。_____，如暴发户炫耀家产，以多为贵。这在治学方面是自欺欺人，在做人方面是趣味低劣。（2014 年江苏省第 25 题）

①多读如果彻底　　　　　　　②少读如果彻底
③多读而不求甚解　　　　　　④少读而不求甚解
⑤世间许多人读书只为装点门面　⑥世间许多读书人只为装点门面

A. ②③⑤　　　B. ①③⑥　　　C. ②④⑤　　　D. ①④⑥

☞**解析** 第一处横线前的两句是强调"少读"，由"深思熟虑"可见横线后的两句强调"少读"的好处，①②句强调"少读"的是②，所以，①②句中应选②。第二处横线后的四句强调盲目"多读"的结果，③④句中强调"多读"的是③，所以③④句中应选③。第三处横线后的语义重心是指出"读书以多为贵"的实质，⑤⑥两句中强调"读书只为装点门面"现象的是⑤，所以⑤⑥两句中应选⑤。故答案是 A。另外，本题还能从文段的结构特点的角度来思考。第一处横线前的大句子总说，通过对比，强调"少读"。然后分三层来分说，第②句及其所在的大分句强调"少读"，第③句及其所在的大分句强调盲目"多读"的结果，第⑤句及其所在的两大句进行总结，指出"读书以多为贵"的实质。这是文段的总分总的结构特点。答案也选 A。

【例题】淡水水螅具有超强的生存能力。它们不会衰老，随着年龄的增大，死亡率不会升高，繁殖能力也不会下降，即使身体被切成几段，它们也可以从一小段身体开始，重新长出完整的身体来。水螅能够永葆青春的奥秘在于：它身上的每一个细胞既是体细胞，也是生殖细胞。而对于大多数高等动物来说，_____。在长期的进化中，我们已经分化出了许多专职细胞，如神经细胞、肌细胞等，其实这种分工使我们的生存获得了巨大的优势。

填入画横线部分最恰当的一句是（　　）（2015年新疆维吾尔自治区第26题）

A. 细胞的生殖功能和日常的生理功能是完全分开的

B. 衰老的过程是不可避免的

C. 机体本身并不具备再生能力

D. 细胞在生命的不同阶段发挥的功能有所不同

☞**解析**　A。横线内容接在"而对于大多数高等动物来说"后面，说明横线内容是对前文"它身上的每一个细胞既是体细胞，也是生殖细胞"的转折，说明我们体细胞和生殖细胞是分开的，即"细胞的生殖功能和日常的生理功能是完全分开的"，因此A项当选。

第二节　句子排序

排序类试题要求考生在注意语言表达的整体性、连贯性原则以外，还要多角度地寻找解决问题的切入口。语句排序试题一般应注意以下几个问题：

（1）揣摩语段的整体意义，理清选项内容所提供的信息和表达内容的主旨。

（2）分析选项内容与整体语段的语境联系。

（3）进行对比分析，排除干扰项。该类试题几个选项在语句的数量或内容上基本相同，只是顺序不同，或者语句的语调点不同，选择时，找准选项的相异点，以此为突破口，选出最恰当的一项。

（4）通读语段，看看整个语段衔接是否紧凑合理。

一、句子排序的五种关系

1. 时间关系

或从早到晚，或从过去到现在等。若有回忆或描写使用插序手法等因素，那就更应该仔细分析和推敲。

【例题】填入下面横线上的七句话，排序恰当的一组是（　　）

西亚是亚洲西部的简称，_____，在近代史上，西亚是西方和东方各民族文化交流的重要通道。

①西亚处在欧洲、亚洲和非洲的交接地区

②它联结着地中海、黑海、红海、阿拉伯海和里海五个重要水域，被称为"五海之地"

③西亚是欧洲同广大亚洲和太平洋地区间的纽带

④古代有名的丝绸之路，就是通过西亚，把我国的锦缎运到古罗马
⑤13世纪意大利旅行家马可·波罗，也是通过西亚往返于北京和威尼斯之间
⑥自古以来，西亚就是亚、非、欧三洲之间交往的必经之途
⑦人们也把这一地区和埃及一起称为中东

A. ⑥⑦②③⑥④⑤ B. ①②③⑦④⑤⑥
C. ①⑦③②④⑤⑥ D. ⑦①②③⑥④⑤

☞ **解析** 这里的7个语句，在内容上属于两大部分：一是地理位置（空间），二是历史文化交流（时间）。在叙述时，应先空间，后时间，这样才能和原语段语意相衔接。选D。

2. 空间关系
或从上到下，或从左到右，或从里到外。

【例题】依次填入横线处的句子，与上下文衔接最恰当的一组是（   ）
我独坐在书斋中，忘记了尘世间一切不愉快的事情，怡然自得，以世界之广，宇宙之大，此时却仿佛只有我和我的书友存在。_____，_____，_____，_____。
①阳光照在玉兰花肥大的绿叶子上
②连平常我喜欢听的鸟鸣声"光棍好过"，也听而不闻了
③窗外潾潾碧水，丝丝垂柳
④这都是我平常最喜爱的东西，现在也都视而不见了

A. ③①④②　　B. ①②③④　　C. ①③④②　　D. ③④①②

☞ **解析** 先看整体语段的基本内容和意境。独坐书斋，怡然自乐，唯书为友。在此好情趣之下，自己平时喜好的一些东西也视而不见、听而不闻了。再看所给的4句，它们相对独立构成一个语段，与前面已给定内容在语法、结构等方面没有直接联系；主要联系体现在意蕴上，这是一种内在的联系。这4句都是写室外的所见、所闻，那么"窗外"一词极有可能就是由所给定内容（室内以书为友）到要求排序内容（室外景象及感受）的过渡。可初步确定③句为首。③句与①句皆为所见景象，应连在一起；②④句皆为感受，应在其后。④句开头有指代词"这"，而内容与"所见"直接相关，自应放在③①之后；②句写听觉，是对视觉所体现感受的进一步深入，可放在最后。选A。

3. 思维规律
或由一般到个别，或由个别到一般；也可为由概括到具体，或由具体到概括……

【例题】下列句子排列顺序最恰当的一项是（   ）
①一方面，以娱乐为职能的大众文化得到蓬勃发展的机会。

②与此同时，文化领域却有全然不同的景观。
③问题是怎样产生的呢？
④20世纪90年代的中国，商品大潮汹涌而起，给社会经济生活带来无限生机。
⑤一方面，一部分"曲高和寡"的精英文化则陷入举步维艰的境地。
⑥原因有多方面，其中之一就是文化的二重性。

A．⑥⑤①②③④ B．④③⑤①②⑥
C．③①⑤④②⑥ D．④②①⑤③⑥

☞**解析** 做题首先要把握基本内容。不难看出，这是一段议论性的文字，中心句是②句。再初步分层归类。统观这几句，除①②⑤外，③⑥两句也明显不适于作首句，因为分析问题总要有问题在先才行。这样，经过简单的定性与归类后，选项便只剩下B、D两项了。然后根据连缀排列顺序。根据②句中代词"此"和转折连词"却"，可以断定②必接于④后，即顺序为④②；根据①和⑤两句中的关联词"则"，可断定这两句的顺序应是①⑤，并且应当在②后对②中的"不同景观"进行解说，然后③句过渡，⑥句指明原因。最后检查调整并确定。D项符合提出问题（④②）——列举现象（①⑤）——指明原因（③⑥）这一思路，因此，D项正确。

4．人们认识事物的一般规律

或由易到难，或由浅入深，或由表及里，或由此及彼……

【例题】填入下面句子空白处最恰当的一项是（ ）

爱因斯坦非常重视想象力，他说："＿＿＿＿，＿＿＿＿，＿＿＿＿，＿＿＿＿。严格地说，想象力是科学研究中的实在因素。"

①想象力能概括世界上的一切

②因为知识是有限的

③想象力比知识更重要

④并且是知识进化的源泉

A．③①④② B．③②①④ C．①③④② D．②①③④

☞**解析** 排序首先要分析内容上的衔接，其次注意语句结构上的联系及关联词语的搭配。从语段的基本内容来看，讲的是想象力的重要性。再从4个待排序的语句来分析：①④句是想象力的"作用"，应连在一起；④句"并且"有递进之意，自然不能放在最前面；②句表原因，其前必有一句表明基本观点，即③句。选B。

5．事物本身的发展规律

【例题】在横线处填入的短语，顺序最恰当的一项是

保护动物，已不是人们陌生的话题。人类的发展，也早已达到可以把其他动物玩弄

于掌中并主宰它们命运的程度，但当＿＿＿＿、＿＿＿＿、＿＿＿＿、＿＿＿＿的时候，人类真正考虑过动物和人类生命意义上的平等吗？

①老虎服服帖帖在舞台上表演
②用于实验的动物为科学献身
③兔子小鸡成为孩子们的玩物
④耕作的动物在田间地头劳作

A.④①②③　　　B.①③④②　　　C.①④③②　　　D.③①②④

☞ 解析　从动物受到伤害的程度这一角度出发，按由轻到重的事物本身严重程度排序。选 B。

二、语句排序的"三步走"解题法

要对语句进行排序，一般分三步走：

第一步，确定首尾句。可以参考选项中的提示。如果三项均为同一句，一般可以确定下来。大多数情况是首尾句有两三种排序法，至少大大缩小了范围。

第二步，确定必定衔接句或不衔接句。未必要将句子顺序全部排列出来，我们只需要确定其中一些句子上下承接或者哪些句子必定不能放在一起，排除掉错误的选项就可以了。有时候可以通过一些关联词的搭配来确定。

第三步，根据时间、空间或者事物发展的顺序。

【例题】①关于世家与学术文化之间的关系，陈寅恪曾有精到论述
②近代亦有"五大文化世家"，如广东新会荣氏、江南钱氏等
③这世代相袭的文化家族，如繁星般遍布中华大地
④早期的文化世家有魏晋时期的王、谢家族，史称"王谢风流"
⑤历史上国人的治学十分看重"家学渊源"
⑥形成一张中国文化发展的版图

将以上 6 个句子重新排列，语序正确的是（　　）（2015 年山东省第 26 题）

A.①⑤②⑥④③　　　　　　　　B.⑤②③①④⑥
C.⑤①④②③⑥　　　　　　　　D.①④②⑤⑥③

☞ 解析　C。排序题先看首句，第五句话比较适合做首句，排除 A、D，然后第五句后面不可能跟第二句话，有矛盾，所以排除 B，得到答案 C。在第六句和第三句中，第三句显然没有说完，不能成为尾句，也可以排除 B。

【例题】①因此，生态红线不能触碰，否则就会受到大自然的惩罚，影响人类社会的持续发展
②生态红线是指生态系统在发展演进中生态平衡被打破，导致生态系统衰退甚至崩

溃的临界状态

③在生态红线面前,任何破坏生态环境的行为都必须停止

④生态红线是保证生态安全的底线,具有约束性和强制性

⑤生态作为生物在一定的自然环境下生存和发展的状态,是一个不断发展演进的系统

⑥生态红线一旦被突破,以后即使投入大量的人力、财力、物力,生态平衡也往往难以恢复原状

将以上6个句子重新排列,语序正确的是(　　)(2015年国考第53题)

A.②④⑤⑥①③　　　　　　　　B.②③④⑥⑤①

C.⑤②①④③⑥　　　　　　　　D.⑤②④③⑥①

☞解析　D。"生态"的概念比"生态红线"要大。根据叙事逻辑,应先介绍"生态"大概念,再引入"生态红线"小概念,因此⑤句应在②句之前,排除A、B两项。由①句中"因此"可知,此句是对生态红线问题的结论性陈述,应放在句尾作总结,排除C项,D项正确。

【例题】①当地球撞进尘埃带时,从地球上看,是短时间内无数尘埃以极高的速度划破大气层下落

②因此,流星雨实际上是彗星留下的无数尘埃形成的

③进入大气层的尘埃被大气加热,发出明亮的光

④彗星释放出的尘埃,并非顷刻扩散到宇宙空间,消失得无影无踪,而是留在彗星的轨道上持续公转

⑤这样看上去就有许多流星,也就是流星雨

⑥这样形成的"尘埃带",有些和地球的公转轨道交叉

将以上6个句子重新排列,语序正确的是(　　)(2016年国考第51题)

A.④②⑥③⑤①　　　　　　　　B.①③④⑥⑤②

C.④⑥①③⑤②　　　　　　　　D.①③⑤②④⑥

☞解析　C。由相同主题词"流星雨",可得⑤②相连,排除A、D两项。又因"尘埃带"可知⑥①相连,排除B项。因此C项当选。

【例题】①各国对于发动机的制造工艺是严格保密的,甚至对一些顶级的发动机严格控制出口

②发动机可以说是工业的心脏

③因此,自主研发成为治愈中国工业"心脏病"最为现实的选择

④发动机制造水平上不去,是中国工业的"心脏病"

⑤这使得进口高级发动机的生产线成为奢望

⑥从轮船、汽车、飞机到火箭,都离不开发动机

将以上 6 个句子重新排列，语序正确的是(　　)（2015 年国考第 52 题）
A.②⑥④①⑤③　　　　　　　　B.⑥④②⑤①③
C.①③⑤④⑥②　　　　　　　　D.④②⑥③①⑤

☛解析　A。②③④三句中分别出现"心脏""治愈……'心脏病'"和"心脏病"。根据叙事逻辑，应先介绍"心脏"，再介绍"心脏病"，最终确定"治愈'心脏病'"的方法。因此，②句"心脏"应排在④句"心脏病"、③句"治愈心脏病"之前，只有 A 项符合，当选。

【例题】将下列句子重新排列，语序最恰当的是(　　)（2016 年上海市第 42 题）
①所以，在医生准入这件事情上，任何国家都不敢"任性"，宁缺毋滥
②良医治病，庸医要命
③让不合格的人穿上白大褂，等于让"隐形杀手"混入医生队伍
④而庸医之害，甚于无医
⑤医生有良医和庸医之分
⑥如果良医短缺了，就用庸医来充数，无异于饮鸩止渴，拿人命当儿戏
⑦降低当医生的门槛，必然导致医疗质量下降，最终受害的是患者
A.⑦⑤②⑥③④①　　　　　　B.③⑥⑤②④⑦①
C.⑤②④⑥⑦③①　　　　　　D.⑥⑤④⑦②③①

☛解析　C。③⑥句为反面论证，不适合做首句，予以排除，根据话题的发展顺序，⑤句相对于⑦句更适合做首句，锁定答案 C，验证符合事理逻辑，故答案选择 C。

【例题】①我国的 GDP 总量早已位居世界前列，我国既是最大的石油进口国，也是最大的货物贸易国
②它绝对是国家的核心武器，而且是不可或缺的战略武器
③具有中远海作战能力和标志意义的航空母舰、两栖攻击舰等大型战舰的建造与运用，对于发展我国海上力量已刻不容缓
④对于一个大国，特别是一个正从大国迈向强国的国家来说，航空母舰决非可有可无的作战平台或大型武器
⑤我国的海洋利益仍在不断地拓展，越来越多的海外利益需要保护，越来越多的海上运输安全亟待维护
⑥无论是历史还是现实，众多大国（例如美国、俄罗斯、英国等）的实例，都已充分证明了这一点
将以上 6 个句子重新排列，语序正确的是(　　)（2016 年国考第 52 题）
A.④②⑥①⑤③　　　　　　　　B.⑤①④⑥③②
C.①⑤⑥③④②　　　　　　　　D.③④⑥②①⑤

☛解析　A。观察选项，③句"对于发展我国海上力量已刻不容缓"是表结论的

语句，不适合做首句，排除D项。⑤句"我国的海洋利益仍在不断地拓展"，由"仍"可知前面应该还有内容，不适合做首句，排除B项。①⑤两句所谈的都是我国自身的情况，这是⑥中"众多大国的实例"所无法充分证明的，所以⑥中"这一点"指代的是④②中所描述的内容，⑥应该放在④②之后，同时④是对"航空母舰"话题的引入，适合做首句。因此A项当选。

【例题】①影响生物寿命最关键的因素是基因
②同种生物的自然寿命是类似的
③从进化的角度看，这是生物在长期适应环境的过程中逐渐积累，通过自然选择而形成的
④环境可以决定相关基因是否表达，而这些基因的表达与否，又会影响相应蛋白质的表达水平，由此控制生物的寿命
⑤在这个前提下，个体的寿命则由环境决定
⑥生物的寿命由遗传物质和环境因素共同决定，遗传物质是基础
将以上6个句子重新排列，语序正确的是(　　)（2016年国考第53题）
A. ②④①⑥③⑤　　　　　　　　B. ④⑤③②⑥①
C. ①③④⑥⑤②　　　　　　　　D. ⑥①③②⑤④

☞解析　D。先判断首句，⑥中提到了两个话题，遗传物质和环境因素，并且先提到了遗传，①说的也是遗传，因此⑥①相连。⑤句中的"在这个前提下"即②句"同种生物的自然寿命是类似的"，因此②⑤相连。④句是对于环境如何控制生物寿命的详细解释，说明紧接⑤句。因此D项当选。

第三节　三步轻松应对标题填入题

标题填入题中所给文段的文体特点是不同的，所以在取标题时内容就会有差别，我们只需要把握三点：①弄清楚文段结构，是总分、分总还是分分；②全面概括主旨；③保持标题与文段的表达倾向相同，感情色彩一致，语义一致。所以分三步解决标题填入题：

第一步，弄清楚文段结构。弄清文段结构可以给我们省很多力气。如果是总分，我们就把首句替换成选项中的标题；如果是分总，我们就拿尾句替换成选项中的标题；如果是分分，我们就看有几层意思，总结概括成标题。不同的文体常用的文段结构不一样，新闻、通讯类的前面有导语，我们可以重点看前面一两句；议论文的论点可能在文首，也可能在文尾，我们找到论点就好办了；说明文采用分分结构的比较多，看上去比较散，需要我们总结概括。

第二步，全面概括主旨。文段的标题实际上就是一种变形的主旨概况。在这里要提

醒一下,"主旨"是指主要的意思。凡事有主要,就会有次要。标题毕竟字数有限,并不见得能够面面俱到,但是要注意作者想说的重点在哪里。

第三步,保持倾向一致。文章与标题的一致性很重要,否则就会文不对题。

【例题】 咖啡是一种通用饮料,它在世界各地以各种不同方式供人饮用,比如,有些英国人在咖啡中加入芥末。橘子、柠檬、丁香也是欧洲人饮用咖啡的常用配料。亚洲人喜欢将咖啡煮沸后加些糖。在澳大利亚,女招待会问你:"要黑的,还是要白的?"黑的,是纯粹的黑咖啡;白的,是一半咖啡一半热牛奶。

最适合做这段文字标题的是( )(2015年河北省第28题)
A. 咖啡的不同饮用方法
B. 东西方喜欢的咖啡不同
C. 咖啡是一种通用饮料
D. 咖啡在世界各地

☞**解析** A。找关键句使用首尾句原则比较普遍,也很实用。文段是总分结构,第一句话是中心句,即咖啡是一种通用饮料,它在世界各地以不同方式供人饮用,近义替换可知是在说咖啡不同的饮用方法。故答案选择 A 项。B、C、D 项是分,非重点内容。

【例题】 木桶的容量由最短的那块木板决定,义务教育公平程度、群众对教育的满意程度,也由教育资源中的短板决定。推进均衡发展,不能截长以补短,应努力补短来追长,因而教育发展的思路,应该是把工作重点放在补足短板上,强化弱势学校,努力缩小地区、城乡和校际差距。

最适合做这段文字标题的是( )(2015年下半年天津市第46题)
A. 取长补短,促进教育公平
B. 教育均衡,更需重视补短
C. 善于截长,平衡名校资源
D. 克服短板,缩小校际差距

☞**解析** B。此题关注主旨的内容,找出作者想说的重点在哪里。文段是一个由"因而"引导的较长的因果复句,结果是重点,强调"教育发展的思路,应该是把工作重点放在补足短板上"。比较4个选项,只有B项概括了这一层意思,因此,最适合做文段标题的是B选项。

【例题】 "现在走过来的是微信方阵,你看他们,左手手机,右手充电宝,身后背着一锅心灵鸡汤,胸前挂着佛经和养生秘方,手上拿着励志经典和情感小句,口中还在大喊'亲,给孩子投个票吧'。"这是一个网络段子,但这里说的事每个人都可能"躺枪",因为我们或多或少都做过,或者是经历过。从最初私密的记录和分享,到现在帮领导点赞、帮单位公号拉粉丝、帮"萌娃"投票。这也是目前绝大多数人的微信朋友圈的状态,在让一些人欲罢不能的同时,也让更多的人疲于应付,身心憔悴。

最适合做这段文字标题的是( )(2015年下半年吉林省第41题)
A. 变味的"朋友圈"已成鸡肋
B. 变味的"朋友圈"不是我的菜
C. 微信朋友圈,你还能走多远
D. 微信朋友圈,只是生活的调味品

85

☞ **解析** A。此题关键是要把握作者的倾向。"这种状态，在让一些人欲罢不能的同时，也让更多的人疲于应对，身心憔悴。"展现出消极语义色彩，运用表达倾向法，色彩一致，语义一致的是 A。

真题演练
（附答案解析）

第三章 词语表达

俗话说:"字不离词,词不离句。"一个词语只有置于具体的语言环境之中才具有确切的意义。句子中的词语用得恰到好处,才能将意思表达得准确、具体、透彻。公务员的工作往往涉及收发公文、代表政府表态或发表言论,对公务员遣词造句要求很高。在外交中,一个词语的错误使用造成的误会可能引起两国之间的战争。

尽管考生能够认识到词语表达的重要性,但由于汉语词汇的浩瀚,相当部分考生对词语表达题感到头疼。要做好这类型的题,有深厚的语言功底,能够通过语感来解题那是最好不过了。但汉语是全世界表达感情最细腻的语言,使用词汇也是件"细活",解这类型的题可不是件容易的事情。词语表达类试题往往将近义词列在选项中,我们只要弄清它们之间的区别,就能很轻易地选出正确答案。所以如果语感不是很强,我们不妨从词语的辨析开始,一步一步,脚踏实地地学习。

第一节 词语表达时应注意的六个方面

一、感情色彩

感情色彩,指词义中所反映的主体对客观对象的情感倾向、态度、评价等内容。感情色彩除传统所认定的褒义、贬义等类型之外,还应有恐怖、喜悦、痛苦、悲凉等情感类型。

【例】日本政界的一些人妄图(篡改√、窜改)日本侵华的历史,引起中日两国人民的强烈反对。

篡改:用作伪的手段改动或曲解(贬)。

窜改:一般地改动成语、对联等(中)。

【例】因此,地区合作、(沟通√、勾通)和大量的双边援助是十分必要的。

勾通:勾结连通(贬)。

沟通:使两方能通连。

【例】直到今天,一遇天旱,农村还有人抬着祭品祭天,(乞求、祈求√)龙王降雨,保佑丰收。

乞求:向人讨要(施舍、宽恕)。

祈求：恳切希望。

【例】在家庭浓厚的美术氛围的（熏陶✓、熏染）下，小林也深深地爱上了绘画。

熏陶：好的影响。

熏染：坏的影响（贬）。

【例】现代科学技术的发展日新月异，（以至✓、以致）从前神话、科幻作品中的一些难以实现的事，现在都有可能成为现实。

以至：表中性的结果；程度的加深、数量的增加。

以致：坏的结果。

【例】我们应该对媒体（大肆、大事✓）宣传的所谓畅销书多作冷静分析，相反，对一些看似冷门的美学和哲学书，应该添购一些。

大事：大力从事（中）。

大肆：无顾忌（做坏事）。

【例题】我们身处在一个竞争激烈、讲人情、重情面的社会，社会生活方式、价值取向及文化氛围对文学批评的影响_____，正如不少人指出的那样，当前文学批评还不同程度地存在着人情化、商业化等_____。（2015 年黑龙江省第 23 题）

A. 无孔不入　弊病　　　　　　B. 根深蒂固　局限
C. 有目共睹　陋习　　　　　　D. 司空见惯　倾向

解析　A。整个文段为消极的感情色彩，"无孔不入"为贬义词，因此答案为A。而第二个空"人情化、商业化"只能是一种"弊病"，而不能是"局限""倾向"和"陋习"。

【例题】夜色渐浓，江风徐徐，在灯火通明的街道上，叫卖声_____，人们抛开白日里水泥森林的高压与冷漠，_____在人流摩肩接踵的繁华小巷，百年老城的夜生活，就在_____的夜晚中拉开了序幕。

依次填入画横线处最恰当的一项是（　　）（2015 年江苏省第 19 题）

A. 不绝于耳　徘徊　欢声笑语　　B. 此起彼落　穿梭　杂乱无序
C. 此起彼伏　流连　熙熙攘攘　　D. 声声入耳　漫步　喧嚣不已

解析　C。先看第三空，根据文义可知，文段带有积极的感情色彩，"杂乱无序"和"喧嚣不已"带有鲜明的负面意义，与文段感情色彩不符，排除B、D两项。"欢声笑语"与横线后的"夜晚"搭配不当，排除A项。将C项代入文段验证，符合文义。因此C项当选。

【例题】今年的"双十一购物节"让外界_____中国热闹异常的电子商务产业。美国媒体感叹中国的"双十一"一天的销售规模已经赶超美国两大网上购物日，预计电子商务将_____中国在 2015 年成为全球最大的零售市场。

依次填入画横线部分最恰当的一项是(　　)（2015年425联考第26题）

A. 惊诧　力推　　B. 关注　助推　　C. 热议　襄助　　D. 聚焦　助力

☞**解析** D。先看第一空，"惊诧"不能直接接宾语，故排除A；通过文意可知，是中国电子商务受到广泛关注，因此"聚焦"最合适。"热议"只是引起议论，没有体现这种积极的感情色彩，"关注"也是中性词语，均不符合。因此，本题答案为D选项。

【例题】地球村内，防疫无国界，需要吸取教训、分享经验、共同御敌。抗击疫情，这是"我们"的战争，在_____的全球网络中，置身事外的"我"无法取胜，只有身处命运共同体的"我们"，才能有效_____不断发起"军备竞赛"的病菌株。

依次填入画横线部分最恰当的一项是(　　)（2015年下半年天津市第33题）

A. 唇齿相依　对抗　　　　　　　　B. 休戚相关　对付

C. 变幻莫测　抵抗　　　　　　　　D. 瞬息万变　抵挡

☞**解析** A。"命运共同体"是典型的含义提示词，意为相互依存密不可分，因此C、D两项排除。而第二空后面的"病菌株"是人类必须反抗并且遏制的敌人，只能全力"对抗"，而不能使用感情色彩较弱的"对付"，故而正确答案选择A项。

【例题】"本质性诗人"大致有两种出路：其一是像陶渊明那样从激流中退出，在山水间_____自己的灵魂。尽管现实中并不存在桃花源，但_____在内心一隅还是可能的。其二是原地不动，像屈原那样与污浊的世界对抗。这注定了他与世界的_____是持续的、难以调和的。

依次填入画横线部分最恰当的一项是(　　)（2016年423联考第21题）

A. 寻找　退隐　冲突　　　　　　　B. 放逐　蜷缩　矛盾

C. 抚慰　潜藏　距离　　　　　　　D. 寄托　固守　隔阂

☞**解析** A。从第二个空入手，第二个空根据语境"像陶渊明那样从激流中退出"和"桃花源"可知，作者表达的是积极感情色彩，"蜷缩""固守"感情色彩偏消极，与文段语境不符，排除B、D两项。"退隐"与"桃花源"搭配更合适；第三个空根据"与世界对抗"对应"冲突"，所以A项正确。

【例题】洁净是茶室的必要条件，比方说茶室里最幽暗的角落，纵使客人根本_____，主人也必须拭抹得_____。可是仲夏之际，从一株百合花上无意滴落在地板上的水珠，却应任其留存，它暗示着水一般的纯净与清爽。

依次填入画横线处最恰当的一项是(　　)（2016年江苏省第48题）

A. 无暇顾及　一尘不染　　　　　　B. 不以为然　一干二净

C. 视而不见　洁白无瑕　　　　　　D. 熟视无睹　纤尘不染

☞**解析** A。第一空，"不以为然""视而不见""熟视无睹"其成语本身的感情

89

色彩不符合题意，排除 B、C、D 三项。验证第二空，抹得"一尘不染"语句通顺，符合语义。因此 A 项当选。

二、语体色彩

语体色彩指词义中所反映的词的语体倾向、特征、烙印。它是由词经常出现的语体久而久之赋予的。语体色彩是指某个领域里使用的语言的特点，一般由词语使用的场合或修饰的对象决定。

【例】中国政府一再（声明✓、申明），一定要如期对香港恢复行使主权。
申明：郑重说明。
声明：公开表示态度或说明真相。（正式场合）
【例】这家书店店堂不大，书种不多，但品位甚高，所以我经常光顾。 ✕
光顾：敬辞，称客人来到。这里应该改为"所以我经常逛"。

【例题】经济全球化促使世界主要国家实力对比关系发生深刻变化，出现强与弱、盛与衰的实力转换，国际角色与位序的_____，最终会导致国际社会中的权力分配结构产生调整。同时，彼此间的机制化、制度化、常态化的_____与相互协调已经成为处理国家间关系、解决国家间经济利益矛盾的主要方式。
依次填入画横线部分最恰当的一项是（　　）（2016 年 423 联考第 37 题）
A. 善变　对话　　B. 演变　商榷　　C. 嬗变　磋商　　D. 变迁　协商
☞解析　C。第一空，所填词语有"变化"的意思，修饰"国际角色与位序"。"善变"强调变化无常，容易改变，搭配不当，排除 A 项。第二空，与"商榷""协商"相比，"磋商"更为正式，一般用在国际外交场合。"嬗变"强调彻底变化（如特征或条件的改变），与第一句深刻变化对应。因此 C 项当选。

三、程度不同

程度是指人或事物发展达到的状况，说得太过了，或者表达不充分，都不符合词语表达的要求，因为我们要的是恰如其分。
【例】作品写得过长，原因很多，首先是对生活的提炼问题，但语言表达欠洗练也是不容（忽视✓、疏忽）的一条。
忽视：无意的疏忽。
疏忽：有意不放在眼里。
【例】科学传播不可能起到立竿见影的效果，如果谁这样想，谁就会（误解✓、曲解）科学，最终将会危害科学。
误解：理解不正确。

曲解：错误解释（故意地）。

【例】中国政府一再（申明、声明✓），与中国建立外交关系的国家绝不能和台湾地区进行官方接触。

申明：郑重说明（理由）。

声明：公开表示态度或说明真相。

【例】在美国的默许和（纵容✓、怂恿）下，沙龙政府把阿拉法特封锁在斗室之中，切断他和其他巴勒斯坦官员及国际社会的联系。

纵容：不加制止。

怂恿：鼓动别人做。

【例】这些反映20世纪二三十年代广州风貌的老照片，是他用了近十年的时间千辛万苦才（收集、搜集✓）到的。最近，他决定举办一个小型展览。

搜集：到处寻找（事物）并聚集在一起（花费一定心血）。

收集：使聚集在一起。

【例】县教委编发的《简报》，已按时（呈报、报送✓）县委、县政府以及县里其他局（委）等有关部门。

呈报：报告上级。

报送：报告上级，送达（平级）。

【例】看到经过了（鼎盛、全盛✓）时期的古典文学作品已经不再有往日的辉煌，正在一点点地被其他形式的作品侵蚀。

鼎盛：正当兴盛。

全盛：极其兴盛。

【例题】我国高校每年有数万项科研成果通过验收，其中有30%以上的成果被鉴定为"国际首创""国际领先"或者"填补了国内空白"。_____的是，这些成果中只有极少一部分转化为实际生产力，大部分成果只能"沉睡"在实验室和书斋中，高校科技研究成果推广_____。

依次填入划横线部分最恰当的一项是(　　)（2015年国考第29题）

A. 可悲　难以为继　　　　　　B. 遗憾　步履维艰

C. 可惜　寸步难行　　　　　　D. 无奈　一筹莫展

☞ 解析　B。第二空，由"这些成果中只有极少一部分转化为实际生产力，大部分成果只能'沉睡'在实验室和书斋中"中的"极少一部分""大部分"可知，虽然高校科研成果转化率低，但并非完全没有推进，"难以为继""寸步难行""一筹莫展"程度过重，排除A、C、D三项。验证第一空，"遗憾"符合文义，因此B项正确。

【例题】在某种程度上，各地博物馆收藏化石，是对我国化石资源最大程度的保护，但_____的是，这种方式的收藏也不能被_____，因为这就像吃鱼翅的人越多,遭到杀戮的鲨鱼就越多一样。

依次填入画横线部分最恰当的一项是( )（2016年国考第25题）
A. 遗憾 复制　　B. 矛盾 鼓励　　C. 不幸 推广　　D. 尴尬 宣传

☞**解析** B。第一空,先强调收藏化石是一种保护,接着通过"但"转折,表示情况并非如此。C项"不幸"程度过重,排除。第二空,根据"这就像吃鱼翅的人越多,遭到杀戮的鲨鱼就越多一样"的解释并非强调这种方式不可"复制",排除A项。文中并无"宣传"之意,排除D项。B项当选。

【例题】传统是历史大潮冲击下的砥柱,但是它不应该是阻挡潮流的东西,而应有_____潮流走向的作用。传统在经受历史大潮淘洗的同时,也更新着自己。但是这种更新不是使自身_____,而是使其精髓愈益凝练,随着历史进展而持续地焕发活力。

填入画横线最恰当的一项是( )（2015年山东省第46题）
A. 制约 妥协　　B. 扭转 改变　　C. 引导 消亡　　D. 规范 迷失

☞**解析** D。逻辑填空题,第一个空结合前文,传统不阻挡潮流,而是起到有利方面的作用,根据感情色彩,排除A、B项,第二个空更新不会造成自己的消亡,程度过重,因此排除C项,答案为D项。

【例题】一方面,社会对带薪休假制度热切欢迎,而且对于落实和执行不力可谓_____;但另一方面,具体到实际维权行动中,对不落实带薪休假者,即便在劳动争议案件中,也很少有人提及,因此直接举报者更是_____。

依次填入画横线部分最恰当的一项是( )（2016年423联考第29题）
A. 嗤之以鼻 门可罗雀　　　　B. 冷嘲热讽 寡不敌众
C. 口诛笔伐 寥寥无几　　　　D. 疾言厉色 势单力薄

☞**解析** C。第一空,由"社会"这一集体性的主体身份可知,A项"嗤之以鼻",用鼻子吭声冷笑,表示轻蔑,B项"冷嘲热讽",用尖刻辛辣的语言进行讥笑和讽刺,二者与"社会"这一主体不符,且仅仅是轻蔑或讥笑,程度较轻,均排除。D项"疾言厉色"形容对人发怒说话时的神情,与语境不符,排除。C项"口诛笔伐"指从口头和书面上对坏人坏事进行揭露和声讨,符合语境。验证第二空,"寥寥无几"形容数量少,与前文"很少有人提及"相对应。C项当选。

四、范围不同

语言是人们在交流信息时自然形成的,同时也形成了其固定的搭配和使用习惯。语法是后来语言专家通过研究语言总结提炼出来的。语法可以说是语言的基本规律,但并非所有的语言都符合这一规律。语言的固定搭配和使用习惯可以突破这些规律,我们必须在平时的学习中多积累。

【例】端午节，民间有在身上挂香荷包的习俗，据说，这样可以（驱除、祛除✓）疾病。

祛除：除去（疾病、邪魔）。

驱除：赶走，除掉。选"祛除"。

【例】国际泳联宣布，将在4月初于莫斯科举行的第六届世界短池游泳锦标赛上（实行、施行✓）尿检和血检相结合的药检手段。

施行：按某种方式或办法去做；法令、规章自公布之日起发生效力；执行。

实行：用行动实现（纲领、政策、计划）。

【例】只要是那些彰显正义、美德，代表了先进文明的人，都有（权力、权利✓）得到树碑殊荣。

权利：权力和利益。

权力：对事物指挥、支配的力量。

【例】长春出版社1992年出版的《实用双向汉语大辞典》词条多达6万余条，（包括✓、囊括）了现代汉语绝大多数词汇。

囊括：全部包括，与"绝大多数"矛盾。

【例】领导干部应当深入群众，和群众打成一片，真正（体恤、体察✓）民情。

体察：体验、观察。

体恤：同情、照顾，可搭配"百姓"。

【例】以色列在约旦河西岸（屯聚✓、囤聚）大量兵力，伺机大规模侵犯巴勒斯坦控制区。

屯聚：聚集（人马）。

囤聚：储存聚集（货物）。

【例】现代人时常这样欺骗自己：明明是孤独，却要用另一种可怜的方式（掩盖、掩饰✓）着，不能坦然面对。

掩饰：设法掩盖（真实的情况）。

掩盖：遮盖；隐瞒。

【例】依我看，你们出版的这本书编辑体例毫无新意，显得十分陈腐。　✗

陈腐：陈旧腐朽。"体例"只能"陈旧"，不能"腐朽"。

【例】修复二环路时，选定前门大街为防裂（实验✓、试验）区，为北京市市区道路的维修提供参考数据。

实验：为了检验某种科学理论或假设而进行某种操作或从事某种活动。

试验：为了察看某事的结果或某物的性能而从事某种活动。

【例】现代化的北京城需要现代舞团，现代舞艺术更需要扎根于现代化的北京城，这已是无可（质疑、置疑✓）的事实。

置疑：怀疑（常跟否定词连用）。

质疑：提出疑问。

【例】赡养父母是每个儿女应尽的法律义务，谁也不能以任何理由（推脱✓、推托）。

推脱：推卸（责任）。

推托：借故拒绝。因为前句有"以任何理由"。

【例】三峡水利工程修建完工以后，整个长江中下游地区（收益、受益✓）很大。

收益：生产上或商业上的收入。

受益：得到好处；受到利益。

【例】这家医药公司（跃居✓、跻身）世界医药行业之首，是因为有三项产品连续获得国际金奖。

跃居：跃升到（第几位）。

跻身：使自己上升到（某种行列、位置）。

【例】大体言之，在世界文化史上，文明中心已经历了三次大的（转移✓、迁移）。

转移：改换位置（对象可以是抽象事物）。

迁移：离开原来的所在地（往往要带走必要的东西，具体的）。

【例】经常进行口头作文练习，可以培养学生（敏捷✓、敏锐）的思维能力。

敏捷：迅速而灵敏。

敏锐：灵敏尖锐（感觉、眼光）。

【例】如能在具有悠久文明（并且✓、而且）迅速发展的北京举办2008年奥运会，无论对奥林匹克，还是对中国乃至世界都具有积极意义。

动词之间的递进只用"并且"。

【例】他（并非✓、并非是）不想说，实在是无话可说。

并非：并不是。所以不跟"是"。

【例题】清正廉洁，不仅是党员干部的自我追求，也是老百姓的（　　）希望（2015年广东省第17题）

A. 深切　　　　B. 急切　　　　C. 殷切　　　　D. 恳切

☞解析　C。这是一道实词辨析题。固定搭配，殷切希望。深切体现在程度上；急切体现在紧迫感上；恳切体现在态度上的真诚，通常形容一种状态。

【例题】关于枕头，现代人比前人的认识和经验都要多得多，但是人们记得最＿＿＿＿的话，却是古人说的"高枕无忧"，现在被＿＿＿＿最多的，恰恰也是这句话，"高枕"被认为是颈椎问题的诱因之一。

依次填入画横线部分最恰当的一项是（　　）（2016年国考第30题）

A. 深刻　指责　　B. 清楚　批评　　C. 牢固　谴责　　D. 广泛　批判

☞解析　B。第一空，"广泛"与"记得"搭配不当，排除D项。第二空，所填词语应与"'高枕无忧'这句话"搭配，这仅是古代民间流传的一个说法，"指责"和"谴责"程度过重，排除A、C两项。B项当选。

【例题】图书出版人首先应是一个文化人，然后才是一个生意人。只有在这两者之间求得一种_____的平衡。才能在这个日益萎缩的图书市场中生存下去。用这个标准来衡量，有些出版人就不太合格：要么过于看重文化的附加值，对市场化的道路_____；要么把图书看做一单单生意，只顾着炮制各种_____的畅销书。
依次填入画横线部分最恰当的一项是（　　）（2016年国考第39题）
A. 微妙　不屑一顾　粗制滥造　　　　B. 精妙　置若罔闻　差强人意
C. 精确　嗤之以鼻　眼花缭乱　　　　D. 巧妙　退避三舍　名不副实
☞解析　A。先看第二空，由"过于看重文化的附加值"可知，应填入表示对"市场化的道路"轻视的成语。"退避三舍"比喻退让和回避，避免冲突，属于无中生有，排除D项。再看第三空，由"把图书看做一单单生意""炮制畅销书"可知，注重的是图书的量而非质量。B项"差强人意"指大体上还使人满意，与文段所要表达的"把图书看做生意、炮制质量不好的图书"意思不符，排除B项。C项"眼花缭乱"指看着复杂纷繁的东西而感到迷乱，也比喻事物复杂，无法辨清，与语境不符，排除C项。A项"粗制滥造"只求数量，不顾质量，符合文义。验证第一空，"微妙的平衡"搭配合理。因此A项当选。

【例题】十八大之后，中国经济航船行进在"新常态"这片新海域上。尽管有风浪、有礁石，但依然交出了一份令世人（　　）的答卷，呈现出增长平稳、改革深入、结构优化、质量提升、民生改善的良好态势。（2015年广东省第16题）
A. 侧目　　　　B. 注目　　　　C. 炫目　　　　D. 瞩目
☞解析　D。这是一道实词辨析题。谈的是中国经济的影响，世人瞩目，固定搭配。

【例题】_____说早期环境污染是由于人类认识水平的历史局限，_____近十多年来随着人类活动范围的扩大和全球经济一体化进程的加快，国际污染日益严重，就是人类唯利是图的贪婪所致了。这不是哪个国家能独自解决的，_____国家间共同协调行动，_____实现人类和自然的重新和谐。（2015年河北省第43题）
A. 如果　可是　只要　就　　　　B. 如果　那么　只有　才能
C. 尽管　然而　只要　就　　　　D. 尽管　那么　只有　才能
☞解析　B。虚词关联词固定搭配。文段开头表示假设，后面表达必要条件关系，因此，本题答案为B。

【例题】一个人不能失忆，一个国家当然就更不能失忆了，但是因为历史的原因，有时候会有意无意地试图_____某方面的回忆。对于这种无奈的现实，我们能够理解，但是并不是说就应该支持或者默认这么做。在具备了条件之后，我们还是应该寻找和_____我们的记忆。

依次填入画横线部分最恰当的一项是(　　)（2016 年 423 联考第 31 题）

　　A. 回避　恢复　　B. 隐藏　修复　　C. 躲避　还原　　D. 掩盖　复原

☞**解析**　A。第一空，"躲避"指故意离开或隐蔽起来，搭配的对象一般是人或者困难，与"回忆"搭配不当，排除 C 项。第二空，所填词语与"记忆"构成搭配，"修复"指修整使恢复原样，文段中"记忆"原样并没有变化，用在此处不合适，排除 B 项。"复原"一般指病后恢复健康或者恢复原状，不符合语境，排除 D 项。A 项"恢复记忆"为常见固定搭配。因此 A 项当选。

五、词性不同

词性指以词的特点作为划分词类的根据。现代汉语的词可以分为两类 12 种词性。一类是实词：名词、动词、形容词、数词、量词和代词。另一类是虚词：副词、介词、连词、助词、叹词和拟声词。

【例】如果没有丰富的生活积累与深厚的艺术功底，没有较高的语言文字修养，是很难写出高（品位✓、品味）的作品来。

"品位"是名词，"品味"是动词，形容词后应跟名词，所以选"品位"。

【例】政府通过增加货币供应量填补财政赤字和庞大的公共开支，导致通货膨胀（加剧✓、急剧）的现象在拉美国家间蔓延。

加剧：动词。

急剧：形容词。

【例题】过去绘画覆盖了照相机和摄像机的职能，标准就是_____、栩栩如生。现在，绘画的这部分功能被照相机和摄像机_____掉了，绘画"下岗"了，就能重新定义自己的"工种"，有往纯视觉刺激走的，也有_____到讲故事传统的。（2015年黑龙江省第 34 题）

　　A. 活灵活现　替换　延伸　　　　B. 惟妙惟肖　分担　回归
　　C. 绘声绘色　削减　退缩　　　　D. 呼之欲出　冲击　前进

☞**解析**　B。第一个空后面的"栩栩如生"指艺术形象非常逼真，如同活的一样，是一个形容词性的成语。第一个空后面是顿号，所填的成语应该与栩栩如生意思一样。"绘声绘色"形容叙述或描写生动逼真，是一个动词性的成语，故不能与栩栩如生构成并列，排除 C；再看第二空，"替换"与"冲击"均不能与"功能"搭配，故排除 A 和 D，答案为 B。

【例题】随着人们环保意识的加强，在选购家具时人们更_____于选择带有环保标识的产品，本来有这样的意识是件好事，但我国并没有强制家具认证规定，国内也尚未_____环保家具认证标准，现在国内市面上的认证机构_____，环保标识_____。

依次填入画横线处最恰当的一项是（　　）（2015年江苏省第24题）

A. 趋向　公布　鱼目混珠　不一而足　　B. 倾向　颁布　鱼龙混杂　五花八门
C. 热衷　确定　各自为政　良莠不齐　　D. 垂青　制定　形形色色　千奇百怪

☞**解析**　B。"鱼目混珠"指把鱼眼珠杂混在珍珠中，比喻以假乱真，以次充好。第三空意在形容认证机构之多、之杂，并未侧重于区分真伪、好坏，排除A项。"良莠不齐"指好人坏人都有，混杂在一起，不适用于形容环保标识，排除C项。"垂青"的宾语只能是名词性的，不能接动词短语，排除D项。因此B项当选。

【例题】人类历史进程充分表明，权力最终能否被关进"笼子"，绝非取决于少数人的主观意志，而是取决于对权力_____力量的大小。

填入画横线最恰当的一项是（　　）（2015年山东省第50题）

A. 制衡　　　　B. 对抗　　　　C. 约束　　　　D. 规范

☞**解析**　A。逻辑填空题，权力制衡，常用搭配，指在公共政治权力内部或者外部存在着与权利主体相抗衡的力量。制衡指双方或者多方之间的相互制约与平衡；对抗指对立起来相持不下；约束指限制、管束；规范可做名词和动词，动词指使合乎模式。

【例题】长期以来，研究人员致力于研究如何有效利用适体抵御疾病。通常情况下，适体会很快被人体免疫系统识别，并被当做危险物而迅速被特定的酶所_____。但近日研究人员发现，有一种镜像适体不会被免疫系统识别，也不会被酶_____，可以在体内长期存活，科学家可以利用其这一特性来治疗疾病。

依次填入画横线部分最恰当的一项是（　　）（2015年下半年天津市第32题）

A. 化解　分化　　B. 解除　解构　　C. 析解　分释　　D. 降解　分解

☞**解析**　D。"降解""分解"在生物化学学科中均能表达含义，而"化解""解除""解构"不能搭配生物化学学科名词使用。故而正确答案选择D项。

【例题】新农村建设要注意生态环境保护，注意乡土味道，_____农村特点，保留乡村风貌，_____传承文化，发展有历史_____、地域特色、民族特点的美丽城镇。

依次填入画横线部分最恰当的一项是（　　）（2015年下半年天津市第35题）

A. 体现　　坚持　　记忆　　　　B. 反映　　坚定　　意蕴
C. 表现　　坚决　　追忆　　　　D. 突出　　坚守　　意涵

97

☞ **解析** A。第二空和"传承文化"搭配,不能用"坚定"和"坚守",排除B、D;第三空应填入一个名词,"追忆"为动词,排除C,所以正确答案为A。

【例题】_____的数字技术正在引发一系列革命,作者的革命、读者的革命、书籍的革命、出版的革命,这些数字技术点燃的一堆堆篝火,已让传统出版人感受到了_____。

依次填入划横线处最恰当的一项是(　　)(2015年江苏省第17题)
A. 如火如荼　切肤之痛　　　　B. 轰轰烈烈　危在旦夕
C. 铺天盖地　痛彻心扉　　　　D. 席卷全球　灭顶之灾

☞ **解析** A。先看第二空,根据语法关系可知,横线处需要填入作宾语的成分,"危在旦夕"和"痛彻心扉"均为形容词,不适合做宾语,排除B、C两项。"灭顶之灾"比喻毁灭性、致命性的灾难,语义过重,排除D项。将A项代入验证符合文义,因此A项当选。

六、语素不同

词语意思的差异是由语素的不同引起的。我们面对一些不能清晰掌握的词语时,不妨抓住不同的语素分别组词,辨析出词语之间的差异,得到正确答案。

【例】她一连几次挑起话头,想和女儿谈谈,可是女儿的(反映、反应✓)很冷淡。

"映":映照。"应":回应。这里讲女儿对母亲的回应,用"反应"。

【例】张雨同学的解题思路既新颖,又(简洁、简捷✓),他提出了一个新的思考角度。

捷:快捷。洁:清洁。思路应该用"快捷",语言才搭配"清洁"。

【例】亚洲金融危机的爆发深刻地暴露了亚洲各国在协调经济政策、共同(防御✓、抵御)危机方面的苍白无力。

防:防备。抵:抵抗。前面陈述的"爆发",所以用"防御"更好。

【例】谁会成为内地版《射雕英雄传》中八支歌曲的演唱者,6月将见(端倪、端详✓)。

详:详情。倪:眉目。

【例】为了侦破"1·26"特大银行抢劫案,我公安人员(查访✓、察访)了大量目击者,从中发现了一些破案的线索。

查:调查(案情)。察:观察(民情)。

【例】经由冯雪峰(引见✓、引荐),我拜访了大病初愈的鲁迅先生。

见:见面。荐:推荐。此处是"使彼此认识",用"见面"就可以了。

【例】该报在征文(启事✓、启示)中明确规定,投稿截止日期是6月5日。

事：事情（招领启事、寻人启事）。示：给……看，启发。

【例】做生意必须合法经营，并照章纳税，决不能靠出售假冒伪劣商品和偷税漏税来（营利✓、盈利）。

营：谋求（强调目的）。盈：获得（强调结果）。

【例】2017年秋季，高中教学将使用重新（审定、审订✓）的教材。

审定：审查决定（计划）。审订：审阅修订（书稿）。

【例】一个人应该从多方面加强自己的道德修养，但首先要做到的是（品行✓、品性）端正。

行：行为。性：性格。"行为"跟"端正"搭配。

【例题】我们随时都处在各种健康"小贴士"狂轰滥炸的包围中。其实，并非所有的健康建议都有扎实的科学根据来_____。《新科学家》网站近日为我们破除了我们耳熟能详且奉为_____的6大健康"迷信"。

依次填入画横线部分最恰当的一项是（　　）（2015年国考第31题）

A. 检验　信条　　B. 验证　准则　　C. 支持　圣旨　　D. 支撑　圭臬

☞解析 D。第一空，检验和验证都有语素"验"。"验"是形声字。从马，从佥（jiǎn），佥亦声。"佥"意为"两边""两面"。"马"与"佥"联合起来表示"马的两面"。本义：从马的两面观察马的状态。可见"验"指（全面）检查。支持和支撑都有语素"支"。"支"是会意字。小篆字形，上面是"竹"的一半，下面是手（又）。《说文》："从手持半竹。"可见"支"指手拿竹子撑着。文中提到"扎实的科学根据"，并非检查，而应是支撑，排除A、B两项。再看支持和支撑，一个是"持"，表示拿着；一个是"撑"，表示顶住。"根据"中的"根"含"木"，与"支"表示的半竹呼应。其中的"据"含"居"，表示位置，立足之处。这就表示需要有一个立足点来支撑住，而不是用手拿着。第二空，"圭臬"比喻标准、准则和法度。根据句意可知，"圭臬"比"圣旨"更契合语境。因此D项正确。

【例题】装在司机座位上的这个系统可以在司机疲劳驾驶的时候，发出_____或者自动刹车。此外，这个系统不但可以提醒车辆被盗，还可以通过_____到的数据识别出盗贼的身份。

依次填入画横线部分最恰当的一项是（　　）（2015年国考第32题）

A. 警戒　采集　　B. 警报　汇集　　C. 警示　收集　　D. 警告　搜集

☞解析 C。第一空，都有语素"警"，不同是另一个语素。"戒"，意为戒备；"报"，意为报告；"示"，意为表明；"告"，意为告知。司机疲劳驾驶的问题来自内部，戒备是对外部，所以不用"戒""报""告"。"示"可以在司机知道自己疲劳了但可能忽视的情况下来"表明"，起到提示的作用。第二空，都有语素"集"，不同是另一个语素。"采"，意为选择性地抓取；"汇"，意为像水一样自然聚到一起；"收"，意为接收;"搜",意为用手拿光。可见"采""搜"是主动能动的,"汇""收"是被动的。这个系统不会主观能动地去采集或搜集信息,只能是被动的。"汇集"不能搭配"到的数据",可以排除。"收集数据"为常用搭配。因此 C 项正确。

【例题】 数据新闻是个强大的工具,_____ 了电脑科学、统计学以及社会科学在大数据研究方面的成果。数据记者可以通过编写算法寻找_____,勾勒出影响力、权力或消息源之间的关系图。在这种背景下,传统纸媒_____,自不待言。依次填入画横线部分最恰当的一项是( )(2016 年国考第 40 题)

A. 汇合　线索　偃旗息鼓　　　　B. 结合　话题　危在旦夕
C. 综合　方向　望尘莫及　　　　D. 融合　趋势　日渐式微

解析　D。第一空,都有语素"合",不同是另一个语素。"汇",意为空间上从四面八方汇聚到某一点;"结",意为不同事物联系到一起;"综",意为分析整理后的提炼;"融",意为调和在一起,你中有我,我中有你,结合度很高。我们发现数据新闻对电脑科学、统计学以及社会科学在大数据研究方面的成果结合度很高,成为其自身的一部分了,所以是"融合"。第二空,"勾勒"一般表示是模糊不清的轮廓,而"话题"一般都是具体、准确的,排除 B 项。第三空,说明传统纸媒逐渐被数据新闻所赶超。C 项"望尘莫及"比喻远远落在后面,文段并未体现纸媒落后很远。D 项"日渐式微"指事物逐渐地由兴盛而衰落,表述准确。因此 D 项当选。

【例题】 发展没有局外人,谁也不能( ),各级领导干部更是要身先士卒、做出表率。(2015 年广东省第 20 题)

A. 置之度外　　B. 置身事外　　C. 置之不理　　D. 置若罔闻

解析　B。这是一道成语辨析题,都是以语素"置"开头,剩余部分提示我们它们之间的区别。"度外"是考虑之外;"身事外"是把自己放在事情之外;"不理"是不予理睬;"若罔闻"是好像没听到。根据前面"没有局外人"和后面的"身先士卒",都暗示我们与"身"相关。故选 B。

【例题】 某市推出"自住型商品房",意在( )涨价预期,但由于自住型商品房用地进一步( )了普通商品房用地,使得商品房地价一再上涨。(2015 年广东省第 22 题)

A. 平抑　缩减　　　　　　　　B. 制止　挤压
C. 抑制　压缩　　　　　　　　D. 平抑　挤压

解析　D。第一个空,平抑、抑制都有"抑",不同的是一种是始终使其平稳,另一种是控制其发展势头。抑制、制止都有"制",不同的是一种是控制其发展趋势,另一种是让其停止。所以,区别就出来了。制止是达到完全不涨价的目标。抑制是要让其价格回落,也可能是暴跌。平抑则可以让其上涨,但是要以一种比较温和平稳的方式上涨，不要暴涨暴跌。经济学家指出，适度的通货膨胀最有利于经济发展。这里使用平抑比较合适。第二个空，缩减、压缩都有"缩"，不同的是一个是数量上减，另一个是因为压力在空间上缩。挤压、压缩都有"压"，不同的是一个是被其他事物挤产生"压"，另一个是因为压力"缩"。题中有自住型商品房用地的"挤"，对普通商品房用地形成了"压"，故选择挤压。故选D。

第二节　使用口诀辨析词语

词语辨析关键是辨别近义词之间的差别。词语量比较多，用口诀的方式学习会比较轻松高效。

A　不幸同情是哀怜，疼爱子女是爱怜，男女相爱用爱恋；
　　安置重位置，安顿有着落，安排条理清；
　　指人指物用爱护，只能指物用爱惜；安闲重闲无牵挂，安适重适多惬意；
　　说明文章用按语，彼此约定用暗语；外物暗淡无光彩，内心黯淡无笑颜；
　　空中飞翔用翱翔，漫游游历用遨游；后悔责已用懊悔，烦恼不快用懊恼。

B　公开行为用把持，私下控制用操纵；法令条例用颁布，奖品指示用颁发；
　　里边含有用包含，分量充足用饱含，请人原谅用包涵；
　　具体抽象用包括，范围广大用包罗；不被侵犯用保障，担保做到用保证；
　　贬义报仇用报复，远大志向用抱负，身心负担用包袱；
　　针对怨恨用报怨，数说不满用抱怨；突然发作用暴病，有病在身用抱病；
　　粗暴乖张用暴戾，强制力量用暴力；到达某地用奔赴，朝着方向用奔向；
　　专业技能用本领，一般能力用本事；根本属性用本质，抽象事物用实质；
　　裂成部分用崩裂，由内而外用迸裂；应当怎样用必须，不可或缺用必需；
　　由此变彼用变换，无序改变用变幻；改变变化用变易，生物差异用变异；
　　区分事物用辨别，真伪好坏用鉴别；形容词语是标致，动词名词是标志；
　　说明真相用辩白，申辩保护用辩护，解释说明用辩解；
　　原来意图是本意，本来意义是本义；报告来到用报到，新闻宣传用报道；
　　安排布置用部署，部下属下用部属；做出记号用标明，表示清楚用表明；
　　精心喂养用哺育，爱护培养用抚育；疾病案例用病例，记录病情用病历；
　　不愿提起用不齿，不感羞耻用不耻；放不到一起用不合，情感不睦用不和；
　　理应如此用本来，过去不知用原来；毕竟强调事实原因，到底用在疑问表追究；
　　不免加重语气，未免缓和语气。

C　独到见解用创见，创立建造用创建；恭敬送上用呈献，显露出来用呈现；

长期历年用长年，一年四季用常年；主观猜想用猜测，据理推断用推测；
钱财物资用财物，财会事务用财务；用于物件用残败，用于事情用惨败；
采其可用用采用，多中选择用采取，接受意见用采纳；
成就大于成绩；尘世大于尘事；
时间匆促用仓促，害怕慌张用仓皇；计划提纲用草拟，政策规章用起草；
检查情况用查看，仔细了解用察看；实地考察用察访，调查打听用查访；
抽象具体用铲除，有害事物用根除；进攻反扑用猖狂，报复咒骂用疯狂；
具体场景用场面，一定规模用局面；贬义用充斥，具体用充满，表情用充溢；
广大长远用憧憬，不太长远用向往；筹备大于准备；筹划大于计划；
内心活动用犹豫，行动迟缓用迟疑；大量出现用涌现（褒），一般用出现；
多种方式用除草，使用锄头用锄草；处世大于处事；篡改、篡夺为贬义；
曾经强调从前有过，已经强调完成达到；
诚然重于固然；处处指方面，到处指地方；
目的结果用从而，递进关系用进而；从来多用于否定句中，历来肯定句。

D 道路大于途径，抽象的路用途径；肥沃程度用地力，优势条件用地利；
艺术文辞用典雅，言谈态度用高雅；依靠已力用独力，不隶属用独立；
有关时间用度过，其余情况用渡过；推理判断用断定，明确决定用确定；
换取货币用兑换，相互交换用对换；大力是褒义，大举是军事，大肆是贬义；
但是转折语气重；对大于对于；关于状语用句首；对于表针对，关于表关涉；
点缀修饰用点染，逐渐沾染用浸染，绘画染色用绘染，涂抹画面用渲染。

E 文字错误用讹舛，错误转述用讹传；突发大事用遏止，情绪敌人用遏制；
同方递进用而且，反方递进用反而。

F 总括一切用凡是，所有事情用凡事；陈述意愿用反映，引起评论用反应；
同意提议用附议，再次讨论用复议；振作起来用发奋，决心努力用发愤；
法律制度用法制，据法治理用法治；巨变翻身是翻覆，重复颠倒是反复；
抽象事物用范畴，具体事物用范围；官职地位用废黜，其余情况用废除；
抽象事物用依照，具体事物用仿造，效法方法用仿效；毁谤重于诽谤；
抽象事物用废止，具体事物用废置；涉及语言用分辩，其他情况用分辨；
愤慨重于愤怒；崇尚褒义是风尚，重于习气是风气，重于民俗是风俗；
奉献重于贡献；理解不深用肤浅，不够扎实用浮浅；
不踏实用浮躁，没耐性用急躁；
子辈对晚辈用抚养，平辈之间用扶养，晚辈对长辈对赡养；
变质堕落用腐蚀，外力侵害用侵蚀，变坏腐烂用腐化；

还有剩余用富余，手头宽裕用富裕；任务使用用赋予，交给钱物用付与。

G 超过限度用过度，转入下段用过渡；本领能耐用功夫，时候时间用工夫；
不该管硬管用干涉，该管则管用干预；工作效率用工效，功能效率用功效；
抽象事物用公务，具体事物用公物；恭请重于邀请；莅临重于光临；
沟通为褒；苟合为贬；交战国缔结和约为媾和；关切重于关心，关怀用于上对下；
抽象具体用贯穿重连通，抽象事物用贯串重整体系列；
精神精力用贯注，浇进注入用灌注；
鬼怪为名词，诡怪为形容词；过度形容词，过渡动词；
格外是口语，分外书面语；
结果预想一致用果然，相反用居然，竟然指不好语气重。

H 欢乐兴奋用欢欣，喜爱心情用欢心；核对改正用核正，指教改正用教正；
简单合同用合约，各平条约用各约；开阔通达用豁然，迅速突然用霍然；
互相作状语，相互作定状；水流聚焦用汇合，其余聚焦用会合；会晤重于会面；
不必用何必，不值用何苦；何曾是不曾，何尝是不曾或并非。

J 事物性质用界限，边线分界用界线；变化迅猛用急剧，非常急速用急遽；
直截了当用简捷，简明扼要用简洁；到何时候用截至，到期为止用截止；
预定之时用届时，马上立即用及时；结存余额用结余，节约剩余用节余；
机巧形容词，技巧是名词；随机应变是机智，紧急应对是急智；
积聚指积累，集聚指聚合；
争论搏斗用激烈，药性疼痛用剧烈；不拖延用及时，立刻办用即时；
急遽是急速，急剧是剧烈；实际操作用技能，体育艺术用技巧；
精神作风用坚苦，客观艰难用艰苦；错误罪行用交待，移交嘱咐用交代；
视力偏差用矫正，语言数据用校正，指教改正是教正；
具体事物用接合，抽象事物用结合；
具体事物用界线，抽象事物用界限；精致是形容词，精制是动词；
局部对全局，部分对全部；多人聚集用云集，普通聚集用聚集，实物资金用聚积；
依依不舍用眷眷，诚挚恳切用拳拳；诀别不易见，分别还会见；
依据根据用基于，引以为鉴用鉴于；简直重于几乎；
两事紧接用继而，时间不久用既而；
转折关系用尽管，条件关系用不管；直接不绕用径直，自作主张用径自；
究竟用于问句，毕竟陈述句。

K 衡量检查用考查，实地观察用考察；从无到有用开辟，从小到大用开拓；

战胜敌人用克复，困难缺点用克服；吹嘘长处用夸示，夸张描绘用夸饰；
夸耀是贬义，骄气是贬义；优厚招待用款待，宽大对待用宽待，宽容饶恕用宽贷；
耽搁荒废用旷废，浪费用旷费；何况用于反问句，况且陈述句；
强调次数用屡次，强调重复用一再。

L 得到利益用拉拢，思想感情用笼络，二者都是贬义词；
不必不该是滥用，该甲用乙是乱用；
相似胜于类似；裙带为贬义；时间紧密用连续，时间间隔用陆续；吝啬为贬义；
精神意图用领会，含义道理用领悟；事迹作品用流传，物品遗留用留传；
诗书华美用流丽，说话通畅用流利；不再复得用流逝，一泻而下用流泻；
罗织罪状是贬义，罗致人才无贬义。

M 社会评价用名声，古迹美景用名胜；连绵不断用曼延，像草扩展用蔓延；
没有目的用漫步，慢慢吞吞用慢步；
乱骂用漫骂，轻慢嘲笑用谩骂；烟雾水用弥漫；
不知所措用迷惘，琢磨不清用迷惑；鼓励鼓舞用勉励，尽力努力用勉力；
问世用面世，供应市场用面市；精神思想等抽象用渺小，其余情况用微小；
名气褒义口语，名望褒义书面；从没见过用陌生，好久不见用生疏；
萌动重开始状态。

N 初步意见用拟订，正式确定用拟定；人物都可用年龄，年纪只能用于人；
相对较小用年轻，青年阶段用年青；本不存在用捏造，以假乱真用伪造。

O 相对经常用偶尔，相对必然用偶然。

P 幼小生物用培育，人才抽象用培养，植物权势用培植；品位名词，品味动词；
事关行为是品行，品格性质是品性；
信仰蒙蔽用破除，压力束缚用解除，制度条令用废除；
反问语气用岂但，其他情况用不但。

Q 支配管辖用权力，享受权益用权利；启发有用用启示，公开声明用启事；
开始使用用启用，重新任用用起用；鸟类休息用栖息，人类休息用休憩；
某个时期用期间，指那中间用其间；解释不同用歧义，意见不同用歧异；
面向神灵用祈求，请人给予用乞求；气候大于天气；
态度气势用气概，办事魄力用气魄；
国家政府用强制，个人也可用强迫；符合实际用切实，毫无疑问用确实；

第三章　词语表达

不慎重用轻率，不认真用草率；清冷清凉用清冽，酒水清澈用清洌；
情境大于情景；情势大于情事；疾病迷信用祛除，其余情况用驱除；
相对义务用权利，权柄支配用权力；具体名词用缺少，其余情况用缺乏。

R　证人证据用人证，查实证明用认证；与人相关用人事，人间即人世；
重大事物用认为，一般事物用以为；重大任务用使命，一般工作用任务；
不同事物用融合，彼此感情用融洽；
冰雪化水用融化，加热变液用熔化，固体溶解用溶化；
仍然重于仍旧。

S　某时形势用时势，一个时代用时世；尝试办理用试行，付诸执行用施行；
定时动用用时效，实际效果用实效；忽明忽暗用闪烁，光彩耀眼用闪耀；
煽动是贬义，扇动是中性；商量是口语，商榷书面语，协商很庄重；
妥当与否用审查，仔细观察用审察；表示暂时用姑且，下文递进用尚且；
审阅修订用审订，审查决定用审定；公开说明用声明，着重说明用申明；
意义重大用圣地，风景优美用胜地；意外失利用失手，被敌占领用失守；
僧道尼用师父，专门技艺用师傅；时代长于时期；时势大于时事；
军事经济用实力，政治经济用势力，区别对待用势利（贬）；
家常零碎用什物，真实具体用实物；所做事情用事务，客观存在用事物；
强调行动用实行，参照落实用施行；确实可以用实足，十分充足用十足；
实地验证用实验，试探观察用试验；受是接受，授是给出。
抽象事物用树立，具体事物用竖立；自然能力用水力，利用资源用水利；
水和陆地用水陆，水上交通用水路；先后次序用顺序，依序记叙用顺叙；
侧重考虑用思考，侧重探求用思索；不易得到用搜集，轻易得到用收集；
旧有怨恨用宿怨，一向愿望用宿愿；合乎心意用遂意，任凭意愿用随意；
贬义挑动用唆使，支使别人用指使；否则后面不再列举与之前相反情况；
甚至重于乃至重于以至。

T　统辖率领用统率，全军首领用统帅；受阻不前用停滞，不再进行用停止；
借故拒绝用推托，推卸摆脱用推脱；作品材料用题材，作品形式用体裁；
写字纪念用题词，提示台词用提词，写名纪念用题名，候选人名用提名；
内容情感会体会，生活现实用体验，情意趣用体味；
暂不离开用停留，短暂停下用停顿，长时停止用停滞；
不再进行用停止，表达受阻用停滞；统率为动词，统帅为名词；
统一是动词，同一形容词；用权治理用统治，统一控制用统制；

极其悲哀用恸哭，非常难受用痛苦，心情大哭用痛哭；
用语拒绝用推辞，行动拒绝用推却，不肯担责用推卸；
推脱后跟推掉的内容，推托后跟拒绝的理由或原因；
减退变劣用退化，脱皮堕落用蜕化；慢些吞食，快速吞噬；
聚焦人马用屯聚，储存货物用囤聚；数量程度用调节，有无忙闲用调剂；
投降向对方，投诚是正义方。

W　国法纪律用违犯，法则规程用违反；顽强中性偏向褒，顽固、固执均贬义；
底细原委用委曲，内心受冤用委屈；肮脏不洁用污秽，乱草丛生用芜秽；
当面背后用污辱，当面多用侮辱；相对精神用物质，生产生活用物资；
委婉批评用未免，不可避免用不免。

X　学问程度用学力，学习经历用学历；目前现在用现时，客观情况用现实；
互相衬托用相映，彼此响应用相应；沿袭采用用袭用，经常使用用习用；
应有必有用需要，一定要有用须要；用尽所用用悉心，用心仔细用细心；
强调过程用消失，强调结果用消逝，解除消除用消释；
液体气体用泄漏，事情外泄用泄露；痛苦悲伤用辛酸，内心感受用心酸；
粉饰是贬义；need是需要，must是须要；饲养动物用畜养，积蓄培养用蓄养；
学习文凭用学历，学问程度用学力；一向用向来，否定用从来；
星汉指银河，星云是天体，星光是星辉，星斗总称星；
熏陶是褒义，熏染是贬义；为……而是目的，为……所是被动。

Y　由此造成用以致，延伸扩大用以至；顾忌不说用隐讳，含混不明用隐晦；
谋求利润用营利，已得利润用盈利；压制重于抑制；抽象用湮没，具体用淹没；
防范用严密，思考用周密；掩饰为贬义，掩盖是中性；
重练习为演练，重展示为演示；
始终如一用一贯，过去现在用一向；依赖是贬义，依靠是中性；
主观偏激用意气，合于义用义气；借物遮掩用隐蔽，长辈佑晚辈用荫庇；
已获利润用盈利，谋求利润用营利；头脑迟钝用愚蠢，缺乏知识用愚昧；
规定约定用预定，预先订购用预订；本来面目用原形，现实模型用原型；
一定倾主观，必定倾客观；
强调同时是一齐，强调一块儿用一起，同时同地用一同；
不好结果用以致，其余情况用以至；
由于可以搭因此放在前，因为不搭因此可前后；
尤其可用名词前变为尤其是；尤用动形词语前，双音节动词前要加为；

（例：尤其是中国；尤佳；尤为漂亮）

缘分是因缘，婚姻是姻缘。

Z　大政方针用制定，具体条文用制订；综合起来用总合，总加数量用总和；
通知对方用知照，准许凭证用执照；志向意愿用志愿，自己愿意用自愿；
开展大于展开；仗恃是并列结构，仗势是动宾结构；正轨是名词，正规形容词；
公安机关用侦查，军事工作用侦察；迹象是征候，疾病是症候；
正确大于准确；得病用致病，去病用治病；
置疑用于否定句；中途用中止，结束用终止；
切身用终身，一生用终生；出于内心用衷心，忠诚之心用忠心；
相对轻浮用庄重，相对随意用郑重；猜测预料用捉摸，思索加工用琢磨；
玩弄是贬义，捉弄是中性；资格经历用资历，财力天资用资力；
自己决定用自决，主动断绝用自绝；自诩书面语，自夸是口语；
志愿更正式；相对分析用综合，相对个体用总合；
纵容一定是贬义，怂恿有时不贬义；
寄居别处用作客，自己当客人用做客；强调阶段用逐步，缓慢变化用逐渐；
钟爱重于喜爱；奖牌得分用斩获，其余情况用收获。

真 题 演 练

（附答案解析）

第三篇　数量关系篇

第三篇 特種運機

第一章 数字推理

数量关系在行政职业能力测试中是最耗费时间的部分,也是考查的重点之一。本部分学习的诀窍无非是多想多练,通过练习来锻炼思维的反应速度,并在练习中总结经验,以在考试中指导解题。

数字推理近年被逐渐弱化,本书不作为重点讲述。但考纲中一直保留,所以我们还是不得不做准备。

第一节 五种基本数列

数字推理题就像是一串珍珠项链,珍珠大小各异,却被一根若隐若现的丝线贯穿始终。解答数字推理题的关键就是找到这根线,数列背后的规律便一目了然。

要做好数字推理题,掌握以下五种基本的数列是必不可少的。

(一) 等差数列

(1) 一级等差数列 5,10,15,(20) 【注】数字间有明显的公差。

(2) 二级等差数列 3,4,6,9,(13),18 【注】数字间没有明显的公差,但数字间的差能够形成一个等差数列。

(3) 三级等差数列 0,4,16,40,80,(140) 【注】数字间没有明显的公差,但在两次求数字间差后能得到一个等差数列。

(4) 等差数列变式 102,96,108,84,132,(36) 【注】数字间没有明显的公差,但在求得数字间差时,能发现正负号出现交替,数字的绝对值呈等差数列。

(二) 等比数列

(1) 一级等比数列 2,4,8,(16) 【注】数字间有明显的公比。

(2) 二级等比数列 1,2,8,64,(1024) 【注】数字间没有明显的公比,但在两次求数字间求商后能得到一个等比数列。

(3) 等比数列变式 8,14,26,81,(243) 【注】数字间没有明显的公差,但在两次求数字间比后能得到一个数列,这个数列加(减)一个常数后可得到一个等比数列。

(三) 分组数列

(1) 奇偶项分组数列 123,149,125,147,127,(145) 【注】奇数和偶数项

具有不同的变化规律。

（2）分段分组数列 7，21，42，5，15，（30）　【注】三个数字为一组，前三个数字中的规律运用到后三个数字中就可以得到答案。

（3）分数分组数列 $\frac{2}{3}$，$\frac{1}{3}$，$\frac{2}{9}$，$\frac{1}{6}$，$\frac{2}{15}$，$\left(\frac{1}{9}\right)$　【注】分子分母有不同的变化规律。

（4）项内分组数列 1909，2918，3927，（4936），5945，6954　【注】同一项内不同的数字位数上有不同的变化规律。

（四）推进数列

（1）等差推进数列 1，1，2，3，5，8，13，（21）　【注】前两项之和（差）等于第三项。

（2）等比推进数列 5，3，15，45，675，（30375）　【注】前两项之积（商）等于第三项。

（3）推进数列变式 3，7，16，107，（1707）　【注】前两项之积加（减）一常数等于第三项。

（五）幂次数列

（1）平方数列 1，4，9，（16），25，36　【注】由自然数或某一简单数列的平方组成。

（2）立方数列 1，8，27，（64）　【注】由自然数或某一简单数列的立方组成。

（3）其他幂次数列 $\sqrt{6}-\sqrt{5}$，$\frac{1}{\sqrt{5}+2}$，$2-\sqrt{3}$，$\frac{1}{\sqrt{3}+\sqrt{2}}$，$(\sqrt{2}-1)$　【注】非平方或立方的幂次数列一般只涉及有理化的问题。

（4）幂次数列变式 0，9，26，65，124，（217）　【注】由平方或立方的幂次数列加（减）一常数组成。

第二节　从变化特征推理数列类型

掌握好以上五种数列，仅仅只能说是数字推理题的基础。因为在考生解答数字推理题时往往都是迷茫的，根本就不知道面前的题目属于哪一种数列，仍然会感到无法下手。如果在已知答案的情况下讲解数字推理题，只不过是"事后诸葛亮"。本书总结多年解题的经验，从数列的变化特点来分析数字推理题。

（一）项数不多，平缓递增（减）

很有可能是等差数列或等差推进数列。

【例题】7，21，（　　），91，147

A. 40　　　　　　B. 49　　　　　　C. 45　　　　　　D. 60

☞ **解析**　本题为二级等差数列相邻两项之差构成首项为 14，公差为 14 的等差数列，依此规律，答案为 B。

（二）项数不多，变化比较快

很有可能是等比数列或等比推进数列。若后一项的数位基本上是前两项数位之和，则更有可能是等比推进数列。

【例题】60，30，20，15，12，（　　）
A. 10　　　　　　B. 8　　　　　　C. 6　　　　　　D. 4

☞ **解析**　本题属于等比数列的变式，后一项比前一项的值分别为 $\frac{1}{2}$，$\frac{2}{3}$，$\frac{3}{4}$，$\frac{4}{5}$，分子和分母分别构成以 1 为公差的等差数列，此数列的下一项应为 $\frac{5}{6}$，故空缺项为 $\frac{5}{6} \times 12 = 10$。答案为 A。

【例题】3，6，18，72，（　　）
A. 144　　　　　B. 360　　　　　C. 540　　　　　D. 640

☞ **解析**　本题为二级等比数列的变式，后一项比前一项的值。1，2，3，4 构成自然数列，下一项应为 5，故未知项应为 72×5=360。正确答案为 B。

【例题】3，6，18，108，（　　）
A. 124　　　　　B. 1944　　　　C. 1564　　　　D. 460

☞ **解析**　本题为等比推进数列，前两项相乘的第三项，故未知项应为 18×108=1944。正确答案为 B。

（三）项数不多，变化急剧

很有可能是幂次数列。

【例题】17，27，39，（　　），69
A. 50　　　　　　B. 51　　　　　　C. 52　　　　　　D. 53

☞ **解析**　本题为平方数列的变式，$17=4^2+1$，$27=5^2+2$，$39=6^2+3$，（　　），$69=8^2+5$，故空缺项为 $7^2+4=53$。答案为 D。

（四）项数较多，前后出现"断痕"

很有可能是前后分组数列。

【例题】0，1，3，（　　），10，11，13，18
A. 7　　　　　　　B. 8　　　　　　　C. 16　　　　　　　D. 10

☞解析　本题项数较多，前四项与后四项的变化规律相似，且前后出现"断痕"。这时我们可以大胆地假设题目是前后分组数列。前四项与后四项的公差都有1，2，5的变化规律。从而3+5=8。正确答案为B。

（五）项数较多，变化杂乱

很有可能是奇偶分组数列。分组数列至少需要6项数字，否则无法分成两组，因为一组数字不到3个是无法找到规律的。

【例题】2，16，8，（　　），32，64，128，128
A. 16　　　　　　　B. 8　　　　　　　C. 32　　　　　　　D. 64

☞解析　本题属于间隔组合数列。奇数项为2，8，32，128，构成公比为4的等比数列，偶数项为16，（　　），64，128，构成公比为2的等比数列，故空白项为16×2=32，正确答案为C。

（六）奇偶项出现正负交替

可能是奇偶分组数列或幂次数列。

【例题】0，-1，3，-7，（　　），-31，63，-127
A. 9　　　　　　　B. -15　　　　　　　C. 15　　　　　　　D. -9

☞解析　本题规律为：$a_n = (-1)^n + (-2)^{n-1}$（$n=1, 2, 3, \ldots\ldots$），所以第5项为 $a_5 = (-1)^5 + (-2)^4 = -1 + 16 = 15$。正确答案为C。

第三节　真题演练

1. 3，10，31，94，（　　）（2015年广东省第36题）
   A. 125　　　　　　B. 188　　　　　　C. 283　　　　　　D. 2914

2. 2，10，30，68，130，（　　）（2015年广东省第37题）
   A. 222　　　　　　B. 272　　　　　　C. 300　　　　　　D. 390

3. 19，18，26，24，33，30，40，（　　）（2015年广东省第38题）
   A. 32　　　　　　　B. 34　　　　　　　C. 36　　　　　　　D. 38

4. 2/5，3/10，7/30，23/210，（　　）（2015年广东省第39题）
   A. 31/967　　　　　B. 35/1208　　　　C. 159/2282　　　　D. 187/4830

5. 324，333，360，441，（　　）（2015年广州市第41题）
   A. 346   B. 462   C. 559   D. 684

6. 1/4，5/4，9/20，（　　）（2015年广州市第42题）
   A. 11/20   B. 29/180   C. 37/38   D. 51/291

7. 0，6，24，（　　）（2015年广州市第43题）
   A. 48   B. 60   C. 72   D. 96

8. 9.6，48，12，36，18，（　　）（2015年广州市第44题）
   A. 4.5   B. 9   C. 18   D. 24

9. 3，4，7，11，18，（　　）（2015年广州市第45题）
   A. 21   B. 25   C. 29   D. 35

10. 13，56，99，1312，1715，2118，2521，2924，3327，（　　），…（2015年河北省第56题）
    A. 3727   B. 3730   C. 3733   D. 3736

11. 2，5，10，18，31，52，86，141，（　　），…（2015年河北省第57题）
    A. 175   B. 196   C. 230   D. 285

12. 2，7，9，16，20，29，35，46，（　　），…（2015年河北省第58题）
    A. 48   B. 50   C. 52   D. 54

13. −2，−5，8，9，−14，−13，20，17，−26，（　　），…（2015年河北省第59题）
    A. −21   B. 21   C. −29   D. 29

14. 八进制整数数列4，5，6，7，10，11，12，13，…的第13项是：（2015年河北省第60题）
    A. 17   B. 18   C. 20   D. 21

15. −7，−5，−1，5，（　　），23（2015年江苏省第26题）
    A. 10   B. 11   C. 13   D. 20

16. 21，30，40，52，68，（　　）（2015年江苏省第27题）
    A. 112   B. 113   C. 95   D. 92

17. 2.3，4.8，8.24，16.51，32.89，（　　）（2015年江苏省第28题）
    A. 64.138   B. 64.136   C. 128.138   D. 128.136

18. 3，$\sqrt{11}$，4，$2\sqrt{6}$，$\sqrt{35}$，（　　）（2015年江苏省第29题）
    A. $\sqrt{51}$ B. 7   C. 6   D. $3\sqrt{2}$

19. 4，2，$\frac{11}{5}$，$\frac{19}{7}$，$\frac{10}{3}$，（　　）（2015年江苏省第30题）
    A. $\frac{37}{11}$ B. 4   C. $\frac{21}{13}$ D. 5

20. 4/5，16/17，16/13，64/37，（　　）（2015年上半年天津市第56题）

A. 64/25　　　　B. 64/21　　　　C. 35/26　　　　D. 75/23

21. -3，12，25/3，42/5，（　　）（2015年上半年天津市第57题）
    A. 73/9　　　　B. 89/11　　　　C. 9　　　　D. 15

22. 1.5，9.5，24.5，48.5，（　　）（2015年上半年天津市第58题）
    A. 83.5　　　　B. 88.5　　　　C. 98.5　　　　D. 68.5

23. 0，3，10，21，（　　）（2015年上半年天津市第59题）
    A. 55　　　　B. 36　　　　C. 28　　　　D. 47

24. 2016，2015，2014，（　　），2010（2015年上半年天津市第60题）
    A. 2014　　　　B. 2013　　　　C. 2012　　　　D. 2011

25. 120，80，48，24，（　　），0（2015年下半年吉林省第56题）
    A. 4　　　　B. 6　　　　C. 8　　　　D. 10

26. 5，6，19，33，（　　），101（2015年下半年吉林省第57题）
    A. 55　　　　B. 60　　　　C. 65　　　　D. 70

27. 1，11，112，1112，11123，（　　），1111234（2015年下半年吉林省第58题）
    A. 11112　　　　B. 11113　　　　C. 111123　　　　D. 111124

28. 1/2，4/7，7/12，10/17，（　　）（2015年深圳市第41题）
    A. 11/20　　　　B. 12/21　　　　C. 13/22　　　　D. 14/23

29. 22，306，512，820，1330，（　　）（2015年深圳市第42题）
    A. 1536　　　　B. 1542　　　　C. 2136　　　　D. 2142

30. 1，2，3，7，16，65，（　　）（2015年深圳市第43题）
    A. 320　　　　B. 321　　　　C. 322　　　　D. 323

31. 9654，4832，5945，7642，7963，8216，（　　）（2015年深圳市第44题）
    A. 3649　　　　B. 3469　　　　C. 4396　　　　D. 9436

32. 11，8，-1，-28，（　　）（2015年深圳市第45题）
    A. 54　　　　B. -84　　　　C. -102　　　　D. -109

33. 1/3，1/3，1，5，35，（　　）（2016年江苏省第56题）
    A. 315　　　　B. 215　　　　C. 115　　　　D. 96

34. 1/5，3/7，7/11，13/19，3/5，（　　）（2016年江苏省第57题）
    A. 11/47　　　　B. 21/37　　　　C. 31/67　　　　D. 31/47

35. 4.2，5.2，8.4，17.8，44.22，（　　）（2016年江苏省第58题）
    A. 125.62　　　　B. 85.26　　　　C. 99.44　　　　D. 125.64

36. 2，3，4，$3\sqrt{3}$，$\sqrt{46}$，（　　）（2016年江苏省第59题）
    A. 81　　　　B. $2\sqrt{5}$　　　　C. $3\sqrt{5}$　　　　D. 9

37. 2，7，14，25，38，（　　）（2016年江苏省第60题）
    A. 54　　　　B. 55　　　　C. 57　　　　D. 58

38. 3，2，6，5，12，8，（　　）（2016年深圳市第51题）

A. 12　　　　　B. 18　　　　　C. 24　　　　　D. 30

39. 2，2，3，4，8，24，（　　）（2016年深圳市第52题）

A. 160　　　　B. 176　　　　C. 192　　　　D. 256

40. 1，1，3，15，105，（　　）（2016年深圳市第53题）

A. 765　　　　B. 742　　　　C. 903　　　　D. 945

41. 1，4，5，6，10，15，（　　）（2016年深圳市第54题）

A. 16　　　　　B. 18　　　　　C. 20　　　　　D. 21

42. 1，5，18，67，（　　）（2016年深圳市第55题）

A. 258　　　　B. 259　　　　C. 260　　　　D. 261

参考答案

1. C。二级作差数列，作完差，呈现7，21，63，…，等比数列，所以答案为：94+63×3=283，因此答案选择C选项。

2. A。这是一道三级作差数列，作完两次差，出现12，18，24，…，等差数列，所以返回去连续作两次加法，得出答案为222，因此，本题答案为A选项。

3. C。这道题是一道多重数列，属于交叉多重，交叉完发现，偶数项是一个公差为6的等差数列，奇数项是一个公差为7的等差数列，经计算答案为30+6=36，因此本题答案为C选项。

4. D。这是一道分数数列，属于整体观察法的题目：特征（1）前一个分子分母的乘积等于后一个分数的分母，所以，空缺项的分母为23×210=4830；特征（2）前一个分母分子之差等于后一个分数的分子，所以空缺项的分子为：210-23=187，因此，本题答案为D选项。

5. D。将数列两两作差可以得到一个新数列：9，27，81，（　　），是一个等比数列，（　　）=243，正确答案为441+243=684。

6. B。相邻两项分子分母之间存在关系，后一项的分子等于前一项的分子与分母相加，分母等于前一项的分子与分母相乘，最后一项的分子为：9+20=29，分母为：9×20=180。

7. B。这是一个幂次数列，$1^3-1=0$，$2^3-2=6$，$3^3-3=24$，$4^3-4=60$。

8. C。相邻两项间存在明显的倍数关系，后一项除前一项分别等于5、1/4、3、1/2、1，答案为18。

9. C。前两项之和等于第三项，3+4=7，4+7=11，7+11=18，11+18=29。

10. B。机械数列—机械组合。将每一项拆成两个部分看，前面半部分为：1，5，9，13，17，21，25，29，33，是公差为4的等差数列；后面半部分为：3，6，9，12，15，18，21，24，27，是公差为3的等差数列。所以下一项为3730。因此，本题答案为B。

11. C。二级作差数列。相邻两项作差得到：3，5，8，13，21，34，55。是简单递推和数列，所以下一项为89，则括号里填89+141=230。因此，本题答案为C。

12. D。三级作差数列。相邻两项作差得到：5，2，7，4，9，6，11；再次作差得到：-3，5，-3，5，-3，5，为周期数列。则括号里填11+(-3)+46=54，因此，本题答案为D。

13. A。多重分组数列。两两分组。(-2，-5)，(8，9)，(-14，-13)，(20，17)，(-26，?)；相邻两项做加法得到-7，17，-27，37，(-47)；所以?=-47-(-26)=-21。因此，本题答案为A。

14. C。特殊数列——八进制的考查。数列第八项为13，所以第13项应为18，但是采用八进制，所以进位应得20，因此本题答案为C。

15. C。

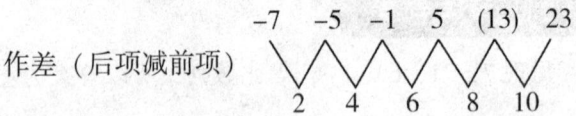

公差为2的等差数列。

16. D。

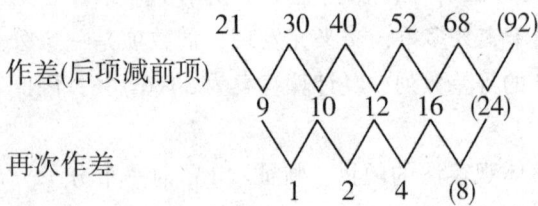

公比为2的等比数列。

17. A。分组数列。小数点之前的部分2、4、8、16、32，是公比为2的等比数列，下一项为64。小数点之后的部分3，8，24，51，89，两两作差得到5，16，27，38，是公差为11的等差数列，则下一项小数点之后的数字为11+38+89=138。因此未知项为64.138。

18. B。由于$3=\sqrt{9}$，$4=\sqrt{16}$，则根号内数字构成的数列具有如下规律：

作差（后项减前项）

9　11　16　24　35　(49)
　2　5　8　11　(14)

公比为3的等比数列。则可得未知项根号内的数字为49，未知项为$\sqrt{49}=7$。

19. B。分数数列。题干的数列可以写为：$\frac{4}{1}$，$\frac{6}{3}$，$\frac{11}{5}$，$\frac{19}{7}$，$\frac{30}{9}$，（　）。观察可知，分母构成公差为2的等差数列，则未知项的分母应为11。分子构成的数列是4，6，11，19，30，两两作差可得到一个新的等差数列：2，5，8，11，则括号内所填数字的分子应为30+14=44。综上可得，未知项为$\frac{44}{11}=4$。

20. A。

分数数列，方法：反约分。将数列 $\frac{4}{5}$，$\frac{16}{7}$，$\frac{16}{13}$，$\frac{64}{37}$ 变为 $\frac{8}{10}$，$\frac{16}{17}$，$\frac{32}{26}$，$\frac{64}{37}$：分子分别是 8，16，32，64，下面是 128；分母分别作一次差为 7，9，11，下面为 13，所以分母为 50，则形成的分数是 $\frac{128}{50}$，约分完为 $\frac{64}{25}$。

21. C。

分数数列，方法：反约分。数列 -3，12，$\frac{25}{3}$，$\frac{42}{5}$ 可以转换成 $\frac{3}{-1}$，$\frac{12}{1}$，$\frac{25}{3}$，$\frac{42}{5}$，分母相差的是 2，分子相差是 9，13，17，下一个是 21，所以下个分数为 $\frac{63}{7}=9$，所以选择 C 选项。

22. A。多级数列+因式分解。一次作差分别为 8，15，24。$8=2*4$，$15=3*5$，$24=4*6$，所以下一个相差的数是 $5*7=35$，所以结果为 83.5。

23. B。多级数列。两次作差，一次作差结果为 3，7，11，二次作差都是 4，所以括号项与前一项相差 15，则答案为 36。

24. C。机械数列。前两项分别都是 20，后两项考查合数，所以选择 2012。

25. C。方法一：幂次修正数列，分别为 -1，-1，-1，-1，（　），-1，底数为公差为 -2 的等差数列，指数都为 2，修正项为 -1；故所求项为 $-1=8$，答案选择 C 选项。

方法二：作差数列，前项减去后项差分别为 40，32，24，16，8，为等差数列，所以选择 C。

26. B。递推和数列，修正项为 +8。$5+6+8=19$，$6+19+8=33$，$19+33+8=60$，$33+60+8=101$。因此本题答案为 60，选择 B 选项。

27. C。方法一：机械分组数列，各项内部数字加和，得 1，2，4，5，8，（　）13；作差后得 1，2，1，3，1，4，因此所求项内部数字加和为 9，选择 C 选项。

方法二：两两作差得到 10，101，1000，10001，100000，1000001，（　）$-111123=100000$，（　）$=111123$，选择 C 选项。

28. C。分子是公差为 3 的等差数列，分母是公差为 5 的等差数列。选 C。

29. D。组合数列。2，3，5，8，13，（21）是和数列；2，6，12，20，30，（42）是二级等差数列，选 D。

30. B。从第三项开始，$3=1^2+2$，$7=2^2+3$，$16=3^2+7$，$65=7^2+16$，（321）$=16^2+65$，选 B。

31. D。将每个数拆分，$9\times6=54$，$4\times8=32$，$5\times9=45$，$7\times6=42$，$7\times9=63$，$8\times2=16$，只有 D 项满足上述规律，$9\times4=36$。

32. D。等差数列变式。

作差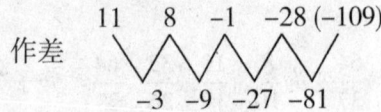

公比为3的等比数列。

33. A。两两做商得1，3，5，7，9，答案为35×9=315。因此A项当选。

34. C。将3/5反约分为21/35，分子两两作差得2，4，6，8，10。下一个数分子为21+10=31，分母两两作差得2，4，8，16，32，下一个数分母为35+32=67，为31/67。因此C项当选。

35. A。整数部分作差1，3，9，27，81。因此44+81=125；小数部分4=2×2，5=2×2+1，8=4×2，17=8×2+1，44=22×2，125=62×2+1，答案为125.62。A项当选。

36. D。两次作差，2=√4，3=√9，4=√16。只看底数：

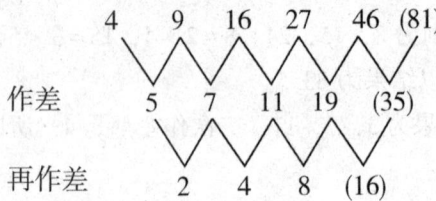

答案为9。D项当选。

37. B。两两作差得5，7，11，13，17，是个质数数列，答案为38+17=55。B项当选。

38. C。解析多重交叉，奇数项3、6、12为等比，下一项是24，所以选择C。

39. B。递推积，2×2−1=3，2×3−2=4，3×4−4=8，4×8−8=24，下一项是8×24−16=176，所以选择B。

40. D。二级商，相邻项倍数依次为1、3、5、7，下一项105×9=945，所以选择D。

41. D。递推和，1+4+5=10，4+5+6=15，下一项5+6+10=21，所以选择D。

42. C。幂次修正，原数列依次为1+0，4+1，16+2，64+3，下一项是256+4=260，所以选择C。

第二章 数 学 运 算

数学运算在行政职业能力测试中是最耗费时间的部分，也是考查的重点之一。本部分学习的诀窍无非是多想多练，通过练习来锻炼思维的反应速度，并在练习中总结经验，以在考试中指导解题。行政职业能力测试用的数学运算不会涉及高等数学中的微积分、线性代数等高深的知识，具备初中的数学基础就够用了。

有的同学觉得自己很久没有碰过数学了，算起来有十几年了，回头再做数学题心里没底。特别是一些学生，从小数学成绩就不是很好，觉得自己连基本的数学常识都掌握得不全，考试中多半采取放弃数量关系部分的策略，试图用其他方面的长板来补自己在数学方面的短板。

这种策略科学不科学，我不想过多评论。请你反过来想一想，还没有参加考试，行测的五个部分中就先丢掉了一个部分，哪怕剩下的部分全做对了也不过是 80 分，更何况这种情况几乎不可能出现。那么，你胜出的机会能有多少？

既然我要写这本书，就是要解决大家所面临的实际问题。本章节我为大家罗列了需要知道的数学常识和基本公式，大家把这些内容烂记于心，加以灵活运用，便和重回课堂学习的效果是一样的。

同时，本章安排的例题和练习题会比较多，后面都有详细的解答过程。这样做的目的主要是尽可能地把考试中可能遇到的所有题型呈现给大家，希望大家能触类旁通。

当然，有的题目难度会比较大，我并不奢望大家能完全熟练掌握所有的题型。实际上，数量关系中简单题约占 20%，中等题占 70%，困难题占 10%。大家只要能够轻松搞定占 20% 的简单题，熟练解答占 70% 的中等题，即使不小心错了一两道题，在这个部分也能拿到 80% 的分数。

第一节 常 见 题 型

一、年龄问题

年龄问题要遵循年龄差不变原则。两个人的年龄差保持恒定，不会因为时间的推移而发生改变。要考虑随时间推移每个人年纪均推移的特点。当时间推移了 n 年，题目当中的所有人的年纪都要推进 n 年，不能因为粗心大意遗漏某个人或者某些人。有时候要注意小孩未出生的情形。所谓小孩未出生，就是所有人往前推 n 年时，若 n 年前小孩未出生则不能贸然减去 n，因为那个时候小孩年龄是 0。

【例题】 小李的弟弟比小李小 2 岁，小王的哥哥比小王大 2 岁、比小李大 5 岁。1994 年，小李的弟弟和小王的年龄之和为 15。问 2014 年小李与小王的年龄分别为多少岁（　　）（2015 年国考第 64 题）

A. 25，32　　　　B. 27，30　　　　C. 30，27　　　　D. 32，25

☞ **解析** B。根据题干条件"小王的哥哥比小王大 2 岁，比小李大 5 岁"可知，小王比小李大 3 岁，只有 B 项符合，当选。

【例题】 小王与父亲属相相同，小王的母亲比他父亲小 4 岁，某个蛇年小王的母亲年龄正好是小王的 3 倍（年龄按阴历年份计算，出生当年算 0 岁），则小王的属相可能是（　　）（2015 年甘肃省第 22 题）

A. 蛇　　　　B. 马　　　　C. 羊　　　　D. 猴

☞ **解析** C。代入排除，根据题意可知小王和父亲同一属相，两人的年龄差为 12 的倍数，如果小王属蛇，蛇年小王 12 岁，母亲 36，父亲 40，不满足；如果小王属马，蛇年小王 11 岁，母亲 33，父亲 37，不满足；如果小王属羊，蛇年小王 10 岁，母亲 30，父亲 34，满足，因此答案选 C。

【例题】 一家三口人的属相和生日都相同，父母的岁数之和是儿子的 6 倍，而儿子尚未满 15 岁，问妈妈可能多少岁（　　）（2015 年山东省第 57 题）

A. 30　　　　B. 36　　　　C. 40　　　　D. 42

☞ **解析** B。本题直接代入排除结合常识即可，因为属相和生日相同，所以父母年龄相同可能性较大，并且年龄都是差 12 岁的整数倍。代入 A，可得儿子 10 岁，和父母年龄差是 20 岁，不是 12 的整数倍；代入 B，儿子是 12 岁，和父母年龄差正好是 24 岁，所以妈妈可能是 36 岁。

【例题】 2014 年父亲、母亲的年龄之和是年龄之差的 23 倍，年龄之差是儿子年龄的 $\dfrac{1}{5}$，5 年后母亲和儿子的年龄都是平方数。问 2014 年父亲的年龄是多少（　　）（年龄都按整数计算）（2016 年 423 联考第 61 题）

A. 36　　　　B. 40　　　　C. 44　　　　D. 48

☞ **解析** D。设 2014 年父亲年龄为 x，母亲年龄为 y，则有 $x+y=23(x-y)$，得 $11x=12y$，x 能被 12 整除，排除 B、C 两项。代入 A 项，$y=33$，5 年后目前年龄为 38 岁，不是平方数，排除，因此 D 项当选。

二、整除问题

1. 数的整除性质

（1）对称性：若甲数能被乙数整除，乙数也能被甲数整除，那么甲、乙两数相等。

（2）传递性：若甲数能被乙数整除，乙数能被丙数整除，那么甲数能被丙数整除。

（3）若两个数能被一个自然数整除，那么这两个数的和与差都能被该自然数整除。

（4）几个数相乘，若其中有一个因子能被某一个数整除，那么它们的积也能被该数整除。

（5）若一个数能被两个互质数中的每一个数整除，那么这个数也能分别被这两个互质数的积整除。

（6）若一个数能被两个互质数的积整除，那么，这个数也能分别被这两个互质数整除。

（7）若一个质数能整除两个自然数的乘积，那么这个质数至少能整除这两个自然数中的一个。

2. 数的整除特征

一个数要想被另一个数整除，该数需含有对方所具有的质数因子。

（1）1与0的特性：1是任何整数的约数，0是任何非零整数的倍数。

（2）若一个整数的末位是0、2、4、6或8，则这个数能被2整除。

（3）若一个整数的数字和能被3（9）整除，则这个整数能被3（9）整除。

（4）若一个整数的末尾两位数能被4（25）整除，则这个数能被4（25）整除。

（5）若一个整数的末位是0或5，则这个数能被5整除。

（6）若一个整数能被2和3整除，则这个数能被6整除。

（7）若一个整数的个位数字截去，再从余下的数中，减去个位数的2倍，如果差是7的倍数，则原数能被7整除。

（8）若一个整数的末尾三位数能被8（125）整除，则这个数能被8（125）整除。

（9）若一个整数的末位是0，则这个数能被10整除。

（10）若一个整数的奇位数字之和与偶位数字之和的差能被11整除，则这个数能被11整除。（不够减时依次加11直至够减为止）。11的倍数检验法也可用上述（7）的（割尾法）处理，过程唯一不同的是：倍数不是2而是1。

（11）若一个整数能被3和4整除，则这个数能被12整除。

（12）若一个整数的个位数字截去，再从余下的数中，加上个位数的4倍，如果差是13的倍数，则原数能被13整除。

（13）一个三位以上的整数能否被7（11或13）整除，只需看这个数的末三位数字表示的三位数与末三位数字以前的数字所组成的数的差（以大减小）能否被7（11或13）整除。

另法：将一个多位数从后往前三位一组进行分段。奇数段各三位数之和与偶数段各三位数之和的差若被 7（11 或 13）整除，则原多位数也被 7（11 或 13）整除。

（14）若一个整数的个位数字截去，再从余下的数中，减去个位数的 5 倍，如果差是 17 的倍数，则原数能被 17 整除。

（15）若一个整数的个位数字截去，再从余下的数中，加上个位数的 2 倍，如果差是 19 的倍数，则原数能被 19 整除。

（16）若一个整数的末三位与 3 倍的前面的隔出数的差能被 17 整除，则这个数能被 17 整除。

（17）若一个整数的末三位与 7 倍的前面的隔出数的差能被 19 整除，则这个数能被 19 整除。

（18）若一个整数的末四位与前面 5 倍的隔出数的差能被 23（或 29）整除，则这个数能被 23 整除。

【例题】两箱同样多的蛋黄派分别分发给两队志愿者做早餐，分给甲队每人 6 块缺 8 块，分给乙队每人 7 块剩 6 块，已知甲队比乙队多 6 人，则 1 箱蛋黄派有（　　）块。（2016 年深圳市第 63 题）

A. 120　　　　B. 160　　　　C. 180　　　　D. 240

☞ 解析　B。由题意得，总块数加 8 应为 6 的整数倍，本题选择 B。

【例题】一群大学生进行分组活动，要求每组人数相同，若每组 22 人，则多出一人未分进组；若少分一组，则恰好每组人数一样多。已知每组人数最多只能 32 人，则该群学生总人数是（　　）（2015 年江苏省第 34 题）

A. 441　　　　B. 529　　　　C. 536　　　　D. 528

☞ 解析　B。解法一：由题干"每组 22 人，则多出一人未分进组"可知，学生总人数减去 1 后可以被 22 整除。C、D 两项的数字减去 1 后均为奇数，无法被 22 整除，排除。代入 A 项，441-1=22×20，但是 441 无法被 19 整除，排除。验证 B 项符合题意，当选。

解法二：第二次少分一组，说明把多出的 22+1=23（人）平均分给了第二次各组。由 23 是质数可知，第二次总组数只能为 23，则第一次分了 24 组，总人数为 24×22+1，利用尾数法算得尾数为 9，B 项符合。

【例题】四人年龄为相邻的自然数列且最年长者不超过 30 岁，四人年龄之乘积能被 2700 整除且不能被 81 整除。则四人中最年长者多少岁（　　）（2015 年北京市第 61 题）

A. 30　　　　B. 29　　　　C. 28　　　　D. 27

☞ 解析　C。四人年龄连续，故只要知道最年长者的年龄，就可直接得到其余三人年龄，可以使用代入排除法。A 选项，若四人年龄乘积为 30×29×28×27，其中 30×27

能被 81 整除，排除；B 选项，四人年龄乘积为 29×28×27×26，个位数为 4，不能被 2700 整除，排除；D 选项，四人年龄乘积为 27×26×25×24，其中 27×24 能被 81 整除，排除。故本题答案为 C 选项。

【例题】从 1、2、3、4、5 中随机抽取 3 个数，问这 3 个数之和至少能被其中一个数整除的概率是多少（　　）（2015 年甘肃省第 14 题）

A. 10%　　　　　B. 30%　　　　　C. 60%　　　　　D. 90%

解析　D。三个数中只要含有 1 就能满足，共 $C_4^2=6$ 种，三个数中含有 2 的话，三个数的和必须是偶数，共 $C_3^2-1=2$ 种，不含 1 和 2 只有 3、4、5 能被 3 整除，因此共有 9 种满足的情况，总数为 $C_5^3=10$，概率为 9/10＝90%。

三、工程问题

工程问题一般用特值来做，不过不是假设总量为 1，而是寻找相关数字的最小公倍数来设总量，这样的转化会让你很方便地计算。

【例题】有两箱数量相同的文件需要整理。小张单独整理好一箱文件要用 4.5 小时，小钱要用 9 小时，小周要用 3 小时。小周和小张一起整理第一箱文件，小钱同时开始整理第二箱文件。一段时间后，小周又转去和小钱一起整理第二箱文件，最后两箱文件同时整理完毕。则小周和小张、小钱一起整理文件的时间分别是（　　）（2015 年广东省第 50 题）

A. 1 小时，2 小时　　　　　　　　B. 1.5 小时，1.5 小时

C. 2 小时，1 小时　　　　　　　　D. 1.2 小时，1.8 小时

解析　A。这道题是工程问题，设每一箱的工程量为 9，则小张的效率为 2，小钱的效率为 1，小周的效率为 3。因为两箱总的工程量为 18，三个人总的工作效率为 2+1+3＝6，同时开工同时完工，所以总的耗时是 18÷6＝3 小时。在 3 小时中，小张做的工作量为 6，所以剩下的是小周完成的，即 9−6＝3，耗时是 3÷3＝1 小时，即小周和小张一起整理的时间是 1 小时；分析得知，小周与小钱一起整理的时间是 3−1＝2 小时。因此，本题答案为 A 选项。

【例题】一项工程由甲、乙、丙三个工程队共同完成需要 22 天，甲队工作效率是乙队的 3/2 倍，乙队 3 天的工作量是丙队 2 天工作量的 2/3。三队同时开工，2 天后，丙队被调往另一工地，那么甲，乙再干多少天才能完成该工程（　　）（2015 年河北省第 66 题）

A. 20　　　　　B. 28　　　　　C. 38　　　　　D. 42

解析　C。工程问题，赋值法。由题意，总量＝效率×时间，符合赋值法 A＝B×C

的形式，时间是给定量22天，效率为限定条件，则从限定条件入手赋值，乙的效率赋值为4，则甲乙丙分别为6、4、9，三队一起效率为19，则总量可求为19×22；题目中要求同时开工两天后干了19×2，还剩19×20，甲乙一起干效率为10，则还需要19×20÷10＝38天。因此，本题答案为C。

【例题】某浇水装置可根据天气阴晴调节浇水量，晴天浇水量为阴雨天的2.5倍。灌满该装置的水箱后，在连续晴天的情况下可为植物自动浇水18天。小李6月1日0：00灌满水箱后，7月1日0：00正好用完。问6月有多少个阴雨天（　　）（2016年国考第72题）

  A. 10   B. 16   C. 18   D. 20

☞**解析**　D。该题为工程问题的变形，总量＝效率×时间，因为题目中只给了时间，考虑赋值，根据效率倍数关系，设阴雨天效率为1，晴天效率为2.5，则总量为2.5×18＝45。6月1日到7月1日为30天，设阴雨天为x，则晴天为30$-x$，可得$x+2.5×(30-x)=45$，解得$x=20$。因此D项当选。

四、行程问题

行程问题只有1道公式：路程＝速度×时间。但它可以衍生出N道公式，比如，相遇的：速度和×时间＝总路程，追及的：追上的时间＝路程/两人速度差，那些列车过桥过山洞、钟面问题、数车、数间隔时间、顺流逆流、漂流瓶等乱七八糟的题型，全部都是基于上面的这道公式推导出来的，所以一定要自己多动笔去写写。解题时要有意识地用方程、画线段图、比例法等方法去解决，其中画图是最重要的，线段图画得好画得熟练，可以让你的思路一下子清晰很多。

【例题】某高校两校区相距2760米，甲、乙两同学从各自校区同时出发到对方校区，甲的速度为70米每分钟，乙的速度为110米每分钟，在路上二人第一次相遇后继续行进，到达对方校区后马上回返，那么两人从出发到第二次相遇需要多少分钟（　　）（2015年河北省第68题）

  A. 32   B. 46   C. 61   D. 64

☞**解析**　B。行程问题，两端出发多次相遇，公式法。两端出发多次相遇问题公式为：$(2n-1)S=(v_1+v_2)t$，套公式两次相遇$n=2$或$3×2760=(70+110)t$，$t=46$。因此，本题答案为B。

【例题】一个人骑车去工厂上班。他从家出发，用30分钟骑行一半的路程后，他加快了速度，以每分钟比原来快50米的速度，又骑行了10分钟，这时发现距离工厂还有2千米。那么从他家到工厂之间的距离为（　　）千米。（2015年广东省第44题）

A. 6　　　　　　B. 7.5　　　　　　C. 8　　　　　　D. 8.5

☞ **解析**　B。这是一道行程问题。设全长为 $2x$ 米,则一半是 x 米,所以以前的速度为:$x/30$,后来的速度为 $x/30+50$。依题意可以得出:$x/30×30=(x/30+50)×10+2000$(注意要将 2 千米化成 2000 米),所以解得方程 $x=3750$,即 $2x=7500$。因此,本题答案为 B 选项。

五、排列组合和概率问题

做这种题目首先一定要弄清楚是不是跟顺序有关,如果有关那就是属于排列问题,无关则是属于组合的,这是最基本的。常用的技巧有:捆绑、插板、插空等。

【例题】亲子班上 5 对母子坐成一圈,孩子都挨着自己的母亲就座,问所有孩子均不相邻的概率在以下哪个范围内（　　）(2015 年山东省第 54 题)

A. 小于 5%　　　　B. 5%~10%
C. 10%~15%　　　D. 大于 15%

☞ **解析**　B。排列组合问题,因为孩子都挨着自己的母亲就座,所以五对母子一共有 2^5 种即 32 种排列方式,而所有孩子均不相邻一共有两种可能,所以概率为 $2/32=6.25\%$,故答案选择 B 选项。

【例题】田径世锦赛男子 4×100 米接力,每队可报 6 名选手参赛,唯一一个起跑最快的跑第一棒,第四棒可有 2 个人选,则可排出的组合数有（　　）(2015 年下半年吉林省第 60 题)

A. 6　　　　　　B. 12　　　　　　C. 24　　　　　　D. 48

☞ **解析**　C。分步排列组合,由题意得共 6 人,第一棒人员固定为最快的选手,最后一棒从 2 人中选取 1 人情况数为 2,剩余 4 个人中选取 2 人跑第二、三棒,故顺序情况数分两步进行,总的情况数为 24,选择 C 选项。

【例题】有 8 人要在某学术报告会上作报告,其中张和李希望被安排在前三个作报告,王希望最后一个作报告,赵不希望在前三个作报告,其余 4 人没有要求。如果安排作报告顺序时要满足所有人的要求,则共有多少种可能的报告序列（　　）(2015 年北京市第 72 题)

A. 441　　　　　B. 484　　　　　C. 529　　　　　D. 576

☞ **解析**　D。王被排在最后一个,不需分析。张和李被排在前三个,有 $A_3^2=6$ 种,赵不在前三,只需从除张、李、赵、王外的四个人选一人放到前三,有 4 种排法,其余四人全排列即可,即 $A_4^4=24$ 种,分步过程,结果为 $6×4×24=576$,故本题答案为 D 选项。

【例题】 某班级共有 50 名学生，某次考试后发现，所考的三门课程得分优秀率分别为 10%、20% 和 16%，三门不及格率分别为 12%、18% 和 10%。问如果在该班任选一名学生，至少有一门课程得分优秀且至少有一门课程不及格的最大概率为多少（　　）（2015 年甘肃省第 24 题）

  A. 20%   B. 16%   C. 46%   D. 40%

  解析 B。成绩优秀的科目和不及格的科目不可能是同一个科目，假设这三个科目分别为 A、B、C，对于同学而言只能是 A 优秀，且 B 或 C 不及格，因此概率最大的情况为 C 优秀（16%），且 B 不及格（18%），这两者交集最大为 16%。答案选 B。

【例题】 某单位共有四个科室，第一科室 20 人，第二科室 21 人，第三科室 25 人，第四科室 34 人。随机抽取一人到外地考察学习，抽到第一科室的概率是多少（　　）（2015 年 425 联考第 62 题）

  A. 0.3   B. 0.25   C. 0.2   D. 0.15

  解析 C。按照概率的定义：所求概率 = 20÷（20+21+25+34）= 0.2。因此，本题答案选择 C 选项。

【例题】 汽博会开幕在即，甲、乙、丙三个人得到了两张参观票，于是三个人通过抽签决定这两张票的归属。在所设计的三个签中有两个签上写着"有"，一个签上写着"无"，抽签顺序是甲先、乙次、丙最后抽取。如果已知乙已经抽到了参观票，则甲也抽到参观票的概率是（　　）（2015 年上半年天津市第 65 题）

  A. 2/3   B. 1/2   C. 1/3   D. 1

  解析 B。条件概率问题，由于乙已经确定，在剩下的两张票（一张中奖一张不中奖）中，甲中奖的概率就是 1/2。

六、溶液问题

溶液问题是一类典型的比例型计算问题，大家首先要熟悉"溶液""溶质"和"溶剂"三者的关系，这是解题的基础和关键，然后还需掌握溶液问题常用的方法和技巧，比如方程法、赋值法等。

【例题】 有 A、B、C 三支试管，分别装有 10 克、20 克、30 克的水。现将某种盐溶液 10 克倒入 A 管均匀混合，并取出 10 克溶液倒入 B 管均匀混合，再从 B 管中取出 10 克溶液倒入 C 管。若这时 C 管中溶液浓度为 2.5%，则原盐溶液的浓度是（　　）（2016 年江苏省第 64 题）

  A. 60%   B. 55%   C. 50%   D. 45%

☞ **解析** A。设盐溶液的溶质为 x，倒入 B 的溶质为 $\frac{1}{2}x$，倒入 C 的为 $x \cdot \frac{1}{2} \cdot \frac{1}{3} = x/6 = 40 \times 2.5\%$，解得 $x=6$，因此原盐溶液的浓度为 $6/10=60\%$。A 项当选。

【例题】有 A、B、C 三种浓度不同的盐溶液。若取等量的 A、B 两种盐溶液混合，则得浓度为 17% 的盐溶液；若取等量的 B、C 两种盐溶液混合，则得浓度为 23% 的盐溶液；若取等量的 A、B、C 三种盐溶液混合，得到浓度为 18% 的盐溶液，则 B 种盐溶液的浓度是（ ）（2015 年江苏省第 35 题）

A. 21%   B. 22%   C. 26%   D. 37%

☞ **解析** C。溶液问题。设取出的三种溶液的质量都是 1，且 A、B、C 三种盐溶液的浓度分别为 $a\%$、$b\%$、$c\%$。则根据题意可得方程组：

$$\begin{cases} a\% + b\% = 17\% \times 2 \quad (1) \\ b\% + c\% = 23\% \times 2 \quad (2) \\ a\% + b\% + c\% = 18\% \times 3 \quad (3) \end{cases}$$

（1）+（2）-（3）得：$b\% = 34\% + 46\% - 54\% = 26\%$。因此 C 项当选。

【例题】已知一内直径为 1250px、内高 2500px 的圆柱形木桶，灌满了浓度为 20% 的盐水溶液，使其倾斜 45 度倒出部分溶液后放平，再加满清水，问此时木桶内盐水溶液的浓度是多少（ ）（2015 年黑龙江省第 68 题）

A. 10%   B. 12.5%   C. 13.3%   D. 15%

☞ **解析** D。该圆柱形容器倾斜 45° 后如图所示：能够看出溢出的液体的体积是圆柱体体积的 1/4，剩余 3/4，加满水后浓度为原来的 3/4，即 $20\% \times 3/4 = 15\%$。答案选择 D 选项。

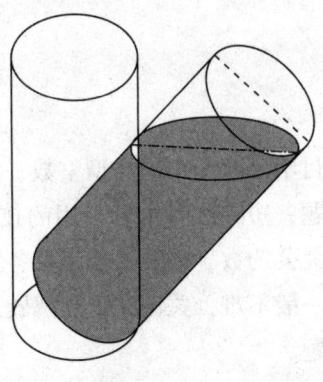

七、周期问题

周期循环问题一般难度不大，解题的核心点在于：

(1) 找出单个周期的循环量。

(2) 找出余数：总数÷单个周期循环量=周期数……余数。

只要我们能熟练把握住该类题目的本质规律，把"回到原点找余数"这样的思想牢记心中，那么在考试当中这类难题也将迎刃而解。

【例题】网管员小刘负责甲、乙、丙三个机房的巡检工作，甲、乙和丙机房分别需要每隔2天、4天和7天巡检一次。3月1日，小刘巡检了3个机房，问他在整个3月有几天不用做机房的巡检工作（   ）（2015年国考第74题）

A. 12   B. 13   C. 14   D. 15

☞解析　C。根据题意，巡查甲、乙、丙三个机房的周期分别为3天、5天和8天。则剩下30天中，巡查甲机房30÷3＝10（次），巡查乙机房30÷5＝6（次），巡查丙机房30÷8＝3……2，取整即3次，同时巡查甲、乙机房30÷（3×5）＝2（次），同时巡查甲、丙机房30÷（3×8）＝1……6，取整即1次，没有同时巡查乙、丙机房，也没有同时巡查三个机房。因此，小刘需要检查机房的天数为10+6+3-2-1＝16（天），不用做机房的巡检工作的天数为30-16＝14（天）。

【例题】甲、乙、丙、丁每人隔不同的天数去健身房健身，甲2天去一次，乙3天去一次，丙4天去一次，丁5天去一次，上周星期日四人在健身房同日健身，下一次四人同日去健身房健身是星期几（   ）（2015年河北省第62题）

A. 星期四   B. 星期五   C. 星期六   D. 星期日

☞解析　A。倍数周期问题。因为每人去健身的间隔天数都是一样的，根据每人去的周期，甲2天，乙3天，丙4天，丁5天，可以根据最小公倍数原理，得到这4人下次相遇的时间应该是60天后。然后根据周期问题，这4个人这次相遇的时间是周日，下次相遇的时间应该是周四。因此，本题答案为A。

八、倍数约数问题

所谓倍数约数问题，指题目给出若干个同类型整数、待求量涉及这几个整数的公倍数或公约数的题型。对这类问题，短除法是十分有用的技巧。注意题目中的提示信息，涉及内部等量划分往往是求最大公约数，涉及外部满足各种情况往往是求最小公倍数。

最小公倍数和最大公约数一般不难，关键在于理解题意，将问题转化为相应的最小公倍数和最大公约数的求值问题。

最小公倍数：如果一个自然数能被自然数b整除，则称a为b的倍数，b为a的约数。几个自然数共有的倍数，叫做这几个自然数的公倍数。公倍数中最小的一个大于零的公倍数，叫这几个自然数的最小公倍数。

最大公约数：如果一个自然数a能被自然数b整除，则称a为b的倍数，b为a的约数。几个自然数共有的约数，叫做这几个自然数的公约数。公约数中最大的一个公约数，称为这几个自然数的最大公约数。

【例题】设有编号为 1，2，3，…，10 的 10 张背面向上的纸牌，现有 10 名游戏者，第 1 名游戏者将所有编号是 1 的倍数的纸牌翻成另一面向上的状态，接着第 2 名游戏者将所有编号为 2 的倍数的纸牌翻成另一面向上的状态……第 n 名（$n\leqslant 10$）游戏者将所有编号为 n 的倍数的纸牌翻成另一面向上的状态，如此下去，当第 10 名游戏者翻完纸牌后，那些纸牌正面向上的最大编号与最小编号的差是（　　）（2015 年 425 联考第 56 题）

A. 2　　　　　B. 4　　　　　C. 6　　　　　D. 8

☞解析　D。约数倍数计算类。逐个分析每个数字（1-10）的约数个数，10 的约数有 1、2、5、10，故 10 共被翻转四次，仍然背面向上；9 的约数有 1、3、9，共被翻转三次，正面向上。1 的约数只有 1，故向上。故正面向上的最大编号和最小编号分别为 9、1，差值为 8。因此，本题答案选择 D 选项。

【例题】某中学高一至高三年级的学生参加某项社区服务，如果高三年级与高一年级、高三年级与高二年级参加此活动的人数之比分别为 5∶3、8∶5。则该中学高一至高三年级最少共有（　　）人参加该项社区服务。（2016 年深圳市第 58 题）

A. 40　　　　　B. 55　　　　　C. 79　　　　　D. 89

☞解析　D。高一∶高二∶高三＝24∶25∶40，所以总人数是 89 的倍数，本题选择 D。

【例题】小李某月请了连续 5 天的年假，这 5 天的日期数字相乘为 7893600，问他最后一天年假的日期是（　　）（2015 年黑龙江省第 58 题）

A. 25 日　　　　B. 26 日　　　　C. 27 日　　　　D. 28 日

☞解析　B。用代入法。A 为 21×22×23×24×25，B 为 22×23×24×25×26，C 为 23×24×25×26×27，D 为 24×25×26×27×28。7893600 是 11 的倍数，排除 C 和 D。7893600 不是 9 的倍数，排除 A。答案为 B 选项。

九、鸡兔同笼问题

《孙子算经》记载：今有雉兔同笼，上有三十五头，下有九十四足，问雉兔各几何？这道题目最早出现在咱们小学的课本上，可能已经被很多同学淡忘掉了，但是在某综艺节目里再次出现的时候，又重新回归到了公众的视野，相信很多考生也都做出来了，列方程然后求解。那么有没有同学口算出来结果呢？比如我们假设所有的兔子抬起来两只脚，现在所有的动物都是两条腿的"鸡"，我们不难发现，这样 35 只动物应该有70只脚,多出来的24只脚应该是兔子的脚,一只兔子多2只脚,12只兔子正好多24只脚,那么兔子就有12只,鸡就有35-12=23只。

【例题】小王参加电视台的一个智力竞赛节目。节目共有20道快速问答,答对一题得10分,答错或不答均倒扣10分,每人开始有基础分100分。小王最后成绩为220分,问他有几道题没答对( )(2015年新疆维吾尔自治区第43题)

A. 5   B. 6   C. 3   D. 4

☞**解析** D。得了120分,假设20道题全对,应该得200分,差了80分,每有1道题由答对转化为答不对就丢失20分,所以没答对的题数=80÷20=4道,D项正确。

十、容斥问题

对于容斥问题,解题的关键是首先找到题目中存在的各个集合,然后理清各集合之间的关系,再通过两大核心方法解决,两大核心方法为:一是将所有区域都变为一层;二是结合文氏图解题。

容斥问题考查的题型包括求定值、求极值,求定值通常考查两种题型——两者容斥、三者容斥。

【例题】某高校大学生数学建模竞赛协会共有240名会员,今欲调查参加过国家级竞赛和省级竞赛的会员人数,发现每个会员至少参加过一个级别的竞赛。调查结果显示:有7/12的会员参加过国家级竞赛,有1/4的会员两个级别的竞赛都参加过。问参加过省级竞赛的会员人数是( )(2015年上半年天津市第70题)

A. 160   B. 120   C. 100   D. 140

☞**解析** A。容斥原理。两集合容斥原理。公式:$A+B-AB=$总数$-$都不满足,参加国家级竞赛人数为$240×\frac{7}{12}=140$,参加两个级别竞赛的人数是$240×\frac{1}{4}=60$,没有两者都不满足,所以可得:$140+B-60=240-0$,得出$B=160$,所以答案为A选项。

【例题】工厂组织工人参加技能培训,参加车工培训的有17人,参加钳工培训的有16人,参加铸工培训的有14人,参加两项及以上培训的人占参加培训总人数的2/3,三项培训都参加的有2人,问总共有多少人参加了培训( )(2015年黑龙江省第66题)

A. 24   B. 27   C. 30   D. 33

☞**解析** B。本题目属于三集合的容斥原理,设总共x人参加培训,则参加两项的人为$\frac{2}{3}x-2$,代入三集合公式$A+B+C-$只满足两个条件的个数-2,三个条件都满足的个数＝总数−3个条件都不满足的个数，$17+16+14-\left(\frac{2}{3}x-2\right)-2\times2=x$，$x=27$。答案为 B 选项。

十一、抽屉原理问题

抽屉原理应用广泛，实用性较强，死记硬背公式并不能有效解决问题，关键在于理解。解决抽屉问题最常用的方法是最不利原则，即先考虑最差的情况是什么。

【例题】有软件设计专业学生90人，市场营销专业学生80人，财务管理专业学生20人及人力资源管理专业学生16人参加求职招聘会，问至少有多少人找到工作就一定保证有30名找到工作的人专业相同（ ）（2015年河北省第69题）
A. 59　　　　　　B. 75　　　　　　C. 79　　　　　　D. 95

☞解析　D。最值问题，最不利原则。找到30人专业相同，不利值为29，所有不利为$29+29+20+16+1=95$。因此，本题答案为 D。

【例题】某单位共有10个进修的名额分到下属科室，每个科室至少一个名额，若有36种不同分配方案，问该单位最多有多少个科室（ ）（2015年黑龙江省第59题）
A. 7　　　　　　B. 8　　　　　　C. 9　　　　　　D. 10

☞解析　B。设共有 n 个科室，根据插板法，答案为 $C_{10-1}^{n-1}=C_9^{n-1}=36$。而 $C_9^2=C_9^7=36$，则 $n-1$ 最大为7，n 最大为8。答案为 B 选项。

【例题】A、B两个仓库分别存放有8台和12台挖掘机，现需要往 C 工地和 D 工地各运10台挖掘机。A 仓库到 C 工地的运输费用为600元/台，到 D 工地的费用为900元/台；B 仓库到 C 工地的运输费用为400元/台，到 D 工地的费用为800元/台。问要将20台挖掘机运到两个工地，至少需要花运输费多少元（ ）（2015年新疆维吾尔自治区第44题）
A. 14400　　　　B. 13600　　　　C. 12800　　　　D. 12000

☞解析　C。

	A（8台）	B（12台）
C（10台）	600	400
D（10台）	900	800

B→C 和 B→D 的差价最大，让 B→D 的尽可能少；A→D 运8台费用为7200，B→D 运2台费用为1600；B→C 运10台费用为4000；总费用＝$7200+1600+4000=12800$ 元，C 项正确。

【例题】舞蹈队的年龄之和是2654岁,其中年龄最大的不超过79岁,最小的不低于50岁,且最多有4个人彼此年龄相同,则这些人中至少有多少人的年龄不低于60岁( )(2015年新疆维吾尔自治区第52题)

A.5 　　　　　B.6 　　　　　C.7 　　　　　D.8

☞解析　C。要使得大于等于60岁的人最少,则小于60岁的人尽可能多;令50岁、51岁…59岁的各有4人,总岁数=[(50+59)×10÷2]×4=2180,还差2654-2180=474岁。代入选项,从最小开始,A项每个人的年龄都超过79,不符合题意。B项,474÷6=79,每个人的年龄都等于79,不符合题意,因此至少有7个人,C项正确。

十二、植树问题

植树问题分为不封闭植树和封闭植树。

不封闭植树指在不封闭的直线或曲线上植树,根据端点是否植树,还可细分为以下三种情况:

①两端都植树:两个端点都植树,树有6棵,段数为5段,即植树的棵数=段数+1,结合段数=总路长÷间距,则:棵数=总路长÷间距+1,总路长=(棵数-1)×间距。

②两端都不植树:两个端点都不植树,可知植树的棵数=段数-1,结合段数=总路长÷间距,则:棵数=总路长÷间距-1,总路长=(棵树+1)×间距。

③只有一端植树:只有一个端点植树,可知植树的棵数=段数,结合段数=总路长÷间距,则:棵数=总路长÷间距,总路长=棵数×间距。

封闭植树指在圆、正方形、长方形、闭合曲线等上面植树,因为头尾两端重合在一起,所以种树的棵数等于分成的段数。所以棵数=总路长÷间距,总路长=棵数×间距。

在数学运算中还有一些变形题,如锯木头、走楼梯等实际问题,这些变形只是形式上的改变,其本质仍然是植树问题。在最近几年的行测考试中,植树问题往往以这种变形题出现。解决植树问题的变形题,要注意端点是否"植树",分清"棵数"与"段数"之间是+1还是-1。常见的变形题:锯木头、爬楼梯、重合、队列问题均可视为两端都不植树问题,其中的知识要点如下:

锯木头:要锯成 n 段,则需锯 $(n-1)$ 次;

爬楼梯:从1层到 n 层,需爬 $(n-1)$ 段楼梯;若每爬完一段,休息一次,则需休息 $(n-2)$ 次;

重合问题:n 段接在一起,重合的有 $(n-1)$ 段;

队列问题:有 n 个人(或 n 辆车),中间有 $(n-1)$ 个空。

【例题】某单位两座办公楼之间有一条长204米的道路,在道路起点的两侧和终点的两侧已栽种了一棵树。现在要在这条路的两侧栽种更多的树,使每一侧每两棵树之间的间隔不多于12米。如栽种每棵树需要50元人工费,则为完成栽种工作,在人工费这

一项至少需要做多少预算（　　）（2016 年北京市第 73 题）

  A. 800   B. 1600   C. 1700   D. 1800

  解析　B。单边植树满足，树间隔距离相等且两端种树，故树的间隔是路长的约数，$204 = 2 \times 2 \times 3 \times 17$，树的间隔不多于 12 米，要使预算最低，树的间隔最多是 12 米，那单边的，因为两端的树木已经种植，还需要两边都种上树，总费用为 $16 \times 2 \times 50 = 1600$ 元。故本题答案为 B 选项。

【例题】在 400 米的环形跑道上每隔 16 米插一面彩旗。现在要增加一些彩旗，并且保持每两面相邻彩旗的距离相等，起点的一面彩旗不动，重新插完后发现共有 5 面彩旗没有移动，则现在彩旗间的间隔最大可达到（　　）米。（2015 年广东省第 47 题）

  A. 15   B. 12   C. 10   D. 5

  解析　C。这是一道边端计数问题（属于植树问题）。因为，增加彩旗数量后，发现有 5 面彩旗没有移动，经分析得知，"以前的间距"和"现在的间距"的最小公倍数是 $400 \div 5 = 80$ 米。以前的间距是 16 米，通过观察四个选项，发现只有 10、5 与 16 的最小公倍数均为 80，但题目要求最大间距，所以应该是选择 10，因此，本题答案为 C 选项。

【例题】一环形跑道上画了 100 个标记点，已知相邻任意两个标记点之间的跑道距离相等。某人在环形跑道上跑了半圈，问他最多能经过几个标记点（　　）（2016 年 423 联考第 74 题）

  A. 49   B. 51   C. 50   D. 100

  解析　B。一环形跑道上画了 100 个标记点，赋值标记点的间隔 1 米，根据环形植树公式，环形跑道全长 $= 100 \times 1 = 100$（米）。某人跑了半圈，即跑了 50 米，此时要经过的标记点最多，就从一个标记点出发，最多能经过的标记点 $= \dfrac{50}{1} + 1 = 51$。因此 B 项当选。

十三、利润问题

  利润问题主要的解题方法有方程法、特殊值法和十字交叉法。方程法是解决利润问题最常用的方法，基本上所有的利润问题都可以用方程法，主要原则还是求什么设什么，通过方程法把未知量都表示出来，然后利用等量关系列出方程就可以了。如果题目没有给出详细的售价、成本价等数据，只是给出了它们之间的比例关系，利用特殊值法，一般用特殊值 1 或者 100 设出成本或售价来求解。有时候卖出的商品不是一次性卖出去的，而是通过不同的价格分两次卖出去的，这个时候一般都可以利用十字交叉法。

【例题】张大爷用20000元投资了一只股价为10元的股票，两周后股票价格跌到6元，此时张大爷又买入该股票若干，当股票价格涨到12元时张大爷卖出了所有股票。如不计税费的话，张大爷交易这只股票总计获利16000元，问张大爷第二次花了多少元买这只股票（　　）（2015年甘肃省第21题）

　　A. 6000　　　　B. 9000　　　　C. 12000　　　　D. 18000

☞**解析** C。根据张大爷最终获利16000元，其中一开始投资20000元，股票从10元涨到12元，可知这一部分投资盈利4000元，后来的投资从6元涨到12元，利润和成本相等，盈利12000元，因此投资12000元。答案选C。

【例题】商场里某商品成本上涨了20%，售价只上涨了10%，毛利率（利润/进货价）比以前的下降了10个百分点。问原来的毛利率是多少（　　）（2015年山东省第55题）

　　A. 10%　　　　B. 20%　　　　C. 30%　　　　D. 40%

☞**解析** B。假设成本为100，售价为x，则$\dfrac{x-100}{100}-\dfrac{1.1x-120}{120}=\dfrac{1}{10}$，解得$x=120$，所以原来的毛利率是$\dfrac{120-100}{100}=20\%$。

【例题】某商场搞促销活动，消费100元送20元代金券，再买东西可抵20元，某顾客先花100元买了一件衬衫，再用代金券及现金买了同样的衬衫，则顾客得到的优惠率为（　　）（2015年下半年吉林省第61题）

　　A. 9.5折　　　B. 9折　　　　C. 8.5折　　　　D. 8折

☞**解析** B。经济利润问题折扣公式考查，第二件由于有20元折扣券，只需花80元即可，两件衬衫一共花了180元，折扣＝售价÷定价＝180÷200＝0.9，所以打9折，选择B选项。

【例题】某汽车坐垫加工厂生产一种汽车坐垫，每套成本是144元，售价是200元。一个经销商订购了120套这种汽车坐垫，并提出：如果每套坐垫的售价每降低2元，就多订购6套。按经销商的要求，该加工厂获得最大利润需售出的套数是（　　）（2015年上半年天津市第67题）

　　A. 144　　　　B. 136　　　　C. 128　　　　D. 142

☞**解析** A。售价每降低2元，则多订购6套。因此多订购的套数为6的倍数，则答案A符合。

十四、几何问题

几何问题一般涉及平面图形的长度、角度、周长、面积和立体图形的表面积、体积等。这类问题往往和工作生活联系密切，有些具有很强的趣味性和技巧性。行测中的几何问题可以分为3种类型，即几何计算、几何特性和几何构造。

几何计算是其中最常见的类型。几何计算问题就是利用基本的几何公式计算相关问题，根据对几何问题的公式应用情况，又可分为直接应用公式计算和先割补平移之后再用公式计算两个小类型。

几何特性问题主要是考查三角形、圆、球形等基本图形的特性以及几何最值理论。

几何构造问题就是要求考生根据题意自己构造出一种或一类几何模型或者几何图形。有的题目重点考查构造能力，有些题目考查在构造的基础上应用几何知识解题。

【例题】下图中间阴影部分为长方形。它的四周是四个正方形，这四个正方形的周长和是320厘米，面积和是1700平方厘米，则阴影部分的面积是（　　）平方厘米。（2016年上海市第62题）

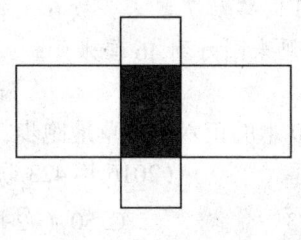

A. 375　　　　B. 400　　　　C. 425　　　　D. 430

☞ 解析　A。

设小正方形边长 x，大正方形边长 y，那么阴影部分的面积就是 xy。由题意得 $4x+4x+4y+4y=320$，$2x^2+2y^2=1700$，化简为 $x+y=40$，$x^2+y^2=850$。$x^2+y^2=(x+y)^2-2xy=850$，代入 $x+y=40$，解得 $xy=375$。

【例题】下图是由三个边长分别为 4、6、x 的正方形所组成的图形，直线 AB 将它分成面积相等的两部分，则 x 的值是（　　）（2016年江苏省第68题）

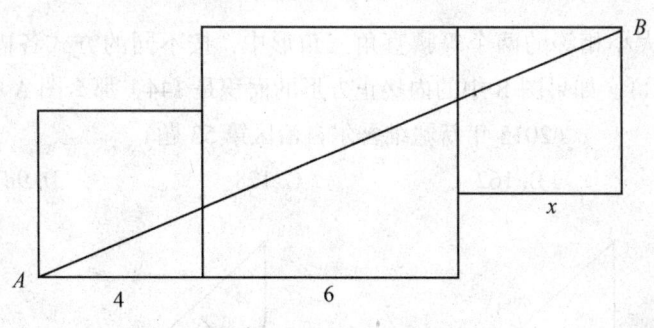

A. 3 或 5　　　B. 2 或 4　　　C. 1 或 3　　　D. 1 或 6

☞ 解析　B。以 AB 为对角线将图形补成长方形，也就是要缺失的两部分面积相同，$2\times4=x\times(6-x)$，解得 $x=2$ 或 4。B项当选。

【例题】长方形ABCD，从图示的位置开始沿着AP每秒转动90度（无滑动情况），AB=4厘米，AC=3厘米，当长方形的右端到达距离A为46厘米的位置时是（　　）秒后。（2016年上海市第59题）

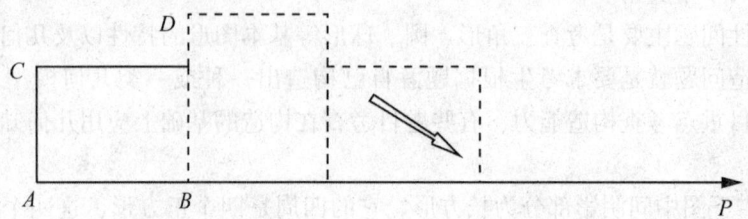

A. 11　　　　　　B. 12　　　　　　C. 13　　　　　　D. 14

☞解析　B。长方形边长为AB=4，AC=3，向右转动时，底边的边长依次是3，4，3，4，3，4，…，每移动两次可以移动7厘米，故6个轮次之后可以移动42厘米，也就是12次之后，加上之前的4厘米刚好到46厘米处。

【例题】老王围着边长为50米的正六边形草地跑步，他从某个角点出发，跑了500米之后，距离出发点相距有多远（　　）（2016年423联考第66题）

A. $50\sqrt{2}$　　　　B. $50\sqrt{3}$　　　　C. $50(\sqrt{2}+1)$　　　　D. $50(\sqrt{3}-1)$

☞解析　B。如图所示，可知跑500米后，距离出发点就是求AB的长度，正六边形内角都是120°，所以可知$AB=50\times 2\times \dfrac{\sqrt{3}}{2}=50\sqrt{3}$（米）。B项当选。

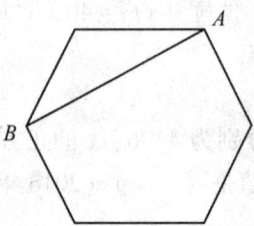

【例题】在大小相等的两个等腰直角三角形中，按不同的方式各内接一个正方形（如图A、B所示）。如果图B中的内接正方形的面积是144，那么图A中的内接正方形的面积是多少（　　）（2015年新疆维吾尔自治区第53题）

A. 225　　　　　　B. 162　　　　　　C. 128　　　　　　D. 98

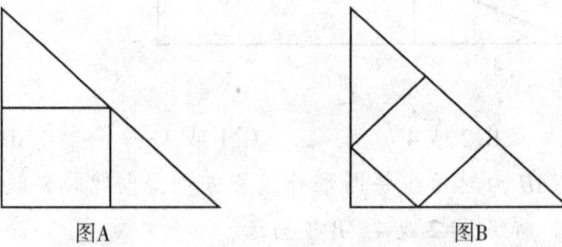

图A　　　　　　　　　图B

☞ **解析** B。图A中正方形面积占整体的$\frac{4}{8}$，图B中正方形面积占整体的$\frac{4}{9}$，所以两个正方形面积之比=9:8=x:144，x=162，B项正确。

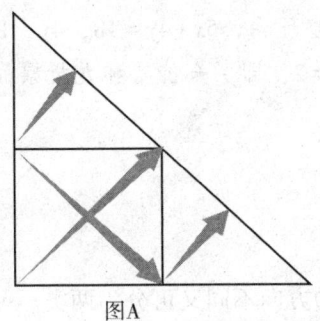
图A

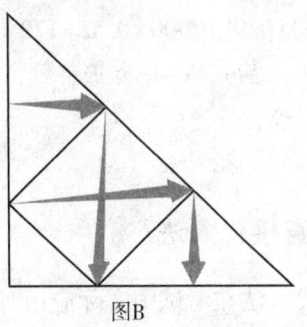
图B

第二节 解题常用方法

一、方程法

方程法是一种直接的方法，它是把未知量设为字母（比如x），然后把字母作为已知量参与计算，最终得到等式的过程。方程法的思维方式与其他算术解法的思维方式不同，它不需要从已知到已知和从已知到未知等多层次的分析，它只需要找出等量关系，然后根据等量关系按顺序列出方程即可。一般说来，行程问题、工程问题、盈亏问题、鸡兔同笼问题、和差倍比问题、浓度问题、利润问题等均可使用方程法。但是具体问题还需要具体分析，如果题中数据关系比较简单，或者可以直接利用现有公式时，使用方程法反而会影响答题效率。

【例题】旅游团安排住宿，如果4个房间每间住4人，其余房间每间住5人，空余2个床位；若有4个房间每间住5人，其余房间每间住4人，正好住满，该旅游团有多少人（　　）（2015年河北省第67题）

A. 28　　　　　B. 42　　　　　C. 44　　　　　D. 48

☞ **解析** C。方程法，设中间变量，其余房间数为x。由题意，则$4\times4+5x-2=4\times5+4x$，解得$x=6$，即其余房间为6，则总人数为44人。因此，本题答案为C。

【例题】20人乘飞机从甲市前往乙市，总费用为27000元。每张机票的全价票单价为2000元，除全价票之外，该班飞机还有九折票和五折票两种选择。每位旅客的机票总费用除机票价格之外，还包括170元的税费。则购买九折票的乘客与购买全价票的乘

客人数相比（   ）（2016年国考第71题）

    A. 两者一样多   B. 买九折票的多1人

    C. 买全价票的多2人   D. 买九折票的多4人

☞ **解析** A。设买全价票、九折票和五折票的人数分别为 x、y、z，$x+y+z=20$，$2000x+2000\times0.9y+2000\times0.5z+170\times20=27000$，整理得，$5x+4y=18$，$4y$、18为偶数，则 x 为偶数，且 x、y、z 为正整数，解得 $x=2$，$y=2$，即买全价票和九折票的人数一样多，A项正确，当选。

二、直接代入法

　　直接代入法在考试中实际应用时，根据应用的方向不同又可分为两类。一类是代入验证，也即将选项代入到题干中验证，若符合要求，则为正确答案。例如代入方程验证方程两侧是否相等，相等则该选项为正确答案。另一类是代入排除，也即将选项代入题干中，若验证符合，并不能肯定该选项为正确选项，而若验证不符合，则可肯定该选项必然不是正确选项，此种情况下将选项代入的目的是排除错误选项。例如根据题目可知选项必然能够被某个数字整除，此时将选项代入，满足整除并不意味着就是正确答案，但不满足整除则必然为错误答案。代入验证和代入排除在应用上侧重点不同，本质上都是代入法，各自有对应适用的题型。

　　我们在选取哪一个选项代入时是有技巧的。能够提前估计好，一击即中当然是最省时省力的。一旦估计不对，需要多次代入，走弯路的代价实在太大。我们在考虑代入时，优先考虑代入之后比较好算的，最好是尾数0、2、5或者是整数的。当然，我们还可以考虑数字的一些特性，如奇偶性、整除特性、比例倍数等，可以使代入范围缩小。在选项是紧密相连的数字时，我们可以选一个中间数，代入后发现小了或大了，可以缩小第二次代入的范围，甚至直接选剩下的那一项。在求最值时，一般用极值代入。

【例题】一支100多人的旅行团乘坐汽车，如果每辆车都乘坐29人，结果剩下4人；如果增加一辆车，则所有游客正好平均分到各辆车上，问此时每辆车乘坐了多少人（   ）（2015年黑龙江省第63题）

    A. 23   B. 24   C. 26   D. 28

☞ **解析** B。题目中没有给出车辆数目，故可以选项代入，代入A选项，设车辆为 x，$29x+4=23(x+1)$，则 $x=19/6$，车辆必须为正整数，故A错误。代入B选项，得 $29x+4=24(x+1)$，$x=4$，符合且此时共120人，答案为B选项。

【例题】野生动物保护机构考察某圈养动物的状态，在 n（n 为正整数）天中观察到：(1) 有7个不活跃日（一天中有出现不活跃的情况）；(2) 有5个下午活跃；(3) 有6个上午活跃；(4) 当下午不活跃时，上午必活跃。则 n 等于（   ）（2015年425

联考第 57 题)

A. 7　　　　　　B. 8　　　　　　C. 9　　　　　　D. 10

☞解析　C。代入选项验证即可。若 $n=7$，则由条件②③可知下午不活跃的为 2 天，上午不活跃的为 1 天，与条件①矛盾，故排除；类似的若 $n=8$，则由条件②③可知下午不活跃的为 3 天，上午不活跃的为 2 天，与条件①矛盾，故排除；若 $n=9$，则由条件②③可知下午不活跃的为 4 天，上午不活跃的为 3 天，验证后满足要求。因此，本题答案选择 C 选项。

三、赋值法

特值即为特殊的值，就是为了便于计算，当在题目当中看到，没有规定的时候就可以使用特值法。最常用的特值是公倍数特值，在行程工程问题中往往用效率时间速度这些部分的量的公倍数作为总量。为方便计算单位 1 一般不去设置。

任意值，根据题目要求随便设置一个任意数，来方便计算。在设置任意值是可以根据选项的特性，设置为 0、1 等方便计算的数字。

【例题】小王乘坐匀速行驶的公交车，和人行道上与公交车相对而行、匀速行走的小李相遇，30 秒后公交车到站，小王立即下车与小李同一方向匀速快步行走。已知他行走的速度比小李的速度快一倍，但比公交车的速度慢一半，则他多久之后追上小李（　　）（2015 年北京市第 69 题)

A. 3 分钟　　　　　　　　　　B. 2 分钟 30 秒
C. 2 分钟　　　　　　　　　　D. 1 分钟 30 秒

☞解析　B。令小李速度为 1，则小王速度为 2，公交车速度为 4，小王乘坐公交车与小李相遇 30 秒后两人实际相距为 $S=(1+4)\times30=150$，设小王追上小李需要的时间为 t，则 $(2-1)\times t=150$，故 $t=150$（s），即 2.5 分钟，故本题答案为 B 选项。

【例题】某公司年终获利颇丰，公司董事会讨论决定拿出 30 万元重奖贡献突出的三位职工，原计划按职务的高低以 4∶3∶2 的比例为甲、乙、丙分配奖金，后公司董事会采纳了职工建议，按实际对公司的贡献大小以 5∶4∶3 的比例为甲、乙、丙分配奖金。前后两个方案中奖金减少的职工是哪个（　　）（2015 年河北省第 65 题)

A. 职工甲　　　　　　　　　　B. 职工乙
C. 职工丙　　　　　　　　　　D. 三人均无变化

☞解析　A。赋值法。设总的份数是一定的，即 36，原来是 9 份，即每份为 4，可以得出甲是 16，乙为 12，丙为 8；后来一共 12 份，每份为 3，可以得出甲是 15，乙为 12，丙为 9，显然是甲下降了，故本题答案为 A。

【例题】某新建小区计划在小区主干道两侧种植银杏树和梧桐树绿化环境。一侧每隔3棵银杏树种1棵梧桐树，另一侧每隔4棵梧桐树种1棵银杏树，最终两侧各栽种35棵树。问最多栽种了多少棵银杏树（　　）（2016年国考第64题）

A. 33　　　　　　B. 34　　　　　　C. 36　　　　　　D. 37

解析　B。要使银杏树最多，考虑极限情况，只需要从一侧一端开始就种植银杏树。那么一侧每隔3棵银杏树种1棵梧桐树，即每4棵中的前3棵为银杏树，35÷4＝8……3，则该侧银杏树为3×8+3=27（棵）；另一侧每隔4棵梧桐树种1棵银杏树，即每5棵中的第1棵为银杏树，35÷5=7，则该侧银杏树有7棵；27+7=34（棵）。B项当选。

四、尾数法

尾数法是指在不直接计算算式各项值的情况下，只计算算式的尾数，得到结果的尾数。从而确定选项中的答案。尾数法一般适用于加、减、乘（方）这三种情况的运算。算式中如果出现除法，请不要使用尾数法。近年，数量计算题被弱化，尾数法使用的频率也大大下降了。

乘方的尾数有一定变化规律：

(1) 2的乘方尾数每4个数为一个周期，分别为：2，4，8，6。
(2) 3的乘方尾数每4个数为一个周期，分别为：3，9，7，1。
(3) 4的乘方尾数每2个数为一个周期，分别为：4，6。
(4) 0、1、5和6的乘方尾数分别是常数0，1，5和6。
(5) 7的乘方尾数每4个数为一个周期，分别为：7，9，3，1。
(6) 8的乘方尾数每4个数为一个周期，分别为：8，4，2，6。
(7) 9的乘方尾数每2个数为一个周期，分别为：9，1。

【例题】王老师在课堂上出了一道加法算式题，张明把个位上的4看成了9，把十位上的8看成了3，结果错算为118，那么正确答案是（　　）（2015年下半年吉林省第62题）

A. 163　　　　　　B. 150　　　　　　C. 108　　　　　　D. 90

解析　A。方法一：个位4看成9多算了5，十位8看成3少算了50，共少算50−5＝45，所以118+45=163选择A选项。

方法二：尾数法，个位数4看成9之后和为118，可知除了看错数字之外，另外的数字尾数为9，因此正确数字尾数4+9可得尾数为3，选择A选项。

五、十字交叉法

十字交叉法作为数学运算中常用的一种解题思想，一般情况下，我们在溶液问题中经常会用到十字交叉法，原理如下：

假设重量分别为 A 和 B 的溶液，浓度分别为 a 和 b，混合后的浓度为 r。

假设 A 个男生的平均分为 a，B 个女生的平均分为 b，总体平均分为 r。

这个例子中，我们均可以用如下的关系表示：（此处假设 a>b）

$$Aa+Bb=(A+B)r \Rightarrow \frac{A}{B}=\frac{r-b}{a-r} \Rightarrow$$ 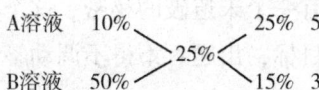 $$\Rightarrow \frac{A}{B}=\frac{r-b}{a-r}$$

上述十字交叉法的操作过程很简单，但是碰到类似的题目，大家很难把握 A 到底放哪个量，因此就很难将复杂的计算转化成简单的十字交叉法来操作。如果大家能理解十字交叉法到底适合哪类题型，并且记住接下来讲的做题套路，就可以从"战略"层次提升十字交叉法的应用。

【例题】浓度为 10% 的酒精溶液 A 和浓度为 50% 的酒精溶液 B 混合后浓度变为 25%，则 A、B 两种溶液的量的比值是多少（　　）

A. 3：2　　　　B. 5：2　　　　C. 5：4　　　　D. 5：3

☞ 解析　D。十字交叉法，如下：

```
A溶液   10%        25%  5
              25%
B溶液   50%        15%  3
```

部分平均量总体平均量均值差最简比，得到的最简比为 5：3。

【例题】某次期末考试后，A 班级的平均分为 75，B 班级的平均分为 84，两个班级的总平均分为 81，则两个班级的人数之比为多少（　　）

A. 1：2　　　　B. 3：2　　　　C. 3：4　　　　D. 2：3

☞ 解析　A。用十字交叉法。如下：

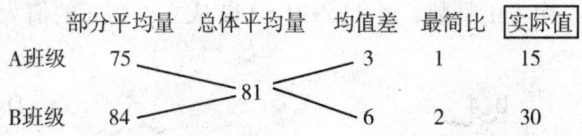

本题中，部分平均量为平均分，平均分＝总分/人数，所以得到的最简比就是人数之比为 1：2。如果已知 A 班级人数为 15 人，则可以得到 B 班级人数为 30 人。在做题过程中，可以在上述图例中再添加一列叫实际值。

【例题】一批商品，按期望获得 50% 的利润来定价，结果只售出 70% 的商品。为尽

143

早售完剩下的商品,商店决定按定价打折销售,这样所获得的全部利润是原来的期望利润的82%,问打了几折( )

A. 七折　　　　　B. 八折　　　　　C. 八五折　　　　　D. 九折

☞**解析**　B。最终的利润率50%×82%=41%是由两部分混合得到的,一部分是70%商品的利润率,一部分是剩下30%商品的利润率,所以设打折后商品的利润率为$x\%$。则有

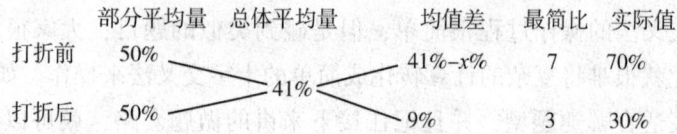

所以有(41%-x%):9%=7:3,x%=20%。即打折后的利润率为20%,假设商品成本为100,则打折前售价为150,打折后售价为120,则打折率为120÷150=80%。

第三节　未被道破的秒杀技巧

在前面我们已经讲了行测有一个未道破的秘密。这个秘密就是出题者必须保持答案分布的均衡性。为了实现这一目标,出题者不得不调动答案的顺序。我们从这些答案调动的蛛丝马迹,可以瞬间秒杀该题。

这里顺便说一句,连续3道题出现同一选项的,第4道题再选这一选项的可能性几乎为零。

一、正确选项喜欢"乱站队"

要平衡答案的分布,核心目标就是调动正确答案,使其不在其应该在的位置,跑到其他选项。所以,正确答案的特点就是喜欢乱站队。

【例题】设a、b均为正整数,若$11a+7b=132$成立,则a的值为(　　)(2015年江苏省第32题)

A. 6　　　　　B. 4　　　　　C. 3　　　　　D. 5

☞**解析**　我们知道正确选项喜欢特立独行,综观四个选项,正常的顺序应该是A. 6、B. 5、C. 4、D. 3,但是这个"5"不好好站在队伍中间自己应该站的位置,跳出来跑到队伍的最后站着了。它不是正确答案又会是谁呢?所以,我们可以直接秒杀。常规解法我们需要通过不定方程求解,可分析未知数所应满足的倍数特征,132为11的倍数,11a是11的倍数,则7b也是11的倍数,则b是11的倍数,令b=11,可得a=5。答案D。

【例题】甲、乙工程队需要在规定的工期内完成某项工程。若甲队单独做，则要超工期9天完成；若乙队单独做，则要超工期16天才能完成；若两队合做，则恰好按期完成。那么，该项工程规定的工期是（　　）(2015年江苏省第33题)

A. 8天　　　　　B. 6天　　　　　C. 12天　　　　　D. 5天

▶ **解析**　我们观察答案，正常的顺序应该是A. 12天、B. 8天、C. 6天、D. 5天。我们发现"12天"从队伍的第一个跑到第三个去了，果断秒杀C。正常解题的方法有两种。

解法一：假设规定的工期为x天，对比"若甲队单独做，则要超工期9天完成"和"若两队合做，则恰好按期完成"可知，甲队（超工期）9天完成的工程量恰好就是乙队在规定工期x天内完成的工程量。又由题意可得甲队工作效率大于乙队，则$x>9$，观察选项发现C项符合。

解法二：假设规定的工期为x天，对比"若甲队单独做，则要超工期9天完成"和"若两队合做，则恰好按期完成"可知，甲队（超工期）9天完成的工程量恰好就是乙队在规定工期x天内完成的工程量，即9×甲队工作效率=x×乙队工作效率。同理可得，乙队（超工期）16天完成的工程量恰好就是甲队在规定工期x天完成的工程量，即16×乙队工作效率=x×甲队工作效率。上述两等式左右两边分别相乘，然后化简得$x=12$。C项正确。

【例题】甲、乙、丙三辆汽车分别从A地开往千里之外的B地。若乙比甲晚出发30分钟，则乙出发后2小时追上甲；若丙比乙晚出发20分钟，则丙出发后5小时追上乙。若甲出发10分钟后乙出发，当乙追上甲时，丙才出发，则丙追上甲所需时间是（　　）(2015年江苏省第40题)

A. 110分钟　　　B. 150分钟　　　C. 127分钟　　　D. 128分钟

▶ **解析**　我们发现正常的答案排列顺序应该是A. 110分钟、B. 127分钟、C. 128分钟、D. 150分钟，但是这个原本应该在队尾的"150分钟"跑到队伍中间去了，直接秒杀答案B。常规解题方法是设甲、乙、丙的速度分别为$v_甲$、$v_乙$、$v_丙$，根据追及问题公式有：$(v_乙-v_甲)×120=30v_甲$、$(v_丙-v_乙)×300=20v_乙$，整理得$(v_乙-v_甲):v_甲=1:4$，$(v_丙-v_乙):v_乙=1:15$，令$v_乙=15$，则$v_甲=12$，$v_丙=16$。设甲出发10分钟后乙出发直至追上甲用了x分钟，根据追及问题公式可得$(15-12)×x=12×10$，解得$x=40$。可知丙出发时甲已经出发了$10+40=50$（分钟），那么丙追上甲需要$\dfrac{50×12}{16-12}=150$（分钟）。

【例题】每年三月某单位都要组织员工去A、B两地参加植树活动。已知去A地每人往返车费20元，人均植树5棵，去B地每人往返车费30元，人均植树3棵，设到A地员工有x人，A、B两地共植树y棵，y与x之间满足$y=8x-15$，若往返车费总和不

超过 3000 元，那么，最多可植树多少棵（　　）（2015 年 425 联考第 64 题）

A. 489　　　　　　B. 400　　　　　　C. 498　　　　　　D. 513

☞ 解析　我们发现，这个"400"又不乖了，大家都站队站得好好的，就它本来该站第一个的，结果跑到第二的位置上去了，秒杀 A。由题意设去 A 地的人数为 x 人，B 地的人数为 b 人，则总植树棵数 $y=8x-15=5x+3b$，解得 $b=x-5$，故总车费 $=20x+30(x-5)=3000$，解得 $x=63$，$b=58$，总棵数 $=63×5+58×3=489$（棵）。因此，本题答案果然是 A 选项。

【例题】有 A 和 B 两个公司想承包某项工程。A 公司 300 天才能完工，费用为 1.5 万元/天。B 公司 200 天就能完工，费用为 3 万元/天。综合考虑时间和费用等问题，在 A 公司开工 50 天后，B 公司才加入工程。按以上方案，该项工程的费用为（　　）（2015 年 425 联考第 68 题）

A. 475 万元　　　　B. 500 万元　　　　C. 615 万元　　　　D. 525 万元

☞ 解析　这次发现的是"525 万元"从第二个选项的位置跑到了第四，直接秒杀 D。工程问题。赋值工作总量为 600，则 A 公司的效率为 2，B 公司的效率为 3，A 公司开工 50 天后，完成的工作量为 $50×2=100$，剩余工作量为 500，两公司合作需要 $500÷(2+3)=100$ 天，故总费用 $=150×1.5+100×3=525$ 万元。因此，本题答案为 D 选项。

【例题】车间领到一批电影票和球票发放给车间工人，电影票数是球票数的 2 倍。如果每个工人发 3 张球票，则富余 2 张，如果每个工人发 7 张电影票，则缺 6 张，问车间领到多少张球票（　　）（2015 年山东省第 58 题）

A. 32　　　　　　B. 30　　　　　　C. 64　　　　　　D. 60

☞ 解析　很明显，我们看到"32"不好好站队了，秒杀 A。本题可以直接利用整除特性来做，设工人数为 x 人，则总的球票数为 $3x+2$，即总数减 2 为 3 的倍数，而满足这个条件的只有 A 选项。当然也可以利用方程法来做，不做赘述。

二、队伍乱站选 AD

我们分析过，如果不考虑答案的均衡分布，在答案设置上会出现 B、C 两项比较多的情况。解决这个问题的途径只有一个，那就是想办法把答案往 A、D 项上面转移。不管出题者怎么掩饰答案调动的痕迹，不管把四个选项之间的顺序弄得有多乱，总的方向不变，那就是把答案往 A、D 项上面转移。根据大数据分析，在选项顺序被调乱的题中，答案在 A、D 项上的概率是在 B、C 项上概率的 3 倍。看到答案顺序被弄得很乱的题想秒杀时正确的姿势是，若前后题答案有 B、C 项，我们的答案几乎可以确定在 A、D 项上了。如果题目不太难，将 A 项或 D 项的数字带进去简单验算一下，要是符合题意就直接选，要是不对就直接选另一项；如果题目比较难的话，你就在 A 项或 D 项随便选一个吧，即使你考场上花时间去做也未必有这样"蒙"的正确率高。

【例题】小张和小李两人一周共加工了195个零件，两人每天可以加工的零件数量分别是14个和16个，但如果两人一起工作，每天共可以完成33个，从周一到周日，每天两个人都至少有一人在工作，问这一周内有几天只有一个人在工作（ ）（2015年甘肃省第18题）

A. 1   B. 0   C. 3   D. 2

☞**解析** 我们一看，选项是乱的。答案可能是A项或D项。很明显，他俩没有一直合作，选项中每人单干一天比较好代入计算。两人各单干一天，实际上就花了2天，只生产了14+16=30个，剩下5天合作的话可以生产33×5=165个，加起来正好195个，直接选D。一般的解题法是：小张单独一天14个，比合作少19个，小李单独一天16个，比合作少17个，小张和小李如果一周一直合作的话两个人一共完成33×7=231个，实际完成195个，比合作少36个，正好是19+17，即小张单独一天，小李单独一天。

【例题】某出版社新招了10名英文、法文和日文方向的外文编辑，其中既会英文又会日文的小李是唯一掌握一种以上外语的人。在这10人中，会法文的比会英文的多4人，是会日文人数的两倍。问只会英文的有几人（ ）（2016年国考第73题）

A. 2   B. 0   C. 3   D. 1

☞**解析** 选项是乱的，我们倾向于选A项或D项。我们发现1带进去更好算一些。现在假设只会英文的是1个人，那小李是唯一掌握一种以上外语的人，也就是说会英文就是2个人。会法文的比会英文的多4人，那就是6个人。会法文的是会日文人数的两倍，那会日文的就是3个人，当然要记得小李也会日文，不要重复计算。2+6+（3-1）=10个人。符合题意，选D。

一般的解题法是：会一种语言看做一个人，则题目可以转换为11个人，
$\begin{cases} 法 = 英+4 \\ 法 = 2日 \\ 法+英+日 = 11 \end{cases}$，解得英=2，而其中1个除了会英语还会日语，所以只会英语的只有1人，D项当选。一般的解题法虽然也能算出来，但是费时费力。

【例题】某电器工作功耗为370瓦，待机状态下功耗为37瓦。该电器周一从9:30~17:00处于工作状态，其余时间断电。周二从9:00~24:00处于待机状态，其余时间断电。问其周一的耗电量是周二的多少倍（ ）（2016年国考第61题）

A. 10   B. 6   C. 8   D. 5

☞**解析** 选项被弄乱了，我们首先考虑A项或D项。A项或D项中10是比较好算的。工作功耗正好是待机功耗的10倍，如果时间不同就不可能是10倍了。时间长度明

显要短,答案肯定不是A项,那我们基本就可以确定是D。耗电量=功耗×时间,由题意可知周一工作状态的功耗为370瓦,时间为7.5小时;周二待机状态功耗为37瓦,时间为15小时。周一的耗电量是周二的$\frac{370\times7.5}{37\times15}=5$(倍)。D项当选。

【例题】某政府机关内甲、乙两部门通过门户网站定期向社会发布消息,甲部门每隔2天、乙部门每隔3天有一个发布日,节假日无休。甲、乙两部门在一个自然月内最多有几天同时为发布日( )(2016年国考第63题)

A. 5   B. 2   C. 6   D. 3

☞解析 答案比较乱,先倾向于A、D项。5数字比较大,好算一点。然后看乙部门是每4天发布一次,即使每次都遇到都要花费20天的时间,甲部门可没有这么好,简单估算一下就能排除了。选D。"每隔N天"即为"每N+1天",所以甲每3天、乙每4天发布一次,则甲、乙的最小公共发布周期为12天,一个月里面只能有两个12天。考虑"最多",只要在一个自然月的前六天中共同发布一次(若是2月,则为前四天),就能保证共同发布日达到3天。D项当选。

【例题】A地到B地的道路是下坡路。小周早上6:00从A地出发匀速骑车前往B地,7:00时到达两地正中间的C地。到达B地后,小周立即匀速骑车返回,在10:00时又途经C地。此后小周的速度在此前速度的基础上增加1米/秒,最后在11:30回到A地。问A、B两地间的距离在以下哪个范围内( )(2016年国考第68题)

A. 40~50公里   B. 大于50公里   C. 小于30公里   D. 30~40公里

☞解析 看到答案比较乱之后,先看看A、D项有什么特点。两项以"40公里"为分水岭,那我们就用40公里代入计算。则小周6:00~8:00以20公里/小时的速度前进,8:00~10:00时间相同却行程减半,说明速度减半,只有10公里/小时。增加速度后走了1.5小时,将前进20.4公里,过了一点点,所以答案应该是比40公里大一点,但又不会大太多的数字,选A。

常规解题方法是:利用行程问题公式,路程=速度×时间。已知C为中点,6点出发,7点到达C,则8点到达终点。返回过程中前一半路程所用时间为2小时,设速度为v公里/小时;后一半路程所用时间为1.5小时,速度为(v+3.6)公里/小时(1米/秒=3.6公里/小时)。则有$2v=1.5(v+3.6)$,解得$v=10.8$,则全程为$4v=43.2$(公里)。A项当选。

【例题】甲、乙、丙、丁四个人分别住在宾馆1211、1213、1215、1217和1219这五间相邻的客房中的四间里,而另外一间客房空着。已知甲和乙两人的客房中间隔了其他两间客房,乙和丙的客房号之和是四个人里任意二人的房号和中最大的,丁的客房与甲相邻且不与乙、丙相邻。则以下哪间客房可能是空着的( )(2015年国考第71

题）

  A. 1213   B. 1211   C. 1219   D. 1217

  解析 看一眼答案，没有 1215。说明这道题是有多种可能性，1215 是其中的一种，另外一种需要我们自己找。答案有点乱，这种情况房号中间的一般靠谱一些，结果都没挪到 A、D 项去。再看甲、丁有那么多"穷讲究"，要小号的房间还要挨在一起，1213 肯定空不出来，不然没法住了，可以排除，选 D。

  常规解题方法是：由"乙和丙的客房号之和是四个人里任意二人的房号和中最大的"可推出，乙、丙的房间在甲、丁的右边；再由"甲和乙两人的客房中间隔了其他两间客房"可推出，甲只能在 1211 或 1213。

  假设甲在 1211，则乙在 1217。由"丁的客房与甲相邻且不与乙、丙相邻"可知，丁在 1213，丙在 1219，则空着的房间是 1215。如下表所示：

甲 1211	丁 1213	1215	乙 1217	丙 1219

  假设甲在 1213，则乙在 1219。由"丁的客房与甲相邻且不与乙、丙相邻"可知，丁在 1211，丙在 1215 或 1217，则空着的房间是 1217 或 1215。如下表所示：

丁 1211	甲 1213	1215	1217	乙 1219

  综上，空着的房间是 1215 或 1217。对照选项，只有 D 项正确。

  【例题】 某学校 2012 年 5 月份有在校生 15000 人，6 月份毕业的学生中男女比例为 $1:x$，剩下的学生中男女比例为 $1:x$。9 月份新生入校时发现新生的男女比例也是 $1:x$，最终发现 9 月份在校生总人数比 5 月份多 3000 人，其中男生 6000 人。问 5 月份在校生中的男生人数为多少（ ）（2015 年山东省第 53 题）

  A. 5000 人   B. 6000 人   C. 9000 人   D. 3000 人

  解析 比较 A、D 项，发现 5000 人不会把男女比例拉得太大，应该比较靠谱，选 A。

  常规解题方法是：因为每次的男女比例都是 $1:x$，所以最终的男女比例也是 $1:x$，因为最终男生 6000 人，女生 12000 人，所以男女比例为 $1:2$，之前的比例也为 $1:2$，所以 5 月份在校生中的男生人数为 5000 人。

【例题】某市制定了峰谷分时电价方案，峰时电价为原电价的110%，谷时电价为原电价的八折，小静家六月用电400度，其中峰时用电210度，谷时用电190度，实行峰谷分时电价调整方案后小静家用电成本为调整前的（　　）（2015年山东省第63题）

A. 95.75%　　　　B. 87.25%　　　　C. 90.5%　　　　D. 85.5%

☞**解析**　比较A、D项，发现峰时加价比例稍低，但是用电量稍多；谷时折扣稍大，但是用电量稍少。两下一平衡，跟原来的价格不会差得太多，应该选一个接近100%的数字，选A。

常规解题方法是：假设电价为1元1度，即 $\dfrac{210\times1.1+190\times0.8}{400}=95.75\%$。

【例题】社长、主编和副主编三人轮流主持每周一的编辑部发稿会。某年（非闰年）1月6日的发稿会由社长主持，问当年副主编第12次主持发稿会是在哪一天（　　）（2016年423联考第75题）

A. 9月8日　　　　B. 9月9日　　　　C. 9月1日　　　　D. 9月2日

☞**解析**　A。这个题一看就知道费时间，A、D项中随便选一个，50%的概率拿到分。主持发稿会的顺序为社长、主编、副主编，每周轮换一次，因此一个轮换周期为三周，副主编第十二次主持，应为第十二个周期的第三周，即第36周，中间间隔35周，即副主编主持第二次所需时间为35×7=245（天）。选项均为9月，先算至8月31日。从1月6日起，到8月31日，共有25+28+31+30+31+30+31+31=237（天），故9月还需要245-237=8（天）。因此A项当选。

三、一些秒杀规律的总结

根据2002年到2016年数量关系答案的统计分析，有以下规律：

（1）选项有升降变化的，94.82%的概率可以排除最大项和最小项。

（2）单调升的选项，91.12%的概率为最小项或者第二小项。

（3）单调降的选项，86.84%的概率答案不是最大项。

（4）选项越整越为答案，概率为91.72%。

（5）有两三项的结构较为类似，答案在其中的概率为93.33%。

（6）答案一定是在一个具体绝对的选项中，不会出现"以上皆有可能""全部"等，概率为100%。

当然，这些规律的总结不是绝对的，只是起一些辅助作用。如果要使用代入法解题的话，这些规律可以帮我们优先考虑比较靠谱的选项，在考场上能够大大节约时间。

【例题】某条道路安装了60盏功率相同的路灯，如将其中24盏的灯泡换为200瓦的节能灯泡，则所有路灯的耗电量将比之前节约20%。如将所有灯的灯泡换为150瓦的节能灯泡，则耗电量能比之前节约（　　）（2015年北京市第66题）

A. 62.5%　　　　B. 50%　　　　C. 75%　　　　D. 64%

☞**解析** A。选项有升降变化的，大概率可以排除最大项和最小项。唯一未知量为原路灯的功率，设为 x，则原总耗电量为 $60x$，更换24盏节能灯泡之后的耗电量为 $24\times 200+36x$，根据题意，$0.8\times 60x=24\times 200+36x$，解得 $x=400$，若换为150瓦的灯泡，可节约 $(400-150)/400=0.625$，故本题答案为A选项。

【例题】小明、小红、小桃三人定期到某棋馆学围棋，小明每隔3天去一次，小红每隔4天去一次，小桃每隔5天去一次。若2016年2月10日三人恰好在棋馆相遇，则下次三人在棋馆相遇的日期是（　　）（2016年江苏省第67题）

A. 2016年4月8日　　　　　　B. 2016年4月11日
C. 2016年4月9日　　　　　　D. 2016年4月10日

☞**解析** D。选项有升降变化的，大概率可以排除最大项和最小项。"每隔3天去一次"意思是"每四天去一次"。因此4、5、6最小公倍数60，60天之后三人再次相遇。2016年2月是闰月，有29天，三月31天，加起来正好60天，下一次相遇即为4月10号。D项当选。

【例题】小强的爸爸比小强的妈妈大3岁，全家三口的年龄总和74岁，9年前这家人的年龄总和49岁，那么小强的妈妈今年多少岁（　　）（2015年河北省第71题）

A. 32　　　　B. 33　　　　C. 34　　　　D. 35

☞**解析** A。单调升的选项，大概率为最小项或者第二小项。年龄问题。9年前全家年龄为49岁，而今年全家年龄为74岁，每个人长9岁，$49+27=76$，说明9年前小强未出生，小强的爸爸比小强妈妈大3岁，则妈妈9年前为23岁，今年32岁。因此，本题答案为A。

【例题】五个互不相同的自然数两两相加，只得到8个不同的结果，分别是：15，20，23，25，28，33，38和41。那么这五个数中最大数与最小数的差是多少（　　）（2015年河北省第73题）

A. 17　　　　B. 18　　　　C. 19　　　　D. 20

☞**解析** B。单调升的选项，大概率为最小项或者第二小项。方程问题。设五个数由小到大分别为 A、B、C、D、E。依题意可知 $A+B=15$，$A+C=20$，则 $C-B=5$；$D+E=41$，$C+E=38$，则 $D-C=3$。由 $C-B=5$，$D-C=3$ 两式相加 $D-B=8$ 为偶数，则 $D+B$ 也为偶数，只有一个数28，由此解出 $B=10$，$D=18$，那么 $A=5$，$E=23$，两数相差为18。因此，本题答案为B。

【例题】 某单位原拥有中级及以上职称的职工占职工总数的 62.5%。现又有 2 名职工评上中级职称，之后该单位拥有中级及以上职称的人数占总人数的 7/11。则该单位原来有多少名职称在中级以下的职工（　　）（2016 年北京市第 82 题）

  A. 68   B. 66   C. 62   D. 60

  ☞ **解析** B。单调降的选项，大概率答案不是最大项。该单位的员工分为两部分：中级及以上职称与中级以下职称。根据第一句话，原来中级以下的人数为总职工的 3/8，即为 3 的倍数，排除 A、C 选项。第二句话，2 名中级以下职工评为中级职称，中级以下的为 4 的倍数，即原来中级以下职工减去 2 应该为 4 的倍数。答案只能为 66。故本题答案为 B 选项。

【例题】 村官小刘负责将村委会购买的一批煤分给村中的困难户，如果给每个困难户分 300 千克煤，则缺 500 千克；如果给每个困难户 250 千克煤，则剩余 250 千克。为帮助困难户，村委会购买了多少煤（　　）（2016 年北京市第 74 题）

  A. 5500 千克   B. 5000 千克   C. 4500 千克   D. 4000 千克

  ☞ **解析** D。单调降的选项，大概率答案不是最大项。设困难户的个数为 x，总煤量为 $300 \times x - 500 = 250 \times x + 250$，解得 $x=15$，那总煤量为 $300 \times 15 - 500 = 4000$ 千克。故本题答案为 D 选项。

【例题】 某蓄水池为长方体，其长是宽的 2 倍，高为 3 米。如果用每分钟可抽水 1 立方米的抽水机抽水，10 小时可以将满池水抽空。则该蓄水池的宽是多少米（　　）（2016 年北京市第 71 题）

  A. 10   B. 15   C. 20   D. 25

  ☞ **解析** A。选项越整越大概率为答案。设长方体的宽是 x，那长是 $2x$，由于每分钟抽水 1 立方米，10 小时，即 600 分钟可将满池水抽空，那水池的总体积 $= 600 = x \times 2x \times 3$，得到 $x=10$。故本题答案为 A 选项。

【例题】 一列 8 节编组的动车从始发站开出，在 7 节 80 个位置的二等座车厢中，有 6 节上座率达到 60%，另一节 80%；在 1 节一等座车厢中，40 个位置仅有 8 名旅客。则该列车从始发站开出时的上座率是（　　）（2015 年新疆维吾尔自治区第 45 题）

  A. 56%   B. 60%   C. 64%   D. 65%

  ☞ **解析** B。选项越整越大概率为答案。总的上座人数 $= 480 \times 60\% + 80 \times 80\% + 8 = 360$，总的座位数 $= 7 \times 80 + 40 = 600$，总上座率 $= 360 \div 600 = 60\%$，B 项正确。

【例题】 一实心圆锥体的底面半径为 r，母线长为 $2r$。若截圆锥体得到两个同样的椎体（如下图所示），则所得两个锥体的表面积之和与原圆锥体表面积的比值是（　　）（2015 年江苏省第 39 题）

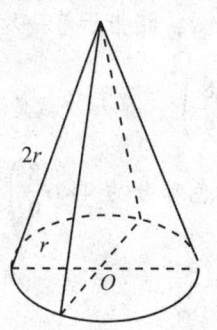
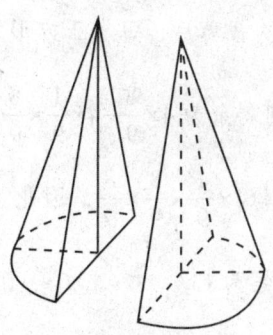

A. $\dfrac{1}{2}$　　　　B. $\dfrac{\pi+4\sqrt{3}}{6}$　　　　C. $\dfrac{3\pi+2\sqrt{3}}{3\pi}$　　　　D. $\dfrac{3\pi+4}{6\pi}$

☞**解析**　C。答案一般在结构类似的选项中。由圆锥体的底面半径为 r，母线长为 $2r$，可得圆锥体的表面积为 $\dfrac{1}{2}\times 2\pi r\times 2r+\pi r^2=3\pi r^2$。

所截得的两个锥体的表面积之和要比原圆锥体的表面积多两个等边三角形截面的面积，等边三角形的边长为 $2r$，则其面积为 $\dfrac{\sqrt{3}}{4}\times(2r)^2=\sqrt{3}r^2$，所以两个锥体的表面积之和为 $3\pi r^2+2\sqrt{3}r^2$。则两个锥体的表面积之和与原锥体表面积比值是 $\dfrac{3\pi r^2+2\sqrt{3}r^2}{3\pi r^2}=\dfrac{3\pi+2\sqrt{3}}{3\pi}$。C 项当选。

【例题】如图，将正方形边长三等分后可得 9 个边长相等的小正方形，把中间的小正方形去掉，对剩下的 8 个小正方形，均按上面方法操作。问：对一个边长为 2 的正方形如此操作三次后，所剩白色区域的面积是多少（　　）（2015 年河北省第 74 题）

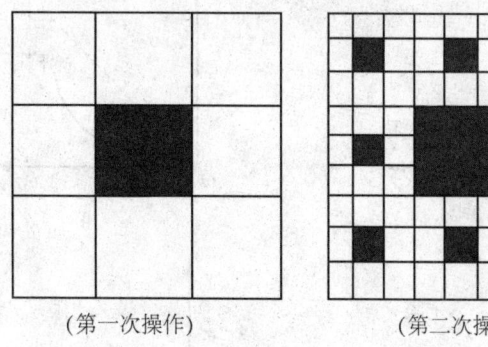

（第一次操作）　　　　（第二次操作）

A. $\dfrac{8}{9}$　　　　B. $2\left(\dfrac{8}{9}\right)^3$　　　　C. $4\left(\dfrac{8}{9}\right)^3$　　　　D. $8\left(\dfrac{8}{9}\right)^3$

☞**解析**　C。答案一般在结构类似的选项中。几何问题。第一次裁剪后剩余的白色

部分为 $4 \times \frac{8}{9}$，第二次裁剪后，每个正方形的正中心，相当于第一次裁剪的正方形的 $\frac{8}{9}$，共裁掉 $4 \times \frac{1}{9} \times \frac{8}{9}$，则剩余为 $4 \times \frac{8}{9} - 4 \times \frac{1}{9} \times \frac{8}{9} = 4 \times \left(\frac{8}{9}\right)^2$，第三次裁剪后相当于第二次裁剪的正方形 $\frac{8}{9}$，共裁掉 $4 \times \frac{1}{9} \times \frac{8}{9} \times \frac{8}{9}$，因此剩余白色部分为 $4 \times \left(\frac{8}{9}\right)^2 - 4 \times \frac{1}{9} \times \frac{8}{9} \times \frac{8}{9} = 4 \times \left(\frac{8}{9}\right)^3$。因此本题答案为 C。

第四节 真题演练

1. 某单位组建兴趣小组，每人选择一项参加。羽毛球组人数是乒乓球组人数的 2 倍，足球组人数是篮球组人数的 3 倍，乒乓球组人数的 4 倍与其他三个组人数的和相等。则羽毛球组人数等于（　　）（2016 年国考第 62 题）

  A. 足球组人数与篮球组人数之和　　B. 乒乓球组人数与足球组人数之和
  C. 足球组人数的 1.5 倍　　D. 篮球组人数的 3 倍

2. 一项工程，如果小王先单独干 6 天后，小刘接着单独干 9 天可完成总任务量的 2/5；如果小王单独干 9 天后，小刘接着单独干 6 天可完成总任务量的 7/20。则小王和小刘一起完成这项工作需要多少天（　　）（2016 年北京市第 80 题）

  A. 15　　B. 20　　C. 24　　D. 28

3. 某集团三个分公司共同举行技能大赛，其中成绩靠前的 X 人获奖。如获奖人数最多的分公司获奖的人数为 Y，问以下哪个图形能反映 Y 的上、下限分别与 X 的关系（　　）（2016 年国考第 65 题）

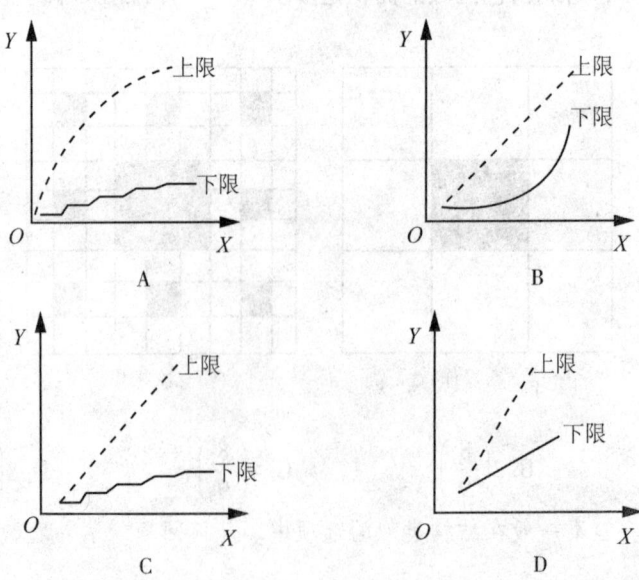

4. 李主任在早上 8:30 分上班之后参加了一个会议,会议开始时发现其手表的时针和分针呈 120°角,而上午会议结束时发现手表的时针和分针呈 180°角。问在该会议举行的过程中,李主任的手表时针与分针呈 90°角的情况最多可能出现几次（　　）(2016 年国考第 66 题)

  A. 4   B. 5   C. 6   D. 7

5. 为加强机关文化建设,某市直机关在系统内举办演讲比赛,3 个部门分别派出 3、2、4 名选手参加比赛,要求每个部门的参赛选手比赛顺序必须相连,问不同参赛顺序的种数在以下哪个范围之内（　　）(2016 年国考第 67 题)

  A. 小于 1000   B. 1000~5000   C. 5001~20000   D. 大于 20000

6. 某集团有 A 和 B 两个公司,A 公司全年的销售任务是 B 公司的 1.2 倍,前三季度 B 公司的销售业绩是 A 公司的 1.2 倍,如果照前三季度的平均销售业绩,B 公司到年底正好能完成销售任务。问如果 A 公司希望完成全年的销售任务,第四季度的销售业绩需要达到前三季度平均销售业绩的多少倍（　　）(2016 年国考第 69 题)

  A. 1.44   B. 2.4   C. 2.76   D. 3.88

7. 某单位原有几十名职员,其中有 14 名女性。当两名女职员调出该单位后,女职员的比重下降了 3 个百分点。现在该单位需要随机选派两名职员参加培训,问选派的两人都是女职员的概率在以下哪个范围内（　　）(2016 年国考第 70 题)

  A. 小于 1%   B. 1%~4%   C. 4%~7%   D. 7%~10%

8. 有一位百岁老人出生于 20 世纪,2015 年他的年龄各数字之和正好是他在 2012 年的年龄的各数字之和的 1/3,问该老人出生的年份各数字之和是多少（出生当年算作 0 岁）（　　）(2016 年国考第 74 题)

  A. 14   B. 15   C. 16   D. 17

9. 将一个 8 厘米×8 厘米×1 厘米的白色长方体木块的外表面涂上黑色颜料,然后将其切成 64 个棱长 1 厘米的小正方体,再用这些小正方体堆成棱长 4 厘米的大正方体,且使黑色的面向外露的面积要尽量大,问大正方体的表面上有多少平方厘米是黑色的（　　）(2016 年国考第 75 题)

  A. 84   B. 88   C. 92   D. 96

10. 某单位有 50 人,男女性别比为 3:2,其中有 15 人未入党,如从中任选 1 人,则此人为男性党员的概率最大为（　　）(2015 年国考第 61 题)

  A. $\dfrac{3}{5}$ B. $\dfrac{2}{3}$ C. $\dfrac{3}{4}$ D. $\dfrac{5}{7}$

11. 某技校安排本届所有毕业生分别去甲、乙、丙 3 个不同的工厂实习。去甲厂实习的毕业生占毕业生总数的 32%,去乙厂实习的毕业生比甲厂少 6 人,且占毕业生总数的 24%。问去丙厂实习的人数比去甲厂实习的人数（　　）(2015 年国考第 62 题)

  A. 少 9 人   B. 多 9 人   C. 少 6 人   D. 多 6 人

12. 某农场有 36 台收割机,要收割完所有的麦子需要 14 天时间。现收割了 7 天后增加 4 台收割机，并通过技术改造使每台机器的效率提升 5%，问收割完所有的麦子还需要几天（　　）（2015 年国考第 63 题）

  A. 3   B. 4   C. 5   D. 6

13. 某企业调查用户从网络获取信息的习惯，问卷回收率为 90%，调查对象中有 179 人使用搜索引擎获取信息，146 人从官网站获取信息，246 人从社交网站获取信息，同时使用这三种方式的有 115 人，使用其中两种的有 24 人，另有 52 人这三种方式都不使用，问这次调查共发出了多少份问卷（　　）（2015 年国考第 65 题）

  A. 310   B. 360   C. 390   D. 410

14. 某学校准备重新粉刷升国旗的旗台，该旗台由两个正方体上下叠加而成，边长分别为 1 米和 2 米，问需要粉刷的面积为（　　）（2015 年国考第 66 题）

  A. 30 平方米   B. 29 平方米   C. 26 平方米   D. 24 平方米

15. 把 12 棵同样的松树和 6 棵同样的柏树种植在道路两侧，每侧种植 9 棵，要求每侧的柏树数量相等且不相邻，且道路起点和终点处两侧种植的都必须是松树。问有多少种不同的种植方法（　　）（2015 年国考第 67 题）

  A. 36   B. 50   C. 100   D. 400

16. 餐厅需要使用 9 升食用油，现在库房里库存有 15 桶 5 升装的，3 桶 2 升装的，8 桶 1 升装的。问库房有多少种发货方式，能保证正好发出餐厅需要的 9 升食用油（　　）（2015 年国考第 68 题）

  A. 4   B. 5   C. 6   D. 7

17. 现要在一块长 25 公里、宽 8 公里的长方形区域内设置哨塔，每个哨塔的监视半径为 5 公里。如果要求整个区域内的每个角落都能被监视到，则至少需要设置多少个哨塔（　　）（2015 年国考第 69 题）

  A. 7   B. 6   C. 5   D. 4

18. 甲、乙、丙、丁四人共同投资一个项目，已知甲的投资额比乙、丙二人的投资额之和高 20%，丙的投资额是丁的 60%，总投资额比项目的资金需求高 $\frac{1}{3}$。后来丁因故临时撤资，剩下三人的投资额之和比项目的资金需求低 $\frac{1}{12}$。则乙的投资额是项目资金需求的（　　）（2015 年国考第 70 题）

  A. $\frac{1}{6}$ B. $\frac{1}{5}$ C. $\frac{1}{4}$ D. $\frac{1}{3}$

19. 甲、乙两名运动员在 400 米的环形跑道上练习跑步，甲出发 1 分钟后乙同向出发，乙出发 2 分钟后第一次追上甲，又过了 8 分钟，乙第二次追上甲，此时乙比甲多跑了 250 米，问两人出发地相隔多少米（　　）（2015 年国考第 72 题）

  A. 200   B. 150   C. 100   D. 50

20. 某单位有 3 项业务要招标，共有 5 家公司前来投标，且每家公司都对 3 项业务发出了投标申请,最终发现每项业务都有且只有 1 家公司中标。如 5 家公司在各项业务中中标的概率均相等,问这 3 项业务由同一家公司中标的概率为(   )(2015 年国考第 73 题)

A. $\dfrac{1}{25}$ B. $\dfrac{1}{81}$ C. $\dfrac{1}{125}$ D. $\dfrac{1}{243}$

21. 某学校组织学生春游,往返目的地时租用可乘坐 10 名乘客的面包车,每辆面包车往返租金为 250 元。此外,每名学生的景点门票和午餐费用为 40 元。如要求尽可能少租车,则以下哪个图形最能反映平均每名学生的春游费用支出与参加人数之间的关系(   )(2015 年国考第 75 题)

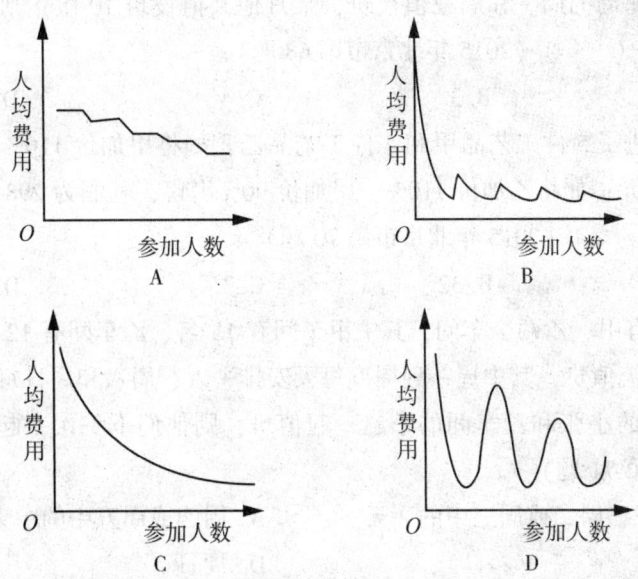

22. 张家和李家都使用 90 米的篱笆围成了长方形的菜园,已知李家的长方形菜园的长边比张家短 5 米,但是菜园面积却比张家大 50 平方米,则李家的长方形菜园面积为(   )(2015 年北京市第 62 题)

A. 550 平方米   B. 500 平方米   C. 450 平方米   D. 400 平方米

23. 某贸易公司有三个销售部门,全年分别销售某种重型机械 38 台、49 台和 35 台,问该公司当年销售该重型机械数量最多的月份,至少卖出了多少台(   )(2015 年北京市第 63 题)

A. 10   B. 11   C. 12   D. 13

24. 一扇玻璃门连门框玻璃共重 80 公斤,如果门框和玻璃的材质都不变但将玻璃厚度增加 50%,重量将达到 105 公斤。则门框重多少公斤(   )(2015 年北京市第 64 题)

A. 20   B. 25   C. 30   D. 35

25. 某公司计划通过四周的市场活动为其官方微博拉动人气。第一周该公司微博的关注人数增加了300人，往后三周每周的关注人数增量都是上一周增量的两倍。活动结束时该公司微博的关注人数是活动之前的4倍。则该公司活动前微博的关注人数是（　　）（2015年北京市第65题）

  A. 1200   B. 1500   C. 1800   D. 2100

26. 甲、乙两工厂接到一批成衣订单，如一起生产，需要20天时间完成任务，如乙工厂单独生产，需要50天时间才能完成任务。已知甲工厂比乙工厂每天多生产100件成衣，则订单总量是多少件成衣（　　）（2015年北京市第67题）

  A. 8000   B. 10000   C. 12000   D. 15000

27. 小王在每周的周一和周三值夜班，某月他共值夜班10次，则下月他第一次值夜班可能是几号（　　）（2015年北京市第68题）

  A. 2   B. 3   C. 4   D. 5

28. 某商店进了5件工艺品甲和4件工艺品乙，如将甲加价110%，乙加价90%出售，利润为302元；如将乙加价110%，甲加价90%出售，利润为298元。则甲的进价为每件多少元（　　）（2015年北京市第70题）

  A. 14   B. 32   C. 35   D. 62.5

29. 某工厂有甲、乙两个车间，其中甲车间有15名、乙车间有12名工人。每个车间都安排工人轮流值班，其中周一到周五每天安排一人、周六和周日每天安排两人。某个星期一甲车间的小张和乙车间的小赵一起值班，则他们下一次一起值班是（　　）（2015年北京市第71题）

  A. 周一、周二或周三中的一天 B. 周四或周五中的一天

  C. 周六   D. 周日

30. 小王围着人工湖跑步，跑第二圈用时是第一圈的两倍，是第三圈的一半，三圈共用时35分钟。如小王跑第四圈和第五圈的时间分别是上一圈的一半，则他跑完5圈后，平均每圈用时多少分钟（　　）（2015年北京市第73题）

  A. 8   B. 9   C. 10   D. 11

31. 甲、乙两个班各有40多名学生，男女生比例甲班为5∶6，乙班为5∶4。则这两个班的男生人数之和比女生人数之和（　　）（2015年北京市第74题）

  A. 多1人   B. 多2人   C. 少1人   D. 少2人

32. 小张工作的时间是12点到19点，某天小张在上班时间先后参加了两个时长为半小时的讨论会，两个讨论会开始时小张手表上的时针和分针都成90°角。则两个会议的开始时间最多间隔（　　）（2015年北京市第75题）

  A. 6小时   B. 6小时4分   C. 6小时30分   D. 6小时35分

33. 已知自行车与摩托车的速度比是2∶3，摩托车与汽车的速度比是2∶5。已知汽车15分钟比自行车多走11公里，问自行车30分钟比摩托车少走多少公里（　　）

(2015年甘肃省第13题)

A. 2　　　　　B. 4　　　　　C. 6　　　　　D. 8

34. 某社区图书馆清点图书库存，发现拥有人文社科类图书数量是自然科学类图书的2倍，比儿童图书多15册，拥有的儿童图书是生活应用类图书的1/3，其他类图书76册，占所有图书的1/6，问该社区图书馆拥有自然科学图书多少册（　　）（2015年甘肃省第15题）

A. 32　　　　B. 36　　　　C. 40　　　　D. 48

35. 杂货店打烊后，收银机中有1元、10元和100元的纸币共60张，问这些纸币的总面值可能为多少元（　　）（2015年甘肃省第16题）

A. 2100　　　B. 2400　　　C. 2700　　　D. 3000

36. 某班级有男生6名，女生4名，现以随机抽签的形式选取三人参加演讲比赛，问抽到一名男生两名女生的概率在以下哪个范围之内（　　）（2015年甘肃省第17题）

A. 25%~35%　　B. 高于35%　　C. 低于15%　　D. 15%~25%

37. A、B两地相距400米，早上8点小周和老王同时从A地出发在A、B两地间往返锻炼。小周每分钟跑200米，老王每分钟走80米，问8点11分，小周和老王之间的距离是多少米（　　）（2015年甘肃省第19题）

A. 0　　　　　B. 80　　　　C. 120　　　　D. 200

38. 某工厂新招了一百多名女工，为她们分配宿舍时发现若每间住6人则有一个房间少1人，若每间住7人则有一个房间只有1人住，问如果每个房间最多住4人的话，最少需要几个房间（　　）（2015年甘肃省第20题）

A. 26　　　　B. 27　　　　C. 28　　　　D. 29

39. 甲、乙、丙、丁、戊、己六个棋手进行单循环比赛（每人都与其他选手赛一场），已知第一轮甲的对手是丙，第二轮乙的对手是丁，第三轮丙的助手是戊，第四轮甲的对手是乙，那么第五轮己的对手是（　　）（2015年甘肃省第23题）

A. 甲　　　　B. 乙　　　　C. 丙　　　　D. 戊

40. 小张和小王从16楼下到1楼，小张走楼梯，每层楼有32级台阶，他每分钟能走80级。小王坐电梯，每上下1层用时10秒钟，每次开关门上下人共用时20秒钟，小张开始下楼的时候，小王乘坐的电梯刚下到16层，而在小王乘坐电梯下行的过程中，电梯又停下来上下人5次。问小王坐的电梯到1层之后，还要等多长时间小张才能到1层（　　）（2015年甘肃省第25题）

A. 不到1分钟　　B. 1~2分钟　　C. 2~3分钟　　D. 3~4分钟

41. 有编号1~5的5个箱子，将10个完全相同的小球放进5个箱子，要求每个箱子里必须有小球且数量不能超过箱子的编号，问符合要求的放小球的方法有多少种（　　）（2015年甘肃省第26题）

A. 21 B. 22 C. 23 D. 24

42. 将2个棱长为30厘米的正方体木块的六面分别全涂成黑色后,都锯成棱长为10厘米的小正方体,问从这些小正方体中随机抽取出多少个,才能保证一定能够在取出的小立方体中挑出8个,拼成外表面全为黑色的,棱长为20厘米的正方体（　　）(2015年甘肃省第27题）

A. 27 B. 36 C. 40 D. 46

43. （2015年广东省第40题）

（　）	14	19	102
16	22	109	1
12	101	（　）	30
107	11	15	5

A. 11, 7 B. 13, 5 C. 17, 9 D. 21, 3

44. 阅览室有100本杂志,小赵借阅过其中75本,小王借阅过70本,小刘借阅过60本,则三人共同借阅过的杂志最少有（　　）本。(2015年广东省第41题）

A. 5 B. 10 C. 15 D. 30

45. 在一次抽奖活动中,要把18个奖品分成数量不等的4份各自放进不同的抽奖箱。则一个抽奖最多的奖品是（　　）（2015年广东省第42题）

A. 6 B. 8 C. 12 D. 15

46. 水果店一天卖出每千克为10元、12元、16元的3种水果共100千克,共收入1316元。已知售出的每千克12元和每千克16元的水果共收入1016元,那么每千克10元的水果售出了（　　）千克。(2015年广东省第43题）

A. 26 B. 30 C. 34 D. 38

47. 小吴到商店买布。有两种同样长的布料,小吴买了第一种布料25米,买了第二种布料12米,小吴买完后,第一种布料剩下的长度是第二种布料剩下的长度的一半。那么这两种布料原来共有（　　）米。(2015年广东省第45题）

A. 26 B. 38 C. 72 D. 76

48. 某乡镇举行运动会,共有长跑、跳远和短跑三个项目。参加长跑的有49人,参加跳远的有36人,参加短跑的有28人,只参加其中两个项目的有13人,参加全部项目的有9人。那么参加该次运动会的总人数为（　　）(2015年广东省第46题）

A. 75 B. 82 C. 88 D. 95

49. 小李有一部手机,手机充满电后,可供通话6小时或者供待机210小时。某天,小李乘坐火车,上车时手机处于满电状态,而当他下车时手机电量刚好耗尽。如果小李在火车上的通话时长相当于他乘坐火车时长的一半,其余时间手机均为待机状态,

那么他乘坐火车的时长是（　　）（2015年广东省第48题）

　　A. 9小时10分　　　　　　　　B. 9小时30分
　　C. 10小时20分　　　　　　　 D. 11小时40分

50. 某次考试中，成绩不超过30分的有153名考生，平均分为24分；成绩不低于80分的有59名考生，平均分为92分；成绩超过30分的平均分为62分；成绩低于80分的平均分为54分。那么参加这次考试的考生共有（　　）人。（2015年广东省第49题）

　　A. 795　　　　B. 875　　　　C. 1007　　　　D. 1264

51. 某单位花费98元采购了一批型号分别为大、中、小的文件袋，它们的单价分别为4元、3元、2元。已知大号文件袋的数量是中号文件袋的一半，中号文件袋与大号文件袋加起来的数量比小号文件袋少一个。则该单位采购的大、中、小号文件袋共（　　）个。（2015年广州市第46题）

　　A. 33　　　　B. 37　　　　C. 39　　　　D. 42

52. 某运动品牌商城举行节日促销，顾客购物满368元即可获赠一张面值为100元的代金券，该代金券可在下一次消费时，用于购买单件价格在129元以上的商品。小张想在该商城购买4件商品，价格分别为299元、199元、119元、69元，则他至少需要支付（　　）元。（2015年广州市第47题）

　　A. 386　　　　B. 486　　　　C. 586　　　　D. 686

53. 在一幅比例尺为1：200的地图上标注有一个长方形的鱼塘，该鱼塘的长与宽之比为3：2，在地图上量得的周长为30厘米。则该鱼塘的实际面积是（　　）平方米。（2015年广州市第48题）

　　A. 216　　　　B. 432　　　　C. 864　　　　D. 900

54. 某种福利彩票有两处刮奖区，刮开刮奖区会显示数字1、2、3、4、5、6、7、8、9、0中的一个，当两处刮奖区所显示数字之和等于8时才为中奖，则这种福利彩票的中奖概率为（　　）（2015年广州市第49题）

　　A. 1/10　　　　B. 9/100　　　　C. 2/25　　　　D. 11/100

55. 学校运动会4×400米比赛，甲班最后一名选手起跑时，乙班最后一名选手已经跑出20米。已知甲班选手跑8步的路程乙班选手只需要跑5步，但乙班选手跑2步的时间甲班选手能跑4步，则当甲班选手跑到终点时，乙班选手距离终点（　　）米。（2015年广州市第50题）

　　A. 30　　　　B. 40　　　　C. 50　　　　D. 60

56. 股民甲和乙分别持有同一家公司的股票。如果乙将自己的10000股转给甲，则此时甲持有该股票的份额是乙的3倍；如果甲将自己的1000股转给乙，则此时乙持有该股票的份额比甲多6倍。那么，甲乙二人共持有（　　）股该公司股票。（2015年广州市第51题）

　　A. 6400　　　　B. 17600　　　　C. 17800　　　　D. 28800

57. 甲、乙、丙三人参加满分为 100 分的英语口语考试。结果是：甲的成绩比乙、丙二人的平均分多 7.5 分，乙的成绩比甲、丙二人的平均分少 6 分。已知丙的成绩为 80 分，则这次考试三人的平均分是（　　）分。（2015 年广州市第 52 题）

　　A. 75　　　　　B. 78　　　　　C. 81　　　　　D. 84

58. 某农户在鱼塘里放养了一批桂花鱼苗。过了一段时间，为了得知鱼苗存活数量，他先从鱼塘中捕出 200 条鱼，做上标记之后，再放回鱼塘，过几天后，再从鱼塘捕出 500 条鱼，其中有标记的鱼苗有 25 条。假设存活的鱼苗在这几天没有死，则这个鱼塘里存活鱼苗的数量最有可能是（　　）条。（2015 年广州市第 53 题）

　　A. 1600　　　　B. 2500　　　　C. 3400　　　　D. 4000

59. 下图为某大厦走火通道逃离路线。某大厦集中所有的人员开展火灾逃生演习，从入口 A 点出发，要沿某几条线段才到出口 F 点。逃离中，同一个点或同一线段只能经过 1 次。假设所有逃离路线都是安全的，则不同的逃离路线最多有（　　）种。（2015 年广州市第 54 题）

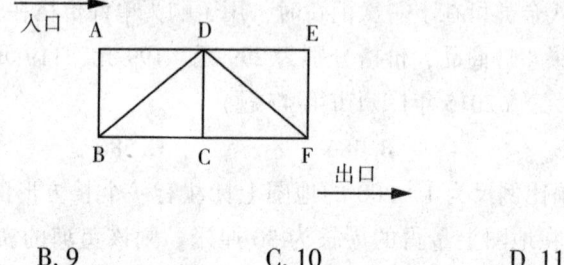

　　A. 8　　　　　B. 9　　　　　C. 10　　　　　D. 11

60. 下图为某公园花展的规划图。其中，正方形面积的 3/4 是玫瑰花展区，圆形面积的 6/7 是郁金香花展区，且郁金香花展区比玫瑰花展区多占地 450 平方米。那么，水池占地（　　）平方米。（2015 年广州市第 55 题）

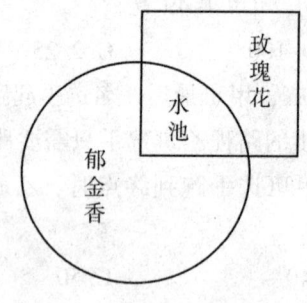

　　A. 100　　　　B. 150　　　　C. 225　　　　D. 300

61. 甲、乙、丙、丁每人隔不同的天数去健身房健身，甲 2 天去一次，乙 3 天去一次，丙 4 天去一次，丁 5 天去一次，上周星期日四人在健身房同日健身，下一次四人同日去健身房健身是（　　）（2015 年河北省第 62 题）

A. 星期四　　　　B. 星期五　　　　C. 星期六　　　　D. 星期日

62. 某市出租车运营方案调整如下：起步价由过去的 5 元 2 公里调整为 8 元 3 公里，运价由每公里 1.2 元上调至每公里 1.6 元。调整前后行程超过 10 公里则超出部分均需加收半价返程费。现在王先生打车由甲地去乙地，两地相距 12 公里，王先生所付出租车费比调整前多付多少元（　　）（不计候车计费）（2015 年河北省第 63 题）

A. 4.6　　　　B. 5.8　　　　C. 6.6　　　　D. 7.2

63. 在长 581 米的道路两侧植树，假设该路段仅两端有路口，要求在道路路口 15 米范围内最多植 1 棵树，并且相邻两棵树间的距离为 4 米，问最多能植多少棵树（　　）（2015 年河北省第 64 题）

A. 137　　　　B. 139　　　　C. 278　　　　D. 280

64. 钢筋原材料长 7.2 米，生产某构件用长 2.8 米的钢筋 2 根，长 2.1 米的钢筋 3 根，在生产若干该构件时恰好将 2.8 米和 2.1 米的钢筋同时用完，在保证浪费率最小的条件下使用钢筋原材料至少多少根（　　）（2015 年河北省第 70 题）

A. 2　　　　B. 7　　　　C. 8　　　　D. 9

65. 某单位实行无纸化办公，本月比上个月少买了 5 包 A4 纸和 6 包 B5 纸，共节省了 197 元。已知每包 A4 纸的价格比 B5 纸的贵 2 元，并且本月用于购买 A4 纸和 B5 纸的费用相同（大于 0 元），那么该单位本月用于购买纸张的费用至少多少元（　　）（2015 年河北省第 72 题）

A. 646　　　　B. 520　　　　C. 323　　　　D. 197

66. 甲、乙两个办公室的员工都不到 20 人，如果从甲办公室调到乙办公室若干人，则甲的人数是乙的人数的 2 倍；如果从乙调到甲办公室相同的人数，则甲的人数是乙的 3 倍，原来甲办公室有多少人（　　）（2015 年黑龙江省第 56 题）

A. 16　　　　B. 17　　　　C. 18　　　　D. 19

67. 某次考试，题目是 30 道多项选择题，每题选对所有正确选项 3 分，少选且正确的 1 分，不选或选错倒扣 1 分，小王最终得分为 50 分。现要求改变评分方式，选对所有正确选项得 4 分，少选且正确得 1 分，不选或错选倒扣 2 分，问这种评分方式下小王将得多少分（　　）（2015 年黑龙江省第 57 题）

A. 40　　　　B. 55　　　　C. 60　　　　D. 65

68. 三行列间距相等共有九盏灯，任意亮起其中的三盏组成一个三角形，持续 5 秒后换另一个三角形，那么如此持续亮。亮完所有的三角形组合至少需要多少秒（　　）（2015 年黑龙江省第 60 题）

A. 380　　　　B. 390　　　　C. 410　　　　D. 420

69. 小区内空着一排相邻的 8 个车位，现有 4 辆车随机停进车位，恰好没有连续空位的停车方式共有多少种（　　）（2015 年黑龙江省第 61 题）

A. 48　　　　B. 120　　　　C. 360　　　　D. 1440

70. 甲、乙两船同时从 A 地出发，甲船逆流前往 B 地，乙船顺流前往 C 地，1 小时后两艘船同时掉头航向 A 地,甲船比乙船早 1 小时返回,已知甲船的静水速度是水流的 3 倍,那么甲船的静水速度和乙船的静水速度之比是(   )(2015 年黑龙江省第 62 题)

  A.3∶5   B.2∶3   C.3∶4   D.2∶5

71. 某项工程,甲工程队单独施工需要 30 天完成,乙施工队单独施工需要 25 天完成,甲队单独施工了 4 天后改由两队一起施工,其间甲队休息了若干天,最后整个工程共耗时 19 天完成,问甲队中途休息了几天(   )(2015 年黑龙江省第 64 题)

  A.1   B.3   C.5   D.7

72. 环形跑道的周长为 400 米,甲、乙两人骑车同时从同一地点出发,匀速相向而行,16 秒后甲乙相遇。相遇后,乙立即调头,6 分 40 秒后甲第一次追上乙,问甲追上乙的地点距原来的起点多少米(   )(2015 年黑龙江省第 65 题)

  A.8   B.20   C.180   D.192

73. 某单位将 100 多名实习生分配到 2 个不同的部门中,如果要按照 5∶9 的比例分配,则需要额外招 4 个实习生才能按要求比例分配。如要按照 7∶11 的比例分配,最后会多出 2 个人。问该单位至少需要再招几个实习生、才能按照 3∶7 的比例分配给 2 个部门(   )(2015 年黑龙江省第 67 题)

  A.2   B.4   C.6   D.8

74. 2014 年某种中药材的价格是 17.3 元/公斤,2015 年药农老黄的该种药材预计产量比上年增加 25%,总收入预计能比上年增加 50%,老黄决定将药材存放到 2016 年再销售。如 2016 年该种药材的价格涨幅与 2015 年相同,那么预计老黄销售这批药材的收入能比 2014 年中销售该种药材的收入增加(   )(2015 年黑龙江省第 69 题)

  A.60%   B.80%   C.100%   D.120%

75. 从 A 地到 B 地的道路如下图所示,所有转弯均为直角,问如果要以最短距离从 A 地到达 B 地,有多少种不同的走法可以选择(   )(2015 年黑龙江省第 70 题)

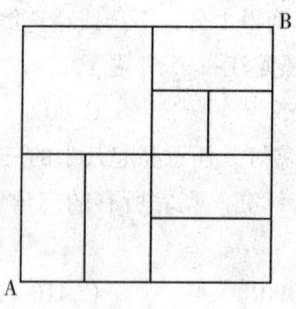

  A.14   B.15   C.18   D.21

76. 已知一等差数列 a_1, 21, a_3, 31, …, a_n, …, 若 $a_n=516$,则该数列前 n 项的平均数是(   )(2015 年江苏省第 31 题)

A. 266　　　　　B. 258　　　　　C. 255　　　　　D. 212

77. 假设空气质量可按良好、轻度污染和重度污染三类划分。一环境监测单位在某段时间对63个城市的空气质量进行了监测，结果表明：空气质量良好城市数是重度污染城市数的3倍还多3个，轻度污染城市数是重度污染城市数的2倍。那么空气质量良好的城市个数是（　　）（2015年江苏省第36题）

　　A. 33　　　　　B. 31　　　　　C. 23　　　　　D. 27

78. 同样价格的某商品在4个商场销售时都进行了两次价格调整。甲商场第一次提价的百分率为a，第二次提价的百分率为b（$a>0$，$b>0$，且$a\neq b$）；乙商场两次提价的百分率均为$\frac{1}{2}(a+b)$；丙商场第一次提价的百分率为$\frac{1}{3}(a+b)$，第二次提价的百分率为$\frac{2}{3}(a+b)$；丁商场第一次提价的百分率为b，第二次提价的百分率为a，两次提价后该商品售价最高的商场是（　　）（2015年江苏省第37题）

　　A. 甲商场　　　B. 乙商场　　　C. 丙商场　　　D. 丁商场

79. 黑白两个盒子中共有棋子193颗。若从白盒子中取出15颗棋子放入黑盒子中，则黑盒子中的棋子数是白盒子中棋子数的m（m为正整数）倍还多6颗。那么，黑盒子中原来的棋子至少有（　　）（2015年江苏省第38题）

　　A. 121颗　　　B. 140颗　　　C. 161颗　　　D. 167颗

80. 在一次航海模型展示活动中，甲乙两款模型在长100米的水池两边同时开始相向匀速航行，甲款模型航行100米需要72秒，乙款模型航行100米需要60秒，若调头转身时间忽略不计，在12分钟内甲乙两款模型相遇的次数是（　　）（2015年425联考第58题）

　　A. 9　　　　　B. 10　　　　　C. 11　　　　　D. 12

81. 某超市销售"双层锅"和"三层锅"两种蒸锅套装，其中"双层锅"需要2层锅身和1个锅盖，"三层锅"需要3锅身和1个锅盖，并且每卖一个"双层锅"获利20元，每卖一个"三层锅"获利30元，现有7层锅身和4个锅盖来组合"双层锅"和"三层锅"两种蒸锅套装，那么最大获利为（　　）（2015年425联考第59题）

　　A. 50元　　　B. 60元　　　C. 70元　　　D. 80元

82. 掷两个骰子，掷出的点数之和为奇数的概率为P_1，掷出的点数之和为偶数的概率为P_2，问P_1和P_2的大小关系为（　　）（2015年425联考第60题）

　　A. $P_1=P_2$　　B. $P_1>P_2$　　C. $P_1<P_2$　　D. 无法确定

83. 为了国防需要，A基地需要运载1480吨战备物资到1100千米外的B基地。现在A基地只有一架"运9"大型运输机和一列"货运列车"，"运9"速度为550千米每小时，载重能力为20吨，"货运列车"速度100千米每小时，运输能力为600吨，那么这批战备物资到达B基地的最短时间为（　　）（2015年425联考第61题）

　　A. 53小时　　　B. 54小时　　　C. 55小时　　　D. 56小时

165

84. 有135人参加某单位的招聘，31人有英语证书和普通话证书，37人有英语证书和计算机证书，16人有普通话证书和计算机证书，其中一部分人有三种证书，而另一部分人则只有一种证书。该单位要求必须至少有两种上述证书的应聘者才有资格参加面试。问至少有多少人不能参加面试（ ）（2015年425联考第65题）

  A. 50   B. 51   C. 52   D. 53

85. 一只挂钟的秒针长30厘米，分针长20厘米，当秒针的顶点走过的弧长约为9.42米时，分针的顶点约走过的弧长为多少厘米（ ）（2015年425联考第66题）

  A. 6.98   B. 10.47   C. 15.70   D. 23.55

86. 某果农要用绳子捆扎甘蔗，有三种规格的绳子可供使用：长绳子1米，每根能捆7根甘蔗；中等长度绳子0.6米，每根能捆5根甘蔗；短绳子0.3米，每根能捆3根甘蔗。果农最后捆扎好了23根甘蔗。则果农总共最少使用多少米的绳子（ ）（2015年425联考第67题）

  A. 2.1   B. 2.4   C. 2.7   D. 2.9

87. 某场羽毛球单打比赛采取三局两胜制。假设甲选手在每局都有80%的概率赢乙选手，那么这场单打比赛甲有多大的概率战胜乙选手（ ）（2015年425联考第69题）

  A. 0.768   B. 0.800   C. 0.896   D. 0.924

88. 甲、乙两人分别从A、B两地同时出发，相向而行。甲的速度是8公里/小时，乙的速度是5公里/小时，甲乙两人相遇时，距离A/B两地的中点正好1公里，问当甲到达B地后，乙还需要多长时间才能到达A地（ ）（2015年山东省第51题）

  A. 39分钟   B. 31分钟   C. 22分钟   D. 14分钟

89. 在直径10米的圆形小广场上放置了7根旗杆，将距离最近的两根旗杆用绳子连起来，问绳子的长度最长可能为多少米（ ）（2015年山东省第52题）

  A. $\sqrt{5}$ B. $\sqrt{10}$ C. 5   D. $5\sqrt{2}$

90. 某次知识竞赛的决赛有3人参加，规则为12道题每题由1人以抢答方式答题，正确得10分，错误扣8分，如果最后所有人得分都是正分，且回答问题最多的人是得分最少的人，那么前两名之间的分差最多为多少分（ ）（2015年山东省第56题）

  A. 8   B. 12   C. 20   D. 40

91. 某单位从下属的5个科室各抽调了一名工作人员，交流到其他科室，如每个科室只能接收一个人的话，有多少种不同的人员安排方式（ ）（2015年山东省第59题）

  A. 120   B. 78   C. 44   D. 24

92. 某企业前5个月的销售额为全年计划的3/8，6月的销售额为600万元，其上半年销售额占全年计划的5/12，问其下半年平均每月要实现多少万元的销售额才能完成全年的销售计划（ ）（2015年山东省第60题）

  A. 1600   B. 1800   C. 1200   D. 1400

93. 从甲地到乙地 111 千米,其中有 1/4 是平路,1/2 是上坡路,1/4 是下坡路。假定一辆车在平路的速度是 20 千米/小时,上坡的速度是 15 千米/小时,下坡的速度是 30 千米/小时。则该车由甲地到乙地往返一趟的平均速度是多少(　　)(2015 年山东省第 61 题)

　　A. 19 千米/小时　　　　　　B. 20 千米/小时
　　C. 21 千米/小时　　　　　　D. 22 千米/小时

94. 乒乓球世界杯锦标赛上,中国队、丹麦队、日本队和德国队分在一个小组,每两个队之间都要比赛 1 场,已知日本队已比赛了 1 场,德国队已比赛了 2 场,中国队已比赛了 3 场,则丹麦队还有几场比赛未比(　　)(2015 年山东省第 64 题)

　　A. 0　　　　　B. 1　　　　　C. 2　　　　　D. 3

95. 由于汛期暴雨某路段发生塌陷,要进行抢修,需在规定日期内完成,如果由甲工程队修,恰好按期完成;如果由乙工程队修,则要超过规定日期 3 天。如果两个工程队合作了 2 天,余下的部分由乙工程队单独做,正好在规定日期内完成,则规定日期的天数是(　　)(2015 年上半年天津市第 61 题)

　　A. 4　　　　　B. 5　　　　　C. 6　　　　　D. 7

96. 某科学兴趣小组在进行一项科学实验,从装满 100 克浓度为 80% 的盐水中倒出 40 克盐水后,再倒入清水将杯倒满,搅拌后再倒出 40 克盐水,然后再倒入清水将杯倒满,这样反复三次后,杯中盐水的浓度是(　　)(2015 年上半年天津市第 62 题)

　　A. 11.52%　　　B. 17.28%　　　C. 28.8%　　　D. 48%

97. 第一实验小学的少先队员在"希望工程"的募捐活动中,为偏远山区失学儿童捐献了一批图书,计划把这批图书的 1/10 又 6 本送给青山希望小学;把余下的一部分送给刘村希望小学,送给刘村希望小学的书比送给青山希望小学的 3 倍还多 136 本;又把第二次余下的 75% 又 80 本送给石桥小学;最后剩下的 300 本,由少先队员代表直接交给了林杨希望小学。第一实验小学的少先队员们一共捐的书是多少本(　　)(2015 年上半年天津市第 63 题)

　　A. 2000　　　B. 2400　　　C. 2600　　　D. 2800

98. 某水果超市购进苹果和葡萄共计 100 千克,总值若干元,定价标准是苹果降价 20%,葡萄提价 20%,这样苹果和葡萄每千克价格均为 9.6 元,总值比原来减少 140 元。计算一下,该超市购进苹果有多少千克(　　)(2015 年上半年天津市第 66 题)

　　A. 65　　　　B. 70　　　　C. 75　　　　D. 80

99. 某商场销售某种商品,第一个月将此商品的进价加价 20% 作为销售价,共获利 6000 元,第二个月商场搞促销活动,将商品的进价加价 10% 作为销售价,第二个月的销售量比第一个月增加了 100 件,并且商场第二个月比第一个月多获利 2000 元。此商品第二个月的销售件数是(　　)(2015 年上半年天津市第 68 题)

　　A. 270　　　　B. 260　　　　C. 170　　　　D. 160

100. 要计算某高三学生在四次外语模拟考试中得到四个分数的平均分数,算法如下：每次选出其中的三个分数算出它们的平均数，再加上另外一个分数，用这种方法算了四次，分别得到以下四个分数：86，92，100，106。请你算出该学生这四次模拟考试成绩的平均分数是（　　）（2015年上半年天津市第69题）

  A. 56   B. 50   C. 48   D. 46

101. 老师跟学生在室内场馆玩倒影猜距离的游戏。老师让身高1.6米的小陈站在场馆中间，并依次打开位于小陈正前方高度均为6.4米的两盏灯。如果测得小陈在地板上的影子长度分别是1米和2米，那么，上述两盏灯之间的距离是多少米（　　）（2015年下半年天津市第61题）

  A. 2   B. 3   C. 4   D. 5

102. 甲乙两人进行围棋对弈，当盘面上乙的棋子数目比甲多一倍时，乙再次发起进攻，下了5手后，吃了甲10枚棋子。此时，盘面上乙的棋子数目恰好比甲多2倍。那么，现在棋盘上甲、乙各有几枚棋子（　　）（2015年下半年天津市第62题）

  A. 15，45   B. 17，51   C. 25，75   D. 12，36

103. 某超市出售四种水果礼盒，其中礼盒一有3个苹果4个梨，售价20元；礼盒二有4个苹果3个梨，售价22元；礼盒三有5个苹果6个梨，售价32元；礼盒四有6个苹果2个梨，售价28元。小张从中选购得到11个苹果8个梨，请问小张结账时要支付多少钱（　　）（2015年下半年天津市第63题）

  A. 40元   B. 60元   C. 68元   D. 72元

104. 某次考试前三道试题的总分值是60分，已知第一题比第二题的分值少4分，第二题比第三题的分值少4分，问第三题的分值是多少分（　　）（2015年山东省第65题）

  A. 18   B. 16   C. 24   D. 22

105. 一个由边长25人和15人组成的矩形方阵，最外面两圈人数总和为（　　）（2015年上半年天津市第64题）

  A. 232   B. 144   C. 165   D. 196

106. 甲乙丙丁四个学生共同使用一条宽带上网。他们平均分摊了上月使用的宽带上网费（无任何套餐，按流量计费），并约定届时按各人实际使用流量进行结算。根据流量查询结果，甲、乙、丙分别比丁多用了3G、7G、14G的网络流量。最后结算时，乙将超过平均流量的使用费0.7元付给丁，那么丙应付给丁多少钱（　　）（2015年下半年天津市第64题）

  A. 1.4元   B. 2.1元   C. 2.8元   D. 3.5元

107. 某项工程由甲、乙、丙三个工程队负责施工，他们将工程总量等额分成了三份同时开始施工。当乙队完成了自己任务的一半时，甲队派出一半的人力加入丙队工作。最后三队同时完成任务。则甲、乙、丙三队的施工速度比为（　　）（2015年下半年天津市第65题）

  A. 3 : 2 : 1   B. 4 : 2 : 1   C. 4 : 3 : 2   D. 6 : 3 : 2

108. 某海关缉私巡逻船在执行巡逻任务时，发现其所在位置南偏东 30 度方向 12 海里处有一涉嫌走私船只，正以 20 海里/小时的速度向正东方向航行。若巡逻船以 28 海里/小时的速度追赶，在涉嫌走私船只不改变航向和航速的前提下，最快多久能追上（　　）（2015 年下半年天津市第 66 题）

    A. 1   B. 1.25   C. 1.5   D. 1.75

109. 某夫妻要在假期带小孩外出旅游。当地有甲、乙两家旅行社，旅游定价都一样，但对家庭旅游都有优惠。甲旅行社表示小孩可打六折；乙旅行社表示全家可打八五折。经核算，乙旅行社要便宜 100 元，那么成人旅游定价是（　　）（2015 年下半年天津市第 67 题）

    A. 1000 元   B. 1500 元   C. 1800 元   D. 2000 元

110. 篮球比赛中，每支球队上场球员为 5 名。某支篮球队共有 12 名球员，其中后卫 5 名（全明星球员 1 名），前锋 5 名（全明星球员 1 名），中锋 2 名。主教练准备排出双后卫阵型，且要保证全明星球员都上场，问总共有多少种安排方式（　　）（2015 年下半年天津市第 69 题）

    A. 60   B. 70   C. 140   D. 480

111. 小黄在白纸上画了一个圆圈，使得 7 枚同一规格的硬币可以无重叠落在圆圈内，问圆圈半径与硬币半径的最小比值是多少（　　）（2015 年下半年天津市第 70 题）

    A. $2\sqrt{2}+2$ B. $2\sqrt{2}+1$ C. 3   D. 2

112. $\dfrac{1}{\sqrt{2}+\sqrt{1}}+\dfrac{1}{\sqrt{3}+\sqrt{2}}+\dfrac{1}{\sqrt{4}+\sqrt{3}}+\cdots+\dfrac{1}{\sqrt{16}+\sqrt{15}}$ 的值是（　　）（2015 年下半年吉林省第 59 题）

    A. $\sqrt{2}$ B. 2   C. $2\sqrt{2}$ D. 3

113. 在某十字路口处，一辆汽车的行驶方向有 3 个：直行、左转弯、右转弯。且三种可能性大小相同，则有 3 辆独立行驶的汽车经过该十字路口全部右转弯的概率是（　　）（2015 年下半年吉林省第 63 题）

    A. 1/3   B. 1/6   C. 1/9   D. 1/27

114. 某人想要通过掷骰子的方法做一个决定，他同时掷 3 颗完全相同且均匀的骰子，如果向上的点数之和为 4，他就做此决定，那么，他能做这个决定的概率是（　　）（2015 年下半年吉林省第 64 题）

    A. 1/36   B. 1/64   C. 1/72   D. 1/81

115. 某加工厂要将一个表面积为 384 平方厘米的正方体金属原材料切割成体积为 8 立方厘米的小正方体半成品，如果不计损失，这样的小正方体可以加工的个数为（　　）（2015 年下半年吉林省第 65 题）

    A. 64   B. 36   C. 27   D. 16

116. 将 2 名教师、4 名学生分成 2 个小组，去甲、乙两座城市参加数学建模比赛，每个小组都要包含 1 名教师和 2 名学生，问不同的安排方法共有几种（　　）（2015 年新疆维吾尔自治区第 39 题）

    A. 6   B. 12   C. 18   D. 24

117. 某单位五个科室间举办拔河比赛，每两个科室之间最多比赛一场。其中甲、乙、丙、丁科室分别参加了 4、3、2 和 1 场比赛，问已经进行了多少场比赛（　　）（2015 年新疆维吾尔自治区第 40 题）

    A. 8   B. 7   C. 6   D. 5

118. 某种产品每箱中个数相等，将 1 箱这种产品按照每盒 47 个的方式重新装盒，最后剩 15 个；如果将 10 箱这种产品按照每盒 47 个重新装盒，问最后剩多少个（　　）（2015 年新疆维吾尔自治区第 41 题）

    A. 9   B. 29   C. 36   D. 39

119. 有 5 个数，其中任何三个数的平均值分别是 0、1、2、2、3、3、4、4、5、6，则这 5 个数的平均值为（　　）（2015 年新疆维吾尔自治区第 42 题）

    A. 2.5   B. 3   C. 3.5   D. 4

120. 某停车场有三排停车位，每排的停车位数量相同。管理员发现如果只使用两排停车位，能够停放的车辆数正好与使用三排停车位，但每排空出 6 个车位停放的车辆数相同。问该停车场共有多少个停车位（　　）（2015 年新疆维吾尔自治区第 46 题）

    A. 36   B. 42   C. 48   D. 54

121. 某校计算机学院学生组成的正方形实心方阵参加学校体育节开幕式，能组成的最大方阵最外层人数为 48 人。问该学院的学生人数在以下哪个范围内（　　）（2015 年新疆维吾尔自治区第 47 题）

    A. 144～155   B. 156～168   C. 169～195   D. 大于 195

122. 甲、乙两支工程队负责高校自来水管道改造工作，如果由甲队或乙队单独施工，预计分别需要 20 天和 30 天完成。实际工作中一开始由甲队单独施工，10 天后乙队加入。问工程从开始到结束共用时多少天（　　）（2015 年新疆维吾尔自治区第 48 题）

    A. 15   B. 16   C. 18   D. 25

123. 李木在某次考试中，课程甲和课程乙得 178 分，课程丙和课程丁得 171 分，课程乙和课程丙得 174 分，课程丁比课程甲高 1 分。问李木四门课程中哪门课程得分最高（　　）（2015 年新疆维吾尔自治区第 49 题）

    A. 课程甲   B. 课程乙   C. 课程丙   D. 课程丁

124. 某大学生从学校骑车至某小区，学校与该小区仅相隔一个山坡。从学校直接上坡，再下坡即到达该小区。已知下坡速度是上坡速度的 2.5 倍，下坡所花时间是上坡时间的一半。若返回时的上下坡速度仍保持不变，则从小区返回学校花费时间与从学校到小区花费时间之比为（　　）（2015 年新疆维吾尔自治区第 50 题）

    A. 11∶10   B. 10∶11   C. 12∶11   D. 11∶12

125. 学校图书馆有三大书架,共放书若干册。从第一个书架拿出与第二个书架相同册数的书并到入第二个书架,再从第二个书架拿出与第三个书架相同册数的书并列入第三个书架,最后从第三个书架拿出与第一个书架剩下的册数相同的书并列入第一个书架,此时三个书架的书册数加和完全相同。问原来第一个书架和第三个书架的书本册数之比为( )（2015 年新疆维吾尔自治区第 51 题)

    A. 1∶1   B. 3∶2   C. 8∶5   D. 11∶6

126. 舞蹈队的年龄之和是 2654 岁,其中年龄最大的不超过 79 岁,最小的不低于 50 岁,且最多有 4 个人彼此年龄相同,则这些人中至少有多少人的年龄不低于 60 岁( )（2015 年新疆维吾尔自治区第 52 题)

    A. 5   B. 6   C. 7   D. 8

127. 甲、乙两汽车分别从 P、Q 两地同时出发相向而行,途中各自速度保持不变。他们第一次相遇在距 P 点 16 千米处,然后各自前行,分别到达 Q、P 两地后立即折返,第二次相遇在距 P 点 32 千米处,则甲、乙速度之比为( )（2015 年深圳市第 47 题)

    A. 2∶3   B. 2∶5   C. 4∶3   D. 4∶5

128. 用白铁皮做罐头盒,每张铁皮可制 16 个盒身或 43 个盒底,一个盒身与两个盒底配成一套罐头盒。现有 150 张白铁皮,则应用( )张来制盒身,余下的制盒底,可以正好全部制成整套的罐头盒。(2015 年深圳市第 48 题)

    A. 86   B. 78   C. 64   D. 54

129. 一本书的上、下册共 735 页,小刚看上册,每天看 45 页;小强看下册,每天看 30 页。5 天后他们各自未看的书页数相等,此时小强下册还剩下( )页没看。(2015 年深圳市第 49 题)

    A. 180   B. 200   C. 210   D. 240

130. 世界石油价格上涨,导致油站供油不足。已知三辆油罐车分别运来 $5\frac{5}{6}$、$2\frac{5}{8}$、$6\frac{2}{9}$ 吨油,农忙季节农用机车急需用油,为支援生产,把三罐油平均分成若干等份,每份尽可能多,每台农用机车一次凭车牌号领取一份油,则至少可满足( )台农用机车的需求。(2015 年深圳市第 50 题)

    A. 125   B. 138   C. 151   D. 163

131. 一辆卡车车厢底面为 4.8 平方米,运送一种长方形包装箱,包装箱的棱长分别为 0.5 米、0.4 米、0.3 米。如果放三层,这辆卡车最多可装( )个包装箱。(2015 年深圳市第 51 题)

    A. 100   B. 120   C. 150   D. 200

132. 某商店 10 月 1 日开业后,每天的营业额均以 100 元的速度上涨,已知该月 15 号这一天的营业额为 5000 元,问该商店 10 月份的总营业额为多少元( )（2016 年 423 联考第 62 题)

A. 163100　　　　B. 158100　　　　C. 155000　　　　D. 150000

133. 某企业原有职工110人，其中技术人员是非技术人员的10倍，今年招聘后，两类人员的人数之比未变，且现有职工中技术人员比非技术人员多153人。问今年新招非技术人员多少名（　　）（2016年423联考第63题）

　　　A. 7　　　　　　B. 8　　　　　　C. 9　　　　　　D. 10

134. 某地居民用水价格分二级阶梯，户年用水量在0～180（含）吨的水价5元/吨；180吨以上的水价7元/吨。户内人口在5人以上的，每多1人，阶梯水量标准增加30吨。老张家5人，老李家6人，去年用水量都是210吨。问老李家的人均水费比老张家少约多少元（　　）（2016年423联考第64题）

　　　A. 12　　　　　B. 35　　　　　C. 47　　　　　D. 60

135. A工程队的效率是B工程队的2倍，某工程交给两队共同完成需要6天。如果两队的工作效率均提高一倍，且B队中途休息了一天，问要保证工程按原来的时间完成，A队中途最多可以休息几天（　　）（2016年423联考第65题）

　　　A. 4　　　　　　B. 3　　　　　　C. 2　　　　　　D. 1

136. 某种商品原价25元，每半天可销售20个。现知道每降价1元，销量即增加5个。某日上午将该商品八折，下午在上午价格的基础上再打八折出售，问其全天销售额为多少元（　　）（2016年423联考第67题）

　　　A. 1760　　　　B. 1940　　　　C. 2160　　　　D. 2560

137. 如下图，正方形ABCD边长为10厘米，一只小蚂蚁E从A点出发匀速移动，沿边AB、BC、CD前往D点，哪个图形能反映三角形AED的面积与小蚂蚁移动时间的关系（　　）（2016年423联考第68题）

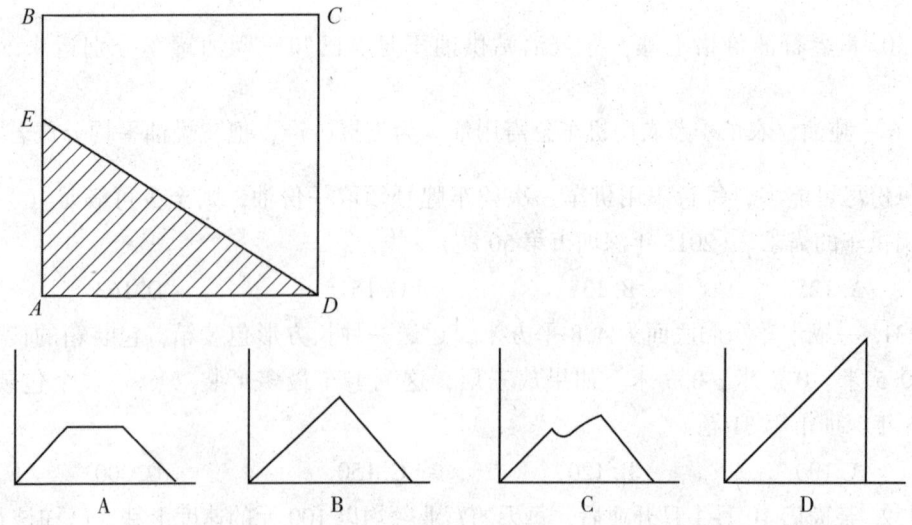

138. A、B两列列车早上8点同时从甲地出发驶向乙地，途中A、B两列车分别停

了 10 分钟和 20 分钟,最后 A 车于早上 9 点 50 分、B 车于早上 10 点到达目的地。问两车平均速度之比为（　　）(2016 年 423 联考第 69 题)

    A.1∶1   B.3∶4   C.5∶6   D.9∶11

139. 某餐厅设有可坐 12 人和可坐 10 人两种规格的餐桌共 28 张,最多可容纳 332 人同时就餐,问该餐厅有几张 10 人桌（　　）(2016 年 423 联考第 70 题)

    A.2   B.4   C.6   D.8

140. 三个连续的奇数,后两数之积与前两数之积的差为 2004,则这三个数中最小的数为（　　）(2016 年 423 联考第 71 题)

    A.497   B.499   C.201   D.203

141. 某高校艺术学院分音乐系和美术系两个系别,已知学院男生人数占总人数的 30%,且音乐系男女生人数之比为 1∶3,美术系男女生人数之比为 2∶3,问音乐系和美术系的总人数之比为（　　）(2016 年 423 联考第 72 题)

    A.5∶2   B.5∶1   C.3∶1   D.2∶1

142. 木匠加工 2 张桌子和 4 张凳子共需要 10 个小时,加工 4 张桌子和 8 张椅子需要 22 个小时。问如果他加工桌子、凳子和椅子各 10 张,共需要多少小时（　　）(2016 年 423 联考第 73 题)

    A.47.5   B.50   C.52.5   D.55

143. 将 1 千克浓度为 X 的酒精,与 2 千克浓度为 20% 的酒精混合后,浓度变为 $0.6X$。则 X 的值为（　　）(2016 年北京市第 72 题)

    A.50%   B.48%   C.45%   D.40%

144. 某单位组织职工参加周末培训,其中英语培训和财务培训均在周六,公文写作培训和法律培训均在周日。同一天举办的两场培训每人只能报名参加一场,但不在同一天的培训可以都参加。则职工小刘有多少种不同的报名方式（　　）(2016 年北京市第 75 题)

    A.4   B.8   C.9   D.16

145. 某企业对销售员的全年考评中,年中考评成绩和年末考评成绩分别占 20% 和 30%,销售业绩占 50%。销售员甲和乙的全年销售相同,甲的年中考评成绩比乙高 3 分,乙的全年考评成绩比甲高 3 分。则乙的年末考评成绩比甲高多少分（　　）(2016 年北京市第 77 题)

    A.6   B.8   C.10   D.12

146. 某工厂与订货商签订合同,约定订货商在订单生产完成 50% 和 80% 的时候分别支付两笔货款。在派 6 名工人生产 4 天后,完成了订单的 8%。如增派 9 名工人加入生产,则订货商在支付第一笔和第二笔货款间的时间间隔为多少天（假定所有工人工作效率相同）（　　）(2016 年北京市第 78 题)

    A.6   B.10   C.12   D.15

147. 两根同样长的木炭,燃烧完一根粗的木炭需要 2 小时,燃烧完一根细的木炭需要 1 小时。现同时点燃这两根木炭，若干分钟后将两根木炭同时熄灭，发现粗木炭的剩余长度是细木炭的剩余长度的 2 倍，则燃烧了（　　）分钟。(2016 年深圳市第 65 题)

  A. 35   B. 40   C. 45   D. 50

148. 小王以每股 10 元的相同价格买入 A 和 B 两只股票共 1000 股。此后 A 股先跌 5% 再涨 5%，B 股票先涨 5% 再跌 5%。若在此期间小王没有再买卖过这两只股票，则现在这 1000 股股票的市值是（　　）(2016 年江苏省第 66 题)

  A. 10250 元 B. 9975 元 C. 10000 元 D. 9750 元

149. 某剧场 A、B 两间影视厅分别坐有观众 43 人和 37 人，如果把 B 厅的人往 A 厅调动，当 A 厅满座后，B 厅内剩下的人数占 B 厅容量的 1/2，如果将 A 厅的人往 B 厅调动，当 B 厅满座后，A 厅内剩下的人数占 A 厅容量的 1/3，问 B 厅能容纳多少人（　　）(2015 年山东省第 62 题)

  A. 56   B. 54   C. 64   D. 60

150. 甲和乙两个公司 2014 年的营业额相同，2015 年乙公司受店铺改造工程影响，营业额比上年下降 300 万元。而甲公司则引入电商业务，营业额比上年增长 600 万元，正好是乙公司 2015 年营业额的 3 倍。则 2014 年两家公司的营业额之和为多少万元（　　）(2016 年北京市第 79 题)

  A. 900   B. 1200   C. 1500   D. 1800

151. 小赵骑车去医院看病，父亲在发现小赵忘带医保卡后以 60 千米/小时的速度开车追上小赵，把医保卡交给他并立即返回。小赵拿到医保卡后又骑了 10 分钟到达医院，小赵父亲也同时到家。假如小赵从家到医院共用时 50 分钟，则小赵的速度为多少千米/小时（假定小赵及其父亲全程都匀速行驶，忽略父子二人交接卡的时间）（　　）(2016 年北京市第 81 题)

  A. 10   B. 12   C. 15   D. 20

152. 某次专业技能大赛有来自 A 科室的 4 名职工和来自 B 科室的 2 名职工参加，结果有 3 人获奖且每人的成绩均不相同。如果获奖者中最多只有 1 人来自 B 科室，那么获奖者的名单和名次顺序有多少种不同的可能性（　　）(2016 年北京市第 84 题)

  A. 48   B. 72   C. 96   D. 120

153. 甲、乙、丙三人打羽毛球，甲对乙、乙对丙和甲对丙的胜率分别为 60%、50% 和 70%。比赛第一场甲与乙对阵，往后每场都由上一场的胜者对阵上一场的轮空者。则第三场比赛为甲对丙的概率比第二场（　　）(2016 年北京市第 85 题)

  A. 低 40 个百分点 B. 低 20 个百分点 C. 高 40 个百分点 D. 高 20 个百分点

154. 已知 A、B 两地相距 600 千米。甲、乙两车同时从 A、B 两地相向而行，3 小时相遇。若甲的速度是乙的 1.5 倍，则甲的速度是（　　）(2016 年江苏省第 61 题)

  A. 80 千米/小时 B. 90 千米/小时 C. 100 千米/小时 D. 120 千米/小时

155. 某班有 38 名学生，一次数学测验共有两道题，答对第一题的有 26 人，答对

第二题的有 24 人,两题都答对的有 17 人,则两题都答错的人数是（   ）(2016 年江苏省第 62 题)

    A. 3   B. 5   C. 6   D. 7

156. 甲、乙、丙三人共同完成一项工程,他们的工作效率之比是 5∶4∶6。先由甲、乙两人合做 6 天,再由乙单独做 9 天,完成全部工程的 60%。若剩下的工程由丙单独完成,则丙所需要的天数是（   ）(2016 年江苏省第 63 题)

    A. 9   B. 11   C. 10   D. 15

157. 某志愿服务小组购买一批牛奶到一敬老院慰问老人。如果送给每位老人 4 盒牛奶,那么还剩 28 盒;如果送给每位老人 5 盒,那么最后一位老人又不足 4 盒,则该敬老院的老人人数至少是（   ）(2016 年江苏省第 65 题)

    A. 27   B. 29   C. 30   D. 33

158. 一辆公交车从甲地开往乙地需经过三个红绿灯路口,在这三个路口遇到红灯的概率分别是 0.4、0.5、0.6,则该车从甲地开往乙地遇到红灯的概率是（   ）(2016 年江苏省第 69 题)

    A. 0.12   B. 0.50   C. 0.88   D. 0.89

159. 从 1 开始的自然数在正方形网格内按如图所示规律排列,第 1 个转弯数是 2,第 2 个转弯数是 3,第 3 个转弯数是 5,第 4 个转弯数是 7,第 5 个转弯数是 10……则第 22 个转弯数是（   ）(2016 年江苏省第 70 题)

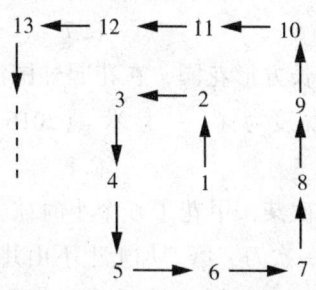

    A. 123   B. 131   C. 132   D. 133

160. 小张购买艺术品 A,在其价格上涨 $X\%$ 后卖出盈利 Y 元,用卖价的一半购买艺术品 B,又在其价格上涨 $X\%$ 后卖出盈利 Z 元,发现 Z 大于 Y。则 X 的取值范围是（   ）(2016 年上海市第 55 题)

    A. 大于 100   B. 大于 200   C. 小于 100   D. 小于 200

161. 某大型社区提供巴士换乘地铁服务,规定车满载后直达地铁站,中间站不再停留上客。如果巴士共有座位 48 个,第一站上来 1 人,第二站 2 人,第三站 3 人,按照这个规律,第（   ）站司机将不再停车。(2016 年上海市第 56 题)

    A. 8   B. 9   C. 10   D. 11

162. 一艘轮船先顺水航行 40 千米,再逆水航行 24 千米,共用了 8 小时。若该船先

逆水航行20千米,再顺水航行60千米,也用了8小时。则在静水中这艘船每小时航行( )千米。(2016年上海市第57题)

  A. 11   B. 12   C. 13   D. 14

163. 某收藏家有三个古董钟,时针都掉了,只剩下分针,而且都走得较快,每小时分别快2分钟、6分钟及12分钟。如果在中午将这三个钟的分针都调整指向钟面的12点位置,( )小时后这3个钟的分针会指在相同的时钟位置。(2016年上海市第58题)

  A. 24   B. 26   C. 28   D. 30

164. 现有21本故事书要分给5个人阅读,如果每个人得到的数量均不相同,那么得到故事书数量最多的人至少可以得到( )本。(2016年上海市第60题)

  A. 5   B. 7   C. 9   D. 11

165. 甲、乙、丙三员工共同修剪6060平方米草地,甲的修剪效率为30平方米/分钟,乙的修剪效率为40平方米/分钟,丙的效率为60平方米/分钟。上午,甲7点30分开始修剪,乙7点45分开始,丙8点15分开始,他们同一时间完成工作,乙用了( )分钟。(2016年上海市第61题)

  A. 56   B. 57   C. 58   D. 59

166. 小王打算购买围巾和手套送给朋友们,预算不超过500元,已知围巾的单价是60元,手套的单价是70元,如果小王至少要买3条围巾和2双手套,那么不同的选购方式有( )种。(2016年上海市第63题)

  A. 3   B. 5   C. 7   D. 9

167. 有一周长为100米的长方形花园,在花园外围沿花园建一条等宽的环路,路的面积为600平方米,则路的宽度为( )米。(2016年深圳市第56题)

  A. 3或4   B. 5   C. 8   D. 10或15

168. 甲、乙两人同时上山砍柴,甲花了6个小时砍了一担柴,乙砍了一段时间后觉得刀比较钝,于是下山磨了一次刀,磨刀加上上下山共花了一个小时,磨完之后效率提升了50%,总共也花费了6个小时砍了同样多的一担柴,如果甲、乙两人磨刀之前的效率是相同的,则乙磨刀之前已经砍了( )个小时柴。(2016年深圳市第57题)

  A. 1   B. 2   C. 3   D. 4

169. 假设一片牧场的青草一直都是"匀速"自然生长的,该牧场3月初放养有1000只羊,30天后青草的总量变为3月初的90%,此时牧场又一次性增加了300只羊。12天后青草的总量变为3月初的80%,如果要让青草在接下来4个月内(每月按30天计算)回到3月初的总量,则这4个月间该牧场至多放牧( )只羊。(2016年深圳市第59题)

  A. 800   B. 750   C. 700   D. 600

170. 某停车场每天8:00~24:00开放,在9:00~12:00和18:00~20:00每分钟有2辆车进入,其余时间每分钟有1辆车进入;10:00~16:00每分钟有1辆车离开,16:00~

22:00 每 2 分钟有 3 辆车离开,22:00~24:00 每分钟有 3 辆车离开,其余时间没有车离开,则该停车场需要至少（　　）个停车位。(2016 年深圳市第 60 题)

  A. 240   B. 300   C. 360   D. 420

171. 某商场举行促销活动,规定：一次购物不超过 100 元的,不给优惠；超过 100 元而不超过 300 元的,一律 9 折优惠；超过 300 元的,其中 300 元及以内部分仍然 9 折优惠,超过部分按 8 折优惠。小王两次购物分别用了 90.9 元和 295.6 元,现小李决定一次性买小王分两次购买的同样的物品,那么小李应付款（　　）(2016 年深圳市第 61 题)

  A. 368.32 元   B. 352.4 元

  C. 352.4 元或 368.32 元 D. 368.32 元或 376.4 元

172. 甲、乙两车分别从 P、Q 两地同时出发,相向而行。相遇时,甲车比乙车多行驶 36 千米,乙车所行驶路程为甲车所行驶路程的 4/7,则 P、Q 两地相距（　　）千米。(2016 年深圳市第 62 题)

  A. 72   B. 96   C. 112   D. 132

173. 某研究小组中一部分人在野外采集数据,并实时传回实验室由另一部分人进行分析,据经验表明,在 A 处每人每天平均能采集到 20 条数据,其中 40% 为有效数据。在 B 处每人每天平均能采集到 40 条数据,其中 25% 为有效数据。实验室人员必须对每条数据逐个甄别以筛选出有效数据,实验室里的实验人员每人每天可以甄别 100 条数据,该研究小组共有 16 人,为使最终筛选出的有效数据最多,应该分别在 A 处、B 处、实验室安排人员（　　）人。(2016 年深圳市第 64 题)

  A. 8、4、4 B. 10、3、3 C. 2、10、4 D. 4、8、4

参考答案

1. A。由题意可得 $\begin{cases} =2 \\ =3 \\ 4=++ \end{cases}$，所求为羽毛球，将①代入③，可得：2 羽 = 羽 + 足 + 篮，即羽 = 足 + 篮。因此 A 项当选。

2. B。假设甲的效率为 x，乙的效率为 y，给总任务量赋值 20，根据题干，可以得到两个方程，$6x+9y=8$，$9x+6y=7$，解方程可得，$x+y=1$，即甲乙每天的工作总量为 1，所以总共需要 20 天。答案选择 B。

3. C。获奖人数最多的分公司获奖人数 Y 的上、下限即 Y 的最大值、最小值。三个分公司获奖总人数为 X 人，如果 Y 取最大值，其他两个分公司获奖人数都为 0，此时 $Y=X$，A 项错误。如果 Y 取最小值，考虑极端情况即三个分公司获奖人数均相等，此时 Y 最小，$Y=\dfrac{1}{3}X$。由此可得，当 $1 \leqslant X \leqslant 3$ 时，$Y_{\min}=1$；当 $4 \leqslant X \leqslant 6$ 时，$Y_{\min}=2$。观察发现 C 项图形最符合 Y 与 X 的变化趋势，当选。

4. A。由题意可得，此次开会时间是在 8:30~12:00（8:30 上班且会议时间为上午）。要使得成 90°的次数尽可能多，则会议时间应尽可能长。会议开始时，时针和分针成 120°，最早时间应为 9 点 5 分左右 $\left(9\text{点过}\dfrac{120-90}{5.5}=\dfrac{60}{11}\text{分}\right)$；而会议结束时成 180°，最晚时间则为 11 点 27 分左右 $\left(11\text{点过}\dfrac{180-30}{5.5}=\dfrac{300}{11}\text{分}\right)$。则这期间时针和分针成 90°的次数为：9 点 5 分至 10 点期间 1 次，10 点至 11 点期间为 2 次，11 点至 11 点 27 分为 1 次，总次数共为 4 次。A 项当选。

5. B。由题意可知，每个部门参赛选手顺序必须相连，将三个部门进行全排 $A_3^3=6$，各部门里参赛选手各自排序，$A_3^3=6$，$A_2^2=2$，$A_4^4=24$。所以共有 $6\times6\times2\times24=1728$（种）参赛顺序，B 项当选。

6. C。假设 A 前三季度完成 100，B 前三季度完成 120，则 B 全年完成的就是 $\dfrac{120}{3}+120=160$，则 A 全年的销售任务为 $160\times1.2=192$。A 第四季度需完成 $192-100=92$，则 A 第四季度销售业绩是前三季度平均销售业绩的 $92\div\dfrac{100}{3}=2.76$（倍），C 项当选。

7. C。设单位原有总人数为 x，根据题目条件可得 $\dfrac{14}{x}-\dfrac{12}{x-2}=\dfrac{3}{100}$，而 $\dfrac{14}{x}-\dfrac{12}{x-2}<\dfrac{14}{x}-\dfrac{12}{x}=\dfrac{2}{x}$，则有 $\dfrac{x}{100}<\dfrac{2}{x}$，解得 $x<\dfrac{200}{3}\approx66.6$。因为单位原有几十名员工，所以不妨对 x 进行取值验证。当 $x=60$ 时，$\dfrac{14}{60}-\dfrac{12}{58}<\dfrac{3}{100}$，不满足。当 $x=50$ 时，$\dfrac{14}{50}-\dfrac{12}{48}=\dfrac{3}{100}$，恰好满足。因此原有总人数为 50 人，则题目所求为 $\dfrac{C_{12}^2}{C_{48}^2}\approx6\%$，C 项符合。

8. A。由题意可得，2015 年年龄各数字之和×3=2012 年年龄各数字之和，因此 2012 年年龄是 3 的倍数，2015 年也是 3 的倍数。2015 年此人最大年龄为 115 岁，2012 年为 112 岁，不符合题意。假设 2015 年此人年龄为 111 岁，2012 年 108 岁，符合题意。所以老人出生年份为 1904 年，年份和是 14。A 项当选。

9. A。白色长方体可以看做 64 个小正方体平铺，由 4 个角、24 个棱和 36 个中间面小正方体构成，角上的 4 个小正方体有 4 个面被刷成了黑色，棱上的 24 个小正方体连续的 3 个面被刷成了黑色，中间的 36 个小正方体相对的 2 个面被刷成了黑色。拼成的大正方体由 8 个角、24 个棱和 24 个单面的小正方体构成，拼接时有 4 个角需用长方体中间面上的小正方体来进行补充，每个角需要三个面是全黑色，但是补充的小正方体只有一个黑面，每个角缺两个黑面，四个角就缺 8 个黑面，大正方体的表面积为 $4\times4\times6=96$（平方厘米），大正方体的表面上共有 $96-8=88$（平方厘米）是黑色的。因此 A 项当选。

10. A。当未入党的15人都是女性，即30名男性都是党员时，任选一人为男性党员的概率最大。此时任选一人为男性党员的概率为 $\frac{30}{50}=\frac{3}{5}$，A项正确。

11. B。去甲厂实习的人数占32%，去乙厂实习的人数占24%，因此去丙厂实习的人数占总人数的1-32%-24%=44%，去丙厂的人数比去甲厂的人数多44%-32%=12%。去甲厂实习的比例比去乙厂的比例多32%-24%=8%，对应的人数为6人，因此去丙厂的人数比去甲厂的人数多6÷8%×12%=9（人）。

12. D。设每台收割机每天的工作效率为1，则工作总量为36×14，7天后剩下的工作量为36×7，由36+4=40（台）收割机完成。由于每台收割机效率提高5%，因此割完所有麦子还需要（36×7）÷[40×（1+5%）]=6（天）。

13. D。设使用搜索引擎获取信息的调查对象构成集合A，从官方网站获取信息的调查对象构成集合B，从社交网站获取信息的调查对象构成集合C，则有A=179，B=146，C=246，A∩B∩C=115，A∩B+B∩C+A∩C=24+115×3=369，至少使用一种方式的人数为A∪B∪C=179+146+246-369+115=317，收回问卷数为317+52=369，发放问卷数为369÷90%=410。

14. D。如图所示，需要粉刷的面积为 $2^2×4+2^2-1^2+1^2×5=24$（平方米）。

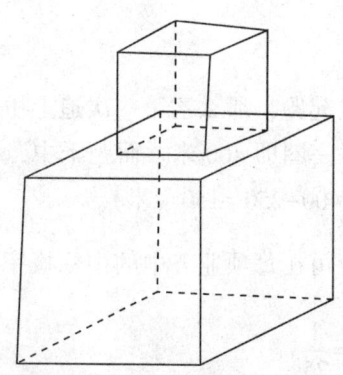

15. C。根据题意，种植方法是：每边6棵松树和3棵柏树。先把松树分别栽到道路的两边，然后把柏树插空种进去，共有 $C_5^3 × C_5^3 = 100$（种）种植方法。

16. C。满足刚好发出9升油的方式有：①选1桶5升装：5+2×2，5+2+1×2，5+1×4共3种。②不选5升装，选2升装和1升装：2×3+1×3，2×2+1×5，2×1+1×7共3种。因此共有3+3=6（种）方式。

17. C。如下图所示，当哨塔的监视区域以下图方式覆盖时，需要的哨塔数量最少。其中，F是哨塔的设置点，AF长度为监视半径，即5公里；AB长度为宽度的一半，即4公里。根据勾股定理，BF长度为3公里，则BD长度为6公里。因此，每个哨塔可监视一个长8公里，宽6公里的矩形区域。25÷6=4…1，因此需要至少5个哨塔才能保证整个区域内的每个角落都能被监视到。

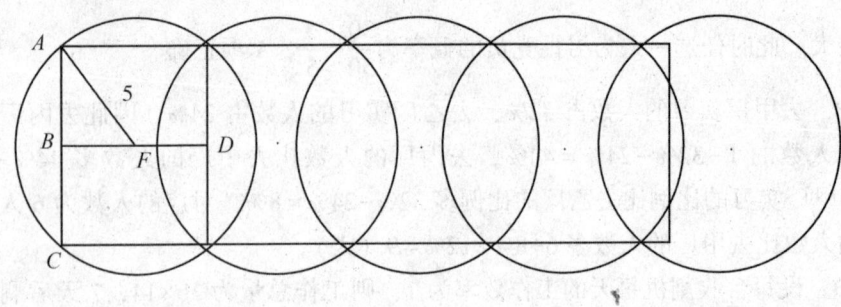

18. A。设资金需求为 12，由"总投资额比项目的资金需求高$\frac{1}{3}$"可知，四人投资额为 $12\times\left(1+\frac{1}{3}\right)=16$。由"丁撤资后，剩下三人的投资额之和比项目的资金需求低$\frac{1}{12}$"可知，资金减少了 $12\times\left(\frac{1}{3}+\frac{1}{12}\right)=5$。由"丙的投资额是丁的 60%"可知，丙的投资额为 $5\times60\%=3$，则甲、乙、丙三人的投资额为 $16-5=11$。由"甲的投资额比乙、丙二人的投资额之和高 20%"可知，甲的投资额与乙、丙二人投资额之和的比例为 $(1+20\%):1=6:5$，则乙、丙二人的投资额之和为 $11\div(6+5)\times5=5$。因此，乙的投资额为 $5-3=2$，占项目资金需求的 $\frac{2}{12}=\frac{1}{6}$。

19. B。假设乙和甲同地点起跑，那么乙第一次追上甲时，两人跑动距离相等；乙第二次追上甲时，比甲多跑了一圈即 400 米。而题干中，乙第二次追上甲时只多跑了 250 米，说明两人出发地相隔 400-250=150（米）。

20. A。五家公司，每家公司在每项业务中的中标概率都为 $\frac{1}{5}$，则 3 项业务由同一家公司中标的概率为 $\left(\frac{1}{5}\right)^3\times5=\frac{1}{25}$。

21. B。由于每名学生的门票和午餐费为 40 元，因此平均每名学生的春游费用的增加和减少直接受车辆租金影响。人数每增加 10 人时，需增加一辆车，图形中有一个人均费用最少的点，而后再加一人时人均费用最高，曲线会陡然增高，只有 B 项符合规律，当选。

22. B。缺少的量为张家和李家菜园的具体长宽，可用方程法。设李家菜园长边为 x 米，则其短边长为 45-x 米；张家菜园长边为 x+5 米，其短边长为 40-x，根据题意：$x(45-x)-(x+5)\times(40-x)=50$，可解得 $x=25$，李家菜园面积为 $x(45-x)=25\times20=500$。故本题答案为 B 选项。

23. B。该贸易公司三个销售部门全年共计售出 38+49+35=122，设销售数量最多的月份销售量为 x，则要想其尽量少，只需其余月份尽量多，最多都可以为 x，故 12x=122，x=10……2，最多的月份至少为 11，故本题答案为 B 选项。

24. C。质量的变化只与玻璃的变化有关,设玻璃质量为 x,则厚度增加50%,质量变为 $1.5x$,由题意,$1.5x-x=105-80$,解得 $x=50$,门框重 $80-50=30$,故本题答案为C选项。

25. B。四周关注人数增量分别为 300,600,1200,2400,唯一未知量为该公司活动前微博关注人数,设为 x,则有 $x+300+600+1200+2400=4x$,可解得 $x=1500$,故本题答案为 B 选项。

26. B。缺少的量为甲、乙两个工厂的生产效率和订单总量,设乙每天生产 x 件,则甲每天生产 $x+100$,根据题意,$(x+x+100)\times20=50x$,解得 $x=200$,订单总量为 $200\times50=10000$,故本题答案为 B 选项。

27. D。连续 28 天等于 4 周,在这 28 天里需要值班 8 次,故剩余天数需要值班两次,即需要同时出现周一和周三,至少需要三天且 31 号必须为周三。下一次值班是周一,为 5 天之后,是下个月的 5 号。故本题答案为 D 选项。

28. B。设 5 件甲的进价为 x,4 件乙的进价为 y,根据题意,$\begin{cases}1.1x+0.9y=302\\1.1y+0.9x=298\end{cases}$,解得 $\begin{cases}x=160\\y=140\end{cases}$,每件甲的进价为 $160/5=32$,故本题答案为 B 选项。

29. C。值班的星期可以用 $(15n+1)/9$ 的商和余数来得到,商对应第几周,余数对应具体的星期(余数为 1~5 对应周一到周五,余数为 6~7 对应周六,余数为 8 和 0 对应周日),小王值班情况同理。具体如下表:

周数	甲	乙
第 0 周	周一	周一
第 1 周	周六	周四
第 2 周	无	周六
第 3 周	周四	无
第 4 周	无	周一
第 5 周	周一	周四
第 6 周	周六	周六

故本题答案为 C 选项。

30. C。设第一圈用时为 x,则第二圈用时为 $2x$,第三圈用时为 $4x$,$x+2x+4x=35$,$x=5$,故前三圈用时分别为 5、10、20,第四圈用时为 10,第五圈用时为 5,则五圈平均每圈用时为 $(35+10+5)/5=10$,故本题答案为 C 选项。

31. A。根据甲班男女比为 5:6 可知甲班人数为 11 的倍数,又甲、乙都是 40 多人,故甲班人数为 44 人,其中男生 20 人,女生 24 人;乙班男女比为 5:4 可知乙班总数为

9的倍数，人数为45，其中男生25人，女生20人。故两班男生人数和为20+25=45，女生人数24+20=44，男生比女生人数多1人，故本题答案为A选项。

32. A。时间问题—钟表问题。要想两次会议开始时间的间隔最长，只需找到12点到19点中时针和分针第一次成直角和倒数第二次成直角（最后一次成直角在接近19点处，小张无法在19点前完成会议）的时间即可。第一次成直角是从12点（分针与时针重合）开始到第一次分针比时针多走90度，而倒数第二次直角是从18点（分针与时针成180度）开始后分针比时针多走90度，故两次从整点到成直角的时间相同，两次会议开始的间隔时间等于12点到18点的时间间隔，即6小时。故本题答案为A选项。

33. B。自行车：摩托车：汽车=4：6：15，根据题意可得自行车的速度为4km/15min，摩托车的速度为6km/15min，汽车的速度为15km/15min，因此自行车30分钟比汽车少走4千米。

34. C。设人文=$2x$，自然=x，儿童=$2x-15$，生活=$6x-45$，$2x+x+2x-15+6x-45=76×6-76=380$，解得$x=40$。

35. B。根据选项可知100的数量在20~30，30<1元+10元的数量<40，1元的数量必须为10的倍数，如果1元有10张，10元的有29张，100元的21张，总数2400满足题意。

36. A。根据题意概率为：$C_6^1×C_4^2/C_{10}^3=36/120=30\%$，答案选A。

37. C。小周每分钟走200米，全程是400米，11分钟小周正好在AB中点处，距A点200米，老王每分钟走80米，11分钟走了880米，即一个往返又走了80米，距A点80米，因此两人相距120米。

38. D。根据题意总人数应该是除6余5，除7余1，满足的最小的数是29，下一个满足的数是再加42（6和7的公倍数），人数超过100，因此人数有可能是29+42×2=113人，每个房间4人的话，最少需要29个房间。

39. A。甲、乙、丙、丁、戊、己6人比赛，单循环。第一轮甲丙比赛，则第二轮则是乙丁、甲戊、丙己或甲己、丙戊（与第三轮排除），第三轮为丙戊、甲丁、乙己或者甲己、乙丁（与第二轮重复排除），第四轮甲乙，已知前四轮甲丙、甲戊、甲丁、甲乙，则第五轮甲己。因此选甲。

40. B。小王从16楼坐电梯到1楼总共下了15层，如果不停需用时150秒，中间停5次，用时100秒，总用时250秒，即4分10秒，小张也是下了15层，用时32×15/80=6分钟，因此需要等1分50秒。答案选B。

41. B。根据题意每个箱子都要有球且数量不能大于编号，现将10个球给每个箱子放一个，还剩余5个球，1号箱子不能再放置。5个球分成4、1，4只能放在5号，1放在2、3、4中的一个，共C3，1=3种；五个球分成3、2，共C2，1×C2，1=4种；五个球分成3、1、1，共C2，1×C3，2=6种；五个球分成2、2、1，共C2，2×C2，1=6种，五个球分成2、1、1、1，共C3，1=3种。总共3+4+6+6+3=22种。答案选B。

42. D。满足要求的小正方体要求三个面是黑色的,大正方体能分割成 27×2=54 个小正方体,只有角上的正方体满足要求,共 16 个,不满足的 38 个,若要保证一定能组成的话共需要抽出 38+8=46 个。答案选 D。

43. B。这是一道 16 宫格的题目,横着、竖着加和都是 148,因此,本题答案为 B 选项。

44. A。这是一道多集合反向构造的题目。用多集合反向构造的六字法则:反向、加和、作差即可(小赵有 25 本书没借,小王有 30 本书没借,小刘有 40 本书没借),所以,100-25-30-40=5 本,因此本题答案为 A 选项。

45. C。这是一道构造数列的题目(即最值问题),因为分成的 4 份是数量不等的,要使得其中的一个箱子最多,则其他的尽量最少(即最少的三个箱子最少分别为 1、2、3),所以最大的为 18-1-2-3=12 个,因此本题答案为 C 选项。

46. B。这是一道不定方程组的问题。因为三种水果总共卖了 1316 元,而其中两种水果的收入为 1016 元,所以第三种水果(即 10 元每千克的水果)收入为 1316-1016=300 元,此种水果单价为 10 元每千克,所以,售出了 300÷10=30 千克,因此,本题答案为 B 选项。

47. D。这是一道一元一次方程问题。设原来每种布料的长度为 x 米,则依题意得出方程:2(x-25)=x-12,解得 x=38 米,所以两种布料的总长为 76 米,因此,本题答案为 D 选项。

48. B。这是一道容斥问题(属于三集合非标准型),依据非标准型公式,得参加此次运动会总人数=49+36+28-13-2×9=82 人,因此,本题答案为 B 选项。

49. D。这是一道比例问题。经分析"通话"与"待机"每小时的耗电量比例为 210:6,设坐火车的总时长为 $2t$,则通电话的时长为 t,所以待机时长 t 折算成通话时长为 $\frac{6}{210}t$。所以依题意:$t+\frac{6}{210}t=6$,经解得 $t=\frac{35}{6}$,所以 $2t=\frac{35}{3}=11\frac{2}{3}$ 小时,因此本题答案为 D 选项。

50. C。这是一道一元一次方程问题,设总人数为 x,则根据总分数,列一个方程为:62×(x-153)+153×24=(x-59)×54+59×92,经解得 x=1007,因此,本题答案为 C 选项。

51. B。设大号文件袋的数量为 x 个,则中号文件袋的数量为 $2x$ 个,小号文件袋的数量为(3x+1)个,根据题意:4x+3×2x+2(3x+1)=98,解得 x=6,共有 37 个。

52. C。根据题意,满 368 元可获 100 元的代金券,用于购买 129 元以上的商品。可以这样组合,299 元和 69 元的一起付款共需要 368 元,得到一张 100 的优惠券去支付 199 元的商品,需要支付 99 元,还要支付另一件 119 元,则至少需要支付 586 元。

53. A。地图上鱼塘的周长为 30 厘米,且长与宽之比为 3:2,可知长为 9、宽为 6,由于比例尺为 1:200,则实际的长为 1800 厘米,宽为 1200 厘米,鱼塘的实际面积为 216 平方米。

54. B。中奖的概率为数字之和8，故一个为0，另一个为8，一个为1，对应的为7……枚举下来共5组：(0, 8) (1, 7) (2, 6) (3, 5) (4, 4)，而每组可以先出0，也可以先出8，故对应二种可能，而 (4, 4) 这组都是一样的，故共9种可能，从而中奖概率为：9/100。

55. D。根据题意，甲班选手跑8步等于乙班选手跑5步，但乙班选手跑2步的时间甲班选手跑4步，所以甲与乙的速度之比为5：4，又由于每个人都跑400米，当甲跑完400米的时候乙只跑了320米，最开始乙班的选手比甲班多跑20米，乙班选手距离终点400−320−20=60米。

56. B。依题意：设甲原有量为x，乙原有量为y，则有：$\frac{x+10000}{y-10000}=3$，$\frac{x-1000}{y+1000}=\frac{1}{7}$，解方程得：$x=14400$，$y=3200$，又 14400+3200=17600。

57. C。由题意：$\begin{cases}甲=\frac{乙+丙}{2}+7.5\\乙=\frac{甲+丙}{2}-6\end{cases}$，二式相加得：$\frac{甲+乙}{2}=丙+1.5$，又丙=80，则 $\frac{甲+乙}{2}=81.5$，即甲、乙的平均分为81.5，从而三数的平均分大于80，小于81.5。

58. D。由$\frac{25}{200}=\frac{500}{x}$，解得$x=4000$。

59. D。枚举即可：ADEF，ADF，ADCF，ADBCF，ABCF，ABCDF，ABCDEF，ABDCF，ABDF，ABDEF 共10条。

60. B。设圆形面积为x，正方形面积为y，有$\begin{cases}\frac{1}{7}x=\frac{1}{4}y\\\frac{6}{7}x-\frac{3}{4}y=450\end{cases}$，解方程$\frac{3}{4}y=450$，故水池的面积为$\frac{1}{4}y=150$。

61. A。倍数周期问题。因为每人去健身的间隔天数都是一样的，根据每人去的周期，甲2天，乙3天，丙4天，丁5天，可以根据最小公倍数原理，得到这4人下次相遇的时间应该是60天后。然后根据周期问题，这4个人这次相遇的时间是周日，下次相遇的时间应该是周四。因此，本题答案为A。

62. B。分段计费。这道题我们可以分别计算调整价钱前后所花的价钱。调整方案前，起步价是2公里5元，超过2公里小于10公里1.2元/公里，超过10公里1.2+1.2×0.5=1.8元/公里。因此，我们可以知道调整价格前，12公里花了5+8×1.2+2×1.8=18.2元；调整方案后，起步价是3公里8元，超过3公里小于10公里1.6元/公里，超过10公里1.6+1.6×0.5=2.4元/公里。所以调整价格后，12公里花了8+7×1.6+2×2.4=24元。因此24−18.2=5.8元，所以选B。

63. D。双边植树问题。由于题目要求两边路口15米范围处最多只能种一棵树,所以先排除这两个15米处的范围,看剩下的路段能种多少树:581-30=551。根据种树公式551/4取整得到137,利用种树公式得到551米的范围可以种138棵树,然后剩下两端各可以种一棵树,所以,一条马路一边种树可以种140棵树,两边种树则可以种280棵树。所以选D。

64. B。钢筋原材料为7.2米,最节省原料的做法是截成2.8+2.1+2.1=7,而生产所用2.8米和2.1米的比为2:3,每两根钢筋生产为构件后剩余一根2.1米的钢筋,6根后剩余3段2.1米,因此再增加一根7.2米的钢筋截成2段2.8米即为所求答案。因此,本题答案为B。

65. A。方程问题。设A4纸为x,B5纸为y,则依题意可知,$5x+4y=197$,$x-y=2$得出$x=19$,$y=17$,因为17和19为质数且本月买A4纸和B5纸费用相同,那么买纸的费用为$19\times17\times2=646$。因此,本题答案为A。

66. B。设甲为x,乙为y,甲调到乙人数为z。有方程组:$x-z=2(y+z)$,$x+z=3(y-z)$,消去z整理得:$7x=17y$,则$x:y=17:7$,由于人数不到20人,则甲为17人。答案为B选项。

67. C。设三种情况的题目数分别为x道、y道和$30-x-y$道。则有方程$3x+y-(30-x-y)=50$,整理得:$2x+y=40$。更改后得分为:$4x+y-2(30-x-y)=3(2x+y)-60=60$。答案为C选项。

68. A。不在同一直线上的3个点可构成一个三角形。9个点可构成C(9,3)=84个三角形,但此时三横三竖两斜共8种组合三点在同一直线上,构不成三角形,故所有三角形有84-8=76个。每个5秒钟,共$76\times5=380$秒。答案为A选项。

69. B。要求4个空车位没有连续的,不相邻问题用插空法,空车位插空排列即可,4辆车进4个车位,$A_4^4=24$,4个车形成5个空,选其中4个空为空车位,$C_5^4=C_5^1=5$,共有$24\times5=120$。答案为B选项。

70. A。题干没有具体数据,故可以赋值。赋水流速度为1,甲船船速为3,甲船先逆流行驶1小时,甲所走路程=$v_{甲速}\times t=(3-1)\times1=2$,甲掉头,变为顺流,行驶时间=$S/(v_甲+v_水)=2/(3+1)=0.5h$。则乙掉头共行驶1.5h。乙顺行路程=逆行路程,即$(v_乙+1)\times1=(v_乙-1)\times1.5$,则$v_乙=5$,$v_甲:v_乙=3:5$。答案为A选项。

71. D。赋值工作总量为150,则甲的效率为5,乙的效率为6,甲单独工作4天,工作量为20,剩余150-20=130。工作共19天,乙做了15天,乙做工作量90,甲后来做了130-90=40,时间为40÷5=8天,故甲休息7天。答案为D选项。

72. D。相遇$(v_甲+v_乙)\times16=400$;追及$(v_甲-v_乙)\times400=400$;则$v_甲=13$米/秒,甲走的路程=$(16+400)\times13=5408$米,每圈400米,则甲共跑了5408÷400=13……208,即距起点400-208=192米,答案为D选项。

73. C。按照5:9的比例分配,则需要额外招4个实习生才能按要求比例分配,说明总人数除以14余10。按照7:11的比例分配,最后会多出2个人,说明总人数除以18余2。根据同余问题理论可得：总人数为126n+38，总人数100多人，则总人数为164人。要想按照3：7分配，总人数得是10的倍数，故还需6人。答案为C选项。

74. B。给2014年的产量赋值为100，则2014年收入为1730，2015年的产量和收入分别为100×（1+25%）= 125 和1730×（1+50%）= 2595，能够求出2015年价格为20.76，因此2015年的同比增长率为20%，2016年的产量未变，因此相对2014年增长了1.5×1.2-1=80%。

75. B。

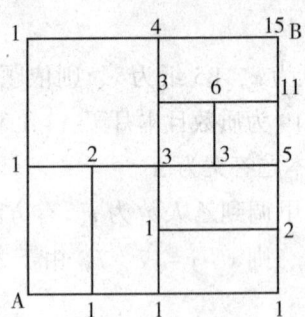

76. A。由等差数列的第2项和第4项可求出其公差 $d = \dfrac{31-21}{2} = 5$，则首项 $a_1 = 21-5 = 16$。又已知 $a_n = 516$，根据等差数列求和公式 $S_n = \dfrac{(a_1+a_n) \times n}{2} = $ 平均数×n，可得前 n 项的平均数为 $\dfrac{16+516}{2} = 266$。

77. A。解法一：设重度污染的城市数为 x 个，则空气质量良好的城市数为 $(3x+3)$ 个，轻度污染的城市数为 $2x$ 个。根据题意可列方程 $x+3x+3+2x=63$，解得 $x=10$。所以空气质量良好的城市有 10×3+3=33（个）。

解法二：由题意可知空气质量良好城市数是3的整数倍，排除B、C两项。假设空气质量良好城市数是重度污染城市数的3倍，可得空气质量良好城市数：轻度污染城市数：重度污染城市数 =3：2：1，共6份对应63，空气质量良好城市数3份对应31.5，而实际空气质量良好城市数要比31.5大一些，A项符合。

78. B。设该商品原来的价格为1，则4个商场经过两次价格调整后的售价如下：

甲商场：$(1+a) \times (1+b) = 1+a+b+ab$。

乙商场：$\left(1+\dfrac{a+b}{2}\right)^2 = 1+a+b+\dfrac{1}{4}(a+b)^2$。

丙商场：$\left[1+\dfrac{1}{3}(a+b)\right] \times \left[1+\dfrac{2}{3}(a+b)\right] = 1+a+b+\dfrac{2}{9}(a+b)^2$。

丁商场：$(1+b) \times (1+a) = 1+a+b+ab$。

已知甲、丁两商场两次提价后售价相同，不可能是最高的，故排除A、D两项。比较乙、丙两商场两次提价后的售价，明显有 $\frac{1}{4} > \frac{2}{9}$，即乙商场该商品两次提价后的售价最高。

79. C。由题意可以得出，193-6=187=11×17，根据 11、17 均为质数这一特性，要使得黑盒子中的棋子数最少，令白盒子中的棋子数最大=17，则放入后黑盒子中的棋子数=193-17=176，放入前黑盒子中的棋子数=176-15=161。

80. C。由题意，12 分钟时，甲、乙模型行驶的路程分别为 1000 米和 1200 米，两车的路程和为 2200 米，根据公式：路程和 = (2n-1)×S，解得 n = 11.5。故两模型相遇了 11 次。因此，本题答案选择 C 选项。

81. C。通过分析可知，每"层"锅身可获利 10 元，故尽量把所有锅身全部搭配售出即可：2 个 2 层锅，1 个 3 层锅，共获利 2×20+30=70 元。因此，本题答案选择 C 选项。

82. A。概率问题。分成两个骰子来考虑：点数之和为奇数包含两种情况：第一个骰子为奇数，第二个骰子为偶数；或者第一个骰子为偶数，第二个骰子为奇数。而点数之和为偶数也包含两种情况：奇数+奇数，偶数+偶数。故 P1 = (1/2×1/2) + (1/2×1/2) = 1/2，P2 = (1/2×1/2) + (1/2×1/2) = 1/2。故 P1 = P2。因此，本题答案选择 A 选项。（本题也可按照概率的定义计算。）

83. B。由题意，运输机往返一次的时间为 4 小时，火车往返一次的时间为 22 小时。观察选项可以发现最短时间均大于 48 小时，即可供火车往返 2 次，火车可运送 2×600 = 1200 吨。故运输机需要运输 280 吨，需要 280÷20 = 14 次（需注意，最后一次为单程），故总时间为 13×4+2 = 54 小时。因此，本题答案选择 B 选项。

84. D。由题意，欲使不能参加面试的人数至少，则参加的人数须尽可能多。即具有三种证书的人数为 1 人，故同时有两种证书的人数至少为 30+36+15 = 81 人，能够参加面试的总人数为：1+81 = 82 人，135-82 = 53 人。因此，本题答案选择 D 选项。

85. B。根据圆的周长公式：9.42 米 = n 圈 = n×2×3.14×0.3，解得 n = 5，即秒针走了 5 圈（分钟），此时分针走了 (5/60)×2×3.14×20 = 10.47 厘米。因此，本题答案选择 B 选项。

86. B。观察后发现采用短绳子捆绑较为节省，故直接采用 8 根短绳（2.4 米）可捆绑 24 根（题目不严谨），或者 6 根短绳和 1 根中等长度，总长为 6×0.3+0.6 = 2.4 米。因此，本题答案选择 B 选项。（本题中采用长绳反而更浪费，不符合常识。）

87. C。概率问题。分析甲获胜的情况可得：所求概率 = 0.8×0.8+0.8×0.2×0.8+0.2×0.8×0.8 = 0.896。因此，本题答案为 C 选项。

88. A。比例法求解，因为甲乙两人相遇时的时间相同，设全程的一半路程为 x，则 $\frac{S_甲}{S_乙} = \frac{v_甲}{v_乙} = \frac{8}{5} = \frac{x+1}{x-1}$，解得 $x = 13/3$，所以全程为 26/3，则甲所需时间为 $\left(\frac{13}{3}-1\right) \div 8 = \frac{5}{12} = 25$ 分钟，乙所需时间为 $\left(\frac{13}{3}+1\right) \div 5 = \frac{16}{15} = 64$ 分钟，所以两者相差 39 分钟。

89. C。要使连接距离最近的两根旗杆绳子的长度最长，就应该使旗杆离得最近的两根离得尽可能远，可以如此构造，即中间圆心一根，另外 6 根均匀分布于圆周，所以最长为半径 5。

90. D。因为回答问题最多的人得分最少，所以回答问题最多的人至少也要答 5 道题，因为要得分最少且是正数，所以应尽可能错得多，但还是正数，所以可以错 2 道、对 3 道，得分 14 分，则第二名可以对 2 道，得分 20 分，第一名 5 道题全对，得分 50 分，则此时第一名都比第二名多了 30 分，所以答案排除 A、B、C，一定为 D。D 选项也可以进行构造，即第一名答 5 题对 5 题，得分 50 分，第二名第一题对 1 题，得分 10 分，第三名答 6 题对 3 题错 3 题，得分 6 分。所以最多可以差 40 分。

91. C。本题考查的实际上是 5 个人的错位重排，1、2、3、4、5 个人的错位重排的方式分别是 0、1、2、9、44 种，故答案为 44。

92. D。利用上半年的销售额比例减去前 5 个月的销售额比例，即 $\frac{5}{12} - \frac{3}{8} = \frac{1}{24}$，所以整体的销售额为 $600 \div \frac{1}{24} = 14400$，所以还剩 $14400 \times \frac{7}{12} = 8400$，即平均每月需完成 $8400 \div 6 = 1400$ 的销售额。

93. B。本题考查的是等距离平均速度，从来回的过程看，总的上坡和总的下坡都是整体的 3/4，所以距离相等，利用等距离平均速度公式得 $v = \frac{2 \times 15 \times 30}{15 + 30} = 20$ 千米/小时，和在平路上的速度相等，所以整体的平均速度也是 20 千米/小时。

94. B。中国队与丹麦、日本、德国各比赛一场，德国队比赛两场，则一场是和中国比赛，因为日本只比赛了一场，所以德国队另外一场比赛是和丹麦队比赛的，即丹麦队已经比赛了两场，一场是和中国，一场是和德国，所以还剩一场比赛未比。

95. C。由于乙单独完成需要延长 3 天，而甲乙先合作两天再由乙单独完成就正常完工，说明甲乙两天的工作量等于乙 5 天的工作量，由此得到：2（甲+乙）= 5 乙，所以乙的工作效率等于 $\frac{2}{3}$ 甲，所以得到方程：甲$\times n = \frac{2}{3}$甲$\times (n+3)$，所以 $n = 6$。

96. B。溶液问题。溶质改变型的溶液问题。每次倒出去 40g，相当于倒出去总溶液量的 40%，也就是倒出去溶质 40%，剩下溶质比例的 60%，由此可得：$80\% \times 60\% \times 60\% \times 60\% = 17.28\%$，所以选择 B 选项。

97. D。设共捐书 x 本，则青山希望小学：$\frac{1}{10}x + 6$，刘村希望小学：$\left(\frac{1}{10}x + 6\right) \times 3 + 136$，石桥希望小学：$\left\{ x - \left(\frac{1}{10}x + 6\right) - \left[\left(\frac{1}{10}x + 6\right) \times 3 + 136\right] \right\} \times 75\% + 80$。则 $\frac{1}{10}x + 6 + \left(\frac{1}{10}x + 6\right) \times 3 + 136 + \left\{ x - \left(\frac{1}{10}x + 6\right) - \left[\left(\frac{1}{10}x + 6\right) \times 3 + 136\right] \right\} \times 75\% + 80 = x - 300$，$x = 2800$。

98. C。列方程，设苹果 x 千克，葡萄 y 千克，苹果原定价为：9.6 + (1-20%) = 12

元,葡萄原定价为:9.6+(1+20%)=8元。则 $12x+8y=9.6\times100+140$;$x+y=100$。解得 $x=75$ 千克,$y=25$ 千克。

99. D。经济利润问题。可利用方程进行解题。设进价为 A,一月的数量为 $\frac{6000}{0.2A}$,二月的数量为:$\frac{8000}{0.1A}$,所以可得:$\frac{6000}{0.2A}=\frac{8000}{0.1A}-100$,$A=500$,所以二月销量为 160。快速解题方法整除,答案让我们求第二月的销售量,一月的销量可以被 6000 整除,由此答案减去 100 能被 6000 整除的只有 D 选项。

100. C。平均数问题。$3\times(86+92+100+106)=6$(四次分数的总和),四次分数总和 192,四个平均数的和为 48。

101. B。

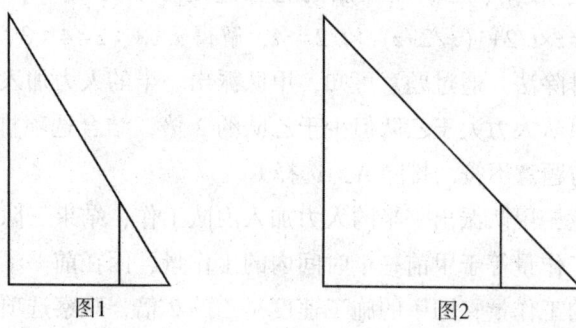

图1　　　　　图2

第一盏灯造成的影子图如图 1 所示。利用三角形相似可得,影子长/(影子长+人到灯一的水平距离)= 人高/灯高,即 $1/(1+$人到灯一的水平距离$)=1.6/6.4$,解得人到灯一的水平距离为 3 米;同理,如图 2 人到灯二的水平距离为 6 米。所以两盏灯之间的距离是 6-3=3 米。选择 B。

102. A。首先设原来两个棋盘的甲的数量为 x,那么乙的数量比甲多一倍即 $2x$,下了五手后,甲被吃了 10 枚棋子,此时他们的棋数为:甲 $x+5-10$,乙 $2x+5$,此时他们的棋的数量为乙比甲多出 2 倍,可得到方程:$2x+5=3(x+5-10)$,解得 $x=20$,那么现在甲的数量为 45,乙的数量为 15,故答案选 A。

103. B。由题意可知不同礼盒苹果个数、梨的个数和售价的关系分别为:

礼盒	苹果	梨	售价
一	3	4	20
二	4	3	22
三	5	6	32
四	6	2	28

小张得到 11 个苹果和 8 个梨,说明小张至少购买两种礼盒,根据上表可知,符合

11个苹果和8个梨的组合的只有同时购买礼盒三和礼盒四,所以,小张应支付的金额是32+28=60元。选B。

104. C。直接列方程即可,假设第二题的分值为x,则第一题的分值为$x-4$,第三题的分值为$x+4$,所以三者相加$3x=60$,解得$x=20$,所以第三题的分值为24分。

105. B。方阵问题。最外圈人数等于四边人数和减去四,所以得到:(25+15)×2-4=76,方阵定理相邻两层相差8人,所以次外圈为68人,总人数选个尾数为4的,所以选择B选项。

106. D。假设丁没有上网,则四人平均每人耗费流量6G,乙实际用了5G,使用费为0.7,可知丁共需收费为6×0.7=4.2元,乙已给丁0.7元,故丙还需给丁4.2-0.7=3.5元。选择D。

107. C。方法一:设甲、乙、丙三队的施工速度分别为x、y、z,用时为t。由题意,$x×t/2+x/2×t/2=z×t/2+(x/2+z)×t/2=yt$,解得$x:y:z=4:3:2$。选择C。

方法二:代入排除法。通过题意可知,甲队派出一半的人力加入丙队工作,结果三队同时完成,所以甲队人力大于乙队但少于乙队的2倍,结合选项排除B、D,将A代入,3:1.5 2:2,与题意不符,排除A,选择C。

方法三:由题意,甲队派出一半的人力加入丙队工作,结果三队同时完成,所以丙在后一半时间内的工作量等于甲前一半时间内的工作量,丙在前一半时间内的工作量等于甲后一半时间内的工作量,即甲的施工速度是乙的2倍,观察选项,只有C符合。

108. A。设过x小时后,可以追上走私船,根据题目可得:$(20x+6)2+108=(28x)2$,解得$x=1$。

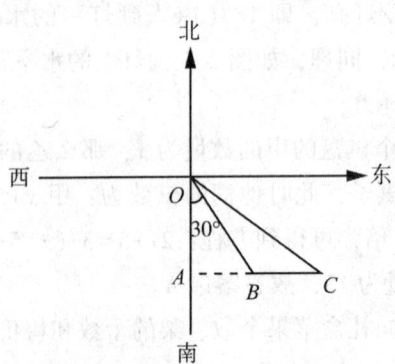

109. A。设成人旅游定价为x元,列方程:$2x+0.6x=3x×0.85+100$求解,得$x=2000$元。选择A。

110. A。由题意,还需从4名后卫中选出一名后卫,从剩下4名前锋和2名中锋中选出2名球员,即$C_4^1×C_6^2=60$。选择A。

111. C。如图所示,将七个硬币放入圆圈内,设硬币的半径为r,则大圆的半径为$3r$,所以圆圈半径与硬币半径的最小比值是3。选择C。

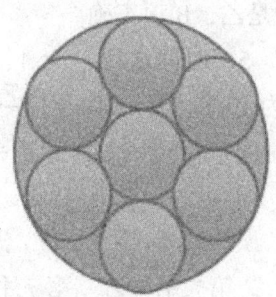

112. D。简单计算之分式计算，分母有理化，分子分母分别乘以 $\sqrt{2}-\sqrt{1}$，$\sqrt{3}-\sqrt{2}$，…，化简后得 $\sqrt{16}-1=3$，选择 D 选项。

113. D。由题意得，每辆汽车右转弯的概率均为 $\frac{1}{3}$，三辆车都右转弯的概率为分步情况，故概率为 $\frac{1}{3}×\frac{1}{3}×\frac{1}{3}=\frac{1}{27}$，选择 D 选项。

114. C。他同时掷 3 颗完全相同且均匀的骰子，如果向上的点数之和为 4，那么有 3 种可能性，分别为 (1、1、2)，(1、2、1)，(2、1、1)，总情况数为 $C_6^1×C_6^1×C_6^1=216$。因此他能做这个决定的概率是 $\frac{3}{216}=\frac{1}{72}$，选择 C 选项。

115. A。正方体金属原材料表面积为 384 平方厘米，说明正方体边长为 $\sqrt{\frac{384}{6}}=\sqrt{64}$ =8 厘米，因此体积为 8^3 立方厘米，所以能切割成 $\frac{8^3}{8}=64$ 个，选择 A 选项。

116. B。分配两名教师有 $C_2^1=2$ 种，分配四名学生有 $C_4^2=6$ 种，共 2×6=12 种，B 项正确。

117. C。列表法，甲乙、甲丙、甲丁、甲戊、乙丙、乙戊，共比赛 6 场，C 项正确。

118. A。每箱剩 15 个、10 箱剩 150 个，$\frac{150}{47}=3…9$，A 项正确。

119. B。任何三个数之和分别是 0、3、6、6、9、9、12、12、15、18，总共相当于是 30 个数的和，每个数加了六次，5 个数的和=(0+3+6+6+9+9+12+12+15+18)÷6=15，5 个数的平均数=15÷5=3，B 项正确。

120. D。三排每排空 6 个，说明总共空了 18 个，说明一排有 18 个车位，三排共有 54 个车位，D 项正确。

121. C。最外层每边人数=(48÷4)+1=13 人，学生人数介于 169～195，C 项正确。

122. B。设总量为 60，甲效率为 3、乙效率为 2；10 天甲完成了 30 任务量，剩下 30 任务量需要两人合作 30÷(3+2)=6 天，共 16 天，B 项正确。

123. B。课程甲+课程丁=178+171-174=175；178>175，所以乙>丁；178>174，所

191

以甲>丙；又丁>甲，所以最大的是乙，B项正确。

124. A。上下坡速度之比=2∶5、时间之比=2∶1，所以路程之比=4∶5。设上下坡速度分别为2和5，路程分别为40和50，去时学校→小区的时间=（40÷2）+（50÷5）=30，回来时小区→学校的时间=（50÷2）+（40÷5）=33，33∶30=11∶10，A项正确。

125. D。倒推法：

	第一书架	第二书架	第三书架
最后	8	8	8
3→1 前	4	8	12
2→3 前	4	14	6
1→2 前	11	7	6

所以最初第一书架∶第三书架=11∶6，D项正确。

126. C。要使得大于等于60岁的人最少，则小于60岁的人尽可能多；令50岁、51岁……59岁的各有4人，总岁数=[（50+59）×10÷2]×4=2180，还差2654-2180=474岁。代入选项，从最小开始，A项每个人的年龄都超过79，不符合题意。B项，474÷6=79，每个人的年龄都等于79，不符合题意，因此至少有7个人，C项正确。

127. A。设第一次相遇乙走的路程为S，则有32×2-（32-16）=2S，解得S=24千米，则甲、乙速度之比为16∶24=2∶3，选A。

128. A。设用x张来制盒身，由题意可知，2×16x=43×（150-x），解得x=86，选A。

129. A。由题意可知，5天后小强还剩下[735-5×（45+30）]÷2=180页，选A。

130. C。$5\frac{5}{6}$、$2\frac{5}{8}$、$6\frac{2}{9}$通分得$\frac{420}{72}$、$\frac{189}{72}$、$\frac{448}{72}$，420、189、448的最大公约数为7，则每份有$\frac{7}{72}$吨油，三罐油至少可分60、27、64等份，则所求为60+27+64=151。

131. B。每层装得越多，卡车装的就越多，每层最多可装4.8÷（0.4×0.3）=40个，则所求为40×3=120个，选B。

132. B。10月共31天，10月16日的营业额为5000+100=5100（元），根据等差数列的规律，则该商店10月份的总营业额为5100×31=158100（元），B项正确。

133. A。依题意知，原有非技术人员110÷（1+10）=10（人），现有技术人员是非技术人员的10倍，即多9倍，多153人，则现有非技术人员153÷9=17（人），因此今年新招非技术人员17-10=7（人）。

134. C。老李家的人均水费为210×5÷6=175（元），老张家的人均水费为（180×5+30×7）÷5=222（元），则所求为222-175=47（元），C项正确。

135. A。设B工程队的效率为1，A工程队的效率为2，则总工作量为（1+2）×6=18。按原来的时间完成，B队完成了1×2×（6-1）=10，则A工程队需要工作（18-

10)÷(2×2)=2（天），所求为6-2=4（天）。A项当选。

136. C。根据题意，上午的售价为25×0.8=20（元），销量为20+（25-20）×5=45（个），下午的售价为20×0.8=16（元），销量为45+（20-16）×5=65（个），全天的销售额为20×45+16×65=1940（元）。

137. A。小蚂蚁从A到B时，三角形AED的面积不断变大；小蚂蚁从B到C时，因为三角形的高不变，底边是AD，所以三角形AED的面积不变；小蚂蚁从C到D时，三角形AED的面积不断变小。因此A项当选。

138. A。由题意可知：A、B车的行驶时间相同，均为1小时40分钟，路程相同，则平均速度之比为1∶1。A项当选。

139. A。解法一：假设餐桌都可以坐12人，则可容纳12×28=336（人）同时就餐，实际容纳332人，则该餐厅有10人桌（336-332）÷（12-10）=2（张）。

解法二：设可坐12人的桌子有 x 张，可坐10人的桌子有 y 张，根据题意有 $\begin{cases} x+y=28 \\ 12x+10y=332 \end{cases}$，解得 $x=26$，$y=2$。A项当选。

140. B。根据题意，三个连续的奇数可以设中间一个奇数为 x，则最小的数为 $x-2$，最大的数为 $x+2$，则有 $x(x+2)-(x-2)x=2004$，解得 $x=501$。因此最小的数为501-2=499。B项当选。

141. D。由题意音乐系男女人数之比为1∶3，则可得到音乐系男生人数占音乐系总人数的 $\frac{1}{1+3}=25\%$，同理美术系男生占美术系总人数比为 $\frac{2}{2+3}=40\%$，则两系人数混合后男生占总人数的比为30%，由线段法可知：

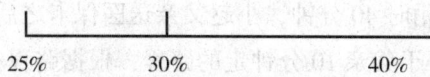

则可得到两系人数比为 $\frac{音乐系人数}{美术系人数}=\frac{40\%-30\%}{30\%-25\%}=\frac{2}{1}$。因此D项当选。

142. C。假设每张桌子、凳子、椅子所需工作量分别为 a、b、c，木匠每小时的效率为1，则 $2a+4b=10×1$、$4a+8b=22×1$，化简得到①$a+2b=5$，②$a+2c=5.5$，①+②=$2a+2b+2c=10.5$，则 $10(a+b+c)=52.5$，所需时间 $t=52.5÷1=52.5$（小时）。因此C项当选。

143. A。很容易建立方程，解得 $x=50\%$。故本题答案为A选项。

144. B。职工小刘报名一种培训：报名方式=4；报名两种培训：由于同一天举办的两场培训每人只能报名一场，所以周六选择一场，周日选择一场，报名方式=2×2=4；报名三种或四种培训必有两场在同一天所以不成立。总的报名方式=4+4=8。故本题答案为B。

145. D。设销售员甲的年中考评成绩为 x，年末考评成绩为 $y1$，销售业绩为 z，乙的年末考评成绩为 $y2$。那甲全年的考评成绩为 $x×20\%+y1×30\%+z×50\%$，甲的年中考评成绩比乙高 3 分，乙的全年考评成绩比甲高 3 分，那乙全年的考评成绩为 $(x-3)×20\%+y2×30\%+z×50\% = x×20\%+y1×30\%+z×50\%+3$，得到 $(y2-y1)×30\% = 3.6$，则乙的年末考评成绩比甲高 12 分。故本题答案为 D 选项。

146. A。假设每个工人每天的工作量为 1，则六个工人四天的工作量为 24，占工作总量的 8%，所以工作总量为 300。增派 9 人加入生产，则每天的工作量为 15，从订单的 50% 到 80% 需要完成的工作量为 90，所以需要的时间为 90÷15＝6 天。所以答案选择 A。

147. B。两个木炭长度为 x，燃烧时间为 y，那么 $x-xy/2 = 2 (x-xy/1)$，所以 $y=40$ 分钟，本题选择 B。

148. B。1000 股股票的市值是：$10×1000×(1-5\%)×(1+5\%) = 10000×(1-5\%+5\%-5\%×5\%) = 9975$（元），因此 B 项当选。

149. C。假设 B 厅往 A 厅调动的人数为 x 人，而 A 厅往 B 厅调动的人数为 y 人，A 厅总人数为 A 人，B 厅总人数为 B 人，则可得：$\begin{cases} 37-x=\frac{1}{2}B \\ 43+x=A \end{cases}$ 及 $\begin{cases} 37+y=B \\ 43-y=\frac{1}{3}A \end{cases}$，可以消元 A、B，可得 $y=27$ 人，所以 $B=37+27=64$ 人。当然本题也可以利用代入排除法来做。

150. C。假设甲乙两个公司 2014 年的营业额都是 x，则 2015 年营业额分别为 $x+600$ 和 $x-300$，甲是乙的三倍，所以 $x+600=3(x-300)$，解得 $2x=1500$。所以答案选择 C。

151. C。小赵拿到医保卡后 10 分钟到达医院，而从家到医院总共用时 50 分钟，说明小赵从家到拿到医保卡用时 40 分钟，小赵父亲送医保卡之后开车 10 分钟回到家，表示小赵 40 分钟走的路程等于父亲 10 分钟走的路程，根据路程一定，速度与时间成反比得到小赵与父亲的速度比是 1：4，父亲的速度是 60 千米/小时，那小赵的速度就是 15 千米/小时，故本题答案为 C 选项。

152. C。A 有 4 名职工，B 有 2 名职工，选出 3 人且最多只有一个人来自 B，有两种安排方式：第一种：A 三个人，B 没人，总共的选择有 ＝24 种；第二种：A 两个人，B 一个人，总共有 72 种，所以总共的可能性有 72+24＝96 种。故本题答案为 C 选项。

153. A。

154. D。设乙的速度为 $2x$，甲的速度为 $3x$，相遇路程和公式 $600=(2x+3x)×3$，解得 $x=40$，甲的速度 $3x=120$ 千米/小时。因此 D 项当选。

155. B。根据容斥原理的公式：在两个集合的情况下：满足 A 的个数+满足 B 的个数-两者都满足的个数＝总个数-两者都不满足的个数。因此 $26+24-17=38-x$，解得 $x=5$。两题都答错的人是 5 个，因此 B 项当选。

156. C。直接赋效率，甲乙丙的效率分别为 5、4、6。因此已完成的工程 $6×(5+4)$

+4×9=90,占60%,说明还剩60的工作量,由丙单独做,则需要的天数为60÷6=10(天),C项当选。

157. C。设敬老院老人数为x,共有牛奶$4x+28$盒。每人分5盒时,最后一位老人不足4盒,最多3盒,总牛奶最多为$5x-2=4x+28$,解得$x=30$。因此C项当选。

158. C。逆向思维,都没有遇到红灯的概率为$0.4×0.5×0.6=0.12$,遇到红灯概率为$1-0.12=0.88$,C项当选。

159. D。枚举发现转弯处的数字一次加1,1,2,2,3,3,4,4,…,两两分组看为一个首项为2、公差为2、项数为11的等差数列,根据等差数列项数公式:项数=(末项-首项)÷公差+1,末项=22,因此S_{11}=(首项+末项)×项数÷2=12×11=132,再加上第一个数是1,因此第22个转弯为133。D项当选。

160. A。设艺术品A的原始售价为a,$a×(1+x\%)-a=y$,得到,$ax\%=y$,$\frac{a×(1+x\%)}{2}×(1+x\%)-\frac{a×(1+x\%)}{2}=z$,根据$z$大于$y$,得到$x$大于100。

161. C。$\frac{(1+x)}{2}×x≤48$,代入排除法,$x=9$。因此第9站上了9个人。所以,第10站司机将不再停车。故选C。

162. B。根据顺流、逆流的公式,可以得到$\frac{40}{v_{船}+v_{水}}+\frac{24}{v_{船}-v_{水}}=8$,$\frac{60}{v_{船}+v_{水}}+\frac{20}{v_{船}-v_{水}}=8$,解出:$v_{船}=12$,$v_{水}=8$,故选B。

163. D。前两个钟,每小时差6-2=4分钟,只要差60分钟,就可以重合,因此需要60÷4=15(小时),总结:前两个钟每过15小时分针指在相同的位置。同理,后两个钟每小时差12-6=6分钟,只要差60分钟,就可以重合,因此需要60÷6=10(小时),总结后两个钟每过10小时分针指在相同的位置。15和10的最小公倍数为30,因此,3个钟需要30小时分针又会指在相同的分针位置。

164. B。要使得到最多的最少,那么其他人要尽可能多,所以根据最多到最少依次可以构造出x、$x-1$、$x-2$、$x-3$、$x-4$,加和等于21,解得$x=6.2$,所以答案是7本。

165. B。因为是同一时间完成工作,所以设甲从开始到结束工作x分钟,那么乙工作了$x-15$分钟,丙工作了$x-45$分钟,依题意得,$30x+40(x-15)+60(x-45)=6060$,解得$x=72$,那么乙用57分钟。

166. C。设围巾为a条,手套为b双,根据题目要求得到:$60a+70b≤500$,$a=3$:$b=2,3,4$,都可以。$a=4$:$b=2,3,4$,$a=5$,$b=2$。共7种情况。

167. B。设长方形长为x,宽为y,小路宽为a,那么$x+y=50$;$(x+2a)(y+2a)-xy=600$,所以$a=5$,所以本题选择B。

168. C。设乙之前砍了x个小时,那么:6甲$=x$乙$+1.5$乙$(6-1-x)$,且甲$=$乙;那么$x=3$,所以本题选择C。

169. C。$10\%y=30(1000-x)=12(1300-x)$；$20\%y=(x-n)120$，那么$x=800$，$y=60000$，$n=700$，所以本题选择 C。

170. B。把 8:00~24:00 细分成 8 个时间段：8:00~9:00、9:00~10:00、10:00~12:00、12:00~16:00、16:00~18:00、18:00~20:00、20:00~22:00、22:00~24:00，每个时间段进入和离开的车辆列表汇总，在 12:00 时停车最多，是 300。从全天来看，进入和离开的车辆刚好相等，即动态平衡，所以本题选择 B。

171. D。一次购买和两次购买的区别只在于 90.9 的价格，所以 $295.6+90.9×80\%=368.32$，或者 $295.6+90.9÷90\%×80\%=376.4$，所以此题选择 D。

172. D。甲：乙$=7:4$，总路程是 11 的倍数，本题选择 D。

173. D。代入排除，选项 D 满足，本题选择 D。

第四篇 判断推理

第一章 图形推理

图形推理考查的是考生的抽象思维能力，而与考生的知识和文化背景没有太多的联系。通过图形推理题的考查，能够反映出考生的观察能力和总结规律的能力。实际上，观察能力和总结规律的能力恰恰是学习能力的基础。这两项能力比较强的人往往学习能力也比较强，具有巨大的潜力。

第一节 图形变化的种类

对于大多数考生而言，对图形推理是又爱又恨，爱的是直观、清晰，解题时精神压力不大，还有一点趣味性；恨的是很容易陷入迷茫，不得要领，费力不讨好。在解答图形推理时，很多考生的心态是觉得马上就要得出答案了，尝试了数种方法，花了数分钟，仍然是"雾里看花"，却又不甘心放弃，白白浪费宝贵的时间和精力。

图形推理虽然让人看得眼花缭乱，背后却有"大道至简"的规律，需要我们总结和把握这些规律，让它们成为我们解题的利器。从某种程度上说，图形推理就像是零件的拼装，把一两种情况的变化规律拼装到一起。那么，图形的变化有哪些呢？主要包括以下49种变化：

(1) 大小变化。
(2) 方向旋转。
(3) 笔画增减或者数字、线条数的增减。
(4) 图形求同。
(5) 相同部分去掉。
(6) 图形叠加，包括简单叠加、合并叠加、去同叠加。
(7) 图形组合变化，如首尾两个图形中都包含中间图形。
(8) 对应位置阴影变化，如两图相同或不同则第三图对应位置变阴影或变空白。
(9) 顺时针或逆时针旋转。
(10) 总笔画成等差数列。
(11) 由内向外逐步包含。
(12) 相同部件，上下、左右组合。
(13) 类似组合，如平行、图形个数一样等。

(14) 横竖线条之比有规律，如横线 3 条竖线 4 条，横线 4 条竖线 5 条等。
(15) 缺口相似或变化趋势相似，如逐步远离或靠近。
(16) 图形运动变化，如同一个图形从各个角度看的不同样子。
(17) 图形拆分，如有三个图构成，后两个图为第一个图的构成部件。
(18) 线条交点数有规律。
(19) 方向规律，包括上、下、左、右。
(20) 相隔一个图形分别对称，如以第三个图为中心，1 和 5 对称，2 和 4 对称。
(21) 含义依据条件而变，如一个错号，可以表示"划"，也可以表示"两划"。
(22) 图形趋势明显，如点或图形从左到右、从上到下变化等。
(23) 图形的上、中、下部分分别变化，如求同、重叠或去同叠加。
(24) 相似类，包含平行、覆盖、相交，不同图形组成，含同一图形等。
(25) 上、中、下各部分别翻转变化。
(26) 角的度数有规律。
(27) 阴影重合变空白。
(28) 翻转，叠加，再翻转。
(29) 与特定线的交点数相同，如与折线的交点数有规律，有直线的交点数不用考虑。
(30) 图形有多条对称轴，且有共同交点，如轴对称图形正三角形、正方形等。
(31) 平行，上下移动。
(32) 图形翻转对称。
(33) 图形边上角的个数增多或减少。
(34) 不同图形叠加形成新图。
(35) 图形中某条线均为长线或短线，如寻找共同部分。
(36) 线段间距离共性，如直线上有几个点，分成几条线段，上部覆盖有另一个图形，构成圆、三角形等，但是上面的图形占的位置都不大于最外面两点间的距离。
(37) 图形外围、内部分别顺时针或逆时针旋转，也可能内外部变化相反。
(38) 特殊位置变化有规律，如当水平或垂直时图形有一规律。
(39) 各图形组成部件属于同一类，如均为三条曲线相交。
(40) 以第几幅图为中心进行变化，如旋转、走近、相反等。
(41) 求共同部分再加点变化，如提出共同部分，然后让共同部分都变黑。
(42) 除去共同部分有规律。
(43) 数线段出头数，有规律如成等差数列，或有其他明显规律。
(44) 图形每行空间数相同。
(45) 以中间图形为中心，上下、对角分别成对称。
(46) 先递增再递减规律。

(47)整套图形横着看或竖着看,分别有规律。

(48)注意考虑图形部分变化,如分别为上下不变中间变化,然后上、中、下一起变化;左右分别变化,左右一起变化等。

(49)顺着次序变化,如原来在内部的放大变为外部图形,内部图形相应变化,左右组成的图,上一个右边图等于下个左边图,右边再加个新图,如此循环。

实际上,图形推理只有以下四种情况的变化:一是性质判断,包括直线图形和曲线图形、封闭图形和开放图形、轴对称图形和中心对称图形、重心图形和中心图形等;二是元素变化,包括元素的种类、数量(个数、笔画数、序列数)、大小等;三是元素运动,包括旋转、平移、翻转等;四是元素组合,包括求同、求异、叠加、去同、特殊位置、阴影、隔项、数列等。

从图形特征上来看,以上四种变化会有较大区别,能为我们解题确定大致的方向。

一、性质判断

性质判断的变化形式主要为直线图形和曲线图形、封闭图形和开放图形、轴对称图形和中心对称图形、重心图形和中心图形等,抽象的程度较高,具体形态上前后图没有什么联系,我们会发现前后图之间的差别会很大。

【例题】请选择最适合的一个填入问号处,使之符合整个图形的变化规律(　　)(2015年广州市第80题)

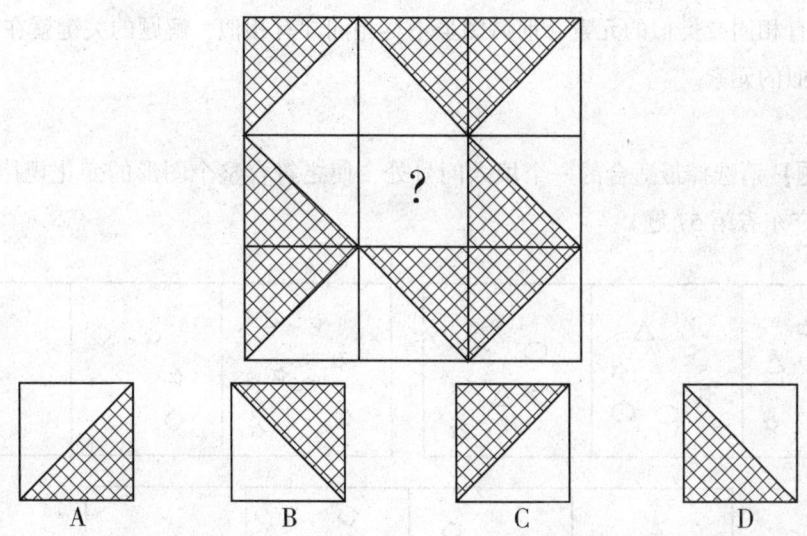

☞ **解析** A。本题对九宫格进行考查。横向观察相邻的两个图形之间关于纵轴对称,纵向观察相邻的两个图形之间关于横轴对称,所以选A。

【例题】请选择一个最合适的选择，使之符合整个图形的变化规律（   ）（2015年江苏省第54题）

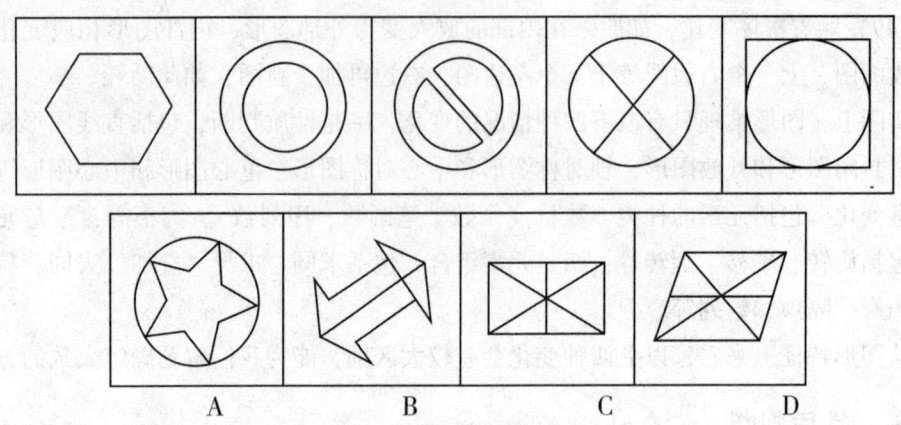

☞ **解析** C。题干中的图形封闭空间数量依次为1、2、3、4、5，构成一个等差数列，下一个图形封闭空间数量应为6，并且这5个图形既是轴对称图形，又是中心对称图形，满足这一规律的只有C项。

二、元素变化

性质判断的变化形式主要为种类、数量（个数、笔画数、序列数）、大小变化，前后图大多有相同或类似的元素，前后图虽不尽相同却有相似，解题的关键就在于找出其相同或类似的元素。

【例题】请选择最适合的一个填入问号处，使之符合整个图形的变化规律（   ）（2015年广东省第57题）

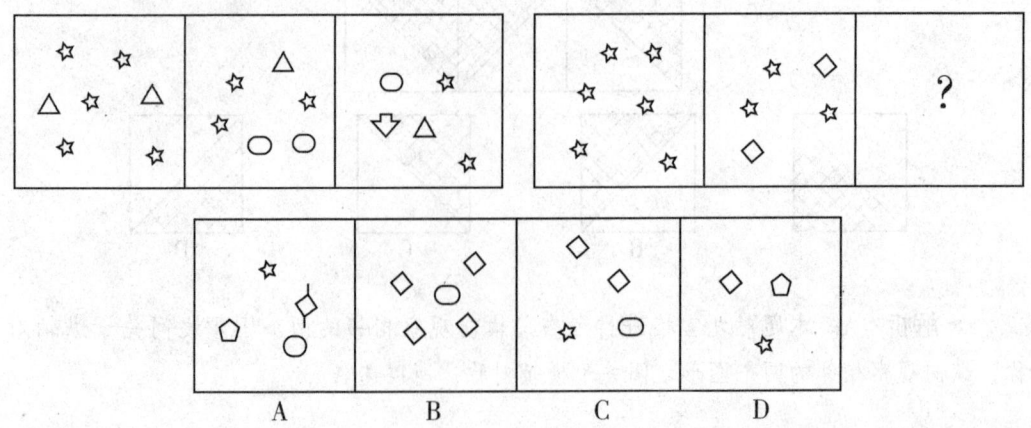

☞ **解析** C。本题考查数量类规律，是对元素种类数与个数的综合考查。第一段中，素的种类数为2、3、4，个数为7、6、5，呈现等差规律；因此，第二段中，前两个图素的种类数为1、2、?，个数为6、5、?，问号处应为3和4，综合两种规律，选择C选项。

【例题】请选择最适合的一个填入问号处，使之符合整个图形的变化规律（　　）（2015年广东省第59题）

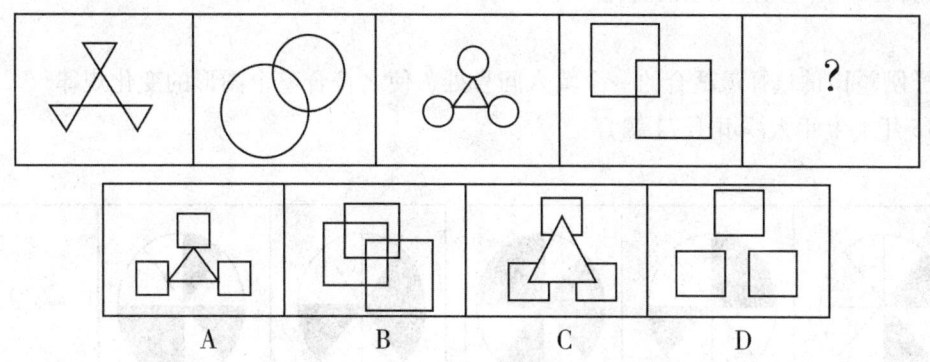

☞ **解析** A。本题考查数量类规律。题目中图形的封闭面数量分别为4、3、4、3，呈周期的规律，依此规律，问号处应为4个封闭面的图形，排除B和D；同时奇数位上的图形连接的方式均为点连接，C选项虽然点连接了三个图，但是连接的三个图形形状不同，所以排除C，选择A选项。

三、元素运动

元素运动的变化形式主要为旋转、平移、翻转等，前后图的元素完全相同，不同的只是元素之间的相对位置，解题的关键就在于找出不同元素各自的运动规律。

【例题】从所给四个选项中，选择最合适的一个填入问号处，使之呈现一定规律性（　　）（2015年国考第76题）

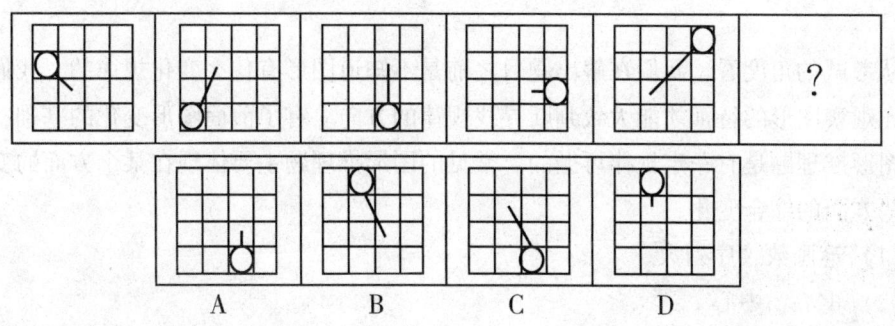

☞**解析** D。圆圈每次逆时针移动两格，线条的端点在中间的四个方格中每次顺时针移动一格。只有 D 项满足此规律，当选。

四、元素组合

元素组合的变化形式主要为求同、求异、叠加、去同、特殊位置、阴影、隔项、数列等。前后图之间有较高的相似度，且元素种类不会增加或减少。解题的关键就在于找出前后图中相同位置元素的变化规律。

【例题】请选择最适合的一个填入问号处，使之符合整个图形的变化规律（　　）
（2015 年上半年天津市第 74 题）

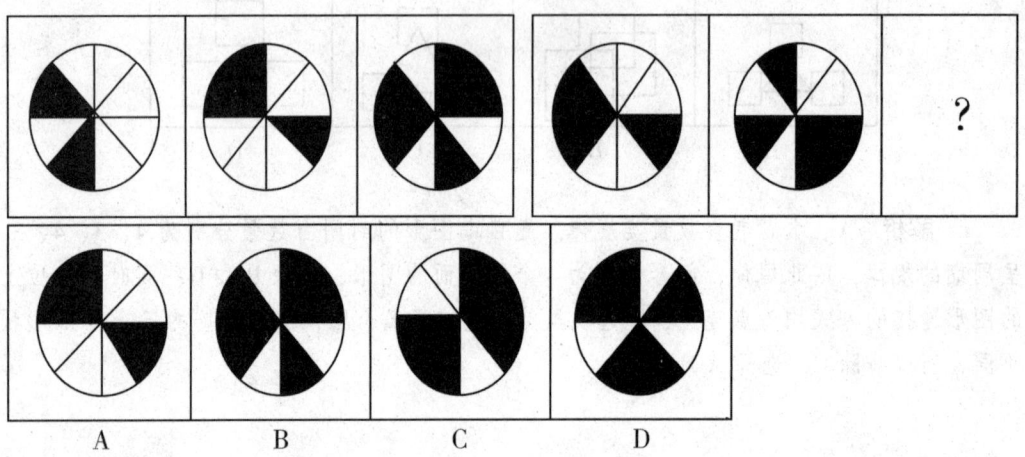

☞**解析** C。本题主要考查图形叠加，第一组图中，相对应位置叠加为：黑+黑=黑，白+黑=白，白+白=黑，黑+白=白。按照此规律，第二组图进行叠加后，符合要求的为 C 项。故答案为 C。

第二节　从图形特征判断图形规律

从考试的角度看，我们在解出题目之前是不知道图形有什么变化规律的。我们必须通过先观察图形的特征才能大致判断寻找规律的方向。有了前面图形变化的基础，我们发现图形推理题是有一定规律可循的。常见的图形推理题主要体现在某个方面的变化或在某些方面的综合变化。

（1）笔画数、序列数。
（2）重心、中心。

（3）元素的种类、数量、大小。

（4）旋转、平移、对称。

（5）阴影、隔项、数列。

（6）求同、求异、叠加、去同。

（7）规律组合。

从图形特征来看，不同特征的图形往往暗示了图形的变化规律。

1. 图形之间的元素没有什么联系，差别很大

此类情况很可能是笔画数的变化、重心下面，我们换一个角度来看。

【例题】请根据下列图形特点进行分组（　　）（2015年上半年天津市第75题）

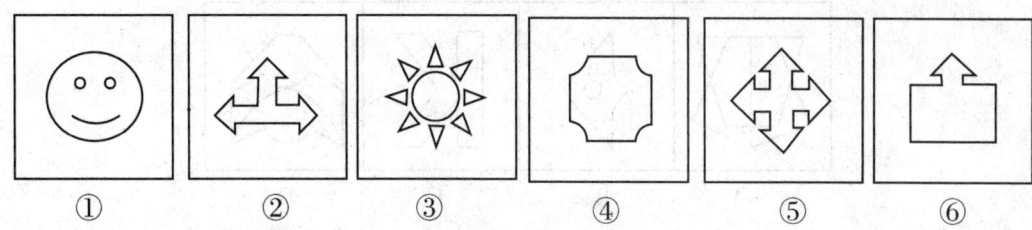

A. ①②⑤，③④⑥
B. ①②⑥，③④⑤
C. ①④⑤，②③⑥
D. ①⑤⑥，②③④

☞**解析** B。我们发现6个图形之间几乎没什么共同部分，差别比较大。所以我们考虑的方向集中在抽象一点儿的对称性、重心等方面。结果发现，①②⑥为轴对称，③④⑤中心对称。因此答案为B。

【例题】从所给四个选项中，选择最合适的一个填入问号处，使之呈现一定规律性（　　）（2015年黑龙江省第74题）

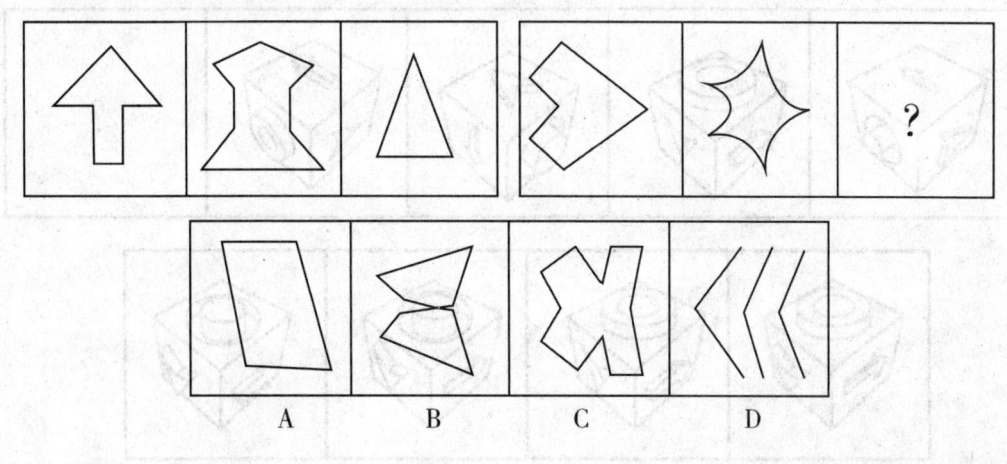

☞ **解析** C。左侧三幅图都是纵轴对称，右侧都是横轴对称，排除 A 项；都是一个图形，排除 B 项，因为 B 项是两图形点相连；再根据部分数为一个，排除 D 项。

【例题】从所给四个选项中，选择最合适的一个填入问号处，使之呈现一定规律性（　　）（2015 年山东省第 78 题）

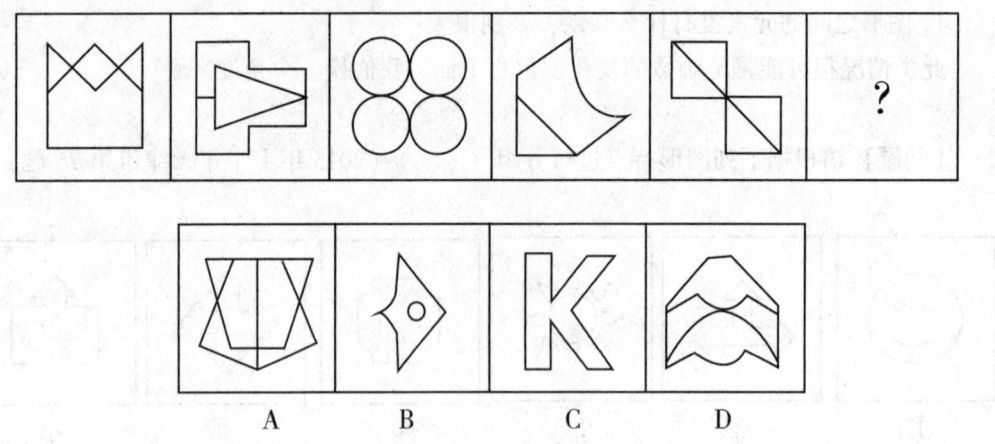

☞ **解析** C。此题题设和选项的图形之中的元素没有什么联系，差别很大。此类情况很可能是笔画数的变化，我们果然发现，所给图形都可以一笔画，因此选 C。

2. 图形之间的元素有共同部分

此类情况很可能是求同、求异、叠加、去同、旋转、平移。

【例题】从所给四个选项中，选择最合适的一个填入问号处，使之呈现一定的规律性（　　）（2015 年 425 联考第 74 题）

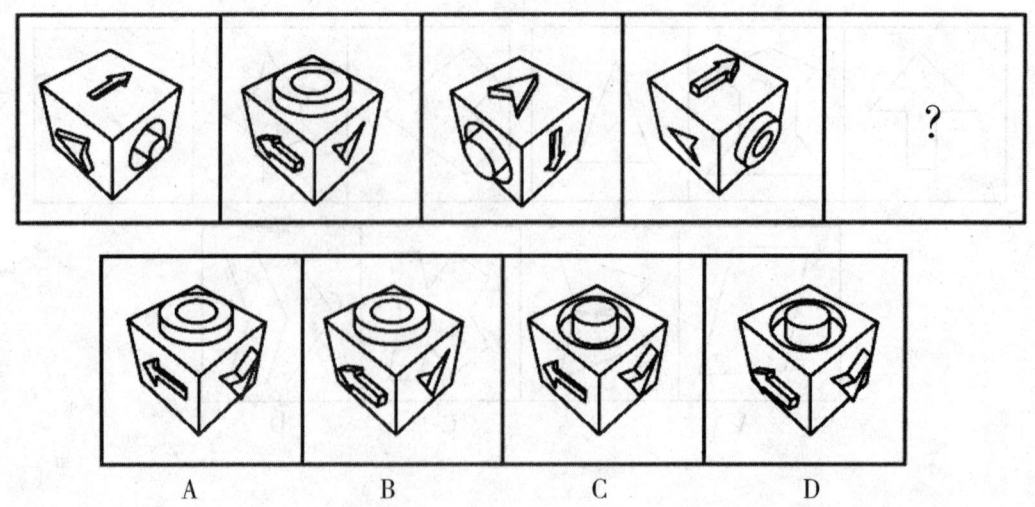

☞ **解析** C。我们发现题设和选项中的图都有一个立方体,差别也就仅仅是这个立方体上面的标志在变化,我们再看,这些标志种类有限,无非是在凸圆、凹圆、箭头、指针等元素之间变化,而且元素重复出现。因为每个面上只能容纳一个标志,我们可以进一步排除叠加、去同、旋转、平移等变化,则只剩下求同、求异这两种情况。果然发现,本题考查的是图形的样式求同,前四个图形每相隔两个图形组成图形相同,第五个图形应与第一个和第三个图形组成图形相同,注意图形的立体箭头与平面箭头的区别。因此,本题答案为C选项。

【例题】根据规律,填入恰当的图形( )(2015年山东省第79题)

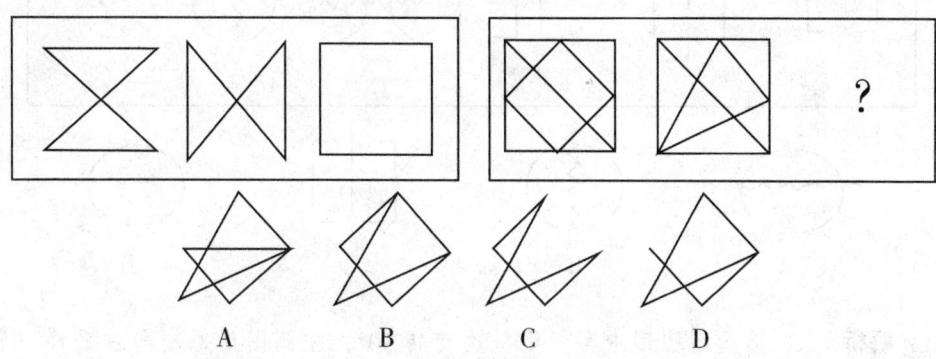

☞ **解析** C。我们发现前面3个图有相同的部分,基本上能确定属于求同、求异、叠加、去同、旋转、平移中的一种变化。进一步观察发现第一组图中两个图形求异得到第三个图形,第二组同样应该由前两个图形求异,因此选C。

【例题】下列选项中,符合所给图形的变化规律的是( )(2016年上海市第75题)

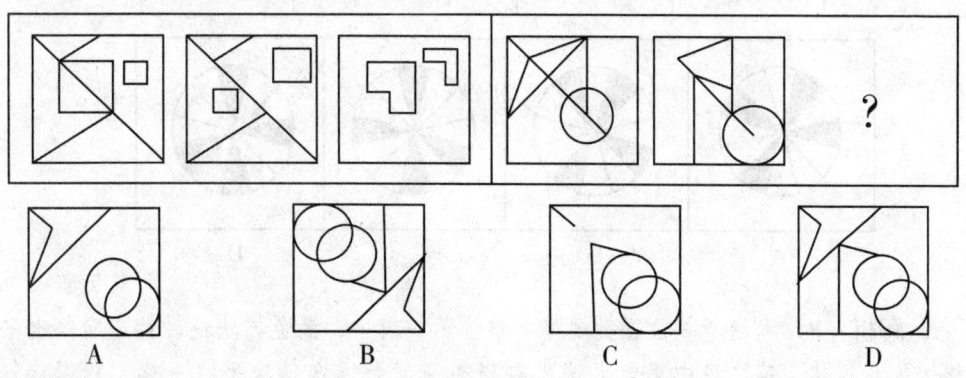

☞ **解析** D。我们发现第一组图是正方形中矩形和线段的变化,第二组图是正方形

中圆和线段的变化，有着共同部分，基本确定了求同、求异、叠加、去同、旋转、平移等方向。进一步观察发现，每组都是第一个图形和第二个图形去同存异得到第三个图形。所以正确答案为 D。

【例题】下列选项中，符合所给图形的变化规律的是（　　）（2016年上海市第81题）

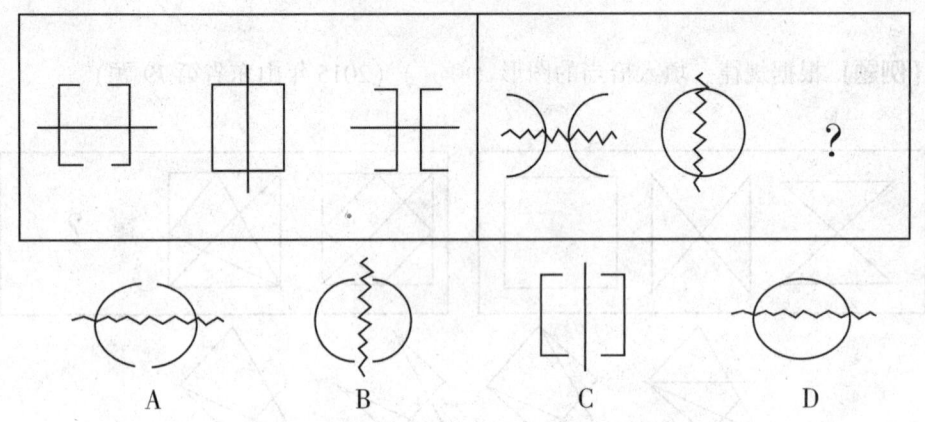

☞ 解析　A。第一组图形中间竖线每次旋转 90°，左侧图形每次向右平移一个位置，右侧图形每次向左平移一个位置。第二组也遵循这一规律，所以正确答案为 A。

【例题】下列选项中，符合所给图形的变化规律的是（　　）（2015年广东省第55题）

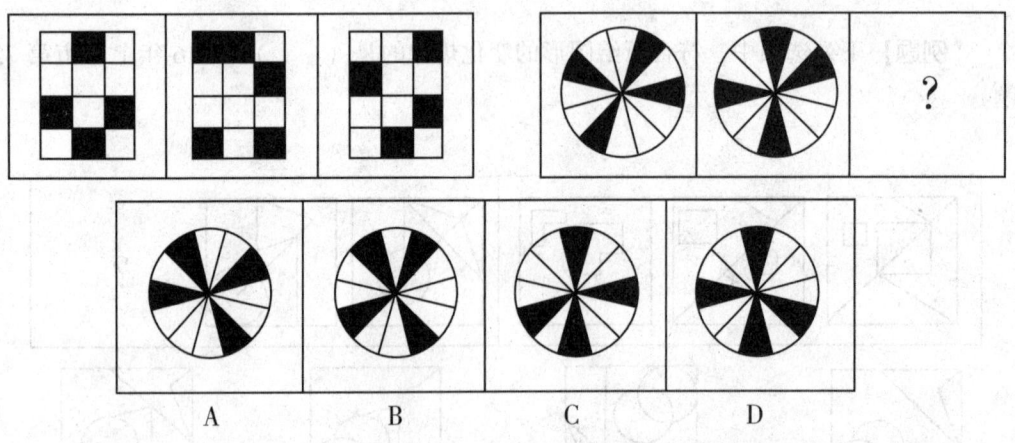

☞ 解析　B。本题考查位置类规律平移。第一段中，黑色方块逆时针方向每次平移一格，依此规律，第二段中黑色区域也要沿着逆时针方向每次平移一格，所以选择 B 选项。

3. 图形之间的元素有共同元素

此类情况很可能是数量、笔画数、序列数、平移。

【例题】下列选项中，符合所给图形的变化规律的是（　　）（2015年广东省第60题）

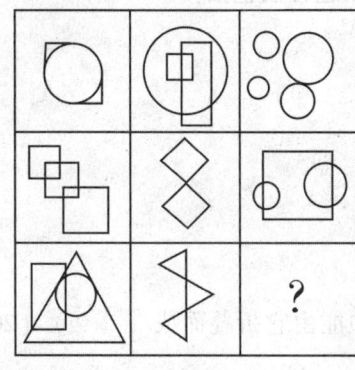
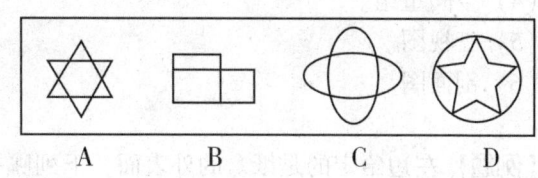

☞**解析**　A。题中8个图形无非都是圆、矩形、三角形的组合，这些元素重复出现暗示我们要立足元素去找规律。未出现过的元素必定不是正确选项，可以将C、D项排除。本题考查数量类规律中素的种类。九宫格一般先横着看：第一行找规律，第二行验证规律，第三行用规律。通过观察发现第一行三个图形中都有相同的元素圆，第二行有相同的元素正方形，依此规律，第三行有相同的元素三角形。选项中只有A项有三角形，所以选择A。

【例题】下列选项中，符合所给图形的变化规律的是（　　）（2016年上海市第77题）

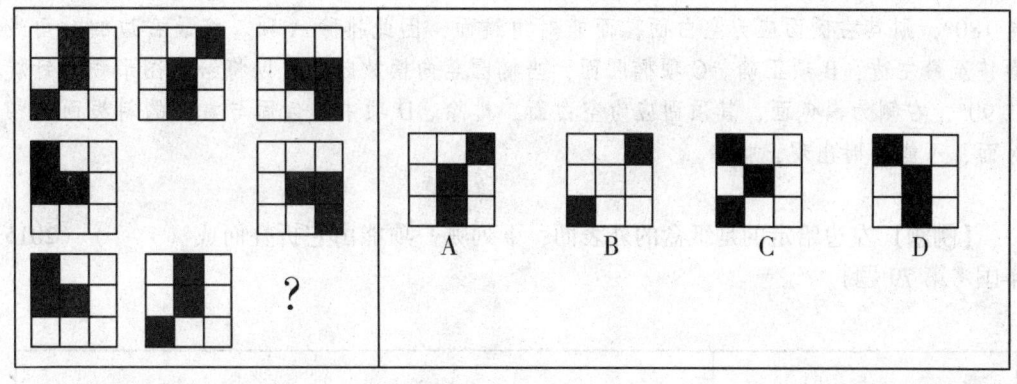

☞**解析**　A。题设和选项中的图形元素高度一致，一般是元素数量和运动方面的变化。数量上题设全部是3个小黑块，可以排除只有两个小黑块的B项。尽管我们排除了B项，但错误的选项中往往含有部分正确的内容，否则达不到迷惑解题者的目的。D项和B项没有任何相同部分，应当被排除。通过观察我们发现，此题为位置类平移。整体顺时针去看，每个九宫格中间黑块不动，上方黑块每次顺时针移动一格，下方黑块每次逆时针移动一格。且整体看，呈中心对称。所以正确答案为A。

第三节　空间重构图形推理

空间重构的图形需要有一点空间想象能力。一般解题方法包括：
（1）特征面。
（2）相对面。
（3）相邻面：时针法、点定位、坐标法。
（4）空间重组。
（5）三视图。
（6）剖面图。

【例题】左边给定的是纸盒的外表面，下列哪一项能由它折叠而成（　　）（2016年国考第80题）

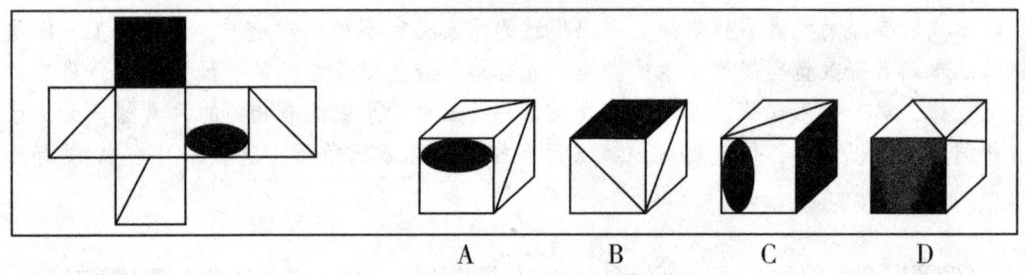

☞ **解析**　B。观察相邻面与相对面。A项中椭圆面作为正面时，可以将给定图形旋转180°，则其右侧面应为空白面，而非对角线面，因此排除A项。将最右边的对角线面移至最左边，B项正确。C项椭圆面，当椭圆竖向摆放时，可以将给定图形顺时针旋转90°，右侧为黑色面，其顶面应为空白面，排除。D项中黑色面与右侧的斜线面是相对面，不能同时出现，排除。

【例题】左边给定的是纸盒的外表面，下列哪一项能由它折叠而成（　　）（2015年国考第79题）

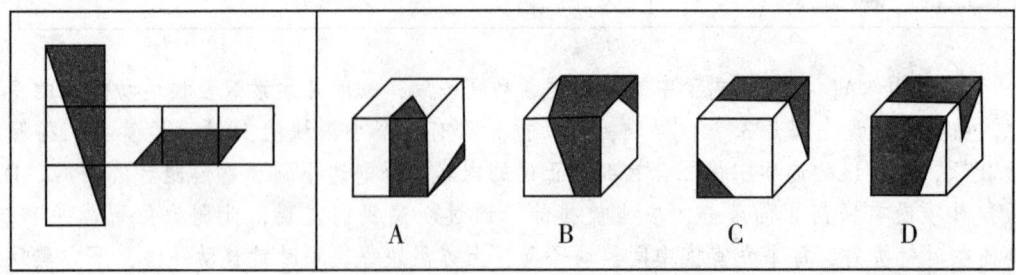

☞ **解析** A。D项立体图形中正面的梯形与展开图形中最上方的一个面中梯形形状一致,但却是该面中梯形的翻转图形,并不能由旋转得到,因此两个面不一致,排除D项。B项右侧面中的小三角形应在右下角。C项正面应是由展开图中最右侧的一个面逆时针旋转90°得到。因此A项正确。

真题演练
(附答案解析)

第二章 定义判断

定义判断是运用题设中的标准进行的推理和判断过程。先给考生一个概念的定义，然后再给一组事物或行为的例子，要求考生从中选出最为符合或最不符合该定义的典型事物或行为。这里对概念的定义假定都是正确的，不容置疑的，但公务员考试中还未出现过故意使用错误的定义来考查考生的情况。所以，在考前就掌握这些定义，对考试中的解题速度和准确率都是有很大帮助的。

这些定义往往来源于某一专业中的基本概念，法律类和管理类专业中的定义较常见。如果没有掌握这些定义也没有多大关系，在懂得给事物下定义的内在规律后，我们也能很快地学会新定义，从而顺利地答对考题。

我们先来看看什么是定义，再找出定义背后的规律。掌握了这些规律，我们就能在解题中胸有成竹，以不变应万变了。

定义（Definition）是通过列出一个事件或者一个物件的基本属性来描述或规范一个词或一个概念的意义。被定义的事物或者物件叫做被定义项，其定义叫做定义项。

界定定义或概念的意义在于使人们能够清晰地分出定义的事物与其他事物。换言之，定义要抓住对象事物特有的本质。下定义往往不是一件简单的事情，即使专家们绞尽脑汁来描述某一特定事物，也未必能清晰地界定这一事物。如政治、经济等基本概念就有数十种定义，每一种定义都有一定道理，但是每一种定义都无法让所有人信服。被界定的事物不会为专家们的争论而改变，有些事物可能永远都无法明确定义下来。

历史上还出现过因为定义不严密而闹笑话的事情。曾经，欧洲的学术界为"人"这一概念的界定进行了空前热烈的讨论。一位著名学者当众宣布了他的定义，人就是两条腿站立的动物。当即有人提出，鸡也是两条腿站立的动物。这位学者马上修正到，人是两条腿站立并且会说话的动物。马上，又有人提出质疑说，鹦鹉也是两条腿站立并且会说话的动物。这位学者赶紧补充，人是两条腿站立，没有羽毛并且会说话的动物，引起了哄堂大笑。直到后来，马克思将"人"的概念界定为，人是会制造和使用工具的动物，抓住了人在社会属性上的本质，关于"人"概念界定的争论才逐渐平息。

第一节 定义原理：概念定义的框架规则

大学期间，经常要记忆大量的概念定义，令人非常头疼。概念定义的表述枯燥无味，记起来生涩难懂，而且很容易忘记。某天，我突发奇想，每一个概念定义背后是否有一个可能存在的模板，研究出这个模板的话岂不是就能轻松搞定大量概念定义？经过一番努力后，我得出了以下模板：

定义模板＝对象＋是指＋目的＋存在范围（时空、人物、领域）＋事物特征＋的＋事物性质

我上大学期间教刑事诉讼法的老师是一位很严格的老教师，朴实的衣着和厚厚的黑框眼镜让所有学生都对他印象深刻。他经常点名让学生上黑板默写概念定义，做得不好的同学少不了受一顿奚落。说实话，很多同学都挺怕这位老师的，每每到这位老师上课，大家都正襟危坐，一直熬到下课才松一口气。

一天，我和另外三位同学不幸被老师点名到黑板上默写"法律援助"的概念定义。我到黑板上时，大脑是一片空白。"书到用时方恨少"，真痛恨自己平时偷懒贪玩没有好好用功。事已至此，没有办法，只能硬着头皮编一个。我突然灵光一现，想到了自己苦心研究出来的概念定义万能模板。我开始套用模板……

定义的对象：法律援助。

目的：法律方面的援助，估计多半是维护法律的公平正义、维护当事人的合法权益等。

人物范围：估计是一些经济上比较困难，需要给予法律帮助的人，多半与请律师的费用和诉讼费有关，嗯，法律上一般说"公民"，把"人"换下来。

领域范围：记不清了，估计是某些涉及民生的特定方面或领域。

事物特征：估计是经济上资助或者法律服务不收费。

事物性质：一项制度。

于是，我在黑板上写下了我现编的概念定义：

"法律援助是指为了维护法律的公平正义和当事人的合法权益，对那些经济上比较困难，不能聘请律师或不能承担诉讼费用，但又需要给予法律帮助的公民，在一些涉及民生的特定方面或领域，提供资助或者无偿法律服务的一项制度。"

大家可以来看看法律条文中的定义：

"法律援助：指为维护公民的合法权益不受侵犯，对那些无经济能力聘请律师不能承担诉讼费用，但又需要法律帮助的公民给予资助或是无偿提供法律服务的一项制度。法律规定，公民在赡养、工伤、刑事诉讼、请求国家赔偿和请求依法发给抚恤金等方面需要获得律师帮助，但是无力支付律师费用的，可以按照国家规定获得法律援助。"

是不是和我自己编的概念差不多？结果，上黑板默写的同学中，我得了4.5分（采用的是5分制），其他前一天还背过这个概念的同学只得了4分。这位老师称赞我"有意识"，然后大谈"意识"在法律学习中的作用，尽管我到现在还没弄太明白，老师所指的"意识"具体是什么。

有了这次经历后，我广泛查阅资料，进行学习研究，发现概念定义大多是从以下9个方面入手进行阐述的：

（1）主体，是指行为或事件的发动者、当事方。

（2）客体，与主体对应，是指行为或事件的承受者、被指向者。

（3）目的，主观要素，是行为者主观上具有什么样的动机、意图、追求一种什么样的目的。

（4）原因，产生某种现象或采取某些行为的原因。

（5）条件，是一些成立条件或者对主体、客体或行为的限定。

（6）手段，表示方式、方法或手段。

（7）结果，是指要达到什么样的结果。

（8）性质，定义所属的"属"。

（9）特点，事物某方面的特点，一般可以对定义进行修正。

《辞海》中是这样描述概念的，"必须涵括同一族类观念，对于族类之属性所知愈多，则其概念愈近于论理的。概念之构成，含有比较、抽析、判断、综合诸作用。"

以上9个方面的要素是概念定义的基本元素，但并非每一个概念定义都必须完全具备这些要素。由于需要描述的事物特点的不同，概念定义描述的方式方法也会有所不同。一般包括种属类概念、描述型概念、约定型概念、枚举型概念、修正型概念、操作型概念等形式。我们学习这些概念的形式对考试的意义并不大，在这里就不赘述了。

我们还是集中精力来学习如何在解题中敏锐地发现可能的考查点。下面，我们选择部分真题，共同来探讨这一问题。

【例题】垂直绿化指的是利用攀缘植物向空中生长进行纵向绿化的一种方式，以期达到在有限面积内最大限度地利用空气和阳光来提高绿化的效率。

根据上述定义，下列涉及垂直绿化的是（　　）（2015年国考第86题）

A. 爬山虎爬满了墙头和屋顶

B. 松树林从山脚一直延伸到山顶

C. 利用巴根草匍匐攀缘的特性，人们在沙漠中逐渐开拓出一片绿洲

D. 在丘陵地区，人们常使用飞机从空中播种的方式对山地进行绿化

☞解析　A。垂直绿化的定义要点是：（1）主体：攀缘植物；（2）手段：向空中生长；（3）目的：利用空气和阳光提高绿化的效率。A项符合定义，当选。B项松树不是攀缘植物，不符合定义（1）。C项从"匍匐"可以看出，巴根草并非向空中生长，不符合定义（2）。D项没有说明植物种类和植物生长方式，不符合定义（1）（2）。

【例题】疑罪是指司法机关对被告人是否犯罪或罪行轻重难以确证的情况。疑罪从无原则是现代刑法"有利被告"思想的体现，是无罪推定原则的具体内容之一，即在既不能证明被告人有罪又不能证明被告人无罪的情况下，推定被告人无罪。

根据上述定义，下列采用了疑罪从无原则的是（　　）（2015年国考第90题）

A. 赵六因盗窃他人网络密码被起诉，但由于赵六被证明从来不使用网络，法院判其无罪

B. 史某和汤某打架，两人都受了伤，因无法确定谁先动手，法庭建议庭外和解
C. 钱某因涉嫌投毒被起诉，后因证据不足，法院判决钱某无罪
D. 张三起诉李四侵权，但因拿不出任何证据，结果败诉

☞ **解析** C。疑罪从无原则的定义要点是：（1）主体：适应刑法，即必须是刑事案件；（2）条件：既不能证明被告人有罪又不能证明被告人无罪；（3）结果：推定被告人无罪。A项中赵六被证明从来不使用网络，所以可证明被告人无罪，不符合定义（2）。B项由"法庭建议庭外和解"可知，该案件并非刑事案件（刑事案件不存在庭外和解情况），因此不符合定义（1）。C选项符合所有定义要点，当选。D项属于民事案件，不符合定义（1）。

【例题】社会融入是指那些处于相对弱势地位的个体或群体能动地与特定社区中的个体与群体进行反思性、持续性互动的社会行动过程。

根据以上定义，下列不属于社会融入的是（　）（2015年河北省第88题）
A. 余秀华克服脑瘫带来的身体不便，无视村里人的歧视，最终在诗歌创作方面取得成功
B. 小王出狱后饱受歧视，最终以善良、坚忍改变了大家的看法，获得人们的尊重
C. 小刘从银行辞职后，开了一家投资公司，利用自己积累的资源，公司发展迅速
D. 徐先生为圆大学梦，在65岁时不顾他人看法，备战高考，最终考入某大学

☞ **解析** C。（1）主体：相对弱势地位的个体或群体；（2）客体：特定社区中的个体与群体；（3）反思性、持续性互动的社会行动过程。A项脑瘫符合（1），村里人符合（2），最终诗歌创作取得成功符合（3）中的持续性行为，符合定义；B项出狱人群符合（1），善良、坚忍改变看法符合（3），符合定义；C项辞职不符合（1），选项中没有出现（2），开公司不符合（3），不符合定义；（4）D项65岁符合（1），不顾他人看法考大学符合（3），因此本题答案为C选项。

【例题】对等计算（Peer to Peer Computing，P2P）是指信息或服务提供者和使用者通过直接交换实现资源共享，形成非中心化的、自组织的、且所有或大部分联系是对称的分布式环境。

根据上述定义，下列选项属于基于P2P的网络应用的是（　）（2015年下半年天津市第79题）
A. 支持点对点在线聊天、文件传送等功能的即时通信软件
B. 利用电子商务的各种手段实现图书买卖过程的网上书店
C. 帮助检索者查找存储在互联网站上信息的网络搜索引擎
D. 提供用户存放、展示、分享照片等功能的网络电子相册

☞ **解析** A。定义中关键词为：（1）手段："直接交换"；（2）目的："实现资源共享"；（3）性质："对称的分布式环境"。B不属于资源共享；C只是个人单方面的搜

索行为,不符合"对称";D没有体现出"交换";只有A符合。因此,本题答案为A选项。

【例题】公共信息资源:指社会特定管理机构依法管理,面向全体社会公众提供信息服务的各种数据系统,具有公共性、广泛性、基础性和公益性等特点。

下列属于公共信息资源的是( )(2016年江苏省第107题)

A. 公安部门为了核查居民身份或侦破案件所建立的公安部信息共享系统
B. 银行为了审核贷款申请、开展各种金融业务的客户个人信息系统
C. 国家气象部门建立的气象信息发布系统,如天气预报、地质灾害预警
D. 高校教务部门为提高教学管理效率而开发的学生选课、评课、成绩管理系统

☞解析 C。公共信息资源的定义要点为:(1)客体:面向全体社会公众;(2)特点:具有公共性、广泛性、基础性和公益性等特点。只有C项符合。

【例题】优势反应:指熟练程度极高、遇到某种刺激时不加思考就做出来的习惯性动作。

下列不属于优势反应的是( )(2016年江苏省第110题)

A. 中国人遇到多年未见的朋友时,一般都伸出右手去和对方握手
B. 在街上听到有人喊自己名字,人们总会循着声音的方向去寻找
C. 人们无意之中伸进滚烫的开水,瞬间就会把手缩回
D. 小丽在家看小说时,一碰到不认识的字就会下意识地去查字典

☞解析 C。"优势反应"的定义强调要点为:(1)特点:熟练程度极高;(2)条件:遇到某种刺激;(3)习惯性动作。而C项只是条件反射,没有体现熟练程度高。

【例题】路怒症:指机动车驾驶者在行车过程中因焦躁、愤怒情绪而产生的攻击性行为。

下列不属于路怒症的是( )(2016年江苏省第115题)

A. 在路口等红灯时,小张感觉汽车被碰了一下,下车一看,果然是后车刹车不及时追尾了。小张猛踢后车车轮,大声责怪其司机并且索要赔偿
B. 妻子开车送老陈去上班,一辆小汽车突然窜到了面前,险些撞到他的车,老陈下车拦住那辆车,把司机痛斥一顿
C. 小李开了8年车,技术高超,每次被人超车,都忍不住狂踩油门飚上一把,直到反超并羞辱对方一番才罢休
D. 小王正在赶路,旁边车子中飞出一个纸团突然落在他的挡风玻璃上,小王十分生气,他猛按喇叭,嘴里骂个不停

☞解析 B。路怒症定义要点为:(1)主体:机动车驾驶者;(2)条件:行车过程中;(3)原因:因焦躁、愤怒产生攻击性的行为。B项老陈并不是机动车驾驶者,

不符合定义要点（1）。因此B项当选。

【例题】 精益生产是通过系统结构、人员组织、运行方式和市场供求等方面的变革，最大限度地消除浪费和降低库存以及缩短生产周期，力求实现低成本准时生产的技术，其最终目的是通过流程整体优化、均衡物流、高效利用资源，消灭一切库存和浪费，达到用最少的投入向顾客提供最完美价值的目的。

根据上述定义，下列属于精益生产的是（　　）（2016年423联考第85题）

A. 为了抢占市场，甲公司不断提高空间利用率

B. 乙公司投入了大量资金以缩短其产品生产周期

C. 丙公司的强大供货体系保证它能随时满足客户

D. 丁公司充分发挥自身优势建立了超快的物流系统

▶ **解析** D。精益生产的方式是"通过系统结构、人员组织、运行方式和市场供求等方面的变革"，目的是"整体优化、均衡物流、高效利用资源"，达到"用最少的投入向顾客提供最完美的价值"。A项的目的是抢占市场，B项的方式是通过资金的调整，均不符合定义。C项只说到有强大的供货体系，但是这个供货体系是否经过各方面的变革，是否是最优化的并没有提及，不够明确。D项，"充分发挥自身优势"就是对公司优势资源的高效利用，"建立超快物流体系"符合"均衡物流、高效利用资源"，因此D项当选。

【例题】 行政指导是指行政主体在其所管辖的权限内，为适应复杂多变的经济和社会需要，依据国家法律或政策，适时灵活地采取引导、劝告、建议、协商、示范、制定导向性政策、发布有关信息等非强制性手段，在行政相对方的同意或协助下，实现一定行政目的的行为。

根据上述定义，下列属于行政指导的是（　　）（2015年下半年天津市第83题）

A. 中国政府向各国政府发出共同投资设立亚投行的倡议

B. 甲市气象局在台风来临之际向市民发出橙色预警信号

C. 乙区人民政府与科研院所签订一份研发高科技产品的合同

D. 丙县人民政府号召该县农民种植水蜜桃，并提供优惠贷款

▶ **解析** D。定义中关键词为：(1) 条件："在其所管辖的范围内"；(2) 手段："通过劝告、建议等非强制性手段"。A不符合第一个关键词，B"发出预警信号"不属于"指导"，C不符合第二个关键词，只有D符合。因此，本题答案为D选项。

【例题】 趋同进化：指不同生物物种在进化过程中由于适应相似的环境而呈现出外形上的相似性。

下列属于趋同进化的是（　　）（2015年江苏省第79题）

A. 海豚和鲨鱼，一个是哺乳动物，一个是鱼类，只是为了更好地在海洋中生存，

217

它们就变得越来越相像了

B. 随着共同生活时间的增加，夫妻二人的价值观念、生活习惯，甚至连五官都变得越来越相近了

C. 无脊椎动物中，肠腔动物门的珊瑚、甲壳类的藤壶、棘皮动物门的海百合，都有相似的辐射对称躯体构型

D. 蚂蚁从金合欢的刺中取食蛋白质、脂肪和蜜，也在金合欢枝叶间巡逻缠绕金合欢的其他植物，进攻来此觅食的食草动物

☞ 解析　A。定义的要点是：(1) 主体："不同生物物种"；(2) 原因："由于适应相似的环境"；(3) 结果："呈现出外形上的相似性"。B项的夫妻不属于"不同生物物种"，C项中的珊瑚、藤壶、海百合都属于无脊椎动物，且选项中没有体现它们生活环境的相似性，D项蚂蚁和金合欢不存在"外形上的相似性"，而A项中哺乳类的海豚和鱼类的鲨鱼，为了适应相似的环境——海洋，从而变得越来越相似了，符合定义要点，当选。

【例题】认知地图效应：指通过对特定事物多次探索之后，头脑中形成一张包含各种相关信息的地图，根据这张地图采取行动，往往能够取得事半功倍的效果。

下列不属于认知地图效应的是（　　）（2015年江苏省第71题）

A. 庖丁解牛　　　B. 胸有成竹　　　C. 老马识途　　　D. 管中窥豹

☞ 解析　D。认知地图效应的要点是：(1) 条件：对特定事物多次探索；(2) 结果：头脑中形成一张包含各种相关信息的地图；(3) 特点：根据这张地图采取行动，往往能够取得事半功倍的效果。A、B、C三项都符合定义要点。D项中的"管中窥豹"是指从竹管的小孔里看豹，只看到豹身上的一块斑纹，比喻只见到事物的一小部分，所见不全面或略有所得，不符合定义要点，当选。

【例题】网络集群行为，指一定数量的相对无组织的网民，在网络环境中或在网络传播影响下，针对某一共同影响或刺激产生的群体性行为。

根据上述定义，下列属于网络集群行为的是（　　）（2015年北京市第95题）

A. 网友们为抵制非理智追星而发起的"69"圣战

B. 为调查网上热传的"陈易卖身救母"事件，一名深圳网友前往四川调查真相

C. 某高校要求学生通过教室微信扫二维码完成签到工作

D. 暴雪公司开发的"魔兽世界"游戏中的公会成员线下不定期聚会

☞ 解析　A。解题的关键是：(1) 主体："一定数量的相对无组织的网民"；(2) 性质："群体性行为"。B选项主体是"一名网友"，主体错误排除。C选项的主体为"学生"，而且是高校统一要求，说明是有组织的，故不符合定义。D选项主体是"游戏中的公会成员"，说明是有组织的，不符合定义。故本题答案为A选项。

第二节　定义破解：关键词法找到正确答案

在作答定义判断题目时有两个原则：

一、选择最优

答题时，要分析定义所包含的多重而复杂的信息，筛选出关键词语，某个定义的要点可能有多个，如果四个选项中没有一个选项符合所有要点，应该选择符合要点数最多的一个，不要过于纠结定义细节，要在最短的时间内选出答案。

二、常识原则

指的是如果被定义项是某个领域考生非常熟悉的概念，而定义本身又不好理解，可以适当结合已知常识来解答，从而降低题目的难度。在运用自己的背景知识时，要注意定义本身不容置疑：不要凭自己已有的定义去衡量，不要怀疑定义的正确性，不要过于纠结细节，不要想得太深，定义判断本身考的不是知识面的广度和深度，而是一种领悟能力，是一种严格理解和规范理解的能力。

下面就为考生讲解定义判断的常规技巧和非常规技巧：

1. 常规技巧

（1）核心成分分析法或关键信息法。

这种方法适合用于主谓结构定义的题目。所谓关键词句法，也就是分析定义的句式结构，找出句子的主语、状语、定语，以确定定义的主体、行为和客体。主语一般对应的是主体，是定义的发出者；状语是行为的限定词，描述行为的特征，根据限定内容的不同分为时间状语、地点状语、原因状语、目的状语、方式状语等；定语是客体的限定词，描述客体的特征。另外还要注意定义中补充说明的语句。明确了这些，再将选项与定义一一对照，是很容易确定正确答案的。

（2）主特征法。

即找到定义的主要特征，一般体现在定义中的限定语上，这些限定语可以作为该定义的重要表现，是整个定义的重点信息。

2. 非常规技巧

（1）先看选项。定义本身难以理解时，可先看选项，因为选项是根据定义设置的，是对定义的解释。对于晦涩难懂的定义，先看选项往往能找到突破口，很多时候甚至会给我们豁然开朗的感觉。

（2）比较选项的相似性和差异性。

定义判断有其特殊型，特别是否定型判断，除了正确选项，其他选项都符合定义，与其他定义差别明显的那一项肯定就是正确答案。这个时候不看定义，只要比较定义的相似性和差异性，即可快速准确地确定答案。

当然，最核心的方法是：我们在破解定义判断时，主要是要有意识地寻找主体、客体、限定词、行为和属等方面的关键词。

在找限定词时，我们要分清楚合取定义和析取定义。合取定义的各个要件之间"合而取之，缺一不可"，无论限定的条件多少，必须全部凑齐。析取定义的各个要件之间"选而取之，数者择一"，也就是多个限定条件中，只要满足一个就行了。

【例题】白色农业是指以蛋白质工程、细胞工程、酶工程为基础，用基因工程等高科技手段开发微生物资源的工程农业。它是通过优化配置微生物资源，利用微生物惊人的繁殖生产能力，在工厂化条件下生产人类及动植物所需营养品和保健品的新型农业。

根据以上定义，下列不属于白色农业的是（　　）（2015年河北省第87题）

A. 使用各种农业废料制成蛋白饲料

B. 利用转基因技术培育水稻新品种

C. 农业生产中应用细菌、真菌制成杀虫剂、杀菌剂、除草剂

D. 应用科学技术措施，形成宜林则林、宜牧则牧、宜渔则渔的高效农业群

☞解析　D。生物学类。关键词：（1）蛋白质工程、细胞工程、酶工程、基因工程为手段；（2）开发微生物资源的工程农业；（3）人类及动植物所需营养品和保健品的新型农业。A农业废料需运用蛋白质工程、酶工程等手段优化微生物资源，生成蛋白饲料，符合定义；B转基因技术符合基因工程，水稻为人类所需，符合定义。C应用真菌、细菌符合微生物工程，杀虫剂、杀菌剂、除草剂符合植物保健品，符合定义。D科学技术不具体不符合（1），没有利用微生物资源（2），农业群不符合（3），因此本题正确答案为D选项。

【例题】渗透调节是指干旱、低温、高温、盐渍等多种逆境都会直接或间接地对植物形成水分胁迫，在水分胁迫下，某些植物体内可主动积累各种有机或无机物质来提高细胞液浓度，降低渗透势，提高细胞吸水或保水能力，从而适应水分胁迫环境。

根据上述定义，下列选项不属于渗透调节的是（　　）（2015年下半年天津市第77题）

A. 饮水不足时细胞外液渗透压升高刺激下丘脑渗透压感受器而产生渴觉

B. 滨藜属植物遇盐胁迫叶细胞体积增大，吸收更多的水分降低盐分浓度

C. 盐胁迫下的翅碱蓬可以吸取外界的盐分并积累在液泡中从而吸收水分

D. 玉米植株对于旱胁迫第一响应通过气孔关闭避开低水势、减少光能捕获

☞解析　A。定义中关键词为"对植物形成水分压迫"，A项"刺激下丘脑渗透压"不是植物所具有的，不符合此关键词。因此，本题答案为A选项。

【例题】G2B（Business to Government）是一种电子政务模式，是指政府与企业之间运用计算机、互联网等现代信息技术，超越时间、空间和部门分隔的限制，进行相关

业务交易活动的运行模式,它有助于实现政府组织机构和工作流程的优化重组,提高政府工作效率。

根据上述定义,下列选项属于G2B服务模式的是(　　)(2015年下半年天津市第78题)

A. 小张在某视听服务网站注册并支付会员费后观看了一部高清电影
B. 小郭在某省"机动车违法查询网上平台"缴交其上一季度的罚款
C. 小王在某网上知名商城使用网银付费购买了一台最新款式智能手机
D. 小李在某市"网上税务征缴系统"申报并支付其公司上个月税款

☞ 解析　D。定义中关键词为"政府与企业",A、B、C项均不符合此关键词,只有D符合。因此,本题答案为D选项。

【例题】"黑匣子"的学名叫做"航空飞行记录器"。之所以被称为"黑匣子",并不是因为它是黑色的,而是因为它能帮助破解飞行事故的秘密。黑匣子里面装有飞行数据记录器和枪声录音器两套装置,能把飞机停止工作或失事航班前半个小时的有关技术参数和驾驶舱内的声音记录下来。需要时,它可以把所记录的参数重新放出来,供飞行试验和事故分析所用。

根据上述定义,下列装置属于"黑匣子"的是(　　)(2015年甘肃省第38题)

A. 飞机上某个黑色匣子,在发生事故的同时启动,并记录相关信息
B. 在火车上的某种黑色装置,能自动记录列车运行的相关信息
C. 民用航空器中的一种红色装置,信息能单项输入,但无法解读或输出
D. 战斗机上的一种橘红色设备,能记录相关飞行数据并可进行分析还原

☞ 解析　D。黑匣子的关键词为:记录信息(飞机停止工作或失事航班前半个小时的有关技术参数和驾驶舱内的声音)且分析还原原数据。A项中"在发生事故的同时启动"不符合题干所说的"停止工作或失事航班前半个小时"的数据记载;B选项主体为"火车",不合适;C选项中的"无法解读或输出"不符合题干中"可以把所记录的参数重新放出来"。因此,本答案为D选项。

【例题】期界问题,是指在现代企业中由于雇佣关系很短,导致职工的种种短视行为,以及此类行为对企业造成的危害。

下列属于期界问题的是(　　)(2015年下半年吉林省第74题)

A. 因为还有一年就退休了,老赵感觉力不从心,工作效率也越来越差
B. 因为不熟悉业务,刚来一个月的小李弄丢了一个大客户,公司损失巨大
C. 因为觉得转正渺茫,在试用期的小王每天努力工作表现自己
D. 因为只签订半年的合同,小孙使用工作机器设备时不管不顾

☞ 解析　D。定义中关键词雇佣关系很短,导致职工的种种短视行为。D项因为只签订了半年的劳动合同雇佣关系很短,小孙使用工作机器设备时就不管不顾是一种只顾

眼前不顾长远的短视行为。A 项退休不是雇佣关系短，排除；B 业务不熟悉，不是雇佣关系短；C 项努力工作表现好没有对公司造成损害。

【例题】微捐是指人们把日积月累、零散攒的钱捐助出去的一种慈善行为。
根据上述定义，下列不属于微捐的是（　　）（2015 年新疆维吾尔自治区第 65 题）
A. 某店老板在柜台前放了一个零钱捐助箱，每到年底就将箱中的钱捐给红十字会
B. 小李近 10 年来一直坚持每年献血两次，每次 300 毫升，他觉得这样做很有意义
C. 大学生小张业余时间做钟点工，所得钱款一部分用来交学费，一部分捐给希望工程
D. 小毛在某电视台的一次捐助活动中，将积攒多年的 5000 元压岁钱捐了出去
☞ 解析　B。微捐的关键词是"日积月累、零散攒的钱"，B 项中捐献的是"血"不是"钱"，不符合关键词，因此 B 项当选。

【例题】负概念是反映对象不具有某种属性的概念。
根据上述定义，下列不属于负概念的是（　　）（2015 年新疆维吾尔自治区第 66 题）
A. 未成年人　　　B. 无形资产　　　C. 负债　　　D. 无罪
☞ 解析　C。负概念的关键词是"反映对象不具有某种属性"，A、B、D 都符合该关键词，只有 C 项不符合，当选。

【例题】企业从银行或海外取得外汇借款后并不是直接使用外汇资金，而是将外汇结汇给银行，取得人民币资金加以使用，这种现象称为贷款替代。
根据上述定义，下列哪项属于贷款替代（　　）（2016 年 423 联考第 89 题）
A. 人民币升值后，一些企业纷纷减少人民币负债，增加外汇负债，然后再用人民币进行投资
B. 国内经济过热，商业银行对人民币贷款的发放从紧。某贸易公司出于财务考虑转向外资银行贷款，获得外币资金
C. 王明觉得人民币利率高于美元，因此他申请美元贷款，然后将外汇结汇给银行，从而获得人民币资金
D. 小宇出国旅游前去银行兑换了一些外币，到国外后他使用信用卡结算，回国后用人民币还款
☞ 解析　A。本题属于单定义，主要考查名词型关键词。贷款替代的主体是"企业"，客体是"外币替为人民币"。B 项是获取外币，排除；C、D 两项是个人，不是企业，排除；A 项满足题意。因此 A 项当选。

【例题】房地产经纪，是以提取佣金为经营特征，为促成他人房地产交易，而从事

房地产买卖、交换、租赁、置换等信息提供、信托劳务、居间代理等业务的经济活动。

根据上述定义，下列属于房地产经纪的是（　　）（2016年北京市第106题）

A. 作为社区工作者，张大妈经常为小区内买卖房屋的人牵线搭桥
B. 某网站设置房产专栏，免费为发布租房卖房信息的会员提供服务
C. 某中介公司接受一房地产开发商的委托，销售其新开发的商品房
D. 物业顾问小李通过自己的房产人脉关系买到一套性价比较高的房子

☞解析　C。定义的关键是"提取佣金""促成他人""房地产交易"。C选项中介公司符合定义中的关键词。A选项，张大妈是社区工作者，牵线搭桥不涉及提取佣金；B选项"免费发布"不涉及提取佣金；D选项小李是为自己买房而不是为"他人"。故本题答案为C选项。

【例题】斡旋受贿罪，也称间接受贿罪，是指国家工作人员利用本人职权或地位形成的便利条件，通过其他国家工作人员职务上的行为，为请托人谋取不正当利益，索取请托人财物或者收受请托人财物。

根据上述定义，下列存在斡旋受贿罪的是（　　）（2016年北京市第112题）

A. 民办学校校长张某收受了某学生家长的红包，委托本校老师伪造该生的成绩单
B. 李董事长送了审计司司长太太一部轿车，成功使得自己的企业逃过审计审查
C. 海关负责海外货品清关的小赵，时常收到海代购商的礼物，并帮他们逃税
D. 警察孙某请交管局的老同事帮小李删除违章记录，并向小李索要一笔好处费

☞解析　D。定义主体是"国家工作人员"，关键词是"通过其他国家工作人员""谋取不正当利益"。A项"民办学校校长"不是国家工作人员。B项"审计司司长太太"不是其他国家工作人员。C项里面是小赵是利用自己的职权而不是利用他人的职务便利，不符合定义要求。D选项符合定义要求，故本题答案为D选项。

真 题 演 练

（附答案解析）

第三章 类比推理

类比推理好比是找朋友，找出与题设中词组有着相同或类似关系的词组。一般来说，类比推理的难度并不大，每道题所花费的时间不超过 10 秒。可是，有时候也能让我们抓狂，特别是遇到两三个选项一时间难以拿捏，纠结于孰优孰劣。有的选项比较起来，看不出有什么区别，如何抉择实在是令人头疼。

解答类比推理的关键在于找准词组之间特有的关系，解题的过程就是呼朋唤友的过程。经验告诉我们，要交一个朋友主要有三个环节：认识朋友、建立关系和沟通交流。认识朋友是指找出语法结构等本质上的共同点，特别是在词性方面的共同点，常用的方法是在选项间反复甄别；建立关系是指找出词组间特有的联系，往往表现为概念关联、逻辑关联、描述关联等；沟通交流是指通过构造短语或造句使词组间有一种顺畅的连接。

第一节 认识朋友：比较语法结构

"物以类聚，人以群分"。找朋友往往是找志趣相投的，如果两个人在价值取向上差异很大，那就会"道不同，不相为谋"，做不成朋友。类比推理也是一样的道理，需要找出同一品质或者尽可能类似的词组。这里说的品质是指词语和词组的语法结构。

【例题】教：学：教学（　　）（2016 年国考第 100 题）
　　A. 买：卖：买卖　　　　　　　B. 好：坏：好坏
　　C. 正：大：正大　　　　　　　D. 阴：暗：阴暗

☞ **解析** A。从词性分析，教、学属于动词，教、学组成教学，属于动词也属于名词。A 项买、卖属于动词，买、卖组成买卖一词，买卖属于动词也属于名词，A 项当选。B 项好、坏，C 项正、大，D 项阴、暗均属于形容词。排除 B、C、D 三项。

由此可见，分析词性是建立词语间关系的基础工作。

词性确定之后，需要着重寻找词性之间的关系。常见的词性间的关系主要有：近义词、反义词、偏正结构、并列结构、主谓结构、动宾结构、词形结构等。

1. 近义词

指几个词语含义相近。近义关系不仅仅限于狭义上的同义词、近义词，现在考查得更多的情况是，几个词在表达的意思上相近。

【例题】天真：幼稚（　　）（2015年广东省第62题）
A. 小偷：强盗　　B. 懵懂：糊涂　　C. 公正：公平　　D. 懦弱：忍让
☞解析　B。"天真"和"幼稚"是近义词，且"天真"是中性词，"幼稚"是贬义词。选项B"懵懂"和"糊涂"是近义词，且前者是中性词，后者为贬义词，所以选择B。选项A是并列关系，排除；选项C是包容关系，"公正"包括"公平"和"正义"，排除；选项D不是近义词的关系，排除。

【例题】艳羡：嫉妒（　　）（2015年广东省第66题）
A. 崇拜：迷信　　B. 增长：衰退　　C. 淡漠：热心　　D. 排放：污染
☞解析　A。"艳羡"和"嫉妒"属于近义词，且"艳羡"是非常羡慕的意思，为中性词，而"嫉妒"则是贬义词。选项A属于近义词，且"崇拜"是非常相信的意思，为中性词，"迷信"则是贬义词，所以选择A。选项B、C、D均不具有近义词关系，排除。

【例题】爱不释手：弃若敝屣（　　）（2015年下半年天津市第88题）
A. 百发百中：百步穿杨
B. 东倒西歪：东扶西倒
C. 众说纷纭：众口一词
D. 急功近利：急于求成
☞解析　C。爱不释手指喜欢得舍不得放手，弃若敝屣指丢掉自认为没有价值的东西，二者为反义关系。C选项众说纷纭指人多嘴杂，议论纷纷，众口一词是所有的人都说同样的话，二者为反义关系，正确答案应为C选项。A选项百发百中和百步穿杨为近义词，都是形容箭法或枪法非常高明。B选项东倒西歪和东扶西倒为近义词，指行走不稳，身不由己，也形容物体倾斜不正。D选项急功近利和急于求成为近义词，都表示急着要取得成功的意思。

【例题】指鹿为马：颠倒黑白（　　）（2016年423联考第93题）
A. 师心自用：固执己见
B. 目无全牛：鼠目寸光
C. 不以为然：不屑一顾
D. 不孚众望：众望所归
☞解析　A。近义词关系。"指鹿为马""颠倒黑白"均指歪曲事实，混淆是非。"师心自用""固执己见"均形容自以为是，不肯接受别人的正确意见。A项当选。

【注意】近义词的辨析有时候需要注意范围和程度上的差异，如"贫穷：贫困"是程度加深的近义词，选项中出现"理解：掌握"程度递减的时候尽量不选，而应选择"掌握：精通"同样是程度加深的近义词。

2. 反义词

指两个词语含义相反。反义关系不仅仅限于反义词，有些词性不同的两个词语也可以构成反义关系。

【例题】高大：渺小（　　）（2015年广东省第63题）
A. 无穷：无尽　　B. 春种：秋收　　C. 赞誉：诋毁　　D. 牛奶：面包

☞**解析** C。"高大"和"渺小"是反义词关系，选项C"赞誉"和"诋毁"是反义词关系，所以选择B选项。选项A属于近义关系，排除；选项B"春种"和"秋收"属于并列关系，排除；选项D"牛奶"和"面包"都是食物，属于并列关系，排除。

【例题】近视：远视（　　）（2015年广东省第68题）
A. 雨水：冰雹　　B. 瘦弱：肥胖　　C. 前进：后退　　D. 收缩：松弛

☞**解析** B。"近视"和"远视"属于反义词，且两个词都是眼睛视力的非标准状态，选项B"瘦弱"和"肥胖"属于反义词，且两个词都是健康体重的非标准状态，所以选择B。选项A不是反义词，排除；选项C和D虽然属于反义词，但二者并不是某种非标准状态，排除。

【例题】静如处子：动如脱兔（　　）（2016年江苏省第78题）
A. 顺手牵羊：守株待兔　　　　　　B. 胆小如鼠：胆大包天
C. 杀鸡儆猴：惩前毖后　　　　　　D. 呆若木鸡：愚不可及

☞**解析** B。反义词关系。静如处子和动如脱兔是反义关系，胆小如鼠和胆大包天是反义关系。

【例题】深入：浅尝辄止（　　）（2015年国考第99题）
A. 疏远：形影不离　　　　　　　　B. 细致：事无巨细
C. 安定：水深火热　　　　　　　　D. 独立：自食其力

☞**解析** A。深入与浅尝辄止为反义词关系，疏远与形影不离为反义词关系。

【例题】惜墨如金对于（　　）相当于（　　）对于安居乐业（　　）。（2015年甘肃省第44题）
A. 废话连篇　流离失所　　　　　　B. 言简意赅　颠沛流离
C. 连篇累牍　颠沛流离　　　　　　D. 拖泥带水　海晏河清

☞**解析** C。本题考查反义关系惜墨如金与连篇累牍是反义词，颠沛流离与安居乐业是一组反义词。因此，本题答案为C选项。

【注意】反义词要注意是绝对反义词，还是相对反义词。如黑和白、国企和私企是相对反义词；生和死、男和女、战争和和平是绝对反义词。

3. 偏正结构

一个两部分组成的结构，并且这两部分是修饰和被修饰的关系。修饰部分叫做修饰词语，补充修饰部分叫做中心词语。

【例题】 高楼：庭院（　　）（2013年河北省真题）
A. 骏马：宠物　　B. 时装：布衣　　C. 都市：乡村　　D. 豪宅：斗室
☛**解析** C。高楼和都市都是偏正结构，其中，楼和市是中心词语。庭院和乡村都是并列结构。前庭与后院是并列的，乡镇和村庄也是并列的。

4. 并列结构

如果两句话所传递的信息在重要性上差不多是相等的，就可以把它们一前一后地排列起来，或者用并列连词把它们连接起来，称为并列结构。

【例题】 散步：走路：赶路（　　）（2015年广东省第69题）
A. 战斗：战役：战争　　　　　B. 想象：理想：幻想
C. 休闲：无聊：空虚　　　　　D. 好感：喜欢：热爱
☛**解析** D。"散步""走路"和"赶路"属于并列关系，并且存在程度上的差异，散步为慢走，赶路为快走，选项D中轻微的"喜欢"即为"好感"，强烈的"喜欢"则为"热爱"，与题干关系最为相似，所以选择D。选项A、B、C均不具有相似的程度上的差异，排除。

【例题】 亚马逊：京东：当当（　　）（2015年河北省第95题）
A. 键盘：鼠标：扫描仪　　　　B. 湖泊：鲤鱼：鱼缸
C. 书包：课本：学生　　　　　D. 信号灯：红灯：绿灯
☛**解析** A。并列关系。亚马逊、京东、当当为并列关系，同属于电商企业；A键盘、鼠标、扫描仪为并列关系，同属于电子产品，其他选项非并列关系。因此，本题答案为A。

【例题】 白羊：黑羊（　　）（2015年江苏省第41题）
A. 高价：价格　　B. 蓝天：春天　　C. 周刊：月刊　　D. 苏州：徐州
☛**解析** C。并列关系。白羊和黑羊都属于羊，是同级并列关系；周刊和月刊都属于杂志，也是同级并列关系。

【例题】 自拍：拍照（　　）（2015年江苏省第42题）

A. 铁矿：金属　　　　　　　　　B. 茶馆：场所
C. 微信：博客　　　　　　　　　D. 船舱：飞船

☞解析　B。种属关系。自拍属于拍照的一种形式，茶馆属于休憩的一类场所。A项，铁矿属于矿石，不属于金属。C项，微信和博客是并列关系，都是一种社交平台。D项，船舱是飞船的一部分，二者是组成关系。

5. 主谓结构

指由一个或者若干个主语，加上一个或若干个谓语所组成的句式，是语言文学范畴。

【例题】潮：涨：落（　　）（2015年山东省第72题）
A. 花：蕊：瓣　　B. 草：荣：枯　　C. 心：悲：喜　　D. 水：沸：冰

☞解析　B。此题考查语法、语义关系。潮涨、潮落都是主谓关系且两个词是反义关系，草荣、草枯都是主谓关系且两个词也是反义关系。

6. 动宾结构

定义两个或两个以上的词排列在一起，发生支配或影响与被支配或被影响的关系，这种关系的组合叫做动宾结构。如调整纠纷、垄断市场。

【例题】热爱：五星红旗（　　）（2015年下半年吉林省第76题）
A. 读过：莎士比亚　　　　　　　B. 学过：法律逻辑
C. 游览：北京故宫　　　　　　　D. 喜欢：名胜古迹

☞解析　D。本题考查的是语法关系中的动宾关系，其中热爱是动词，五星红旗是名词。单从词性上来看，四个选项都符合。但是进一步来看，热爱表示的是一种心理状态，通过造句子的方法可以将题中两个词语的逻辑关系表述为：我很热爱五星红旗。只有D选项也可以说成：我很喜欢名胜古迹。因此综合来看，D选项与题干中的逻辑关系更为相近。

【例题】规则对于（　　）相当于思想对于（　　）。（2015年新疆维吾尔自治区第78题）
A. 规矩：交流　　B. 固定：语言　　C. 制定：传播　　D. 法律：梦想

☞解析　C。动宾关系。制定规则，传播思想，且制定和传播都是动词。

7. 词形结构

汉字从词形上可以分为象形字、会意字及形声字。
象形文字来自于图画文字，是一种最原始的造字方法，图画性质减弱，象征性质增强。

会意是用两个或两个以上的独体字根据意义之间的关系合成一个字，综合表示这些构字成分合成的意义，这种造字法叫会意。用会意法造出的字是会意字。

形声字是在象形字、指事字、会意字的基础上形成的，是由两个文或字复合成体，由表示意义范畴的意符（形旁）和表示声音类别的声符（声旁）组合而成。

【例题】 尘：伐(　　)（2010年江苏省第75题）
A. 信：嵩　　　B. 眉：鸟　　　C. 明：清　　　D. 让：休
☞**解析**　答案为A，题干与A项都是会意字，且两组汉字都是上下结构和左右结构。

【注意】 除了词性外，我们还应注意感情色彩的差别，使选项中的感情色彩保持对应关系，如"表扬：恭维"意思相近，但是一褒一贬，尽量不要选"创作：创造"无感情色彩的词组，而应选择具有类似感情色彩的"相信：迷信"。

第二节　建立关系：找准词语间的联系

建立关系是指找出词组间特有的联系，往往表现为概念关联、逻辑关联、描述关联等。概念关联包括概念的全同、包含、交叉、并列和全异；逻辑关联包括词语间构成的条件、因果、顺承、目的等关系；描述关联包括与事物相关、与人相关以及一些特殊联系等。找准词语间的联系是解题的关键环节，需要详细地掌握各类常见的关系。

一、概念关系

1. 全同关系
指一组词所指代的是同一个概念，即同一事物的不同称谓。

【例题】 春夏秋冬：四季(　　)（2015年国考第98题）
A. 喜怒哀乐：情绪　　　　　　B. 赤橙黄绿：颜色
C. 早中晚：一天　　　　　　　D. 东南西北：四方
☞**解析**　D。全同关系。四季就是春夏秋冬，四方就是东南西北。

【例题】 鸿雁：书信(　　)（2015年甘肃省第41题）
A. 江湖：社会　　B. 汗青：史书　　C. 同窗：朋友　　D. 战争：烽烟
☞**解析**　B。本题考查全同关系，鸿雁是古代传递书信，代指书信；汗青就是古代的史书，与题干逻辑关系相符。因此，本题答案为B选项。

2. 包含关系

指一种事物是另一种事物其中的一种或一部分，如种与属，整体与部分。

【例题】 白洋淀：渔船：橹（　　）（2015年河北省第93题）

A. 图书馆：书籍：扉页　　　　　　B. 公司：总经理：管理

C. 衡水湖：水：芦　　　　　　　　D. 治安：警察：警服

☞ **解析** A。包含关系。白洋淀有渔船，渔船上有橹，橹是渔船的组成部分。A选项图书馆里有书籍，书籍中有扉页，扉页是书籍的组成部分。因此，本题答案为A。

【例题】 打车软件：滴滴打车（　　）（2015年河北省第97题）

A. 资本市场：利率　　　　　　　　B. 房地产：中介

C. 资产：负债　　　　　　　　　　D. 上市公司：证券公司

☞ **解析** D。包含关系。滴滴打车是一种免费的打车软件。证券公司可以是上市公司。其他逻辑关系均与题干不符，因此，本题答案为D。

【例题】 剧本对于（　　）相当于（　　）对于正文。（2015年黑龙江省第100题）

A. 台词　　信函　　　　　　　　　B. 影片　　原著

C. 人物　　公文　　　　　　　　　D. 剧情　　标题

☞ **解析** A。剧本上有台词，台词包含在剧本之中，剧本是台词的纸质载体。而信函上有正文，正文包含在信函之中，信函是正文的纸质载体。

3. 交叉关系

指两个词语所有代表的集合有相同的部分，也有不同的部分。

【例题】 党员：干部：青年（　　）（2015年下半年天津市第92题）

A. 化合反应：氧化反应：化学反应　　B. 芦苇：吊兰：鸢尾

C. 检察官：检察长：检察员　　　　　D. 处长：教授：博士

☞ **解析** D。题干中党员、干部和青年三种身份可以体现在一个人身上，三个词语两两构成交叉关系，D选项处长、教授和博士三个头衔都可以体现在一个人身上，处长可以是教授，也可以是博士，三个词语两两也为交叉关系，正确答案为D选项。A选项中化合反应和氧化反应都属于化学反应，即前两个词语和第三个词语为包含关系。B选项中三种植物为并列关系，不存在交叉关系。C选项中检察长和检查员为并列关系，不满足交叉关系。

4. 并列关系

指词语所表示的概念是属于同一大类的事物，或者具有某种共同属性。需要特别说明的是，这里的并列关系是指词语之间的并列，而前文中提到的并列结构是指词语内部词素之间的并列。

【例题】商场：小卖部(　　)（2015年广东省第61题）

A. 县城：农村　　　　　　　　B. 拖拉机：农用车

C. 水稻：莲藕　　　　　　　　D. 工厂：作坊

☞解析　D。商场和小卖部属于并列关系，都是销售商品的场所，"商场"是规模更大的"小卖部"，且本质及功能相同。D选项中工厂和作坊属于并列关系，都是生产商品的场所，"工厂"是规模更大的"作坊"，本质及功能相同。所以选择D选项。A选项具有一定的干扰性，但犹如城乡二元经济中的城与乡，二者存在非此即彼的矛盾关系，而题干的两个词项没有这层关系，故排除A；B选项两个词为种属关系，排除，C选项两个词为并列关系中的反对关系，排除。

【例题】人民币：美元：欧元(　　)（2015年江苏省第44题）

A. 海鲜：海鸥：海滩　　　　　B. 贵州：杭州：常州

C. 兰花：牡丹：菊花　　　　　D. 宽恕：品性：诚信

☞解析　C。并列关系。人民币、美元、欧元都属于货币的种类；兰花、牡丹、菊花都属于花的品种。三者都是并列关系，因此C项当选。

5. 全异关系

指词组之间代表的事物完全不一致。

【例题】实数：木耳(　　)（2010年江苏省第42题）

A. 长江：流域　　B. 硕士：法官　　C. 黄山：牛顿　　D. 燕雀：鸿鹄

☞解析　实数和木耳完全无关。长江与河流是包含关系，硕士与法官是交叉关系，燕雀与鸿鹄是并列关系。所以正确答案为C项。

二、逻辑关系

1. 条件关系

分为充分条件关系和必要条件关系。如果当A事件发生时，B事件就会发生，则A是B的充分条件；如果只有当A事件发生时，B事件才会发生，则A是B的必要条件。

【例题】水：森林：煤炭(　　)（2016年423联考第91题）

A. 雪：丰年：喜悦　　　　　　　B. 表扬：自信：乐观
C. 氮：蛋白质：智力　　　　　　D. 闪电：雨：打伞

☞ 解析　C。条件关系。水是森林存在的必要条件，森林是产生煤炭的必要条件。氮是蛋白质存在的必要条件，蛋白质是智力存在的必要条件，符合题干逻辑关系，当选。

【例题】经济赤字：收入：开支(　　)（2015 年国考第 101 题）
A. 债务纠纷：还钱：借钱　　　　B. 优胜劣汰：适应：淘汰
C. 销售利润：进价：售价　　　　D. 背信弃义：诺言：谎言

☞ 解析　C。必要条件关系。开支大于收入是产生经济赤字的必要条件；售价大于进价是产生销售利润的必要条件。

2. 因果关系
指一动作或事物的发生导致或引起另一动作或事物的发生。

【例题】投资：回报(　　)（2015 年黑龙江省第 93 题）
A. 广告：打折　　　　　　　　　B. 洽谈：生意
C. 竞争：优势　　　　　　　　　D. 入股：分红

☞ 解析　D。因为投资，所以会收到回报，题干中的两个词构成了因果关系，D 选项中股东入股会获得分红，也是因果关系，与题干相符。

【例题】潮汐：月球引力：太阳引力(　　)（2015 年山东省第 68 题）
A. 地震：海啸：火山喷发　　　　B. 车祸：违章驾驶：醉驾
C. 污染：人为活动：尾气排放　　D. 泥石流：暴雨：滥砍滥伐

☞ 解析　D。此题考查因果关系。在月球引力和太阳引力的共同作用下产生潮汐，在暴雨和滥砍滥伐的共同作用下产生泥石流。因此选 D。

【注意】因果联系要注意是必然联系还是或然联系。

3. 顺承关系
几个动作或事件相继发生，有一定的先后顺序。

【例题】出征：击鼓：士气(　　)（2013 年国考第 101 题）
A. 比赛：呐喊：信心　　　　　　B. 生产：监督：效率
C. 喝酒：谈判：气氛　　　　　　D. 宣传：登报：名气

☞ 解析　A。本题考查顺承关系。在出征时，击鼓可以增加士气。在比赛中，呐喊可以增加信心。因此，本题选择 A 选项。

4. 目的关系

某个事件的发生是以另一个事件为目的。

【例题】运动：热量：瘦身（　　）（2015年山东省第71题）

A. 压力：倾诉：释放　　　　　　B. 按摩：疼痛：骨骼

C. 打磨：瑕疵：平滑　　　　　　D. 检查：纠正：合格

☞ 解析　C。此题考查语法关系。运动消耗热量达到瘦身的目的，打磨去除瑕疵达到平滑的效果。因此选 C。

【例题】上山：山上（　　）（2016年江苏省第76题）

A. 上海：海上　　　　　　　　　B. 回收：收回

C. 工人：人工　　　　　　　　　D. 下台：台下

☞ 解析　D。目的关系。上山来到山上，下台来到台下。

三、描述关系

（1）与事物相关，包括了对事物的性质、象征意义、功能、用途等属性的描述，也包括事物的活动空间、场所、所在地、原材料、作用对象等其他相关内容的描述。

【例题】舞蹈：天鹅（　　）（2016年江苏省第77题）

A. 歌唱：黄莺　　B. 春燕：呢喃　　C. 读书：学生　　D. 采莲：江南

☞ 解析　A。比喻关系。像天鹅一般舞蹈，像黄莺一样歌唱。

【例题】白驹过隙：秒表（　　）（2016年国考第96题）

A. 恩重如山：天平　　　　　　　B. 一线希望：皮尺

C. 一言九鼎：弹簧秤　　　　　　D. 风驰电掣：测速仪

☞ 解析　D。白驹过隙比喻时间过得很快，秒表可以测量时间，二者都与时间有关。D项，风驰电掣形容非常迅速，像风吹电闪一样，测速仪可以测试速度，二者都与速度有关，与题干逻辑关系一致，当选。A项，恩重如山指恩情像高山一样厚重，形容恩义极为深重，而天平是衡量物体质量的仪器，二者无联系。B项，一线希望指一点微弱的希望，皮尺是测长度的工具，二者无联系。C项，一言九鼎指一句话就有九鼎重，比喻说话力量大，能起很大作用，而弹簧秤是测力大小的工具，二者没有联系。

【例题】森林：郁郁葱葱（　　）（2016年国考第97题）

A. 法庭：庄严肃穆　　　　　　　B. 校园：勤奋好学

C. 餐桌：饕餮大餐　　　　　　　　D. 公园：嬉戏玩闹

☞ 解析　A。郁郁葱葱可以形容森林，A 项庄严肃穆可以形容法庭，当选。B 项，勤奋好学形容的是学生，不能是校园。C 项，饕餮大餐指丰富的、大量的食物，不能形容餐桌，排除。D 项，嬉戏玩闹指欢快地做游戏，形容的是人，不能是公园。

【注意】描述关系时要注意其性质、功能的相似性，是全面还是片面的，如"电话：通话"可以描述为电话的功能主要是通话，出现"眼镜：看书"选项时，我们要权衡看书只是眼镜功能的一个方面，其全面性远远不及电话用于通话，与其对等的关系是"眼镜：看东西"。

（2）与人相关，主要是指特定群体所从事的职业相关的描述，包括对职业特征、工作地点、工作对象、工作内容、所用工具等相关内容的描述。

【例题】超市：消费者（　　）（2013 年山东省第 83 题）

A. 医院：患者　　　B. 法院：犯人　　　C. 学校：老师　　　D. 军队：军人

☞ 解析　A。超市是服务消费者的，医院是服务患者的。

（3）修饰和特殊联系，修饰是揭示其属性特征，特殊联系则是指一些特有的关联。有的是与作品相关，包括了对作品的作者、作品中人物、载体、年代、背景等描述，也包括对作品中诗句的出处、相关对象等的描述。有的与历史相关，包括历史事件、传说、成语典故、节日来源等。

【例题】（　　）对于感时花溅泪相当于高兴对于（　　）。（2013 年国考第 105 题）

A. 伤心　含情杏花喜　　　　　　　B. 哀伤　一日看尽长安花
C. 多情　化作春泥更护花　　　　　D. 憔悴　人比黄花瘦

☞ 解析　A。修饰关系的考察，感时花溅泪表示伤心，含情杏花喜表示高兴。因此，本题选择 A 选项。

【例题】抽样调查：抽样原则（　　）（2014 年国考第 99 题）

A. 调查问卷：征求意见　　　　　　B. 设备操作：操作规程
C. 数学模型：建模软件　　　　　　D. 人物访谈：访谈内容

☞ 解析　C。题干中两个词语的关系是：根据抽样原则进行抽样调查，即后者是前者遵循的原则，C 选项中两个词语的关系也是根据操作规程进行设备操作；A 选项调查问卷是征求意见的手段；B 选项访谈内容是人物访谈的内容；D 选项是工具关系。故本题答案为 C。

第三节　沟通交流：构造短语或造句辨析

做此类题目时常用代入法，将选项代入到题干中去造句就能得到想要的选项。这样做可以大大提升解题的速度，快速排除掉不符合题意的选项。构造短语或造句时可以参考以下句式：

(1) 全同关系：……就是……
(2) 包含关系：……是……的一种/……包括了……
(3) 交叉关系：有的……是……
(4) 并列关系：……和……都是……
(5) 全异关系：……不同于……
(6) 条件关系：如果……就……/只要……就……
(7) 因果关系：因为……所以……/……是因为……
(8) 顺承关系：先……然后……
(9) 目的关系：……是为了……
(10) 与事物相关的描述关系：……用于……/……象征……/……在……空间内
(11) 与人相关的描述关系：……的特点是……/……往往出现在……
(12) 修饰和特殊联系的描述关系：……地……/……与……息息相关/……是……的作品/

【例题】自然科学：化学：化学元素（　　）（2016年国考第103题）
A. 人文科学：历史学：历史人物　　　　B. 物理学：生物物理学：光合作用
C. 社会学：汉语言：文学　　　　　　　D. 社会学：社会科学：社区

☞解析　A。自然科学与化学属于包含关系的种属关系，采用句式2"……是……的一种"。化学属于自然科学的一种，化学和化学元素属于包含关系，化学元素是化学的一种。A项历史学属于人文科学的一门学科，历史学包含历史人物。B项物理学与生物物理学属于交叉学科。C项汉语言属于语言类学科，不属于社会学，且汉语言也涵盖不了文学。D项不能说社会科学包含社区。因此A项当选。

【例题】重力对于（　　）相当于（　　）对于昼夜交替。（2016年国考第104题）

A. 物体质量　月圆月缺　　　　　　　B. 潮汐　地球公转
C. 地球　月球　　　　　　　　　　　D. 自由落体　地球自转

☞解析　D。因果关系，采用句式7"……是因为……"。自由落体是因为重力，昼夜交替是因为地球自转。

第四节 实战技巧：四步搞定判断推理

历年公务员考试中，类比推理基本上会出现10道，要求考生通过观察分析，在备选答案中找出一组与题干在逻辑关系上最为贴近或相似的词。在这里给大家介绍解决类比推理题目的四个步骤：看词性、造句子、想逻辑、比横纵。

第一步：看词性

所谓看词性，就是要明确所给出的一组词语的词性，然后分别观察四个选项的词性，哪一项的词性与所给出的词语词性相同，即为正确选项。

【例题】计算：电脑（ ）（2015年广东省第64题）

A. 可乐：饮料　　B. 热水：茶壶　　C. 载货：货车　　D. 火焰：灶台

☞ 解析　C。"计算"和"电脑"属于对应关系，且计算是电脑的功能。选项C"载货"和"货车"也属于对应关系，且载货是货车的功能，故选择C。因为"计算"是动词，根据词性对应的原则，选项A、B、D均排除。

【例题】高大：矮小 与（ ）在内在逻辑关系上最为相似。（2015年广州市第57题）

A. 黑色：白色　　　　　　　　　B. 男人：女人

C. 明亮：昏暗　　　　　　　　　D. 失去：得到

☞ 解析　C。高大与矮小是词义上反义，并且都是形容词词性，黑色和白色为反对关系；男人也女人属于矛盾关系；失去和得到属于动词。只有C项明亮和昏暗和题干逻辑关系、词性都一致。故选C。

【例题】非法：非难（ ）（2015年上半年天津市第79题）

A. 非但：非凡　　　　　　　　　B. 非礼：非洲

C. 非议：非分　　　　　　　　　D. 非诚勿扰：非常完美

☞ 解析　C。本题考查词性。非法中"非"是不的意思，是动词，非难是动词。A项非但是关联词，非凡是形容词；B项非礼是形容词，非洲是名词；C项非议中"非"是不的意思，是动词，非分是动词；D项非诚勿扰是名词，非常完美是形容词。故选C。

【例题】佩服：尊敬（ ）（2015年上半年天津市第80题）

A. 喜欢：爱慕　　B. 压迫：剥削　　C. 配偶：夫妻　　D. 亲戚：邻居

☞ 解析　A。本题考察词性。佩服和尊敬是褒义词，并且是并列关系。A项喜欢和爱慕是褒义词，且是并列关系；B项压迫和剥削虽然是并列关系，但它们都是是贬义词；C不是并列关系；D项为并列关系，但为中性词。故而选A。

第二步：遣词造句

遣词造句，即利用语感对题干给出的几个词项进行造句，再用所造句子的结构套用于选项，合适的即为正确答案。遣词造句法往往在关系不明显时使用。

对于两项式的题目，要运用遣词造句法通常需要引入其他元素将其联系起来，才能发现其中的关系。而三项式的题目由于包含三个词项，造句较两项式容易，因此遣词造句法对其更为适用。

使用遣词造句法时要注意比较词项在句子中的位置是否一致，是否存在词项颠倒的现象，并通过句子比较其本质的关系是否一致。

【例题】季节之于（　　）相当于（　　）之于海陆温差。（2015年下半年天津市第93题）

A. 日照时长　潮汐　　　　　　　B. 黄赤交角　季风
C. 春夏秋冬　洋流　　　　　　　D. 北回归线　赤道

☞解析　B。本题考查因果联系中的对应关系，采用"……是……的根本原因"的句式。黄赤交角是地球上四季变化的根本原因，海陆温差是季风形成的根本原因，因此正确答案为B选项。A选项不同的季节有不同的日照时长，但潮汐和海陆温差没有关系。C选项季节包括春夏秋冬四季，但洋流不包括海陆温差。D选项北回归线是夏至时太阳直射的位置，和季节的关系不大，赤道和海陆温差不存在明显的关系。

【例题】出行：雾霾：口罩(　　)（2016年423联考第100题）

A. 休息：沙发：电视　　　　　　B. 超车：公路：路标
C. 勘探：野外：地图　　　　　　D. 娱乐：海滨：游泳

☞解析　C。遣词造句法：在雾霾环境下，出行需要戴口罩。出行为动词，雾霾和口罩为名词。在野外环境中，勘探需要用地图，与题干逻辑关系一致，C项当选。

【例题】火车：轨道：行驶(　　)（2016年江苏省第81题）

A. 电脑：键盘：上网　　　　　　B. 相机：镜头：拍照
C. 飞机：机场：飞行　　　　　　D. 油轮：江海：航行

☞解析　D。遣词造句法：事物与其所处空间。火车在轨道上行驶，油轮在江海上航行。

第三步：想逻辑

所谓想逻辑，是要观察题干中给出的词语存在怎样的逻辑关系，只需找出与题干逻辑关系相同的选项即为正确答案。

【例题】杯：碗与（　　）在内在逻辑关系上最为相似。（2015年广州市第58题）
A. 锯：刀　　　　B. 灯：光　　　　C. 木：椅　　　　D. 火：炉

☞解析　A。杯和碗属于容器中的两种，反对关系的一种逻辑。锯和刀都是工具，也属于反对关系，并且它们功能具有相似特点。其他词没有此类关系。故选A。

【例题】时间之于（　　）相当于（　　）之于密度。（2016年江苏省第83题）
A. 数量　质量　　B. 流水　磐石　　C. 速度　体积　　D. 日晷　天平

☞解析　C。在逻辑上属于数学运算式中的变量关系。时间乘以速度等于路程，体积乘以密度等于重量。

【例题】前瞻：预见：回溯（　　）（2016年国考第101题）
A. 深谋远虑：未雨绸缪：鼠目寸光　　　　B. 标新立异：特立独行：循规蹈矩
C. 犬牙交错：参差不齐：顺理成章　　　　D. 墨守成规：井然有序：纷乱如麻

☞解析　B。前瞻与预见都是向前看的，是互通的，回溯是向后的。B项，标新立异与特立独行都有新的意思，而循规蹈矩指没有任何变动。A项，深谋远虑指考虑长远。未雨绸缪指事先做好准备。鼠目寸光指见识短浅。C项，犬牙交错比喻交界线很曲折，也指情况复杂。参差不齐指不整齐、水平不一。顺理成章指写文章或做事顺着条理就能做好。D项，墨守成规指死抱着老规矩不放，不思改革进取。井然有序指有秩序，整齐不乱。纷乱如麻指交错杂乱像一团乱麻。因此B项当选。

【例题】历练对于（　　）相当于磨砺对于（　　）。（2016年国考第105题）
A. 栉风沐雨　千锤百炼　　　　B. 波澜不惊　一鸣惊人
C. 处心积虑　百折不回　　　　D. 千辛万苦　九死一生

☞解析　A。"历练"指经历世事，锻炼。"栉风沐雨"指在外面不顾风雨地辛苦奔波，二者意思相仿。"磨砺"意思是磨炼、锻炼，"千锤百炼"指经历多次艰苦斗争的锻炼和考验，都是锻炼、磨炼的意思，A项当选。B项，"波澜不惊"指局面平静、形势平稳，没有什么变化或曲折；"一鸣惊人"指平时没有突出的表现，一下子做出惊人的成绩。C项，"处心积虑"指费尽心机、想方设法；"百折不回"指意志坚强，无论受到多少次挫折，毫不动摇退缩。D项，"千辛万苦"指艰辛劳苦；九死一生指多次经历生死危险而幸存，均与"历练""磨砺"无关，排除。

【例题】花木：盆景（　　）（2015年广东省第67题）
A. 布料：窗帘　　　　　　　　B. 轮胎：汽车
C. 墨水：书画　　　　　　　　D. 石头：假山

☞ **解析** D。"花木"是"盆景"属于组成关系,盆景是以植物和山石为基本材料在盆内表现自然景观的艺术品,所以二者属于组成关系。选项 D"石头"是假山的组成部分,且假山是指园林庭院中人工叠石而成供观赏的小山,与题干关系最为相似,所以选择 D。选项 A 布料与窗帘属于原材料与成品的对应关系,排除;选项 B 虽然轮胎是汽车的组成部分,但汽车并不是一种艺术形式,排除;C 选项墨水和书画之间不是组成关系,排除。

第四步:比横纵

一些难度较大的类比推理题目往往存在多个选项看似均与题干关系相符,此时需要我们掌握一定的比较原则,从而确保解题的准确性。

解类比推理题应该优先采用横向比较,只有当横向比较做不出答案,即发现选项中没有或不止一项与题干词项的关系相符,才考虑纵向对比题干与选项的关系,以得出正确答案。

许多类比推理题目通过一次横向比较仍有多个选项符合,此时就需要通过多次横向和纵向对比来寻找题干和选项之间是否具有更多相同的属性,从而选出与题干关系最相符的一项。除了考虑常见的问项间关系以外,还可以从细微差别中来寻找相同属性。

类比推理考查的是考生寻找相似关系的能力,这种关系一定是本质相关的。在做题时要避免犯"机械类比"的错误,不能仅仅依据词项间表面相似性或偶然相似性进行类比,而要寻找本质相关的属性。

【例题】冠军:亚军( )(2016 年江苏省第 79 题)
A. 热带:亚热带   B. 芝麻:亚麻
C. 奥运会:亚运会   D. 亚健康:健康

☞ **解析** A。在仔细比较之下发现级别和等次的差异。前者为最高级别,后者的"亚"表示次级。A 项的气候带是按照地理纬度或实际温度来划分的,有级别顺序之分。B 项两词不是同一科属,且用途也不一样。C 项二者涵盖的地理范围不同,且都是其所属范围内最高级别的赛事。D 项顺序颠倒,排除。

【例题】#&#¤¥¥¤&&( )(2016 年江苏省第 84 题)
A. &#&#¥¥¤¤   B. ¤¥¤&#&¥¥
C. ¥#¥#¤¤&#&n   D. &#&¤¥#¥¤¤

☞ **解析** B。将题设与选项进行比较,最后两个相同,排除 C 项。倒数第四五位置相同,排除 A、D 两项。

【例题】构思:写作:修改( )(2015 年下半年吉林省第 81 题)
A. 上车:驾驶:下车   B. 请客:赴约:回家

C. 生病：住院：打针　　　　　　D. 洗菜：切菜：炒菜

☞**解析**　D。本题中构思、写作、修改是指写作过程中的三个步骤，同时按照时间的顺序排列。D选项洗菜、切菜、炒菜也是做菜的三个步骤，并且有时间的先后顺序，符合这一逻辑关系，正确。B、C项行为主体不同，我请客就是别人赴约，我生病住院是别人给我打针。A项，下车已经不是驾驶的步骤，是驾驶已经结束后的动作。

【例题】佩刀：刀鞘（　　）（2016年国考第98题）
A. 墨：墨盒　　B. 火箭：发射架　　C. 毛笔：笔帽　　D. 旅游鞋：旅行包

☞**解析**　C。刀鞘是用来携带佩刀的配套器物，佩刀可以随时从刀鞘里拿出、放入，可反复使用。C项笔帽与毛笔配套，毛笔也可以随时从笔帽中拿出、放入，反复使用，C项当选。A项，墨和墨盒不可反复使用。B项，火箭固定在发射架上，火箭不能反复使用。D项，旅游鞋和旅行包属于两种旅行工具，不是配套使用关系。

【例题】琴棋书画：经史子集（　　）（2016年国考第99题）
A. 兵强马壮：闭关自守　　　　　　B. 悲欢离合：漂泊流浪
C. 衣帽鞋袜：冰清玉洁　　　　　　D. 鸟兽虫鱼：江河湖海

☞**解析**　D。琴棋书画属于艺术的四大类，经史子集是中国古籍，按内容可区分为四大类。D项鸟兽虫鱼与江河湖海也都有四类，关系一致，当选。A项，兵强马壮提到的是兵马两项，闭关自守指指封闭关口，数量不对应。B项，悲欢离合指生活中的悲哀与欢乐，分离与团聚，为四种生活方式，漂泊流浪指生活没有着落，到处漂泊，属于一种生活方式，二者数量不对应。C项，衣帽鞋袜属于四种穿戴用品，冰清玉洁是形容人品高尚、纯洁，做事光明磊落，二者数量不对应。

真 题 演 练

（附答案解析）

第四章　逻 辑 判 断

　　有人对《福尔摩斯探案集》爱不释手,有人喜欢看《名侦探柯南》,有人崇拜神机妙算的诸葛亮,有人为狄仁杰断案如神拍案叫绝。这些无论是真实还是虚拟的人物都有一个共同的特点,他们都是逻辑高手,大家之所以喜欢他们,也无非是因为这一点。

　　心理学家认为,人的逻辑推理能力是自发产生的,随着年龄的增长,知识面的拓宽,逻辑推理能力或者说"心智"也得到同步的发展。心理学家的意思是:即使你没有学过专门的逻辑科学,你照样能推理,照样可以从给定的前提出发得到正确的结论,这就如同你没有学过生理学,你吃鱼吃肉也可以消化一样。但是,如果我们系统地学习逻辑的话,我们的逻辑能力将更上一层楼。

　　以下是逻辑学不能不知道的一些基础性知识。有了这些知识,再复杂的问题都可以通过它们之间的关系,环环相扣,层层推进,最终拨开迷雾找出真相。

　　概念之间的关系主要可以分为三大类:

　　一是包含,如"湖北人"与"武汉人",全同关系是包含关系的一种特殊情况;

　　二是交叉,如"湖北人"与"学生";

　　三是全异,如"湖北人"与"北京人"。

　　如果将判断的主项写为"S",而将谓项写为"P"的话,那么上述四种性质可以分别写为:

　　"所有 S 是 P"(即全称肯定判断,可记为 SAP)

　　"所有 S 不是 P"(即全称否定判断,可记为 SEP)

　　"有 S 是 P"(即特称肯定判断,可记为 SIP)

　　"有 S 不是 P"(即特称否定判断,可记为 SOP)

　　将 T 代表真命题,将 F 代表假命题。所有的逻辑推理都可以总结成以下公式:

　　(1) SAP (T),则 SEP (F),SEP (T),则 SAP (F)。

　　(2) SAP (T),则 SOP (F),SOP (T),则 SAP (F)。

　　(3) SEP (T),则 SIP (F),SIP (T),则 SEP (F)。

　　(4) SAP (T),则 SIP (T),SIP (T),则 SAP (T/F)。

　　(5) SEP (T),则 SOP (T),SOP (T),则 SEP (T/F)。

　　(6) SIP (T),则 SOP (T/F),SOP (T),则 SIP (T/F)。

　　(7) 并非 SAP = SOP。

　　(8) 并非 SEP = SIP。

(9) 并非 SIP = SEP。

(10) 并非 SOP = SAP。

(11) 将"必然 P"当成 SAP。

(12) 将必然非 P 当成 SEP。

(13) 将可能 P 当成 SIP。

(14) 将可能非 P 当成 SOP。

(15) SAP 可以换位为 PIS。

(16) SEP 可以换位为 PES。

(17) SIP 可以换位为 PIS。

(18) SOP 不能换位。

(19) 并非（P 或 Q）= 非 P 且非 Q。

(20) 并非（要么 P 要么 Q）=（P 且 Q）或（非 P 且非 Q）。

在公务员考试中，逻辑判断包括必然性推理和可能性推理两种题型，其中必然性推理包括概念间关系、直言命题、复言命题和智力推理四种；可能性推理包括削弱型、加强型、前提型、解释型、评价型、结论型六种。

第一节　必然性推理

一、概念间关系

表达一类事物的词语称之为概念。概念有两个基本的逻辑特征：内涵和外延。

概念的内涵是指概念所反映的事物的特征或本质，也就是"质"；概念的外延是指反映在概念中的一个个、一类类的事物，也就是"量"。

概念间的关系有全同关系、真包含（于）关系、交叉关系和全异关系（分为矛盾关系和反对关系）。

【例题】小张对小李说："红色象征着热情，我一看到红色就热血沸腾。"小李于是书写了红色两个字，对小张说"你感觉热血沸腾吗？"下面句子逻辑表述方法与所给题干一致的是（　　）（2016年深圳市第84题）

A. 小张对小李说："海水咸吗？要不，你去尝尝那两个字，看看有咸味不？"

B. 小张对小李说："你的朋友真是个好人啊，你看，长得就非常漂亮。"

C. 小张对小李说："一年四季都有花盛开，花就如美女一样，人人爱看。"

D. 小张对小李说："这个人真麻烦，一点麻烦都解决不了。"

☞ **解析**　A。小张对小李的话意思为：红颜色→热血沸腾；小李的行为偷换了概念：红色（两个字）→热血沸腾，把红色本身和红色两个字进行偷换。只有 A 有同类偷换，咸本身和看咸这个字。

【例题】不可能所有的改革都会取得实效。如果上述命题是真的，那么，以下哪个命题必然是真的（　　）（2015年上半年天津市第97题）

A. 所有的改革都难以取得实效
B. 有的改革能够取得实效
C. 有的改革不能取得实效
D. 经济改革一般能够促进经济发展

☞ **解析**　C。"不可能所有的"等价于"有的不"，因此本题正确答案为C。

【例题】人体免疫细胞可分为两类，一种是保卫人体不受侵犯的"军队"型细胞，另一类则是维持内部治安的"警察"型细胞。前者是通过抗原抗体反应来实现抗病毒感染，其作用反应通常需要一定的时间；后者又称为自然杀伤细胞（NK细胞），人体体内每天会诞生100万个新细胞，其中约有5000个不良细胞，它们可能导致癌变，NK细胞能够尽早发现并攻击这些不良细胞和感染细胞，有研究证实，酸奶中的R-1乳酸菌可以提高NK细胞活性。

由此可以推出（　　）（2015年北京市第94题）

A. NK细胞缺乏将导致人体部分细胞癌变
B. 对付流感，酸奶甚至比药物起效更快
C. "军队"型免疫细胞抗感染能力更强
D. "警察"型免疫细胞有助于机体抗癌

☞ **解析**　D。题干中提到"不良细胞可能导致癌变，NK细胞能尽早发现并攻击不良细胞和感染细胞"，至于NK细胞缺乏，是否会导致人体部分细胞癌变，推不出来，故A错误。B选项，将"酸奶和药物进行比较"，题干中并没有提到两者的效果比较问题，为无由猜测，故B选项错误。C选项，题干并没有将"军队"型免疫细胞抗感染能力与其他细胞进行比较，故C错误。题干中明确提到"警察"型免疫细胞能尽早发现并攻击不良细胞，而不良细胞可能导致癌变，故"警察"型免疫细胞有助于机体抗癌，符合可能性优先的原则，故D选项正确。故本题答案为D选项。

二、直言命题

直言命题又称性质命题，是断定事物具有某种属性的简单命题。直言命题可以进行换质推理和换位推理。

换质推理实际上就是"换一个说法"，通过双重否定表示肯定：

所有A是B→所有A不是非B
所有A不是B→所有A是非B

有些 A 是 B→有些 A 不是非 B

有些 A 不是 B→有些 A 不是非 B

换位推理实际上就是"倒过来说"：

所有 A 是 B→有些 B 是 A

所有 A 不是 B→所有 B 不是 A

有些 A 是 B→有些 B 是 A

有些 A 不是 B→不能进行换位推理

【例题】在当今全球变暖的背景下，各国均不同程度地从中受益或受损，有的影响是正面的，有的影响却是负面的；有的国家既是全球气候变暖的污染源，也是气候变暖的受害者，这些都影响了它们应对气候变化国家政策方案的出台及国际气候政策制定的态度。

由此可以推断（　　）（2015 年黑龙江省第 101 题）

A. 所有的国家都受到全球气候变暖的有益影响

B. 所有的国家都受到全球气候变暖的有害影响

C. 有的国家是全球气候变暖的受害者

D. 有的国家不是全球气候变暖的污染源

☞ 解析　C。题干原文"有的国家也是气候变暖的受害者"。

【例题】中国人大多是在批评与训斥中长大的，父母、老师、长辈、领导……看你哪一点不顺眼，都能给出指教。话多半不好听，可听者听了多半心悦诚服，心生感激，因为大家讲的是良药苦口、忠言逆耳的道理。但是，逆耳的未必都是忠言。有种电话诈骗就是以很凶的方式出现的。电话里的他们就是要批评你、威胁你、吓唬你，一旦你心里打怵了，你就听他们的了；而你听了他们的，你也就上当了。

根据以上陈述，可以推出的是（　　）（2015 年江苏省第 62 题）

A. 有的逆耳之言可能不是忠言

B. 有的忠言并不逆耳

C. 有的电话诈骗的声音并不是很凶

D. 如果你听到逆耳的电话心里不打怵，你就不会上当

☞ 解析　A。题干"逆耳的未必都是忠言"等价于"逆耳的可能不是忠言"，即 A 项的"有的逆耳之言可能不是忠言"。B 项"有的忠言并不逆耳"不能推出。题干"有种电话诈骗就是以很凶的方式出现的"是特称肯定命题，C 项"有的电话诈骗的声音并不是很凶"是特称否定命题，由题干表述不能推出 C 项。D 项，题干中"一旦你心里打怵了，你就听他们的了"是充分条件，肯定前件能得到肯定后件，但否定前件并不能得到确定的结论，因此 D 项也无法推出。A 项当选。

【例题】如果天气晴朗，我们就举办拔河比赛。

如果风很大，我们就不举办拔河比赛。

如果不举办拔河比赛，就举办演讲比赛。

假定上面的陈述属实，实际情况我们正举办拔河比赛，则下面哪项必定为真（　　）（2015年下半年吉林省第95题）

Ⅰ. 天气晴朗　　　Ⅱ. 风不大　　　Ⅲ. 不举办演讲比赛

A. 仅Ⅰ　　　　　B. 仅Ⅱ　　　　　C. 仅Ⅰ，Ⅱ　　　　　D. Ⅰ，Ⅱ，Ⅲ

☞解析　B。原题可翻译为：1. 晴朗推出拔河；2. 风大推出不拔河；3. 不拔河推出演讲。由已知条件正在举办拔河比赛，相当于1式子肯后，2式子否后，3式子否前，按照推理规则肯前必肯后，否后必否前，否前肯后无必然，可知答案选择B。

【例题】有许多美丽的人并不善良，但没有一个善良的人是不美丽的。

以下不能从上述论断中推出的是（　　）（2015年北京市第83题）

A. 没有一个不美丽的人是善良的　　　B. 有些美丽的人是善良的

C. 有些善良的人不是美丽的　　　　　D. 有些不善良的人是美丽的

☞解析　C。通过已知条件可得：①有的美丽→-善良，②善良→美丽。将命题②进行逆否操作，可得"-美丽→-善良"，因此A项可以推出；将命题②进行换位，可得"有的美丽→善良"，B选项可以推出；将命题①进行整体换位，可得"有的（-善良）→美丽"，D选项可以推出。根据题目只能得出结论"有的善良→美丽"，因此C项无法推出，故本题答案为C选项。

三、复言命题

复言命题也可以叫复杂命题，是相对于直言命题而言的。多个直言命题通过某种形式或关系连接在一起就是复言命题。根据连接方式或关系的不同，复言命题可以分为联言命题、选言命题、假言命题和负命题。

1. 联言命题

联言命题是由表示并存关系的连接词连接而成的，如"不但……而且……""……并且……""虽然……但是……"等，表示几种情况同时存在。一个联言命题要为真，必须是其陈述的情况全部为真，只要有一个是假的，那么这个联言命题就为假，即"全真才真，一假即假"。

【例题】有调查显示，那些作息时间不同的夫妻，虽然每天相处的时间较少，但他们发生争吵的次数比作息时间基本相同的夫妻更多。因此，为了建立良好的夫妻关系，夫妻之间应当尽量有相同的作息时间。

最能削弱上述论点的一项是（　　）（2015年广东省第78题）

A. 夫妻产生矛盾后，往往以作息时间不同来表现不满
B. 具有同事关系的夫妻更容易在工作上产生矛盾
C. 作息时间不同的夫妻更容易产生矛盾
D. 生活习惯不同是夫妻产生矛盾的主要原因

☞**解析** A。题干中的论点为"为了建立良好的夫妻关系，夫妻之间应当尽量有相同的作息时间"，意思是不同的作息时间是夫妻争吵的原因，A 选项指出夫妻发生矛盾后，以作息时间的不同来表示不满，所以是现有矛盾，才会作息时间不同，属于因果倒置，是对因果关系最强的削弱，所以选择 A 选项。选项 B 中"同事关系"的夫妻，题目中并没有提到，属于无关选项，排除；选项 C 说作息时间不同的夫妻更同意产生矛盾，属于加强选项，排除；选项 D 生活习惯不同是夫妻矛盾的主要原因，而作息时间也是生活习惯的一种表现形式，因此，不具有削弱的作用，排除。

【例题】 矿产勘探人员观察发现，不同颜色和形状的矿物结晶体虽然有各自不同的名称和表象，但可能是化学组成相同的物质在不同的物理化学条件下结晶成不同结构的晶体，而且一般都有着不同的物理特征。所以说，不同的矿物种类可以有相同的化学成分。

以下选项最能支持上述论断的是（　　）（2015 年 425 联考第 102 题）
A. 二氧化碳和干冰名称不同而且表象也不同
B. 不同颜色的矿物晶体暴露在空气里会变色
C. 分析仪器能快速判断矿物晶体的化学成分
D. 二氧化硅可以有 12 种不同的矿物结晶体

☞**解析** 论点为不同的矿物种类可以有相同的化学成分，选项 D 说二氧化硅可以有 12 种不同的矿物结晶体，也就是说有 12 种不同的矿物结晶体可以都是由二氧化硅组成的，所以能够加强论点。选项 A 二氧化碳和干冰不属于矿物，与话题无关，排除；选项 B 不同矿物晶体会变色，并未提到化学成分，属于无关选项，排除；选项 C 与题干论点无关，排除。

【例题】 尽管在大多数人看来，地震并非人力所能影响或控制，但是最新的一项研究成果却显示，人类排放温室气体的行为是导致地震频发的原因。对此，有反对者指出，地震是由气候变化引起的，气候变化可能会引起地球板块运动，从而刺激地震的发生。但研究人员也强调，虽然板块运动可能会导致地震出现，但这是一个非常漫长的过程，而非突发性的事件。

以下哪项如果为真，最能削弱反对者的观点（　　）（2015 年下半年吉林省第 87 题）
A. 之前科学界公认，地震引发的地壳运动会对气候的变化带来影响
B. 研究结果显示，人类排放温室气体的行为是导致气候变化的原因

C. 印度洋季风使得印度洋板块活动加速大约 20%，每年多移动约 1 厘米的距离

D. 目前全球气候变暖是否会导致更大规模地震的发生，还未得到相关证据证实

☞**解析** A。题中反对者的论点是地震是由气候变化引起的，气候变化可能会引起地球板块运动，从而刺激地震的发生。A 选项地震引发的地壳运动会对气候的变化带来影响，说的是地壳运动导致气候变化。对于反对者原有的论点是典型的因果倒置，即最强的削弱。B 选项仅说温室气体导致气候变化，并没有提及地震，无关选项。C 选项通过举例子来加强反对者的论点。D 选项是对最新研究成果的论点进行削弱。可反对者说的是气候变化对地震的影响，而气候变化有多种可能性，有可能变冷也有可能变暖，所以 D 选项不明确。

2. 选言命题

选言命题是由表示选择关系的连接词连接而成的，表示若干情况的存在情况。选言命题分为相容选言命题和不相容选言命题。

相容选言命题表示至少选择一种，还可以同时选择两种、三种甚至全部，由"……或者……""……或……""可能……也可能……""也许……也许……"等连接词连接。一个相容选言命题要为真，则至少有一个肢命题为真，只有在所有的肢命题都为假时才为假，即"一真即真，全假才假"。

不相容选言命题表示只能选择一种情况，也就是说只要 A 成立，那么 B、C、D、E 等其他选择都不可能成立了。由"或……或……""要么……要么……"等连接词连接。一个不相容选言命题为真，则只能有一个肢命题为真，有几个为真或者全真、全假的情况下都是假的，即"有且只有一真才为真"。

【例题】研究人员在观察开普勒太空望远镜发现的数千颗太阳系外行星后，发现银河系内拥有大量的行星，几乎每一个恒星周围都存在行星。许多恒星系统内存在 2~6 颗行星，其中约 1/3 的行星处于宜居带上，行星表面的温度适合液态水存在，这可能意味着银河系内几乎处处有宜居的星球。

以下哪项如果为真，最能支持上述结论（　　）（2016 年国考第 103 题）

A. 只要存在水资源，就有生命存在的可能性，但不一定能完成进化

B. 许多宜居带行星与恒星之间的距离小于地球和太阳的间距，恒星释放的耀斑可能扼杀生命

C. "恒星系统内存在 2~6 颗行星"这一结论是根据 200 多年前的提丢斯-波得定则推算而出，非实测结果

D. 银河系内 2000 亿~4000 亿颗恒星中 80% 是红矮星，超过一半的红矮星周围环绕的行星与地球类似，并存在水和大气层

☞**解析** D。题干论据：许多恒星系统内存在两至六颗行星，其中约 1/3 的行星处于宜居带上，行星表面的温度适合液态水存在。论点：这可能意味着银河系内可能处处

存在有宜居的星球。D 项，大量红矮星周围环绕着与地球类似的行星，并且存在水和大气层，类比论证说明银河系存在宜居的星球，加强了论证，当选。A 项，存在水资源就有生命存在的可能性，有一定的加强效果，但不一定能完成生命进化，不能说明银河系内是否处处存在有宜居的星球，排除。B 项，说明宜居带存在可能扼杀生命的因素，则存在宜居星球的可能性降低，削弱了论证。C 项，"非实测结果"，说明数据没有可信性，削弱了论证。

【例题】格陵兰岛是地球上最大的岛屿，形成于 38 亿年前，大部分地区被冰雪覆盖。有大量远古的岩石化石埋藏在格陵兰岛地下，它们的排列就像是一个整齐的堤坝，也被称为蛇纹石。通过这些蛇纹石，人们可以断定格陵兰岛在远古时期可能是一块海底大陆。

补充以下哪项作为前提可以得出上述结论（　　）（2016 年国考第 105 题）

A. 这些蛇纹石化石的年代和特征与伊苏亚地区发现的一致，而后者曾是一片海底大陆
B. 蛇纹石是两个大陆板块在运动中相互碰撞时挤压海底大陆而形成的一种岩石
C. 蛇纹石中碳的形状呈现出生物组织特有的管状和洋葱型结构，类似于早期的海洋微生物
D. 由于大陆板块的运动才创造出了许多新的大陆，在板块运动发生之前，地球上的绝大部分地区是一片汪洋大海

☞ **解析** B。题干论点：格陵兰岛在远古时期可能是一块海底大陆。论据：大量远古化石埋藏在格陵兰岛地下，被称为蛇纹石。B 项，蛇纹石是两个大陆板块在运动中相互碰撞挤压海底大陆，从而形成的一种岩石，将发现的蛇纹石与海底大陆之间建立联系，属于加强论点，当选。A 项，将格陵兰岛的蛇纹石与伊苏亚地区发现的一致，属于类比加强，但并不能作为得出题干结论的前提，排除。C 项，描述了蛇纹石的结构，与是否能通过蛇纹石断定格陵兰岛为一块海底大陆无关，属于无关选项，排除。D 项，大陆板块的运动创造出了许多新的大陆，与题干无关，排除。

3. 假言命题

假言命题是由表示条件关系的连接词连接而成的，这类连接词表示由假设的某种条件可以得出某种结果。

根据条件和结论的关系可以将假言命题分为三种：充分条件假言命题、必要条件假言命题和充分必要条件假言命题。

（1）充分条件假言命题，即由一个条件可以直接推出结论，但是这个条件并不是能够得出结论的唯一条件，还有别的条件也可以单独得出这一结论。

连接词："如果……那么……""只要……就……""一……就……""若……则……""……必须……"

充分条件假言命题只有在"前件真且后件假"的情况下为假，其他情况下都为真。可简记为："肯前则肯后，否后则否前"。

（2）必要条件假言命题，即前提是得出的结论所必须的条件，但只是多个条件之一，要得出结论必须要结合其他的条件。

连接词："只有……才……""不……不……""没有……就没有……"

必要条件假言命题只有在"前件假且后件真"时为假，其他情况下都为真。

（3）充分必要条件假言命题，就是说前提是结论的全部条件，结论也是前提的全部结论。也就是说前后可以互推。

连接词："只要……而且……，只有……才……""若……则……，且若不……则不……""当且仅当……则……"

充分必要条件假言命题只有在前件和后件不同真或不同假这两种情况下为假，其他情况都为真。

（4）充分条件和必要条件之间存在着密切联系，两者之间可以互相转化。如果 P 是 Q 的充分条件，那么 Q 就是 P 的必要条件；如果 P 是 Q 的必要条件，那么 Q 就是 P 的充分条件。

4. 负命题

负是否定的意思，负命题，就是对原命题进行否定的命题。

负命题的真假与原命题相反。当 P 为真时，则其负命题"并非 P"为假。因此，一个命题的负命题等值于与原命题具有矛盾关系的命题。

"如果 P，那么 Q" = "非 P 或者 Q"；同理，"只有 P，才 Q" = "P 或者非 Q"。

【例题】与传统的"汗水型"经济不同，创新是一种主要依靠人类智慧的创造性劳动。由于投入多、风险大、周期长、见效慢，创新并非是每个人自觉的行动，它需要强大的动力支持。如果有人可以通过资源炒作暴富，或者可以借权钱交易腐败发财，那么人们创新就不会有真正的动力。

根据以上概述，可以得出以下哪项（　　）（2016 年江苏省第 96 题）

A. 如果有人可以通过土地资源炒作暴富，就有人可以凭借权钱交易腐败发财
B. 如果没有人可以凭借权钱交易腐败发财，人们创新就会有真正的动力
C. 如果人们创新没有真正的动力，那么就有人可以通过土地资源炒作暴富
D. 如果人们创新具有真正的动力，那么没有人可以凭借权钱交易腐败发财

☞解析　D。从选项可知，只需要厘清题干最后一句逻辑关系即可：土地资源炒作暴富或凭借权钱交易腐败发财→创新没有真正的动力（充分条件假言推理，肯前推肯后，否后推否前）。A 项推理明显错误，两个并列的条件无法互推。B 项否前不能否后。C 项肯后不能肯前。D 项否后则否前，推理正确，当选。

【例题】某大型晚会的导演组在对节目进行终审时，有六个节目尚未确定是否通

过,这六个节目分别是歌曲 A、歌曲 B、相声 C、相声 D、舞蹈 E 和魔术 F。综合考虑各种因素,导演组确定了如下方案:

(1) 歌曲 A 和歌曲 B 至少要上一个;
(2) 如果相声 C 不能通过或相声 D 不能通过,则歌曲 A 也不能通过;
(3) 如果相声 C 不能通过,那么魔术 F 也不能通过;
(4) 只有舞蹈 E 通过,歌曲 B 才能通过。

导演组最终确定舞蹈 E 不能通过。由此可以推出( )(2016 年国考第 112 题)

A. 无法确定论述 F 是否能通过   B. 歌曲 A 不能通过
C. 无法确定两个相声节目是否能通过   D. 歌曲 B 能通过

☞解析 A。题干信息翻译为:①A 或 B;②¬C 或¬D→¬A;③¬C→¬F;④B→E。题干确定信息为,E 不能通过,则为¬E;命题④的否定后件,则为¬E→¬B;根据命题①,¬B→A;否定命题②后件,得到 C 且 D。否定命题③的前件,不能得到确定性结论,因此 F 是否能通过无法确定。根据题干可以推出,歌曲 A 能够通过,两个相声节目 C 和 D 都能通过,歌曲 B 不能通过。因此,B、C、D 三项表述错误,A 项当选。

【例题】某超市举行店庆促销活动。其中,具体规定如下:只有在店庆当天的一次消费中购买甲类商品和乙类商品至少各一样,才能获得小熊赠品一只。只有 VIP 会员并且当天一次性消费至少一件甲类商品或乙类商品,当次所购全部商品才能获得八折优惠。如果购买乙类商品的件数在五件以上,则可以申请成为 VIP 会员。

假如店庆当天张丽仅在该超市消费一次,但没有购买乙类商品,则以下哪项一定为真( )(2015 年北京市第 84 题)

A. 张丽所购商品不可能得到八折优惠   B. 张丽是 VIP 会员并购买了甲类商品
C. 张丽不能获得小熊赠品   D. 张丽有可能获得小熊赠品

☞解析 C。根据关联词做翻译的基本方法,可以将题目已知进行翻译,可知:①获赠熊→甲且乙至少各一个,②八折→会员且甲或乙至少一个,③乙超过五件→会员;与此同时还知道张丽没有购买乙商品,是对命题①进行否后。根据规则"否后必否前",可以得到结论:张丽一定不能得到小熊。故本题答案为 C 选项。

四、智力推理

解题时,最常用的方法是排除法、最大信息法、确定信息法、代入法、假设法等。

【例题】从前,从一个奇怪的岛屿,岛屿上只住着 M 族人和 N 族人。M 族人从不说真话,N 族人总是说真话。有一天,小张来到这个岛屿,碰到该岛屿上的三个人。小张问甲:"你是 M 族人吗?"甲做了回答。乙根据甲的回答说:"甲不是 M 族人。"丙说:"甲确实是 M 族人。"

根据以上陈述,可推出小张碰到的三个人中,有几个 M 族人(　　)(2016 年北京市第 104 题)

A. 0　　　　　　B. 1　　　　　　C. 2　　　　　　D. 3

🖝 解析　B。本题考查矛盾命题,由于岛上只有 M、N 族两种人,因此不是 M 就是 N,不是 N 就是 M。根据题意现在有以下可能:①甲如果是 M 族人,甲不说真话,因此甲说:我不是 M 族人;②甲不是 M 族人,甲是 N 族人,甲说真话,因此甲说:我不是 M 族人。由此可以判断,无论甲是否是 M 族人,甲都只能回答"我不是 M 族人";由于乙是根据甲的回答进行表述,所以乙说真话,乙不是 M 族人,因此乙是 N 族人;丙独立表态"甲是 M 族人",因此甲丙矛盾,二者必然一真一假,二者之间必然有一个人是 M 族,一个人是 N 族,因此 M 族人只有一个。故本题答案为 B 选项。

【例题】某学校要从甲、乙、丙、丁、戊、己、庚七名学生中挑选四人组成一个辩论队,去参加全市的辩论比赛。根据平时的训练情况,挑选必须满足下列条件:

如果戊参加,则丙也要参加;

除非乙参加,否则庚不参加;

甲和乙中至少有一人参加,但不能都参加;

戊和己中至少有一人参加,但不能都参加。

根据以上陈述,以下哪些学生一定会参加辩论比赛(　　)(2016 年北京市第 105 题)

A. 乙或庚,或者二人都参加　　　　　　B. 戊或庚,或者二人都参加
C. 丙或丁,或者二人都参加　　　　　　D. 丙或戊,或者二人都参加

🖝 解析　C。在解题过程中结合翻译推理的基本规则,根据规则,可以将现有题干翻译为:①戊→丙,②庚→乙,③甲、乙之间只选一个,④戊、己之间只选一个;一共有 7 个人,4 人参加,3 人不参加。从确定信息出发,甲、乙两人中有一人不参加,戊、己两人中有一人不参加,因此在剩下的丙、丁、庚三人中只有一人不参加,所以可以得知丙和丁两人至少得参加一人,故本题答案为 C 选项。

【例题】关于某商务宾馆前台的 15 名服务员,有如下三个判断:

Ⅰ. 有人会熟练地说英语;Ⅱ. 有人不会熟练地说英语;Ⅲ. 新来的小刘不会熟练地说英语。

若这三个判断中只有一句为真,以下哪项也一定为真(　　)(2015 年北京市第 81 题)

A. 15 名服务员都会熟练地说英语　　　　B. 15 名服务都不会熟练地说英语
C. 仅有一人会熟练地说英语　　　　　　D. 仅有一人不会熟练地说英语

☞ **解析** A。本题属于形式推理中的真假判断，考查真假判断中的反对关系。根据题目可知：①有的人会说英语，②有的人不会说英语，③小刘不会英语。根据反对关系可知，①②中必有一真，即可以判断③为假，由此可以判断"小刘会说英语"，可以推出"有人会说英语"，即①真、②假，由此可知"所有人都会说英语"，故本题答案为 A 选项。

【例题】今年联赛决赛的最后4支队伍是甲、乙、丙和丁。其中 N 与 T 分别为甲队和丁队的主教练。有人指出，甲队此前每次夺该项桂冠的赛季都曾战胜过 T 教练所在的球队；过去4年间，丁队在 N 教练的指导下，每隔一年都能夺得该项桂冠，而去年丁队没有夺冠。

以下哪项如果为真，与上述表述相矛盾（　　）（2015年国考第115题）

A. T 教练可能执教过丁队　　　　B. N 教练去年曾执教丁队
C. 甲队曾4次夺得该项冠军　　　　D. 丁队前年未获得该项冠军

☞ **解析** D。代入法求解。代入 A 项，不能排除 T 教练在今年或4年前执教过丁队的可能性，因此 A 项表述与题干所给条件不矛盾。

代入 B 项，"N 教练去年曾执教丁队"与题干所给条件"过去4年间，丁队在 N 教练的指导下"相符，因此 B 项表述与题干所给条件不矛盾。

代入 C 项，题干提及丁队曾在过去4年中每隔一年夺得该项桂冠，但没有提及其他年份的联赛冠军归属，因此 C 项表述与题干所给条件不矛盾。

代入 D 项，由题干中"过去4年间，丁队在 N 教练的指导下，每隔一年都能夺得该项桂冠，而去年丁队没有夺冠"一句可知，丁队去年没有夺冠，则去年必前冠，因此 D 项表述与题干所给条件矛盾，当选。

【例题】小张准备在下周去观看一场比赛，但他忘了具体是哪一天，便分别询问了甲、乙、丙、丁和戊，他们五人的回答如下：

甲：肯定是在双休日。
乙：是周二、周四、周六的其中的一天。
丙：就是周一。
丁：绝对是周一、周三、周五、周日的其中一天。
戊：肯定是周五。

甲、乙、丙、丁和戊只有一个人说对了。那么比赛时间是（　　）（2015年广东省第79题）

A. 周一　　　　B. 周三　　　　C. 周五　　　　D. 周六

☞ **解析** B。其中乙和丁所说的属于矛盾关系，矛盾关系必有一真，必有一假，所以说真话的那个人在乙和丁当中，那么剩下多人说的就是假话，也就是甲说在双休日为假，即不在双休日，排除 D；丙说在周一为假，即不在周一，排除 A；戊说在周五为假,即不在周五,排除 C,所以选择 B 选项。

【例题】 某市举办了一场职业技能竞赛,有甲、乙、丙、丁四支代表队进入决赛,每支队伍有两名参赛选手,获得第一名的选手将得 10 分,第二名得 8 分,第三名到第八名分别是 6、5、4、3、2、1 分,最后总分最高的队伍将获得冠军。比赛的排名情况如下:

①甲队选手的排名都是偶数,乙队两名选手的排名相连,丙队选手的排名一个是奇数一个是偶数,丁队选手的排名都是奇数。

②第一名是丁队选手,第八名是丙队选手。

③乙队两名选手的排名在甲队两名选手之间,同时也在丙队两名选手之间。

根据以上条件可以判断各队总分由高到低的排列顺序为( )（2015 年广东省第 80 题）

A. 丁>甲>丙>乙 B. 甲>丁>乙>丙
C. 甲>丁>丙>乙 D. 丁>甲>乙>丙

☞ **解析** D。根据题干中信息列出下表,由将第 2 句填入得下表:

名次	1	2	3	4	5	6	7	8
得分	10	8	6	5	4	3	2	1
所在队	丁							丙

由第三句可得乙队肯定不在第 7 名,同时由第一句中"甲队选手的排名都是偶数"可知甲队肯定不在第 7 名,只能在第 6 名,因此乙队只能在第 4、5 名,甲队在第 6 名,得下表:

名次	1	2	3	4	5	6	7	8
得分	10	8	6	5	4	3	2	1
所在队	丁			乙	乙	甲		丙

由第一句中"甲队排名都是偶数"可得,甲队在第 2 名,"丙队选手的排名一个是奇数一个是偶数"可得,丙队在第 3 名,因此,丁队在第 7 名,得下表:

名次	1	2	3	4	5	6	7	8
得分	10	8	6	5	4	3	2	1
所在队	丁	甲	丙	乙	乙	甲	丁	丙

最终甲队 8+3=11 分，乙队 5+4=9 分，丙队 6+1=7 分，丁队 10+2=12 分。因此最终答案为 D 选项 丁＞甲＞乙＞丙。

【例题】家里有四个孩子，分别为甲、乙、丙和丁，一天，放在餐桌上的糖果少了几颗，母亲问是谁偷吃了糖果，四个孩子各有说辞：

甲说：我们中有人偷吃了糖果。
乙说：我们四个都没偷吃糖果。
丙说：乙和丁至少有一人没有偷吃糖果。
丁说：我没偷吃糖果。

如果四个孩子中有两个说的是真话，有两个说的是假话，则说真话的是（　　）（2015 年黑龙江省第 106 题）

A. 说真话的是甲和丙　　　　　　B. 说真话的是甲和丁
C. 说真话的是乙和丙　　　　　　D. 说真话的是乙和丁

☞ **解析**　A。真假推理结合翻译推理的知识。甲和乙为矛盾关系，"所有都不"和"有的是"，必有一真一假。根据题干已知条件，信息中有两真两假，故丙和丁一真一假。丙翻译过来为：–乙或–丁，丁翻译过来为：–丁。假设丁说的为真话，则丙说的也为真话，矛盾。故丁为假话，丙为真话。根据丁为假可知丁偷吃糖果，则乙说的为假话，则甲说的为真话。故说真话的为甲和丙。答案为 A 项。

第二节　可能性推理

一、削弱型

削弱型题目是指题干中给出的一个完整的论证或表达某种观点，要求从备选项中寻找最能（或最不能）反驳或削弱题干的选项。提问中包含"削弱""质疑""反驳"等字样的一般都为削弱型题目。

解答削弱型题目，首先要结合前面所讲的几种论证方式来分析题干的论证结构，可以通过削弱观点、削弱论据、削弱论证和否定前提等方式来达到目的。所以，解题也是沿着这个思路进行的。

【例题】美国一项新研究发现，人体生理反应的节奏跟昼夜交替一致，一旦这个节奏被破坏，人们免疫系统的抗病能力就会降低。

如果以下各项为真，最能削弱上述观点的是（　　）（2015 年 425 联考第 97 题）

A. 坐飞机到不同时区易产生头疼反胃等时差综合症

B. 熬夜易使胃酸分泌过多而诱发胃溃疡病症

C. 长跑运动后立即大量饮水容易破坏体内代谢平衡而致病

D. 免疫系统先天缺陷病人，即使正常饮食患病概率也很高

☞ **解析** A。本题属于削弱论证类。论点为生理节奏被破坏，人们的免疫系统的抗病能力就会降低。A选项说坐飞机到不同时区也会产生头疼反胃溃疡，说明人们的免疫并不和昼夜交替节奏一致，时差也会导致人们的免疫能力降低，所以具有削弱作用。选项B说熬夜会诱发胃溃疡病症，熬夜是一种不遵循昼夜交替的作息习惯，诱发病症属于加强的选项；选项C说的是长跑对免疫题目的影响，属于无关选项，排除；选项D说的是正常饮食与否对免疫系统的影响，与论点无关，排除。

【例题】研究者发现细菌就像人类的简化版本，它们有自我意识，有自己的语言，群居，既交友也树敌，喜欢偷窥邻居家的隐私，还能以讹传讹，甚至杀害手足。各种细菌在自己的地盘上各司其职，相互配合，促进社会的稳定。

如果以下各项为真，最能质疑上述论断的是（　　）（2015年425联考第100题）

A. 通过释放某种物质，细菌可召集群体成员执行各种任务

B. 细菌的生活极其单调，不在单独进食，就在自我繁殖

C. 最新研制的阻断细菌交流的药物可以替代普通的抗生素

D. 霍乱、肺炎和食物中毒，实际就是各种细菌聚集的后果

☞ **解析** B。本题属于削弱论证类。论点为各种细菌在自己的地盘上各司其职，相互配合，促进社会的稳定。B选项说细菌的生活极其单调，不在单独进食，就在自我繁殖；说明细菌并没有相互配合，能够削弱论点。选项A说细菌可以召集群体成员执行任务，说明细菌之间能够相互配合，所以属于加强；选项C说有最新的药物可以阻断细菌的交流，隐含的信息是说明细菌之间可以进行交流，有加强的作用，所以排除；选项D说霍乱、肺炎和食物中毒，实际就是各种细菌聚集的后果，也具有加强作用，所以排除。

【例题】有关研究表明，手机比电脑更伤人，因为手机屏幕小，玩手机时注意力更投入，目不转睛，因此更伤眼。使用电脑时，人们的肢体还能活动活动，可是"手机控"往往很少活动，这对身心健康更为不利。

如果以下各项为真，最能削弱上述论断的是（　　）（2015年425联考第105题）

A. 电脑在使用过程中，显示屏会发出电磁、电离辐射

B. 电脑背景光比手机更容易引起使用者视力下降和头痛

C. 科学研究表明使用手机与脑瘤和癌症的发病率无关

D. 长期使用电脑人群容易患鼠标手、颈椎病等"电脑病"

☞ **解析** B。本题属于削弱论证类。论点为"手机控"往往很少活动，对身心健康更为不利。选项B说电脑背景光更容易引起使用者视力下降和头痛，体现了相比于

手机而言，电脑更容易产生伤害，具有加强作用，所以选择 B。选项 A 电脑发出电磁、电离辐射，是否具有对人体的损害并未明确说明，排除；选项 C 说明使用手机与脑瘤和癌症无关，题干中并未提到，根据话题一致原则，排除。选项 D 说长期使用电脑人群容易患鼠标手、颈椎病等"电脑病"，并未体现出电脑和手机对人的伤害的对比，排除 D。

【例题】很多医学者专家提出过量饮用咖啡对健康有害。为验证过量饮用咖啡对心脏的影响，研究人员选取了两组被试者。第一组被试者每天饮用 5 杯或 5 杯以上咖啡，第二组被试者从不饮用咖啡。一段时间后发现，第一组被试者中患心脏病的比例明显高于第二组被试者。因此，研究人员得出结论，过量饮用咖啡增加心脏病的风险。

以下哪项如果为真，最能质疑上述论证（　　）（2015 年山东省第 81 题）

A. 研究发现，每日饮用 2 杯咖啡的人心脏功能未受影响
B. 在研究期间，第一组被试者每日的运动量大大小于第二组被试者
C. 除影响心脏功能外，咖啡中所含的咖啡因还易引发焦虑症
D. 第一组被试者中部分人每日饮用 10 杯咖啡

☞ 解析　B。削弱论证。题干论点为"过量饮用咖啡增加心脏病的风险"，论据"为验证过量饮用咖啡对心脏的影响，研究人员选取了两组被试者。……一段时间后发现，第一组被试者中患心脏病的比例明显高于第二组被试者"，A 选项无关，题干涉及过量饮用咖啡增加心脏病的风险，而不是得不得心脏病，排除；B 选项，他因削弱，对照组与实验组之间存在影响实验结果的其他变量，削弱；C、D 选项，无关排除。正确答案为 B。

【例题】统计数据表明，大多数汽车事故出在中等速度的行驶中，极少的事故是出在大于 150 公里/小时的行驶速度上的，这就意味着高速行驶比较安全。以下最能反驳上述论证的一项是（　　）（2015 年上半年天津市第 94 题）

A. 高速行驶如果发生爆胎的话是很危险的
B. 由于多数人是中等速度开车，所以，多数事故出在中等速度的行驶中
C. 高速行驶的时候，特别是当有突发事件发生时，由于速度过快就很难控制住
D. 与中等速度行驶中出现的汽车事故损害后果相比，高速行驶出现的汽车事故损害后果要严重得多

☞ 解析　B。本题属于削弱论证类 A、C、D 三项都和事故多少无关，只有 B 项属于否定论据削弱，因此本题正确答案为 B。

二、加强型

加强型题目是指题干给出一个推理或是论证，但由于前提条件不够充分或者由于论

证的论据不够全面而不足以得出该结论。因此，要求考生能够找到使题干中的论证正确或者变得完整的选项，从而加强或支持题干。

由于加强型题目与削弱型题目的题型特点类似，因此解题方法也类似，都由分析题干论证入手，通过加强论点、加强论据、加强论证和加强前提等方式来加强题干论证。

其中加强论点和加强论据都比较简单，即直接指明论点和论据是正确的。而加强论证方式则会根据题干论证结构的不同而有所不同，具体来说，若题干论证存在隐含假设，则指明该隐含假设就能加强题干论证；若题干论证为归纳论证，则从样本选择的科学性和补充相关数据来加强；若题干论证为因果论证，则既可以通过异法从反面场合加强题干论证，也可以通过排除其他因素的影响来加强。

【例题】近日，火星车在加勒陨坑拍摄的图像发现，火星陨坑内的远古土壤存在着类似地球土壤裂纹剖面的土壤样本，通常这样的土壤存在于南极干燥谷和智利阿塔卡马沙漠，这暗示着远古时期火星可能存在生命。

以下哪项如果为真，最能支持上述结论（　　）（2016年423联考第109题）

A. 地球沙漠土壤中存在土块，具有多孔中空结构，硫酸盐浓度较高，这一特征在火星土壤层并不明显
B. 化学物质分析显示，陨坑内土壤的化学风化过程以及黏土沉积中橄榄石矿损耗情况与地球土壤的状况较为接近
C. 这些火星远古土壤样本仅表明火星早期可能曾是温暖潮湿的，那时的环境比现今更具宜居性
D. 土壤裂纹剖面中的磷损耗特别引人注意，因为地球土壤也存在这种现象，这是由于微生物活跃性所致

☞ **解析** D。论点：远古时期火星可能存在生命。论据：火星陨坑内的远古土壤存在着类似地球上土壤裂纹剖面的土壤样本。D项，磷在土壤裂纹剖面上，是微生物活跃性所致，也就是生命活动的表现，加强了论证。A项，地球沙漠土壤与火星土壤不同，削弱了论据。B项，经化学分析，陨坑内土壤与地球上土壤的风化过程相似，一定程度上加强了论证，但加强程度不如D项。C项，火星远古土壤样本情况仅表明比现今宜居，与有没有生命无关。

【例题】近十年来，我国每年授予的博士学位数量出现了持续性的上升，因此可以认为近十年我国研究生人数不断增加。

下列各项中，最能支持上述结论的是（　　）（2016年上海市第87题）

A. 近十年来，获得博士学位的难度并未发生变化
B. 近十年来，我国获得博士学位的人数在研究生总人数中所占的比例不变
C. 今年申请攻读博士研究生的人数是十年前的2倍左右
D. 今年我国的博士研究生在研究生中仅占20%左右

257

☞ **解析** B。论证。加强型。论点是"近十年我国研究生人数不断增加",论据是"我国每年授予博士学位数量持续增加"。A 选项说的是难度,无关。B 选项说明博士在硕士中的比例不变,那么博士数量增加,自然可以得到硕士数量增加,属于搭桥,所以选 B。C 选项说的是今年申请博士的人数是 10 年前的 2 倍,不能说明硕士的人数增减情况,无关。D 选项只说了今年的不是占比,没有说明是增加还是减少,无关。

【例题】某国人口统计机构预测,到 2031 年,该国人口将降到 1.27 亿以下,在今后 40 年的时间人口将减少 2400 万,为此,该国政府出台一系列鼓励生育的政策。近年来,该国人口总数趋于稳定,截至 2014 年 6 月 1 日,人口数量为 1.461 亿。2014 年 1~5 月人口增长量为 5.91 万,增长率为 0.04%。因此,有专家认为该国实施的鼓励生育政策达到了预期的效果。

下列选项如果为真,最能加强上述观点的是(　　)(2016 年上海市第 89 题)

A. 如果该国政府没有出台鼓励生育的政策,儿童人口总数会持续下降
B. 如果该国政府出台更加有效的鼓励生育政策,就可以提高人口质量
C. 近年来该国人口总数出现缓慢上升的趋势
D. 该国政府出台的鼓励生育政策是一项长期国策

☞ **解析** A。论点为:有专家认为该国实施的鼓励生育政策达到了预期的效果。A 项,通过反向举例子来加强论点。因此,本题答案为 A 选项。

三、前提型

前提型题目的题型特点是在题干中给出结论和部分前提,要求从备选项中找到另一部分前提来将题干论证补充完整。

前提是使推理成立的一个必要条件。也就是说,如果题干论证缺少某一个条件,这个论证必然不成立,那么这个条件就是题干论证的前提。但是,即使有了这个前提,题干论证也未必就是正确的。

解前提型题目的关键在于找出题干中的逻辑漏洞或者缺陷。若题干论证存在隐含假设,可通过在前提与结论间建立联系来找到这个隐含假设,即论证的前提;若题干论证是提出一种观点的方法,则说明推论可行或有意义也是其必需的前提;若题干论证是因果论证,若能指出没有别的因素影响,则也是题干论证的前提。同时,可以使用反方向代入来验证所找的选项是否的确是必须假设的。

【例题】歌唱和舞蹈在各个人类氏族部落中是一种普遍共同的现象,它所造成的巨大优势效应就是使人群能够保持团结,解决各种内部纷争,能够更加有效地捍卫自己的领土。

上述结论要想成立,必须补充以下哪项作为前提(　　)(2015 年新疆维吾尔自治

区第 79 题)

A. 歌唱和舞蹈具有使所有参与者逐步忘却与他人间的矛盾，和平相处的功效

B. 歌唱和舞蹈具有调动所有参与者情绪，令人兴奋的功效

C. 歌唱和舞蹈具有使所有参与者忘却阶层差别和等级关系的功效

D. 歌唱和舞蹈具有心理安慰的功效，可以使所有参与者忘却现实困扰

▷ **解析** A。题干结论为：歌唱和舞蹈是一种现象，可以使人团结、消除纷争、捍卫领土。要使结论成立，前提必须是歌唱和舞蹈的作用有利于人民团结、消除纷争、捍卫领土。A 项，歌唱和舞蹈可以使人忘却与他人的矛盾，让人们和平相处，作为前提，能够使人民保持团结，解决各种内部纷争，从而能够更加有效地捍卫自己的领土。B 项，歌唱和舞蹈可以令人兴奋，而兴奋不是团结的前提，排除。C 项，歌唱和舞蹈使人忘却阶层差别和等级关系，阶层差别和等级关系，并不能保证人民团结，内部矛盾可以化解，排除。D 项，歌唱和舞蹈可以安慰人的心理，使人忘却现实的困扰，跟人民团结与否没有关系，排除。

【例题】一个没有普通话一级甲等证书的人不可能成为一个主持人，因为主持人不能发音不标准。

上述论证还需基于以下哪一前提（　　）（2016 年 423 联考第 110 题）

A. 没有一级甲等证书的人都会发音不标准

B. 发音不标准的主持人可能没有一级甲等证书

C. 一个发音不标准的人有可能获得一级甲等证书

D. 一个发音不标准的主持人不可能成为一个受人欢迎的主持人

▷ **解析** A。翻译题干：①没有一级甲等证书→不是主持人，即主持人→有一级甲等证书；②主持人→发音标准。那么只需要补充：发音标准→有一级甲等证书即可。A 项，没有一级甲等证书→发音不标准，其等价命题为：发音标准→有一级甲等证书，当选。B 项，发音不标准→可能没有一级甲等证书，属于可能性的表述，同时不符合题干逻辑，排除。C 项，发音不标准→可能获得一级甲等证书，排除。D 项属于无关选项，排除。

【例题】某工厂有多个宿舍区和车间，住在 A 宿舍区的员工都不是纺织工，因此在 A 车间工作的员工有部分是不住在 A 宿舍区的。

为了使该推理成立，必须补充下列哪项作为前提条件（　　）（2016 年上海市第 83 题)

A. 有的纺织工不在 A 车间工作

B. 在 A 车间工作的员工有的不是纺织工

C. 住在 A 宿舍区的员工有的是在 A 车间工作

D. 有的纺织工在 A 车间工作

第四篇 判断推理

☞**解析** D。题干论点是"在 A 车间工作的员工"有部分是"不住在 A 宿舍区的",论据是"住在 A 宿舍区的员工"都不是"纺织工",很明显论据和结论之间缺乏"纺织工"和"在 A 车间工作的员工"的关系,可以看做搭桥。D 为真的话,"在 A 车间工作的员工"有部分是"纺织工","纺织工"都不是"住在 A 宿舍区的员工",可以推出"在 A 车间工作的员工"有部分是"不住在 A 宿舍区的"。

【例题】牛奶的包装盒设计成方形,是因为方形比圆形的包装盒更节约存储牛奶所需的冷藏空间,这样,一个冷藏柜中可以摆放更多的牛奶,可乐的瓶子设计成圆形是因为该形状更容易随手拿取和携带。如果以上的观点是正确的,那么必须以下列哪项为前提(   )(2016 年深圳市第 76 题)
A. 存储牛奶的冷藏空间比储存可乐的空间小
B. 可乐不需要冷藏而牛奶需要冷藏
C. 产品的包装设计以实用为主要目的
D. 人们无法接受圆形的牛奶盒和方形的可乐瓶

☞**解析** C。如果产品的包装不以实用性为目的,则牛奶也不用设计成方形,可乐也不用设计成圆形,所以 C 选项为前提。

四、解释型

解释型题目一般是题干中给出一个关于某些事实或现象的客观描述,要求从备选项中找出能够解释这些结论、现象、矛盾或差异的选项。

解释型解题要点:一是正确选项必须能够解释题干现象或矛盾发生的原因;二是正确选项必须与题干现象或矛盾相关,不能否定、无视题干事实;三是正确选项必须能够包容题干所述的矛盾双方,且与人们的常识相符。

【例题】有一段时间,电视机生产行业竞争激烈。由于电视机品牌众多,产品质量成为消费者考虑的首要因素。某电视机生产厂家为了扩大市场份额,一方面加大研发力度,进一步提高了电视机产品的质量;另一方面在价格上作调整,适当降低了产品的价格。然而,调整之后的头三个月,其电视机产品的市场份额不但没有提高反而有所下降。

以下哪项如果为真,最能解释上述现象(   )(2015 年国考第 112 题)
A. 消费者通常会考虑不同产品的价格差异,而非同一产品在不同时期的价格差异
B. 一个家庭再次购买电视机产品时会首先考虑原来的品牌
C. 消费者通常是通过价格来衡量电视机产品质量的
D. 其他电视机生产厂家也调整了产品价格

☞**解析** C。A 项有一定的解释作用,按照 A 项解释,其市场份额应与调整前持平

而不是下降,因此A项无法解释上述现象,排除。B项,再次购买的家庭所占市场的份额并未明确,不一定影响到该电视机的市场份额,因此不能解释上述现象,排除。C项说明消费者会认为价格高,产品质量就高,价低则质量低。而题干已说明"产品质量成为消费者考虑的首要因素",因此,降低了产品的价格,人们就会认为其质量也会降低,从而减少购买。这很好地解释了题干中矛盾的现象,当选。D项指出其他厂家也调整了产品的价格,但无法看出调整后的质量和价格谁占优势,因此无法解释上述现象,排除。

【例题】与普通消费品以产品成本为基础的定价方式相异,奢侈品品牌通常会根据不同的市场期望值制定出欧洲、美国、亚洲3个不同的零售价格区域。在以法国、意大利为主要原产地的欧洲,奢侈品的定价往往最低。而欧洲品牌到了美国市场,通常也只会把价格稍微提高一些,因为那里的消费者对奢侈品的消费心理已经成熟。而在亚洲市场,奢侈品品牌的定价是最高的。

以下哪项最能解释奢侈品品牌在亚洲市场定价最高这一现象(　　)(2015年广州市第73题)

A. 亚洲远离奢侈品品牌原产地,物流成本高

B. 亚洲地区的人工及店铺租金等经营成本相对较高

C. 亚洲市场的消费者对奢侈品品牌怀有过高的期望值

D. 亚洲市场拥有比欧洲、美国市场更为庞大的奢侈品消费群体

☞**解析** C。题干中的强调"奢侈品品牌通常会根据不同的市场期望值制定",选项中涉及期望值的只有C选项"亚洲市场的消费者对奢侈品品牌怀有过高的期望值"。因此,此题正确答案为C选项。

【例题】一则关于西瓜含有膨大剂可能影响身体健康的报道,对消费者产生的影响极小,几乎没有消费者打算改变他们购买西瓜的习惯。尽管如此,在该报道一个月后的七月份,某大型连锁超市的西瓜销量还是大大地下降了。

以下哪项如果为真,最能解释上述现象(　　)(2015年河北省第100题)

A. 该类报道经常出现,到了七月份消费者已对该类报道漠不关心了

B. 七月中旬后该大型连锁超市为表示对消费者负责,主动停止销售西瓜

C. 食品专家认为,西瓜中仅含有少量的膨大剂,对身体健康不会造成危害

D. 七月份上市的水果种类繁多,消费者购买其他水果以替代西瓜

☞**解析** B。解释矛盾。题干中,西瓜含有膨大剂的报道没有影响消费者购买西瓜的意愿,与超市西瓜销量大大下降相矛盾。而选项A和C都只能说明"西瓜含有膨大剂"的报道对西瓜销量影响不大,但不能解释矛盾;选项D只能说明西瓜销量可能有所下降。选项B显示是超市主动停止销售西瓜的,所以西瓜的销量会大大下降,解释力度较D强。因此,本题答案为B。

【例题】安徽黄山是我国茶叶的主要产地之一，名茶种类很多。在黄山旅游时，导游总会在几个茶园停车，劝大家去里面参观，而且说买不买没关系，只要进去看看就可以。为此，一些游客常有怨言，但这种现象持续存在，甚至愈演愈烈。以下哪项最不可能是造成这种现象的原因（　　）（2015年河北省第102题）

A. 游客在茶园购物，导游会得到提成
B. 虽然有的游客不愿意，但许多游客是愿意的，他们开心购物就是最好的证明
C. 到黄山旅游的游客在经济上很宽裕，他们只想省时间，进茶园可以批量采购
D. 有些游客外出旅游的任务之一就是购物，如果空手而归，会感觉玩得不高兴

☞ 解析　C。解释矛盾。题干中的现象是，有些游客不满于导游带游客参观茶园购物，但参观活动仍持续存在，甚至愈演愈烈。A项指出导游可从中获益，因此热衷于带游客参观茶园购物，可以解释题干现象。B项指出许多游客愿意参观购物，说明有市场需求，可以解释题干现象。C项说到黄山的游客经济上很宽裕，只想省时间的情况，与题干所述"一些游客有怨言"的情况不符，故不可能是造成这种现象的原因。D项同样指出参观购物存在市场需求，能够解释题干现象。故本题选C。

五、评价型

评价型题目要求考生对论证的观点、结构、有效性、错误等作出评价。根据提问方式的不同，又可以分为常规评价、直接评价论证方法、寻找相似的逻辑结构和找争论的焦点四种。

（1）常规评价

题干给出某一个事实或论证，选项一般为疑问句，要求考生选出能有助于评价题干论证或观点的选项，这类题目即为常规评价型题目。

解答常规评价题目要注意对题干论证的分析。如果题干论证存在漏洞或隐含假设，则常规评价的正确选项往往是针对这一漏洞或假设。

正确选项对题干论证起到正反两方面的评价作用，即必须一方面的回答会对题干论证起支持作用，而另一方面的回答起削弱作用。如果仅仅一方面回答起作用，则不是正确选项。

（2）直接评价论证方法

这类题目提供给出一个论证或一段对话，要求考生对题干的方法进行概括，指出其中存在的逻辑错误。直接评价论证方法的核心仍在于分析题干论证，需要熟悉各种论证方法和错误。

（3）寻找相似的逻辑结构

这类题目的题干和四个选项都是一个推理或论证，要求考生在分析题干论证结构的基础上，在选项中挑选出一个与题干最为相似的。

若纯粹从结构形式上比较，解题时只需要贯彻形式化的解题策略：即只抽象出推理结构和形式，而不考虑其内容的对错；若题目要求比较的是结构中潜在的逻辑谬误，则首先分析题干的逻辑错误，然后再分析每个选项，与题干谬误相同的为正确答案。

（4）找争论的焦点

这类题目的题干给出一个对话，要求考生选出对话中两人争论的焦点。

需要注意的是，争论的焦点必须具备两个特点：一是与双方观点都具有相关性；二是双方在该论题上的观点必须构成对抗。

【例题】煤炭采掘业发言人提出建议：为了维持国产煤炭的价格，必须限制较便宜的国外煤炭的进口，否则，我国的煤炭采掘业将难以经营。有色金属冶炼业发言人对上述建议的反应：我国有色金属冶炼业购买的煤炭75%都是国产的。如果煤炭的价格不是按国际价格支付，那么，由于成本的提高，国产的有色金属就会卖不出去，这样对国产煤炭的需求就会下跌。以下哪项是对有色金属冶炼业发言人的论证的最恰当评价（　　）（2016年深圳市第81题）

A. 该论证无的放矢，和煤炭采掘业发言人的建议无关
B. 该论证是循环论证，它预先假设了为了评论煤炭采掘业发言人的建议而需要证明的东西
C. 该论证说明煤炭采掘业发言人的建议如果实施的话将会对其自身产生负面影响
D. 该论证没有给出理由说明为什么上述建议的实施并不能减轻煤炭采掘业难以经营的担心

☞**解析**　C。煤炭采掘业发言人提出建议：为了维持国产煤炭的价格，必须限制较便宜的国外煤炭的进口，意在表明不按国际价格支付；而有色金属冶炼业发言人则据此展开论述，最终以"国产的有色金属就会卖不出去，这样对国产煤炭的需求就会下跌"结尾，那就是对自身产生负面影响。

【例题】一次，拿破仑对他的秘书说："布里昂，你也将永垂不朽了。"布里昂迷惑不解，拿破仑又提示到："你不是我的秘书吗？"布里昂明白了他的意思，微微一笑，从容不迫地反问他："那么请问，亚历山大的秘书是谁？"拿破仑答不上来，便高声喝彩："问得好！"

对于布里昂的回答，下列评价最恰当的是（　　）（2015年下半年吉林省第90题）

A. 针对对方提出的类比，转换一个角度，同样运用这两类事物进行类比推出完全不同的结论
B. 运用真实可感的具体事例，通过事物间的微妙联系进行推理，使辩驳更具体直观，更形象生动
C. 故意取两个在一系列属性上风马牛不相及的对象来进行比较，以此来推论和驳斥对方的观点

D. 不直接将两类事物进行对比，而是仅就其中一类事物进行说明，真正的结论留给对方去领悟

☞解析　B。拿破仑说："布里昂，你也将永垂不朽了。"也就是说拿破仑会永垂不朽，所以他的秘书也会跟着永垂不朽。而布里昂明白他的意思之后，用亚历山大的秘书是谁来反驳拿破仑的观点。布里昂的意思就是亚历山大很出名，但是他的秘书却没有人知道。即运用真实可感的具体事例，通过事物间的微妙联系进行推理，使辩驳更具体直观，更形象生动。

【例题】据估计，可能有数以百万吨的塑料漂浮在海洋中。但是一项新研究发现，这些塑料有99%都消失不见了，研究人员认为大部分消失的塑料可能是被海洋生物吃掉了，并随之进入海洋食物链。

下列哪项最能对上述结论的正确与否进行评价（　　）（2016年上海市第88题）

A. 海洋中除了塑料是否还有其他垃圾
B. 除了被海洋生物吃掉，漂浮在海洋中的塑料是否会以其他形式消失
C. 是否能说进入海洋食物链的塑料就是"消失"了
D. 消失的塑料最可能集中在哪些海域

☞解析　B。论证。论点是"大部分的塑料可能被海洋生物吃掉，进入海洋食物链"。A选项其他垃圾与论点无关。B选项，塑料是否会以其他形式消失，如果会，那么没有进入海洋食物链，削弱论点，如果不会，那么加强论点，所以选B。C选项，是否"消失"与论点无关。D选项，塑料集中的海域，与论点无关。

【例题】几个人讨论马。甲说："我见过一匹10000斤重的马。"乙说："我见过一匹10厘米长的马。"丙说："你们是开玩笑吧，哪里有重达万斤的马？更不会有10厘米长的马！"甲回答道："我说的是河马！"乙回答道："我说的是海马。"

对于甲、乙的回答，下列评价最恰当的是（　　）（2015年下半年吉林省第92题）

A. 运用科学权威的个案来破除人们对流行看法的盲从
B. 试图基于小概率事件来反驳一个公认的一般性结论
C. 通过偷换概念、跳出领域的方式来论证自己的观点
D. 举例指出所有反驳的观点会引申出自相矛盾的结论

☞解析　C。C选项是甲通过将马的概念偷换成河马，乙通过将马的概念偷换成海马，跳出了马的领域来论证自己的观点。

六、结论型

结论型题目的题干给出一段论述或推理，要求选出能够根据题干所给信息进行归纳或推理的选项，类似于言语理解与表达的片段阅读题。

结论型题主要有两种考查方式：一是对题干细节信息的理解；二是归纳题干论点。

1. 对题干细节信息的理解

这类题目同言语理解与表达中片段阅读的细节理解题比较相似，注重的是对题干信息的"一丝不苟"的理解，不涉及其他的感情色彩，即题干给出什么就是什么，不能自己再"妄加猜测"，超出题干的信息范围。

解题的关键是在准确理解题干信息的基础上，对比选项与题干信息的差异。结论型题目在选项的设置上较有迷惑性，增加了解题的难度。

2. 归纳题干论点

这类题目要求推出结论或段落的主要观点。解题时要在阅读理解的基础上准确、精练地把握住和表述出给定材料所含的主要信息。要找到题干论证的重点，排除不相关信息或干扰信息。

【例题】所有切实关心员工福利的总经理，都被证明是管理艺术高超的总经理；而切实关心职工福利的总经理，都首先把注意力放在解决中青年员工的住房上。因此，那些不首先把注意力放在解决中青年员工的住房上的总经理，都不是管理艺术高超的总经理。

为使上述论证成立，以下哪项必须为真（　　）（2015 年河北省第 108 题）

A. 所有管理艺术高超的总经理，都是关心员工福利的总经理

B. 中青年员工的住房问题，是员工的福利中最为突出的问题

C. 中青年员工的比例已经超过 90%

D. 所有首先把注意力放在解决中青年员工的住房上的总经理，都是管理艺术高超的总经理

☞ **解析** A。题干：关心福利→管艺高超；关心福利→注意力住房；结论：-注意力住房→-管艺高超。解析：-注意力住房→-关心福利。A 选项补充：管艺高超→关心福利，则 -注意力住房→-关心福利→-管艺高超，题干结论成立，故选 A。

以下两题基于题干：王刚、赵虎与李亮是某机关新进员工。他们三人中，有两人单身，两人爱好打乒乓球，两人是北方人，两人是公共管理专业硕士。如果王刚与李亮是公共管理专业硕士，则他们都是北方人；如果赵虎与李亮爱好打乒乓球，则他们都单身。已知他们每人最多只拥有 3 个上述特征。

【例题】加上"如果王刚是北方人，则他单身"这一条件，可以得出以下哪项结论（　　）（2015 年江苏省第 69 题）

A. 王刚单身　　　　　　　　B. 赵虎是公共管理专业硕士

C. 李亮爱好打乒乓球　　　　D. 王刚是北方人

☞ **解析** B。假设王刚与李亮是公共管理专业硕士，由题干可知他们都是北方人，

王刚单身；由于只有两人是北方人，所以可得赵虎不是北方人。由题干"如果赵虎与李亮爱好打乒乓球，则他们也都是北方人"的逆否命题可得，赵虎与李亮不都爱打乒乓球。由于有两人爱好打乒乓球，则王刚必然爱打乒乓球，那么王刚具有题干所述4个特征，与题干矛盾，则王刚与李亮是公共管理专业硕士的假设不成立，即赵虎是公共管理专业硕士，B项当选。

【例题】 加上"如果赵虎单身，则王刚也单身"这一条件，得不出以下哪项结论（　　）（2015年江苏省第70题）

A. 王刚单身　　　　　　　　　　B. 王刚爱好打乒乓球
C. 赵虎是公共管理专业硕士　　　　D. 李亮是北方人

☞**解析**　D。假设赵虎单身，则王刚也单身，再根据"如果赵虎与李亮爱好打乒乓球，则他们都单身"，可得出赵虎和李亮不都爱好打乒乓球，那么王刚爱好打乒乓球。再假设王刚与李亮是公共管理专业硕士，那么他们都是北方人，这样的话王刚就满足了四个条件。那么，假设王刚与李亮是公共管理专业硕士有误，则可得出赵虎是公共管理专业硕士；或者假设赵虎单身错误，那么王刚就单身。因此，A、B、C三项均可能通过推理得出，只有D项不能得出，当选。

前面给大家介绍了公务员考试中逻辑推理的基础知识和基本题型。看到这里，或许你觉得前面讲的基础知识自己掌握得还不是很透彻，有的内容还不是很懂。其实，这很正常，因为要你在短时间内掌握需要学习一年的逻辑知识，确实有点太难为大家了。

不过不要紧的。前面也提到了，不懂得消化鱼的原理照样可以消化掉我们吃的鱼，没有学过逻辑学，照样可以成为逻辑高手。

一个逻辑高手不是把逻辑的基本原理背得滚瓜烂熟，而是将逻辑规律融入血液，像自己的身体一样运用自如。要达到这样的境界，就需要大家进行一些强化训练，锻炼我们大脑的敏捷度。我们把思维利器磨得锋利无比，自然会"恢恢乎，其游刃有余"。

真 题 演 练
（附答案解析）

第五篇　资料分析篇

第一章 文字资料分析

第一节 提高资料分析的"两度"得高分

一、如何读懂文字资料

文字资料分析题是用陈述的方式将一系列相关信息罗列出来,要求考生对所提的问题进行解答,主要考查应试者对一段文字中的数据性、统计性资料进行综合分析与加工的能力。

文字资料分析题是资料分析测验中较难、较复杂的部分,因为它不像统计图那样具有直观形象、一目了然等特点,其数据具有一定的"隐蔽性",因为众多数据都隐藏包容在一段陈述中,需要应试者从中将需要的数据逐一找出,并将相关的数据串起来。这就要求应试者具备较强的阅读理解能力,能在较短的时间内迅速而准确地把握字里行间包含的各种数量关系及其逻辑关系,并进行分析、综合、判断才能得出准确的答案。通常要小心的是文字中的细节、伏笔,有些文字陷阱会误导应试者做出错误的选择。

在所有的资料分析题中,文字资料题是最不易处理的一种。在遇到这类题时,切忌一上来就找数据。因为这种题是一种叙述,叙述就有语意,有语意就可能让人误解。如果一上来就直奔数据,而对材料陈述的内容不屑一顾的话,很可能背离材料的本意和要求,造成失误。

做文字资料分析题,在拿到题目之后,首先要将题目通读一遍,用大脑分析哪些是重要的,哪些是次要的,然后仔细看一下后面的问题,与自己原先想的印证一下,接下来再有针对性地认真读一遍材料,最后,开始答题。这样做,一方面,可以准确地把握材料;另一方面,对材料中的各项数据及其各自的作用有了一个明确的认识。

有些人可能不喜欢做那些统计表的问题,面对大堆的数据觉得无从下手,而以为文字资料非常容易,这种想法常会导致在文字资料题上丢分。前面就已经说过,在资料分析中,最难的一类就是综合性的判断,统计表分析题只涉及对数字的比较和处理,虽说复杂点,却相对比较容易得分;而文字资料题却加上了对语意的把握和理解,也就是说,它比统计表又多了一个环节。这对那些急躁而又轻视文字资料的考生来说,确实是一个严峻的考验。

在这里，给大家介绍比较适合文字资料分析的结构分析阅读法：

（1）划分结构。公务员考试所给的文字资料有总分、递进和并列结构，可根据结构特征和关键语句把所给资料的主要内容进行划分。

（2）层次推理。可以巧妙地利用标点来推断层次，如句号表示一句话的完结，分号表示前后两句为并列关系。那么阅读资料时各分句间一定是并列关系。

（3）数据筛选。文字资料由于数据不易在文字中筛选、寻找，具有一定的隐蔽性。针对这种特点，在做文字资料时首先应该通读全文，只需了解文中主要讲述的大致内容，切忌花费过多的时间去阅读文字或者尝试去记住每一个关键词。

（4）系统标记。带着选项有针对性地阅读资料，在阅读资料过程中可以用不同的符号来标记出相关的关键词，使所给资料更加立体化。

二、提高资料分析的"两度"得高分

做好资料分析题是取得行测高分最有力的保证。要想资料分析题得高分，关键是要提高"两度"：计算准确度和速度。

很多考生抱怨，学习了资料分析的概念、计算公式，但是用到做题中还是算不出答案，原因主要在于考生计算的准确度没有保证，不敢确定这样计算是否真的可以找出答案。因此考生在复习时要勤加练习数字的乘除运算，甚至休息时也可以找一些数字练习口算或者心算，让自己习惯五位数、六位数之间的一些基本运算。

资料分析的题量一般为 20 道题，很多考生为了保证得分会将其认真做完，但是基础不扎实的考生做这 20 道题需要花很长时间，这样就有些得不偿失了。为了保证在尽可能短的时间内解决更多的资料分析题，考生必须对各个问题的计算式子十分熟悉，能快速反应出该题目用哪个技巧来求解。比如：看到增长量求解的问题要想到特征数字法；看到求解一些上期量的比值就想到有效数字法；看到求解基本倍数或者比重问题就想到用首数法直接找选项。只有达到这种熟悉程度，做资料分析题才能得心应手。

三、精确识别资料分析"陷阱"

资料分析题具有材料复杂、信息量大的特点，命题人喜欢利用繁杂的材料信息掩盖自己的命题陷阱，常见的命题陷阱有：时间陷阱、概念陷阱、单位陷阱。考生要在做题过程中有意识地注意这三个细节，避免掉入命题人设定的陷阱之中。下面给大家介绍一下常见的几种陷阱：

1. 基期问题常出现的陷阱

材料中出现的时间和题干中间的时间不一致。注意问题的时间，看是求现期值还是基期值。

【例题】截至 2011 年 4 月 21 日 22 时，沪深两市已有 534 家上市公司公布第一季度财报。这 534 家公司实现营业总收入 4572.78 亿元，同比增长 30.74%；实现净利润

336.7 亿元，同比增长 30.52%。不过，一季度销售收入和净利润环比则有所下降，其中营业总收入环比下降 12%，净利润环比下降 25%。这 534 家公司 2011 年一季度存货 6167.68 亿元，较上年年末增长 10%。

已公布一季报的 534 家公司，平均每家在 2010 年第四季度实现营业收入约为多少亿元（　　）（2013 年国考第 126 题）

A. 0.63　　　　　B. 7.54　　　　　C. 8.56　　　　　D. 9.73

☞**解析**　D。注意：材料中给的时间是 2011 年第一季度财报，问题中的时间是 2010 年第四季度财报，为环比时期。因此，在计算时，应该用环比增长率。由上述材料可知，2011 年第一季度实现营业收入为 4572.78 亿元，环比下降 12%。平均每家在 2010 年第四季度实现营业收入为 4572.78/（1-12%）÷534>4500/（90%）÷534=500/539>9 亿元，答案选 D。

2. 倍数问题常出现的陷阱

考生在练习倍数问题时，往往会发现不是不会算，而是通过题干的问法，不知道这到底是几倍。在此，给大家列出常见的几种问法以及其表示的意义：

A 是 B 的几倍，表示 A/B 倍

A 比 B 多（增加了）几倍，表示 A/B-1 倍

A 接近 B 的 2 倍，表示 A 略小于 2B

A 约是 B 的 2 倍，表示 A 约等于 2B

A 超过 B 的 2 倍，表示 A 大于 2B

【例题】

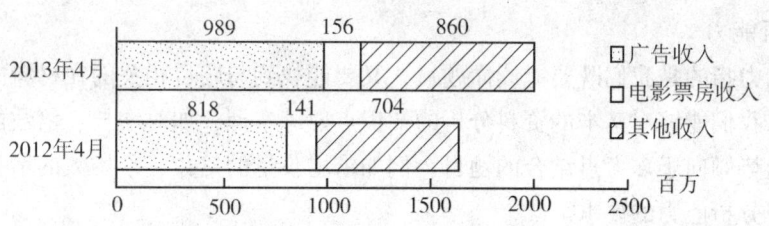

2012 年及 2013 年 4 月该市广播影视主要创收情况

关于 2013 年 4 月该市广播影视情况，能够从资料中推出的是（　　）（2014 年国考第 125 题）

A. 广告收入同比上升了近两成

B. 电影观众人次环比增速下降

C. 电影票房收入同比增速快于其他收入

D. 电影播放场次环比增速慢于同比增速

☞ 解析　D。A项中，由上图可知，2012年广告收入为818百万，它的两成为818×0.2=163.6。则接近两成是小于163.6。而989-818.6=170.4>163.6，说明2013年广告收入同比上升超过了两成。因此是错误的。

3. 平均量问题常出现的陷阱

求平均量时，一定要注意材料中给的时间和题干中求的时间是否一致，不一致时，要注意将时间换算一致。比如说：材料中给我们的时间是年，但问题中却问的是月的平均量；材料中给的是季度，问题中求的却是月的平均量……

【例题】2013年末全国共有群众文化机构44260个，比上年增加384个，其中乡镇文化站34343个，增加242个。年末群众文化机构从业人员164355人，比上年末增加8127人。群众文化机构实际使用房屋建筑面积3389.4万平方米，比上年末增加6.9%。年末群众文化机构共有馆办文艺团体6022人，演出15.13万场，观众6569万人次。

2013年每个馆办文艺团体平均每月演出约多少场（　　）（2015年国考第132题）
A. 25　　　　　　B. 12　　　　　　C. 5　　　　　　D. 2

☞ 解析　D。材料中给我们的时间是2013年，问题却是月平均量。我们知道，1年=12个月，因此年平均量求出来后一定要除以12才是我们要求的结果。月均演出场次为151300÷6022÷12≈150÷6÷12≈2（场）。

第二节　快速计算的秘密

资料分析的考查大体可以分为四种相关的能力：

1. 分析能力

分析能力指的是我们既要能读懂题目，又要能找到与题目相关的在材料中出现的信息。这要求我们能够对基本的资料分析的知识点熟练掌握，如对增长、倍数的理解。现在的命题趋势倾向于多考点结合的题目，例如求增长量的倍数、平均数的增长率等。这提高了对于分析能力的要求。

2. 列式能力

列式能力是指能够根据题目和材料的信息，想到求解未知量的合适公式，并将材料中的数据代入公式。这要求我们能够在熟练了解知识点的前提下，还要记忆一些已经总结好的公式，可以事半功倍，避免了现场推导的浪费时间，例如基期比重的公式。

3. 计算和比较能力

对于列出来的式子，我们还要能够进行快速的计算或者比较来选出答案或者排除选项。因为考试的时间比较紧张，所以需要我们计算得又快又好。

所以，快速计算的秘密就是你提前已经熟练掌握了一些常见的考点，对这些考点的考查方式了如指掌,能够迅速列出符合题意的计算公式,并懂得该计算公式可以如何巧妙地得到答案。

考点	已知条件	计算公式	方法与技巧
基期量计算	(1)已知现期量,增长率$x\%$	基期量=$\dfrac{现期量}{1+x\%}$	截位直除法,特殊分数法
	(2)已知现期量,相对基期量增加M倍	基期量=$\dfrac{现期量}{1+M}$	截位直除法
	(3)已知现期量,相对基期量的增长量N	基期量=现期量$-N$	尾数法,估算法
基期量比较	(4)已知现期量,增长率$x\%$	比较:基期量=$\dfrac{现期量}{1+x\%}$	(1)截位直除法;(2)如果现期量差距较大,增长率相差不大,可直接比较现期量;(3)化同法 分数大小比较: (1)直除法(首位判断或差量比较) (2)化同法,差分法或其他
现期量计算	(5)已知基期量,增长率$x\%$	现期量=基期量+基期量$\times x\%$=基期量$\times(1+x\%)$	特殊分数法,估算法
	(6)已知基期量,相对基期量增加M倍	现期量=基期量+基期量$\times M$=基期量$\times(1+M)$	估算法
	(7)已知基期量,增长量N	现期量=基期量$+N$	尾数法,结算法
增长量计算	(8)已知基期量与现期量	增长量=现期量$-$基期量	尾数法
	(9)已知基期量与增长率$x\%$	增长量=基期量$\times x\%$	特殊分数法
	(10)已知现期量与增长率$x\%$	增长量=$\dfrac{现期量}{1+x\%}\times x\%$	(1)特殊分数法,当$x\%$可以被视为$\dfrac{1}{n}$时,公式可被化简为:增长量=$\dfrac{现期量}{1+n}$; (2)估算法(倍数估算)或分数的近似计算(看大则大,看小则小)

续表

考点	已知条件	计算公式	方法与技巧
增长量计算	(11) 如果基期量为 A，经 N 期变为 B，平均增长量为 x	$x=\dfrac{B-A}{N}$	直除法
增长量比较	(12) 已知现期量与增长率 $x\%$	增长量 $=\dfrac{现期量}{1+x\%}\times x\%$	(1) 特殊分数法，当 $x\%$ 可以被视为 $\dfrac{1}{n}$ 时，公式可被化简为：增长量 $=\dfrac{现期量}{1+n}$ (2) 公式可变换为：增长量 = 现期量 $\times \dfrac{x\%}{1+x\%}$。$\dfrac{x\%}{1+x\%}$ 为增函数，所以现期量大，增长率大的情况下，增长量一定大
增长率计算	(13) 已知基期量与增长量	增长率 $=\dfrac{增长量}{基期量}$	(1) 截位直除法 (2) 插值法
	(14) 已知现期量与基期量	增长率 $=\dfrac{现期量-基期量}{基期量}$	截位直除法
	(15) 如果基期量为 A，经 N 期变为 B，平均增长率为 $x\%$	$x\%=\sqrt[N]{\dfrac{B}{A}}-1$	代入法或公式法
	(16) 两期混合增长率：如果第二期与第三期增长率分别为 r_1 和 r_2，那么第三期相对第一期增长率 r_3	$r_3=r_1+r_2+r_1 r_2$	简单记忆口诀：连续增长，最终增长大于增长率之和；连续下降，最终下降小于增长率之和
增长率计算	(17) 合成增长率：整体分为 A、B 两个部分，分别增长 $a\%$ 与 $b\%$，整体增长率 $r\%$	$r\%=\dfrac{A\times a\%+B\times b\%}{A+B}$	$r\%=a\%+\dfrac{B(b\%-a\%)}{A+B}$
	(18) 混合增长率：整体为 A，增长率为 r_A，分为两个部分 B 和 C，增长率为 r_B 和 r_C	则 r_A 介于 r_B 和 r_C 之间	混合增长率大小居中

续表

考点	已知条件	计算公式	方法与技巧
增长率比较	（19）已知现期量与增长量	比较增长率=$\dfrac{现期量}{基期量}$代替增长率进行大小比较	相当于分数大小比较，同上述做法
发展速度	（20）已知现期量与基期量	发展速度=$\dfrac{现期量}{基期量}$=1+增长率	（1）截位直除法 （2）插值法
增长贡献率	（21）已知部分增长量与整体增长量	增长贡献率=$\dfrac{部分增长量}{整体增长量}$	（1）截位直除法 （2）插值法
拉动增长	（22）如果B是A的一部分，B拉动A增长$x\%$	$x\%=\dfrac{B的增长量}{A的基期量}$	（1）截位直除法 （2）插值法
比重计算	（23）某部分现期量为A，整体现期量为B	现期比重=$\dfrac{A}{B}$	（1）截位直除法 （2）插值法
比重计算	（24）某部分基期量为A，增长率$a\%$，整体现期量B，增长率$b\%$	现期比重=$\dfrac{A\times(1+a\%)}{B\times(1+b\%)}$	一般先计算$\dfrac{A}{B}$，然后根据a和b的大小判断大小
比重计算	（25）某部分现期量为A，增长率$a\%$，整体现期量为B，增长率$b\%$	基期比重=$\dfrac{A}{B}\times\dfrac{1+b\%}{1+a\%}$	一般先计算$\dfrac{A}{B}$，然后根据a和b的大小判断大小
比重计算	（26）现期比重−基期比重：某部分现期量为A，增长率$a\%$，整体现期量B，增长率$b\%$	两期比重差值计算： 现期比重−基期比重=$\dfrac{A}{B}$ $-\dfrac{A}{B}\times\dfrac{1+b\%}{1+a\%}=\dfrac{A}{B}$ $\left(1-\dfrac{1+b\%}{1+a\%}\right)=\dfrac{A}{B}\times\dfrac{a\%-b\%}{1+a\%}$	（1）先根据a与b的大小判断差值计算结果是正数还是负数 （2）答案小于$\lvert a-b\rvert$ （3）估算法（近似取整估算）
比重比较	（27）某部分现期量为A，整体现期量为B	现期比重=$\dfrac{A}{B}$	相当于分数大小比较，同上述做法
比重比较	（28）基期比重与现期比重比较：某部分现期量为A，增长率$a\%$，整体现期量为B，增长率$b\%$	基期比重=$\dfrac{A\times(1+b\%)}{B\times(1+a\%)}$	当部分增长率大于整体增长率，则现期比重大于基期比重（方法为"看"增长率）

续表

考点	已知条件	计算公式	方法与技巧
平均数计算	(29)已知 N 个量的值，求平均数	平均数 = $\dfrac{n_1+n_2+\cdots+n_N}{N}$	凑整法
直接读数类	(30)方法：读题做标记，辅助工具（直尺）		
综合分析题	(31)四项基本原则：题干短原则，不计算原则（时间与材料时间一致），信息易得原则，简单计算原则		

注："方法与技巧"可参见第五篇第二章第一节"十大速算技巧"。

第三节 真题演练

资 料 一

截至2014年12月底，全国实有各类市场主体6932.22万户，比上年增长14.35%，增速较上年同期增加4.02个百分点；注册资本（金）129.23万亿元，比上年末增长27.70%。其中，企业1819.28万户，个体工商户4984.06万户，农民专业合作社128.88万户。

2014年，全国新登记注册市场主体1292.5万户，比上年同期增加160.97万户；注册资本（金）20.66万亿元，比上年同期增加9.66万亿元。其中，企业365.1万户，个体工商户896.45万户，农民专业合作社30.95万户。

2014年，新登记注册现代服务业企业114.10万户，同比增长61.41%。其中，信息传播、软件和信息技术服务业14.67万户，同比增长97.87%；科学研究和技术服务业26.26万户，同比增长70.32%；文化、体育和娱乐业6.59万户，同比增长83.51%；教育业0.68万户，同比增长86.17%。

2014年，新登记注册外商投资企业3.84万户，同比增长5.76%。投资总额2763.31亿美元，同比增长15.0%；注册资本1796.39亿美元，同比增长23.87%。

1. 截至2012年12月底，全国实有各类市场主体户数最接近以下哪个数字（　　）（2016年国考第121题）

  A. 6100万 B. 5500万 C. 5100万 D. 4500万

2. 2014年，全国新登记注册市场主体中个体工商户所占比重约为（　　）（2016

年国考第 122 题）

  A. 75%   B. 69%   C. 85%   D. 81%

3. 2014 年，以下哪个现代服务业新登记注册企业的户数同比增速最快（ ）（2016 年国考第 123 题）

  A. 科学研究和技术服务业   B. 教育业

  C. 文化、体育和娱乐业   D. 信息传播、软件和信息技术服务业

4. 2014 年，新登记注册外商投资企业户均注册资本约比上年同期增长（ ）（2016 年国考第 124 题）

  A. 17%   B. 12%   C. 8%   D. 4%

5. 能够从上述资料中推出的是（ ）（2016 年国考第 125 题）

  A. 2014 年新登记注册现代服务业企业大部分属于教育行业

  B. 2014 年末超过 1/3 的农民专业合作社成立不满一年

  C. 2013 年全国实有各类市场主体注册资本（金）不足 100 万亿元

  D. 2013 年新登记注册科学研究和技术服务业企业不到 20 万户

资 料 二

  2013 年，某省工业企业全年实现主营业务收入 37864 亿元，税金 1680 亿元，利润 2080 亿元，分别增长 19.1%、19.4%、26.4%，分别高出全国 7.9、8.4、14.2 个百分点。该省工业企业主营业务收入占全国工业的 3.7%，比上年提高 0.3 个百分点，百户重点企业主营业务收入、税金、利润分别增长 10.2%、11.1%、20.8%，分别占全省工业的 29.5%、51%、27.6%。

  2013 年，汽车工业实现主营业务收入 4538 亿元，增长 23.1%；实现利润 416.6 亿元，增长 19.9%；税金 225.3 亿元，增长 50%。销售利润率（利润占主营业务收入的比重）攀升至 9.2%。

  食品（含烟草）实现主营业务收入 6359 亿元，增长 20.8%，增速同比放缓 9.2 个百分点，实现利润 398 亿元，增长 34.5%；工业税金 506.2 亿元，增长 11.4%。

  钢铁行业实现主营业务收入 3510 亿元，增长 1.8%，利润总额 34.6 亿元，增长 18.8%。行业销售利润率仅为 1%。

  石化行业主营业务收入 5138 亿元，增长 18.8%；实现利润 204.2 亿元，增长 38.1%。子行业中，石油加工业净亏损 0.2 亿元，同比减亏 13.6 亿元；化工行业全年利润增长 31.6%，扭转上半年利润下降局面；石油开采业净亏损 8.6 亿元；橡胶塑料行业利润增长 29.1%。

  建材行业实现主营业务收入 2412 亿元，增长 27.1%；实现利润 167.2 亿元，增长 51.6%。

  机械行业实现主营业务收入 3886 元，增长 26.6%；实现利润 191.6 亿元，增长

23.8%。其中，电气机械（家电）利润增长 38.5%，专用设备利润增长 22.1%，船舶行业利润增长 18.9%。

6. 2013 年全国工业企业主营业务收入约为多少万亿元（　　）(2015 年国考第 121 题)

  A. 84   B. 90   C. 97   D. 102

7. 2013 年全国工业企业的税金增速比利润增速（　　）(2015 年国考第 122 题)

  A. 低 1.2 个百分点   B. 低 5.8 个百分点

  C. 高 7.0 个百分点   D. 高 8.4 个百分点

8. 2013 年该省以下行业利润增速从高到低排序正确的是（　　）(2015 年国考第 123 题)

  A. 石化行业，建材行业，机械行业

  B. 建材行业，石化行业，机械行业

  C. 汽车行业，食品（含烟草）行业，钢铁行业

  D. 食品（含烟草）行业，钢铁行业，汽车行业

9. 2013 年该省工业企业的哪项信息，能够从上述资料中直接推出（　　）(2015 年国考第 124 题)

  A. 工业企业利润占全国工业企业利润总额的比重

  B. 船舶行业主营业务收入占机械行业的比重

  C. 橡胶塑料行业工业企业实现利润额

  D. 百户重点企业的总体销售利润率

10. 能够从上述资料中推出的是（　　）(2015 年国考第 125 题)

  A. 2012 年该省食品（含烟草）行业主营业务收入同比增速为 11.6%

  B. 2012 年该省工业企业税金总额中，汽车行业所占比重超过 15%

  C. 2013 年该省建材行业的销售利润率高于 2012 年水平

  D. 2012 年该省石油加工业净亏损 13.4 亿元

资 料 三

2014 年，全国汽车产销分别是 2372 万辆和 2349 万辆，同比增长 7.3% 和 6.9%。汽车销售排名前十位的企业集团销售合计为 2107.7 万辆，比上年同期增长 8.9%，高于全行业增速 2 个百分点。

2014 年乘用车销售 1970 万辆，比上年同期增长 9.89%。其中轿车增速放缓，SUV、MPV 依旧保持高速增长，交叉型乘用车则继续下降。乘用车分车型看：轿车销售 1238 万辆，同比增长 3.1%；SUV 销售为 408 万辆，同比增长 36.4%；MPV 销量为 191 万辆，同比增长 46.8%；交叉型乘用车销量为 133 万辆，同比下降 18.1%。市场结构上，轿车占乘用车比重 62.8%，比去年下降 4.2 个百分点；SUV 占比 20.7%，比去年提高 4

个百分点，MPV 占比 9.7%，比去年提高 3 个百分点；交叉型乘用车占比为 6.8%，比去年下降 2.4 个百分点。

受宏观经济和相关政策法规影响，今年的商用车市场销量降幅较大。全年商用车销售完成 379 万辆，同比下降 6.5%，分车型看，其中货车销售 318 万辆，同比下降 8.9%，客车销售 61 万辆，同比增长 8.4%。货车车型中，受国四排放标准执行后带来的成本上升和厂家生产准备不足等原因影响，轻型货车出现了大幅下降，全年降幅达到了 12.9%。由于轻型货车占到货车的比重较高，导致货车整体出现了较高降幅。客车方面受到城市公交（含新能源车）、校车增长及轻型客车带动，客车市场继续保持平稳增长。

随着政府全面出台支持发展新能源汽车的政策，企业对产品的升级改造和社会对新能源汽车认可度的提升，2014 年新能源汽车有了较快的发展，全年新能源汽车销量为 7.5 万辆，同比增长 324%，其中纯电动汽车销售 4.5 万辆，同比增长 208%，插电式电动车销售 3 万辆，同比增长 878%。

中国品牌乘用车销售 757 万辆，同比增长 4.1%，占有率为 38.4%，比去年下降 2.1 个百分点。其中，中国品牌轿车销售 277 万辆，同比下降 17.4%，占有率为 22.4%，比去年下降 5.6 个百分点。中国品牌 SUV 销售 55 万辆，同比增长 50.36%，占 SUV 市场份额为 44.76%，比去年增长 4.14 个百分点。德、日、美、韩、法各系乘用车分别占到今年乘用车销售的 20%、16%、13%、9%、4%，其中日系车占有率下降了 0.34%，其余系别都有不同程度上升。

11. 2014 年汽车销量排名前十位的企业集团销量占汽车销售总量的（　　）（2015 年广东省第 91 题）

  A. 89.7% B. 88.9% C. 73.4% D. 67.5%

12. 2013 年乘用车销量约是商用车销量的（　　）倍（2015 年广东省第 92 题）

  A. 4.0 B. 4.4 C. 5.0 D. 5.2

13. 下列关于 2014 年乘用车各车型销量同比变化幅度的大小关系，正确的是（　　）（2015 年广东省第 93 题）

  A. MPV>SUV>交叉型>轿车 B. SUV>轿车>MPV>交叉型

  C. SUV>交叉型>轿车>MPV D. MPV>SUV>轿车>交叉型

14. 2014 年商用车市场销量降幅较大，原因在于（　　）（2015 年广东省第 94 题）

  A. 受政府全面出台支持发展新能源汽车政策影响

  B. 受宏观经济和相关政策法规影响

  C. 受外国品牌汽车价格下降影响

  D. 受中国品牌乘用车销售占有率下降影响

15. 下列说法正确的是（　　）（2015 年广东省第 95 题）

  A. 2013 年全国汽车产量低于销量

  B. 2014 年商用车各车型销量均有所下降

C. 2013年新能源汽车销量不足2万辆

D. 2013年中国品牌乘用车销售量低于德系与日系乘用车销售量之和

资 料 四

根据海关统计，2014年，我国共出口铁路设备267.7亿元，比上年（下同）增长22.6%。统计显示，2014年我国铁路设备出口呈现5个特点：

一是出口呈现快速增长态势。2014年，我国铁路设备出口整体呈现快速增长态势，其中，有9个月同比增速保持在20%以上。12月当月出口铁路设备28.1亿元，同比增长42.3%，环比增长22%。

二是主要出口东盟、阿根廷、澳大利亚和美国。2014年，我国对东盟出口铁路设备38.4亿元，增长1.2倍；对阿根廷出口34.5亿元，增长45.9%；对澳大利亚出口33.5亿元，减少40%；对美国出口31.7亿元，增长47.2%；对上述四者出口合计占同期我国铁路设备出口总值的（下同）51.6%。此外，在其他前10大市场中，对巴西、南非和埃塞俄比亚出口倍增。

三是主要出口品种为铁道及电车道机车、车辆。2014年，我国出口铁道及电车道机车、车辆154.5亿元，增长13.3%，占57.7%，其中，出口铁道及电车道机动客、货、敞车77.7亿元，增长47%。同期，出口铁路及电车道机车、车辆零件66.8亿元，增长34.2%，占24.9%；出口钢轨25.8亿元，增长61.8%；出口轨道固定装置和机械交通管理等设备及零附件8.3亿元，增长13.3%。

四是加工贸易方式出口占比过半，一半贸易方式出口大幅增长。2014年，贸易方式出口铁路设备146.2亿元，增长12.9%，占54.6%；以一般贸易方式出口111.3亿元，增长35.8%，占41.6%。此外，以对外承包工程出口货物方式出口8.1亿元，增长30.4%。

五是以国有企业出口为主，外商投资企业出口大幅增长。2014年，我国国有企业出口铁路设备187.5亿元，增长18.2%，占70.1%；外商投资企业出口41亿元，增长46.6%，占15.3%；民营企业出口39.2亿元，增长23.3%，占14.6%。

16. 2014年12月我国铁路设备出口值约占全年的（　　）（2015年广州市第91题）

    A. 7.4%　　　　B. 8.6%　　　　C. 9%　　　　D. 10.5%

17. 下列关于2014年我国铁路设备各出口品种增长率的对比关系中，正确的是（　　）（2015年广州市第92题）

    A. 铁道及电车道机动客、货、敞车<铁道及电车道机车、车辆零件

    B. 轨道固定装置和机械交通管理等设备及零附件>钢轨

    C. 铁道及电车道机车、车辆零件<轨道固定装置和机械交通管理等设备及零附件

D. 铁道及电车道机动车、货、敞车<钢轨

18. 2013年，我国铁路设备对东盟、阿根廷、澳大利亚和美国四者中出口值最高的是（　　）（2015年广州市第93题）

　　A. 东盟　　　　B. 阿根廷　　　　C. 澳大利亚　　　　D. 美国

19. 2013年，我国铁路设备出口方式中，以加工贸易方式出口比以一般贸易方式出口（　　）（2015年广州市第94题）

　　A. 约多35亿元　　　　　　　　B. 约多47.5亿元

　　C. 约少35亿元　　　　　　　　D. 约少47.5亿元

20. 根据材料，以下说法错误的是（　　）（2015年广州市第95题）

　　A. 2013年，我国铁路设备出口中，民营企业所占比例高于外商投资企业

　　B. 2014年12月我国铁路设备出口值高于2014年11月

　　C. 2013年，我国铁路设备出口值超过200亿元

　　D. 2014年，我国铁路设备出口方式中，一般贸易方式出口增长率最低

资 料 五

据有关部门统计，2014年全国旅客运输总量为220.7亿人次，同比增长3.9%。其中，铁路运输总量为23.6亿人次，同比增长11.9%；公路运输总量为190.5亿人次，同比增长2.8%；水运运输总量为2.6亿人次，同比增长12.3%；民航运输总量为3.9亿人次，同比增长10.6%。

全国旅客运输周转量为29994.2亿人公里，同比增长8.8%；其中，铁路运输周转量为11604.8亿人公里，同比增长9.5%；公路运输周转量为11981.7亿人公里，同比增长6.5%；水运运输周转量为74.4亿人公里，同比增长8.9%；民航运输周转量为6333.3亿人公里，同比增长12.0%。

2014年河北省旅客运输总量为6.1亿人次，同比下降1.5%。其中，铁路运输总量为1.0亿人次，同比增长9.2%；公路运输总量为5.1亿人次，同比增长3.4%；民航运输总量为64.28亿人次，同比增长11.7%。

全国旅客运输周转量为1276.7亿人公里，同比增长9.7%。其中，铁路运输周转量为985.9亿人公里，同比增长13.7%；公路运输周转量为290.5亿人公里，同比增长2.0%。

21. 2013年河北省旅客运输总量占全国的旅客运输总量为（　　）（2015年河北省第120题）

　　A. 1.67%　　　　B. 2.62%　　　　C. 2.76%　　　　D. 2.92%

22. 2014年河北省铁路旅客运输周转量占河北省旅客运输周转量（　　）（2015年河北省第121题）

　　A. 38.69%　　　　B. 42.69%　　　　C. 45.56%　　　　D. 77.22%

23. 2014年全国旅客运输总量增长最少的是（　　）(2015年河北省第122题)
    A. 公路　　　　B. 民航　　　　C. 水运　　　　D. 铁路
24. 2013年全国公路运输总量是（　　）亿人次。(2015年河北省第123题)
    A. 184.31　　　B. 185.16　　　C. 185.31　　　D. 186.15
25. 下面说法错误的是（　　）(2015年河北省第124题)
    A. 2014年全国与河北省的民航运输量与其他运输方式相比都是最少的
    B. 2014年河北省公路运输完成旅客运输量同比下降
    C. 2014年河北省旅客运输量占全国4.3%
    D. 2014年全国各种运输方式同比均增长

资料六

2014年1~2月，我国金融市场总体运行平稳。

(一) 债券市场发行情况

1月份，债券市场发行债券4041.7亿元，同比减少24.8%，环比减少27.1%。其中，银行间债券市场发行债券3927.9亿元，环比减少19.6%。2月份，债券市场发行债券5880.9亿元，同比增加15.7%。其中，银行间债券市场发行债券5780.5亿元，环比增加47.2%。

1~2月，债券市场累计发行债券同比减少5.1%，其中，银行间债券市场累计发行债券同比减少4.7%。

(二) 货币市场运行情况

1月份，货币市场成交总量共计14.4万亿元，同比减少18.6%，环比减少14.5%。其中，同业拆借市场成交2.3万亿元，同比减少40.2%，环比增加2.8%；质押式回购成交11.6万亿元，同比减少14.1%，环比减少16.7%；买断式回购成交5650.3亿元，同比增加30.6%，环比减少26.4%。

1~2月，货币市场成交量共计26.2万亿元，同比减少14.4%。其中，同业拆借市场累计成交4.0万亿元，同比减少39.4%；质押式回购累计成交21.2万亿元，同比减少8.9%；买断式回购累计成交1.0万亿元，同比增加35.1%。

(三) 债券市场运行情况

1月份，银行间债券市场现券交易累计成交1.9万亿元，同比减少76.1%，环比减少1.6%。

1月末，银行间债券总指数为145.35，环比上升0.98%。交易所国债指数为139.58，较去年12月末上升0.04%。

1~2月，银行间债券市场现券交易累计成交4.0万亿元，同比减少69.6%。

26. 2013年12月份银行间债券市场发行债券占债券市场发行总额的比重约为（　　）(2015年山东省第101题)

A. 97%   B. 99%   C. 62%   D. 88%

27. 2013年1~2月银行间债券市场累计发行债券约多少亿元（　　）（2015年山东省第102题）

　　A. 9187   B. 9830   C. 10187   D. 11230

28. 根据2014年1月各类型货币交易成交金额，从高到低排序正确的是（　　）（2015年山东省第103题）

　　A. 同业拆借、质押式回购、买断式回购
　　B. 质押式回购、同业拆借、买断式回购
　　C. 买断式回购、质押式回购、同业拆借
　　D. 买断式回购、同业拆借、质押式回购

29. 2014年2月份，银行间债券市场现券交易累计成交额较上年同期减少了多少万亿元（　　）（2015年山东省第104题）

　　A. 3.1   B. 4.1   C. 6.9   D. 7.9

30. 下列关于2014年1~2月我国金融市场的描述，能够从上述资料中推出的是（　　）（2015年山东省第105题）

　　A. 2013年1月，货币市场成交总量约为12万亿元
　　B. 2014年1月，同业拆借市场成交额占货币市场成交总量比重低于上月水平
　　C. 2014年1~2月，同业拆借市场累计成交额同比下降了2万亿元以上
　　D. 2013年12月，交易所国债指数高于同期银行间债券总指数

资 料 七

截至2013年底，全国规模以上高技术制造业共有企业26894家，比2008年增加1077家；占规模以上制造业企业数的比重为7.8%，比2008年提高1.3个百分点。实现主营业务收入116048.9亿元，比2008年增长108.2%；占全部制造业企业的比重为12.8%，比2008年提高0.8个百分点。

2013年，全国高技术制造业实现利润总额7233.7亿元，比2008年增长165.5%，增幅比其他制造业平均水平高出11.5个百分点；高技术制造业利润总额占全部制造业的比重为13.1%，比2008年提高0.5个百分点。高技术制造业利润总额与主营业务收入之比为6.2%。比2008年提高1.3个百分点，比其他制造业平均制造业高0.1个百分点。

2013年，全国规模以上高技术制造业投入研发经费2034.3亿元，比2008年增长178.2%，增幅比其他制造业平均水平高8.7个百分点。高技术制造业研发经费与主营业务收入之比为1.75%，比2008年提高0.44个百分点，比其他制造业平均水平高1个百分点；申请发明专利7.4万件，比2008年增长179%；实现新产品销售收入3.1万亿元，比2008年增长127%。

31. 2013年规模以上制造企业数相比于2008年（　　）（2015年下半年天津市第106题）

  A. 约增加25817家　　　　　　　　B. 约增加27971家

  C. 约减少43395家　　　　　　　　D. 约减少52390家

32. 2013年高技术制造业新产品销售收入占主营业务收入的比重约为（　　）（2015年下半年天津市第107题）

  A. 12%　　　　B. 27%　　　　C. 34%　　　　D. 45%

33. 2013年高技术制造业相比2008年增速最快的指标是（　　）（2015年下半年天津市第108题）

  A. 新产品销售收入　　　　　　　　B. 主营业务收入

  C. 研发经费　　　　　　　　　　　D. 利润总额

34. 2013年全部制造业利润总额约为（　　）（2015年下半年天津市第109题）

  A. 55219元　　B. 62901元　　C. 116672元　　D. 118120元

35. 2008年高技术制造业利润总额占全部制造业的比重较主营业务收入高（　　）（2015年下半年天津市第110题）

  A. 0.9%　　　　B. 0.6%　　　　C. 0.3%　　　　D. 0.1%

资料 八

2015年1~3月，国有企业营业总收入103155.5亿元，同比下降6%。其中，中央企业收入63191.3亿元，同比下降7%；地方国有企业收入39964.2亿元，同比下降4.2%。

1~3月，国有企业营业总成本100345.5亿元，同比下降5.1%。其中，销售费用、管理费用和财务费用同比分别下降29%、增长2.3%和增长7.3%。其中，中央企业成本60216.5亿元，同比下降6.4%；地方国有企业成本40129亿元，同比下降3.1%。

1~3月，国有企业利润总额4997.3亿元，同比下降8%。国有企业应交税金9383亿元，同比增长0.13%。

3月末，国有企业资产总额1054875.4亿元，同比增长12%；负债总额685766.3亿元，同比增长11.9%；所有者权益合计369109.1亿元，同比增长12.2%。其中，中央企业资产总额554658.3亿元，同比增长10.5%；负债总额363304亿元，同比增长10.4%；所有者权益为191354.4亿元，同比增长10.7%。地方国有企业资产总额500217.1亿元，同比增长13.8%；负债总额322462.3亿元，同比增长13.7%；所有者权益为177754.7亿元，同比增长13.9%。

36. 2014年1~3月，国有企业营业总收入最接近（　　）（2016年423联考第111题）

  A. 10.5万亿元　　B. 11万亿元　　C. 11.5万亿元　　D. 12万亿元

37. 2015年1~3月，在销售费用、管理费用和财务费用中，占国有企业营业总成本的比重同比上升的有几项（　　）（2016年423联考第112题）

   A. 0　　　　　　B. 1　　　　　　C. 2　　　　　　D. 3

38. 2015年3月末，中央企业所有者权益占国有企业总体的比重比上年同期约（　　）（2016年423联考第113题）

   A. 下降了0.7个百分点　　　　B. 下降了1.5个百分点
   C. 上升了0.7个百分点　　　　D. 上升了1.5个百分点

39. 2014年3月末，中央企业的资产负债率（负债总额÷资产总额）在以下哪个范围内（　　）（2016年423联考第114题）

   A. 50%以下　　　B. 50%~60%　　　C. 60%~70%　　　D. 70%以上

40. 能够从上述资料中推出的是（　　）（2016年423联考第115题）

   A. 2015年1~3月，中央和地方国有企业营业成本均低于同期营业收入
   B. 2014年1~3月，国有企业应交税金占同期营业总收入的一成以上
   C. 2015年3月末，国有企业资产总额同比增长不到12万亿元
   D. 2015年3月末，地方国有企业资产负债率高于上年同期水平

资 料 九

2015年1~7月，我国机电产品出口额44359.4亿元，同比增长1.2%，占出口总额的57.2%。其中，电器及电子产品出口19373.1亿元，同比增长4.1%；机械设备出口12865.6亿元，同比下降6.6%。同期，服装出口5709.9亿元，同比下降6.4%；纺织品出口3825.5亿元，同比下降1.7%；鞋类出口1901.7亿元，同比下降1.9%；家具出口1883.7亿元，同比增长7.6%；塑料制品出口553.7万吨，出口额1293.3亿元，出口量同比增长2.9%，出口额同比增长2.3%；箱包及类似容器出口166.9万吨，出口额998.9亿元，出口量同比下降3.8%，出口额同比增长8.0%；玩具出口465.0亿元，同比增长11.0%。上述7大类劳动密集型出口额合计同比下降1.3%。此外，肥料出口1957.3万吨，出口额366.1亿元，出口量同比增长54.7%，出口额同比增长62.7%；钢材出口6213.2万吨，出口额2319.5亿元，出口量同比增长26.6%，出口额同比下降2.6%；汽车出口44.5万辆，出口额411.0亿元，出口量同比下降13.6%，出口额同比下降4.5%。

41. 2015年1~7月，我国出口总额为（　　）（2016年江苏省第116题）

   A. 63534.0亿元　　B. 77551.4亿元　　C. 82907.1亿元　　D. 95772.7亿元

42. 2015年1~7月，我国下列商品出口额同比下降最多的是（　　）（2016年江苏省第117题）

   A. 机械设备　　　B. 服装　　　C. 钢材　　　D. 汽车

43. 2015年1~7月，我国下列出口商品平均价格同比上涨最多的是（　　）（2016

年江苏省第118题)

  A. 塑料制品 B. 箱包及类似容器 C. 肥料 D. 汽车

44. 2015年1~7月，我国服装、纺织品、鞋类、家具、塑料制品、箱包及类似容器、玩具出口额合计为（ ）(2016年江苏省第119题)

  A. 13576.1亿元 B. 14087.2亿元 C. 16078.0亿元 D. 18079.3亿元

45. 下列判断不正确的是（ ）(2016年江苏省第120题)

  A. 2014年1~7月，我国玩具出口额少于422亿元

  B. 2015年1~7月，我国肥料出口量和出口额同比增长均超过50%

  C. 2015年1~7月，我国7大类劳动密集型产品中，多数出口额同比有所增长

  D. 2015年1~7月，我国电器及电子产品和机械设备出口额同比平均增长1.3%

资 料 十

  根据《国务院关于开展第三次全国经济普查的通知》（国发〔2012〕60号）要求，我国进行了第三次全国经济普查，这次普查的标准时点为2013年12月31日，普查时期资料为2013年年度资料，普查对象是在我国境内从事第二产业和第三产业的全部法人单位、产业活动单位和有证照个体经营户。相关调查显示，2013年末，全国共有从事第二产业和第三产业的法人单位1085.7万个，比2008年末（2008年是第二次全国经济普查年份，下同）增加375.8万个，产业活动单位1303.5万个，增加417.1万个，有证照个体经营户3279.1万个，增加405.4万个。

  从行业角度看，2013年末，在第二产业和第三产业的法人单位中，位居前三位的行业是：批发和零售业281.1万个，占25.9%；制造业225.3万个，占20.7%；公共管理、社会保障和社会组织152万个，占14%。在第二产业和第三产业的有证照个体经营户中，位居前三位的行业是：批发和零售业1642.7万个，交通运输、仓储和邮政业878.6万个，住宿和餐饮业240.8万个。

  从单位性质看，2013年末，在第二产业和第三产业的法人单位中，企业法人单位占75.6%，比2008年末提高了5.7个百分点；机关事业法人单位占9.6%，比2008年末下降了3.9个百分点；社会团体和其他法人占14.8%，比2008年末下降了1.8个百分点。

  从登记注册类型看，2013年末，在第二产业和第三产业企业法人单位中，内资企业法人、外商投资企业法人和港、澳、台商投资企业法人分别为800.6万个、10.6万个和9.7万个。在内资企业法人中，国有企业法人占全部企业法人单位的1.4%，私营企业法人占全部企业法人单位的68.3%。

46. 2008年末，列入上述资料所示的普查对象的数量合计为（ ）(2016年深圳市第86题)

  A. 4072.1万 B. 4845.8万 C. 4470.0万 D. 5262.9万

47. 2013年末，在第二产业和第三产业的有证照个体经营户中，批发和零售业，交通运输、仓储和邮政业，住宿和餐饮业三者合计所占的比重约为（　　）（2016年深圳市第87题）

  A. 50.1%   B. 26.8%   C. 67.3%   D. 84.2%

48. 与第二次全国经济普查时相比，第三次经济普查时，下列普查对象数量增长最快的是（　　）（2016年深圳市第88题）

  A. 第二产业和第三产业法人单位数

  B. 第二产业和第三产业有证照个体经营户数

  C. 第二产业和第三产业企业法人单位数

  D. 第二产业和第三产业活动单位数

49. 下列法人单位中，数量最多的是（　　）（2016年深圳市第89题）

  A. 2013年末，港、澳、台商投资企业法人单位数

  B. 2013年末，外商投资企业法人单位数

  C. 2013年末，国有企业法人单位数

  D. 2008年末与2013年末间，社会团体和其他法人单位增加数

50. 根据上述资料，下列说法错误的是（　　）（2016年深圳市第90题）

  A. 2013年末，第二产业和第三产业法人单位中，批发和零售业单位数比制造业多约24.8%

  B. 与2008年相比，2013年第二产业和第三产业法人单位中，企业法人、机关事业法人、社会团体和其他法人单位数均有不同幅度的增长

  C. 2013年末，第二产业和第三产业有证照个体经营户中，批发和零售业个体经营户占据一半以上

  D. 2008年末至2013年末间，第二产业和第三产业法人单位数年均增长率超过10%

资料十一

  2011年底，全国共有乡镇综合文化站34139个，平均每站面积由2006年的277.01平方米，增长到2011年的516.38平方米，平均每站文化活动用房面积由2006年的175.49平方米增长到2011年的391.00平方米。

  2006—2011年，每年乡镇综合文化站从业人员和专职人员增长比例均保持在5%左右，2011年底，全国乡镇综合文化站从业人员78148人，专职人员52718人。

  2011年，全国各级财政对乡镇综合文化站的财政拨款达到42.76亿元，比2006年增加31.84亿元，增幅高达291.6%，年均增长28.6%。各级财政对乡镇综合文化站的投入占全国文化事业总投入的10.9%，占群众文化投入的41.1%，分别比2006年提高4.0个百分点和7.3个百分点。

2011年，全国乡镇综合文化站共组织文艺活动32.64万次，比2006年增长20.0%；举办训练班15万次，比2006年增长26.8%；培训人次1232万人次，比2006年增长230%。

2011年底，全国乡镇综合文化站共指导群众业余文艺团队154799支，辖区内社区（村）文化活动室360649个。

51. 2011年底，全国乡镇综合文化站总面积约为多少万平方米（　　）（2015年黑龙江省第111题）

　　A. 1763　　　　B. 1335　　　　C. 946　　　　D. 599

52. 2011年全国群众文化投入约为多少亿元（　　）（2015年黑龙江省第112题）

　　A. 77　　　　B. 96　　　　C. 104　　　　D. 123

53. 2011年全国文化事业总投入约是2006年的多少倍（　　）（2015年黑龙江省第113题）

　　A. 1.6倍　　　　B. 2.5倍　　　　C. 3.9倍　　　　D. 5.3倍

54. 2011年，平均每个乡镇综合文化站从业人员约组织文艺活动多少次（　　）（2015年黑龙江省第114题）

　　A. 2　　　　B. 4　　　　C. 6　　　　D. 8

55. 能够从资料中推出的是（　　）（2015年黑龙江省第115题）

　　A. 2011年文化活动用房面积占乡镇综合文化站总面积的63%

　　B. 2011年乡镇综合文化站举办的训练班平均每次有超过90人接受培训

　　C. 2011年平均每个乡镇综合文化站指导群众业余文艺团队约4.5支

　　D. 2011年各级财政对乡镇综合文化站的财政拨款是2006年的2.9倍

资料十二

E省统计局公布的数据显示，2014年上半年E省实现地区生产总值（GDP）5141.7亿元，同比增长了6.8%，比全国平均水平低了0.6个百分点。

分产业来看，第一产业增加值268.79亿元，同比增长4.0%；第二产业增加值3127.32亿元，增长5.9%；第三产业增加值1745.59亿元，增长9.0%。从外贸、投资和消费方面来看，投资仍然是推动经济增长的最主要力量。

2014年上半年，全省累计完成外贸进出口总值125.39亿美元，同比增长2.2%，高于全国平均增速1.0个百分点。其中出口总值26.79亿美元，同比下降20%；进口总值98.61亿美元，同比增长10.6%。此外，上半年全省实际利用外资39.03亿美元，同比增长12.5%。

2014年上半年，全省完成固定资产投资4155.7亿元，同比增长17%，增速比一季度提升0.3个百分点。其中全省民间投资总额达3065.69亿元，同比增长17.9%，占全部投资比重73.8%。

2014年上半年,全省实现社会消费品零售总额2843.64亿元,同比增长12.1%,增速比一季度提升0.3个百分点。

2014年上半年,E省居民消费价格(CPI)同比上涨2.1%,低于全国平均涨幅0.2个百分点。其中,食品类价格上涨3.5%,高于当期全国平均涨幅0.1个百分点。E省CPI涨幅在全国居第18位,处于平稳适度的区间。

2014年上半年,E省城乡常住居民人均可支配收入为11542元,同比增长9.9%,高于全国平均增速0.3个百分点;农村常住居民人均可支配收入5279元,同比增长12.5%,高于全国平均增速0.5个百分点。上半年全省城乡居民的收入增速均保持了高于GDP的水平,为实现2014年城乡居民收入增长跑赢GDP奠定了坚实的基础。

56. 2014年上半年与上年同期相比,E省地区生产总值增加了(　　)(2015年上半年天津市第106题)

    A. 4814.3亿元　　B. 349.6亿元　　C. 5491.3亿元　　D. 327.4亿元

57. 2014年上半年,全国食品类价格涨幅比居民消费价格(CPI)涨幅(　　)(2015年上半年天津市第107题)

    A. 低1.1个百分点　　　　　　B. 低1.4个百分点
    C. 高1.1个百分点　　　　　　D. 高1.4个百分点

58. 2014年上半年,E省第一、二、三产业增加值的比例为(　　)(2015年上半年天津市第108题)

    A. 1∶11.6∶6.5　　B. 1∶6.5∶11.6　　C. 6.5∶11.6∶1　　D. 11.6∶6.5∶1

59. 2013年上半年,E省外贸进出口总值顺差(+)或逆差(-)为多少亿美元(　　)(2015年上半年天津市第109题)

    A. +55.67　　B. -55.67　　C. +125.4　　D. -125.4

60. 下列说法正确的是(　　)(2015年上半年天津市第110题)

    A. 从投资和消费看,E省2014年上半年的增幅比第一季度都有所增长,表明全省宏观经济正在回暖
    B. 2014年上半年E省城乡常住人均可支配收入增速慢于全国
    C. 2014年上半年E省城乡居民的收入增速均低于GDP的水平
    D. 2014年上半年E省CPI涨幅在全国处于剧烈震荡的区间

参考答案

1. B。根据资料第一段第一句可得,2012年12月底全国实有各类市场主体户数为 $\frac{6932.22}{(1+14.35\%)(1+14.35\%-4.02\%)} = \frac{6932.22}{(1+14.35\%)(1+10.33\%)} \approx \frac{6932.22}{\left(1+\frac{1}{7}\right)\times 1.1} \approx \frac{6932.22}{1.26} \approx 55**$(万户),B项与之最接近,当选。

2. B。根据资料第二段可知，2014年全国新登记注册市场主体中，个体工商户占比为 $\frac{896.45}{1292.5} \approx \frac{900}{1300} \approx 70\%$，B项与之最接近，当选。

3. D。根据资料第三段可知，A项科学研究和技术服务业增速为70.32%，B项教育业增速为86.17%，C项文化、体育和娱乐业增速为83.51%，D项信息传递、软件和信息技术服务业增速为97.87%，显然D项增速最快，当选。

4. A。2014年户均在注册资本为 $\frac{1796.39}{3.84}$ 万美元，2013年户均注册资本为 $\frac{1796.39}{1+23.87\%} \div \frac{3.84}{1+5.76\%} = \frac{1796.36}{3.84} \times \frac{1+5.76\%}{1+23.87\%}$（万美元），则2014年比2013年增长 $\frac{1796.39}{3.84} \div \frac{1796.36}{3.84} \times \frac{1+5.76\%}{1+23.87\%} - 1 = \frac{1+23.87\%}{1+5.76\%} - 1 = \frac{18.11}{105.76} \approx \frac{18}{100} = 18\%$，A项与之最接近，当选。

5. D。A项，2014年新登记注册现代服务业企业大部分属于科学研究和技术服务业，该项说法错误。B项，2014年末农民专业合作社有128.88万户，成立不满一年的农民专业合作社有30.95万户，总户数的三分之一为 $128.88 \div 3 \approx 42.**$，该项说法错误。C项，2013年全国实有各类市场主体注册资本（金）为 $\frac{129.23}{1+27.7\%} = \frac{129.23}{1.277} > \frac{129}{1.29} = 100$（万亿元），该项说法错误。D项，2013年新登记注册科学研究和技术服务业企业数为 $\frac{26.26}{1+70.32\%} \approx \frac{26.26}{1.7} < \frac{30}{1.5} = 20$（万户），该项说法正确，当选。

6. D。$37864 \div 3.7\% > 100$（万亿元），D项正确。

7. A。全国工业企业的税金和利润增速没有直接给出，根据资料首句中"主营业务收入37864亿元，税金1680亿元，利润2080亿元，分别增长19.1%、19.4%、26.4%，分别高出全国7.9、8.4、14.2个百分点"可以得出：全国工业企业的税金和利润增速分别为19.4%-8.4%=11%，26.4%-14.2%=12.2%。因此全国的税金增速比利润增速低12.2-11=1.2（个）百分点。

8. B。由文字资料可得，行业利润增速从高到低正确排序为：建材行业（51.6%）、石化行业（38.1%）、机械行业（23.8%），B项正确。

9. D。根据资料，只能求出全国工业企业利润的增长率，并不能得出全国工业企业利润总额，A项无法推出。资料给出了机械行业的主营业务，但只给出了船舶行业利润增长率，没有给出船舶行业的主营业务收入，B项无法推出。资料只给出了橡胶塑料行业的利润率，C项无法推出。资料给出了百户重点企业主营业务收入、税金、利润分别增长10.2%、11.1%、20.8%，分别占全省工业的29.5%、51%、27.6%。又给出了"2013年，某省工业企业全年实现主营业务收入37864亿元，税金1680亿元，利润2080亿元"，而"利润率=利润÷（收入-利润）"，因此D项可以推出，当选。

10. C。A项错误，由"食品（含烟草）实现主营业务收入6359亿元，增长

20.8%，增速同比放缓 9.2 个百分点"可得，2012 年该省食品（含烟草）行业主营业务收入同比增速为 20.8%+9.2%=30%。B 项错误，2012 年该省工业企业税金总额中，汽车行业所占比重为：$225.3÷(1+50%)÷[1680÷(1+19.4\%)]=\frac{225.3}{1680}×\frac{1.194}{1.5}<\frac{252}{1680}=0.15$。C 项正确，由"建材行业实现主营业务收入 2412 亿元，增长 27.1%；实现利润 167.2 亿元，增长 51.6%"可知，2013 年销售利润率为 $\frac{167.2}{2412}$，2012 年的销售利润率为 $\frac{167.2÷(1+51.6\%)}{2412÷(1+27.1\%)}=\frac{167.2}{2412}×\frac{1.271}{1.516}<\frac{167.2}{2412}$。D 项错误，由"石油加工业净亏损 0.2 亿元，同比减亏 13.6 亿元"可知，2012 年该省石油加工业净亏损 13.6+0.2=13.8（亿元）。

11. A。根据材料，列得 2107.7/2349=89.7%（可用直除法或用插值法）。故选 A。

12. B。根据材料，列得 1970/（1+9.89%）÷379/（1-6.5%）=4.4（可用截位估算或特殊值法计算）。故选 B。根据材料，A 项，2013 年全国汽车产量为 2372/（1+7.3%）=2210，销量为 2349/（1+6.9%）=2197，产量高于销量；B 项，2014 年商用车中客车销量同比增长；C 项，2013 年新能源汽车销量为 7.5/（1+324%）<2；D 项，从材料可知，中国品牌乘用车销量占有率为 38.4%，比去年下降 2.1 个百分点，而德、日系乘用车占有率之和为 20%+16%=36%，其中日系占有率下降了 0.34%，而德系占有率上升了，可知 2013 年中国品牌乘用车销售量高于德系与日系乘用车销售量之和，综上可得，答案选 C。

13. D。根据材料，找到 MPV 为增长 46.8%，SUV 为增长 36.4%，轿车为增长 3.1%，交叉型为下降 18.1%。故选 D。

14. B。根据材料，受宏观经济和相关政策法规影响，今年的商用车市场销量降幅较大。故选 B。

15. C。

16. D。

17. D。直接查找数据，铁路及电车道机动客、货、敞车为 47%，铁道及电车道机车、车辆零件为 34.2%，轨道固定装置和机械交通管理等设备及零附件 13.3%，钢轨 61.8%，所以 D 选项为正确的。

18. C。四个国家 2013 年出口值分别为 $\frac{38.4}{1+1.2}≈17.45$，$\frac{34.5}{1+45.9\%}≈23.64$，$\frac{33.5}{1-40\%}≈55.8\%$，$\frac{31.7}{1+47.2\%}≈21.53$。

19. B。$\frac{146.2}{1+12.9\%}-\frac{111.3}{1+35.8\%}≈129.5-82=47.5$。

20. D。在增长率里面，最低的是加工贸易方式出口铁路设备的增长率 12.9%。

21. D。基期比重的计算。2013年河北省旅客运输总量占全国的比重为 $\frac{6.1}{1-1.5\%} \div \frac{220.7}{1+3.9\%} = \frac{6.1}{220.7} \times \frac{1+3.9\%}{1-1.5\%} = 2.76 \times \frac{1+3.9\%}{1-1.5\%} > 2.76$。因此，本题答案为D。

22. D。现期比重的计算。2014年河北省铁路旅客运输周转量占河北省的比重为 $\frac{985.9}{1276.7} = 0.7**$，直除首位商7。因此，本题答案为D。

23. C。增长量的比较。"2014年全国铁路运输总量为23.6亿人次，同比增长11.9%；公路运输总量为190.5亿人次，同比增长2.8%；水运运输总量为2.6亿人次，同比增长12.3%；民航运输总量为3.9亿人次，同比增长10.6%。"根据现期量越大，增长率越大，增长量越大的原则：公路运输总量现期量大出其他三类方式很多，因此，增长量最大；其次铁路现期量大于其他两类方式，增长率比较接近，第二大；水运与民航相比，增长率接近，水运现期量略小，故水运的增长量小。因此，本题答案为C。

24. C。现期量的计算。2013年全国公路运输总量为 $\frac{190.5}{1+2.8\%} \approx 190.5(1-2.8\%) = 190.5 - 190.5 \times 2.8\% \approx 190.5 - 170 \times 3\% \approx 185.4$，利用化除为乘公式进行估算。因此，本题答案为C。

25. A。A选项，直接读数。根据材料"水运运输总量为2.6亿人次，同比增长12.3%；民航运输总量为3.9亿人次"可知民航大于水运，A选项错误；B选项，直接读数。根据材料"公路运输总量为5.1亿人次，同比下降3.4%"，B选项正确；C选项，现期比重的计算。2014年河北省旅客运输周转量占全国的 $\frac{1276.7}{29994.2} \approx \frac{1276.7}{30000} \approx 4.25$，C选项正确。D选项，直接读数。根据第一段材料可知所有运输方式均为同比增长，D选项正确。因此，本题正确答案为A。

26. D。环比基期比重计算。材料给了2014年1月份的量和环比增长率，可以判断2013年12月比重为 $\frac{3927.9}{1-19.6\%} \times \frac{1-27.1\%}{4041.7} \approx \frac{4000}{0.8} \times \frac{0.7}{4000} \approx 0.88$。因此，本题的正确选项是D选项。

27. C。基期量计算。2014年1~2月份的量为 $3927.9 + 5780.5 = 9708.4$，同比减少了4.7%，利用增长率化除为乘近似计算公式可得，2013年1~2月为 $\frac{9708.4}{1-4.7\%} \approx 10187$，答案为C。

28. B。查找后直接排序即可。答案为B。

29. A。增长量计算。材料给了2014年1~2月的量和1月份的量，求2014年2月份增长量，先求2014年1~2月同比增长量为 $\frac{4}{0.3} \times 0.7 \approx 9.3$，再求2014年1月增长量约为 $\frac{1.9}{0.24} \times 0.76 \approx 6$，所以2014年2月份增长量为 $9.3 - 6 = 3.3$，选最接近的选项。答案

为 A。

30. C。综合分析。A 选项，2014 年 1 月货币市场成交总量 14.4 万亿，同比减少了 18.6%，所以 2013 年 1 月份肯定大于 14.4。B 选项，现基期比重比较大小，只需要观察部分和整体的增长率，同业拆借市场成交额环比增长率大于市场成交总量的环比增长率，所以比重上升了。C 选项，2014 年 1~2 月同业拆借市场成交额同比下降 $\frac{4}{0.6} \times 0.4 \approx 2.7$，在 2 万亿以上，C 正确。D 选项，查找后简单计算，交易所国债指数低于同期银行间债券总指数。

31. D。$\frac{26894}{7.8\%} - \frac{25817}{6.5\%} = -52390$

32. B。2013 年高新技术制造业新产品的销售收入是 3.1 万亿元，主营业务收入是 116048.9 亿元，比重就应该是：$\frac{31000}{116048.9} = 27\%$。

33. C。从题目中寻找四个选项的增长率即可得出答案。

34. A。2013 年高新技术制造业的利润总额是 7233.7 亿元，所占全部制造业的比重是 13.1%，所以全部制造业的利润总额就应该是：$\frac{7233.7}{13.1\%} = 55219$ 亿元。

35. B。

36. B。根据第一段资料可知，所求应为 $\frac{103155.5}{1-6\%} \approx 103000 \times (1+6\%) = 103000 + 6180 = 109180$（亿元）$\approx 11$（万亿元），因此 B 项当选。

37. D。根据第二段资料可知，国有企业营业总成本的同比增速为 -5.1%，销售费用、管理费用和财务费用的同比增速依次为 -2.9%、2.3% 和 7.3%，均大于国有企业营业总成本的同比增速，因此三者的占比均同比上升，D 项当选。

38. A。根据第四段资料可知，中央企业所有者权益的同比增速小于国有企业总体的同比增速，占比下降，排除 C、D 两项。下降了 $\frac{191354.4}{369109.1} \times \frac{12.2\%-10.7\%}{1+10.7\%} < \frac{20}{36} \times \frac{1.5}{110} = \frac{30}{36 \times 110} < 1\%$，A 项符合，当选。

39. C。根据第四段资料可知，所求为 $\frac{363304}{554658.3} \times \frac{1+10.5\%}{1+10.4\%} \approx \frac{35}{55} = \frac{7}{11} \approx 6*\%$，因此 C 项当选。

40. C。A 项，根据第一、二段资料可知，地方国有企业营业成本高于同期营业收入，该项错误。B 项，所求为 $\frac{9383}{103155.5} \times \frac{1-6\%}{1+0.13\%} < \frac{9383}{103155.5} < 10\%$，该项错误。C 项，所求为 $\frac{1054875.4}{1+12\%} \times 12\% < \frac{1120000}{1+12\%} \times 12\% = 120000$ 元（亿元）$= 12$（万亿元），该项正确，

当选。D项，3月末地方国有企业负债总额增长速度低于资产总额增长速度，因此负债率低于上年同期水平，该项错误。

41. B。2015年1~7月我国机电产品出口额44359.4亿元，占总额的57.2%，因此1~7月出口总额为44395.4/57.2%，估算得7亿元左右，选择B项。

42. A。机械设备同比下降6.6%，服装同比下降6.4%，钢材同比下降2.6%，汽车同比下降4.5%。

43. B。塑料制品出口量同比增长2.9%，出口额同比增长2.3%；箱包及类似容器出口量同比下降3.8%，出口额同比增长8.0%；肥料出口量同比增长54.7%，出口额同比增长62.7%；汽车出口量同比下降13.6%，出口额同比下降4.5%。平均价格为出口额除以出口量，比较平均价格同比变化，可简化为比较出口额和出口量之间的差值变化，即出口额增长幅度-出口量增长幅度。因此塑料制品为-0.9%，箱包及类似容器为11.8%，肥料为8.0%，汽车为9.1%，因此选择B项。

44. C。将每项出口额末尾数字相加，最后得到0，可得C项符合。

45. D。A项，2014年1~7月，我国玩具出口额为465÷(1+11%)≈41*<422(亿元)，该项正确，排除。B项，我国肥料出口量同比增长54.7%，出口额同比增长62.7%，均超过50%，该项正确，排除。C项，7大类中，家具、塑料制品、箱包及类似容器、玩具4类出口额同比均有所增长，该项正确，排除。D项，根据"电器及电子产品出口19373.1亿元，同比增长4.1%；机械设备出口12865.6亿元，同比下降6.6%"，[4.1%+(-6.6%)]÷2=-1.25%，因此两者的平均增速接近-1.25%。又19373.1>12865.6，因此两者的平均速度应该介于-1.25%与4.1%之间，略大于-1.25%。可知该项说法错误，当选。

46. C。(1085.7-375.8)+(1303.5-417.1)+(3279.1-405.4)=709.9+886.4+2873.7=4470，在计算时，也可直接看尾数是0.0，所以选择C。

47. D。$\frac{1642.7+878.6+240.8}{3279.1}=\frac{2762.1}{3279.1}=84.2\%$，所以选择D。

48. C。A：$\frac{375.8}{709.9}$，B：$\frac{405.4}{2873.7}$，D：$\frac{417.1}{886.4}$，C项中，末期=1085.7×75.6%=820.8，初期=709.9×69.9%=496.2，增速为$\frac{324.6}{496.2}$，比值最大，所以选择C。

49. D。A为9.7，B为10.6，C为800.6×1.4%=11.2，D为1085.7×14.8%-709.9×16.6%=42.8，最大值为D，所以选择D。

50. D。D项中，$(1+r)^5=\frac{1085.7}{709.9}≈1.53$ $(1+10\%)^5≈1.61$，所以r<10%，表述错误。所以选择D。

51. A。总面积=平均每站面积×站数=516.38×34139=1763，答案为A选项。

52. C。全国群众文化投入=财政拨款÷财政拨款占全国群众文化投入的比重=

$\dfrac{42.76}{41.1\%} \approx \dfrac{42}{40\%} = 105$，答案为 C 选项。

53. B。全国文化事业总投入 2011 年为 $\dfrac{42.76}{10.9\%}$，2006 年为 $\dfrac{42.76-31.84}{10.9\%-4\%}$，因此，前者是后者的 $\dfrac{42.76}{10.9\%} \div \dfrac{42.76-31.84}{10.9\%-4\%} \approx \dfrac{43\times 7}{121} = 2.5$ 倍，答案为 B 选项。

54. B。题目所求＝文艺活动的总次数÷从业人员总数＝$\dfrac{32.64}{7.8148} \approx \dfrac{33}{8} \approx 4.1$，答案为 B 选项。

55. C。A 项由第一段可知 391÷516.38≈76%，A 项错误；B 项由第四段可知 1232÷15≈82，B 项错误；C 项为 154799÷34129≈4.5，C 正确；D 项由第三段可知增幅为 291.6%，因此应为其 3.9 倍。答案为 C 选项。

56. D。增量的求解。可以用特值法，$6.8\% \approx \dfrac{2}{30}$，所以增量为 $\dfrac{5141.7\times 2}{32} \approx 320$，所以选择 D 选项。

57. C。百分点类题目求解。全国食品类价格涨幅为 3.5%－0.1%＝3.4%，消费价格涨幅为 2.1%＋0.2%＝2.3%，所以差值是提高了 1.1 个百分点。

58. A。第一、二、三产业增加值的比例为 268.79∶3127.32∶1745.59，中国的数值最大，所以比例选择中间值大、第一个数值最小的，所以选择 A 选项。

59. B。顺差逆差问题。根据题目我们可以看出进口大于出口，所以是逆差，逆差值在 100 以内，所以选择 B 选项。

60. A。

第二章 图表资料分析

第一节 十大速算技巧

一、估算法

"估算法"毫无疑问是资料分析题当中的速算第一法,在所有计算进行之前必须考虑能否先行估算。所谓估算,是在精度要求并不太高的情况下,进行粗略估值的速算方式,一般在选项相差较大,或者在被比较数据相差较大的情况下使用。估算的方式多样,需要各位考生在实战中多加训练与掌握。

进行估算的前提是选项或者待比较的数字相差必须比较大,并且这个差别的大小决定了"估算"时候的精度要求。

二、直除法

"直除法"是指在比较或者计算较复杂分数时,通过"直接相除"的方式得到商的首位(首一位或首两位),从而得出正确答案的速算方式。直除法在资料分析的速算当中有非常广泛的用途,并且由于其"方式简单"而具有"极易操作"性。

直除法从题型上一般包括两种形式:一是比较多个分数时,在量级相当的情况下,首位最大/小的数为最大/小数;二是计算一个分数时,在选项首位不同的情况下,通过计算首位便可选出正确答案。

直除法从难度深浅上来讲一般分为三种梯度:

(1)简单直接能看出商的首位。
(2)通过动手计算能看出商的首位。
(3)某些比较复杂的分数,需要计算分数的"倒数"的首位来判定答案。

三、截位法

所谓"截位法",是指"在精度允许的范围内,将计算过程当中的数字截位(即只看或者只取前几位),从而得到精度足够的计算结果"的速算方式。在加法或者减法中使用截位法时,直接从左边高位开始相加或者相减(同时注意下一位是否需要进位与借位），直到得到选项要求精度的答案为止。

在乘法或者除法中使用截位法时，为了使所得结果尽可能精确，需要注意截位近似的方向：

（1）扩大（或缩小）一个乘数因子，则需缩小（或扩大）另一个乘数因子。

（2）扩大（或缩小）被除数，则需扩大（或缩小）除数。

如果是求"两个乘积的和或者差（即 $a×b±c×d$）"，应该注意：

（3）扩大（或缩小）加号的一侧，则需缩小（或扩大）加号的另一侧。

（4）扩大（或缩小）减号的一侧，则需扩大（或缩小）减号的另一侧。

到底采取哪个近似方向由相近程度和截位后计算难度决定。

一般说来，在乘法或者除法中使用"截位法"时，若答案需要有 N 位精度，则计算过程的数据需要有 $N+1$ 位的精度，但具体情况还得由截位时误差的大小以及误差的抵消情况来决定；在误差较小的情况下，计算过程中的数据甚至可以不满足上述截位方向的要求。所以应用这种方法时，需要考生在做题当中多加熟悉与训练误差的把握，在可以使用其他方式得到答案并且截位误差可能很大时，尽量避免使用乘法与除法的截位法。

四、化同法

所谓"化同法"，是指"在比较两个分数大小时，将这两个分数的分子或分母化为相同或相近，从而达到简化计算"的速算方式。一般包括三个层次：

（1）将分子（或分母）化为完全相同，从而只需要再看分母（或分子）即可。

（2）将分子（或分母）化为相近之后，出现"某一个分数的分母较大而分子较小"或"某一个分数的分母较小而分子较大"的情况，则可直接判断两个分数的大小。

（3）将分子（或分母）化为非常接近之后，再利用其他速算技巧进行简单判定。

事实上在资料分析试题当中，将分子（或分母）化为完全相同一般是不可能达到的，所以化同法更多的是"化为相近"而非"化为相同"。

五、差分法

"差分法"是在比较两个分数大小时，用直除法或者化同法等其他速算方式难以解决时可以采取的一种速算方式。

适用形式：两个分数作比较时，若其中一个分数的分子与分母都比另外一个分数的分子与分母分别仅仅大一点，这时候使用直除法、化同法通常很难比较出大小关系，而使用差分法却可以很好地解决这样的问题。

基础定义：在满足"适用形式"的两个分数中，我们定义分子与分母都比较大的分数叫"大分数"，分子与分母都比较小的分数叫"小分数"，而这两个分数的分子、分母分别作差得到的新的分数我们定义为"差分数"。例如：324/53.1 与 313/51.7 比较大小,其中 324/53.1 就是大分数,313/51.7 就是小分数,而 324−313/53.1−51.7 = 11/1.4 就是差分数。

"差分法"使用基本准则——差分数代替大分数与小分数作比较:

(1) 若差分数比小分数大,则大分数比小分数大;

(2) 若差分数比小分数小,则大分数比小分数小;

(3) 若差分数与小分数相等,则大分数与小分数相等。

特别注意:

(1) 差分法本身是一种精算法而非估算法,得出来的大小关系是精确的关系而非粗略的关系。

(2) 差分法与化同法经常联系在一起使用,"化同法紧接差分法"与"差分法紧接化同法"是资料分析速算当中经常遇到的两种情形。

(3) 差分法得到差分数与小分数做比较的时候,还经常需要用到直除法。

(4) 如果两个分数相隔非常近,我们甚至需要反复运用两次差分法,这种情况相对比较复杂,但如果运用熟练,同样可以大幅度简化计算。

六、插值法

"插值法"是指在计算数值或者比较数大小的时候,运用一个中间值进行"参照比较"的速算方式,一般情况下包括两种基本形式:

(1) 在比较两个数大小时,直接比较相对困难,但这两个数中间明显插了一个可以进行参照比较并且易于计算的数,由此中间数可以迅速得出这两个数的大小关系。比如说 A 与 B 的比较,如果可以找到一个数 C,并且容易得到 $A>C$,而 $C>B$,则 $A>B$。

(2) 在计算一个数值 f 的时候,选项给出两个较近的数 A 与 B 难以判断,但我们可以容易地找到 A 与 B 之间的一个数 C,比如说 A 大于或小于 C,则我们知道 $f=B$。

七、凑整法

"凑整法"是指在计算过程当中,将中间结果凑成一个"整数"(整百、整千等其他方便计算形式的数),从而简化计算的速算方式。凑整法包括加/减法的凑整,也包括乘/除法的凑整。

在资料分析的计算当中,真正意义上的完全凑成整数基本上是不可能的,但由于资料分析不要求绝对的精度,所以凑成与整数相近的数是资料分析凑整法所真正包括的主要内容。

八、放缩法

"放缩法"是指在数字的比较计算当中,如果精度要求并不高,我们可以将中间结果进行大胆的"放"（扩大）或者"缩"（缩小），从而迅速得到比较数字大小关系的速算方式。

若 $A>B>0$，且 $C>D>0$，则有：

（1） $A+C>B+D$。

（2） $A-D>B-C$。

（3） $A×C>B×D$。

（4） $A/D>B/C$。

这四个关系式是我们在做题当中经常需要用到的非常简单、非常基础的不等关系，但却是考生容易忽略，或者在考场之上容易漏掉的数学关系，其本质可以用放缩法来解释。

九、增长率相关速算法

计算与增长率相关的数据是做资料分析题当中经常遇到的题型，而这类计算有一些常用的速算技巧，掌握这些速算技巧对于迅速解答资料分析题有着非常重要的辅助作用。

两年混合增长率公式：

如果第二期与第三期增长率分别为 $r1$ 与 $r2$，那么第三期相对于第一期的增长率为：

$r1+r2+r1×r2$

增长率化除为乘近似公式：

如果第二期的值为 A，增长率为 r，则第一期的值 A'：

$A'=A/1+r≈A×(1-r)$

（实际上左式略大于右式，r 越小，则误差越小，误差量级为 $r2$）

平均增长率近似公式：

如果 N 年间的增长率分别为 $r1$，$r2$，$r3$，$\cdots$，rn，则平均增长率：

$r≈r1+r2+r3+\cdots+rn/n$

（实际上左式略小于右式，增长率越接近，误差越小。）

十、综合速算法

"综合速算法"包含了我们资料分析试题当中众多体系性不如前面九大速算技巧的速算方式，但这些速算方式仍然是提高计算速度的有效手段。

1. 平方数速算

牢记常用平方数，特别是 11~30 以内数的平方，可以很好地提高计算速度：

121、144、169、196、225、256、289、324、361、400

441、484、529、576、625、676、729、784、841、900

2. 尾数法速算

因为资料分析试题当中牵涉的数据几乎都是通过近似后得到的结果，所以一般我们计算的时候多强调首位估算，而尾数往往是微不足道的。因此资料分析当中的尾数法只适用于未经近似或者不需要近似的计算之中。历史数据证明，国考试题资料分析基本上不会用到尾数法，但在地方考题的资料分析当中，尾数法仍然可以有效地简化计算。

3. 错位相加/减

$A \times 9$ 型速算技巧：$A \times 9 = A \times 10 - A$；如：$743 \times 9 = 7430 - 743 = 6687$

$A \times 9.9$ 型速算技巧：$A \times 9.9 = A \times 10 + A \div 10$；如：$743 \times 9.9 = 7430 - 74.3 = 7355.7$

$A \times 11$ 型速算技巧：$A \times 11 = A \times 10 + A$；如：$743 \times 11 = 7430 + 743 = 8173$

$A \times 101$ 型速算技巧：$A \times 101 = A \times 100 + A$；如：$743 \times 101 = 74300 + 743 = 75043$

乘/除以 5、25、125 的速算技巧：

$A \times 5$ 型速算技巧：$A \times 5 = 10A \div 2$；如：$8739.45 \times 5 = 87394.5 \div 2 = 43697.25$

$A \div 5$ 型速算技巧：$A \div 5 = 0.1A \times 2$；如：$36.843 \div 5 = 3.6843 \times 2 = 7.3686$

$A \times 25$ 型速算技巧：$A \times 25 = 100A \div 4$；如：$7234 \times 25 = 723400 \div 4 = 180850$

$A \div 25$ 型速算技巧：$A \div 25 = 0.01A \times 4$；如：$3714 \div 25 = 37.14 \times 4 = 148.56$

$A \times 125$ 型速算技巧：$A \times 125 = 1000A \div 8$；如：$8736 \times 125 = 8736000 \div 8 = 1092000$

$A \div 125$ 型速算技巧：$A \div 125 = 0.001A \times 8$；如：$4115 \div 125 = 4.115 \times 8 = 32.92$

4. 减半相加

$A \times 1.5$ 型速算技巧：$A \times 1.5 = A + A \div 2$；

如：$3406 \times 1.5 = 3406 + 3406 \div 2 = 3406 + 1703 = 5109$

5. "首数相同尾数互补"型两数乘积速算技巧

积的头＝头×（头+1）；积的尾＝尾×尾

如："23×27"，首数均为"2"，尾数"3"与"7"的和是"10"，互补，所以乘积的首数为 2×（2+1）＝6，尾数为 3×7＝21，即 23×27＝621

第二节 真题演练

一、根据以下资料，回答 1~5 题。

2014 年末全国共有公共图书馆 3117 个，比上年末增加 5 个。2014 年末全国公共图书馆从业人员 56071 人。

2014 年末全国公共图书馆实际使用房屋建筑面积 1231.60 万平方米，比上年末增长 6.3%；图书总藏量 79092 万册，比上年末增长 5.6%；电子图书 50674 万册，比上年

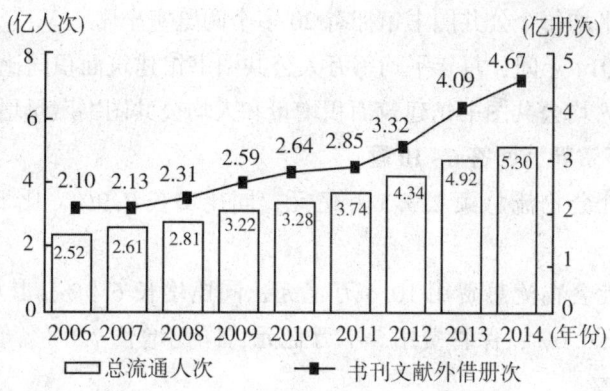

2006—2014年全国公共图书馆总流通情况

末增长34.2%；阅览室坐席数85.55万个，比上年末增长5.7%。

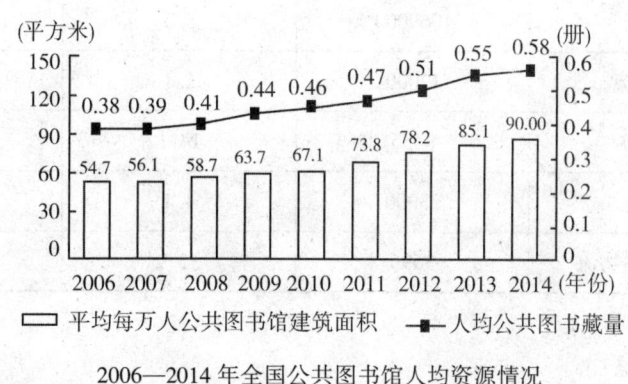

2006—2014年全国公共图书馆人均资源情况

1. 2014年，全国平均每个公共图书馆月均流通人次约为（ ）（2016年国考第116题）

A. 1万多　　　　B. 不到1万　　　　C. 2万多　　　　D. 3万多

2. 2014年，公共图书馆电子图书藏量增长册数约是图书总藏量增长册数的多少倍（ ）（2016年国考第117题）

A. 3　　　　B. 2　　　　C. 8　　　　D. 5

3. 2012—2014年，平均每一流通人次约产生多少册次的书刊文献外借（ ）（2016年国考第118题）

A. 1.0　　　　B. 0.8　　　　C. 0.6　　　　D. 0.4

4. 2008—2014年，人均公共图书藏量同比增速快于上年的年份有几个（ ）（2016年国考第119题）

A. 2　　　　B. 4　　　　C. 3　　　　D. 5

5. 能够从上述资料中推出的是（ ）（2016年国考第120题）

A. "十一五"期间全国公共图书馆总流通人次超过 15 亿人次
B. 2014 年平均每个公共图书馆拥有 20 多个阅览室坐席
C. 2008—2014 年间,每年平均每万人公共图书馆建筑面积同比增速均低于 12%
D. 2008 年人均公共图书馆建筑面积增量和人均公共图书藏量增量均低于 2011 年

二、根据以下资料,回答 6~10 题。

2014 年全国社会物流总额 213.5 万亿元,同比增长 7.9%,比上年回落 1.6 个百分点。

2014 年全国社会物流总费用 10.6 万亿元,同比增长 6.9%,其中,运输费用 5.6 万亿元,同比增长 6.6%;保管费用 3.7 万亿元,同比增长 7.0%;管理费用 1.3 万亿元,同比增长 7.9%。

2014 年全国社会物流总额构成情况

项　　目	总额(亿元)	当年同比增速(%)	2013 年同比增速(%)
工业品物流	1969000	8.3	9.7
进口货物物流	12000	2.1	6.4
再生资源物流	8455	14.1	20.3
农产品物流	33000	4.1	4.0
单位与居民物品物流	3696	32.9	30.4

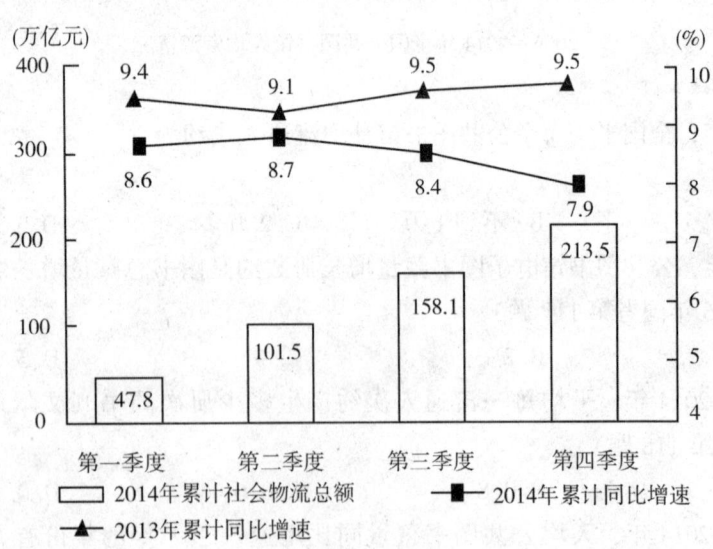

6. 2014 年每实现 100 万元的社会物流额,其运输费用平均约为多少万元(　　)
(2016 年国考第 126 题)

A. 5.6　　　　　　B. 10.6　　　　　　C. 2.6　　　　　　D. 5.0

7. 2013、2014年占全国社会物流总额比重均高于上一年水平的分类包括（　　）（2016年国考第127题）

　　A. 再生资源物流、单位与居民物品物流、农产品物流

　　B. 工业品物流、再生资源物流、单位与居民物品物流

　　C. 进口货物物流、农产品物流、单位与居民物品物流

8. 2014年全国社会物流总额最高的季度是（　　）（2016年国考第128题）

　　A. 第一季度　　　　　　　　　　B. 第二季度

　　C. 第三季度　　　　　　　　　　D. 第四季度

9. 2012年上半年全国社会物流总额约为多少万亿元（　　）（2016年国考第129题）

　　A. 75　　　　　　B. 86　　　　　　C. 93　　　　　　D. 102

10. 能够从上述资源中推出的是（　　）（2016年国考第130题）

　　A. 2013年第三季度社会物流总额同比增速高于第四季度

　　B. 2014年每万元社会物流总额的平均管理费用低于上年水平

　　C. 2014年农产品物流额在社会物流总额中的比重高于一成

　　D. 2014年单位与居民物品物流额超过2012年的两倍

三、根据以下资料，回答11~15题。

下表是某旅游网站上推荐的从M地到N地的机票价格（5月30日）及在线支付的优惠活动。

班次	单价	优惠活动	出发时间	到达时间	历史准点率	退票手续费		改签手续费	
						起飞前	起飞后	起飞前	起飞后
甲	¥599	首次购买返现50元	7:10	9:45	91%	不支持			
乙	¥820	有餐食	8:05	10:40	88%	¥299/人	¥369/人	免费	免费
丙	¥783	返现14元	8:30	11:05	91%	¥166/人	¥249/人	¥83/人	¥166/人
丁	¥691	返现28元	9:55	12:25	73%	¥276/人	¥310/人	¥216/人	¥360/人
戊	¥828	含70元接机券	10:55	13:20	61%	¥194/人	¥291/人	免费	¥125/人

		甲影片 平均票价:30元	乙影片 平均票价:30元	丙影片 平均票价:30元	丁影片 平均票价:30元
昨天票房总收入		9600元	18000元	9000元	16800元
影厅	座位数				
1厅	100座	8:00;12:30; 14:00;16:30; 19:00;21:30; 23:00			
2厅	100座		7:50;10:50; 13:50;16:50; 19:50;22:50		
3厅	100座			10:40;12:50; 15:00;17:10; 19:20;21:00	
4厅	200座				12:20;14:40; 20:10;22:30
5厅	200座		10:00;20:00		13:00;15:20; 17:40
VIP厅	50座	18:00;20:30			

11. 5月30日早晨，王先生由于记错了时间，10:30到达机场时，所购班次的飞机已经起飞，幸运的是隔天同一班次的机票还有售，且价钱不变，于是在窗口办理了改签。加上之前网上订票的费用，王先生一共花费了900多元，他所购买的最可能是哪个班次的机票（　　）（2016年国考第131题）

　　A. 乙班次　　　　B. 丙班次　　　　C. 丁班次　　　　D. 戊班次

12. 由上述资料可知，以下哪个班次起飞前的退票手续费率最高（　　）（2016年国考第132题）

　　A. 乙班次　　　　B. 丙班次　　　　C. 丁班次　　　　D. 戊班次

13. 影院一天总共放映 x 场，其中某部电影放 y 场，排片率就是 $y/x \times 100\%$，那么四部影片中排片率最高的影片是哪部（　　）（2016年国考第133题）

　　A. 甲影片　　　　B. 乙影片　　　　C. 丙影片　　　　D. 丁影片

14. 如果某天一部影片的总观影人次是 a，该影片所有放映场次包含的总座位数是 b，那么当天上座率就是 $a/b \times 100\%$，那么在昨天的四部影片里，上座率由高到低排列正确的是（　　）（2016年国考第134题）

　　A. 乙>丁>甲>丙　　B. 乙>丁>丙>甲　　C. 乙>丙>甲>丁　　D. 乙>丙>丁>甲

15. 小张的单位离该电影院半小时路程，他每晚6:30下班，吃晚饭需要半小时，电影院要求至少提前 10 分钟入场。按照该影院的排片表，时间上最适合他的影片是哪部（　　）（2016 年国考第 135 题）

A. 甲影片　　　B. 乙影片　　　C. 丙影片　　　D. 丁影片

四、根据以下资料，回答 16~20 题。

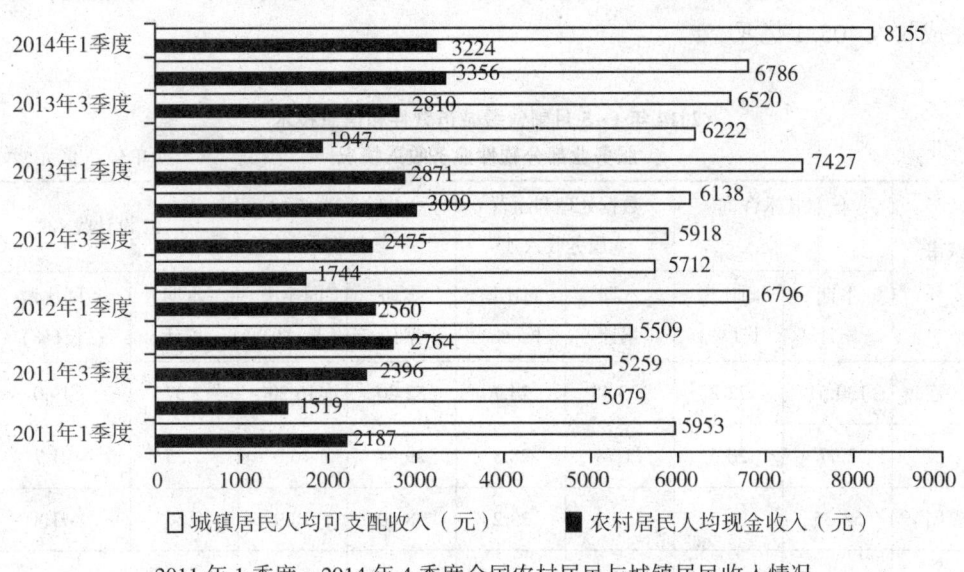

2011 年 1 季度—2014 年 4 季度全国农村居民与城镇居民收入情况

16. 与 2011 年同期相比，2014 年 1 季度农村居民人均现金收入约增长了（　　）（2015 年国考第 116 题）

A. 25.9%　　　B. 36.8%　　　C. 47.4%　　　D. 52.5%

17. 2013 年城镇居民人均可支配收入同比增加了（　　）（2015 年国考第 117 题）

A. 1 千多元　　B. 2 千多元　　C. 3 千多元　　D. 4 千多元

18. 综合 2011—2013 年的数据，农村居民人均现金收入和城镇居民人均可支配收入最高的季度分别是（　　）（2015 年国考第 118 题）

A. 1 季度和 1 季度　　　　　　B. 1 季度和 4 季度
C. 4 季度和 4 季度　　　　　　D. 4 季度和 1 季度

19. 2011—2013 年，农村居民年人均现金收入超过 1 万元的年份有几个（　　）（2015 年国考第 119 题）

A. 3　　　　　B. 2　　　　　C. 1　　　　　D. 0

20. 能够从上述资料中推出的是（　　）（2015 年国考第 120 题）

A. 2013 年各季度农村居民人均现金收入均同比增加

B. 2013 年 4 季度城镇人均可支配收入同比增速低于环比增速

C. 2013 年 1 季度城镇居民人均可支配收入环比增长了三成多

D. 2013 年下半年农村居民人均现金收入比上半年多约 2000 元

五、根据以下资料，回答 21~25 题。

2014 年 1~5 月，我国软件和信息技术服务业实现软件业务收入约 13254 亿元，同比增长 20.9%，比去年同期回落 3.3 个百分点。其中，软件产品完成收入 4141 亿元，信息系统集成服务完成收入 2649.3 亿元，信息技术咨询服务完成收入 1399.2 亿元，数据处理和运营服务完成收入 2429.5 亿元，嵌入式系统软件完成收入 2230.3 亿元，IC 设计完成收入 405.1 亿元。

2014 年 1~5 月副省级城市软件和信息技术服务业部分软件业务收入情况 （单位：亿元）

城市名称	信息技术咨询服务收入		数据处理和运营服务收入		嵌入式系统软件收入		IC 设计收入	
	本期累计	同比增长(%)	本期累计	同比增长(%)	本期累计	同比增长(%)	本期累计	同比增长(%)
大连	130.51	22.2	133.48	24.7	52.20	16.20	2.37	19.0
宁波	2.97	20.5	11.78	28.8	29.94	16.0	2.25	21.7
厦门	53.35	28.3	35.82	29.2	38.60	18.9	8.56	41.8
青岛	63.26	39.5	56.44	41.0	166.03	38.7	9.51	43.3
深圳	24.40	27.3	206.84	28.3	472.19	17.4	6.95	11.6
沈阳	73.03	19.9	83.73	22.2	84.42	24.4	10.20	17.2
长春	0.89	20.1	2.70	21.7	10.15	21.4	0.03	20.7
哈尔滨	3.02	10.1	2.09	21.8	3.36	16.2	0.19	17.0
南京	100.30	21.8	130.90	37.5	154.50	14.9	12.30	3.3
杭州	13.09	35.7	258.28	53.3	164.78	17.5	8.06	10.6
济南	112.54	20.3	74.01	33.3	28.08	11.9	0.10	34.9
武汉	36.68	33.1	60.34	34.2	45.93	32.1	1.20	20.4
广州	178.67	18.1	209.64	16.1	14.05	21.3	13.74	22.1
成都	59.62	28.5	190.57	8.4	3.60	8.7	18.87	12.9
西安	84.22	32.7	14.17	33.3	32.28	26.0	14.25	26.5
合计	936.56	24.2	1470.98	28.0	1300.11	20.5	108.60	19.1

21. 2014年前5个月完成收入排名前三的软件业务，同期完成收入占我国软件业务总收入的比重约为（　　）（2015年国考第126题）

　　A. 61.8%　　　　B. 69.6%　　　　C. 81.2%　　　　D. 86.5%

22. 2014年1~5月，表中四项软件业务收入之和最高的东北地区副省级城市是（　　）（2015年国考第127题）

　　A. 大连　　　　B. 长春　　　　C. 沈阳　　　　D. 哈尔滨

23. 2014年1~5月，副省级城市哪项软件业务完成收入之和低于该业务全国总收入的一半（　　）（2015年国考第128题）

　　A. 数据处理和运营服务　　　　B. 信息咨询服务
　　C. 嵌入式系统软件　　　　　　D. IC设计

24. 2014年1~5月，信息技术咨询服务收入同比增速最快的副省级城市，该项收入约是增速最慢的副省级城市的多少倍（　　）（2015年国考第129题）

　　A. 21　　　　B. 4　　　　C. 201　　　　D. 70

25. 关于2014年1~5月副省级城市软件业务收入，能够从上述资料中推出的是（　　）（2015年国考第130题）

　　A. 广州市的四项业务收入在副省级城市中均排名前三
　　B. 武汉市的四项业务收入增速均高于副省级城市平均水平
　　C. 深圳市IC设计业务收入超过副省级城市该项业务收入的平均水平
　　D. 数据处理和运营服务与嵌入式系统软件收入最高的副省级城市是同一个

六、根据以下资料，回答26~30题。

2013年末全国共有群众文化机构44260个，比上年末增加384个。其中乡镇文化站34343个，增加242个。年末群众文化机构从业人员164355人，比上年末增加8127人。群众文化机构实际使用房屋建筑面积3389.4万平方米，比上年末增长6.9%。年末群众文化机构共有馆办文艺团体6022个，演出15.13万场，观众6569万人次。

2013年全国群众文化机构开展活动情况

项目	活动次数（万次）	增速（%）	参加人数（万人次）	增速（%）
展览	13.82	20.4	9245	3.2
文艺活动	74.06	7.6	31379	-1.8
公益性讲座	2.36	13.5	441	20.5
训练班	39.08	0.9	3105	12.9
总计	129.32	6.8	44170	0.3

2006—2013 年全国平均每万人群众文化设施建筑面积

26. 2013 年末全国群众文化机构数量同比约增长了（　　）（2015 年国考第 131 题）

　　A. 8%　　　　B. 3%　　　　C. 0.9%　　　　D. 0.4%

27. 2013 年每个馆办文艺团体平均每月演出约多少场（　　）（2015 年国考第 132 题）

　　A. 25　　　　B. 12　　　　C. 5　　　　D. 2

28. 2013 年群众文化机构开展的活动中，平均每次活动参加人数最多的是（　　）（2015 年国考第 133 题）

　　A. 展览　　　B. 文艺活动　　　C. 公益性讲座　　　D. 训练班

29. 2007—2013 年间，平均每万人群众文化设施建筑面积同比增速高于 10% 的年份有几个（　　）（2015 年国考第 134 题）

　　A. 5　　　　B. 4　　　　C. 3　　　　D. 2

30. 能够从上述资料中推出的是（　　）（2015 年国考第 135 题）

　　A. 2013 年文艺活动的参加人数约是公益性讲座的 50 倍

　　B. 2012 年末全国群众文化机构共有从业人员 16 万多人

　　C. 2013 年全国人均群众文化设施建筑面积比 2006 年翻了一番

　　D. 2013 年乡镇文化站占群众文化机构总数的比重高于上年水平

七、根据以下资料，回答 36~40 题。

　　2013 年，全国商品房销售面积 130551 万平方米，比上年增长 17.3%，增速比 1~11 月份回落 3.5 个百分点，比 2012 年提高 15.5 个百分点。其中，住宅销售面积增长 17.5%，办公楼销售面积增长 27.9%，商业营业用房销售面积增长 9.1%。商品房销售额 81428 亿元，增长 26.3%，增速比 1~11 月份回落 4.4 个百分点，比 2012 年提高 16.3 个百分点。其中，住宅销售额增长 26.6%，办公楼销售额增长 35.1%，商业营业用房销售额增长 18.3%。2013 年末，全国商品房待售面积 49295 万平方米，比 11 月末增加 2489 万平方米，比 2012 年末增加 12835 万平方米。其中，住宅待售面积比 11 月末增加 1696 万平方米，办公楼待售面积增加 156 万平方米，商业营业用房待售面积增加 346 万平方米。

2013 年东中西部地区房地产销售情况

地区	商品房销售面积		商品房销售额	
	绝对数（万平方米）	比上年增长（%）	绝对数（亿元）	比上年增长（%）
全国总计	130551	17.3	81428	26.3
东部地区	63476	19.3	49327	28.4
中部地区	35192	16.8	16525	26.9
西部地区	31883	14.1	15576	19.6

31. 2011 年全国商品房销售面积约为多少亿平方米（　　）（2015 年北京市第 97 题）

　　A. 8.4　　　　　B. 9.2　　　　　C. 9.8　　　　　D. 10.9

32. 2013 年全国商品房单位面积的平均销售价格约比上年增长了（　　）（2015 年北京市第 98 题）

　　A. 4.4%　　　　B. 7.7%　　　　C. 11.1%　　　　D. 15.5%

33. 与同年 11 月末相比，2013 年 12 月末全国住宅、办公楼和商业营业用房待售面积的增量之和约占商品房总待售面积增量的（　　）（2015 年北京市第 99 题）

　　A. 79%　　　　 B. 88%　　　　 C. 94%　　　　 D. 100%

34. 以下哪张统计图准确地表示了 2013 年东部、中部和西部地区商品房销售面积占当年全国总销售面积的比重（　　）（2015 年北京市第 100 题）

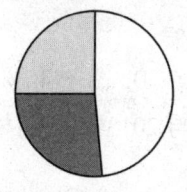
A

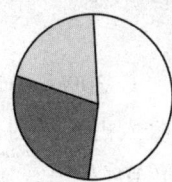
B

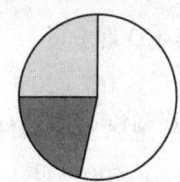
C

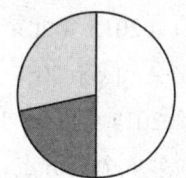
D

35. 关于 2013 年房地产市场，能够从上述资料中推出的是（　　）（2015 年北京市第 101 题）

　　A. 12 月当月全国商品房销售额同比增速超过 30%

　　B. 中部地区商品房销售单价超过 5000 元/平方米

　　C. 东部地区商品房销售额占全国比重低于上年

D. 平均每个月新增 1000 多万平方米待售商品房

八、根据以下资料，回答 36~40 题。

2014 年 1~5 月，我国软件和信息技术服务业实现软件业务收入 13254 亿元，同比增长 20.9%，5 月份完成收入 2968 亿元，同比增长 20.6%，1~5 月，软件业实现出口 182 亿美元，同比增长 14.8%，增速比去年同期高 4.7 个百分点。1~5 月，东部地区（不含东北地区）完成软件业务收入 10254 亿元，同比增长 20%，中部完成软件业务收入 491 亿元，同比增长 28.8%，西部和东北地区分别完成软件业务收入 1184 亿元和 1325 亿元，同比增长 24.1% 和 22.6%。

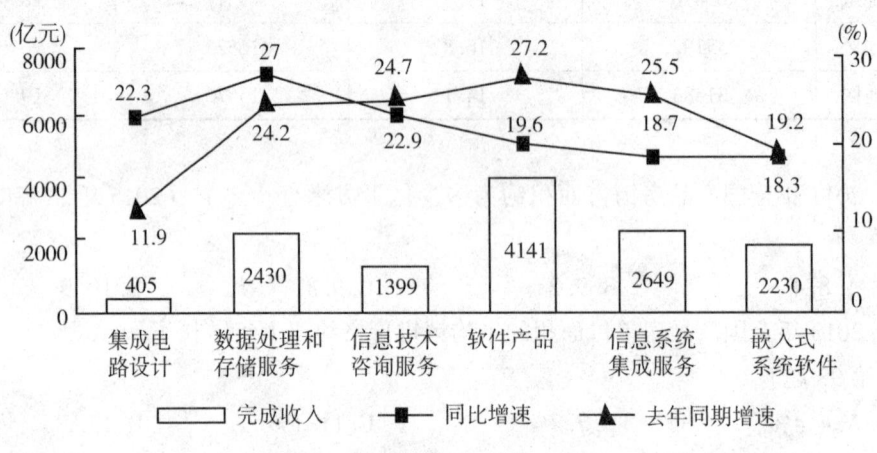

2014 年 1~5 月软件业务分行业收入及增速

36. 2014 年 1~4 月，我国软件和信息技术服务业月均实现软件业务收入约多少亿元（ ）（2015 年北京市第 102 题）

　　A. 2241　　　　B. 2572　　　　C. 2914　　　　D. 3286

37. 2014 年 1~5 月，软件业出口额比两年前增长的比例在以下哪个范围之内（ ）（2015 年北京市第 103 题）

　　A. 低于 20%　　B. 0%~30%　　C. 30%~40%　　D. 高于 40%

38. 2014 年 1~5 月中部地区完成软件业务收入占全国的比重与 2013 年同期相比上升了约多少个百分点（ ）（2015 年北京市第 104 题）

　　A. 0.2　　　　B. 1.9　　　　C. 4.7　　　　D. 7.9

39. 2014 年 1~5 月完成收入同比增速低于上年同期水平的行业有几个（ ）（2015 年北京市第 105 题）

　　A. 2　　　　　B. 3　　　　　C. 4　　　　　D. 5

40. 能够从上述资料中推出的是（ ）（2015 年北京市第 106 题）

　　A. 2013 年 5 月软件业务收入超过 2500 亿元

　　B. 2014 年 1~5 月东北地区软件业务收入占全国的比重比上年同期有所下降

C. 2014 年 1~5 月集成电路设计业日均收入超过 3 亿元

D. 2014 年 1~5 月完成收入同比增速最快的行业在上年同期增速排名第四

九、根据以下资料，回答 41~45 题。

抽样调查数据显示，2014 年 1~5 月 A 区农村居民人均现金收入 9053 元，同比增长 10.3%，增速较去年同期提高 0.4 个百分点，其中人均工资性收入为 5421 元，同比增长 8.5%；人均家庭经营收入为 760 元，同比下降 0.6%；人均财产性收入为 1241 元，同比增长 28.7%；人均转移性收入为 1631 元，同比增长 10%。2014 年 1~5 月 A 区农村居民人均消费性支出 5081 元，同比增长 9.9%，增速较去年同期下降 1.7 个百分点。

2014 年 1~5 月 A 区农村居民人均生活消费支出情况

项目	1~5 月（元）	同比增长（%）
生活消费支出	5081	9.9
1. 食品消费支出	2250	4.8
2. 衣着	472	8.6
3. 居住	695	18.0
4. 家庭设备、用品及服务	314	1.1
5. 交通和通信	491	22.9
6. 文化教育娱乐用品及服务	305	4.5
7. 医疗保健	416	22.3
8. 其他商品和服务	138	21.9

项目	食品消费	衣着	居住	交通和通信
总量	2250	472	695	491
增长率	4.8%	8.6%	18%	22.9%
基期量	最大	472/1.08≈400	695/1.18≈600	491/1.23≈400

41. 2013 年 1~5 月 A 区农村居民人均现金收入增速比人均消费性支出增速（　　）（2015 年北京市第 107 题）

　　A. 高 0.4 个百分点　　　　　　　B. 高 2.1 个百分点

　　C. 低 1.3 个百分点　　　　　　　D. 低 1.7 个百分点

42. 2014 年 1~5 月 A 区农村居民四项人均现金收入同比增量由高到低依次为（　　）（2015 年北京市第 108 题）

　　A. 工资性收入、转移性收入、财产性收入、经营性收入

　　B. 财产性收入、转移性收入、工资性收入、经营性收入

311

C. 工资性收入、财产性收入、转移性收入、经营性收入

D. 经营性收入、工资性收入、转移性收入、财产性收入

43. 一个支出水平与平均水平相当的 A 区农村居民三口之家，其 2014 年 1~5 月月均居住支出为多少元（　　）（2015 年北京市第 109 题）

A. 139　　　　B. 417　　　　C. 695　　　　D. 2085

44. 2013 年 1~5 月 A 区农村居民 8 类生活消费支出中，人均支出最多的三类是（　　）（2015 年北京市第 110 题）

A. 家庭设备用品及服务、文化体育娱乐用品及服务、其他商品和服务

B. 交通和通信、居住、食品消费

C. 交通和通信、医疗保健、其他商品和服务

D. 食品消费、衣着、居住

45. 下列关于 2014 年 1~5 月 A 区农村居民收入和支出情况的说法，正确的是（　　）（2015 年北京市第 111 题）

A. 人均现金收入比人均消费性支出高 4000 多元

B. 人均食品消费支出超过生活消费支出的一半

C. 人均医疗保健支出同比增量高于人均衣着支出同比增量

D. 人均交通和通信支出占消费性支出比重低于上年水平

十、根据以下资料，回答 46~50 题。

"十一五"期间，我国货物进出口总额累计 116806 亿美元。其中，出口总额 63997 亿美元，比"十五"期间增长 1.7 倍；进口总额 52809 亿美元，比"十五"期间增长 1.4 倍。

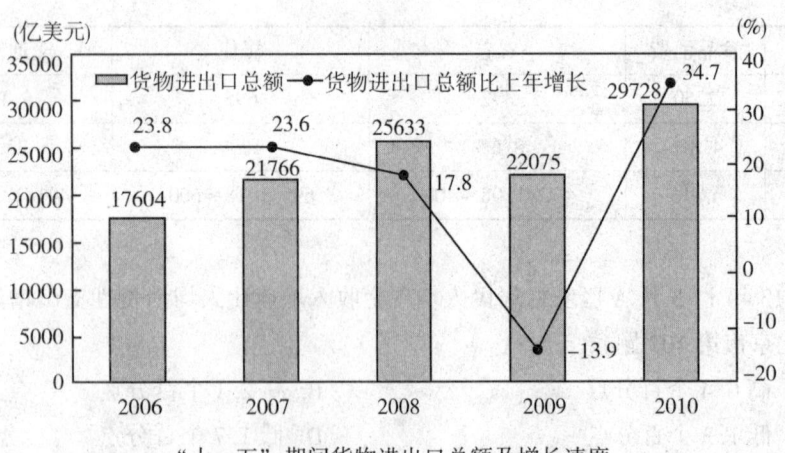

"十一五"期间货物进出口总额及增长速度

"十一五"前两年，我国货物进出口总额保持 23% 以上的快速增长，2007 年货物进出口总额突破 1 万亿美元，进出口总额迈上 2 万亿美元台阶；2009 年我国货物出口

总额跃居世界第一位，占全球出口比重由"十五"末的7.3%提高到9.6%，货物进口总额上升至世界第二位；2010年我国货物进出口再创历史新高，进出口总额接近3万亿美元，达到29728亿美元，增长34.7%。其中，出口15779亿美元，增长31.3%；进口13948亿美元，增长38.7%；进出口均比"十五"末增长1.1倍。

46."十一五"期间，我国平均每年货物进口总额约为多少亿美元（　　）（2015年甘肃省第45题）

　　A. 2238　　　　B. 10562　　　　C. 12799　　　　D. 23361

47."十五"期间，我国货物出口总额约为多少亿美元（　　）（2015年甘肃省第46题）

　　A. 23703　　　　B. 37645　　　　C. 41077　　　　D. 73004

48.下列年份中，货物进出口总额同比增长最低的是（　　）（2015年甘肃省第47题）

　　A. 2006　　　　B. 2007　　　　C. 2008　　　　D. 2009

49. 2009年全球货物出口总额约为多少亿美元（　　）（2015年甘肃省第48题）

　　A. 104781　　　　B. 125182　　　　C. 164603　　　　D. 229928

50.能够从资料中推出的是（　　）（2015年甘肃省第49题）

　　A. 2008年我国货物进口总额跃居世界第二

　　B. 2007年我国货物进口总额不超过1万亿美元

　　C."十五"期间，我国货物进出口总额逐年上升

　　D."十一五"期间，我国进口总额和出口总额的年均增长率基本相当

十一、根据以下资料，回答51~55题。

项目\年份		2008	2009	2010	2011	2012
集装箱船	数量	93	92	101	100	105
	载量	30.0	31.5	35.9	35.9	39.5
干散货船	数量	224	238	245	249	237
	载量	1476.0	1745.0	1882.1	1997.3	1970.0
油轮	数量	24	25	29	31	32
	载量	347.0	382.0	463.0	522.0	552.0
其他液体散货船	数量	22	18	19	15	15
	载量	10.4	9.3	10.0	8.5	8.5
杂货船	数量	93	74	73	68	75
	载量	166.0	143.0	157.2	153.0	174.2

续表

项目	年份	2008	2009	2010	2011	2012
其他船舶	数量	18	15	14	18	22
	载量	20.7	21.4	22.9	41.6	49.2
合计	数量	474	462	481	481	486
	载量	—	—	—	—	—

51. 下列哪一年该集团游轮载重同比增速最快（　　）（2015年甘肃省第50题）

　　A. 2009　　　　B. 2010　　　　C. 2011　　　　D. 2012

52. 与2008年相比，2012年平均每艘其他船舶的载重约增长了（　　）（2015年甘肃省第51题）

　　A. 22%　　　　B. 94%　　　　C. 124%　　　　D. 138%

53. 以下哪一年干散货船数量占该集团自有船舶总量的比重最高（　　）（2015年甘肃省第52题）

　　A. 2008　　　　B. 2010　　　　C. 2011　　　　D. 2012

54. 下列折线图反映了2008年至2012年该集团哪一类船舶数量的变化（　　）（2015年甘肃省第53题）

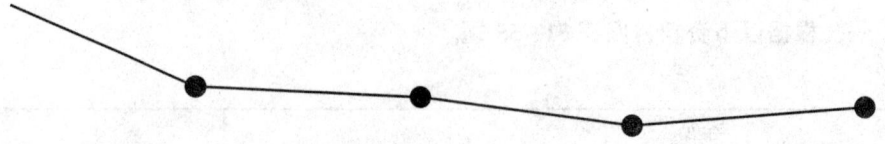

　　A. 杂货船　　　　　　　　　　B. 其他液体散货船
　　C. 集装箱船　　　　　　　　　D. 其他船舶

55. 以下关于2008年至2012年间该集团自有船舶规模的说法正确的是（　　）（2015年甘肃省第54题）

　　A. 该集团的船队中油轮数量一直多于集装箱船
　　B. 2012年平均每艘杂货船的载重超过5万吨
　　C. 该集团所有类型船舶的载重都在持续增加
　　D. 其他液体散货船的数量所占比重一直低于5%

十二、根据以下资料，回答56~60题。

2014年1~2月份，我国房地产业土地购置面积4062万平方米，同比增长6.15%，土地成交价款1000亿元，同比增长8.9%。

项目 指标	1~2月房屋 新开工面积		1~2月房屋 竣工面积		截至2月末 房屋施工面积		1~2月房地产 开发投资	
	绝对数 (万平方米)	同比增长 (%)	绝对数 (万平方米)	同比增长 (%)	绝对数 (万平方米)	同比增长 (%)	绝对量 (亿元)	同比增长 (%)
总计	16693	-27.4	12418	-8.2	529593	16.3	7956	19.3
其中住宅	1227	-29.6	9266	-10.6	380952	13.5	5426	18.4
办公楼	524	-27.3	368	14.0	20964	26.3	494	27.1
商业用房	2164	-15.2	1502	-7.9	66049	25.1	1117	26.4

地区	商品房销售面积		商品房销售额	
	绝对数(万平方米)	同比增长(%)	绝对数(%)	同比增长(%)
东部地区	5089	-6.0	4350	-9.6
中部地区	2800	15.1	1405	14.3
西部地区	2577	-1.8	1329	1.3
全国统计	10466	-0.1	7090	-3.7

56. 截至2013年2月末，住宅房屋施工面积约为多少亿平方米（   ）（2015年甘肃省第55题）

    A. 33.6   B. 45.5   C. 1.1   D. 5.3

57. 在东部、中部、西部地区中，2014年1~2月商品房平均销售价格高于上年同期水平的地区有几个（   ）（2015年甘肃省第56题）

    A. 2   B. 3   C. 0   D. 1

58. 2013年1~2月我国房地产业土地购置单价约为每平方米多少元（   ）（2015年甘肃省第57题）

    A. 2300   B. 2400   C. 2500   D. 2600

59. 2013年1~2月，商业营业用房竣工面积是办公楼的多少倍（   ）（2015年甘肃省第58题）

    A. 3   B. 4   C. 5   D. 6

60. 关于2014年1~2月房地产开发和销售情况，能够从上述资料中推出的是（   ）（2015年甘肃省第59题）

    A. 住宅新开工面积占房屋新开工面积的八成以上

    B. 各类型房屋竣工面积均低于上半年同期水平

    C. 东部地区商品房单价是西部地区的两倍以上

    D. 中部地区商品房销售额占全国比重高于上年同期水平

十三、根据以下资料，回答 61~65 题。

2011年一季度我国人民币信贷增加 2.24 万亿元。3 月末，广义货币（M2）余额 75.81 万亿元，同比增长 16.6%；狭义货币（M1）余额 26.63 万亿元，同比增长 15%；流通中货币（M0）余额 4.48 万亿元，同比增长 14.8%。

2011 年 3 月末我国本外币信贷情况		
	数量	同比增长（%）
本外币贷款余额	52.61 万亿元	17.6
人民币贷款余额	49.47 万亿元	17.9
外币信贷余额	4775 万亿元	17.2
本外币存款余额	76.84 万亿元	18.7
人民币存款余额	75.28 万亿元	19.0
外币存款余额	2369 亿美元	9.4
2011 年一季度我国本外币存贷款情况		
	数量	同比增长（%）
本外币贷款增加	2.39 万亿元	-4008 亿元
人民币信贷增加	2.24 万亿元	-3524 亿元
3 月份当月	6794 亿元	
人民币贷款增加	270 亿美元	1727 亿元
外币贷款增加		
本外币存款增加	4.04 万亿元	776 亿元

61. 与 2010 年同期相比，2011 年 3 月末流通中货币（M0）余额增加了多少万亿元（　　）（2015 年甘肃省第 60 题）

　　A. 0.2　　　　　B. 0.58　　　　　C. 0.88　　　　　D. 1.18

62. 2011 年 3 月末，外币贷款余额折合多少万亿元人民币（　　）（2015 年甘肃省第 61 题）

　　A. 3.09　　　　　B. 3.10　　　　　C. 3.19　　　　　D. 3.24

63. 以下比重最高的是（　　）（2015 年甘肃省第 62 题）

　　A. 2010 年 3 月本外币存款余额占本外币存款余额比重
　　B. 2011 年 3 月末外币存款余额占本外币存款余额比重
　　C. 2010 年 3 月末人民币存款余额占本外币存款余额比重
　　D. 2011 年 3 月末人民币存款余额占本外币存款余额比重

64. 2011 年 2 月末，人民币贷款余额为多少万亿元（　　）（2015 年甘肃省第 63 题）

A. 41.96 B. 47.23 C. 48.79 D. 49.47

65. 根据上述材料，以下说法正确的是（ ）（2015 年甘肃省第 64 题）

   A. 2010 年 3 月份新增人民币存款约 12 万亿元
   B. 2011 年 3 月末本外币存款余额约为外币存款余额 3 倍
   C. 2011 年 3 月本外币存款余额同比下降 4008 亿元
   D. 2011 年 3 月末本外币广义货币超过狭义货币

十四、根据以下资料，回答 66~70 题。

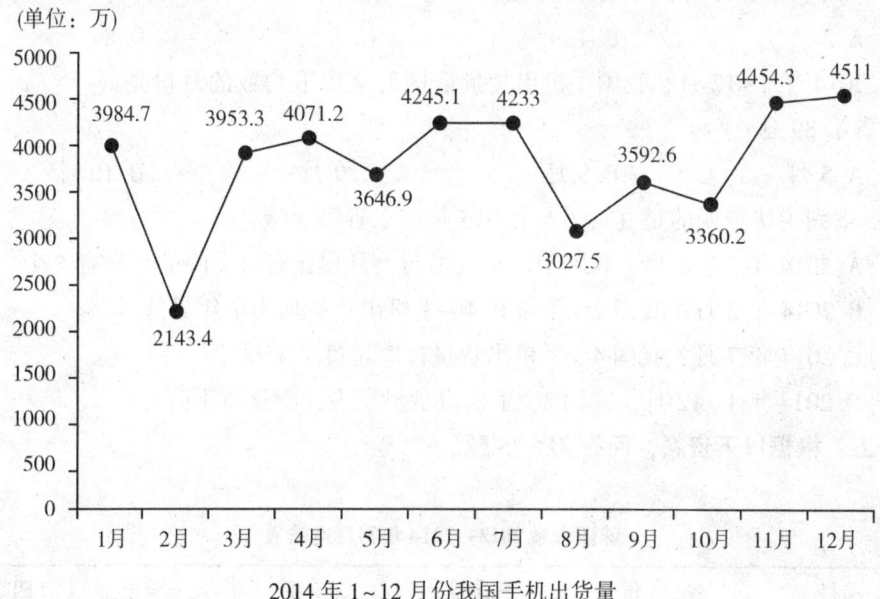

2014 年 1~12 月份我国手机出货量

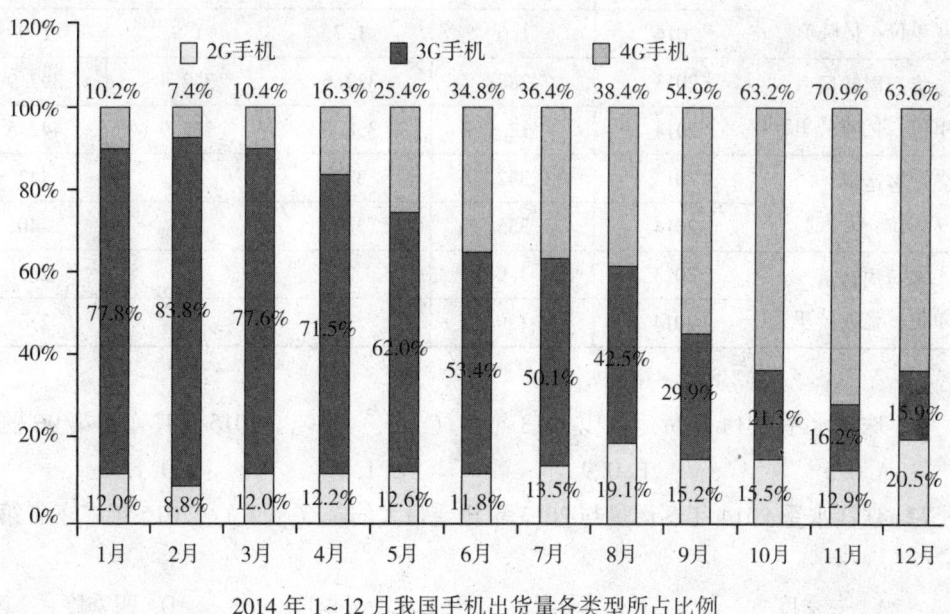

2014 年 1~12 月我国手机出货量各类型所占比例

66. 2014年2~12月，我国手机出货量与上月相比增长率最高的月份是（　　）（2015年广东省第86题）

　　A. 2月　　　　　B. 3月　　　　　C. 6月　　　　　D. 11月

67. 2014年1~12月，我国3G手机和4G手机出货量相差最大、最小的月份分别是（　　）（2015年广东省第87题）

　　A. 1月、8月　　B. 2月、8月　　C. 1月、7月　　D. 2月、7月

68. 2014年2~12月，我国2G手机出货量所占比例与上月相比有所上升的月份共有（　　）个（2015年广东省第88题）

　　A. 2　　　　　　B. 4　　　　　　C. 7　　　　　　D. 8

69. 2014年1~12月，我国手机出货量最接近全年平均数的月份是（　　）（2015年广东省第89题）

　　A. 5月　　　　　B. 8月　　　　　C. 9月　　　　　D. 10月

70. 下列说法错误的是（　　）（2015年广东省第90题）

　　A. 2014年2~12月，我国手机出货量与上月相比有所下降的月份有5个

　　B. 2014年2月，我国2G手机和4G手机出货量均为全年最低

　　C. 2014年7月，我国4G手机出货量首次超过了1500万

　　D. 2014年1~12月，我国3G手机出货量所占比例逐月下降

十五、根据以下资料，回答71~75题。

珠江水系2013—2014年客货运输量

项目	年份	一季度	二季度	三季度	四季度
货运量（单位：亿吨）	2013	1.4	1.5	1.6	1.7
	2014	1.6	1.7	1.9	1.9
货运周转量（单位：亿吨公里）	2013	288	322.6	342.4	397.9
	2014	312.9	338.8	367.9	442.5
客运量（单位：万人）	2013	342	370	442	442
	2014	335	387	443	440
客运周转量（单位：亿人公里）	2013	1.9	2	2.3	2.3
	2014	1.9	2.1	2.3	2.3

71. 珠江水系2014年货运量比2013年多（　　）亿吨（2015年广东省第96题）

　　A. 0.5　　　　　B. 0.9　　　　　C. 1.2　　　　　D. 1.7

72. 珠江水系2014年客运量与2013年相差最大的是（　　）（2015年广东省第97题）

　　A. 一季度　　　B. 二季度　　　C. 三季度　　　D. 四季度

73. 与2013年相比，珠江水系2014年货运周转量增长率最高、最低的分别是（　　）（2015年广东省第98题）

　　A. 一季度、二季度　　　　　　　　B. 一季度、三季度

　　C. 四季度、三季度　　　　　　　　D. 四季度、二季度

74. 与2013年相比，珠江水系2014年客货运输量增长率最低的是（　　）（2015年广东省第99题）

　　A. 货运量　　　B. 货运周转量　　　C. 客运量　　　D. 客运周转量

75. 以下说法正确的是（　　）（2015年广东省第100题）

　　A. 珠江水系2014年客运量与2013年相差最大的季度是一季度

　　B. 珠江水系2014年货运周转量与2013年相差最小的季度是一季度

　　C. 与2013年相比，珠江水系2014年客运周转量增长率低于2%

　　D. 2013年、2014年，珠江水系货运量、客运量的最高值都出现在四季度

十六、根据以下资料，回答76~80题。

2012年珠三角九市利用外资情况　　　　　　　　（单位：亿美元）

城市	合同利用外资额	同比增长（%）	实际利用外资额	同比增长（%）
广州	68.02	0.8	45.75	7.1
深圳	62.62	-18	53.29	13.7
珠海	21.9	23.3	14.47	8.2
佛山	33.05	1.5	23.5	9.1
东莞	38.1	8.6	33.69	10.5
中山	13.19	22.3	8.42	15.3
惠州	26.5	22.5	17.3	10.2
肇庆	29.13	25.5	11.52	11.9
江门	13.65	1	8.7	10.2

76. 2011年，广州实际利用外资额约（　　）亿美元（2015年广州市第86题）

　　A. 37.01　　　B. 39.95　　　C. 42.72　　　D. 44.69

77. 2012年，珠三角九市合同利用外资额最高的城市约是最低城市的（　　）倍（2015年广州市第87题）

　　A. 3.1　　　B. 4.9　　　C. 5.2　　　D. 6.3

78. 2012年，珠三角九市中实际利用外资额占合同利用外资额比例最高的城市是（　　）（2015年广州市第88题）

　　A. 广州　　　B. 深圳　　　C. 佛山　　　D. 东莞

79. 2012年，珠三角九市中合同利用外资额和实际利用外资额增长速度均高于10%

的城市有（　　）个（2015年广州市第89题）

　　A. 2　　　　　　B. 3　　　　　　C. 4　　　　　　D. 5

80. 根据材料，以下说法错误的是（　　）（2015年广州市第90题）

　　A. 2012年珠三角九市合同利用外资总额不超过300亿美元

　　B. 2012年珠三角九市中仅有1市合同利用外资额出现下降

　　C. 2012年珠三角九市实际利用外资总额同比增长速度超过10%

　　D. 相比实际利用外资额，2012年珠三角九市合同利用外资额增长速度差异较大

十七、根据以下资料，回答81~85题。

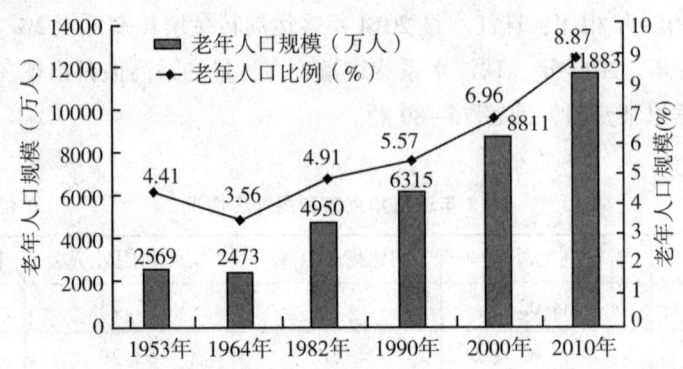

新中国成立以来六次人口普查65岁及以上老年人口规模及比例变化

近四次人口普查的城乡年龄结构差异 （单位:%）

年份	少儿人口比例		劳动年龄人口比例		老年人口比例		城镇人口占总人口比
	城镇	农村	城镇	农村	城镇	农村	
19821	26.69	35.38	68.76	59.62	4.54	5.00	21.13
19901	22.33	29.59	72.57	64.67	5.10	5.74	26.41
20001	18.42	25.52	75.16	66.98	6.42	7.50	36.22
20101	14.08	19.16	78.12	70.78	7.80	10.06	47.50

注：少儿人口指0~14岁人口，劳动年龄人口指15~64岁人口，老年人口指65岁及以上人口。

81. 1964年我国总人口数比1953年多（　　）（2015年广州市第96题）

　　A. 14.8%　　　　B. 19.2%　　　　C. 10065万人　　　　D. 14089万人

82. 1990年，我国城镇人口约为（　　）万人（2015年广州市第97题）

　　A. 21302　　　　B. 25498　　　　C. 29942　　　　D. 36795

83. 从近四次人口普查的城乡年龄结构看，比例逐次下降的年龄段人口是（　　）

(2015年广州市第98题)

  A. 少儿人口 B. 劳动年龄人口 C. 老年人口 D. 无从得知

84. 老年抚养比是指老年人口数量与劳动年龄人口数量的比值，2010年，我国农村的老年抚养比约为（ ）(2015年广州市第99题)

  A. 10.0% B. 12.5% C. 14.2% D. 17.3%

85. 根据材料，关于近四次人口普查的以下说法，不正确的有（ ）(2015年广州市第100题)

①城乡的少儿人口规模均出现逐次下降
②2000年，农村老年人口已经突破6000万人
③劳动年龄人口比例的城乡差距逐次缩小
④城镇的老年抚养比值逐次增长

  A. ② B. ①② C. ③④ D. ①③

十八、根据以下资料，回答86~90题。

2015年1~2月份社会消费品零售总额主要数据

指 标	1~2月	
	绝对量(亿元)	同比增长(%)
社会消费品零售总额	47993	10.7
其中:限额以上单位消费品零售额	21840	8.1
网上商品零售额	3991	47.4
按经营地分		
城镇	41135	10.6
乡村	6858	11.6
按消费类型分		
餐饮收入	5079	11.2
其中:限额以上单位餐饮收入	1356	5.1
商品零售	42913	10.7
其中:限额以上单位商品零售	20484	8.4
其中:粮油食品、饮料烟酒	3278	9.6
服装鞋帽、针纺织品	2329	9.1
化妆品	322	9.9
金银珠宝	564	-2.4
日用品	763	14.6
家用电器和音像器材	1169	12.4
中西药品	1191	16.4
文化办公用品	379	10.0

续表

指标	1~2月	
	绝对量(亿元)	同比增长(%)
家具	298	12.4
通信器材	492	38.5
石油及制品	2667	-6.7
汽车	5549	10.8
建筑及装潢材料	349	12.5

86. 2014年1~2月份社会消费品零售额是（　　）（2015年河北省第110题）

　　A. 42858.3亿元　　B. 43207.5亿元　　C. 43237.9亿元　　D. 43354.1亿元

87. 2015年1~2月份石油及制品的销售额同比减少的绝对量是（　　）（2015年河北省第111题）

　　A. -178.7亿元　　B. 191.5亿元　　C. 291.2亿元　　D. 332.9亿元

88. 2014年1~2月份网上商品零售额占社会消费品零售额的比重是（　　）（2015年河北省第112题）

　　A. 6.25%　　B. 8.11%　　C. 8.32%　　D. 10.70%

89. 下列四类商品中，2015年1~2月份商品零售额同比增长最快的是（　　）（2015年河北省第113题）

　　A. 文化办公用品　　B. 家具　　C. 日用品　　D. 汽车

90. 根据上述资料，下列说法正确的是（　　）（2015年河北省第114题）

　　A. 农民的总体消费能力相对提高

　　B. 中西药品零售额的增长速度高于化妆品

　　C. 限额以上单位餐饮收入是餐饮收入的主体

　　D. 社会消费品零售总额按消费类型分限额以上单位餐饮收入和限额以上单位商品零售

十九、根据以下资料，回答91~95题。

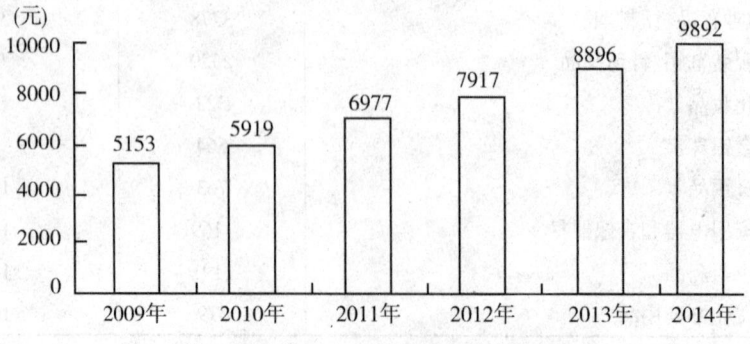

2009—2014年我国农村居民人均纯收入

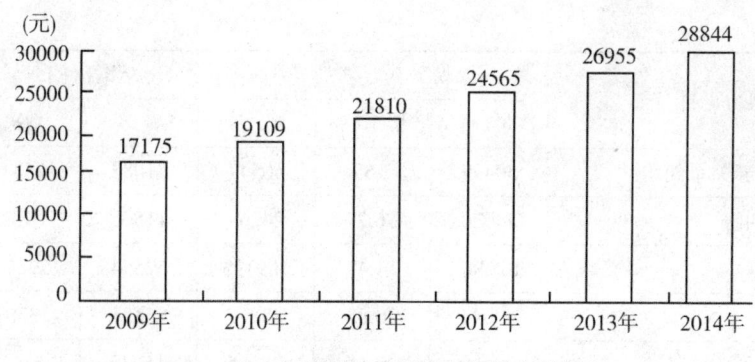

2009—2014年我国城镇居民人均可支配收入

91. 2011—2014 年，城乡居民收入差距最少的年份差额是（　　）（2015 年河北省第 115 题）

　　A. 10023　　　　　B. 12022　　　　　C. 14833　　　　　D. 16648

92. 城镇居民人均可支配收入增长最少的年份是（　　）（2015 年河北省第 116 题）

　　A. 2011 年　　　　B. 2012 年　　　　C. 2013 年　　　　D. 2014 年

93. 农村居民人均纯收入增长最多的年份增长了（　　）（2015 年河北省第 117 题）

　　A. 1934 元　　　　B. 1058 元　　　　C. 1889 元　　　　D. 996 元

94. 2013 年城镇居民人均可支配收入比同年农村居民人均纯收入高（　　）（2015 年河北省第 118 题）

　　A. 92%　　　　　B. 192%　　　　　C. 203%　　　　　D. 292%

95. 根据以上材料可以得出的结论是（　　）（2015 年河北省第 119 题）

　　A. 2009—2014 年城乡居民收入差距逐年降低

　　B. 2009—2014 年农村居民人均纯收入呈上升态势

　　C. 与 2012 年相比，2013 年城乡居民收入之比扩大

　　D. 2015 年城乡居民收入差距将进一步缩小

二十、根据以下资料，回答 96~100 题。

2010 年人民法院审理婚姻家庭、继承一审案件收结案情况

项目	收案		结案(件)			
	数量(件)	增长率(%)	合计	调解	判决	其他
合计	1423180	3.15	1428340	698900	387185	342255
婚姻家庭	1374136	2.47	1379463	673749	373883	331831
离婚	1164521	1.92	1168810	567374	321316	280120
赡养纠纷	26648	-7.74	26704	11237	6838	8629

续表

项目	收案		结案(件)			
	数量(件)	增长率(%)	合计	调解	判决	其他
抚养、扶养关系纠纷	50499	2.65	50547	31082	9584	9881
抚育费纠纷	24020	-6.27	24269	11502	6902	5865
其他	108448	14.47	109133	52554	29243	27336
继承	49044	26.85	48877	25151	13302	10424
法定继承	28439	25.45	28285	15935	6861	5489
遗嘱继承	4054	21.38	4076	1790	1439	847
其他	16551	30.81	16516	7246	5002	4088

96. 2010 年收到的法律继承案件比上年增加了多少件（　　）（2015 年黑龙江省第 116 题）

  A. 4535　　　　B. 5769　　　　C. 7238　　　　D. 9022

97. 以下案件类型中，2010 年收案数占当年婚姻家庭类案件总收案数比重比上年有所提升的是（　　）（2015 年黑龙江省第 117 题）

  A. 离婚类案件　　　　　　　　B. 赡养纠纷类案件
  C. 抚养、扶养关系纠纷案件　　D. 抚养费纠纷案件

98. 2010 年结案的婚姻家庭类案件中，以调解方式结案的比重比判决方式约高多少个百分点（　　）（2015 年黑龙江省第 118 题）

  A. 11　　　　B. 16　　　　C. 22　　　　D. 26

99. 以下案件类型中，2010 年以调解方式结案的案件数占该类型总结案数的比重最高的是（　　）（2015 年黑龙江省第 119 题）

  A. 抚养、扶养关系纠纷案件　　B. 抚养费纠纷案件
  C. 其他类婚姻家庭案件　　　　D. 其他类继承案件

100. 与其他类型案件相比，2010 年遗嘱继承案件体现出什么样的特点（　　）（2015 年黑龙江省第 120 题）

  A. 只有遗嘱继承案件的总结案数多于收案数
  B. 只有遗嘱继承案件的收案数比上年有所上升
  C. 只有遗嘱继承案件的调解案件数不足总结案数的 40%
  D. 只有遗嘱继承案件的已判决案件数超过总结案数的 1/3

二十一、根据以下资料，回答 101~105 题。

  免费午餐基金自 2011 年 4 月正式启动，截至 2012 年底，总收入为 4377.4 万元，总支出为 1459.1 万元，结余 2918.3 万元。

免费午餐基金收入明细表

分 类	2011年度		2012年度	
	金额(万元)	占总收入比重(%)	金额(万元)	占总收入比重(%)
1. 捐赠收入	1824.9	99.53	2473.1	97.22
银行捐赠汇款收入	1196.5	65.25	1402.0	55.12
在线捐款收入	254.6	13.89	353.4	13.89
网上商城捐款收入	373.8	20.39	573.2	22.53
物质捐赠收入	—	—	144.5	5.68
2. 其他收入	8.6	0.47	70.8	2.78
收入合计	1833.5	100	2543.9	100

免费午餐基金支出明细表

分 类	2011年度		2012年度	
	金额(万元)	占总支出比重(%)	金额(万元)	占总支出比重(%)
1. 业务活动成本	321.0	92.56	999.5	89.86
捐赠支出	311.0	89.68	945.1	84.97
现金捐赠支出	311.0	89.68	801.0	72.01
物质捐赠支出	—	—	144.1	12.96
其他	10.0	2.88	54.4	4.89
2. 筹资费用	8.5	2.45	48.0	4.32
3. 管理费用	17.3	4.99	64.8	5.83
支出合计	346.8	100	1112.3	100

101. 2012年度免费午餐基金接受的在线捐款比上年约增长了（　　）（2015年黑龙江省第121题）

　　A. 28.9%　　　　B. 35.5%　　　　C. 38.8%　　　　D. 53.3%

102. 2012年度免费午餐基金接受的捐赠收入中，银行捐赠汇款所占比重约是（　　）（2015年黑龙江省第122题）

　　A. 55.1%　　　　B. 56.7%　　　　C. 58.9%　　　　D. 60.3%

103. 2012年度筹资费用约是2011年度的多少倍（　　）（2015年黑龙江省第123题）

　　A. 5.6　　　　　B. 4.2　　　　　C. 2.9　　　　　D. 1.7

104. 2011—2012年，捐赠支出占免费午餐基金支出的比重约是（　　）（2015年黑龙江省第124题）

　　A. 84.9%　　　　B. 86.1%　　　　C. 89.6%　　　　D. 90.5%

105. 以下说法正确的是（   ）（2015年黑龙江省第125题）
    A. 在线捐款收入是免费午餐基金接受捐赠的主要方式
    B. 物质捐赠支出是免费午餐基金捐赠支出的主要方式
    C. 自启动以来免费午餐在2011年的月均捐赠收入不到200万元
    D. 2012年度免费午餐基金的支出总额是2011年度的3倍以上

二十二、根据以下资料，回答106~110题。

2010年，我国医院总数为20918家，较上年增长627家，医院接待诊疗20.40亿人次，比上年增长1.18亿人次，综合医院接待诊疗人次占全部医院接待诊疗人次的74.1%，是位居第二的中医医院诊疗人次的4.6倍。

2006—2010年我国医疗卫生机构分布状况

年份	2006	2007	2008	2009	2010
医院总数（家）	19246	19852	19712	20291	20918
综合医院（%）	68.2	67.4	66.6	65.9	65.4
中医医院（%）	13.8	13.7	13.6	13.4	13.3
专科医院（%）	15.7	16.5	17.4	18.3	18.9
其他类（%）	2.3	2.4	2.4	2.4	2.4

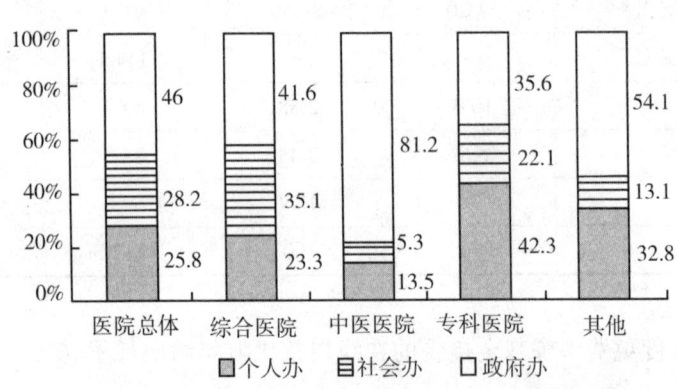

2010年我国各类医疗卫生机构按主办单位分类的分布情况

106. 2007—2010年，中医医院占医院总数比重同比下降最快的一年是（   ）（2015年黑龙江省第126题）
    A. 2007年   B. 2008年   C. 2009年   D. 2010年

107. 与2009年相比，2010年我国约增加了多少家其他类医院（   ）（2015年黑龙江省第127题）
    A. 15   B. 54   C. 128   D. 627

108. 2010年，我国政府办的专科医院约有多少家（   ）（2015年黑龙江省第128题）
    A. 1100   B. 1400   C. 1700   D. 2000

109. 2010年,平均每家综合医院的接待诊疗者人次数约是中医医院的多少倍?( )(2015年黑龙江省第129题)

    A. 0.94   B. 1.05   C. 1.16   D. 1.27

110. 能够从上述资料中推出的是( )(2015年黑龙江省第130题)

    A. 2006—2010年,医院总数持续增加

    B. 2009年全国医院共接待诊疗者21.58亿人次

    C. 2010年的政府办医院中,一半以上是中医医院

    D. 与2006年相比,2010年专科医院数增速高于综合医院

二十三、根据以下资料,回答111~115题。

S市统计局在该市范围内,抽取3000名18~70周岁且在2013年有过网购经历的居民,以入户方式进行问卷调查。

调查数据显示,受访者2013年人均网购次数为19.4次。从分组情况看,有三类人群使用网购相对频繁:一是年轻群体。35岁以下的受访者人均网购次数为25.5次;二是较高学历的群体,文化程度为大学本科及以上学历和大专学历的受访者人均网购次数分别是27.3次和21.8次;三是中高收入群体,个人月收入为10000元以上和5000~10000元的受访者人均网购次数分别是31.0次和26.0次。此外,女性受访者人均网购次数为21.1次,比男性受访者高出3.8次。2013年该市网购10类主要商品和服务的受访者占比情况如下图。

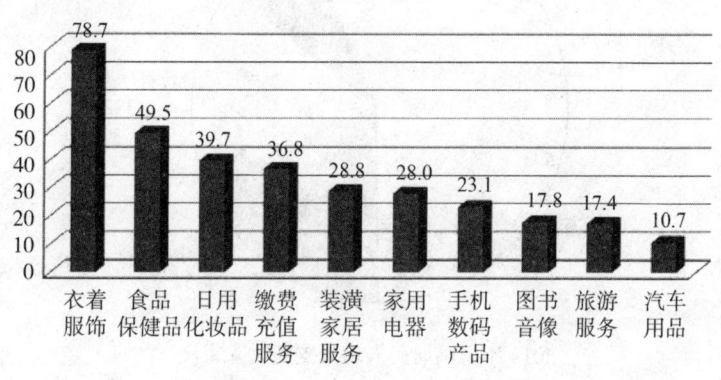

2013年S市网购10类主要商品和服务的受访者占比(%)

111. 2013年,在该市有超过40%的受访者网购的商品和服务项目是( )(2015年江苏省第81题)

    A. 衣着服饰、食品保健品   B. 食品保健品、汽车用品

    C. 衣着服饰、缴费充值服务   D. 日用化妆品、装潢家居服务

112. 受访者中女性所占的比例约为( )(2015年江苏省第82题)

    A. 71.2%   B. 55.3%   C. 65.7%   D. 44.7%

113. 下列群体中,2013年人均网购次数最多的是( )(2015年江苏省第83题)

    A. 35岁以下的受访者   B. 个人月收入为10000元以上的受访者

    C. 大专学历的受访者   D. 大学本科及以上学历的受访者

114. 受访者中，在2013年网购了缴费充值服务的人数为网购图书音像人数的（　　）（2015年江苏省第84题）

　　A. 1.6倍　　　　　　　　B. 2.1倍
　　C. 2.5倍　　　　　　　　D. 3.0倍

115. 不能从上述资料推出的一项是（　　）（2015年江苏省第85题）

　　A. 受访者中在2013年网购了日用化妆品的人数是1191人
　　B. 2013年该市个人月收入为5000~10000元的受访者人均网购次数是26.0次
　　C. 2013年该市网购家用电器、图书音像的受访者占比之差是10.2%
　　D. 2013年该市大专及以上学历受访者的人均网购次数是24.6次

二十四、根据以下资料，回答116~120题。

2014年全国居民人均可支配收入20167元，比上年增长10.1%，收入来源如下图所示。按常住地分，城镇居民人均可支配收入28844元，比上年增长9.0%；城镇居民按户人均可支配收入的中位数为26635元，增长10.3%。农村居民人均可支配收入10489元，比上年增长11.2%；农村居民按户人均可支配收入的中位数为9497元，增长12.7%。全国居民人均消费支出14491元，比上年增长9.6%。按常住地分，城镇居民人均消费支出19968元，增长8.0%；农村居民人均消费支出8383元，增长12.0%。

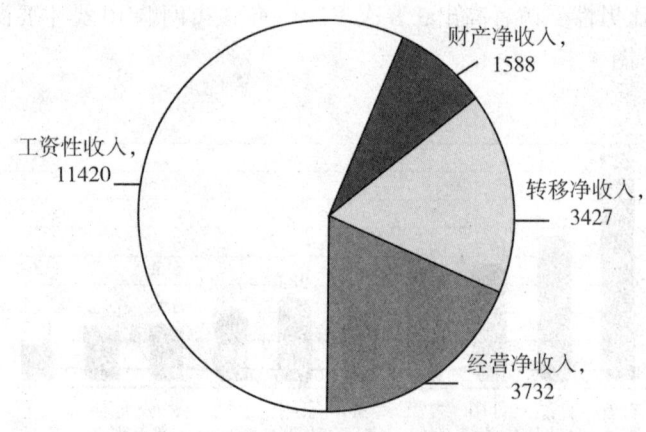

2014年全国居民人均可支配收入来源　　　　　　　（单位：元）

116. 2014年城镇居民人均消费支出增长比农村居民人均消费支出增长（　　）（2015年江苏省第86题）

　　A. 低2.2个百分点　　　　B. 高4.0个百分点
　　C. 高2.2个百分点　　　　D. 低4.0个百分点

117. 2014年全国居民人均可支配收入中，经营净收入占比为（　　）（2015年江苏省第87题）

　　A. 27.0%　　　B. 18.5%　　　C. 56.6%　　　D. 7.9%

118. 2013年城镇居民人均可支配收入比农村居民人均可支配收入多（　　）（2015年江苏省第88题）

　　A. 17030　　　B. 18355　　　C. 16138　　　D. 22090

119. 2013年全国居民人均可支配收入与人均消费支出分别为（　　）（2015年江苏省第89题）

    A. 22177元、17222元　　　　　　B. 18317元、13222元
    C. 16367元、11491元　　　　　　D. 20167元、14491元

120. 2014年全国城镇居民人数占全国居民人数的比重是（　　）（2015年江苏省第90题）

    A. 36.4%　　　B. 42.1%　　　C. 52.7%　　　D. 69.9%

二十五、根据以下资料，回答121~125题。

2014年1~9月我国入境外国人共有1922万人，其中来自亚洲、美洲、欧洲、大洋洲、非洲的外国人分别为1184万人、229万人、408万人、58万人和43万人。分不同目的的入境外国人数见下表。

2014年1~9月不同目的入境外国人数　　（单位：万人）

来源	会议（商务）	观光休闲	探亲访友	服务员工	其他
亚洲	219	388	12	176	389
美洲	41	84	19	14	71
欧洲	109	147	7	46	99
大洋洲	10	20	6	3	19
非洲	15	12	0	4	12

121. 2014年1~9月来自欧洲的入境外国人数占外国人总数的比重是（　　）（2015年江苏省第91题）

    A. 11.9%　　　B. 21.2%　　　C. 28.1%　　　D. 30.2%

122. 2014年1~9月不同目的的入境外国人中人数最多的是（　　）（2015年江苏省第92题）

    A. 观光休闲　　B. 会议（商务）　　C. 探亲访友　　D. 其他

123. 2014年1~9月以会议（商务）为目的的入境外国人数为（　　）（2015年江苏省第93题）

    A. 243万　　　B. 590万　　　C. 394万　　　D. 651万

124. 2014年1~9月来自大洋洲以不同目的入境的人数占其入境总人数的比重超过15%的有（　　）（2015年江苏省第94题）

    A. 会议（商务）、探亲访友、服务员工　B. 观光休闲、探亲访友、其他
    C. 会议（商务）、观光休闲、其他　　D. 观光休闲、探亲访友、服务员工

125. 下列判断正确的是（　　）（2015年江苏省第95题）

    A. 2014年1~9月来自亚洲以会议（商务）为目的入境人数不到表中其他各洲以会议（商务）为目的入境总人数的一半

    B. 2014年1~9月来自表中各洲探亲访友的人数占各洲入境总人数的比重均

最小

C. 2014年1~9月来自美洲服务员工的人数不到其会议（商务）人数的三分之一

D. 2014年1~9月来自表中各洲会议（商务）人数占各洲入境总人数的比重最大的是非洲

二十六、根据以下资料，回答126~130题。

某市统计局在针对噪音扰民的一次调查中，当问及受访市民对哪一类噪音反感时，选择社区广场舞活动噪音的占8.6%，比选择居民社区宠物狗叫声的低2.9个百分点。当被问及是否支持广场舞活动时，12.8%的受访市民表示无所谓或者不知道，12.0%的受访者表示反对，其他为支持者。

在支持的市民中，当被问及支持的主要原因（多选）时，不同年龄段受访者的回答如下表所示。

支持广场舞等活动的受访市民选择各主要原因的比例（%）

原因	青年	中年	老年
中老年人的正常锻炼娱乐活动	66	54.6	60.8
有利于中老年人扩大社交、排解孤独	64.7	61.7	54.3
有利于中老年人活动筋骨、减缓衰老	62.8	59.7	58.1
噪音等问题可通过规范管理克服	22.5	16.3	18.8
社会和谐需要相互包容理解	32.1	32.7	31.7
其他原因	0.3	2.1	1.6

在反对的市民中，被问及反对的主要原因（多选）时，不同区域受访者回答如下。

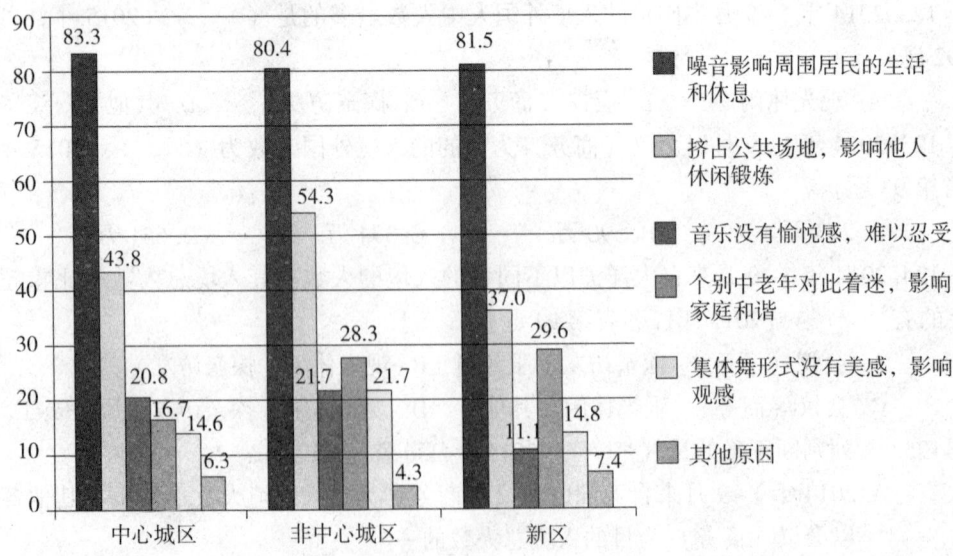

反对广场舞等活动的受访市民选择各主要原因的比例（%）

126. 此次调查中,对居民社区宠物狗的叫声反感的市民占受访市民的比重为( )(2015年江苏省第96题)

  A. 12.5% B. 11.5% C. 10.5% D. 9.5%

127. 如果此次调查的受访者数量为1000名,则支持广场舞等活动的人数为( )(2015年江苏省第97题)

  A. 634 B. 752 C. 798 D. 914

128. 此次调查中,在支持广场舞等活动的受访青年市民中,同时选择"中老年人正常锻炼等娱乐活动"和"有利于中老年人扩大社交、排解孤独"等原因的至少有( )(2015年江苏省第98题)

  A. 64.7% B. 35.3% C. 30.7% D. 28.6%

129. 根据此次调查,市民反对广场舞等活动的主要原因是( )(2015年江苏省第99题)

  A. 噪音影响周围市民的生活和休息

  B. 挤占公共场地,影响他人锻炼

  C. 音乐没有愉悦感,难以忍受

  D. 集体舞形式没有美感,影响观感

130. 下列判断正确的是( )(2015年江苏省第100题)

  A. 此次调查中的16.3%的中年受访者认为广场舞等活动可以通过规范管理克服

  B. 此次调查的受访者中,青年所占比例高于中年和老年

  C. 和中心城区的老年人相比,非中心城区的中年人对广场舞更着迷

  D. 在反对广场舞等活动的非中心城区受访者中,选择"音乐没有愉悦感,难以忍受"的比例高于其他区域

二十七、根据以下资料,回答131~135题。

  2013年二季度,我国税收月收入同比增速逐步提高,分别为7.9%、8.3%和12.9%。截至2013年6月,全国税收总收入完成59260.61亿元,同比增长7.9%,较上年同期回落1.9个百分点。其中,国内增值税、企业所得税同比分别增长6.6%和14.2%,较上年同期增速分别回落1.5和3.1个百分点;房产税同比增长11%,比上年同期增速回落19.1个百分点;进口货物增值税消费税和关税同比分别下降17.1%和16%,比上年同期增速分别回落24.5和22.9个百分点。

2013年1~6月全国主要税种收入表   (单位:亿元)

税 目	收入	比上年同期增数
企业所得税	14963.38	1857.07
国内增值税	14319.5	887.11
营业税	8845.14	1007.2

续表

税　目	收入	比上年同期增数
进口货物增值税消费税	6382.82	1313.78
国内消费税	4353.49	150.93
个人所得税	3630.79	359.1
契税	1946.04	554.07
车辆购置税	1236.7	150.03
关税	1212.1	230.9
城镇土地使用税	910.66	67.44
房产税	822.3	81.7
证券交易印花税	223.39	47.6
出口货物退增值税消费税	-5300.86	15.5

131. 2012年1~6月全国税收总收入为（　　）（2015年425联考第106题）
　　A. 52973.28亿元　　　　　　　B. 54921.79亿元
　　C. 56938.68亿元　　　　　　　D. 63942.19亿元

132. 2013年上半年，房产税、城镇土地使用税及契税等三项增收之和占全国税收增收比重为（　　）（2015年425联考第107题）
　　A. 1.2%　　　B. 6.2%　　　C. 11.2%　　　D. 16.2%

133. 2011年1~6月全国关税收入约为（　　）（2015年425联考第108题）
　　A. 1300亿元　　B. 1350亿元　　C. 1380亿元　　D. 1540亿元

134. 2013年上半年与上年同期相比，下面四个税种中增速最快的税种是（　　）（2015年425联考第109题）
　　A. 企业所得税　　　　　　　B. 国内增值税
　　C. 出口货物退增值税消费税　　D. 契税

135. 下列说法与资料相符合的有几个（　　）（2015年425联考第110题）
①2013年第一季度我国税收总收入同比增速低于7.9%
②2013年我国税收总收入预计可以达到118520亿元
③若2013年上半年进口货物增值税消费税维持上年同期水平，那么，2013年上半年我国税收总收入同比增长将比2012年提高约0.5个百分点
④2013年我国上半年企业所得税、国内增值税两项之和超过同期税收总收入的50%
　　A. 0　　　B. 1　　　C. 2　　　D. 3

二十八、根据以下资料，回答136~140题。

经过50多年的发展，我国台湾地区资本市场建立起由"证券交易所集中市场—上柜市场—兴柜市场"构成的完善成熟的多层次资本市场体系。近年由于金融海啸、欧

债危机等因素影响，台湾多层次资本市场总体成交值从 2010 年至 2012 年连续 3 年下降，2012 年较 2011 年衰退 23.28%。周转率也呈现逐年下降趋势，2012 年证券交易所集中市场周转率为 97%，上柜市场周转率为 175%，兴柜市场周转率为 27%。

2012 年台湾多层次资本市场一览表　　（单位：10 亿新台币）

项目	证交所集中市场	上柜市场	兴柜市场
挂牌公司数（家）	809	638	285
资本额	6384	667	335
总市值	21352	1737	538
挂牌公司营收	20083	1384	497
总成交值	20789	2987	154

台湾资本市场第一层次是证券交易所集中市场。在准入门槛方面，台湾证交所要求上市企业实收资本 6 亿新台币以上；从设立年限来看，要求上市企业设立满 3 年以上；从获利能力来看，要求上市企业最近一个会计年度无累计亏损，且税前利润占财务报表中的比率最近 5 个年度达到 3% 以上，或最近 2 个年度都达 6%。至 2012 年底，上市公司有 809 家，资本额 6.384 兆新台币，台湾证券交易所总市值在世界交易所联合会（WFE）会员中排名与前一年份相同，为第 22 名，所占比重仍为 1.34%；成交值排名第 15 名，排名不变，所占比重由 1.41% 略微降至 1.39%；周转率排名为第 9 名，较 2011 年下降 2 名。

台湾资本市场第二层次是上柜市场。在准入门槛方面，上柜市场要求公司实收资本额必须在新台币 5000 万元以上；从获利能力来看，上柜公司要求个别及合并财务报表获利能力最近年度达 4% 以上，且其最近一个会计年度结算无累积亏损，或最近 2 个年度获利能力均达 2% 以上。至 2012 年底，上柜公司有 638 家，资本额 0.667 兆新台币，总市值 1.737 兆新台币。

台湾资本市场第三层次是兴柜市场。在准入门槛方面，兴柜市场没有营业利润、资本额、设立年限的限制，只需符合已经申报上市或上柜辅导且有两家以上证券商书面推荐。至 2012 年底，兴柜公司有 285 家，资本额 0.335 兆新台币，总市值 0.538 兆新台币。

136. 2012 年，台湾某企业实收资本额为 2 亿新台币，该企业最近 2 个年度财务报表获利能力均为 3%，该企业最适合进入台湾哪个层次资本市场（　　）（2015 年 425 联考第 111 题）

　　A. 证券交易所集中市场　　　　B. 上柜市场
　　C. 兴柜市场　　　　　　　　　D. 无法进入

137. 2012 年世界交易所联合会（WFE）会员总市值为（　　）（2015 年 425 联考

第112题）

  A. 894.73 兆新台币   B. 1593.43 兆新台币
  C. 1799.73 兆新台币   D. 2135.22 兆新台币

138. 2012 年台湾证券交易所集中市场平均每家公司成交值是兴柜市场平均每家公司成交值的倍数为（　　）（2015 年 425 联考第 113 题）

  A. 17.6   B. 27.6   C. 37.6   D. 47.6

139. 2011 年台湾三个层次资本市场的总成交值为（　　）（2015 年 425 联考第 114 题）

  A. 15.441 兆新台币   B. 23.931 兆新台币
  C. 31.233 兆新台币   D. 45.023 兆新台币

140. 同 2011 年相比，2012 年台湾证券交易所在世界交易所联合会（WFE）中，发生变化的是（　　）（2015 年 425 联考第 115 题）

  A. 总市值排名   B. 总市值比重
  C. 成交值比重   D. 成交值排名

二十九、根据以下资料，回答 141~145 题。

  2012 年末，中国大陆总人口 135404 万人，全年出生人口 1635 万人，死亡人口 966 万人。从性别结构看，男性人口 69395 万人，同比增加 327 万人，女性人口 66009 万人，同比增加 342 万人；从城乡结构看，城镇人口 71182 万人，同比增加 2103 万人；乡村人口 64222 万人，同比减少 1434 万人。

  2012 年末全国就业人员 76704 万人，比上年末增加 284 万人；其中城镇就业人员 37102 万人，比上年末增加 1188 万人，乡村就业人员 39602 万人。

  2012 年末，0~14 岁（含不满 15 周岁）人口 22287 万人，占总人口的 16.5%；15~69 岁（含不满 60 周岁）劳动年龄人口 93727 万人，占总人口的 69.2%；60 周岁及以上人口 19390 万人，占总人口的 14.3%。

  2012 年全国农民工总量 26261 万人，比上年增加 983 万人，增长 3.9%；其中本地农民工 9925 万人，增长 5.4%；外出农民工 16336 万人，增长 3.0%。

141. 2011 年中国大陆总人口是（　　）（2015 年 425 联考第 116 题）

  A. 133769 万人   B. 136370 万人   C. 134735 万人   D. 136103 万人

142. 相较于 2011 年，2012 年的乡村就业人员（　　）（2015 年 425 联考第 117 题）

  A. 增加 904 万人   B. 减少 904 万人
  C. 增加 1472 万人   D. 减少 1472 万人

143. 2012 年中国男性人口、女性人口、城镇人口的同比增长率按大小顺序正确的是（　　）（2015 年 425 联考第 118 题）

  A. 城镇人口>男性人口>女性人口   B. 城镇人口>女性人口>男性人口
  C. 女性人口>男性人口>城镇人口   D. 女性人口>城镇人口>男性人口

144. 根据上述资料，可以推出的是（　　）（2015 年 425 联考第 119 题）

A. 2012年城镇男性人口数量大于城镇女性人口数量

B. 2012年本地农民工的增加量小于外出农民工的增加量

C. 在不存在人口跨境流动的前提下，2026年中国大陆人口15~59岁（含不满60周岁）人数最多比2012年多22287万人

D. 2012年乡村人口转移进城市变成城镇人口的数量最多不超过1434万人

145. 2012年，中国大陆1~14岁（含不满15周岁）的人口数量为（　　）（2015年425联考第120题）

A. 20652万人　　B. 23922万人　　C. 22287万人　　D. 1635万人

三十、根据以下资料，回答146~150题。

2012年，全国国内旅游人数29.57亿人次，比上年增长12.0%。其中，城镇居民19.33亿人次。2012年，全国国内旅游收入22706.22亿元人民币，比上年增长17.6%。2012年全年入境外国游客人数比上年增长0.3%，其中，亚洲市场入境人数1664.88万人次，与上年基本持平，占入境外国游客人数的61.2%；欧洲市场入境人数592.16万人次，增长0.2%；美洲市场入境人数317.95万人次，减少0.7%；大洋洲市场入境人数91.49万人次，增长6.5%；非洲市场入境人数52.49万人次，增长7.4%。

2012年主要客源国入境旅游情况

国　　家	入境旅游人数(万人次)	与上年比较(%)
美国	211.81	0.1
日本	351.82	-3.8
俄罗斯	242.62	-4.3
韩国	406.99	-2.8
英国	61.84	3.8
德国	65.96	3.5
马来西亚	123.55	-0.8
越南	113.72	13.0
澳大利亚	77.43	6.6
蒙古国	101.05	1.6
菲律宾	96.20	7.6
新加坡	102.77	-3.3
加拿大	70.83	-5.3
意大利	25.20	7.2
印尼	62.20	2.2
哈萨克斯坦	49.14	-2.9
缅甸	20.59	7.8
泰国	64.76	6.5
印度	61.02	0.6
法国	52.48	6.4

146. 2011 年，全国国内旅游收入约为（　　）（2015 年 425 联考第 121 题）
    A. 15247.11 亿元人民币   B. 17354.03 亿元人民币
    C. 18642.37 亿元人民币   D. 19308.01 亿元人民币

147. 2012 年，农村居民国内旅游人数占全国国内旅游人数的比例约为（　　）（2015 年 425 联考第 122 题）
    A. 30.53%   B. 32.43%   C. 34.63%   D. 38.83%

148. 2012 年，欧洲各国入境游客量占欧洲入境游客总量比例超过 11% 的国家有（　　）（2015 年 425 联考第 123 题）
    A. 1 个   B. 2 个   C. 3 个   D. 4 个

149. 2011 年，除美国、加拿大以外的美洲国家游客入境旅游人数约为（　　）（2015 年 425 联考第 124 题）
    A. 13.8 万人次   B. 23.8 万人次   C. 33.8 万人次   D. 43.8 万人次

150. 根据上述资料，不能推出的是（　　）（2015 年 425 联考第 125 题）
    A. 2012 年，韩国为我国第一大入境客源国
    B. 2012 年，在 20 个主要客源国中，六成来自亚洲
    C. 2012 年，非洲地区入境游客仅占入境外国游客总量的 2.1%
    D. 2012 年，越南是入境旅游人数增长最快的客源国

三十一、根据以下资料，回答 151~155 题。

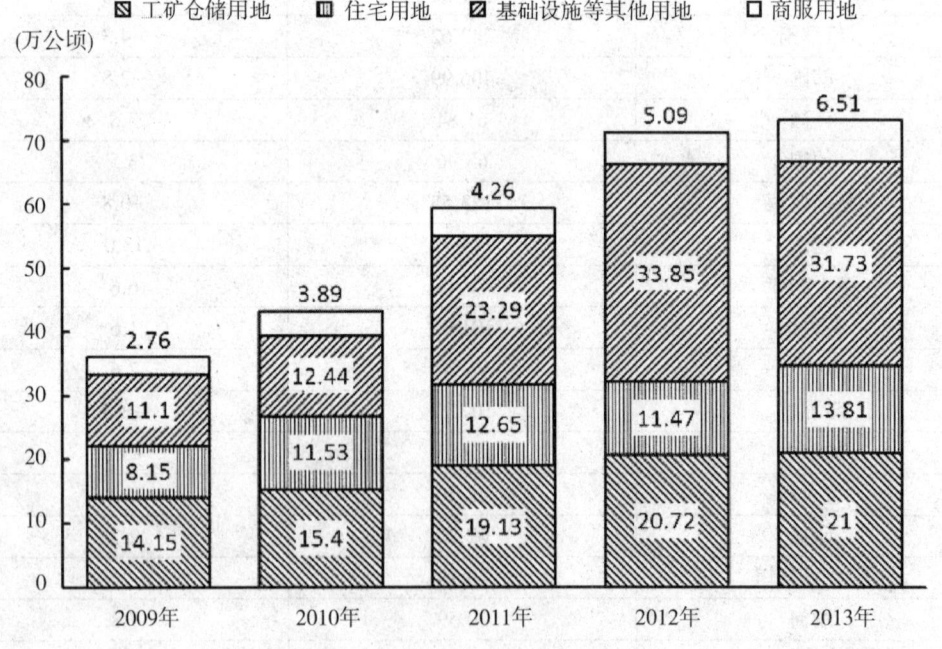

2009—2013 年国有建设用地供应变化情况

151. 与2012年相比，2013年土地供应增加面积最多的是（ ）（2015年山东省第106题）

　　A. 工矿仓储用地　　　　　　B. 商服用地

　　C. 基础设施等其他用地　　　D. 住宅用地

152. 以下各年中，国有建设用地供应面积同比增量最多的年份是（ ）（2015年山东省第107题）

　　A. 2010　　　B. 2011　　　C. 2012　　　D. 2013

153. 2013年工矿仓储用地占国有建设用地供应面积的比重约为（ ）（2015年山东省第108题）

　　A. 21.0%　　　B. 28.7%　　　C. 33.3%　　　D. 42.8

154. 以下哪条曲线能正确反映2009—2013年住宅用地面积的变化情况（ ）（2015年山东省第109题）

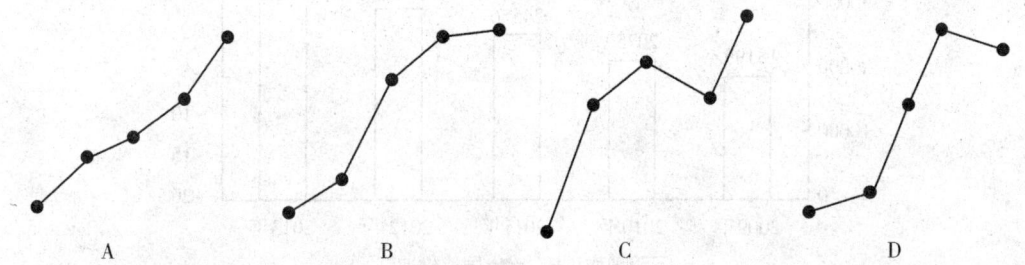

155. 能够从上述材料中推出的是（ ）（2015年山东省第110题）

　　A. 2009—2013年，商厦用地供应量占国有建设用地的比重均低于10%

　　B. 2010—2013年，基础设施等其他用地面积均高于工矿仓储用地面积

　　C. 2010年我国国有建设用地供给总面积首次突破45万公顷

　　D. 2012年基础设施等其他用地面积超过其他3项用地面积之和

三十二、根据以下资料，回答156~160题。

2012—2013年城镇私营单位部分行业就业人员年平均工资　　（单位：元）

行　　业	2012年	2013年
农、林、牧、渔业	21973	24645
采矿业	29684	33081
制造业	28215	32035
建筑业	30911	34882
交通运输、仓储和邮政业	28159	33141
住宿和餐饮业	23933	27352

续表

行　业	2012 年	2013 年
信息传输、软件和信息技术服务业	39518	44060
金融业	32696	37253
房地产业	30778	35038
科学研究和技术服务业	36598	42854
文化、体育和娱乐业	26177	30402

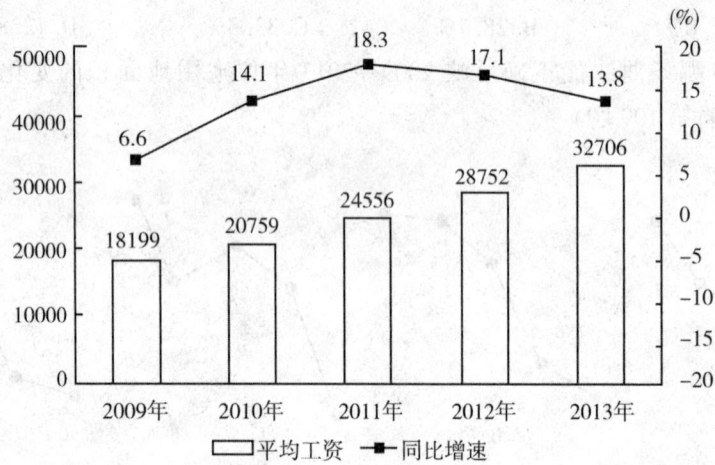

2009—2013 年城镇私营单位就业人员年平均工资及增速（单位：元）

156. 2009—2012 年，城镇私营单位就业人员年平均工资同比增长不到 3000 元的年份有几个（　　）（2015 年山东省第 111 题）

　　A. 0　　　　　　　B. 1　　　　　　　C. 2　　　　　　　D. 3

157. 如果按照 2013 年的同比增量计算，城镇私营单位就业人员年平均工资在哪一年超过 5 万元（　　）（2015 年山东省第 112 题）

　　A. 2017　　　　　B. 2018　　　　　C. 2019　　　　　D. 2020

158. 2013 年就业人员平均工资与城镇私营就业人员年平均工资最接近的行业，其 2012 年的平均工资比城镇私营单位（　　）（2015 年山东省第 113 题）

　　A. 高 300 多元　　B. 高 900 多元　　C. 低 500 多元　　D. 低 600 多元

159. 以下哪个行业 2013 年平均工资的同比增速超过 15%（　　）（2015 年山东省第 114 题）

　　A. 科学研究和技术服务　　　　　　B. 农、林、牧、渔业

　　C. 建筑业　　　　　　　　　　　　D. 信息传输、软件和信息技术服务业

160. 能够从上述资料中推出的是（　　）（2015 年山东省第 115 题）

A. 表中所有行业2012年的人均月工资都不足3000元
B. 表中只有3个行业2013年的人均工资不在3万~4万元范围内
C. 金融业2013年人均工资同比增量低于交通运输、仓储和邮政业
D. 图中平均工资同比增速最快与同比增量最大的年份是同一年

三十三、根据以下资料，回答161~165题。

2014年1~4月中国农产品出口情况

类别\指标	出口额（亿美元）	同比增减（%）	进口额（亿美元）	同比增减（%）
农产品	217.0	3.7	429.4	19.0
其中：				
谷物	1.2	-58.0	22.0	50.3
棉花	—	—	20.6	-41.0
食糖	—	—	5.0	13.3
食用油籽	5.4	2.8	142.6	33.3
食用植物油	0.6	17.2	26.5	-11.6
蔬菜	38.3	8.7	1.5	22.6
水果	18.5	-5.0	18.8	20.6
畜产品	22.1	14.3	85.0	34.7
水产品	61.9	-2.8	32.1	14.6

161. 2014年1~4月，以下哪种农产品进出口总额占同期农产品进出口总额的比重超过20%（　　）（2015年山东省第116题）

　　A. 食用油籽　　B. 蔬菜　　C. 畜产品　　D. 水产品

162. 2013年1~4月，以下农产品进出口贸易额呈现顺差关系的是（　　）（2015年山东省第117题）

　　A. 谷物　　B. 食用油籽　　C. 畜产品　　D. 水果

163. 2014年1~4月，食用植物油进出口总额比上年同期约（　　）（2015年山东省第118题）

　　A. 减少了11%　　B. 增加了3%　　C. 增加了11%　　D. 减少了3%

164. 表中2014年1~4月进口额与出口额都高于上年同期水平的农产品有几类（　　）（2015年山东省第119题）

　　A. 2　　B. 3　　C. 4　　D. 5

165. 关于2014年1~4月农产品进出口贸易，能够从上述资料推出的是（　　）（2015年山东省第120题）

A. 超出半数农产品进出口额同比增速低于农产品平均增速
B. 食用油籽出口额占总出口额比重高于上年同期
C. 上年同期棉花进口额低于谷物
D. 农产品进出口贸易差高于上年同期

三十四、根据以下资料，回答166~170题。

	能源品种	计量单位	2015年	2017年	2020年	2030年
实物量	原煤	万吨	32010	32000	32000	34000
	原油	万吨	3600	3800	4200	4200
	天然气	亿立方米	270	350	450	700
	区外来电	亿千瓦时	1125	1500	2250	2500
	核电	亿千瓦时	280	280	700	1000
	可再生源发电	亿千瓦时	196	310	360	460
比重	原煤	%	68.0	63.2	57.1	52.8
	原油	%	15.3	15.0	15.0	13.0
	天然气	%	10.5	13.8	16.1	21.8
	区外来电	%	4.1	5.1	6.8	6.5
	核电	%	1.0	0.9	2.1	2.6
	可再生能源发电	%	0.7	1.0	1.1	1.2

166. 从未来发展看，消费水平比重呈下降态势的能源品种有（　　）（2015年上半年天津市第101题）

  A. 原煤与天然气 B. 原油与核电 C. 原煤与原油 D. 原油与区外来电

167. 预测数据表明，天然气2030年比2015年增长了（　　）（2015年上半年天津市第102题）

  A. 1倍   B. 1.6倍   C. 2倍   D. 2.6倍

168. 预测结果显示，2030年原煤的消费水平所占比重比2015年下降了（　　）（2015年上半年天津市第103题）

  A. 15.2个百分点 B. 52.8个百分点 C. 68.0个百分点 D. 10.0个百分点

169. 从未来发展看，消费结构中上升最强劲的能源品种是（　　）（2015年上半年天津市第104题）

  A. 核电   B. 区外来电   C. 天然气   D. 可再生能源发电

170. 预测数据表明（　　）（2015年上半年天津市第105题）

  A. 原煤的消费绝对量和比重均呈现上升趋势
  B. 天然气的消费绝对量和比重发展方向相反

C. 2030 年与 2015 年相比，各种能源消费比重的顺序发生了变化

D. 2030 年消费量最大的能源品种依然是原油

三十五、根据以下资料，回答 171~175 题。

2013 年按行业分企业信息化及电子商务情况

行业	企业数（个）	企业员工（人）	企业拥有计算机数（台）	企业拥有网站数（个）	有电子商务活动的企业数（个）	电子商务销售额(亿元)	
						销售给单位金额(B2B)	销售给个人金额(B2C)
交通运输业	30804	6608281	1601025	13577	1000	1501.4	462.1
房地产业	90825	4567142	1711321	36504	1153	12.6	10.3
租赁服务业	25659	4126400	1410417	16951	1243	443.9	221.6
餐饮业	43809	4383621	832888	21269	3912	51.4	34.3
文化产业	4262	509065	305439	3549	542	41.0	7.8

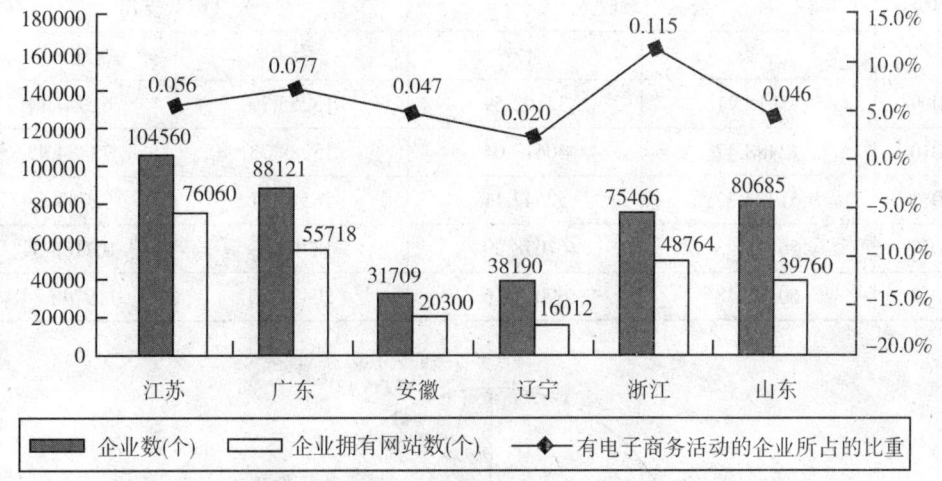

2013 年按地区分企业信息化及电子商务情况

171. 2013 年，有电子商务活动的企业占所在行业企业数比重最大的是（　　）（2015 年下半年天津市第 111 题）

A. 交通运输业　　B. 租赁服务业　　C. 餐饮业　　D. 文化产业

172. 2013 年，山东省有电子商务活动的企业个数较广东省（　　）（2015 年下半年天津市第 112 题）

A. 约多 3070 个　　B. 约少 3070 个　　C. 约多 2140 个　　D. 约少 2140 个

173. 2013 年，每百家企业拥有网站个数从低到高排序正确的是（　　）（2015 年下

半年天津市第113题）

A. 江苏—辽宁—山东—广东　　B. 辽宁—山东—浙江—广东

C. 辽宁—山东—安徽—江苏　　D. 山东—浙江—辽宁—江苏

174. 2013年，餐饮业B2B电子商务销售额占其电子商务销售额的比重较房地产业（　　）（2015年下半年天津市第114题）

A. 约高5个百分点　　B. 约高10个百分点

C. 约低5个百分点　　D. 约低10个百分点

175. 能够从上述资料推出的是（　　）（2015年下半年天津市第115题）

A. 2013年，广东省有电子商务活动的企业个数最多

B. 2013年，每百人拥有计算机台数最多的行业是租赁服务业

C. 2013年，每百家企业拥有网站个数最多的行业是文化产业

D. 2013年，B2C电子商务销售额占所在行业电子商务销售额比重最大的是餐饮业

三十六、根据以下资料，回答176~180题。

2009—2013年公共财政收支情况（亿元）

年份	公共财政收入		公共财政支出	
	中央	地方	中央	地方
2009	35915.71	32602.59	15255.79	61044.14
2010	42488.47	40613.04	15989.73	73884.43
2011	51327.32	52547.11	16514.11	92733.68
2012	56175.23	61078.29	18764.63	107188.34
2013	60198.48	69011.16	20471.76	119740.34

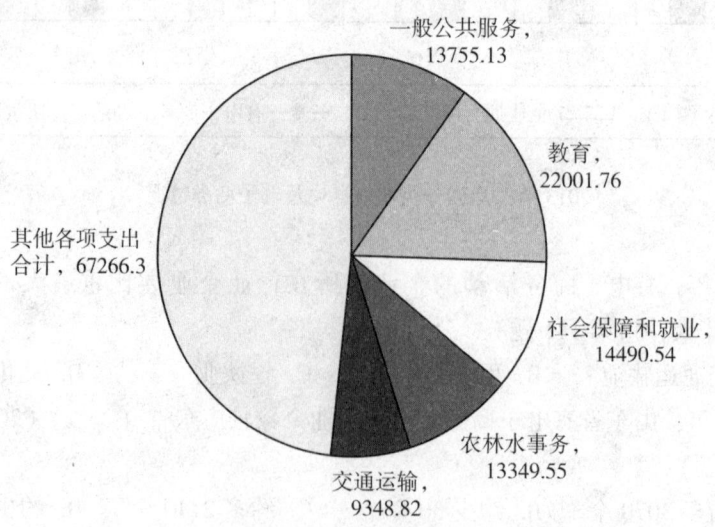

2013年公共财政支出情况（亿元）

176. 2013年公共财政收入人增速约为（　　）（2015年下半年天津市第116题）

　　A. 7%　　　　　　B. 10%　　　　　　C. 13%　　　　　　D. 15%

177. 2010年中央财政收入支出增长额与2011年中央财政支出增长额的比率约为（　　）（2015年下半年天津市第117题）

　　A. 1.4　　　　　　B. 0.7　　　　　　C. 1.1　　　　　　D. 2

178. 若2015年地方公共财政收入增速不低于2013年，则2014年地方公共财政收入不低于（　　）（2015年下半年天津市第118题）

　　A. 9.6亿万元　　B. 8.5亿万元　　C. 10.4亿万元　　D. 7.7亿万元

179. 下列年份中，地方公共财政赤字较少的是（　　）（2015年下半年天津市第119题）

　　A. 2010年　　　　B. 2011年　　　　C. 2012年　　　　D. 2013年

180. 关于2013年公共财政支出额的情况，下列说法正确的是（　　）（2015年下半年天津市第120题）

　　A. 农林水事务占公共财政支出比最小

　　B. 教育支出占公共支出比约为18%

　　C. 交通运输支出不到公共财政支出的十分之一

　　D. 社会保障和就业支出不到公共财政支出的十分之一

三十七、根据以下资料，回答181~185题。

2014年，人民币国际使用继续较快发展，人民币跨境收支占本外币跨境收支的比重上升至23.6%，离岸人民币市场进一步拓展，人民币国际合作不断深化。据环球银行金融电信协会（SWIFT）统计，2014年12月，人民币成为全球第2大贸易融资货币、第5大支付货币、第6大外汇交易货币。

2014年，经常项目人民币结算金额6.55万亿元，同比增长41.6%；对外直接投资（ODI）人民币结算金额1865.6亿元，同比增长117.9%；外商来华直接投资（FDI）人民币结算金额8620.2亿元，同比增长92.4%。

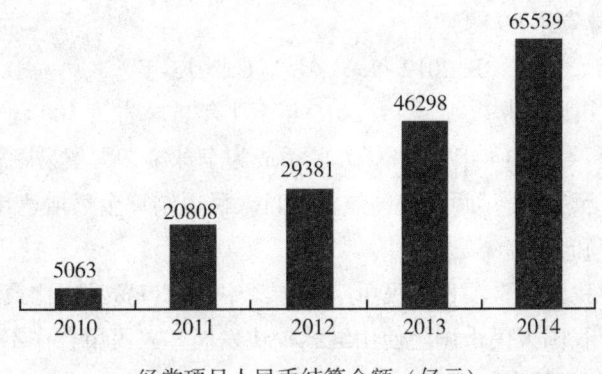

经常项目人民币结算金额（亿元）

2014年分地区经常项目人民币结算情况

地区	货物贸易		服务贸易及其他经常项目(亿元)	合计(亿元)	占比(%)
	出口(亿元)	进口(亿元)			
广东	7368.0	8704.4	1448.9	17521.3	26.7
上海	3202.3	5065.3	1881.7	10149.3	15.5
浙江	3795.3	3453.0	190.2	7438.5	11.4
北京	885.8	4534.7	1314.4	6734.9	10.3
山东	1577.8	3904.8	188.5	5671.1	8.6
江苏	1871.0	1818.4	451.6	4141.0	6.3
天津	664.9	899.1	230.9	1794.9	2.7
广西	890.0	531.3	14.1	1435.4	2.2
福建	614.6	617.1	77.3	1309.0	2.0
其他地区	4300.6	4274.8	767.7	9343.1	14.3
合计	25170.5	33803.0	6565.2	65538.7	100.0

181. 上海与江苏相比，2014年经常项目人民币结算金额占比相差（　　）（2015年下半年吉林省第96题）

  A．11.2个百分点　　B．9.2个百分点　　C．8.2个百分点　　D．6.2个百分点

182. 2014年，京津沪经常项目人民币结算金额占比达到（　　）（2015年下半年吉林省第97题）

  A．13%　　　　B．15.5%　　　　C．23.5%　　　　D．28.5%

183. 2011年和2010年相比，我国经常项目人民币结算金额大约（　　）（2015年下半年吉林省第98题）

  A．翻了一番　　B．增长二倍　　C．翻了两番　　D．增长四倍

184. 2010年至2014年间，我国经常项目人民币结算金额增长速度最快的是（　　）（2015年下半年吉林省第99题）

  A．2011年　　B．2012年　　C．2013年　　D．2014年

185. 下列说法错误的是（　　）（2015年下半年吉林省第100题）

  A．资料显示，2014年12月，人民币成为全球第2大贸易融资货币

  B．2010年至2014年间，我国经常项目人民币结算金额增速超过50%的年份有2011年和2013年

  C．2014年我国经常项目人民币结算金额中，出口贸易占比最大

  D．2014年我国人民币国际使用继续较快发展，人民币合作不断深化

三十八、根据以下资料，回答186~190题。

《大气污染防治行动计划》践行一年以来，京津冀地区治"霾"战果如何？数据显

示,2014年,京津冀区域13个城市空气质量平均达标天数为156天,与2013年相比平均达标天数比例上升5.3个百分点。

2014年,北京市达标天数比例为47.1%,与2013年相比下降1.1个百分点,PM2.5年均浓度与2013年相比下降4.0%。从PM2.5来源解析最新研究成果看,北京全年PM2.5主要来源于本地污染排放（占64%~72%）,其中,机动车排放占比达31%成为主导因素。

2014年,河北省城市空气优良天数平均为152天,同比增加23天。全省PM2.5平均浓度同比下降12%。当年河北省完成大气减排项目2151个,压减炼铁产能1500万吨、炼钢产能1500万吨、水泥产能3918万吨、平板玻璃产能2533.5万重量箱,煤炭消费总量减少1500万吨,首次实现负增长。此外,河北省淘汰黄标车和老旧机动车81.24万辆,超额完成国家下达任务。

2014年,天津市达标天数为175天,同比增加30天,全年PM2.5浓度下降13.5%。从PM2.5、PM10来源解析最新研究成果看,天津市全年PM2.5、PM10主要来源于本地污染排放（分别占66%~78%和85%~90%）,其中,扬尘为首要因素（占比分别为30%和42%）,其次是燃煤（占比分别为27%和23%）和机动车（占比分别为20%和14%）。

2014年京津冀六项主要污染物年平均浓度值

地区	六项主要污染物(微克/立方米,CO单位是毫克/立方米)					
	PM2.5	SO$_2$	NO$_2$	PM10	CO	O$_3$
北京市	85.9	21.8	56.7	115.8	3.2	197.2
天津市	95	55	48	165	3.6	159
河北省	83	49	54	133	2.9	157

186. 资料显示,2013年河北省城市空气优良天数平均为(　　)（2015年下半年吉林省第101题）

  A. 152天　　　　B. 23天　　　　C. 129天　　　　D. 175天

187. 2014年,京津冀全年PM2.5浓度降幅最大的是(　　)（2015年下半年吉林省第102题）

  A. 北京市　　　B. 天津市　　　C. 河北省　　　D. 京津地区

188. 资料显示,天津市治霾首要任务是(　　)（2015年下半年吉林省第103题）

  A. 除尘　　　B. 减少燃煤　　　C. 治理黄标车　　　D. 治理老旧机动车

189. 2014年天津市与北京市相比,NO$_2$年平均浓度值(　　)（2015年下半年吉林省第104题）

  A. 前者高于后者84.7%　　　　　　B. 前者低于后者84.7%

C. 前者高于后者 15.3% D. 前者低于后者 15.3%

190. 2014 年天津市与北京市相比，NO_2 年平均浓度值（　　）（2015 年下半年吉林省第 105 题）

　　A. 2014 年，京津冀地区中北京市环境空气质量达标天数最多

　　B. 2014 年河北省水泥产能首次出现负增长

　　C. 从 PM2.5 来源解析看，未来北京市治理机动车污染排放任务紧迫

　　D. 2014 年京津冀地区雾霾形成主要来源于外地污染排放

三十九、根据以下资料，回答 191～195 题。

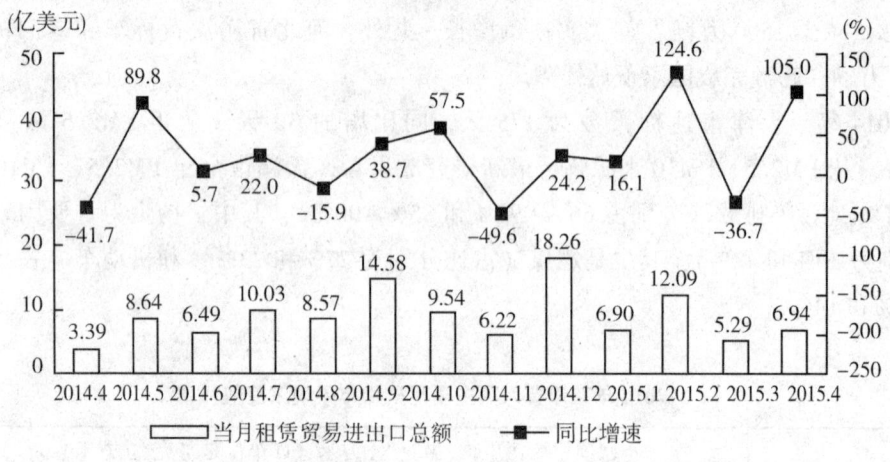

2014 年 4 月至 2015 年 4 月全国租赁贸易进出口总额及增速统计

191. 2014 年下半年全国租赁贸易进出口总额约为多少亿美元（　　）（2016 年 423 联考第 116 题）

　　A. 55　　　　B. 62　　　　C. 67　　　　D. 74

192. 下列月份中，全国租赁贸易进出口总额环比增速最快的是（　　）（2016 年 423 联考第 117 题）

　　A. 2014 年 5 月　　B. 2014 年 9 月　　C. 2014 年 12 月　　D. 2015 年 2 月

193. 2015 年一季度全国租赁贸易进出口总额较上一季度约（　　）（2016 年 423 联考第 118 题）

　　A. 增长了 30%　　B. 降低了 30%　　C. 增长了 40%　　D. 降低了 40%

194. 2014 年 5 月至 2015 年 4 月间，全国租赁贸易进出口总额及同比增速均高于上月的月份有几个（　　）（2016 年 423 联考第 119 题）

　　A. 5　　　　B. 6　　　　C. 7　　　　D. 8

195. 能够从上述资料中推出的是（　　）（2016 年 423 联考第 120 题）

　　A. 2013 年 8～9 月全国租赁贸易进出口总额超过 20 亿美元

　　B. 2015 年 1～4 月全国租赁贸易进出口额月均超过 8 亿美元

C. 2015年4月全国租赁贸易进出口额比2013年4月翻了一番

D. 图中全国租赁贸易进出口额同比下降的月份数占总月份数的1/3

四十、根据以下资料，回答196~200题。

2014年1~11月我国货物运输情况

项目	11月	同比增速(%)	1~11月	同比增速(%)
货物运输总量(亿吨)	39.3	7.1	393.2	7.3
其中：铁路(亿吨)	3.2	-6.5	35.0	-3.2
公路(亿吨)	30.7	8.6	303.6	8.8
水运(亿吨)	5.4	7.6	54.5	6.8
民航(万吨)	55.5	3.4	538.0	5.7
货物周转总量(亿吨公里)	16409.2	8.6	164873.0	10.1
其中：铁路(亿吨公里)	2354.4	-6.4	25200.7	-5.2
公路(亿吨公里)	5833.0	10.4	55448.0	9.8
水运(亿吨公里)	8204.1	12.5	84056.0	16.0
民航(亿吨公里)	17.6	8.5	168.7	8.8

196. 2014年1~10月我国货物运输总量为多少亿吨（   ）（2016年423联考第121题）

  A. 340.2 B. 353.9 C. 366.5 D. 393.2

197. 2013年1~10月我国货物运输总量最大的领域是（   ）（2016年423联考第122题）

  A. 公路 B. 民航 C. 铁路 D. 水运

198. 2013年11月我国货物周转总量中，水运周转量占比在以下哪个范围之内（   ）（2016年423联考第123题）

  A. 低于40% B. 40%~50% C. 50%~60% D. 高于60%

199. 哪些运输方式在2014年11月的货物运输量占当月货物运输总量的比重超过上年同期水平（   ）（2016年423联考第124题）

  A. 仅铁路 B. 仅公路 C. 铁路和民航 D. 公路和水运

200. 关于2014年1~11月我国货物运输状况，能够从上述资料中推出的是（   ）（2016年423联考第125题）

  A. 月均货物运输量约为33亿吨

  B. 每吨货物平均运输距离为500多公里

  C. 铁路货运量占总体比重低于其货物周转量占总体比重

  D. 公路货物周转量同比增量高于水运货物周转量同比增量

四十一、根据以下资料，回答 201~205 题。

2015 年 2 月，我国快递业务量完成 8.2 亿件，同比增长 18.7%；业务收入完成 136.0 亿元，同比增长 22.5%。消费者对快递业务进行的申诉中，有效申诉（确定企业责任的）占总申诉量的 97.6%，为消费者挽回经济损失 229.8 万元。

2015 年 2 月，全国每百万件快递业务中，有效申诉量为 23.4 件。对企业 1 的每百万件有效申诉量为 75.13 件，环比增长 48.0%；对企业 2 的每百万件有效申诉量为 32.56 件，环比增长 55.0%；对企业 3 的每百万件有效申诉量为 31.86 件，环比增长 140.0%；对企业 4 的每百万件有效申诉量为 17.81 件，环比增长 36.0%。

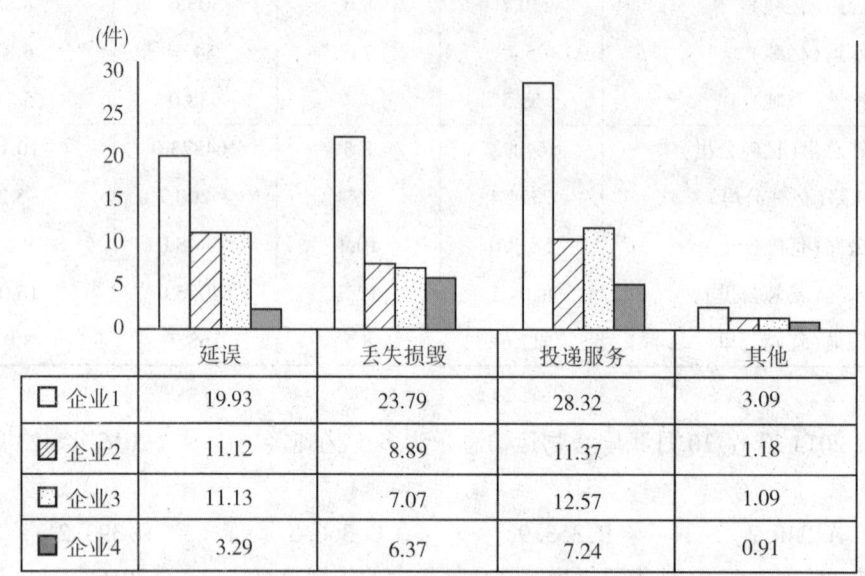

2015 年 2 月对四家企业的每百万件快递业务有效申诉量

2015 年 2 月四家企业每百万件快递业务有效申诉量环比增长率 （单位:%）

企业	延误	丢失损毁	投递服务	其他
企业 1	87	49	53	-46
企业 2	72	87	44	-38
企业 3	217	114	139	-9
企业 4	54	55	41	-48

201. 2015 年 2 月，平均每笔快递业务的收入在以下哪个范围之内（   ）（2016 年 423 联考第 126 题）

　　A. 低于 17 元　　B. 17~19 元　　C. 19~21 元　　D. 高于 21 元

202. 2015 年 2 月，消费者对快递业务的全部申诉量约为（   ）（2016 年 423 联考第 127 题）

A. 1.96 万件   B. 2.36 万件   C. 1.96 亿件   D. 2.36 亿件

203. 将四家企业按 2015 年 1 月每百万件快递业务丢失损毁有效申诉量从高到低排序，以下正确的是（　　）（2016 年 423 联考第 128 题）

　　A. 企业 2、企业 1、企业 3、企业 4　　B. 企业 1、企业 2、企业 3、企业 4
　　C. 企业 2、企业 1、企业 4、企业 3　　D. 企业 1、企业 2、企业 4、企业 3

204. 2015 年 2 月四家企业中，有几家企业的投递服务申诉量占该企业当月总有效申诉量的比重高于上月水平（　　）（2016 年 423 联考第 129 题）

　　A. 1   B. 2   C. 3   D. 4

205. 能够从上述资料中推出的是（　　）（2016 年 423 联考第 130 题）

　　A. 2014 年 2 月，全国快递业务完成量为 8 亿多件
　　B. 2015 年 2 月，全国每百万件快递业务中，非有效申诉不到 1 件
　　C. 2015 年 2 月，四家企业的每百万件快递业务有效申诉量都高于全国水平
　　D. 2015 年 2 月，企业 1 的每百万件快递业务延误有效申诉量超过其他任一家企业的 2 倍

四十二、根据以下资料，回答 206~210 题。

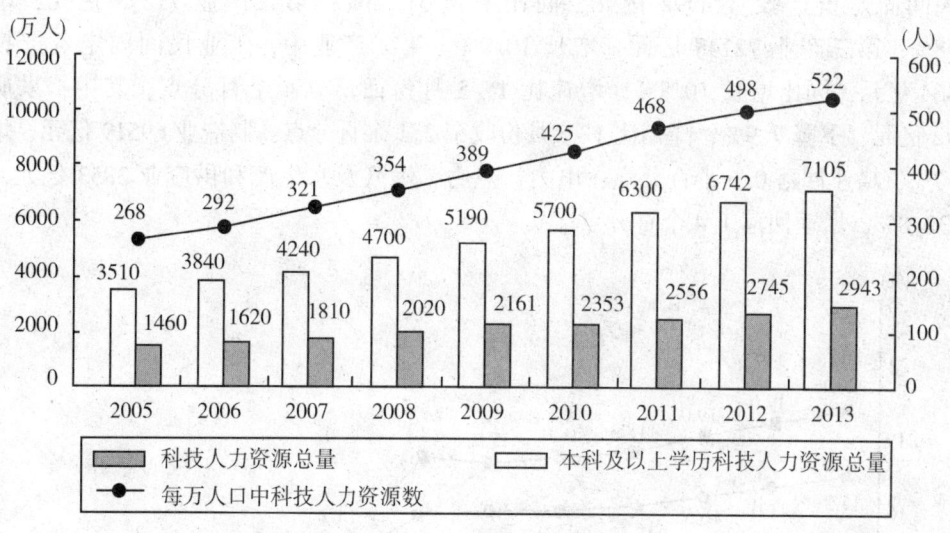

2005—2013 年中国科技人力资源总量

206. 2006—2013 年间，有几年的科技人力资源总量较前一年增长超过 500 万人（　　）（2016 年北京市第 116 题）

　　A. 2   B. 3   C. 4   D. 5

207. 下列时间段中，哪个时间段内每万人口中科技人力资源数年均增速最慢（　　）（2016 年北京市第 117 题）

　　A. 2005—2010 年   B. 2006—2011 年   C. 2007—2012 年   D. 2008—2013 年

208. 如图中反映的均为年末数据，则"十一五"（2006—2010 年）期间平均每年本科及以上学历科技人力资源增加约多少万人（　　）（2016 年北京市第 118 题）

  A. 150   B. 180   C. 200   D. 440

209. 与 2007 年相比，2012 年本科及以上学历者占科技人力资源总数的比重约（　　）（2016 年北京市第 119 题）

  A. 上升了 20 个百分点   B. 上升了 2 个百分点

  C. 下降了 20 个百分点   D. 下降了 0 个百分点

210. 能够从上述资料中推出的是（　　）（2016 年北京市第 120 题）

  A. 2013 年每万人口中科技人力资源数同比增速低于上年水平

  B. 2013 年科技人力资源总量同比增量为 2006 年以来的最低值

  C. 2013 年本科及以上学历科技人力资源数比 7 年前翻了一番

  D. 2007 年全国人口数超过 13.5 亿人

四十三、根据以下资料，回答 211~215 题。

2015 年 1~6 月民间固定资产投资 154438 亿元，占全国固定资产投资的比重为 65.15，比 1~5 月下降 0.3 个百分点。

民间固定资产投资和全国固定资产投资同比增速分产业看，2015 年 1~6 月第一产业民间固定资产投资 4992 亿元，同比增长 31.45%；第二产业 77298 亿元，增长 10.8%；第三产业 72148 亿元，增长 10.9%。第二产业中，工业民间固定资产投资 76464 亿元，同比增长 10.8%，增速比 1~5 月份回落 0.4 个百分点。其中，采矿业 3092 亿元，下降 7.9%，降幅比 1~5 月份收窄 2.1 个百分点；制造业 69519 亿元，增长 10.7%，增速回落 0.6 个百分点；电力、热力、燃气及水生产和供应业 3853 亿元，增长 32.8%，增速回落 1.4 个百分点。

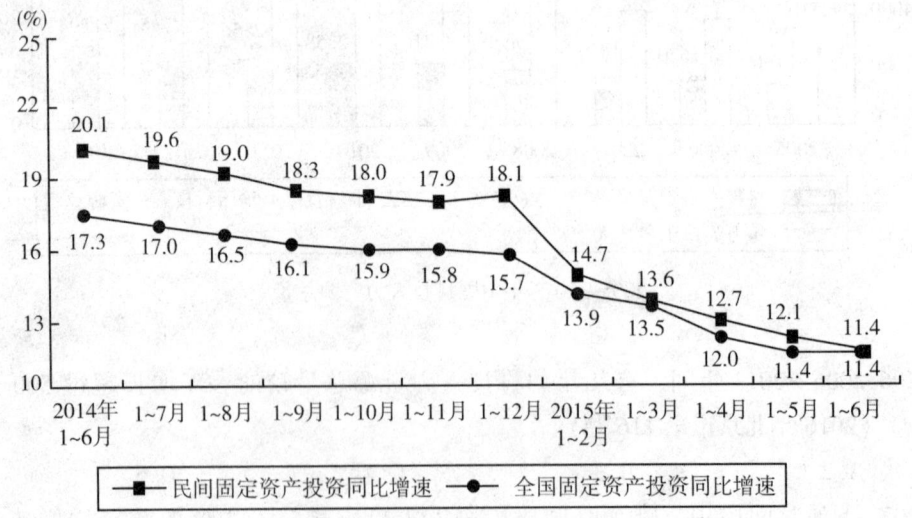

211. 2014 年 1~6 月全国固定资产投资约为多少万亿元（　　）（2016 年北京市第 121 题）

A. 14　　　　B. 16　　　　C. 21　　　　D. 24

212. 2015年1~6月民间固定资产投资同比增速比上年同期回落多少个百分点（　　）(2016年北京市第122题)

A. 4.3　　　　B. 5.9　　　　C. 6.7　　　　D. 8.7

213. 2015年上半年，三次产业中民间固定资产投资额占全国固定资产投资总额比重高于上年同期水平的有（　　）(2016年北京市第123题)

A. 第一产业　　　　　　　　B. 第二产业
C. 第二产业和第三产业　　　D. 第一产业和第三产业

214. 与2013年上半年相比，2015年上半年全国固定资产投资约上升了（　　）(2016年北京市第124题)

A. 11.4%　　　B. 17.3%　　　C. 28.7%　　　D. 30.7%

215. 根据资料，下列说法正确的是（　　）(2016年北京市第125题)

A. 2015年3~6月，各月的全国固定资产累计投资额同比增速逐月递减
B. 2015年6月民间固定资产投资占全国固定资产投资的比重小于65.1%
C. 2015年1~4月民间固定资产投资同比增速比1~3月回落1.5个百分点
D. 2015年1~5月采矿业民间固定资产投资同比增速比制造业低1.3个百分点

四十四、根据以下资料，回答216~220题。

2015年1~5月，B区规模以上文化创意产业完成收入46.2亿元，比上年同期增长10.8%，比1~4月增幅收窄0.8个百分点，从业人员平均人数1.3万人，比上年同期下降2.4%。1~5月，B区规模以上文化创意产业实现利润总额-0.4亿元，亏损额比1~4月略有扩张，亏损额同比略有收窄。其中，新闻出版亏损额进一步扩大，实现利润总额-0.3亿元，比上年同期亏损额增加0.2亿元；软件、网络及计算机服务受个别企业业务整合的影响，降幅较大，实现利润0.2亿元，同比下降81.3%；其他辅助服务亏损额大幅收窄，实现利降-0.1亿元，亏损额同比减少1.1亿元。

截至5月底，B区规模以上文化创意产业规模较小，法人单位只有84家，仅占全市的1.0%；大型企业匮乏，收入达亿元企业只有8家，中小型企业居多。

B区2015年1~5月文化创意产业按门类划分收入构成情况（单位：亿元）

产业类别	单位数(个)	收入合计	比重(%)	增速(%)
合计	84	46.2	100	0.8
一、文化艺术	4	0.1	0.2	-2.79
二、新闻出版	18	7.9	17.0	-2.7
三、广播、电视、电影	3	0.4	0.9	-27.1
四、软件、网络及计算机服务	9	2.2	4.7	-23.5
五、广告会展	16	6.3	13.7	20.0

续表

产业类别	单位数(个)	收入合计	比重(%)	增速(%)
六、艺术品交易	0	0	0	0
七、设计服务	1	0.1	0.1	46.8
八、旅游、休闲娱乐	13	4.1	9.0	82.0
九、其他辅助服务	20	25.2	54.4	11.9

216. 2015年1~5月B区规模以上文化创意产业从业人员人均完成收入约比上年同期增长（   ）（2016年北京市第126题）

  A. 2.5%　　　　B. 8.4%　　　　C. 10.8%　　　　D. 13.4%

217. 该区规模以上文化创意产业中，以下哪个领域2015年1~5月平均每个单位创造的收入为各选项中最低（   ）（2016年北京市第127题）

  A. 新闻出版　　　　　　　　B. 广告会展
  C. 软件、网络及计算机服务　　D. 旅游、休闲娱乐

218. 2014年1~5月B区其他辅助服务产业亏损额约是新闻出版业的多少倍（   ）（2016年北京市第128题）

  A. 0.3　　　　B. 2.4　　　　C. 5.5　　　　D. 12.0

219. 文化创意产业九大领域中，2015年1~5月收入增速最快的三个领域共有多少家单位（   ）（2016年北京市第129题）

  A. 16　　　　B. 30　　　　C. 39　　　　D. 54

220. 根据上述材料，下列推断中正确的一项是（   ）（2016年北京市第130题）

  A. 2015年1~5月该区广告会展业收入同比增长了1亿多元

  B. 2015年5月底全市规模以上文化创意产业法人单位超过9000家

  C. 2015年1~5月该区收入超过亿元的企业中有的来自广播、电视、电影业

  D. 2015年5月该区平均每家规模以上文化创意产业法人单位拥有200多名从业人员

四十五、根据以下资料，回答221~225题。

2015年7月，D市共监测电视、广播、平面和重点网络媒体首页页面广告297207条次，涉嫌违法广告594条次，广告涉嫌违法率0.20%，比6月下降0.07个百分点。

2015年7月D市监测各类媒体广告概况　　　　（单位:条次）

媒体类型	监测量	涉嫌违法量	涉嫌违法率
电视	157860	88	0.06%
广播	63299	10	?

续表

媒体类型	监测量	涉嫌违法量	涉嫌违法率
平面	62134	496	0.08%
网络	13914	0	0.00%
合计	297204	594	0.20%

2015年7月广告涉嫌违法量居前十位的商品、服务类别　　（单位：条次）

商品服务类别	监测量	涉嫌违法量	涉嫌违法率
医疗诊疗服务	1692	185	10.93%
人用药品	6941	107	1.54%
医疗美容	428	63	14.72%
医疗器械	1969	59	3.01%
其他食品类	2002	40	2.00%
保健食品	7959	35	0.44%
房地产	2257	35	1.55%
保健用品	52	19	36.54%
报刊书籍	2077	16	0.77%
卫生消毒用品	39	8	20.51%

221. 2015年7月，平均每日监测到平面媒体涉嫌违法广告约多少条次（　　）（2016年北京市第131题）

　　　A. 16　　　　　B. 17　　　　　C. 19　　　　　D. 20

222. 表1中"？"处应当填写的数字是（　　）（2016年北京市第132题）

　　　A. 0.005%　　　B. 0.02%　　　C. 0.04%　　　D. 0.08%

223. 在2015年7月广告涉嫌违法量居前十位的商品、服务类别中，有几类涉嫌违法率高于10%（　　）（2016年北京市第133题）

　　　A. 1　　　　　B. 2　　　　　C. 3　　　　　D. 4

224. 2015年7月广告涉嫌违法量居前十位的商品、服务类别中，监测量最多的3个类别涉嫌违法量之和约占所有广告总涉嫌违法量的（　　）（2016年北京市第134题）

　　　A. 一成左右　　B. 二成左右　　C. 三成左右　　D. 四成左右

225. 能够从上述资料中推出的是（　　）（2016年北京市第135题）

　　　A. 2015年6月，广告涉嫌违法率为0.13%

　　　B. 2015年7月，电视广告监测量占广告总监测量的四成

　　　C. 2015年7月，大部分涉嫌违法的医疗诊疗服务广告出现在非电视媒体中

D. 2015年7月，表2中监测量最低的商品、服务类别广告涉嫌违法率约为监测量最高的14倍

四十六、根据以下资料，回答226~230题。

为了解城镇棚户区改造情况，国家统计局社情民意调查中心2015年选取了20个省（市、区）城镇棚户区的10100位居民进行调查。调查显示，对于棚户区配套公共服务设施改造状况，受访棚户区居民中23.4%表示"满意"，40.2%表示"基本满意"，具体调查结果见下表：

受访棚户区居民对配套公共服务设施改造状况的评价　　（单位：%）

棚户区类型	国有工矿	国有垦区（农场）	国有林区（林场）	城中村	城市危房	其他
满意	21.8	36.5	27.5	22.6	23.0	24.8
基本满意	39.8	38.3	49.6	41.3	38.9	36.5
不满意	15.9	13.7	15.3	16.7	12.2	9.3
不清楚	22.5	11.5	7.6	19.4	25.9	29.4

226. 各类棚户区中，表示"满意""基本满意"的受访居民之和占本类棚户区受访居民总数的比重最高的是（　　）（2016年江苏省第121题）

A. 国有林区（林场）　　B. 国有垦区（农场）
C. 国有工矿　　　　　　D. 城中村

227. 表示"满意""基本满意"的受访棚户区居民数之和比表示"不满意""不清楚"的居民数之和多（　　）（2016年江苏省第122题）

A. 2508　　B. 2617　　C. 2747　　D. 3676

228. 各棚户区类型中，表示"满意"的受访居民数比表示"不满意"的多1倍及以上的棚户区类型有（　　）（2016年江苏省第123题）

A. 1个　　B. 2个　　C. 3个　　D. 4个

229. 各类棚户区中，表示"不清楚"的受访居民数占本类棚户区受访居民总数的比重最多相差（　　）（2016年江苏省第124题）

A. 12.7个百分点　B. 16.9个百分点　C. 21.8个百分点　D. 29.4个百分点

230. 下列判断正确的是（　　）（2016年江苏省第125题）

A. 各类棚户区受访居民给出的评价中，占比最少的均是"不满意"
B. 各类棚户区都有65%以上的受访居民表示"满意""基本满意"
C. 国有垦区（农场）与国有林区（林场）的受访棚户区居民之和少于5050人
D. 各类棚户区受访居民中，表示"基本满意"的人数均多于"不满意""不清楚"的居民之和

四十七、根据以下资料，回答 231~235 题。

**2013 年第一季度至 2014 年第四季度
我国发电量情况** （单位：亿千瓦/小时）

	时间	发电总量	水力发电量	火力发电量
2013	第一季度	11823	1306	10006
	第二季度	12519	1985	9949
	第三季度	14347	2552	11161
	第四季度	13763	2047	11037
2014	第一季度	12719	1453	10782
	第二季度	13444	2265	10582
	第三季度	14592	3442	10377
	第四季度	13883	2284	10677

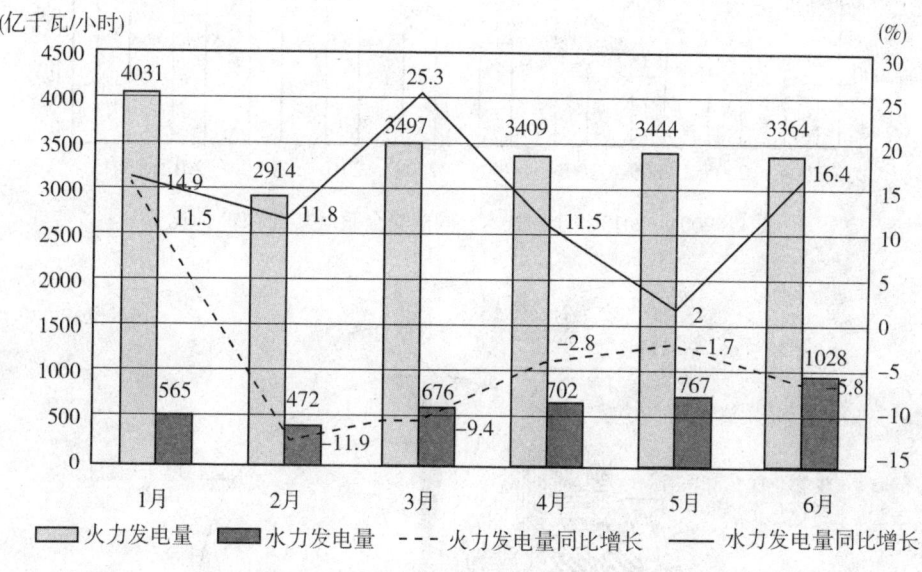

2015 年 1~6 月我国火力、水力发电量及其增长情况

231. 2015 年 1~6 月我国火力发电量少与上年同期的月度个数是（　　）（2016 年江苏省第 126 题）

　　A. 3　　　　　　B. 4　　　　　　C. 5　　　　　　D. 6

232. 2014 年我国季度发电量同比增长最慢的是（　　）（2016 年江苏省第 127 题）

　　A. 第一季度　　B. 第二季度　　C. 第三季度　　D. 第四季度

233. 2015 年第二季度我国火力发电量比上年同期少（　　）（2016 年江苏省第 128 题）

　　A. 232 亿千瓦/小时　　　　　　B. 260 亿千瓦/小时

　　C. 340 亿千瓦/小时　　　　　　D. 365 亿千瓦/小时

234. 如果 2015 年 7~11 月我国水力发电量的月平均增速与 2015 年 2~6 月保持相同，则 2015 年 11 月我国水力发电量可达（　　）(2016 年江苏省第 129 题)

　　A. 1390 亿千瓦/小时　　　　　　B. 1870 亿千瓦/小时
　　C. 2063 亿千瓦/小时　　　　　　D. 2239 亿千瓦/小时

235. 下列判断不正确的是（　　）(2016 年江苏省第 130 题)

　　A. 2014 年有三个季度的水力发电量占发电总量的比重不超过 20%
　　B. 2013—2014 年我国各个季度火力发电量占发电总量的比重均超过 70%
　　C. 2015 年上半年我国水力与火力发电量各月同比增长的方向均相反
　　D. 2013 年第二季度到 2015 年第二季度我国水力发电量有四个季度环比减少

四十八、根据以下资料，回答 236~240 题。

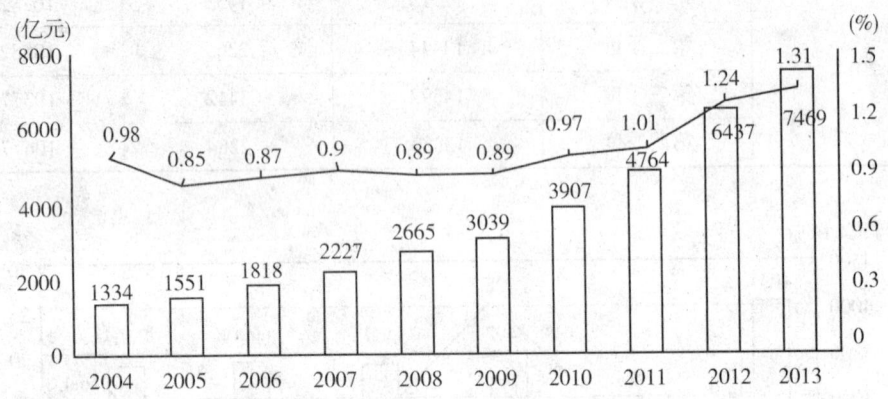

图 1　2004—2013 年全国技术合同成交金额及其占 GDP 的比重

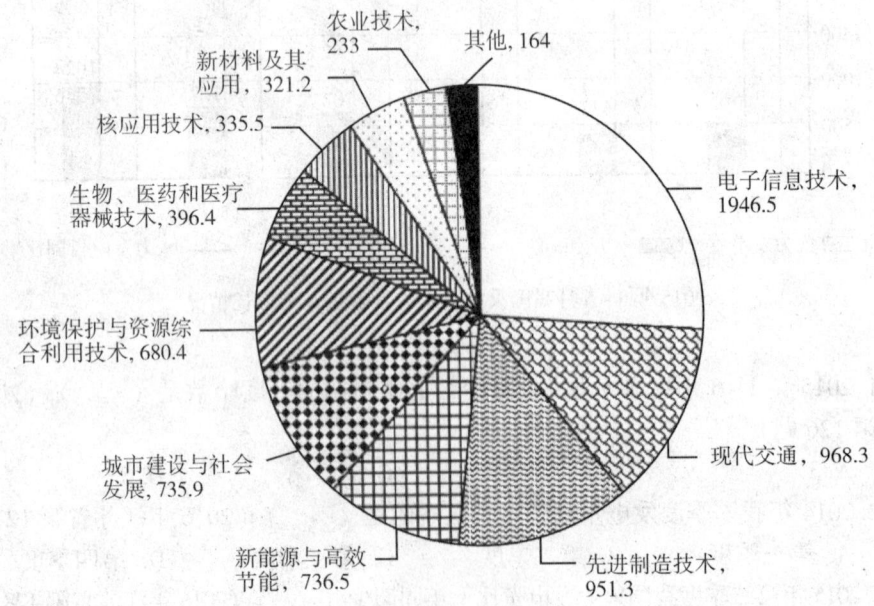

图 2　2013 年全国技术合同成交金额按技术领域分布（亿元）

236. 2005—2013年，全国技术合同成交金额增速超过GDP增速的年份有（ ）个。（2016年上海市第96题）

  A. 3   B. 4   C. 5   D. 6

237. "十一五"期间（2006—2010年），全国技术合同成交总金额（ ）（2016年上海市第97题）

  A. 低于1万亿元   B. 在1万亿~1.5万亿之间

  C. 在1.5万亿~2万亿元   D. 高于2万亿元

238. 2013年新能源与高效节能技术合同成交金额约占当年GDP的（ ）（2016年上海市第98题）

  A. 0.02%   B. 0.06%   C. 0.13%   D. 0.20%

239. 2013年有（ ）个技术领域的技术合同成交金额高于2012年技术合同成交总金额的10%。（2016年上海市第99题）

  A. 6   B. 4   C. 3   D. 2

240. 能够从上述资料中推出的是（ ）（2016年上海市第100题）

  A. 2005—2013年，技术合同成交金额同比增量最大的是2013年

  B. 2004—2013年，技术合同成交金额占GDP比重最高和最低的年份相差4年

  C. 有5个技术领域2013年的技术合同成交金额不足当年电子信息技术合同成交金额的两成。

  D. 2013年现代交通技术合同成交金额占当年技术合同成交总金额的比重不到15%。

四十九、根据以下资料，回答241~245题。

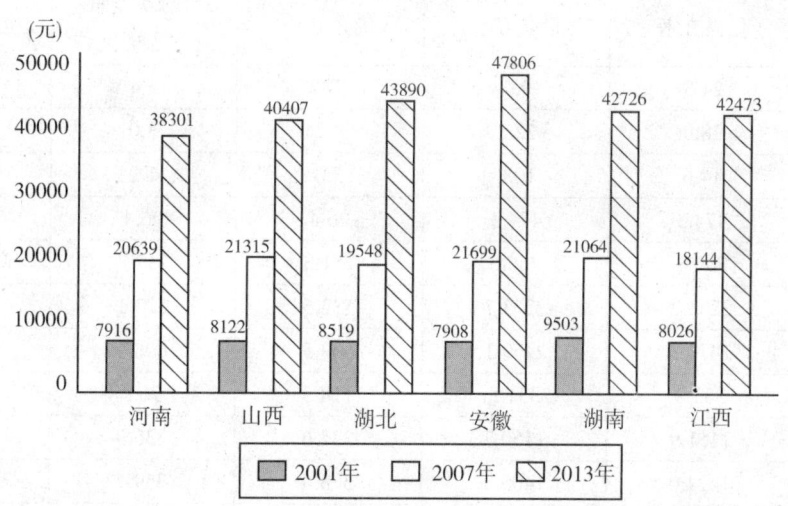

我国中部6省城镇单位就业人员平均工资

241. 2013年中部六省城镇单位就业人员平均工资的算术平均值与2001年相比（ ）（2016年深圳市第91题）

A. 增长了 32583 元 B. 翻了两番
C. 增长了 5 倍以上 D. 增长了约 4.2 倍

242. 以下省份中，2007 年和 2001 年相比，城镇单位就业人员平均工资增加值最大的是（   ）（2016 年深圳市第 92 题）

A. 山西   B. 湖北   C. 安徽   D. 湖南

243. 2013 年和 2007 年相比，下列省份中，城镇单位就业人员平均工资平均增长率最高的省份是（   ）（2016 年深圳市第 93 题）

A. 河南   B. 安徽   C. 湖北   D. 湖南

244. 2007 年中部六省城镇单位就业人员平均工资的中位数为（   ）（2016 年深圳市第 94 题）

A. 20849.5 元   B. 20639 元   C. 21060 元   D. 20400.8 元

245. 根据上述统计图，下列说法中正确的是（   ）（2016 年深圳市第 95 题）

A. 所有统计年份中，河南省城镇单位就业人员平均工资均为中部六省最低

B. 假设年平均增长率不变，按照 2007—2013 年平均增长率来计算，2015 年江西省城镇单位就业人员平均工资超过 6 万元。

C. 湖南省 2001—2007 年城镇就业人员平均工资年均增速快于 2007—2013 年

D. 2001 年，中部六省城镇单位就业人员平均工资超过 8000 元的省份不到 50%

五十、根据以下资料，回答 246~250 题。

地区	水资源总量（亿立方米）	地表水资源（亿立方米）	地下水资源（亿立方米）	地表水与地下水资源重复量（亿立方米）	人均水资源量（立方米/人）
北京	24.8	9.4	18.7	3.4	118.6
上海	28.0	22.8	8.2	3.0	116.9
天津	14.6	10.8	5.0	1.2	101.5
重庆	474.3	474.3	96.4	96.4	1603.9
湖北	790.1	756.6	251.3	217.8	1364.9
广东	2263.2	2253.7	532.5	523.1	2131.2
四川	2470.3	2469.1	607.5	606.4	3052.9
陕西	353.8	331.5	118.5	96.2	941.3
福建	1151.9	1150.7	337.6	336.3	3062.7
江西	1424.0	1405.3	378.4	359.7	3155.3
西藏	4415.7	4415.7	991.7	991.7	142530.5
宁夏	11.4	9.5	22.1	20.2	175.3
广西	2057.3	2056.3	478.1	477.1	4376.8
云南	1706.7	1706.7	573.3	573.3	3652.2

246. 根据上述数据，不能得出的结论是（　　）（2016 年深圳市第 96 题）

　　A. 我国上述省（市）的水资源分布不平衡

　　B. 我国上述省（市）的地下水资源分布不平衡

　　C. 我国上述省（市）的江河数量分布不平衡

　　D. 我国上述省（市）的地表水资源分布不平衡

247. 上表中，所有直辖市的人均水资源量约为（　　）（2016 年深圳市第 97 题）

　　A. 无法计算　　　　　　　　　　B. 480 立方米/人

　　C. 550 立方米/人　　　　　　　　D. 610 立方米/人

248. 关于上述省（市）的水资源情况，下列说法正确的是（　　）（2016 年深圳市第 98 题）

　　A. 地表水资源都比地下水资源丰富

　　B. 四川的地表水资源量与地下水资源量的差距最大

　　C. 地表水资源量最小的省（市）为宁夏

　　D. 西藏的地表水资源与地下水资源储量均居各省（市）之首

249. 下列四个省份中，人口最少的是（　　）（2016 年深圳市第 99 题）

　　A. 云南　　　　B. 江西　　　　C. 广西　　　　D. 湖北

250. 根据上表数据，下列说法正确的是（　　）（2016 年深圳市第 100 题）

　　Ⅰ. 地表水资源量越大的省（市），水资源总量越大

　　Ⅱ. 水资源总量越大的省（市），人均资源量越大

　　Ⅲ. 人口越多的省（市），人均水资源量越小

　　A. Ⅰ、Ⅱ、Ⅲ均不正确　　　　　B. 仅有Ⅰ正确

　　C. 仅有Ⅱ、Ⅲ正确　　　　　　　D. 仅有Ⅲ正确

参考答案

1. A。2014 年全国总流通人次为 5.3 亿人次 = 53000 万人次，共有 3117 个图书馆，共 12 个月，则所求为 $\frac{53000}{3117 \times 12} = \frac{53}{3.1 \times 12} = \frac{53}{37.2} \approx 1.*$（万人次），A 项符合，当选。

2. A。2014 年电子图书藏量增长册数为 $\left(50674 \times \frac{34.2\%}{1+34.2\%}\right)$ 万册，图书总藏量增长册数为 $\left(79092 \times \frac{5.6\%}{1+5.6\%}\right)$ 万册，前者约是后者的 $\left(50674 \times \frac{34.2\%}{1+34.2\%}\right) \div \left(79092 \times \frac{5.6\%}{1+5.6\%}\right) = \frac{50674}{79092} \times \frac{34.2\%}{5.6\%} \times \frac{1+5.6\%}{1+34.2\%} \approx \frac{50674}{79092} \times \frac{34.2\%}{5.6\%} \approx \frac{5}{8} \times 6 = 3.75$（倍），A 项与之最接近，当选。

3. B。2012—2014 年书刊文献外借 3.32+4.09+4.67 = 12.08（亿册次），流通人次为 4.34+4.92+5.30 = 14.56（亿人次），平均每一流通人次约产生 $\frac{12.08}{14.56} \approx \frac{12}{15} = 0.8$（册

次）的书刊文献外借。因此 B 项当选。

4. C。本题可通过比较第二个图形中 2008—2014 年各折线段的斜率大小进行判断。折线段斜率大于上年的，意味着同比增速快于上年。观察可知，只有 2008、2009、2012 三年的斜率大于上年，因此 C 项当选。

5. C。A 项，"十一五"期间即 2006—2010 年，总流通人次为 $2.52+2.61+2.81+3.22+3.28≈2.5+2.6+2.8+3.2+3.3=14.4<15$（亿人次），该项说法错误。

B 项，2014 年阅览室坐席数为 85.55 万个=855500 个，公共图书馆有 3117 个，平均每个公共图书馆拥有阅览室坐席数为 $\frac{855500}{3117}≈2**$（个），该项说法错误。

C 项，比较第二个图形中 2008—2014 年各柱体的增长趋势可知，2011、2012、2013 年是其中增长最快的，同比增速分别为 $\frac{73.8-67.1}{67.1}=\frac{6.7}{67.1}$，$\frac{78.2-73.8}{73.8}=\frac{4.4}{73.8}$，$\frac{85.1-78.2}{78.2}=\frac{6.9}{78.2}$。分析可知 $\frac{6.7}{67.1}$ 最大，约为 10%，小于 12%，可见 2008—2014 年各年同比增速均低于 12%，该项说法正确，当选。

D 项，比较第二个图形中 2006、2007、2008 年三个柱体的高度可知，2008 年增量大于 2007 年增量。比较第二个图形中 2006、2007、2008 年三个折点的高度可知，2008 年增量大于 2007 年增量。可知该项说法错误。

6. C。2014 年物流总额 213.5 万亿元，运输费用 5.6 万亿元，每 100 万元社会物流额，运输费用平均约为 $\frac{5.6}{2.135}≈2.**$（万元），C 项符合。

7. B。2013、2014 年比重高于上一年水平的分类，分子增速应大于分母增速，分母为全国社会物流总额，2013 年增速为 9.5%，2014 年增速为 7.9%。2013、2014 年工业品物流增速分别为 9.7%、8.3%、再生资源物流增速分别为 20.3%、14.1%，单位与居民物品物流增速分别为 30.4%、32.9%，均高于分母增速，因此 B 项当选。

8. C。第一季度为 47.8 万亿元，第二季度为 101.5-47.8=53.7（万亿元），第三季度为 158.1-101.5=56.6（万亿元），第四季度为 213.5-158.1=55.4（万亿元），物流总额最高的季度为第三季度。因此 C 项当选。

9. B。2014 年上半年物流总额为 101.5 万亿元，2014 年增长率为 8.7%，2013 年增长率为 9.1%，题目要求算出 2012 年总额，根据复合增长率的公式 $R=R_1+R_2+R_1R_2=8.7\%+9.1\%+8.7\%×9.1\%≈18.6\%$，2012 年的总额=$\frac{101.5}{1+18.6\%}≈\frac{101.5}{1.2}≈8*$（万亿元）。B 项当选。

10. A。A 项，2013 年第一季度物流总额的增速为 9.4%，一、二季度混合为 9.1%，前三季度混合为 9.5%，则第三季度增速高于 9.5%。第四季度累计增速为 9.5%，则第四季度增速为 9.5%，因此第三季度物流总额的增速高于第四季度。A 项正确，当选。

B 项，物流总额的增速为 7.9%，管理费用的增速为 7.9%，分子的增速等于分母的增速，比重不发生变化，因此2014年每万元社会物流总额的平均管理费用等同于上年水平。B项错误，排除。

C项，2014年农产品的物流额为3.3万亿元，社会物流总额为213.5万亿元，它们之间的比重为$\frac{3.3}{213.5}$<10%，即小于一成。C项错误，排除。

D项，根据复合增长率的公式，$R = R_1 + R_2 + R_1 R_2 = 32.9\% + 30.4\% + 32.9\% \times 30.4\% \approx 73.3\%$，2014年单位与居民物品物流额是2012年的$1 + 73.3\% \approx 1.73$倍。D项错误，排除。

11. B。由表格可知，丙班次价格为$783 - 14 + 166 = 935$（元）。B项正确，当选。

12. C。乙班次退票手续费率为$\frac{299}{820} \approx 36.5$。丙班次的退票手续费率为$\frac{166}{783-14} \approx 21.6\%$。丁班次退票手续费率为$\frac{276}{691-28} \approx 41.6\%$。戊班次退票手续率为$\frac{194}{828} \approx 23.4\%$。丁班次的最高，因此C项当选。

13. A。分母相同，分子最大，则排片越高。由表格可知，甲影片9场，乙影片8场，丙影片6场，丁影片7场，因此排片率最高的是甲影片。A项当选。

14. C。甲影片的观影人次为$\frac{9600}{30} = 320$（人），座位数为$7 \times 100 + 2 \times 50 = 800$（个），上座率为$\frac{320}{800} \times 100\% = 40\%$。乙影片的观影人次为$\frac{18000}{30} = 600$（人），座位数为$6 \times 100 + 2 \times 200 = 1000$（个），上座率为$\frac{600}{1000} \times 100\% = 60\%$。丙影片的观影人次为$\frac{9000}{30} = 300$（人），座位数为$6 \times 100 = 600$（个），上座率为$\frac{300}{600} \times 100\% = 50\%$。丁影片的观影人次为$\frac{16800}{40} = 420$（人），座位数为$7 \times 200 = 1400$（个），上座率为$\frac{420}{1400} \times 100\% = 30\%$。因此上座率由高到低排列是乙>丙>甲>丁，C项当选。

15. B。小张晚上6：30下班，吃饭的时间为30分钟，从单位到影院30分钟，提前10分钟入场，那小张看的电影须在19：40之后，乙影片19：50的那一场，最适合小张。因此B项当选。

16. C。所求为$\frac{3224}{2187} - 1$。观察发现各选项首位数字均不相同，考虑利用首数法进行求解，$\frac{3224}{2187} - 1 \approx \frac{3200}{2200} - 1 = \frac{5}{11} \approx 4*.*\%$，可知C项正确。

17. B。2013年城镇居民人均可支配收入各季度之和为$7427 + 6222 + 6520 + 6786 \approx 7400 + 6200 + 6500 + 6800 = 26900$（元），2012年城镇居民人均可支配收入各季度之和为$6796 + 5712 + 5918 + 6138 \approx 6800 + 5700 + 5900 + 6100 = 24500$（元）。两者相差两千多元，B

项正确，当选。

18. D。图中可以看出，农村居民人均现金收入最高在 2013 年 4 季度，城镇居民人均可支配收入最高在 2014 年 1 季度。D 项正确，当选。

19. C。农村居民年人均现金收入超过 1 万元，需要平均每季度超过 2500 元。观察图表，2013 年各季度中，有 3 个季度大幅超过了 2500 元。而其余两个年份不能满足要求，因此 C 项正确。

20. A。A 项，观察图形可知，2013 年各季度农村居民人均现金收入均同比增加，该项说法正确，当选。

B 项，2013 年 4 季度城镇人均可支配收入同比增速为 $\frac{6786}{6138}-1$，环比增速为 $\frac{6786}{6520}-1$，显然同比增速大于环比增速，可知该项说法错误。

C 项，2013 年 1 季度城镇居民人均可支配收入环比增长了 $\frac{7427}{6138}-1 \approx \frac{7400}{6100}-1 = \frac{13}{61} \approx 20\% < 30\%$，可知该项说法错误。

D 项，2013 年下半年农村居民人均现金收入比上半年多约（2810+3356）-（2871+1947）≈3356-1947≈1400<2000（元），可知该项说法错误。

21. B。比重为（4141+2649.3+2429.5）÷13254≈9÷13≈70%，B 项最接近，当选。

22. A。东北地区副省级城市包括哈尔滨、长春、沈阳、大连，即所给四个选项。A 项大连四项软件业务收入之和明显高于其他三个城市，当选。

23. D。D 项副省级城市 IC 设计业务收入之和为 108.6 亿元，明显小于国家 IC 设计业务收入之和 405.1 亿元，当选。

24. A。信息技术咨询服务收入同比增速最快的副省级城市是青岛，该项收入为 63.26 亿元；增速最慢的是哈尔滨，该项收入为 3.02 亿元。63.26÷3.02≈21，A 项正确。

25. B。A 项错误，广州市嵌入式系统软件完成收入未排进前三。

B 项正确，由表格数据可以看出，武汉市的四项业务收入增速均高于副省级城市平均水平。

C 项错误，深圳市 IC 设计业务收入为 6.95 亿元，副省级城市该项业务收入的平均水平为 108.6÷15>105÷15＝7。

D 项错误，数据处理和运营服务收入最高的副省级城市是杭州，嵌入式系统软件收入最高的副省级城市是深圳。

26. C。2013 年末全国群众文化机构数量同比增长 $\frac{384}{44260-384} < \frac{384}{38400} = 1\%$，比 1% 略小，C 项与之最接近，当选。

27. D。月均演出场次为 151300÷6022÷12≈150÷6÷12≈2（场）。

28. A。展览、文艺活动、公益性讲座、训练班的平均每次活动参加人数分别为：

$\dfrac{9245}{13.82}\approx\dfrac{9800}{14}=700$；$\dfrac{31379}{74.06}\approx\dfrac{3200}{8}=400$；$\dfrac{441}{2.36}\approx 200$；$\dfrac{3105}{39.08}\approx 100$。因此 A 项正确。

29. B。直接相邻两年之间人均建筑面积的差值，2008、2009、2010、2011 四个年份均比前一年高约 20，这四个年份的增速超过了 10%，B 项正确。

30. C。A 项，2013 年文艺活动参加人数为 31379，公益性讲座参加人数为 441，$\dfrac{31379}{441}>70$，错误。

B 项，由"年末群众文化机构从业人员 164355 人，比上年末增加 8127 人"可得，2012 年末的人数为 164355-8127<160000，错误。

C 项，2013 全国平均每万人群众文化设施建筑面积为 249.1 平方米，约是 2006 年平均每万人群众文化设施建筑面积 123.5 平方米的 2 倍，即翻了一番，正确。

验证 D 项，2013 年乡镇文化站占群众文化机构总数的比重为 $\dfrac{34343}{44260}$，2012 年比重为 $\dfrac{34343-242}{44260-384}$，前者明显小于后者，错误。

31. D。根据文字性材料，2012 年全国商品房销售面积同比增长率为 17.3%-15.5%=1.8%；则 2013 年全国商品房销售面积相对于 2011 年的增长率即间隔增长率为 17.3%+1.8%+17.3%×1.8%≈19.4%；因此 2011 年全国商品房销售面积约为 130551÷(1+19.4%)，显然直除首位为 1，结果应为 10.9。因此，本题选 D。

32. B。由于平均数增长率公式为 $\dfrac{x_1-x_2}{1+x_2}$，根据表格型材料商品销售额增长率 $x_1=26.3\%$，商品房销售面积增长率 $x_2=17.3\%$，代入公式可得增长率为 $0.09\div 1.173$，直除首位为 7。因此，本题选 B。

33. B。根据文字性材料 2013 年 12 月末全国住宅、办公楼和商业营业用房待售面积的增量之和为 1696+156+346=2198，总待售面积增量为 2489；所以三种用房待售面积增量之和占商品房总待售面积的比重为 2198÷2489≈22÷25=88%。因此，本题选 B。

34. A。结合选项，只需判断东部地区的商品房销售面积是否大于全年的一半，中部地区的是否大于 1/4；则东部比例为 63476/130551<1/2，排除 B、C；中部比例为 35192/130551>1/4，排除 D。因此，本题选 A。

35. D。A 选项，根据总体增长率大小居中原则，结合材料内容"2013 年，全国商品房销售额 81428 亿元，增长 26.3%，增速比 1～11 月份回落 4.4 个百分点"可知，12 月份的增长率一定小于 26.3%。A 选项错误。

B 选项，根据材料，中部地区商品房的销售单价为 16525 亿元÷35192 万平方米<5000 元/平方米，B 选项错误。

C 选项，根据材料东部地区商品房销售额增长率为 28.4%，全国销售额增长率为 26.3%，部分增长率大于整体增长率，所以比重是在上升的，C 选项错误。

D 选项，根据材料平均每个月的新增待售商品房销售面积为 12835÷12>1000，D 选项正确。

36. B。根据材料 2014 年 1~5 月软件和信息技术服务业实现软件业务收入 13254 亿元，5 月份收入 2968 亿元。所以 2014 年 1~4 月平均收入：（13254−2968）÷4≈10300÷4＝2575。因此，本题选 B。

37. B。2014 年 1~5 月，软件业出口额增长率 14.8%，增速比去年同期高 4.7 个百分点。所以 2013 年 1~5 月软件增长率为 10.1%，根据隔年增长率计算公式可得 14.8%＋10.1%＋14.8%×10.1%＝25.04%。因此，本题选 B。

38. A。2014 年 1~5 月，中部地区完成收入 491 亿元，同比增速 28.8%，全国完成收入 13254 亿元，同比增速 20.9%，所以根据现期比重与基期比重差值：$\frac{A}{B} \times \frac{a-b}{1+a}$＝$\frac{491}{13254} \times \frac{28.8\%-20.9\%}{1+28.8\%} \approx 3.7\% \times \frac{8}{129} \approx 0.2\%$。因此，本题选 A。

39. C。直接读数。图表中的数据，增速低于上年同期水平的行业：信息技术咨询服务、软件产品、信息系统集成服务、嵌入式系统软件。因此，本题选 C。

40. D。A 选项，2014 年 5 月完成收入 2968 亿元，同比增长 20.6%。所以 2013 年 5 月完成收入：$\frac{2968}{1+20.6\%} < \frac{3000}{1.2} = 2500$。故 A 选项错误。

B 选项，东北地区同比增速 22.6%，全国同比增速 20.9%。根据部分增长率大于整体增长率，则部分占整体的比重增大。因此东北地区的比重上升。故 B 选项错误。

C 选项，集成电路设计 1~5 月总收入 405 亿元。1~5 月总天数：31＋28＋31＋30＋31＝151 天。则 $\frac{405}{151} \approx \frac{400}{150} \approx 2.7$ 亿元。故 C 选项错误。

D 选项，2014 年 1~5 月完成收入同比增速最快的是数据处理和存储服务，在 2013 年 1~5 月完成收入同比增速中正好排名第四。故 D 选项正确。

41. D。根据材料，2013 年 1~5 月农村居民人均现金收入增速为 10.3%−0.4%＝9.9%；人均消费性支出增速为 9.9%＋1.7%＝11.6%；则增长速度相差−1.7%，即下降了 1.7 个百分点。故本题答案为 D 选项。

42. C。比较增长量一般用口诀"大大则大"来进行快速判定，可知经营性收入的增长量是最小的，将数据列表如下：

项　　目	工资性收入	转移性收入	财产性收入	经营性收入
现期量	5421	1631	1241	760
增长率	8.5%	10%	28.7%	0.6%
特殊分数	1/12	1/10	1/4	—
增长量	5421/13≈400	1631/11≈100	1241/5≈200	—

因此，增长量由高到低顺序为：工资性收入＞财产性收入＞转移性收入＞经营性收

入。故本题答案为 C 选项。

43. B。结合材料,由于支出水平相当于平均水平,则 2014 年 1~5 月该农村三口之家的人均居住支出为 695 元;则平均月居住支出为 695×3÷5＝417 元。故本题答案为 B 选项。

44. D。结合口诀,总量大增长率小则基期量大,最大的基期量是食品消费,可能排在前三名的是:食品消费、衣着、居住。故本题答案为 D 选项。

45. C。A 选项,人均现金比人均消费高:9053.5081＝3972<4000,A 选项错误。

B 选项,人均食品消费支出 2250,生活消费支出 5081,由于 5081÷2＝2450>2250,则人均食品消费支出不到消费支出的一半,B 选项错误。

C 选项,

项目	医疗保健	衣着
现期量	416	472
增长率	22.3%	8.6%
特殊分数	22.3%≈1/4	8.6%≈1/12
增长量	416/5≈80	472/13≈42

所以医疗保健大于衣着的同比增量。C 选项正确。

D 选项,交通和通信的增长率为 22.9%,消费性支出增长率为 9.9%,部分增长量大于整体,则比重上升,即高于去年的水平,D 选项错误。

46. B。每年进口总额为:52809/5＝10562。答案选 B。

47. A。"十一五"时期货物出口总额为:63997/1+1.7＝23703。答案选 A。

48. A。根据材料增量＝现期量－基期量,可以看出 2010 年最大,增长率相近是现期量大的增长量大,可知 2007>2006。2008 年增长量＝25633－21766＝3867,2006 年增长量<17604/5＝3521。因此 2006 年最低。答案选 A。

49. B。2009 年出口总额为:15779/1+31.3%＝125182,答案选 B。

50. D。A 选项,材料中股份制利润为 6843.2,明显超过一半,错误;B 选项,观察材料股份和私营企业都高于平均水平;C 选项,11740.1÷3<4000,此选项错误;D 选项,利润的增长率高于主营收入的增长率,所以利润率高于去年,正确。因此本题选 D。

51. D。

52. B。2008 年平均每艘载重为 20.7/18＝11.5,2012 年平均每艘载重为 49.2/22＝22.3%,增长率小于 100%。

53. C。四年的比重分别为 224/474、245/481、249/481、237/486,2010、2011 年比重超过 50%,明显 2011 年大于 2010 年。

54. C。图形的趋势是先下降后上升,上升在最后一年,数量符合的只有杂货船。

55. D。A,根据材料,油轮数量明显少于集装箱船,错误。B,每艘杂货船的载重为 174.2/75<5。C,根据材料可以看出其他液体散货船载重有所下降。D,其他液体散货船比重都小于 5%,正确。

56. D。2013 年 2 月住宅施工面积 380952/1+13.5%=33.6 万。

57. A。销售额增速大于销售面积增速则均价上升,满足的只有西部地区。

58. D。2013 年土地购置单价为 1000/4062×1+6.5%/1+8.9%=2400。

59. C。2013 年的倍数为 1502/368×1+14%/1-7.9%=5。

60. D。A 选项 12279/16693<80%,错误。B,各类房屋竣工面积中办公楼是高于去年的,错误。C,东部地区房屋单价为 4356/5089=0.86,西部地区房屋单价为 1329/2577=0.52,不到二倍关系,错误。D 中部地区房屋销售额增速快于全国增速,因此比重高于去年,正确。

61. C。增长量计算,增长率为 14.8%=1/7。增长量为 4.48/8=0.56,选 B。

62. C。本外币贷款余额为 52.61 万亿元,人民币贷款余额为 49.47 万亿元,因此外币为 52.61-49.47=3.14 万亿元。

63. D。根据材料可以看出人民币的贷款要明显高于外币,且人民币贷款增速要高于本外币贷款增速,2011 年比重>2010 年比重。答案选 D。

64. C。2011 年 3 月末人民币贷款余额为 49.47 万亿,3 月增加 6794 亿元,因此 2 月末贷款余额为 49.47-0.68=48.79 万亿元。

65. D。A,2010 年 3 月为 2.68-1.12=1.56 万亿。B,外币贷款余额为 4775,外币存款余额为 2369,约 2 倍。C,本外币存款余额同比增长 18.7%,错误。D,广义余额 75.81 万亿元,增长 16.8%,狭义余额为 26.63 万亿元,增长 15%,广义货币现期量大且增长率也大,增量要大于狭义余额,正确。

66. B。直接读图,2 月到 3 月手机出货量变化明显最大,估算即可。故选 B。

67. A。直接读图,根据选项,直接比较 1 月、2 月和 7 月、8 月估算即可,1 月 3G 手机和 4G 手机出货量相差 3984.7×(77.8%-10.2%)最大,8 月 3027.5×(42.5%-38.4%)最小。故选 A。

68. C。直接读图,我国 2G 手机出货量所占比例与上月相比有所上升的月份有 3、4、5、7、8、10、12 月,共计 7 个。故选 C。

69. A。读图,将 12 个月我国手机出货量累加除 12 得到全年平均数为 3768.6(或用截位估算法估算),再与选项比较可得最接近的为 5 月。故选 A。

70. D。A 项,直接读图得 2、5、8、10、12 月手机出货量下降,共计 5 个。B 项,直接读图,无论是手机出货总量还是 2G 和 4G 手机所占比例,2 月都是全年最低的。C 项,直接读图,7 月我国 4G 手机出货量为 4233×36.4%=1540>1500。D 项,直接读图,我国 3G 手机出货量所占比例 1 月到 2 月是上升的。故选 D。

71. B。根据表格,2014 年货运量比 2013 年多 (1.6-1.4) + (1.7-1.5) + (1.9-

1.6）+（1.9-1.7）=0.2+0.2+0.3+0.2=0.9。故选 B。

72. B。根据表格，2014 年四个季度客运量与 2013 年相差分别是 335-342=7，387-370=17，443-442=1，440-442=-2。故选 B。

73. D。根据表格，与 2013 年相比，珠江水系 2014 年货运周转量一到四季度增长率分别为（312.9-288）/288=8.6%，（338.8-322.6）/322.6=5%，（367.9-342.4）/342/4=7.4%，（442.5-397.9）/397.9=11%。故选 D。

74. D。根据表格，客运周转量 2013 年和 2014 年增长量增加了 0.1，与其他简单对比，很显然其增长率也最低。故选 D。

75. C。根据表格，A 项，客运量两年相差最大的为第二季度；B 项，货运周转量两年相差小的为第二季度；C 项，与 2013 年相比，珠江水系 2014 年客运周转量增长率为 0.1/8.5=1.1.8%，低于 2%；D 项，2014 年客运量最高值出现在三季度。综上可得选 C。

76. C。

77. C。最高的是广州，最低的是中山，45.75/1+7.1%=42.72。

78. D。四个城市的比例分别为 $\frac{45.75}{68.02} \approx 67.3\%$，$\frac{53.29}{62.62} \approx 85.1\%$，$\frac{23.5}{33.05} \approx 71.1\%$，$\frac{33.69}{38.1} \approx 88.4\%$

79. B。只有中山、惠州、肇庆三个市超过 10%。

80. A。A 选项中九市加和应该是 306.16 亿美元。

81. B。$\frac{2473}{3.56\%} = \frac{2569}{4.41\%} \approx 69466-58254=11212$，$\frac{11212}{58254} \approx 19.2\%$

82. C。$\frac{6315}{5.57} \times 26.41\% \approx 29942$

83. A。只有少儿人口的比例城市和农村都下降了，所以总人口也是逐年下降的。

84. C。两个人口数量的基数都一样，所以比值直接用两者的比重进行比较就可 $\frac{10.06\%}{70.78\%} \approx \frac{1}{7} \approx 14.3\%$

85. D。2000 年老年人口数量为 $\frac{8811}{6.96\%} \times$（1-36.22%）×7.5%≈6055；城镇老年抚养比值依次为 $\frac{4.54}{68.76} \approx 6.6\%$，$\frac{5.10}{72.57} \approx 7.0\%$，$\frac{6.42}{75.16} \approx 8.5\%$，$\frac{7.8}{78.12} \approx 10\%$，所以选 D。

86. D。基期量计算。材料中给出"2015 年 1~2 月，社会消费品零售额为 47993 亿元，同比，10.7%"，故 2014 年 1~2 月份，社会消费品零售额为 47993/（1+10.7%），因选项差别特别小，故精确计算，47993/1.107≈43354，因此本题答案为 D。

87. B。减少量计算。材料中给出"2015 年 1~2 月，石油及制品的销售额为 2667 亿元，同比增长-6.7%"可以计算出 2014 年 1~2 月为 2667/（1-6.7%）=2667/0.933

≈2858（亿元），2015年1~2月的同比减少的绝对量为2858-2667=191（亿元）。因此，本题答案为B。

88. A。基期比重计算。材料中给出2015年1~2月的数据，数据如下：

指　　标	1~2月	
	绝对量（亿元）	同比增长（%）
社会消费品零售总额	47993	10.7
其中：网上商品零售额	3991	47.4

要求的是2014年1~2月，根据基期比重的公式：$\frac{A}{B} \times \frac{1+b}{1+a}$，代入数据为$\frac{3991}{47993} \times \frac{1+10.7\%}{1+47.4\%} \approx \frac{4000}{48000} \times \frac{1.1}{1.5} \approx 6\%$，观察选项，只有A比较接近，因此，本题答案为A选项。

89. C。直接读数比较。材料中给出了2015年1~2月份的数据，如下：

指　　标	1~2月份
	同比增长（%）
A. 文化办公用品	10.0
B. 家具	12.4
C. 日用品	14.6
D. 汽车	10.8

同比增长最快，即比较的是增长率，因此增长率最快的是日用品14.6%，故本题答案为C。

90. B。A选项，直接读数比较，城镇的为41135，乡村为6858，或者根据常识判定，显然，城镇的消费能力高于农村的，A选项错误。

B选项，直接读数比较，中西药品零售额的增长速度为16.4%，高于化妆品9.9%，B选项正确。

C选项，直接读数，限额以上单位餐饮收入为1356亿元，餐饮收入为5079亿元，限额以上单位餐饮收入仅占了不到1/3，C选项错误。

D选项，直接读材料，显然分类不对，按照消费类型分类为餐饮收入和商品零售，而非限额以上，D选项错误。

91. C。简单计算。根据图形中的数据可知，2011年城乡居民收入差距为21810-6977=14833，2012年城乡居民收入差距为24565-7917=16648，2013年城乡居民收入差距为26955-8896=18059，2014年城乡居民收入差距为28844-9892=18952，所以，差距最小的年份是 2011 年，差额为 14833 元。因此，正确答案为 C 选项。

92. D。简单计算。通过比较 2010—2014 年我国城镇居民人均可支配收入的柱子的高度差，可知 2014 年的增长量是最少的。因此，正确答案为 D 选项。

93. B。简单计算。根据第一个图形中的数据进行简单计算可知，只有 2011 年的增长量大于 1000 元，为 6977－5919＝1058 元，其他年份的增长量均小于 1000 元，因此，正确答案为 B 选项。

94. C。增长率的计算。根据图形中的数据可知，2013 年城镇居民人均可支配收入比同年农村居民人均纯收入高（26955－8896）/8896＝18059/8896≈203%，直除法通过前两位就可以判定正确答案。因此，正确答案为 C 选项。

95. B。综合分析。A 选项，简单计算。通过观察简单计算可知 2009 年城乡居民收入差距是最小的。因此，A 选项错误。

B 选项，直接读数。直接看图形可知 2009—2014 年农村居民人均纯收入呈上升趋势，因此，B 选项正确。

C 选项，倍数的计算。2012 年城乡居民收入比值为 24565/7917，2013 年城乡居民收入比值为 26955/8896，计算方法采用差分法，差分数（26955－24565）/（8896－7917）＝2390/979≈0.2，与 24565/7917≈0.3 比较，可知 2012 年城乡居民收入比值大于 2013 年。因此，C 选项错误。

D 选项，直接读数。因为图形中没有出现 2015 年的数据，所以 2015 年城乡居民差距无从得知。D 选项错误。

96. B。根据增长量公式计算 $\dfrac{28439}{1+25.45\%} \times 25.45\% = \dfrac{28439}{5} = 5687$，答案为 B 选项。

97. C。根据比重比较公式，如果部分增长率大于总的增长率，则比重上升，题目中只有抚养、扶养关系纠纷案件增长率 2.65% 大于总的增长率 2.47%，答案为 C 选项。

98. C。根据材料数据可得调解方式结案的比重为 $\dfrac{673749}{1379463} = 48.8\%$，判决的比重为 $\dfrac{373883}{1379463} = 27.1\%$，两者相减比重约提高了 22 个百分点，答案为 C 选项。

99. A。抚养、扶养关系纠纷案件比重为 $\dfrac{31082}{50547} = 61.5\%$，抚育费纠纷案件比重为 $\dfrac{11502}{24269} = 47.4\%$，其他类婚姻家庭案件 $\dfrac{52554}{109133} = 48.2\%$，其他类继承案件 $\dfrac{7426}{16516} = 45\%$，答案为 A 选项。

100. D。A 选项错，除了遗嘱继承案件多于收案数，抚育费纠纷案件同样也满足此条件。B 选项错，除了遗嘱继承案件的收案数有所上升以外，只要增长率大于零，说明均是有所上升。C 选项错，遗嘱继承案件的调解案件数占总结案数 $\dfrac{1790}{4076} = 43.9\%$。答案为 D 选项。

101. C。增长率=（现期量-基期量）÷基期量=$\frac{353.5-254.6}{254.6}$≈38.8%，答案为 C 选项。

102. B。比重=$\frac{1402}{2473.1}$≈56.7%，答案为 B 选项。

103. A。由表 2 可知，筹资费用 2012、2011 年分别为 48、8.5，因此倍数=$\frac{48.0}{8.5}$≈5.6，答案为 A 选项。

104. B。2011 年捐赠支出占免费午餐基金支出的比重为 89.68%，2012 年捐赠支出占免费午餐基金支出的比重为 84.97%，应该介于两者之间，结合选项，选择 B 答案。

105. D。从表中 A、B 很显然是错误的，C 选项 $\frac{4377.4}{21}$>200 万元，所以排除，答案为 D 选项。

106. C。由表格数据给出中医院占医院总数在 2006—2010 年的比重，比较其增长率谁下降更快，可以比较现期量除以基期量的大小。观察现期量和基期量差不多，可以看哪一年下降多，谁的增长率下降快，故 2009 年下降最快，答案为 C 选项。

107. A。可列算式 20918×2.4%-20291×2.4%，选项差距较大，估算（20900-20300）×2.5%=600÷40=15，选择 A 答案。

108. B。可列算式 20918×18.9%×35.6%，选项差距较大估算 20000×20%×36%=1440 与 B 接近，选择 B 答案。

109. A。由题意，(综合医院的接待诊疗者人次÷20918×65.4%)÷(中医院接待诊疗者人次÷20918×13.3%)，由题目给出两者的诊疗人次的倍数为 4.6，整理得 4.6×(13.3%÷65.4%)，约为 4.6×0.2=0.92，选择 A 答案。

110. D。A 选项由表格发现 2008 年医院总数下降，故 A 错误；B 选项 2009 年接待诊疗者人次为 20.40-1.18=19.22，故 B 错误；C 选项计算较复杂（20918×13.3%×81.2%）÷20918×46%<0.5，故 C 错误；D 选项增长率的比较可以比较（20918×18.9%）÷19246×15.7%与（20918×65.4%）÷19246×68.2%，显然前者大于后者。

111. A。由图可知，2013 年在该市有超过 40%的受访者网购的商品和服务项目是衣着服饰（78.7%）和食品保健品（49.5%）。

112. B。设受访者中女性所占的比例为 x。根据资料"受访者 2013 年人均网购次数为 19.4 次""女性受访者人均网购次数为 21.1 次，比男性受访者高出 3.8 次"，可列方程为 3000x×21.1+3000×(1-x)×(21.1-3.8)=3000×19.4，解得 x≈55.3%。

113. B。由资料第二段可知，2013 年人均网购次数分别为：35 岁以下的受访者 25.5 次，个人月收入为 10000 元以上的受访者 31.0 次，大专学历的受访者 21.8 次，大学本科及以上学历的受访者 27.3 次；最多的是 B 项。

114. B。由图可知，2013 年网购缴费充值服务的受访者占比为 36.8%，网购图书音像的受访者占比为 17.8%，则网购了缴费充值服务的人数为网购图书音像人数的$\frac{36.8\%}{17.8\%}$

$\approx \dfrac{37}{18} \approx 2.1$（倍）。

115. D。由图可知 2013 年网购日用化妆品的受访者占比为 39.7%，而受访者共 3000 人，故网购日用化妆品的受访者人数为 3000×39.7%＝1191（人），A 项正确。

由资料"个人月收入为 10000 元以上和 5000~10000 元的受访者人均网购次数分别是 31.0 次和 26.0 次"可知，B 项正确。

由图可知，2013 年网购家用电器、图书音像的受访者占比分别为 28.0% 和 17.8%，二者相差 28.0%－17.8%＝10.2%，C 项正确。

D 项，资料中分别给出了大学本科及以上学历和大专学历受访者的人均网购次数，并不能简单由二者的平均数得出大专及以上学历受访者的人均网购次数，D 项错误。

116. D。由文字资料最后一句话可知，2014 年城镇居民人均消费支出增长比农村居民人均消费支出增长低 12.0%－8.0%＝4.0%，D 项当选。

117. B。由资料第一句可知，2014 年全国居民人均可支配收入 20167 元，由图可知其中经营净收入为 3732 元，则在全国居民人均可支配收入中，经营净收入占比为 $\dfrac{3732}{20167}$ ×100%＜ $\dfrac{4000}{20000}$ ×100%≈20%，B 项符合。

118. A。由资料可知，2014 年城镇居民人均可支配收入 28844 元，比上年增长 9.0%；农村居民人均可支配收入 10489 元，比上年增长 11.2%。则 2013 年城镇居民人均可支配收入比农村居民人均可支配收入多 $\dfrac{28844}{1+9.0\%} - \dfrac{10489}{1+11.2\%} > \dfrac{28844-10489}{1+10\%} = \dfrac{18355}{1.1} \approx 16686$（元）。此外，不难得出 2014 年城镇居民人均可支配收入的增长量大于农村居民人均可支配收入的增长量，则 2013 年城镇居民人均可支配收入与农村居民人均可支配收入的差值必然小于 2014 年两者的差值，即小于 18355。满足上述限定范围的只有 A 项。

119. B。2013 年全国居民人均可支配收入为 $\dfrac{20167}{1+10.1\%} \approx \dfrac{20167}{1.1} \approx 18***$（元），直接选择 B 项。验证：2013 年全国居民人均消费支出为 $\dfrac{14491}{1+9.6\%} \approx \dfrac{14491}{1.1} \approx 13***$（元），B 项符合。

120. C。由文字资料所给出的数据，运用十字交叉法可得：

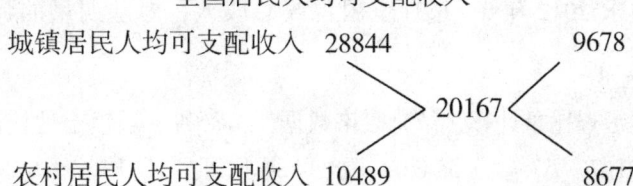

则 $\dfrac{\text{城镇居民人数}}{\text{农村居民人数}}=\dfrac{9678}{8677}$，则城镇居民人数占全国居民人数的比重为 $\dfrac{9678}{9678+8677}=\dfrac{9678}{18355}$，利用直除法得到计算结果的首位为5，C项符合。

121. B。2014年1～9月来自欧洲的入境外国人数占外国人总数的比重为 $408\div1922\approx400\div2000=0.2$。B项最为接近。

122. A。浏览表中各列，可以锁定各列求和较大的为观光休闲和其他，仔细比较可知最多的是观光休闲，A项当选。

123. C。以会议（商务）为目的的入境外国人数为 $219+41+109+10+15=394$（万人）。本题可采用尾数法。

124. C。根据大洋洲以不同目的入境的人数，从大到小取前三，C项当选。

125. D。来自亚洲以会议（商务）为目的入境人数为219万人，大于其他各洲以会议（商务）为目的入境总人数，A项错误。来自表中各洲探亲访友的人数并非所有行都最小，美洲和大洋洲不符合，B项错误。来自美洲服务员工的人数为14万人，大于会议（商务）人数的三分之一，C项错误。表中非洲入境总人数最小，目的为会议（商务）的比重最大，接近35%。因此D项当选。

126. B。根据文字资料第一段第一句可知，对居民社区宠物狗的叫声反感的市民占受访市民的比重为 $8.6\%+2.9\%=11.5\%$，B项正确。

127. B。支持广场舞等活动的人数为 $1000\times(1-12.8\%-12.0\%)=752$（人），B项正确。

128. C。题干中，由于受访市民可以进行多项选择，即选择"中老年人的正常锻炼娱乐活动"和"有利于中老年人扩大社交、排解孤独"的青年市民人数存在重合，则同时选择二者的比重至少为 $66\%+64.7\%-100\%=30.7\%$，C项正确。

129. A。根据柱状图中柱状的高低可以判断出市民反对广场舞等活动的主要原因是"噪音影响周围市民的生活和休息"，A项正确。

130. D。A项，在支持的市民中，有16.3%的中年受访者认为广场舞等活动可以通过规范管理克服，并不是此次调查中的中年受访者的16.3%，该项错误。B、C两项在资料中均没有提及，均排除。D项，在反对广场舞等活动的非中心城区受访者中，选择"音乐没有愉悦感，难以忍受"的比例为21.7%，高于中心城区（20.8%）和新区（11.1%），该项正确，当选。

131. B。本题求2012年1～6月全国税收总收入，即基期量的计算，$\dfrac{59260}{1+7.9\%}=54921.79$。本题选B。

132. D。本题考查比重计算，结合表格数据，房产税、城镇土地使用税和契税三部分增收总额为 $81.7+67.44+554.07$，故可得比重为 $(81.7+67.44+554.07)\div(59260.61-54921.79)\approx700\div4300\approx16.3\%$。因此，本题选D。

133. B。本题考查间隔增长率算基期，2013年增长率为-16%，2012年增长率为

−16%+22.9%＝6.9%，则间隔增长率为−16%+6.9%−16%×6.9%≈−10.1%，故可得 1212.1÷（1−10.1%）≈1350亿元。因此，本题选 B。

134. D。本题考查增长率比较，A、B 分别为 14.2% 和 6.6%，C 对应增长量明显很小，直接排除；而契税增长率为 554.07÷（1946.07−554.07）＝554.07/1392>30%。因此，本题选 D。

135. B。①考查混合增速，第二季度中每月增速均不低于 7.9%，可知第二季度增速高于 7.9%，而上半年整体增速为 7.9%，整体增速介于一、二季度增速之间，可知第一季度增速低于 7.9%，该说法正确。

②下半年税收总收入的增长趋势在材料中没有提到，该说法不能得到。

③说法如果成立，则税收增长 1313.78 亿元，则增长率提高 1313.78/54921.79>2%，即高于 2 个百分点，矛盾，故不成立。

④企业所得税和国内增值税之和为 14963.38+14319.5＝29282.88，明显小于 59260.61 的一半，该说法不对。

综上，只有①说法正确，本题选 B。

136. B。该企业资本额超过 5000 万元，且最近两年获利能力都超过 2%，符合上柜市场要求。因此，本题选 B。

137. B。本题考查比重的整体计算，结合表格数据，21.352÷1.34%＝1593.43 兆新台币。因此，本题选 B。

138. D。本题考查倍数计算，结合表格数据，（20789/809）÷（154/285）＝47.55。因此，本题选 D。

139. C。本题考查基期计算，注意单位，（20.789+2.987+0.154）÷（1−23.38%）＝31.232 兆新台币。因此，本题选 C。

140. C。总市值排名和比重均不变，成交值排名不变，排除 A、B、D。因此，本题选 C。

141. C。本题考查的是考生对人口增长的理解，全年的增加人口即出生人口减去死亡人口，135404−（1635−966）＝134735 万人，直接计算尾数即可。本题选 C。

142. B。2012 年全国就业人员比 2011 年增加 284 万人，其中城镇就业人员增加了 1188 万人，所以乡村就业人员减少，1188−284＝904 万人。本题选 B。

143. B。本题考查增长率的比较。2012 年男性人口的增长率是 $\frac{327}{69395}$，女性人口的增长率是 $\frac{342}{66009}$，城镇人口的增长率是 $\frac{2103}{71182}$，结合分数性质即可比较出大小，城镇人口>女性人口>男性人口。本题选 B。

144. C。A 选项，根据常识可知正确，但并未在材料中体现，故本说法不对。

B 选项，增长量比较只需比较现期量×增长率即可，明显前者大于后者，故本说法不对；

C 选项，该选项设置了一个转化点，2026 年相对 2012 年过了 14 年，其中 1～14 岁的区间转化为 15～59 岁的区间，这部分应少于 0～14 岁区间的 22287 万人，结合 45～59 岁区间转化为 60 岁以上区间，则必少于 22287 万人，故该说法正确。

D 选项，此时没有考虑出生和死亡人数，如果乡村人口中出生人口多于死亡人口，则转移为城镇人口应多于净减少人口 1434 万人，故该说法不对。

145. A。用 0～14 岁的人口减去新出生的人口，得到的就是 1～14 岁人口的数量，即 22287−1635＝20652 万人。因此，本题选 A。

146. D。2011 年全国国内旅游收入为 22706.22÷（1+17.6%）＝19308.01 亿元。因此，本题选 D。

147. C。本题考查比重，农村居民比重为（29.57−19.33）÷29.57＝10.24÷29.57＝34.63%。因此，本题选 C。

148. B。俄罗斯、英国、德国、意大利、法国属于欧洲，592.16×11%＝65.14，只有德国和俄罗斯超过。因此，本题选 B。

149. C。2012 年美洲以及美国和加拿大的入境旅游人数增长率都很小，故总量和 2011 年很接近。则可得 317.95−211.81−70.83≈35，只有 C 与之很接近。因此，本题选 C。

150. C。A 选项，观察可知，韩国为最多，可以推出。B 选项，观察表格中国家，有 12 个属于亚洲，占 20 个国家的六成，可以推出。C 选项，非洲入境旅客比重为 52.49÷（1664.88÷61.2%）＝1.92%，不能推出。D 选项，观察表格，很明显越南增长最快。综上所述，只有 C 不能得到，因此，本题选 C。

151. D。从柱状图中直接查找计算即可，很明显住宅用地增加超过了 2，其他都不到 2。因此，本题的正确选项是 D 选项。

152. B。比较增长量大小，本题没必要将每年的四个数加和再求增量，先观察柱状图的高度差发现 2011 年和 2012 年增长比较多，而仔细观察会发现 2011 年增长得更多。因此，本题的正确答案是 B 选项。

153. B。比重计算，2013 年工矿仓储用地为 21，全年为 6.51+31.73+13.81+21，约为 73，21/73＝28.7%，所以本题的正确答案是 B 选项。

154. C。查找后判断趋势，2009—2013 年住宅用地变化情况为 2012 年下降，其他年份都是上升，只有 C 符合。所以本题的正确答案是 C 选项。

155. A。综合分析。A 选项，假设每年比重恰好 10%，可以得到总量，再和实际总量对比即可，每年的实际总量均明显偏大，说明每年商服用地占比不足 10%。A 选项正确。B 选项，2010 年基础设施等其他用地面积低于工矿仓储用地面积。C 选项，2010 年总量不到 45 万公顷。D 选项，简单计算，2012 年基础设施等其他用地面积少于其他 3 项总和。

156. C。增长量比较。2010、2011、2012 年和上年直接作差即可求增长量，其中只有 2010 年的不到 3000。而 2009 年的增长量需要借用增长率求，增长率为 1/15，所以增长量约为18199/16，很明显小于3000。因此，本题的正确选项是C选项。

157. B。可以用增长量公式计算出2013年的增长量为3966，要想超过5万，那需要4年多一些。因此，本题的正确答案是B选项。

158. B。与2013年数据32706最接近的数据是33081。所以，2012年的两个数据分别是城镇居民收入为28702，而行业是采矿业的，数据是29684，所以，要高900元。因此，本题的正确答案是B选项。

159. A。给了基期量和现期量，求增长率，可以直接利用增长率公式计算，只有A选项增长率在15%以上，A正确。

160. C。综合分析。C选项是增长量比较，直接计算得：金融业的增长量小于交通运输业。因此，本题的正确选项是C选项。

161. A。问比重超过20%的，且为单选题，只需要找进出口总额最大的即可。因此，本题的正确选项是A选项。

162. D。2013年顺差关系，那就只有水果，因为2014年其他三个差距太大。因此，本题的正确答案是D选项。

163. A。整体混合增长率。处在17.2%和-11.6%之间，更靠近-11.6%，所以本题的正确答案是A选项。

164. B。直接读数题。本题的正确答案是B选项。

165. D。A选项，直接查找，共9类农产品，符合要求的占了4个，不到一半。
B选项，食用油籽出口额增速低于农产品总出口额增速，所以比重下降了。
C选项，基期量比较大小，很明显上年同期棉花高于谷物。
D选项，农产品进口额增长得更快，所以逆差变大了。D正确。

166. C。简单读数。从表格中的第二部分比重部分，逐渐下降的只有原煤和原油。

167. B。增加倍数问题。2030年天然气的数量为700，2015年天然气的数量为270，所以倍数为：$\frac{700}{270}-1=1.6$。

168. A。比重差值问题。2030年原煤比重比2015年低了：68%-52.8%=15.2%，所以选择A选项。

169. C。最强劲的意思就是幅度变化最大的，所以我们指量变化最大的，则为天然气，选择C选项。

170. C。A选项不正确，绝对量是下降趋势；B选项不正确，天然气的绝对量和比重都是下降趋势；C选项正确；D选项不正确，2030年消费量最大的能源品是原煤。

171. D。根据表格数据可知，交通运输业、文化产业、餐饮业、租赁服务业的比重分别为$\frac{1000}{30804}=0.03*$、$\frac{542}{4262}=0.1*$、$\frac{3912}{43809}=0.08*$、$\frac{1243}{25659}=0.04*$。文化产业的比重最高。因此，本题选D。

172. B。根据表格和柱形图数据可知，山东省有电子商务活动的企业个数为0.046×

$80686 \approx 3712$，广东省为 $0.077 \times 88121 \approx 6785$，山东省比广东省少 $6785-3712=73$ 个。因此，本题选 B。

173. C。根据柱形图数据可知，江苏、广东、安徽、辽宁、浙江、山东每百家企业拥有网站个数分别为 $\frac{76060}{104560}=0.7*$、$\frac{55718}{88121}=0.6*$、$\frac{20300}{31709}=0.6*$、$\frac{1602}{36190} \approx 0.4$，可以得到辽宁<山东<安徽<江苏。因此，本题选 C。

174. A。根据表格数据可知，餐饮业比房地产业高 $\frac{51.4}{51.4+34.3}-\frac{12.6}{12.6+10.3}=\frac{51.4}{85.7}-\frac{12.6}{22.9} \approx 60\%-55\%=5\%$，即 5 个百分点。因此，本题选 A。

175. C。A 选项，广东省有电子商务活动的企业个数为 $88121 \times 0.077 \approx 6785$、浙江省为 $75466 \times 0.115 \approx 8769$，浙江省多于广东省，A 选项错误。

B 选项，租赁服务业为 $\frac{1410417}{4567142} \approx 0.3$，文化产业为 $\frac{305439}{509065} \approx 0.6$，文化产业多于租赁服务业，B 选项错误。

C 选项，交通运输业、房地产业、租赁服务业、餐饮业、文化产业分别为 $\frac{36504}{90825} \approx 0.4$、$\frac{16951}{25659} \approx 0.6$、$\frac{21269}{43809} \approx 0.5$、$\frac{3549}{4262} \approx 0.8$，可知文化产业最大，C 选项正确。

D 选项，餐饮业为 $\frac{34.3}{34.3+51.4} \approx 0.4$，房地产业为 $\frac{10.3}{10.3+12.6} \approx 0.45$，房地产业大于餐饮业，D 选项错误。

176. B。本题考查增长率知识，在表格中倒数两行，2013 年的公共财政收入为：$60198.48+69011.16$，2012 年的公共财政收入为：$56175.23+61078.29$，那么增长率为：$\frac{60198.48+69011.16}{56175.23+61078.29}-1 \approx 10.19\%$，故答案选 B。

177. B。本题考察增长量的比值，2010 年中央财政科技支出增长额为：$42488.47-35915.71=6572.76$，2011 年中央财政科技支出增长额为 $51327.32-42488.47=8838.85$，比值为：$\frac{6572.76}{8838.85}<1$，故答案选 B。

178. D。本题考查现期量的计算，根据增长率不变，增长量越来越大可知，2014 年的地方公共财政收入值应该为：2013 年的值+2014 年的增量>2013 年的值+2013 年的增量=$69011.16+（69011.16-61078.20）\approx 7.7$ 万，故本题答案选 D。

179. A。本题考查简单计算，地方财政赤字分别为：2010 年：$73884-40613=3+$，2011 年：$92734-52647=4*$，2012 年：$107188.31-61078=4*$，2013 年：$119740-69011=5*$，故答案选择 A。

180. C。$\frac{22001.76}{20471.76+119740.34} \approx 15.7\%$，B 选项错误。C 选项：交通运输支出占公

共财政支出的比约为：$\frac{9348.82}{20471.76+119740.34}<10\%$，C 选项正确。D 选项：社会保障和就业支出占公共财政支出的比约为：$\frac{14490.54}{20471.76+119740.34}>10\%$，D 选项错误。故答案选 C。

181. B。简单计算。从表格中可以得到 2014 年上海与江苏经常项目人民币结算金额占比分别为 15.5% 和 6.3%，因此 15.5%-6.3%=9.2%。所以选择 B 选项。

182. D。简单计算。从表格中可以得到 2014 年京津沪经常项目人民币结算金额占比分别为 10.3%、2.7% 和 15.5%，因此 10.3%+2.7%+15.5%=28.5%。所以选择 D 选项。

183. C。从图表中可以得到 2011 年和 2014 年经常项目人民币结算金额分别为 5063 亿元和 20808 亿元，因此 20808/5063≈4 倍，也就是翻了两番。所以选择 C 选项。

184. A。增长率比较。2011、2012、2013、2014 年经常项目人民币结算金额增长速度分别为 $\frac{20808}{5063}-1\approx 3$、$\frac{29381}{20808}-1\approx 0.4$、$\frac{46298}{29381}-1\approx 0.6$、$\frac{65539}{46298}-1\approx 0.41$，因此选择 A 选项。

185. C。A 选项：直接读数，原材料"2014 年 12 月，人民币成为全球第 2 大贸易融资货币、第 5 大支付货币、第 6 大外汇交易货币"，因此 A 选项正确。

B 选项：增长率计算，2011、2012、2013、2014 年经常项目人民币结算金额增长速度分别为 $\frac{20808}{5063}-1\approx 3$、$\frac{29381}{20808}-1\approx 0.4$、$\frac{46298}{29381}-1\approx 0.6$、$\frac{65539}{46298}-1\approx 0.41$，只有 2011、2013 年超过 50%，所以 B 选项正确。

C 选项：从表格中可以看出，2014 年我国经常项目人民币结算金额中，出口贸易和进口贸易分别为 25170.5 亿元、33803.0 亿元，出口贸易占比小于进口，因此 C 选项错误。

D 选项：根据文字材料"2014 年，人民币国际使用继续较快发展，人民币跨境收支占本外币跨境收支的比重上升至 23.6%，离岸人民币市场进一步拓展，人民币国际合作不断深化"，D 选项正确。选择 C 选项。

186. C。根据材料"2014 年，河北省空气优良天数平均为 152 天，同比增加 23 天"，2013 年河北省城市空气优良天数平均为 152-23=129 天，应选 C 选项。

187. B。根据材料"2014 年，北京市 PM2.5 年均浓度与 2013 年相比下降 4.0%"，"2014 年，河北省 PM2.5 平均浓度同比下降 12%"，"2014 年，天津市 PM2.5 浓度下降 13.5%"，2014 年，京津地区全年 PM2.5 浓度降幅在 4.0%~13.5%，应选 B 选项。

188. A。根据材料"天津市全年 PM2.5、PM10，扬尘为首要因素（占比分别为 30% 和 42%），其次是燃煤（占比分别为 27% 和 23%）和机动车（占比分别为 20% 和 12%）"，应选 A 选项。

189. D。根据材料"2014年天津市 NO_2 年平均浓度值48，2014年北京市 NO_2 年平均浓度值56.7"，天津低于北京 $\frac{56.7-48}{56.7}\approx15.3\%$，应选D选项。

190. C。A选项：根据材料"2014年，北京市达标天数比例为47.1%"，所以2014年北京市环境空气质量达标天数为 $365\times47.1\%\approx172$ 天，根据材料"2014年，天津市达标天数为175天"，因此A选项错误；B选项：材料中无相关信息，所以B选项错误；C选项：根据材料"2014年，北京市全年PM2.5主要来源于本地污染排放（占64%~72%），其中，机动车排放占比达31%成为主导因素"，因此C选项正确；D选项：材料中无相关信息，所以D选项错误。应选C选项。

191. C。2014年下半年全国租赁贸易进出口总额为 $10.03+8.57+14.58+9.54+6.22+18.26\approx10+9+15+10+6+18=68$（亿美元），C项与之最接近，当选。

192. C。可直接比较各选项的现期值÷基期值的分数大小关系，分数最大的则增速最快。A项为 $8.64\div3.39>2$，B项为 $14.58\div8.57<2$，C项为 $18.26\div6.22\approx3$，D项为 $12.09\div6.9<2$。显然C项分数最大，增速最快，当选。

193. B。2015年一季度进出口总额为 $6.9+12.09+5.29\approx7+12+5=24$，2014年第四季度为 $9.54+6.22+18.26\approx10+6+18=34$，前者比后者降低了 $\frac{34-24}{34}=\frac{10}{34}<\frac{1}{3}\approx33\%$，B项符合。

194. B。由柱状图和折线图综合来看，全国租赁贸易进出口总额及同比增速均高于上月的月份有2014年5、7、9、12月和2015年的2、4月，共6个，因此B项当选。

195. A。A项，2013年8~9月租赁贸易进出口总额为 $\frac{8.57}{1-15.9\%}+\frac{14.58}{1+38.7\%}>\frac{8.57}{0.857}+\frac{14.58}{1.458}>10+10=20$（亿美元），该项正确，当选。B项，2015年1~4月全国租赁贸易进出口额月均为 $\frac{6.9+12.09+5.29+6.94}{4}<\frac{7+12+6+7}{4}=\frac{32}{4}=8$（亿美元），该项错误。C项，2015年4月全国租赁贸易进出口额为6.94亿美元，同比增长105%，2014年同期同比增长-41.7%，则2015年4月全国租赁贸易进出口额是2013年同期的 $(1-41.7\%)\times(1+105\%)=0.583\times2.05<2$（倍），没有翻一番，该项错误。D项，图中同比下降的月份有4个，总数为13个，因此所占比重小于 $\frac{1}{3}$，该项错误。

196. B。2014年1~10月我国货物运输总量为393.2-39.3，利用尾数法算得尾数为9，B项符合。

197. A。由于各领域1~11月和11月的同比增速均较小，对计算结果的影响不大，因此本题可转化为判断2014年1~10月货物运输总量最大的领域。铁路：(35-3.2)亿吨；公路：(303.6-30.7)亿吨；水运：(54.5-5.4)亿吨；民航：(538-55.5)万吨。目测可知公路最大（注意民航的单位是万吨），A项当选。

198. B。水运周转量占比=水运周转量÷货物周转总量。2014年11月水运周转量是8204.1亿吨公里，总量是16409.2亿吨公里，占比非常接近50%。2014年11月水运周转量同比增速为12.5%，货物周转总量同比增速小于12.5%，为8.6%。可得2013年11月占比略小于2014年11月，大约在40%~50%范围内，B项当选。

199. D。要使占比超过上年同期水平，只需要使该运输方式货物运输量同比增速大于货物运输总量同比增速即可。根据表格第三列数据可知，符合题意的是公路和水运，因此选择D项。

200. C。A项，2014年1~11月月均货物运输量为393.2÷11≈36（亿吨），错误。

B项，每吨货物平均运输距离为164873÷393.2≈165000÷400<500（公里），错误。

C项，铁路货运量占总体比重为 $\dfrac{35}{393.2}=\dfrac{1}{\dfrac{393.2}{35}}\approx\dfrac{1}{11}$，货物周转量占总体比重为 $\dfrac{25200.7}{164873}=\dfrac{1}{\dfrac{164873}{25200.7}}\approx\dfrac{1}{7}$，前者小于后者，正确。

D项，公路货物周转量同比增量为 $\dfrac{55448}{1+9.8\%}\times 9.8\%$，水运的为 $\dfrac{84056}{1+16\%}\times 16\%$，目测可知前者小于后者，错误。因此C项当选。

201. A。2015年2月，快递业务收入为136亿元，业务量为8.2亿件，每件的平均收入为136÷8.2<136÷8=17（元），因此A项当选。

202. A。2015年2月，全国每百万件的有效申诉量为23.4件，快递业务总量为8.2亿件，因此有效申诉量为23.4×820000000÷1000000=23.4×820=234×82=19188（件）=1.92（万件），占总申诉量的比重为97.6%，接近100%，则全部申诉量将略大于1.92万件，A项符合。

203. D。2015年1月，企业1丢失损毁有效申诉量为23.79÷（1+49%），企业2为8.89÷（1+87%），显然企业1>企业2，排除A、C两项。企业3为7.07÷（1+114%）≈7.07÷2.14≈3.＊，企业4为6.37÷（1+55%）=6.37÷1.55≈4.＊，企业4>企业3，排除B项，因此D项当选。

204. B。2015年2月，企业1的有效申诉量环比增长48%，投递服务环比增长53%，因此2月所占比重高于上月。企业2的有效申诉量环比增长55%，投递服务环比增长44%，比重小于上月。企业3的有效申诉量环比增长140%，投递服务环比增长139%，所占比重小于上月。企业4的有效申诉量环比增长36%，投递服务环比增长41%，因此所占比重高于上月。综上只有两家符合题意，B项当选。

205. B。A项，2014年2月快递业务完成量为8.2÷（1+18.7%）<8（亿件），错误。B项，由题意可知，2015年2月，全国每百万件的有效申诉量为23.4件，有效申诉占比为97.6%，因此每百万件中非有效申诉量为23.4÷97.6%×（1-97.6%）≈23.4×0.03≈0.7<1（件），正确。C项，全国每百万件有效申诉量为23.4件，企业4每百万

件有效申诉量为 17.81 件，后者小于前者，错误。D 项，企业 1 每百万件延误有效申诉量为 19.93 件，企业 2 为 11.12 件，前者没有超过后者的 2 倍，D 项错误。因此 B 项当选。

206. A。通过观察图，科技人力资源总量 2005—2013 年数据分别为：3510、3840、4240、4700、5190、5700、6300、6742、7105。用现期量-基期量即可知道增长量是否超过 500 万，只有 2010、2011 年增长量超过 500 万。故本题答案为 A 选项。

207. D。观察 4 个选项，发现时间段都是一样的，均为 5 年，因此比较年均增速可以灵活比较末期与初期的增速即可。观察图，2005—2013 年数据分别为 268、292、321、354、389、425、468、498、522，发现 2013 年相对于 2008 年增速最慢。故本题答案为 D 选项。

208. B。

209. D。通过观察图，2007 年本科及以上学历者为 1810 万，科技人力资源总数为 4240；2012 年本科及以上学历者为 2745 万，科技人力资源总数为 6742 万，可直接用 2012 年的比重-2007 年的比重。故本题答案为 D 选项。

210. A。A 选项，从图中可以看出，2011—2013 年每万人口中科技力量资源数分别为 468、498、522。2013 年增长量小于 2012 年，而且基期量增加，因此 2013 年增速低于上年水平。故 A 选项正确。

B 选项，从图中可知，2005—2013 年科技人力资源总量分别为 3510、3840、4240、4700、5190、5700、6300、6742、7105，观察数据 2013 年增长量为 363，超过 2006 年的增长量 330。故 B 选项错误。

C 选项，通过观察图 2013 年本科及以上学历科技人力资源数 2943 万，2006 年为 1620 万，很明显数据没有达到 2 倍，并没有翻番。故 C 选项错误。

D 选项错误。故本题答案为 A 选项。

211. C。通过材料 "2015 年 1~6 月民间固定资产投资 154438 亿元，占全国固定资产投资的比重为 65.1%"，以及图中可以读出 2015 年 1~6 月全国固定资产投资同比增速为 11.4%，可知，2014 年 1~6 月全国固定资产投资万亿。故本题答案为 C 选项。

212. D。根据图中数据 2015 年 1~6 月民间固定资产投资同比增长 11.4%，2014 年 1~6 月民间固定资产投资同比增长 20.1%，即下降 8.7 个百分点。故本题答案为 D 选项。

213. A。两期比重大小比较，直接比较部分增长率与整体增长率的大小。在文字中，三次产业民间固定资产投资增长率分别为 31.4%、10.8%、10.9%，全国固定资产投资总额增长率为 11.4%，通过比较只有第一产业增长率高于全国的增长率，即只有地产业比重高于上年同期水平。故本题答案为 A 选项。

214. D。通过图可以观察出，2015 年上半年全国固定资产投资同比增长率为 11.4%，2014 年上半年全国固定资产投资同比增长率为 17.3%，直接代入两年混合增长率公式：$r_1+r_2+r_1\times r_2 = 11.4\% + 17.3\% + 11.4\% \times 17.3\% = 30.67\%$。故本题答案为 D

选项。

215. B。A 选项，通过图可以观察出，全国固定资产投资额同比增速分别为 2015 年 1~2 月 13.9%，1~3 月 13.5%，1~4 月 12.0%，1~5 月 11.4%，1~6 月 11.4%。可以得到 5 月累计与 6 月累计同比增速相等。故 A 选项错误。

B 选项，根据材料"2015 年 1~6 月民间固定资产投资 154438 亿元，占全国固定资产投资的比重为 65.1%。比 1~5 月下降 0.3 个百分点"，可算出 1~5 月比重为 65.4%。可知 6 月份比重要低于 65.1%。故 B 选项正确。

C 选项，根据图，2015 年 1~4 月民间固定资产投资同比增速为 12.7%，1~3 月为 13.6%，12.7%~13.6%=−0.9%，即回落了 0.9 个百分点。C 选项错误。

D 选项，根据材料"2015 年 1~6 月采矿业民间固定资产投资 3092 亿元，下降 7.9%，降幅比 1~5 月份收窄 2.1 个百分点"，"制造业 69519 亿元，增长 10.7%，增速回落 0.6 个百分点"，可知 2015 年 1~5 月份采矿业增速为−7.9%−2.1%=−10%，制造业 1−5 月份增速为 10.7%+0.6%=11.3%。因此，采矿业比制造业低 21.3 个百分点。D 选项错误。

216. D。根据材料，2015 年 1~5 月收入增速为 10.8%，人数增速为−2.4%，则人均收入增速略大于 13.2%，故本题答案为 D 选项。

217. C。根据表格，A、B、C、D 选项中每个单位创造的收入分别直除首位数字为 4、3、2、3，最低的为 C 选项。故本题答案为 C 选项。

218. D。结合材料，2014 年 1~5 月 B 区其他辅助服务产业亏损额为 0.1+1.1=1.2，新闻出版业亏损额为 0.3−0.2=0.1，为 12 倍关系。故本题答案为 D 选项。

219. B。根据表格，九大领域中增速最快的三个领域分别是旅游、休闲娱乐，设计服务和广告会展，相对应的单位数为 13+1+14=30。故本题答案为 B 选项。

220. A。A 选项，广告会展业收入增长量为 $6.3-\frac{6.3}{1+20\%}>1$，A 选项正确；

B 选项，根据材料，2015 年 5 月底 B 区规模以上文化创意产业法人单位有 84 家，占全市 1%，则全市为 8400 家，B 选项错误；

C 选项，根据门类划分，广播、电视、电影产业总收入仅为 0.4 亿，不可能出现超过 1 亿元的企业，C 选项错误；

D 选项，2015 年 5 月该区平均每家规模以上文化创意产业法人单位拥有的从业人员人数为 154 人，小于 200，D 选项错误。

221. A。根据表格当中数据，2015 年 7 月有 31 天，平均每日监测到平面媒体涉嫌违法广告的条数约为 16，故本题答案为 A 选项。

222. B。根据比重=部分÷整体，根据表格当中数据，表格中"?"处的数据为 0.02%。故本题答案为 B 选项。

223. D。根据表中数据，在 2015 年 7 月广告涉嫌违法量居前十位的商品、服务类别中，涉嫌违法率超过 10% 的有：医疗诊疗服务、医疗美容、保健用品、卫生消毒用品等这四类。故本题答案为 D 选项。

224. C。根据比重=部分量÷整体量，根据表格中数据，在 2015 年 7 月广告涉嫌违法量居前十位的商品、服务类别中，监测量最多的前 3 个类别为：保健食品、人用药品、房地产，其涉嫌违法量分别为 35、107、35，而所有广告总涉嫌违法量为 594，故所求答案为 29%。结合选项，故本题答案为 C 选项。

225. C。A 选项，根据第一段，2015 年 7 月，广告涉嫌违法率为 0.20%，比 6 月下降了 0.07 个百分点，则 2015 年 6 月，广告涉嫌违法率为 0.2%，A 选项错误；

B 选项，根据表格中数据，则 2015 年 7 月，电视广告监测量占广告总监测量的比重为 53%，即五成多，B 选项错误；

C 选项，根据表中数据，涉嫌违法的医疗诊疗服务广告为 185，而电视媒体总的涉嫌违法量为 88，故大部分涉嫌违法的医疗诊疗服务广告出现在非电视媒体中，C 选项正确；

D 选项，根据表中数据，在 2015 年 7 月广告涉嫌违法量居前十位的商品、服务类别中监测量最低的为卫生消毒用品，其涉嫌违法率为 20.51%，监测量最高的为保健食品，其涉嫌违法率为 0.44%，则 D 选项错误。

226. A。直接观察图，国有工矿为 61.6%，国有垦区为 74.8%，国有林场为 77.1%，城中村为 63.9%。因此选择 A 项。

227. C。文字中提到 23.4% 和 40.2%，即 63.6% 居民表示"满意"和"基本满意"，因此有 36.4% 居民表示"不满意"和"不清楚"。因此（63.6%－36.4%）×10100=2747 人。因此答案选 C。

228. B。观察图表可知，表示"满意"比"不满意"多 1 倍以上的国有垦区，和其他共 2 个。

229. C。表示"不清楚"的居民最少为国有林场——7.6%，最多为其他——29.4%，相差 21.8%。因此答案为 C。

230. C。A 项错误，国有垦区占比最少是"不清楚"；B 项错误，国有工矿只有 61.6% 居民表示"满意""基本满意"；D 项错误，其他中，"基本满意"小于"不满意"和"不清楚"之和。

231. B。观察可知 2015 年 1~6 月火力发电量少于上年同期的月度增长率必然是负的，则有 2、3、4 和 5 月，共 4 个月。

232. D。第一季度降低 1000 亿千瓦小时左右，增速为-1000/13763。第二季度增长 700 亿千瓦小时左右，增速为 700÷12719。第三季度增长 1100 左右，增速为 1100/13444。第四季度降低 700 亿千瓦小时左右，增速为-700/14592。显然 D 项增长最慢，当选。

233. D。2015 年第二季度我国火力发电量为 3409+3444+3364=10217，比同期减少 365。选择 D 项。

234. B。2015 年 2~6 月的发展速度为 1028/565，那么 2015 年 7~11 月的发展速度

也为 1028/565，则 2011 年水力发电量可达 1028×1028/565＜1028×2＝2056（亿千瓦/小时），可得 B 项最符合。

235. C。A 项，2014 年第一、二、四季度水力发电量占总发电量的比重均不到 20%，而第三季度的比重超过 20%，可知该项说法正确，排除。

B 项，2013~2014 年各个季度中占比最小的是 2014 年第三季度，为 10377÷14592 ≈10377÷14600＞70%，可得各个季度的占比均大于 70%，该项说法正确，排除。

C 项，2015 年 1 月水力和火力发电量均有所增长，增长方向相同，可得该项说法错误，当选。

D 项，2013 年第四季度、2014 年第一季度、2014 年第四季度、2015 年第一季度这四个季度环比有所减少，可得该项说法正确。

236. D。"部分增长率大于整体增长率，比重上升"，所以全国技术合同成交金额增速超过 GDP 增速只需要找出全国技术合同成交金额占 GDP 的比重是上升的，在图 1 中符合题目条件的年份有 2006、2007、2010、2011、2012、2013 年，共 6 个年份。

237. B。估算。18+22+27+30+39＝136，所以答案选 B 项。

238. C。

239. A。2012 年技术合同成交总金额的 10% 是 643.7，在图 2 中超过 643.7 的有电子信息技术、现代交通、先进制造技术、新能源与高效节能、城市建设与社会发展、环境保护与资源综合利用技术，共 6 个。

240. D。A 项，图 1 技术合同成交金额同比增量最大的是在 2012 年。

B 项。图 1 中技术合同成交金额占 GDP 比重最高的年份是 2013 年，最低是在 2005 年，之间差 8 年。

C 项。2013 年电子信息技术和同成交金额的两成为：1946.5×20%＝390，不到 390 的一共有 4 个。

D 项。$\frac{951.3}{7469}=12.7\%$，符合题意，正确。$\frac{736.5}{\underset{1.31\%}{7469}}=736.5\times\frac{1.31\%}{7469}\approx\frac{1.31\%}{10}=0.131\%$。

241. D。2013 年的算术平均为 42600.5，2001 年的算术平均为 8349，所以增量值为 34251.5 元，增速值为 34251.5/8349≈4.1，所在选择 D。

242. C。增量＝末期量－初期量，C 选项的末期量最大、初期量最小，显然增量最大，所以选择 C。

243. C。平均增长率越大，末期和初期的比值越大。A：38301/20639，B：47806/21699，C：43890/19548，D：42726/21060，C 最大，所以选择 C。

244. A。中位数＝（20639+21060）/2＝20849.5，所以选择 A。

245. C。C 项中，年均增速大，末期与初期的比值也大，$\frac{20160}{9603}>\frac{42726}{21060}$，所以选择 C。

246. C。材料未提及江河数量，无法得出 C 结论，所以选择 C。

247. D。本题计算很复杂，$\dfrac{24.8+28.0+14.6+474.3}{\dfrac{24.8}{118.6}+\dfrac{28.0}{116.9}+\dfrac{14.6}{101.5}+\dfrac{474.3}{1603.9}}=\dfrac{541.7}{0.89}\approx 610$，所以选择 D。

248. D。简单的读数比较，西藏的地表和地下水资源都是最大的，所以选择 D。

249. B。人口=水资源总量/人均水资源量，A：$\dfrac{1706.7}{3652.2}$，B：$\dfrac{1424.0}{3155.3}$，C：$\dfrac{2057.3}{4376.8}$，D：$\dfrac{790.1}{1364.9}$，看最高两位的比值，最小的是 B，所以选择 B。

250. A。Ⅰ和Ⅱ直接看表格数据，显然不对；Ⅲ根据表格数据，人口数和人均水资源量也不是你大我小的关系（如广东省的人口多，但人均水资源也大），三句话均不正确，所以选择 A。

第六篇 常识判断篇

第一章 政治常识

第一节 破解政治常识的秘密

常识部分是考生最尴尬的部分,有很多的知识需要复习。无论是政治、经济、历史,还是文化、地理、自然、科技,每一个部分的知识量都是车载斗量也学不完的。

古人云:"吾生也有涯,而知也无涯。以有涯随无涯,殆已。"用今天的话来说就是,我们的时间和精力都是有限的,但是知识总量是无限的,用有限的时间和精力去跟无限的知识总量拼,估计够呛。那该怎么办呢?

古人又云:"缘督以为经,可以保身。"意思是你抓住其中的一些重点,寻找其中的规律,就可以保证不出大问题。所以,常识判断的各个部分我们都要想尽办法抓住重点内容,提炼出被称为"经"的东西。

有人问,"经"是啥东西呀?"经"是古时候织布排上去的经线。在织布的时候,这些经线是不动的。所以,"经"被引申为不变的东西。像《易经》《道德经》《黄帝内经》等带有"经"字的古籍,揭示的内容是亘古不变的规律,所以千古流传。

每一个常识部分都有一个"经",说通俗点,就是核心价值观。那么,本章政治常识的核心价值观是什么?这就涉及首先要解释政治这个概念是什么。

毛主席有一件轶事。他问身边的一位工作人员:"什么是政治?"这位工作人员思考了一下,长篇大论地讲政治是什么。毛泽东又问:"那什么是宣传工作?"这位工作人员又开始大谈特谈。

显然这位工作人员没有讲到点子上。毛泽东摆摆手说,不要把问题搞复杂了。政治就是把拥护自己的人搞得多多的,把敌人搞得少少的;宣传工作就是讲自己的好话,讲敌人的坏话。

大道至简。如何实现毛泽东说的"把拥护自己的人搞得多多的,把敌人搞得少少的"呢?主要是通过以下办法。

一、政治口号是高度浓缩的政治常识

什么是政治口号?无非就是告诉所有人,我们现在或将来要干什么。美国人为什么选特朗普当总统,不就是因为他的政治口号里面有选民们想要的东西?大家听到了他的

政治口号，知道他上任后要干什么，刚好符合选民对未来的希望，所以大家都投他的票，他自然就当选了。

在我们国家也是一样的。党中央、国务院也会提出当前的政治口号。

问：要干成什么样子呢？

党中央：国家富强、民族振兴、人民幸福。

你一听就回过神来了，这不就是"中国梦"吗！

问：要怎么干呢？

党中央：全面建成小康社会、全面深化改革、全面依法治国、全面从严治党。

你又一听，哦，原来是"四个全面"。

党中央是管宏观的，国务院负责具体落实。所以党中央的政治口号比较宏观，国务院要围绕党中央的政治口号提出具体怎么做，也会推出一些政治的概念，比如"互联网+""大众创业，万众创新""供给侧改革"等。

党中央、国务院在电视、广播、网络、报纸等媒体铺天盖地讲这些政治口号，是想凝聚全国各族人民的力量一起来实现。由于媒体时时讲、天天讲、月月讲、年年讲，稍有留意就能知道。如果你对这些漠不关心，连现在国家想要干什么都不知道，你怎么能进公务员队伍和国家一起努力实现这些？如果你没考上公务员，是不是理所应当的呢？

【例题】"四个全面"是新一届党的领导集体治国理政的战略布局。下列与"四个全面"有关的说法正确的是（　　）（2016年国考第1题）

A. 党的十八大通过了《中共中央关于全面深化改革若干重大问题的决定》

B. 十八届三中全会通过了《中共中央关于全面推进依法治国若干重大问题的决定》

C. 十八届四中全会提出了"全面建成小康社会"的战略目标

D. 习近平总书记在江苏调研时将"从严治党"首次提升到"全面从严"的高度

☞ 解析　D。A项，2013年11月12日，中国共产党第十八届中央委员会第三次全体会议通过《中共中央关于全面深化改革若干重大问题的决定》，11月15日，该决定正式发布。A项错误。B项，中国共产党第十八届中央委员会第四次全体会议审议通过了《中共中央关于全面推进依法治国若干重大问题的决定》。B项错误。C项，中共十八大提出了"全面建成小康社会"的战略目标。C项错误。D项，12月13日至14日，中共中央总书记、国家主席、中央军委主席习近平在江苏调研将"从严治党"首次提升到了"全面从严"的高度。D项正确，当选。

【例题】年轻的"创客"们带来了"大众创业，万众创新"的活力，正在成为中国经济未来增长的不熄引擎。下列哪一项是我国政府部门可以为"创客"提供的支持（　　）（2015年下半年天津市第13题）

A. 搭建平台安排创客就业　　B. 提供财政税收政策支持

C. 免除企业工商注册手续　　D. 购买商业保险规避风险

☞**解析**　A。2015年1月28日国务院总理李克强主持召开国务院常务会议，确定支持发展"众创空间"的政策措施，为创业创新搭建新平台。会议指出，顺应网络时代推动大众创业、万众创新的形势，构建面向人人的"众创空间"等创业服务平台，对于激发亿万群众创造活力，培育包括大学生在内的各类青年创新人才和创新团队，带动扩大就业，打造经济发展新的"发动机"，具有重要意义。措施：①为小微创新企业成长和个人创业提供低成本、便利化、全要素的开放式综合服务平台；②简化登记手续，为创业企业工商注册提供便利；③对种子期、初创期科技型中小企业给予支持，培育发展天使投资；④支持举办创业训练营、创业创新大赛等活动。

【例题】2014年3月5日，李克强总理在作政府工作报告时指出，要加强环渤海及京津冀地区经济协作。下列有关"京津冀一体化"的表述，正确的有（　　）（2015年北京市第34题）

A. 目前，京津冀海关区域通关一体化已经实现

B. "京津冀一体化"由京津唐工业基地的概念发展而来，包括北京市、天津市及河北省

C. 2014年8月北京、天津两市签署了《贯彻落实京津冀协同发展重大国家战略推进实施重点工作协议》

D. 2014年8月北京市和河北省签署了两省市《共同打造曹妃甸协同发展示范区框架协议》《共建北京新机场临空经济合作区协议》等七项协议

☞**解析**　BCD。海关总署日前出台《京津冀海关区域通关一体化改革方案》，但还没有"已经实现"，故A错误；京津冀一体化由京津唐工业基地的概念发展而来，包括北京市、天津市以及河北省，涉及京津和河北省11个地级市的80多个县（市）；京津两市于2014年8月6日在北京签署《贯彻落实京津冀协同发展重大国家战略推进实施重点工作协议》；王安顺、张庆伟代表双方签署了两省市《共同打造曹妃甸协同发展示范区框架协议》等七项协议。故本题答案为BCD选项。

【例题】2014年政府工作报告指出要着重解决好现有"三个1亿人"问题，指的是（　　）（2015年黑龙江省第1题）

A. 促进约1亿农业转移人口落户城镇，改造约1亿人居住的城镇棚户区和城中村，引导约1亿人在中西部地区就近城镇化

B. 解决约1亿农村人口的吃饭问题，解决约1亿农村人口的饮水安全问题，改善约1亿贫困地区农村儿童营养状况

C. 促进约1亿城镇人口就业，解决约1亿城镇人口就近就医问题，解决约1亿城镇老年人口养老问题

D. 引导约1亿农民工在中西部地区就近就业，促进约1亿城镇下岗人员再就业，

减少约 1 亿贫困人口

☞ 解析 A。《2014 年政府工作报告》：推进以人为核心的新型城镇化。城镇化是现代化的必由之路，是破除城乡二元结构的重要依托。要健全城乡发展一体化体制机制，坚持走以人为本、四化同步、优化布局、生态文明、传承文化的信心城镇化道路，遵循发展规律，积极稳妥推进，着力提升质量。今后一个时期，着重解决好现有"三个 1 亿人"问题，促进约 1 亿农业转移人口落户城镇，改造约 1 亿人居住的城镇棚户区和城中村，引导约 1 亿人在中西部地区就近城镇化。因此，本题答案为 A。

二、符合当前的时代背景

政治口号的提出可不是瞎编乱造，这需要通过大量的严查研究，集中全国人民的智慧凝练而成。党中央、国务院可是汇集了全国的顶级精英，听取了全国人民的意见建议，吸收了各行各业的利益诉求，反复论证，统筹兼顾下才酝酿出政治口号、执政思路、改革措施等。其中必有一个特点：符合当前的时代背景。

我们可以利用这一点来解题。即使没有掌握该知识点，也不用着急，可以比较一下四个选项中最符合当前情形、最恰到好处的，必是正确答案。

【例题】党的十八届三中全会审议通过了《中共中央关于全面深化改革若干重大问题的决定》（以下简称《决定》），对全面深化改革做出了总体部署。在未来一个阶段，《决定》对普通公民的生活可能带来的改变有（　　）（2015 年 425 联考第 1 题）

①如果你要考大学，那么可能不必文理分科
②如果你是"单独家庭"，那么可以生育二胎
③如果你是农村户口，那么宅基地可以私有
④如果你是劳动者，那么可能可以延迟退休

A. ①②③　　　　B. ②③④　　　　C. ①②④　　　　D. ①②③④

☞ 解析 C。我们不太可能把《中共中央关于全面深化改革若干重大问题的决定》全部背下来，但是从这道题的选项看，只要能排除一项内容，答案就出来了。那么哪一项是最不可能的呢？我国是社会主义国家，之所以能称为社会主义国家，就是因为坚持了公有制的主体地位，而土地是所有制中间最核心的。我国所有的土地都是国有或者集体所有，如果变成私有的话，社会主义制度将会动摇。当前我国坚持走社会主义道路的背景下，怎么会允许出现这种情况？

【例题】中央第二次新疆工作座谈会确定新疆工作的总目标是（　　）（2015 年新疆维吾尔自治区第 3 题）

A. 民族团结　　　　　　　　　　B. 社会稳定和长治久安

C. 跨越式发展　　　　　　　　D. 改善民生

☞**解析**　B。在新疆这种不稳定的地方最重要的是什么？当然是稳定。忽视稳定谈发展，是不切实际的。所以，在新疆的政治口号是"稳定压倒一切！"都到了"压倒一切"的程度了，工作的总目标还能是其他吗？

【例题】2014年11月，APEC会议在北京召开，这次会议的主题是（　　）（2015年河北省第1题）

A. 活力亚太，全球引擎　　　　B. 共建面向未来的亚太伙伴关系
C. 发展的挑战　　　　　　　　D. 紧密联系的区域经济

☞**解析**　B。APEC是世界上最大的区域性经济组织，尽管它很大，但是还是一个区域性的经济组织。这个组织成立的历史并不是太长，一个历史不太长的区域性组织会先考虑内部的问题，还是外部的问题呢？当然是先解决内部问题。A、C项都超出了时代的范畴，可以排除。比较B和D项，B项是建设性的，与亚太结合紧密；D项仅是一个判断句，而且未必是亚太地区。如果你是会议组织者，会选哪个主题？当然是"共建面向未来的亚太伙伴关系"，听起来更积极向上，更有深度和内涵。因此本题正确答案为B。

【例题】2014年是第二次世界大战爆发75周年。3月28日，国家主席习近平在德国科尔伯基金会发表演讲，谈到二战时使用的名言是（　　）（2015年国考第16题）

A. 谁忘记历史，谁就会在灵魂上生病
B. 胜利不会向我走来，我必须自己走向胜利
C. 历史的道路不是涅瓦大街上的人行横道，它完全是在田野中前进的
D. 世界上最宽阔的是海洋，比海洋更宽阔的是天空，比天空更宽阔的是人的胸怀

☞**解析**　A。假设你是习大大的秘书，让你写这次演讲的稿子你得思考，到了一个二战的轴心国，又是在二战的纪念日，你能说啥呢？只能是请大家不要忘记历史，不要让历史重演。刚好就是A项的意思。B项不可能，一个二战的战败国听到这句话只能想到希特勒，等于告诉德国要不服输。C项的意思是道路是曲折的。谁敢说二战德国战败说明希特勒统一世界的道路是曲折的，估计会被唾沫星子淹死。D项是说给二战中被德国侵略的国家听的，要大家胸怀宽广一些。可见，只能选A。

【例题】2014年9月3日，纪念中国人民抗日战争暨世界反法西斯战争胜利69周年座谈会在人民大会堂举行。中共中央总书记、国家主席、中央军委主席习近平发表重要讲话，强调（　　）（2015年北京市第2题）

A. 以史为鉴，可以知兴替　　　B. 历史无法重来，未来可以开创
C. 忽忘国耻，圆梦中华　　　　D. 缅怀革命先烈，感恩幸福生活

☞ 解析　B。这一题和前一题看似差不多，但是对象和背景不同，自然讲话的内容也要跟着调整。A 项中"以史为鉴，可以知兴替"和"以人为镜，可以明得失"类似，"兴替"和"得失"都是偏义复词，强调的是"替"和"失"。座谈会纪念的是胜利，显然不合适。C 项用在"九一八事变"或者"七七事变"纪念日可以，提醒国人勿忘国耻，但在这里不合适。D 项一般用于建党、建军、建国之类的纪念日。所以符合纪念胜利的只有 B 选项。

三、符合事物的逻辑规律

事物的本身有其特点，事物的发展有其规律。违背事物特点的选项，实际上已经否定了事物本身，必定是错误的。事物的发展是由小到大、由简单到复杂、由初级到高级的过程，所以小的、简单的、初级的事物应当排在大的、复杂的、高级的事物之前。

【例题】从新中国成立到党的十八届四中全会，中国法治建设经历了多个重大节点。下列关于我国法治建设过程中的重大举措，按时间先后排序正确的一项是（　　）（2015 年北京市第 1 题）

①宣布中国特色社会主义法律体系形成
②提出依法治国并写入宪法
③提出发展社会主义民主与社会主义法制
④提出全面推进依法治国

A. ③②①④　　　B. ①②③④　　　C. ③①④②　　　D. ①③④②

☞ 解析　A。按照由小到大、由简单到复杂、由初级到高级的思路进行排序。只可能是从②提出依法治国到④全面推进依法治国，从③提出发展法制到①法律体系形成，所以②在④前面，③在①前面，只有 A 选项符合。

【例题】要把权力关进制度的笼子，这就需要（　　）（2015 年河北省第 2 题）

A. 政府行使立法权　　　　　　B. 人民直接行使国家权力
C. 完善权力监督体系　　　　　D. 社会实现绝对公平

☞ 解析　C。关进笼子就是限制活动范围的意思。A、B、D 都是错误的，政府行使立法权就成了专制政府，更别谈限制；人民不可能直接行使国家权力，全国 13 亿人都直接行使国家权力，岂不乱成一锅粥了？社会也不可能实现绝对公平，脱离实际。只有 C 项才有对权力限制的意思。

【例题】下列组织机构的标志与其名称对应正确的是（　　）（2015 年山东省第 17 题）

A. 东盟　　　　　　　　　　　　B. 欧盟

C. 世界卫生组织　　　　　　　　D. 联合国难民署

☞ **解析**　B。A 项是 APEC 即亚太经济合作组织标志。假设是东盟的标志，它不会把整个太平洋放在中间，也不会把那么多不是东盟的国家放进这个标志里面。B 项为欧洲联盟的标志，每一个星星都代表一个欧盟成员国，围成圈表示团结在一起。C 项为联合国难民署的标志，下面有粮食，表示难民主要是因为缺粮导致的。用两只手呵护住一个人，表示要保护没粮食吃的人。D 项为联合国教育、科学及文化组织标志，像是一个房子。三级台阶就是教、科、文，这三个需要的是教室、实验室、图书馆，都与房子有关。故本题应选 B 项。

【例题】2015 年 7 月，国务院下发《关于积极推进"互联网+"行动的指导意见》，围绕 11 个重点领域提出具体行动，下列说法错误的是（　　）（2015 年下半年天津市第 2 题）

A. "互联网+"普惠金融，探索推进互联网金融云服务平台建设
B. "互联网+"绿色生态，推动互联网与生态文明建设深度融合
C. "互联网+"现代农业，构建依托互联网的新型农业生产经营体系
D. "互联网+"智慧能源，推进智能化，加快人工智能核心技术突破

☞ **解析**　D。智慧能源的主体是能源，不是智慧，后面只谈智慧，没有涉及能源，显然不合逻辑。

【例题】2015 年 7 月，在欧元区领导人峰会上，成员国就希腊债务问题达成协议，第三次救助希腊。下列说法错误的是（　　）（2015 年下半年天津市第 3 题）

A. 作为独立主权国家，欧元区成员国拥有独立的货币政策

B. 欧元区挽留希腊，目的是避免欧洲经济一体化进程受挫
C. 希腊债务危机一旦蔓延，欧元贬值，中国对欧出口困难
D. 希腊选择留在欧元区内，必须实行更加紧缩的财政政策

☞解析　A。欧元区之所以叫"欧元区"，就是因为在欧元区国家实施统一货币政策，故欧元区成员国并不拥有独立的货币政策。

四、符合政治宣传的需要

政治口号要凝聚力量，就要发动群众，让大家跟着走。中国共产党历来高度重视宣传工作，几乎不放过任何可以宣传的机会，公务员考试既是一次选拔公务员的考试，也是一次很好的宣传教育的机会，所以，在一些省考中为来自五湖四海的考生准备了具有地方特色的"广告"。

【例题】2014年3月1日至2日，北京市委召开十一届五次全会，市委书记郭金龙指出，学习贯彻习近平总书记重要讲话精神，关键是要在事关首都发展的全局性、战略性问题上提高认识，要在首都城市战略定位上有新认识。北京的城市战略定位是（　　）（2015年北京市第25题）
A. 全国政治中心、文化中心、国际交往中心、科技创新中心
B. 全国政治中心、文化中心、国际商贸中心、科技创新中心
C. 全国政治中心、经济中心、国际交往中心、医疗服务中心
D. 全国政治中心、经济中心、国际商贸中心、医疗服务中心

☞解析　A。北京市出的题，当然是想凸显其首都的地位。比较一下四个选项，首都作为政治中心自然没话说。首都的国际活动多，是其他地方没办法比的，肯定是国际交往中心。这样就只剩下A、C两项，这两项的差异是，一个是文化中心，一个是经济中心。谈到文化，北京历史悠久，有故宫，是多朝古都，文化地位无法撼动，而经济中心方面有上海与之抗衡，选择文化中心更靠谱一些。

【例题】2015年3月24日，以亚历山大·茹科夫为主席的国际奥委会评估团开始对北京、（　　）联合申办2022年冬奥会进行实地考察和风险评估。（2015年河北省第12题）
A. 承德　　　　B. 沈阳　　　　C. 哈尔滨　　　　D. 张家口

☞解析　D。河北省组织考试，当然是要秀一下自己的地方，什么沈阳呀，哈尔滨呀，通通都是浮云，答案缩小为A、D项。大家知道承德是中央领导人休养的地方，办冬奥会，全世界的人蜂拥而至那怎么成？所以答案只能是河北张家口。

【例题】深圳是一座生态园林城市，全市建成区绿化覆盖率45.07%，是中国首个

（　　）（2015年深圳市第6题）

A. 国家卫生城市　　　　　　　B. "全球环境500佳"城市
C. 国家园林城市　　　　　　　D. 国际花园城市

☞ **解析**　D。题干说了深圳是一座生态园林城市，肯定不选卫生城市、环境城市。深圳想借这次组织考试的机会告诉大家，虽然深圳在北上广深四个城市中排在最后，但这四家房价都比较高，因为咱是国际性的大都市。题干里面都点出了"生态园林城市""是中国首个"，显然告诉你要选一个国际生态园林城市类似的选项，送分之意昭然若揭。

【例题】位于深圳的亚洲第一大地下火车站是（　　）（2016年深圳市第19题）

A. 深圳北站　　　B. 深圳站　　　C. 深圳福田站　　　D. 深圳西站

☞ **解析**　C。有了上一题，深圳还觉得意犹未尽，决定再来一题。这次来个亚洲第一大地下火车站，即使你没听过，也能感觉到肯定不小。这么一个大家伙紧挨寸土寸金的深圳市中心可能吗？不可能，只能是偏远点的地方。深圳北站、深圳站、深圳西站显然都紧挨城市，只有深圳福田站应该在远离城市中心的一个叫做福田的地方。

真 题 演 练

（附答案解析）

第二章 经济常识

第一节 破解经济常识的秘密

经济，指价值的创造、转化与实现，是人类经济活动，就是创造、转化、实现价值，满足人类物质文化或精神文化生活需要的活动。其实经济活动的目的就是一个——满足人的需求。满足物质需求就要生产产品，要满足精神文化等方面就是服务。

关于经济的理论多了去了，其实基本上就只有两派：一个是西方经济学，一个是马克思主义政治经济学。我们国家奉行的是后者，所以公务员考试涉及西方经济学的内容比较少。

马克思主义政治经济学其实总结起来就那么几句话：价值决定价格，价格因供需矛盾围绕价值波动，市场有自发性、滞后性、盲目性、保护性等缺陷，所以要通过国家的宏观调控来弥补。懂了这些，我们几乎可以看明白当前大多数的经济政策。

经济要不要发展？当然要。经济是满足人民群众日益增长的物质文化需要。经济发展得越好，越能满足人民群众的需要，这是好事，所以要坚持以经济建设为中心不动摇。

那啥时候才能动摇呢？发展到单纯的经济增长不能满足人民群众的需要的时候。像现在贫富差距拉得太大，光靠经济发展已经解决不了了，所以中央开始将经济发展的方针由"效益优先，兼顾公平"改为了更加强调公平。为了公平，甚至可以牺牲一部分的效益。

再如，现在经济发展带来的水污染、空气污染、土壤污染等，已经逐渐上升到比经济发展更重要的位置。中央开始考虑放松对经济发展的要求，取消用 GDP 单一指标考核地方政府的办法，提出"生态文明"的概念，指出"既要绿水青山，也要金山银山；不要金山银山，也要绿水青山；绿水青山，就是金山银山"。

第一句话告诉我们经济建设要与环境保护统筹协调；第二句是说，二者选一的话，环境保护更重要；第三句话水平最高，指出环境保护好了，可以发展旅游等产业，把经济建设搞好。

既然经济要发展，那怎么发展呢？我们把马克思主义政治经济学的内容拿出来看一看，把市场需求、市场供给和宏观调控弄明白就差不多知道了。

一、市场需求

前些年，政府提得最多的就是"扩大内需"。中国人穷惯了，改革开放之后慢慢有钱了，但是都喜欢存着，舍不得拿出来花。钱存着就是"死钱"，不进入流通领域的话经济就没办法搞活。顺便给大家讲个故事吧，在经济学界很流行的。

"又是炎热小镇慵懒的一天。太阳高挂，街道无人，这里的每个人都债台高筑，靠信用度日。这时，从外地来了一位有钱的旅客，他进了一家旅馆，拿出一张1000元钞票放在柜台，说想先看看房间，挑一间合适的过夜，就在这位旅客上楼的时候：

店主抓起这张1000元钞票，跑到隔壁屠户那里支付了他欠的肉钱。

屠夫有了这1000元，立刻横过马路付清了猪农的猪本钱。

猪农拿了这1000元，马上出去付清了他欠的饲料款。

那个卖饲料的老兄，拿到这1000元赶忙去付清他召妓的钱1000元。

这名妓女拿到钱后冲到旅馆付了她所欠的房钱1000元。

旅馆店主忙把这1000元放到柜台上，以免旅客下楼时起疑。此时旅客正好下楼来，拿起这1000元，声称没一间满意的，他把钱收进口袋，走了……

这一天，没有人生产了什么东西，也没有人得到什么东西，可全镇的债务都付清了，大家都很开心。

看清楚了吧，故事中没有这1000元的流通，每个人都债台高筑，有了这1000元的流通，每个人都不欠钱了，也就是说，实际效果是每个人都赚了1000元，还清了债务。

故事有趣逗人，可这道理是非常深刻的，它说出了财富的来源，就是流通。一百块钱在一年之内流通一次是一百块，如果流通三次就变成了三百块。

现在很多人天天骂政府，看不起病，上不起学，房价高得受不了。其实，政府也不想看到这些，政府也想搞好民生。

我们脱离了当时的环境评价一个事件，就会像"拿起筷子吃肉，放下筷子骂娘"一样不通情理。例如，中国政府放弃日本对华战争赔款问题，是经过中央研究后由周恩来总理向日本政府承诺的，目的就是想实现中日邦交正常化，让日本帮助中国经济发展。很多人不理解，说这是卖国，要日本赔款能有几千亿之类的话。殊不知中国正是借助了日本逐渐进入了全球市场。中国放弃几千亿的战争赔款，得到的是更多的发展和民族企业的成长，孰轻孰重？现在日本的三洋被中国海尔收购，日本的松下、日立等家电品牌被中国企业打得节节败退，纷纷要从中国撤资。"落后就要挨打！"这是我们用血泪买来的教训，没有当年国家领导人的雄才大略，哪有今天和日本争钓鱼岛的实力？

现在内需已经被扩大了，接下来要做的就是扩大外需了。通常叫做"走出去"战略。金融风暴后，全球的资产价格处于较低水平，中国企业出去是各种并购和中国的有钱人各种买买买。李嘉诚跑出去买下半个英国，被国人各种骂，其实，李嘉诚是响应国家号召，没什么好骂的。现在人民币汇率持续下跌，倒逼有钱的出国投资。这等于在告诉大家，第一批实施"一带一路"战略出国的国企马上都要进入收获期了，再不跟进就晚了！这时候，有人就会跳出来说，资本应该留在国内，为国内的人民群众服务，往外跑搞活别人的经济怎么行？如果这样想的话，只能说你还是一种"闭关锁国"的旧思想。美国、英国为什么是全球霸权国家？最关键的是当年的美国人、英国人像今天的中国人一样满世界去做生意。中国要建立与英美抗衡的世界新秩序，不出国门能办到吗？现在只要哪个国家为了保护本国产业推进逆全球化的策略，这个国家要不了多长时间就会被甩几条街。

【例题】"一带一路"是我国当前大力推进的国家经济发展重要战略，下列关于"一带一路"战略说法正确的是（　　）（2016年江苏省第7题）

A. 2013年是"一带一路"战略全面实施的开局之年

B. "一带一路"战略承载了丝绸之路沿途各国共同繁荣的梦想

C. 助推"一带一路"建设的加速器是边境地区的互联互通

D. 推进"一带一路"建设的重要依托是边境地区的和平稳定

☞解析　B。A项错误，2015年是"一带一路"的开局之年。边境地区互联互通，是"一带一路"建设的重要依托。边境地区经济合作不断发展是助推"一带一路"建设的加速器，所以C选项说法错误。边境地区的和平稳定是"一带一路"建设向前推进的必要前提和保障。所以D说法错误。

【例题】2014年5月10日，"聚焦丝绸之路经济带——2014甘肃国际经贸合作研讨会"在甘肃敦煌举行。下列关于"丝绸之路经济带"的表述有误的是（　　）（2015年北京市第20题）

A. 是在"古丝绸之路"概念基础上形成的一个新的经济发展区域

B. 其东边牵着亚太经济圈，西边系着欧洲经济圈，被认为是"世界上最长、最具有发展潜力的经济大走廊"

C. 建设"丝绸之路经济带"能带动我国经济实力较为薄弱的西部地区发展，有望形成新的开放前沿

D. 是紧密型一体化合作组织，在区域合作模式上，通过建立互惠的贸易和投资安排，确立统一的关税政策，然后建立超国家的机构来实现深入合作

☞解析　D。丝绸之路经济带的发展，各国可以就经济发展战略和对策进行充分交流，本着求同存异原则，协商制定推进区域合作的规划和措施，在政策和法律上为区域经济融合"开绿灯"。但不是制定统一的关税政策和建立超国家的机构来达到目的。故本题答案为D选项。

【例题】如果其他各种不变，人民币对美元升值理论上会导致（　　）（2015年北京市第7题）

A. 我国对美国出口增加　　　　　　B. 我国对美国出口减少

C. 美国从我国进口增加　　　　　　D. 美国对我国出口减少

☞ **解析**　B。人民币升值将会导致我国产品在国外市场价格上失去竞争力，在其他质量等方面没有变化的情况下，会导致我国对美国出口的减少。故本题答案为B选项。

【例题】下列对经济概念的理解，不正确的是(　　)（2015年北京市第8题）
A. 恩格尔系数的降低，反映了人们生活水平的提高
B. 利率水平的变化与国外资金的流入流出具有相关性
C. 国内生产总值又称GDP，是衡量我国经济状况的经济指标之一
D. 一个城市要提高GDP的增长速度，就必须发展工业，招商引资

☞ **解析**　D。盲目追求"GDP"，不惜损害地方长远利益和群众根本利益，罔顾地方产业结构，竞相钟情和追逐那些总量大、见效快，却污染重、能耗高、产能过剩的行业，会把招商引资引入误区。因此不能说"必须"招商引资，要同地方的产业结构融合促进。故本题答案为D选项。

【例题】朋友见面打招呼，过去是"吃饭了吗"，如今流行"搬新家了吗""旅游了吗""进修了吗"。这种现象可以反映出（　　）（2015年下半年吉林省第3题）
A. 恩格尔系数时小时大　　　　　　B. 恩格尔系数变小
C. 恩格尔系数不变　　　　　　　　D. 恩格尔系数变大

☞ **解析**　B。恩格尔系数是食品支出总额占个人消费支出总额的比重。一个国家越穷，每个国民的平均收入中用于购买食物的支出所占比例就越大，随着国家的富裕，这个比例呈下降趋势。

【例题】资本国际化是指资本越出一国的范围在国际间运动和增值。下列未能体现资本国际化的是（　　）（2016年江苏省第9题）
A. 某集团以数以十亿美元收购国外企业
B. 某公司撤出伦敦股市的资金转投芝加哥商品期货市场
C. 两个国家的农产品贸易集团签署相互持股的协议
D. 各国消费者通过电商购买境外的商品和劳务

☞ **解析**　D。A、B、C均符合资本国际化的定义，D项属于消费，不是投资行为。

二、市场供给

韩国的一档电视节目《明见万里》说中国人特别喜欢旅游，旅游的时候特别爱购物。国人抢购日本马桶、药品，美国的苹果手机，还有韩国化妆品等新闻不断刷屏。在网上一些喷子开骂的同时，中国的高层已经意识到国内的消费升级需要开始改革了。在中国生产能力严重过剩的情况下，为什么国人要跑到国外去买买买呢？是因为中国生产提供给的东西并不是消费者最想要的。所以，不是消费出了问题，而是供给出了问题，于是中国将改革命名为"供给侧改革"。发现供给侧出问题主要是结构不合理导致的，

所以以此为重点的改革叫做"供给侧结构性改革"。

【例题】2015年11月18日习近平在亚太经合组织工商领导人峰会上的主旨演讲中指出,要解决世界经济深层次问题,单纯靠货币刺激政策是不够的,必须下决心在推进经济结构性改革方面作更大努力,使"供给"体系更适应需求结构的变化。关于供给侧结构性改革,表述不正确的是( )(2016年深圳市第4题)

A. 是一种寻求经济增长新动力的新思路
B. 有利于加速消化过剩产能
C. 改善人口结构和提高劳动力质量是其路径之一
D. 其核心是提高供给总量

☞解析 D。我们国家的供给总量已经严重过剩,要调整升级的是内部结构。所以"其核心是提高供给总量"是错误的。

【例题】日前,习近平主席在亚太经合组织工商领导人峰会上表示,新常态将给中国带来新的发展机遇。下列关于我国经济发展"新常态"的主要特点描述正确的一项是( )(2015年北京市第6题)

A. 从高速增长转为低速增长   B. 从投资驱动转向要素驱动
C. 经济结构不断优化升级   D. 面临的挑战趋于常态化

☞解析 C。2014年亚太经合组织工商领导人峰会,国家主席习近平出席开幕式并发表题为《谋求持久发展 共筑亚太梦想》的主旨演讲。习近平强调,当前中国经济呈现出新常态,将给中国带来新的发展机遇。我们将坚定不移把改革事业推向深入。新常态有三个特点:速度——"从高速增长转为中高速增长",结构——"经济结构不断优化升级",动力——"从要素驱动、投资驱动转向创新驱动"。只有C项正确,故本题答案为C选项。

【例题】2014年7月,国务院印发《关于加快发展生产性服务业,促进产业结构调整升级的指导意见》,提出以产业转型升级需求为导向,引导企业进一步打破"大而全""小而全"的格局,分离和外包( ),促进我国产业逐步由生产制造型向生产服务型转变。(2015年北京市第5题)

A. 非生产业务   B. 生产业务   C. 核心业务   D. 非核心业务

☞解析 D。分离和外包的肯定是我国不想要的。之所以不想要,多半是又脏又累又不挣钱的,那么只有非核心业务是这样的。故本题答案为D选项。

三、宏观调控

为什么中国经济能连续三十年高速发展?外国人看不懂,国内很多专家也看不懂。一般而言,经济有一定的周期规律,若干年就会出现一次大的危机。可奇怪的是,2008年的金融危机对中国并没有多大的影响,反而让中国以此机会抢占了国际经济火车头的位置。

或许原因有千千万万，但是笔者最信奉的一条是《道德经》里面讲的"一阴一阳之谓道"。绝对的国家干预不行，我们国家已经走了计划经济的弯路；绝对的市场经济也不行，市场经济的天生缺陷必定让经济逃脱不了危机轮回的命运。最好的经济形态就是把这两者综合起来，找到一个两者之间的平衡点，国家干预多了就要进行体制机制改革，确保市场在资源调配中的基础性地位；市场失灵了，国家就要采取宏观调控政策，比如财政政策、货币政策、金融产品等，把脱轨的经济拉回来。这中间有很高的技术含量，需要"大胆试错，小步快跑"的改革推动。

【例题】转变政府职能是深化行政体制改革的核心，而政府职能转变的核心则在于处理好（　　）的关系。（2015年深圳市第19题）

A. 政府与市场　　　　　　　B. 政府与人民
C. 计划与市场　　　　　　　D. 政府与企业

☞解析　A。十八届三中全会审议通过的《中共中央关于全面深化改革若干重大问题的决定》指出，经济体制改革是全面深化改革的重点，核心问题是处理好政府和市场的关系，使市场在资源配置中起决定性作用和更好发挥政府作用。该《决定》对深化行政体制改革，转变政府职能提出新的内涵和要求。故本题答案选A。

【例题】财政政策是政府宏观调控的重要手段。下列有关财政政策的论述，不正确的是（　　）（2015年河北省第13题）

A. 政府偏好对财政政策有重要影响
B. 税收、国债、公共支出等主要是财政政策工具
C. 紧缩性财政政策通常用来增加和刺激社会总需求
D. 提供更多就业机会是财政政策的目标之一

☞解析　C。财政政策（Fiscal Policy）：经济学词汇，是指国家根据一定时期政治、经济、社会发展的任务而规定的财政工作的指导原则，通过财政支出与税收政策的变动来影响和调节总需求。财政政策是国家整个经济政策的组成部分。财政政策由国家制定，代表统治阶级的意志和利益，具有鲜明的阶级性，并受一定的社会生产力发展水平和相应的经济关系制约。因此，政府偏好确实对财政政策有影响。财政政策的手段主要包括税收、预算、国债、购买性支出和财政转移支付等手段。紧缩性财政政策是宏观财政政策的类型之一，是指通过增加财政收入或减少财政支出以抑制社会总需求增长的政策。由于增收减支的结果集中表现为财政结余，因此，紧缩性财政政策也称盈余性财政政策。因此，本题选项应当为C选项。

【例题】在我国的全国性市场中，最接近完全竞争市场的是（　　）（2015年新疆维吾尔自治区第9题）

A. 小麦市场　　B. 保险市场　　C. 电信市场　　D. 铁路客运市场

☞解析　A。完全竞争市场是指竞争充分而不受任何阻碍和干扰的一种市场结构。

在这种市场类型中,买卖人数众多,买者和卖者是价格的接受者,资源可自由流动,信息具有完全性。在现实中最接近完全竞争市场的市场只有农产品市场。保险市场被几大保险巨头垄断,电信市场逃不出移动、联通、电信等运营商,铁路客运市场被"铁老大"包了。现在改革的方向是向这些领域逐渐引入竞争机制。我们国家太大,这些领域改革得太快容易出乱子,所以慢慢来,不着急。答案选项 A 项。

【例题】 下列关于市场经济的表述,正确的是( )(2015 年深圳市第 12 题)

A. 市场参与者仿佛由一只"看不见的手"指引行事,产生了使社会福利最大化的结果
B. 税收有助于沟通生产者与消费者的成本与利益
C. 在有足够强大的电脑时,中央计划者可以比市场更有效地指导生产
D. 市场体制的力量倾向于在消费者中平等地分配资源

☞ **解析** A。在市场经济条件下,市场在资源配置中起基础性作用。市场是一只"看不见的手",通过竞争和利益杠杆的作用,调节商品生产者和经营者的生产经营活动。但市场调节存在自发性,盲目性和滞后性等固有的缺陷,需要国家宏观调控这只"看得见"的手以弥补市场的不足。A 项说法正确,其他三项说法均不正确。故本题答案选 A。

【例题】 货币政策是政府宏观调控最常用的经济手段之一,下列不属于货币政策的是( )(2016 年深圳市第 8 题)

A. 央行在公开市场买进 5000 亿债券　　B. 政府支出数万亿用于基础设施建设
C. 央行连续五次降息　　　　　　　　　D. 降低存款准备金率

☞ **解析** B。货币政策的主体是央行,财政政策的主体是政府。B 项属于财政政策,答案选择 B 项。

真 题 演 练
(附答案解析)

第三章 法律常识

第一节 破解法律常识的秘密

一、法律的实质是公平正义

法律的实质是什么？我们不妨把法律从社会中拿去，看看会发生什么。手里面有枪有炮的人就厉害了，想抢谁就抢谁，想杀谁就杀谁。被抢和被杀的那边不愿意了，也带人过来抢，过来杀。这就是"丛林法则"，谁的拳头硬谁就能生存下来。强的其实过得也不好，只要弱的没被杀完就会想着回来报仇，明的不行就来暗的，半夜防火，水里面下毒等，搞得强的这边整天提心吊胆，日子没法过了。后来强的想明白了，对弱的说，你们看能不能这样：我们保证以后再也不欺负你们了，你们也别报仇了，大家和平共处，井水不犯河水。弱的这边同意了。这就是人类第一条法律：互不侵犯。如果哪一边触犯了这一条，两边就各选一些人来评理，这批人可以叫他们"法官"。"法官"判断是非时要保持中立，不偏不倚，这就是法的精神：公平正义。没犯错的人受到保护，犯了错的人要承担责任，这就是法律的权利义务。其他地方的人觉得这个办法好，纷纷效仿，全国人民都这么干。这就是"依法治国"。经过后来的发展，人们觉得事先要把规矩都定好，免得扯皮的时候没有依据，这叫"有法可依"；有规矩了，不能今天对你有利就按这个办，明天对你不利了就不算，必须自始至终按这个规矩办，这叫"有法必依"；不能说姓王的犯了规矩要受惩罚，姓李的犯了就没事，规矩面前人人平等，这叫"违法必究"；也不能打擦边球，关系好的受惩罚简单意思一下就算了，关系不好的就往死里整，这叫"执法必严"。总而言之，大家要的就是公平正义。构建这个公平正义体系的框架就是宪法。

【例题】"理国要道，在于公平正直"，维护社会公平正义的最后一道防线是（　　）（2016年深圳市第12题）

A. 立法　　　　B. 执法　　　　C. 司法　　　　D. 道德

☞**解析** C。遇到事情，首先是大家都讲良心，也就是道德；有人不讲良心，那就只能用法律解决。用法律解决首先要有法律——立法，然后事情刚发生时有行政执法部门干预——执法，事情仍然得不到解决的话，那就只能请公检法强干预——司法。所以答案选择 C 项。

【例题】"中国式过马路"，不仅体现出我国部分公民规则意识缺失，也在一定程度上折射出我国交通设施、法规和管理等方面的问题，为改变这一状况（　　）（2015 年北京市第 29 题）

A. 检察机关应该公正审判，严厉处罚违法行为
B. 人大代表应行使提案、审议、决定权，推动相关法律完善
C. 公民应该提高文明素养，自觉履行公民义务
D. 政府应该加强行政执法，切实履行管理职能

☞ 解析　BCD。检察院是公诉机关，主要是对犯罪行为代表国家提起公诉，不处理一般行政违法案件。故本题答案为 BCD 选项。

【例题】根据《中华人民共和国环境保护法》（2015 年 1 月 1 日起施行）规定，各省、市、自治区可以根据各自情况制定某污染指标的地方环境质量标准，但必须满足下列哪项要求（　　）（2015 年下半年天津市第 10 题）

A. 地方环境质量标准值严于国家环境质量标准
B. 地方环境质量标准值宽于国家环境质量标准
C. 地方环境质量标准值高于国家环境质量标准
D. 地方环境质量标准值低于国家环境质量标准

☞ 解析　A。国家层面有要求的，地方上肯定不能放松，不然国家意志到了地方就会成为一纸空文。有条件的地方超额完成国家的任务要求是可以的。提示 C 项不要看错，地方标准高于国家标准是指的法律层级高。

【例题】某省人大通过的地方性法规与国家发改委出台的部门规章对同一事项规定不一致时（　　）（2015 年新疆维吾尔自治区第 7 题）

A. 应该直接适用发改委的部门规章
B. 应该直接适用该省人大通过的地方性法规
C. 国务院认为应当适用地方性法规的，应当决定在该地方适用地方性法规
D. 国务院认为应当适用部门规章的，由国务院作出最终裁决

☞ 解析　C。宪法是全国人大制定的；法律是全国人大及其常委会制定的；行政法规是国务院制定的；地方性法规是省级和部分特殊市人大制定的；部门规章是国务院的部委制定的；地方性规章是省级和部分特殊市政府制定的。部门规章虽是全国性的，但地方性法规是人大制定的，人大是权力机关，相互扯平了，法律效力是一样的。国务院属于政府序列，只能管自己序列的地方政府，管不到别人头上去。所以，当部门规章与地方性法规冲突：先由国务院提出意见，国务院认为应当适用地方性法规的，适用地方

性法规;国务院认为应当适用部门规章的,应提请全国人大常务委员会裁决。

二、公法的"法无明文规定不可为"

法律按照主体分为公法和私法。公法所涉及的是公共权力领域,其主体是国家机关,法学领域以刑法、行政法及相关诉讼法为主。公务员考试以《刑法》《行政许可法》《行政处罚法》《行政强制法》和《公务员法》为重点。当两者本身实力不均等时,绝对的平等就是不平等。由于国家公权力的强势,相比之下公民的弱势地位只能通过法律的倾向性保护来平衡。所以,公法的最大特征是在保障整个国家和社会安全有序的情况下,最大限度地限制公权力的滥用,保护私权利。总而言之,公法的特点是国家机关"法无明文规定不可为"。

《刑法》的目的就是要打击犯罪,目标是"不冤枉一个好人,也不放过一个坏人"。如果这个人有90%的嫌疑干了坏事,10%的可能不是他干的,这个时候不能判他有罪。因为如果判他有罪的话,一旦他是被冤枉的,那必然还有真正的罪犯逍遥法外,就会既冤枉了好人,又放过了坏人。这在法律上叫做"疑罪从无"原则。

那怎么来判断这个人是不是罪犯,应不应该受刑罚呢?《刑法》提出从四个维度来看问题:

一是主体。在法律上,你是一个能够承担责任的人,被叫做完全行为能力人。如果一个人不满14岁,什么事都不知道,要被判刑那实在是太残忍了。这个时候《刑法》说算了,这主要是监护人没管好,责任由他们负。如果一个人满了14岁,但是不满16岁,虽然没有完全懂事,但是故意杀人、故意伤害致人重伤或者死亡、强奸、抢劫、贩卖毒品、放火、爆炸、投毒罪这几种恶性犯罪肯定是知道不能干的,要是犯了事,就得自己负责任,鉴于还不太成熟,应当从轻或减轻刑罚。如果一个精神病人,自己在干什么都不知道,出了事那就要让监护人负责。如果是一个间歇性的精神病人,神志不清时也不知道自己在干什么,做错了是可以原谅的,在神志清醒的时候那就不能被原谅了,该怎样就怎样。一个喝醉酒的人,要么他醉得不省人事,那什么事情都干不了,要么是在装醉,其实是知道自己在干什么的。所以醉酒的人犯了罪,该怎么判就怎么判。

二是客体。一个人想干坏事,找错了对象,罪名也是不成立的。比如,故意杀人却把家里的猪捅了几刀。这里说的客体是指一种权利。故意杀人是侵犯别人的生命权,抢劫是侵犯别人的人身安全,强奸是侵犯女性对性的自由意志,破坏公私财物侵犯的是财产权等。路人背个包,罪犯骑个摩托车抢了就跑,因为没有威胁这个人的人身安全,不算抢劫,只能算抢夺。如果拿出刀子威胁,不把钱拿出来就弄死你,这才是抢劫。其中的差别就是侵犯的客体不一样。

三是主观方面。主观上,要有犯罪的故意。要么是直接就有犯罪的意思,这是直接故意;要么明知道会出现不好的结果,但是放任结果的发生,这是间接故意,如把行动不便的老人放在野兽出没的地方,虽然没有直接杀死老人,但是间接放任老人死亡的结果，这也是杀人；要么是主观上大意了，忽略了应该注意的事情，也要担责任。如果不是以上三种情况，即使出现了不好的结果，那就是意外事件。

四是客观方面。客观上，要造成了危害结果。至少要动手开始犯罪了才行。天天喊着要杀死某某人，说说而已，公安部门不会来抓人的。但是如进行策划甚至提着刀直奔对方家要去杀他，犯罪行为就算开始了。要是走在半路上，突然不想杀他了，这是犯罪中止。如果跑到别人家没找到人或者别的原因没杀到他，或者没有杀死，这叫犯罪未遂。要是真把人杀了，就是犯罪既遂。

《行政许可法》管的是需要政府审批才能干的事情，这些事情政府不干预就容易乱套。比如开矿，大家都抢，政府不管就会打起来；比如食品药品，没有资质都能干的话，那每年不知道要吃死多少人。作为公法，《行政许可法》对行政机关有各种严格要求，整体上是要倾向于前来办事的人。比如，要审批行政许可要一次性告知，行政机关不批要说明理由，行政机关拖着不办超过了时限就算通过了行政许可等。如果这个许可会影响其他人，可以召集这些人一起开会讨论，这叫听证。

《行政处罚法》讲的是行政机关如何进行执法，处罚犯了事的行政相对人。行政机关是强者，还喜欢扩张和放大自己的权力，所以出台这部法律的初衷是规范行政处罚行为，处处可见对行政机关的限制，不按这些限制来行政处罚就无效。进行行政处罚时至少要有两名工作人员，这样可以互相监督。要求处罚的力度和违法行为的事实、性质、情节以及社会危害程度相当，不能太随意。而且不能为了处罚而处罚，要处罚与教育相结合。同一个违法行为不能受两次以上的罚款的行政处罚。大家注意，一事不再罚原则在这里是罚款的意思。要是罚得轻，可以用简易程序当场缴纳罚款，当事人不方便到银行交的由当事人提出来可以帮忙。要是罚得重了点，就不能用简易程序，得拿回去由领导们开会研究。要是罚得比较狠，可以要求进行听证，大家面对面坐下来辩论。不管受什么处罚，当事人都有权维护自己，进行申辩或者其他途径进行救济。行政机关不得因当事人申辩而加重处罚。行政机关没有查清楚情况就不能处罚，处罚的依据要是没公布也不能作为依据，要是两年内没有发现违法行为的那就算了。涉及人身自由的行政处罚只能由公安部门来，其他部门不能乱抓人。要是处罚错了，可以找行政机关申请国家赔偿。

《行政强制法》包括行政强制措施和行政强制执行。行政强制措施是为制止违法行为、防止证据损毁、避免危害发生、控制危险扩大等情形临时性控制人身自由和财产。比如有人醉酒还要开车，为了防止他撞人就可以强制带到派出所直到酒醒。行政强制执行是不履行行政决定的请法院出面强制执行。比如有的公司被处罚 10 万元，老板躲起来不见面也不交罚款，这时候行政机关请法院出面拍卖这家公司的资产缴纳这笔罚款。有些特殊情况顾不了太多的时候，像发生或者即将发生自然灾害、事故灾难、公共卫生事件或者社会安全事件等突发事件，行政机关采取应急措施或者临时措施按这部法律的规定办。当然，强制不能太过分。为了防止权力滥用，还设计了很多限制，如事先要催告，让别人有改正的机会，还有下手不能太狠，强制手段过度了也不行，再就是晚上和国家法定假日的时候一般不能进行,也不能停水、停电、停气、停热等逼迫居民就范。

《公务员法》是一部规范公务员行为准则的法律,包括公务员的条件、义务与权利、职务与级别、录用、考核等方面的内容。今年喜欢考一些廉政和纪检方面的内容。

【例题】"行政机关不得法外设定权力,没有法律法规依据不得作出减损公民、法人和其他组织合法权益或者增加其义务的决定",这体现了法治政府建设中哪项要求(　　)(2016年国考第2题)

　　A. 职能科学　　　　B. 守法诚信　　　　C. 执法严明　　　　D. 权责法定

　☞ **解析**　D。题干强调,要法定职责必须为,法无授权不可为,强调所有的权力、义务、责任都要有法定依据,所以很明显地体现了权责法定原则,D项正确,当选。

【例题】下列不需要设定和实施行政许可的是(　　)(2015年北京市第9题)

　　A. 有限自然资源的开发利用需要赋予特定权利的事项

　　B. 提供公众服务并且直接关系公共利益的职业,需要确定具备特殊条件的事项

　　C. 行政机关采用事后监督等其他行政管理方式能够解决的事项

　　D. 企业或者其他组织的设立,需要确定主体资格的事项

　☞ **解析**　C。行政许可设定的原则是尽量国家能不干预的不干预。A、B、D项里面的"特定权利""特殊条件"和"需要确定"等字眼告诉我们可以排除它们。C项说的是不一定要许可,其他办法也行。故本题答案为C选项。

【例题】魏某因曾被赵某当众羞辱,一直对赵某怀恨在心,时时想着报复赵某,一天,魏某在外喝酒后驾车回家,不料在路上撞死一行人,下车查看后发现此人正是赵某。那么,魏某的行为应当属于(　　)(2015年广州市第11题)

　　A. 故意杀人　　　　　　　　　　B. 过失致人死亡

　　C. 交通肇事　　　　　　　　　　D. 报复陷害

　☞ **解析**　C。我们前面讲的犯罪的四个维度是定罪的四个要件。在撞死赵某时魏某主观上不知道这个人就是仇人,他心里想的是素不相识的路人,所以他侵犯的客体是一个路人的生命权,而不是特定的仇人的生命权。酒后不小心撞死了一个路人,属于交通肇事罪。故选C项。

【例题】在某地块招标过程中,张某游说作为国土局长的父亲利用职权影响使其友王某中标,后来背着父亲收受王某100万元。下列说法正确的是(　　)(2015年黑龙江省第2题)

　　A. 张某的行为不构成犯罪

　　B. 张父的行为构成受贿罪

　　C. 张某与张父构成受贿罪的共同犯罪

D. 张某的行为构成利用影响力受贿罪

☞ **解析** D。张父主观上没有贪污受贿的因素，不能构成受贿罪。张父没有与张某共谋，不能构成共犯。张某虽然自己没有权力，但用的是次生权力，可以看成变异体。张某主观上有受贿的意图，客观上收了钱、办了事，侵害的是权力寻租客体，构成利用影响力受贿罪。具体可以看《刑法修正案七》第三百八十八条。因此，本题答案为 D。

三、私法的"法无明文规定皆可为之"

私法是指关于相对于国家机关的自然人、法人的法律。学习私法，最重要的就是理解在民法的诚信原则下，立法努力扩大其意思自治，充分尊重当事人权利。从而，在不影响国家、集体和他人利益的前提下，保证私法关系双方公平合理地处理法律关系，同时尊重其意思自治，体现自愿原则。总而言之，私法的特点是"法无明文规定皆可为之"。

《民法通则》是私法的总纲，调整平等主体的公民之间、法人之间、公民和法人之间的财产关系和人身关系。如果一个政府单位没有利用权力，只是在市场买了东西或者和别人签了合同，这是一种平等的关系，也属于民法的范畴。民法最核心的价值是自愿、公平、等价有偿、诚实信用的原则。自愿原则是指民事主体在从事民事活动时有一定的意志自由，只要不违法，不违背公序良俗，不影响国家利益、集体利益和他人合法权益，自己怎么折腾都行。公平原则是指享受公平合理的对待，既不享有任何特权，也不履行任何不公平的义务，权利与义务相一致。商家给消费者强加的一些义务，比如搭售商品，或者强减的权利，比如不允许退换等都违反这一原则。等价有偿原则是指民事主体在实施转移财产等的民事活动中要实行等价交换，取得一项权利应当向对方履行相应的义务，不得无偿占有、剥夺他方的财产，不得非法侵害他方的利益；在造成他方损害的时候，应当等价有偿。诚实信用原则要求人们在民事活动中应当诚实、守信用，正当行使权利和履行义务。如果哪一方偷奸耍滑，即使其他方面找不到你的漏洞，法官一样可以根据这一原则判你输。

《物权法》是作为一个社会主义国家具有划时代意义的一部法律。以前认为，社会主义国家一切共有，就不存在人民群众拥有物权。后来考虑到现实情况，为经济建设者们解除后顾之忧，几经周折才出台的。物权包括所有权、用益物权和担保物权。所有权就是这东西是我的，或者某些人共有的，除此外其他人都不能占有，所以物权是具有排他性的。用益物权是说这东西可以给我用，我还可以用来赚钱。比如我虽然不能拥有土地，但我承包了这片土地，种了粮食算我的收入。担保物权是说你欠我钱了，暂时还不了，那就弄点财产作为担保。如果是动产，我就把它拿回家，等你还了钱再还给你，这叫动产质押；如果是不动产，我拿不走，就只能到登记机构去登记，这样来买不动产的人就知道不能随便买了，这房子什么的可能会被卖掉还债。这叫不动产抵押。

《合同法》是大家相互之间交易时形成共同交易意愿时适用的法律。既然要交易，大家要买卖公平，讲究诚信，不然这种活动就不能长久，经济也就发展不下去。交易之前，大家应该把相关内容讲清楚。如果希望和他人订立合同，内容具体确定并承诺受该意思表示约束，这叫要约。要约邀请是希望他人向自己发出要约的意思表示。寄送的价目表、拍卖公告、招标公告、招股说明书、商业广告等为要约邀请。商业广告的内容符合要约规定的，视为要约。如果要约还在承诺期，对方又为此在做准备，有了一定投入，那要约就不能撤销。签订的合同，如果交易双方违法或者对不住国家、集体的，这合同无效；如果一方非真实意思的表示，那合同可以变更和撤销，比如因重大误解订立的，在订立合同时显失公平的，以欺诈、胁迫的手段或者乘人之危，使对方在违背真实意思的情况下订立的合同。签了合同就要认真履行合同，谁造成的损失由谁负责，除非遇到不可抗力。

【例题】甲向乙购买了一只羊，钱已付，因天黑路滑，甲决定明天再来牵羊，乙将甲所买的羊与自己的羊一起拴在门口树下，当晚雷雨交加，将甲所买的羊与乙的羊一起击死，此事件中乙是否需要赔偿甲？

下列说法正确的是（　　）（2015年北京市第10题）

A. 乙有过错，乙应该承担全部赔偿责任
B. 乙有小部分过错，乙要承担小部分赔偿责任
C. 乙有大部分过错，乙要承担大部分赔偿责任
D. 乙没有任何过错，乙不用承担任何赔偿责任

☞**解析** A。因为雷击可不一定就是不可抗力。乙应该知道雷雨天把羊拴在树下容易受到雷击，如果忽视就是没有尽到应当注意的责任，就应该为此负责。根据《合同法》第一百四十二条规定，标的物毁损、灭失的风险，在标的物交付之前由出卖人承担，交付之后由买受人承担，但法律另有规定或者当事人另有约定的除外。本题中羊被击死时还由乙占有，故乙应该承担标的物灭失的风险，赔偿甲的损失。故本题答案为A选项。

【例题】某商店贴出下列四个标语，不合法的是（　　）（2015年广东省第4题）

①特价商品，概不退还
②商品打折，不开发票
③小本买卖，概不赊欠
④损一赔十，偷一罚十

A. ①②③　　　　B. ①②④　　　　C. ①③④　　　　D. ②③④

☞**解析** B。商家和消费者是平等的，不能随意给消费者增减权利义务。根据《中华人民共和国消费者权益保护法》第二十四条规定，"销售者有提供'三包'服务的法定或约定义务，且特价商品并非质量瑕疵商品"，因此①不合法。根据《消费者权益保护法》的规定，经营者为消费者出具发票是其法定义务。对于商家来说，不管消费者

是按正价销售进行购买,还是消费打折处理的商品,只要有消费行为发生,出售方都应依法开具发票,不得以任何理由拒开,否则消费者可以向税务部门举报。因此②不合法。④中罚款与否当由国家行政机关做出,因此不合法。故选 B 项。

四、法律是讲求常理逻辑的

法律是一些法学专家们经过反复研究论证形成的,他们进行论证的依据全部来源于实际。所以,法律的制定必然符合生活实际中的逻辑。我们做题时不一定非要懂该法律,只要用生活中的逻辑,看其合不合理就能解决相当一部分的问题。

【例题】某毒品案件中的重要证人小张因在诉讼中作证而导致其人身安全面临危险,人民法院、人民检察院和公安机关应当采取的保护措施不包括(　　)(2015 年山东省第 18 题)

A. 免于其出庭作证
B. 不公开其真实姓名
C. 禁止特定人员与其接触
D. 对其住宅采取专门性保护措施

☞ **解析** A。对小张的保护是针对可能受到的人身安全危险设置的,毒贩可能根据他的名字找到他家进行报复,也可能通过一定途径进行威胁,但不太可能在其出庭作证的时候当着所有人的面动手。作证之前,小张的危险较大。作证之后,再对他动手已经没有什么实际意义了,反而安全了。根据《刑事诉讼法》第六十二条,对于危害国家安全犯罪、恐怖活动犯罪、黑社会性质的组织犯罪、毒品犯罪等案件,证人、鉴定人、被害人因在诉讼中作证,本人或者其近亲属的人身安全面临危险的,人民法院、人民检察院和公安机关应当采取以下一项或者多项保护措施:(一)不公开真实姓名、住址和工作单位等个人信息;(二)采取不暴露外貌、真实声音等出庭作证措施;(三)禁止特定的人员接触证人、鉴定人、被害人及其近亲属;(四)对人身和住宅采取专门性保护措施;(五)其他必要的保护措施。证人、鉴定人、被害人认为因在诉讼中作证,本人或者其近亲属的人身安全面临危险的,可以向人民法院、人民检察院、公安机关请求予以保护。人民法院、人民检察院、公安机关依法采取保护措施,有关单位和个人应当配合。因此 A 项不属于应当采取的保护措施,故本题应选 A 项。

【例题】下列哪种情形最可能实行一审终审(　　)(2015 年国考第 1 题)
A. 基层人民法院审理被告提出反诉的买卖合同纠纷案件
B. 基层人民法院审理夫妻双方争夺子女抚养权的离婚案件
C. 中级人民法院审理在本辖区有重大影响的合同纠纷案件
D. 基层人民法院审理权利义务关系明确的租赁合同纠纷案件

☞ **解析** D。哪一个选项牵涉的案情最小、最简单，就最有可能一审终审，节约诉讼成本。经过比较，A 项都已经提起反诉了，看来案情比较复杂；B 项都已经在争夺了，双方不会善罢甘休；C 项是有重大影响的案件，案情看来不小；D 项是权利义务关系明确的案件，最有可能了。

【例题】李强买房首付不够，向好友刘雷借了三万元，由于关系非常好，双方没有约定还款期限和利息。依照法律规定（　　）（2015 年河北省第 10 题）

　　A. 刘雷无权要求李强支付利息，但可以要求李强立即还款

　　B. 刘雷无权要求李强支付利息，但可以要求李强适时还款

　　C. 刘雷有权要求李强按银行同期存款利率支付利息

　　D. 刘雷有权要求李强按银行同期贷款利率支付利息

☞ **解析** B。在日常生活中，没约定利息一般就是没准备要利息的。但欠债还钱，天经地义，不能像黄世仁一样把债务人往绝路逼，所以可以要求还款，但要给对方留足空间，不能立即要求还款。法律设计时往往就来源于这些常理。法律的技术含量在于如何避免有人钻法律条文的空子，出现偏离常理的现象。因此本题正确答案为 B。

真 题 演 练
（附答案解析）

第四章 历史常识

第一节 使用思维导图巧记历史知识

思维导图又称脑图、心智地图、脑力激荡图、灵感触发图、概念地图、树状图、树枝图或思维地图，是一种图像式思维的工具以及一种利用图像式思考辅助工具。思维导图是使用一个中央关键词或想法引起形象化的构造和分类的想法；它用一个中央关键词或想法以辐射线形连接所有的代表字词、想法、任务或其他关联项目的图解方式。它简单却又极其有效，是一种革命性的思维工具。思维导图运用图文并重的技巧，把各级主题的关系用相互隶属与相关的层级图表现出来，把主题关键词与图像、颜色等建立记忆链接。思维导图充分运用左右脑的机能，利用记忆、阅读、思维的规律，协助人们在科学与艺术、逻辑与想象之间平衡发展，从而开启人类大脑的无限潜能。思维导图因此具有人类思维的强大功能。

在历史知识的学习中，将时间、时间和人物等记忆得很清晰是难点，考试中记忆稍有模糊就没法解题。在平时复习中，我们可以利用思维导图的方法，以时间为轴，构建一条记忆链条，将大大提升学习效率。

中国古代政治

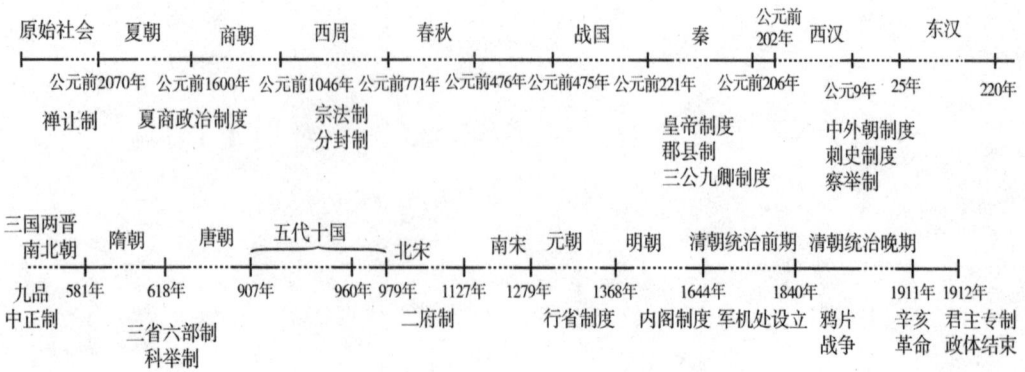

外国古代政治

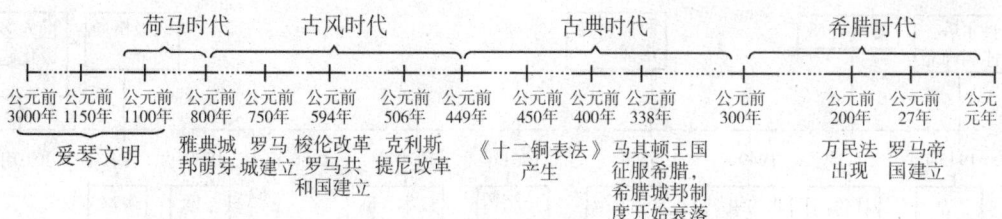

近代的政治·社会主义

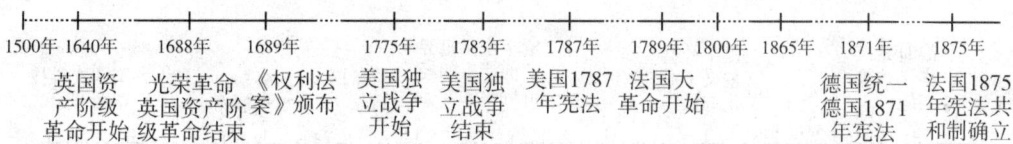

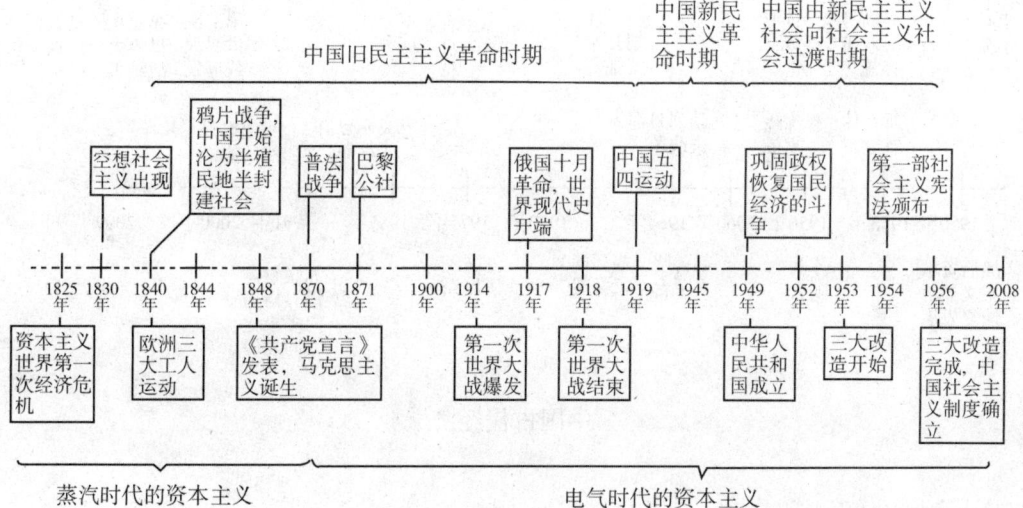

近代中国反侵略斗争

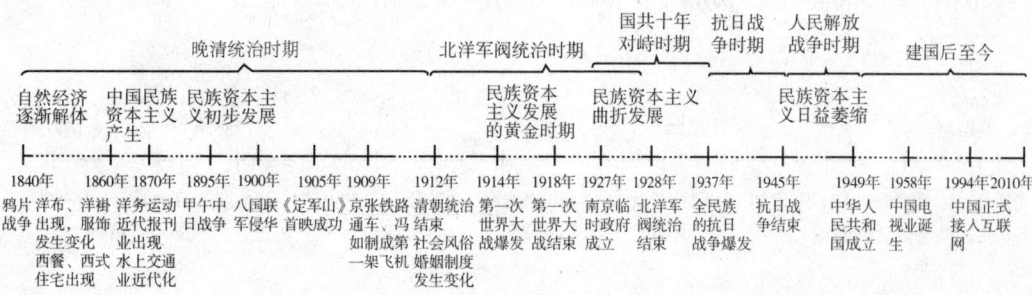

冷战．世界格局多极化（政治）

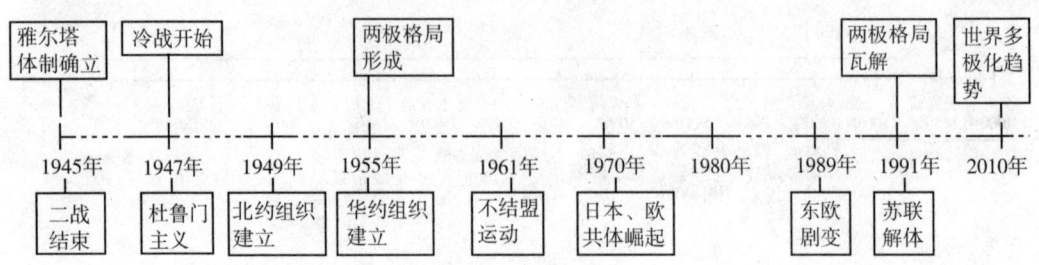

苏联的兴衰（经济）

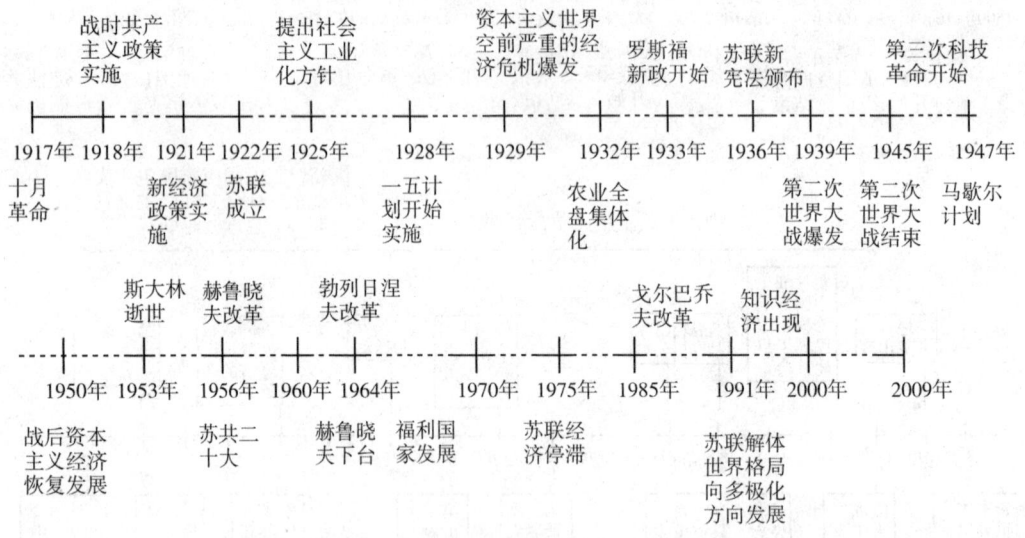

中国古代经济

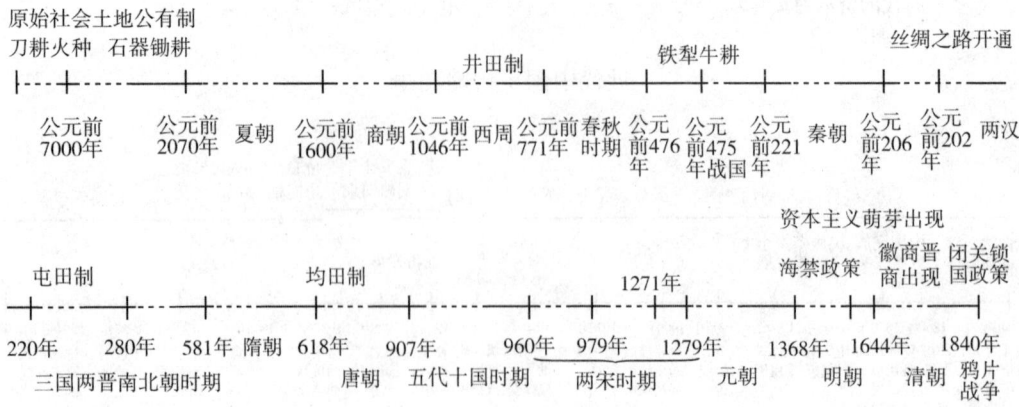

中国古代的科学技术与文学艺术

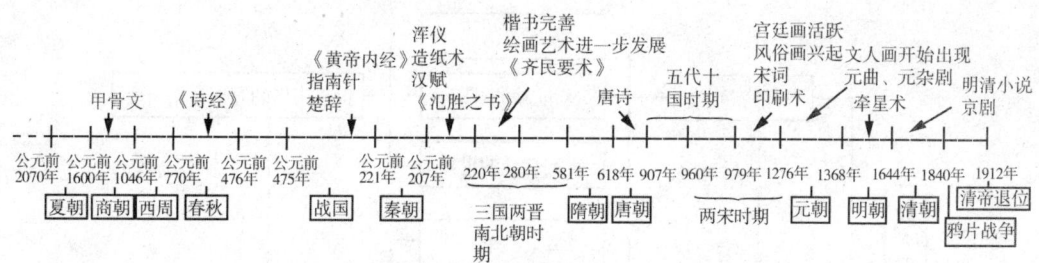

东西方文化的发展

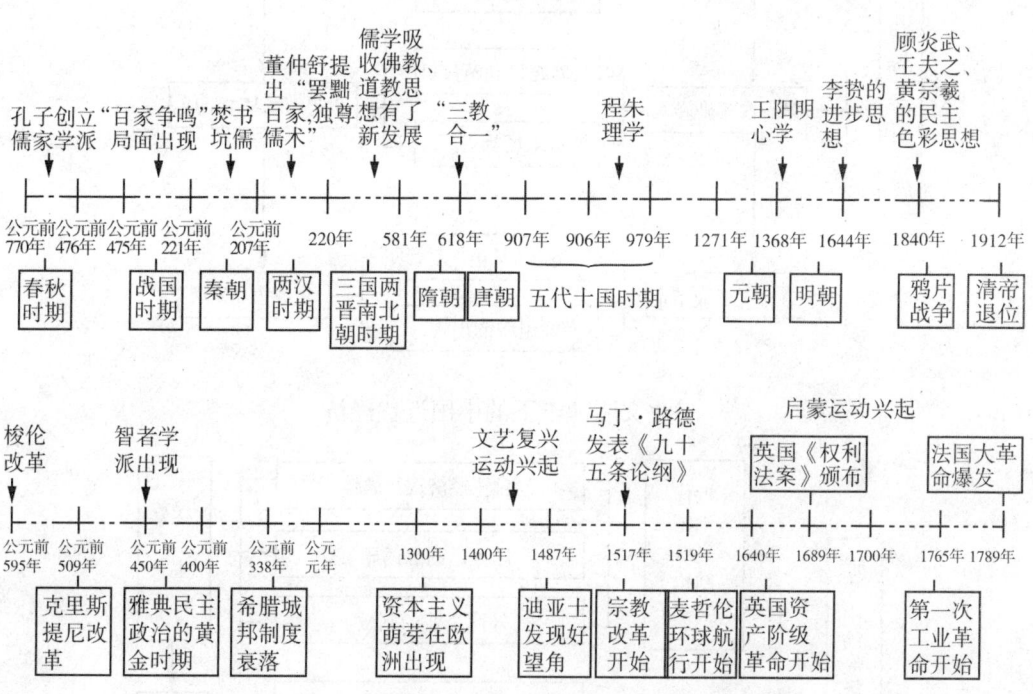

近代工业的发展（西方）

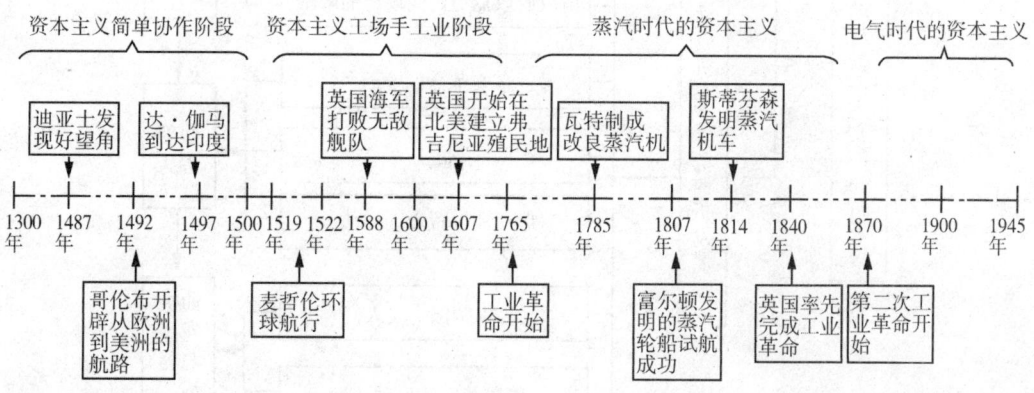

世界市场的形成

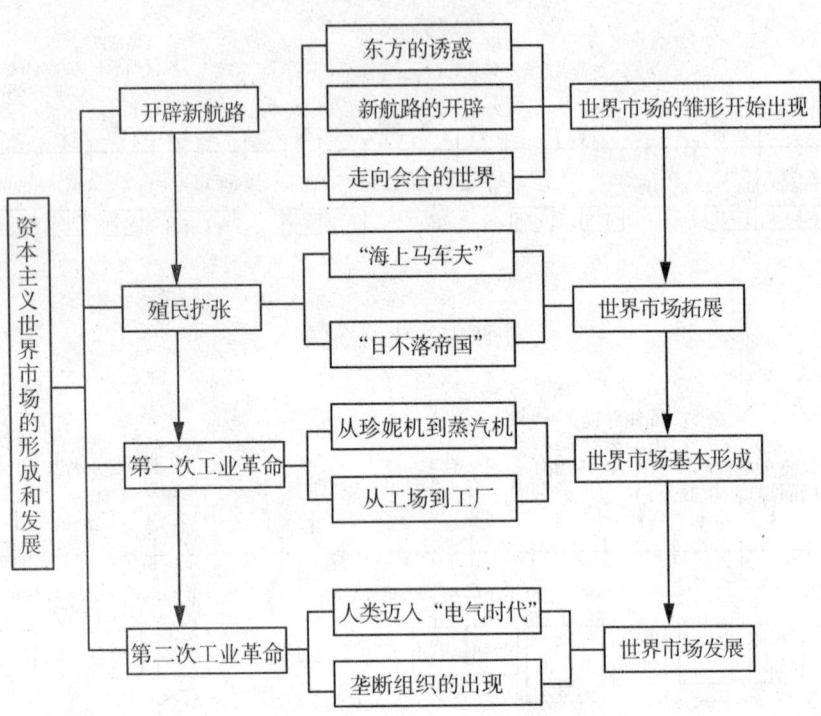

工业文明冲击下的中国近代经济

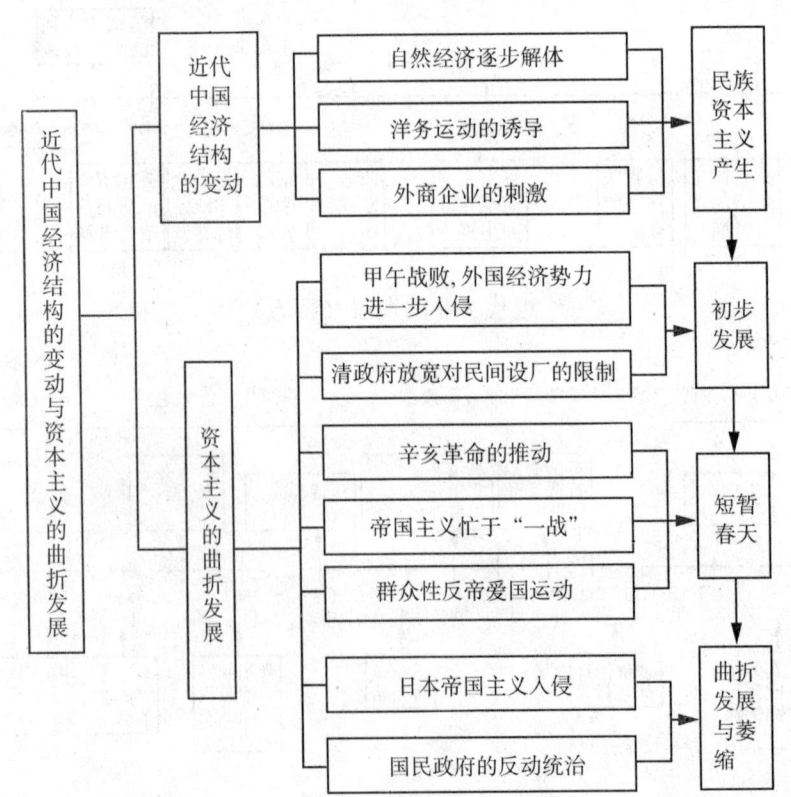

中国特色社会主义建设的道路

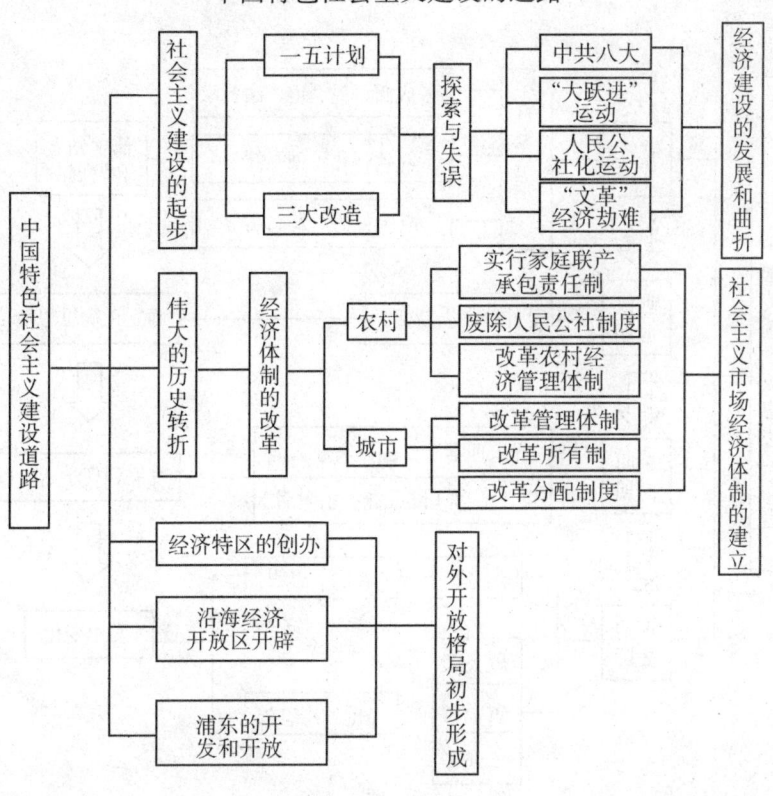

经济全球化趋势

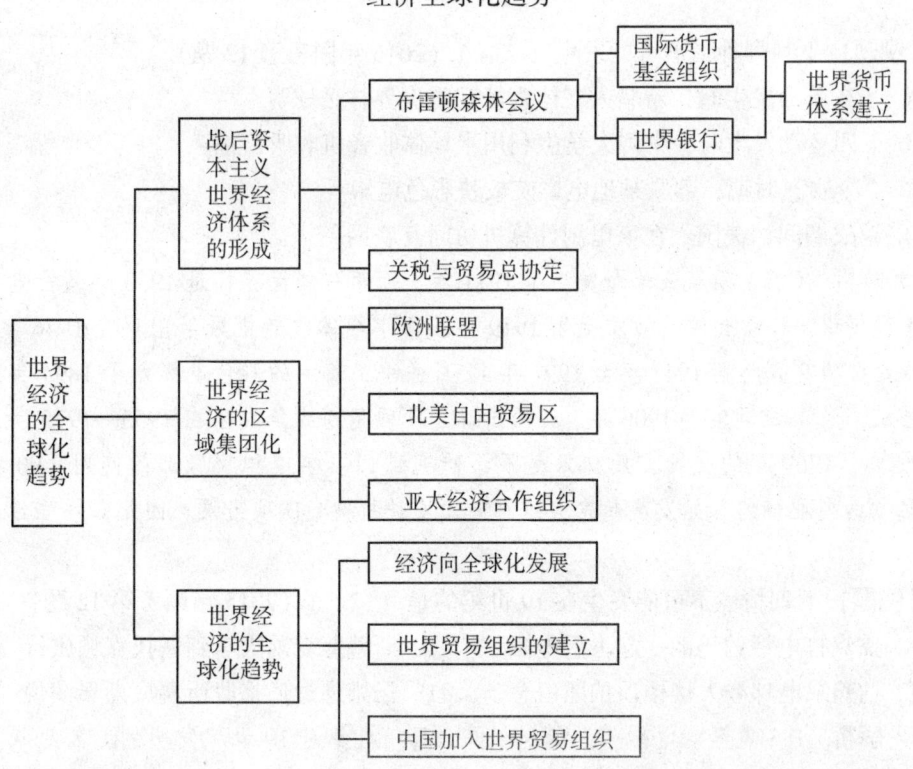

中国古代传统文化主流思想的演变

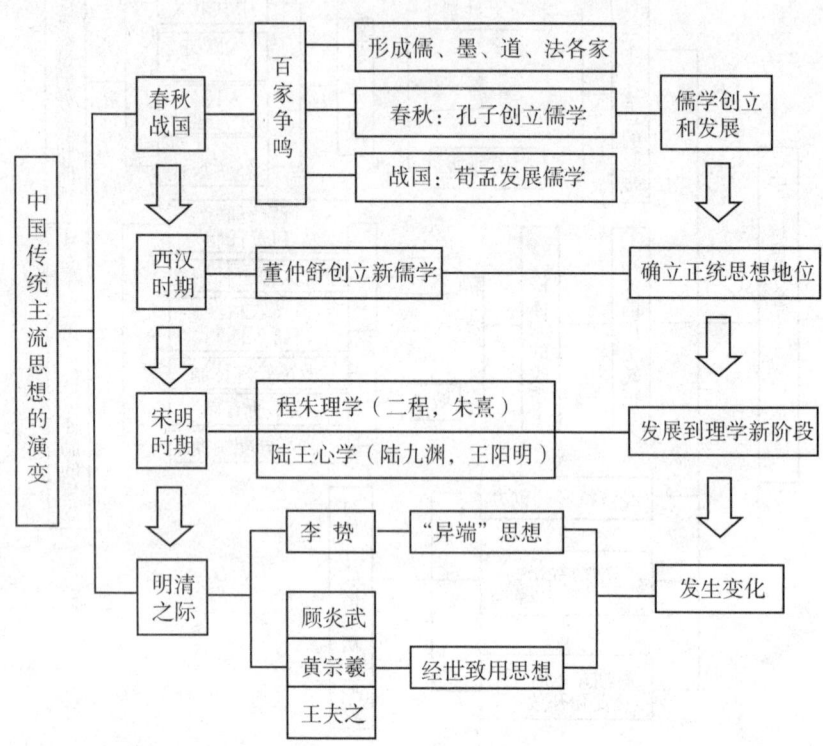

【例题】下列哪种情形可能发生（   ）（2016年国考第12题）

A. 辛亥革命发生时，希腊人在体育场观看世界杯足球赛

B. 五四运动发生时，中国大学生利用半导体收音机收听广播

C. "冷战"时期，苏联某地电影院放映彩色电影

D. 越战期间，美国人在家里用计算机访问互联网

☞ **解析** C。A项辛亥革命发生于1911年，而第一届世界杯是1930年乌拉圭世界杯。A项错误。B项五四运动发生于1919年，而半导体收音机最早出现在1946年。B项错误。C项冷战时期1947年至1991年12月，手工着色的彩色电影始于1894年，自然色彩的彩色电影诞生于1906年。C项正确。D项越南战争发生在1955—1975年，而互联网始于1969年的美国，最初只是限于研究部门、学校和政府部门使用，90年代初，独立的商业网络开始发展起来，这种局面才被打破。D项错误。因此C项当选。

【例题】下列情境不可能发生在19世纪的是（   ）（2015年国考第12题）

A. 杰克打电话约玛丽一起去看电影　　B. 斯蒂芬森乘火车到斯托克顿旅行

C. 约翰乘电梯登大楼楼顶拍照留念　　D. 汤姆通过广播收听葛底斯堡演说

☞ **解析** D。电话、电影、火车、电梯、照相机都是19世纪发明的，因此A、B、

C三项中的情境都可能发生。1906年，加拿大发明家费森登发明了广播，D项中的情境不可能发生在19世纪，当选。

【例题】西欧封建社会末期是"人"和"世界"被发现的时代。"人"和"世界"被发现是指（　　）（2015年黑龙江省第9题）

　　A. 文艺复兴和新航路开辟　　　　　　B. 启蒙运动和圈地运动
　　C. 工业革命和资产阶级的兴起　　　　D. 殖民掠夺和宗教改革

☞解析　A。14~17世纪的欧洲是"人和世界被发现"的时代，"人的发现"指的是文艺复兴，"世界被发现"指的是新航路开辟，新航路开辟使世界市场开始形成，全球化开始，符合发现这一关键词。英国资产阶级革命与法国大革命属于资产阶级革命，是政治方面，文艺复兴是思想运动，都与题意无关。因此正确选项是A。

【例题】下列海上丝绸之路的场景不符合当时历史条件的是（　　）（2015年下半年天津市第4题）

　　A. 南宋时期，商人从泉州出海将瓷器运往东南亚及阿拉伯国家
　　B. 元朝时期，外国旅行家乘船到泉州、上海、广州、杭州旅游
　　C. 明朝时期，福建武夷山茶叶经福州长乐装船辗转印度运到英国
　　D. 清朝中期，欧洲商人沿海路直接航行到上海、天津市区买丝绸

☞解析　C。A选项，南宋时期，海外贸易范围很广，东到朝鲜、日本，西至阿拉伯半岛和非洲东海岸。那时阿拉伯、东南亚、印度等十几个国家的商人经常来华从事贸易。B选项，从马可·波罗游历中我们感受到：元朝是一个对外开放的朝代，通过丝绸之路和陶瓷之路，元朝与世界加强了交流，而这种交流是双向的。这一开放与交流促进了当时中国与世界的繁荣。故乘船来旅游一说可以成立，所以B正确。C选项，茶叶贸易在明朝中期较为兴盛，相关事项有郑和下西洋，最远到达非洲东海岸和红海沿岸。到不了英国，故C错误。D选项，清朝中期还未实行闭关锁国政策，因此这一时期，欧洲商人是可以来中国进行买卖，到了后期只留下广州一处通商口岸，故D正确。所以本题选择C。

真 题 演 练

（附答案解析）

第五章 综合常识

第一节 综合常识的复习技巧

国家公务员考试大纲指出常识部分考查涉及政治、经济、法律、历史、文化、地理、自然和科技九大内容。其中,政治、经济、法律、历史是重点。

一、文化的实质是文明的花样

曾仕强教授说过,文化就是不同文明的花样。同样是吃饭,你拿刀叉我拿筷子;同样是穿衣,你爱穿绿的,我爱穿红的;同样是编剧,你喜欢编悲剧,我喜欢编喜剧。

前不久,听一位女生抱怨国家实施"限韩令",害她没有韩剧看。她说,我们自己国家制作不出来好的,凭什么限制别人?

我嘿嘿一笑说,韩剧是好看的,套路是一定的。故事是多样的,爱情是主要的。男一号如果是多金的,女一号就一定是草根的。男一号是帅气的,女一号就肯定是可爱的。车祸是一定要有的,痴心也是必需的。生死是难测的,关键还得看编剧的。人们常说,演戏的是疯子,看戏的是傻子,编剧的都是骗子。在韩国 10 个名编剧,有 9 个是家庭妇女,而且都是四五十岁左右。她们非常清楚女生们要的是什么,她们也非常清楚自己曾经的青春年华中喜欢的是什么。所以韩剧会有很多情节和台词,比如说《蓝色生死恋》中著名的台词"哥哥我下辈子要做一棵树,这样我就不会和家分开了",再比如说《来自星星的你》中都敏俊和千颂伊要分开的时候,千颂伊哭着说:"为什么我还没说分开,你却离我而去!"这些桥段全部都是设计。女生之所以喜欢韩剧,是因为总是把自己代入了女一号,觉得人生应当如此浪漫。所谓艺术来源于生活,高于生活,就是把生活中某一件东西做到极致来感染你,但是在生活中几乎没有。在对韩国艺人的采访中,他们亲口承认在韩国的日常爱情生活中,韩剧中的情节根本就不存在,包括雨中的浪漫、车祸、痴情等。

那么多人之所以喜欢韩剧和韩国文化,实质就是被这些文化的花样弄花了眼。不光是韩剧,其他事情换个花样照样可以迷惑人。比如,同样是要去打游戏,如果男朋友对女朋友说,亲爱的,我能在想你的时候打游戏吗?得到的答案往往是"不行"。如果男朋友换一个说法，亲爱的，我能在打游戏的时候想你吗？他女朋友却是满心欢喜。领导对下属说，你的材料有三个错误，改过来就完美了。尽管领导说话很客气，下属仍免不了心里一个疙瘩。情商高的领导会说，你的材料要是再增加三个东西的话，那就更完美了。尽管领导拿起笔改了同样的三处错误，下属却是兴高采烈的。

一名合格的公务员要有洞悉文化实质的能力，实际工作中才不会被冠冕堂皇的"外交辞令"迷惑。我们要改掉之前关注别人怎么说而忽视在说什么的行为习惯，不要过多关注对方怎么说，而是能听懂对方在说什么。看到花儿凋谢落入水中，一名公务员不一定需要作出"流水落花春去也，天上人间"的诗句，但要能看懂这句诗说的是什么意思。

【例题】国家主席习近平在国外访问期间，多次发表演讲向世界展示中国的文明观，即文明是多彩的、平等的、包容的。下列选项能体现这一观点的是（　　）（2015年下半年天津市第1题）

A. 踏遍青山人未老，风景这边独好　　B. 一花独放不是春，百花齐放春满园
C. 宝剑锋从磨砺出，梅花香自苦寒来　　D. 不畏浮云遮望眼，只缘身在最高层

☞**解析**　B。国家主席习近平在巴黎联合国教科文组织总部发表重要演讲，提出了中国的世界文明观。全面深刻阐述对文明交流互鉴的看法和主张，强调应该推动不同文明相互尊重、和谐共处，让文明交流互鉴成为增进各国人民友谊的桥梁、推动人类社会进步的动力、维护世界和平的纽带。文明是对文化精华的提炼，首先，各种文明需要相互鉴赏，文明只会各具特色，绝无高低之分。其次，文明需要包容。由于文明发源于不同时空，其载体与表达存在着千差万别。习主席谈到中华民族生生不息的源泉，在于我国各民族在长期的共生过程中形成的交融互鉴，这使中国文明经久不息、根繁叶茂。而B选项，"一花独放不是春，万紫千红春满园"是指，如果世界上只有一种花朵，就算这种花朵再美，那也是单调的。习近平在多个场合，均引用了"一花独放不是春，万紫千红春满园"，他指出，不论是中华文明，还是世界上存在的其他文明，都是人类文明创造的成果。世界各国联系紧密、利益交融，要互通有无、优势互补，在追求本国利益时兼顾他国合理关切，在谋求自身发展中促进各国共同发展，不断扩大共同利益汇合点。所以答案选择B。

【例题】下列与对联有关的说法错误的是（　　）（2016年国考第19题）
A. "不夜灯光，便是玲珑世界；通宵月色，无非圆满乾坤"写的是元宵佳节
B. "暮鼓晨钟，惊醒世间名利客；经声佛号，唤回苦海梦迷人"是西汉人写的
C. "新年纳余庆，嘉节号长春"符合对联"仄起平落"的书写习惯
D. "入门尽是弹冠客，去后应无搔首人"适合作为理发店的对联

☞**解析**　B。佛教于两汉之交也就是公元1世纪左右传入中国，因此西汉时中国还

没有佛教的存在，B项说法错误，当选。由"不夜灯光""圆满乾坤"可知是元宵节挂彩灯，月圆之夜，A项说法正确。仄起平落，即上联末句尾字用仄声，下联末句尾字用平声。对联的上联，必须是仄声结尾，即上联的最后一个字必须是现代汉语中的三四声字，下联最后一个字必须是一二声字。由此可知C项符合仄起平落的书写习惯，正确。"弹冠"和"搔首"生动地写出了理发前后的动作，且对仗工整，适合做理发店的对联，D项说法正确。

【例题】下列诗句背景与科举制实行无关的是（　　）（2015年425联考第4题）
A. 慈恩寺下题名处，十七人中最少年　　B. 太宗皇帝真长策，赚得英雄尽白头
C. 黑发不知勤学早，白首方悔读书迟　　D. 春风得意马蹄疾，一日看尽长安花

☞**解析**　C。A选项源于白居易27岁时参加科举，考中之后与其他同僚一起到西安的慈恩塔下游玩所写的诗，表现了作者当时少年得志、意气风发的心情，具体意思是：在慈恩塔下我们曾一起留刻名字，而我是一行十七人中最年轻的。B选项"太宗皇帝真长策，赚得英雄尽白头"，是说天下英雄均为进士虚名所累，耗费一生心血去博取所谓功名，而再没有多少人对江山感兴趣了，太宗皇帝这个举措有效地维护了统治阶级的利益，使天下间有才学的人都去考试进士，为一个虚名去耗费一生的才智。D选项源于孟郊的一首诗：昔日龌龊不足夸，今朝旷荡恩无涯；春风得意马蹄疾，一日看尽长安花。这首诗的意思是：过去那种穷困窘迫的生活是没有什么值得夸耀的，今天我高中了进士，才真正感到皇恩浩荡；我愉快地骑着马儿奔驰在春风里，一天的时间就把长安城的美景全看完了。这首诗把诗人中了进士后的喜悦心情表现得淋漓尽致，其中"春风得意马蹄疾，一日看尽长安花"成为千古名句。"春风得意"原指读书人考中后的得意心情，现在一般形容事情办成功，达到目的后那种得意洋洋的情态。C选项"黑发不知勤学早，白首方悔读书迟"出自唐朝诗人颜真卿的《劝学》，劝勉青少年要珍惜少壮年华，勤奋学习，有所作为，否则到老一事无成，后悔已晚。本诗与科举无关。故选C。

【例题】古诗云："眼处欣生句自神，暗中摸索总非真。画图临出秦川景，亲到长安有几人？"下列选项中与此诗所蕴含的哲理相同的是（　　）（2015年上半年天津市第6题）
A. 近水楼台先得月，向阳花木易为春　　B. 竹外桃花三两枝，春江水暖鸭先知
C. 纸上得来终觉浅，绝知此事要躬行　　D. 日出江花红胜火，春来江水绿如蓝

☞**解析**　C。马克思主义哲学。题干中这首诗前两句：眼见的真实情景激发心头的真切感情，就能写出意境神妙的诗句；闭门造车，就像黑暗中摸索制作出的东西，总要失真。后两句则说：靠临摹前人作品，画出秦川景色的画家，亲自去长安的能有几人？诗人省略了一句话，即难怪那些人画不好。本诗告诉我们：没有现实生活的感受，没有亲身体验，是不可能在事业上取得成功的。暗中摸索总非真和亲到长安有几人，是没有

亲临实践都得不到真实的情景，突出实践决定认识。纸上得来终觉浅，绝知此事要躬行，突出实践决定认识。故本题选 C 项。

【例题】 公务员小李因工作遇到一些困难和挫折，最近处于情绪消沉状态，下列最适合引导他摆脱这种状态的诗句是（　　）（2015年下半年吉林省第13题）
A. 少年辛苦终身事，莫向光阴惰寸功　　B. 莫愁前路无知己，天下谁人不识君
C. 我自横刀向天笑，去留肝胆两昆仑　　D. 雄关漫道真如铁，而今迈步从头越

☞ **解析**　D。本题意在强调希望小李克服困难之后，重整旗鼓。本题中A选项强调为了民族大义，牺牲自我的精神；B强调的是送别；D强调人要勤劳，都与题干无关。只有C出自毛泽东，雄关：雄壮的关隘，即指娄山关。漫道：徒然说，枉然说，人们徒然说娄山关坚实如铁。迈步：跨步、大踏步。从头越：即为头越。讲的是遇到挫折之后东山再起的意思。

二、学地理的诀窍

在地理的学习过程中，绝大多数内容都与地图相关。记住了地图，地理也就学好了一大半。对地图的记忆有这么几种方法：

（一）看文思图

掌握地图知识的落点应放在发现特征、理解概念、揭示规律、阐明成因上。如果片面阅图而不思文，知识显得支离破碎。反之死记内容，地理概念失去具体形象的支持，必然造成张冠李戴、桃李不分。

（二）图形赋意

为使图像内地理事物的相互区位关系更加明确，把地理事物依附在人为设计的几何框架之内。如长江三角洲工业区，可在图上将无锡、苏州、宜兴、湖州围绕太湖连成一侧立的梯形；说明英国五大城市位置采用金线穿珠的办法，将利物浦、曼彻斯特、谢菲尔德、伯明翰、伦敦用反"S"形穿起来说明英国五大城市位置。又如：澳大利亚东南部悉尼等三城市构成"三星式"；裕溪口和芜湖构成"隔河连珠"。还可将图形作形象说明，例如用"Y"表示波罗的海的外形等。

在填图训练中，根据整体——局部——整体的原则，大小图结合，按先读图，后简化，最后复原的程序练习。即：先看总图，再出示暗射图，在脑海中浮现和拼图；接着简化填绘、仿制，最后打开地图册验证复原。由于调动了各个感官协调动作，使地图知识记得住、记得牢。

（三）词图对照

一味背图、填图是乏味的。应根据人和动物共有的反射机制，对信息源做恰当处理。采用多办法刺激，以获得运动记忆和情绪记忆的最佳效果。把抽象的地图符号化作

具体物象激发联想，如柴达木盆地区域图有矿区、有铁路，编成"冷湖向东把鱼（鱼卡）打，打柴（大柴旦）南去锡山（锡铁山）下，挥汗（察尔汗）砍得格尔木，火车东运到茶卡"，一边看图一边诵词，很快就能记住这部分图。

（四）信号提示

对地图承载的信息要分析、加工、分化、改组，提高其精度，缩小范围，排除干扰渠道。正确的做法应该是：

（1）以示意图为基础，先易后难，如铁路采取干线为本，枢纽填准，变曲为直的办法，容易掌握。

（2）用单色笔和多色彩笔勾画插图，然后再和地图册对照。这样先看"黑白"后看"彩电"，可起突出重点、互相弥补作用。

（3）对难记内容进行强化，揭示区域图的关键点，如在练习中可不停地揭示，如"水电站应画在水库的上游还是下游？""基尔运河是在国界上通过吗？""石太线的中点是哪个矿区？""吴哥窟画面上有几个塔？"，等等。

（4）抓住文字特征，简化信号。如在学习朝鲜东部港口时，让学生边看图边吟诵"清津金（策）、咸兴兴（南）、无山（釜）山"，这样省时省力又好记。

此外，对地理知识的记忆方法推荐尝试使用以下方法：

（一）趣味记忆法

发挥自己的想象力，将图形想象成各种工具或动物等加深记忆。例如，学习西亚的"五海三洲"分布图时，可以把世界上最大的半岛——阿拉伯半岛想象成"胳膊肘"的形状，再通过"胳膊肘"这一轮廓引出西亚四周所环绕的"五海"。

（二）图示记忆法

利用地图，图文结合，在看图中记忆。例如，一些城市名称比较难记，先在图上找到该城市，再自己描画，最后标出，这样借助地图把知识记住；再如，记忆像黄河、长江等一些河流，在地图上可看出黄河像个"几"字，长江像个"W"。先大致画出图形，然后在图上标出上、中、下游，借助此图加深记忆。

（三）对比记忆法

运用对比法能够由一个知识点联想到其他的几个相对立或相似的知识点，记忆起来费时少、收益大，能够达到触类旁通、举一反三、温故而知新的效果。例如，学习西欧大陆西部的岛国英国的海陆位置时，联想亚欧大陆东端的岛国日本，可以对比出它们的共性和不同之处。这样，通过对比，两个地理事物的特征就鲜明有力地显现出来了。

（四）因果记忆法

记忆地理相关问题时，要注意地理事物、现象之间的内在联系。例如，西亚气候属热带、亚热带干旱气候，以这个问题作为"果"找到"因"——受副热带高气压带的控制，降水少，气候炎热、干燥。再以这个问题作为"因"找出"果"——导致地表径流很少，适宜发展畜牧业。这样通过"因"推导出"果"或者由"果"分析出

"因"来，记忆知识就系统多了。

（五）归纳记忆法

针对某些知识总结分类，把其串成一条线。如我国有一条重要的地理分界线——秦岭—淮河，归纳后可知：①是我国1月份0℃等温线通过的地方。②是800mm等降水量线通过的地方。③是暖温带与亚热带的分界线。④是河流结冰与不结冰的分界线。⑤是旱地与水田的分界线。⑥是南方与北方的分界线。

（六）理解记忆法

针对该记的知识，先分析其原因，在充分理解的基础上记忆。如学习日本的经济时，可先分析日本的地理位置：岛国，多港湾，资源靠进口，因此对外贸易发达。

（七）字头记忆法

是在记忆一组知识时，把字头排成一段文字，从而记住整个内容。如东南亚的国家名称可把第一个字串接起来记："新越印，马泰菲"。这样用一个字来提示，很快就能记起全称。

【例题】京沪铁路没有经过下列哪一名胜所在省份（　　）（2016年国考第11题）
　　A. 景德镇古窑民俗博览区　　　　　B. 蓬莱阁风景区
　　C. 承德避暑山庄　　　　　　　　　D. 黄山风景区

☞解析　A。京沪铁路北起"祖国的心脏"北京市，南至"东方明珠"上海市。全线自北向南分别经过北京市、天津市、河北省、山东省、安徽省、江苏省、上海市四省三市。A项属于江西省，B项属于山东省，C项属于河北省，D项属于安徽省。A项景德镇古窑民俗博览区不在京沪铁路上，当选。

【例题】下列关于地理位置的描述与城市之间对应关系错误的是（　　）（2015年国考第17题）
　　A. 北通汝洛，西带秦蜀，南遮湖广，东瞰吴越——襄阳
　　B. 东压江淮，西挟关陇，北通幽燕，南系荆襄——南京
　　C. 南抚百越，北望中州，据五岭之要会，扼赣闽粤湘之要冲——赣州
　　D. 居浙右之上游，控鄱阳之肘腋，制闽越之喉吭，通宣歙之声势——衢州

☞解析　B。B项中"幽燕"二字，古指华北，主要是河北一代，而南京地处长江流域，因此B项错误，当选。B项描述的城市是洛阳。

三、深化对自然环境的认识

《易经·小畜卦》将生物、环境的规律分为六个层面："复自道""牵复""有孚，血去惕出""富以其邻""舆说辐""尚德载"。《易经》的爻辞是有限的，其技术含量在于解卦的水平。

从生物和环境的角度看，"复自道"是指生物生生不息，有其自己的生存之道。生

物如果脱离了自己的道就不能长久，极有可能走向灭绝。比如老虎不在野外生存，长期被圈养在笼子里，久而久之就会失去独立捕食的能力，迟早有一天会灭绝的。"牵复"是指生物与生物之间相互牵连，是相互制约、相互影响的关系。生物之间往往通过食物链的关系进行能量传递、物质循环和信息交换。其中任何一环的种群和数量变化都会对食物链的其他生物造成影响。"有孚，血去惕出"是指通过食物链达到的生态平衡很微妙，一级生物像俘虏一样给另一级生物带来好处，但是这种平衡是动态的，很容易被打破，所以一定要保持谨慎小心，否则会有灾难。"舆说（脱）辐"是指如果这种平衡被破坏得太严重，就会像车舆脱了轮子一样失控，未来可能有难以预测的灾难。"富以其邻"是指任何一种生物的崛起都应该给和其共同生存的其他生物带来好处。如果人类从众多生物中脱颖而出，那就被赋予了帮助其他生物的责任，这样才能是自然生生不息。反之，如果人类忽视了这一点，造成其他物种的灭绝，那么接下来会灭绝的就是人类自己。"尚德载"是指充分尊重各种生物的天性，懂得人与自然、人与环境统筹协调，人类将能受益无穷，满载而归。

【例题】关于"螳螂捕蝉，黄雀在后"，下列说法错误的是（　　）（2016年423联考第5题）

A. 蝉、螳螂和黄雀都是消费者
B. 螳螂和黄雀的行为都属于先天性行为
C. 螳螂、蝉和黄雀组成了一个生态系统
D. 蝉和螳螂属于节肢动物，黄雀属于鸟类

☞**解析**　C。生物之间的关系是一种"牵复"的关系。生物之间往往通过食物链的关系进行能量传递、物质循环和信息交换。生态系统由非生物的物质与能量、生产者、消费者和分解者组成。蝉、螳螂和黄雀都属于消费者，这三者无法组成生态系统。C项当选。

【例题】生物种间争夺资源和空间的竞争现象，竞争的结果往往对一方不利，甚至于被消灭。生物与生物之间的生活方式和习性、栖所及食物类型越接近，其竞争程度越激烈。下列成语和俗语中描写这种生物种间竞争现象的是（　　）（2015年上半年天津市第15题）

A. 鸠占鹊巢　　　　　　　　　B. 一母生九子，连母十个样
C. 一山不容二虎　　　　　　　D. 螳螂捕蝉，黄雀在后

☞**解析**　A。"复自道"是指生物生生不息有其自己的生存之道。生物与生物之间的生活方式和习性、栖所及食物类型等生存之道越接近，其竞争程度越激烈。鹊巢鸠占从生物学上分析，是生物种间争夺资源和空间的一种竞争现象。竞争的结果往往对一方不利，甚至于被消灭。谚语"老鼠过街，人人喊打"说的也是物种间的竞争。"螳螂捕蝉，黄雀在后"，描述的是生物的捕食，在生物学上它具有食物链的含意。一母生九子，连母十个样，说的是生物间的差异，不属于竞争现象。一山不

容二虎，是种内生物间的斗争关系，说的是同种生物间的相似性，属于遗传现象。所以本题选择 A 选项。

四、科技常识考查的方向

科技是科学和技术的合成。所以科技常识考查的内容有两个方面：一是科学，会涉及我们中学学到的物理、化学等知识；二是技术，会涉及最新的科技成果和日常生活中的一些小技巧。那么，我们复习备考就有了方向。一方面，我们重新拿起中学课本，回顾以前学过的物理、化学等知识；另一方面，我们可以看看新闻，阅读一些科普杂志，掌握和了解一下这方面的知识。

【例题】高铁列车的车窗和车门在运行过程中必须完全密闭。对此，下列解释最准确的是（　　）（2016 年江苏省第 12 题）

A. 减少高铁列车运行的能源消耗　　B. 保持高铁列车车厢内部的安静
C. 避免车速过快形成空气压强差　　D. 确保高铁列车车厢内部的整洁

☞ 解析　C。这是中学物理的内容，属于气压的知识点。高铁列车行驶时会产生巨大的空气压力波，它一旦进入车内，会让桌上的物品一片狼藉。车外的尘土会使车内空气变得混浊，车外的噪声，特别是列车进出隧道和两车交会时的巨大噪声也会乘虚而入。更严重的是，乘坐者根本无法忍受这种空气压强差，轻则使乘客耳膜产生压迫感，重则会使乘客感到头晕恶心，严重时甚至造成耳膜破裂。事实上，高铁列车上不仅窗户要固定、密闭，其车门、车厢连接处等都要尽可能地做到密闭，如此才能保证旅客有一个舒适的乘坐环境。因此选择 C 项。

【例题】瑞典卡罗琳医学院 10 月 5 日宣布，将 2015 年诺尔生理学或医学奖授予中国药学家屠呦呦以及爱尔兰科学家威廉·坎贝尔和日本科学家大村智。其中，屠呦呦的获奖理由是（　　）（2016 年北京市第 19 题）

A. 发现治疗蛔虫寄生虫新疗法
B. 发现构成大脑定位系统的细胞
C. 发现幽门螺杆菌及其在胃炎和胃溃疡中所起的作用
D. 发现治疗疟疾的新疗法

☞ 解析　D。稍微看一下新闻或者科普杂志的都会知道当年的诺贝尔医学奖获得者。瑞典卡罗琳医学院 10 月 5 日宣布，将 2015 年诺贝尔生理学或医学奖授予中国药学家屠呦呦以及爱尔兰科学家威廉·坎贝尔和日本科学家大村智，表彰他们在寄生虫疾病治疗研究方面取得的成就。屠呦呦的获奖理由是"有关疟疾新疗法的发现"。这是中国科学家因为在中国本土进行的科学研究而首次获诺贝尔科学奖，是中国医学界迄今为止获得的最高奖项，也是中医药成果获得的最高奖项。故本题答案为 D 选项。

真题演练
（附答案解析）